KB050641

범죄예방정책학

이백철 · 조윤오 · 함혜현 · 한영선
박은영 · 권해수 · 이창한 · 박미랑
김지선 · 조성남 · 김안식 · 박준휘

박영사

서 문

　　인간이 존재한 이후로 범죄는 계속 되어 왔다. 성경에 등장하는 첫 번째 범죄
는 첫 사람 아담과 이브의 아들 가인이 동생 아벨을 살해한 것이다. 인간이 존재하
는 한 범죄는 발생할 수밖에 없고, 많은 사람이 모여 사회를 이루면 범죄는 증가함
을 역사는 보여주고 있다.

　　범죄의 역사는 인간의 존재만큼 오래 되었지만, 범죄를 형벌을 통해 규율하기
시작한 것은 국가가 구성된 이후이다. 국가가 구성되기 이전에는 가해자에 대한 피
해자의 복수가 있었을 뿐이고, 일정한 행위를 범죄로 규정하고 범죄자에 대해 일정
한 고통을 가하는 공형벌 제도는 국가의 출현과 같이 시작되었다.

　　현재 전 세계에 보편적으로 적용되는 형벌체계는 근대 시민혁명 이후 서구 유
럽의 여러 나라에서 형성된 것이다. 중세 이전 그리스, 로마 시대에 시민에 대해서
는 유배형, 추방형, 손해배상, 몰수 등이 일반적이었고, 신체형이나 사형은 많이
사용되지 않았다고 한다. 중세와 전제군주 시대에는 통치자의 우월성을 과시하기
위한 가혹한 신체형과 화형, 참수형 등 잔학한 사형의 공개 집행이 널리 행해졌다.

　　16세기 후반부터 유럽의 여러 도시에서 교육 목적과 경제적 이윤을 위해 구금
을 노동과 결합시키면서 감옥제도가 널리 활용되기 시작하였고, 18세기 말까지 베
까리아, 벤담 등 고전학파 학자들의 영향에 따라 범죄행위의 법익침해 정도와 균형
을 이루는 처벌로써 자유형이 가장 중요한 형벌로 자리 잡게 되었다.

　　우리나라에서 자유형의 집행은 교정제도로 표현되고 있다. 사실 일반인들에게
'교정'이라는 용어는 '처벌'의 동의어로서, 형법학 또는 형사정책학에서는 교도소 등
구금시설과 그 시설에 수용 처분하는 것으로 인식되는 경향이 강하다. 따라서 교정

이라는 용어를 이와 같이 현행 법령의 의미로 국한하여 좁은 의미로 사용할 경우, 범죄인을 일정한 구금시설에 수용하여 처우하는, '시설내처우'로 이해할 수 있다. 이러한 시설내처우의 집행, 즉 행형에 대해서는 비교적 일찍부터 학문적인 정체성이 어느 정도 형성되어 왔다. 행형학 또는 교정학이 바로 그것이다.

물론 교정학의 개념을 넓게, 그리고 적극적으로 정의한다면, 사회내처우인 보호관찰제도나 복지적·보호적 처우인 소년사법제도 등 범죄예방정책에 대한 학문적 연구 분야를 포괄하는 개념이 된다. 그러나 전통적으로 교정학은 자유형의 집행과 관련되어 체계가 정립되었다.

구금형 중심의 근대적 형벌체계는 여러 한계를 보이면서 보호관찰제도의 성립과 발전을 통해 다양한 범죄예방정책으로 확대 개편되어 왔다. 특히, 신상공개, 선도유예, 판·결정전조사, 치료명령, 보호관찰, 사회봉사 및 수강명령, 전자감독, 갱생보호 등 수사·기소·재판 등 전체 형사사법절차에서 – 나아가 법교육, 셉테드 등 형사사법체계 외적 부분까지 확대되어 – 범죄예방을 위해 실시되는 다양한 정책들에 대한 새로운 개념적·학문적 영역의 설정이 필요하다. 범죄를 줄이기 위한 이러한 다양한 전략들을 보다 심층적으로 연구하기 위해서는 이러한 특별대책에 특화된 새로운 학문분야의 성립이 요구되는 시점인 것이다.

우리나라에 범죄예방정책이 본격적으로 시작된 것은, 1980년 12월 18일 제정된 「사회보호법」이 재범위험성이 높은 누범자 등에 대한 보호처분으로 보호감호, 치료감호, 보호관찰 처분을 도입한 때로 보는 것이 타당하다. 「사회보호법」상 보호처분 관련 정책의 주무부서로 1981년 1월 9일 법무부에 보호국이 설치되었다. 기존의 범죄인에 대한 형 집행은 자유형 중심이었으며, 그 업무를 담당하는 것이 바로 법무부의 '교정국'(교정본부의 전신)이었다. 보호국은 교정국에 대응하여 '보안처분'의 입법, 정책입안과 집행을 위해 조직되었으며, 이 보호국이 후일 2008년 범죄예방정책국으로 확대 발전된 것이다.

이는 종래의 보호국 명칭이 범죄인에 대한 개입을 통한 범죄예방 업무 전반을 총괄하는 부서의 성격을 명확히 드러내는데 한계가 있다는 반성적 고려에 따른 것이다. 범죄예방정책국의 출범은 특별예방과 일반예방을 아우르는 명실상부한 정부 내 범죄예방정책 총괄부서로 자리매김 해 나갈 미래적 전망을 담고 있는 변화라고 할 수 있다. 이로써 명실상부하게 범죄예방정책 분야가 형성되었다고 할 수 있다.

특히 최근의 범죄예방정책은, 범죄인에게 지역사회에서 자유로운 사회생활을 허용하며 일정한 조건하에 그들을 감독하는, 즉 '친(親)사회화'하는 사회내 처우를 주로 의미하게 된다. 즉 형사정책의 새로운 시대적 흐름에 맞추어, 속속 도입되는 전자감독, 치료명령 등 신제도에 초점을 맞추는 연구를 활성화시킬 필요가 있다.

이 책은 이러한 형사정책의 커다란 변화의 흐름 속에서 다양한 스펙트럼을 가지고 있는 범죄예방정책을 정리하고 이에 대한 학문적, 실제적 발전방향을 모색하는 데 기여하기 위하여 집필되었다.

이 책은 위와 같은 집필 배경과 목적에 따라, 총 3편, 13장으로 구성되어 있다.

제1편은 도입부로서 〈**범죄예방정책학의 필요성과 이론**〉을 살펴본다.

제1편에는 **제1장 범죄예방정책학의 필요성**과 **제2장 범죄이론과 범죄예방정책**이 편제되었으며, 각각 경기대학교의 이백철 교수와 동국대학교의 조윤오 교수가 집필하였다.

제2편 〈**형사사법과 범죄예방정책**〉 역시 총론적인 부분으로서, 독자가 전체 형사사법체계와 연관 지어 범죄예방정책을 이해할 수 있도록 구성되었다. 제2편에는 제3장부터 제5장이 편제되었는데, **제3장 형사사법체계와 범죄예방정책**은 부경대학교 함혜현 교수, **제4장 소년사법과 소년보호처분**은 경기대학교 한영선 교수, 그리고 **제5장 성폭력범 특별예방정책**은 대구카톨릭대학교 박은영 교수가 각각 집필하였다.

제3편 〈**범죄예방정책 분야론**〉은 제6장부터 제13장까지 편제되어 있고 범죄예방정책의 다양한 분야를 망라하고 있는데, 다시 3가지 파트로 구분할 수 있다.

제3편 중에서 제6장부터 제9장은 **전통적 사회내처우**를 다룬 것으로서, **제6장 조사 및 재범위험성평가**는 조선대학교의 권해수 교수, **제7장 보호관찰제도**는 동국대학교의 이창한 교수, **제8장 사회봉사 및 수강명령**은 한남대학교의 박미랑 교수, 그리고 **제9장 전자감독**은 한국형사정책연구원의 김지선 박사가 각각 집필하였다.

제3편의 2번째 부분은 **제10장부터 제12장**으로 볼 수 있는데, **치료와 사회복귀**를 강조하는 **전문적인 처우**를 다루고 있다. 시설내처우와 사회내처우가 혼재되어 있지만 보안처분 또는 보호처분이며 형사사법체계의 특별한 영역을 다룬다는 공통점이 있다. **제10장 치료감호와 치료명령**은 정신과 전문의인 치료감호소의 조성남 소장, **제11장 소년원처우와 소년분류심사**는 경기대학교 한영선 교수, **제12장 가석방과 출소자 사회복귀**는 백석대학교의 김안식 교수가 각각 집필하였다.

제3편의 마지막 부분인 **제13장 셉테드와 법교육**은 전통적인 형사사법체계의 영역을 뛰어넘이 제1차, 제2차 범죄예방정책을 다룬 것으로, 한국형사정책연구원의 박준휘 박사가 집필하였다.

이 책자가 나오기까지 원고의 교정과 출판을 지원해 주신 박영사 안종만 대표와 기획을 맡아주신 정연환 님, 그리고 편집을 맡아 꼼꼼하게 마무리해 주신 정은희 님 등 관계자 여러분께 깊은 사의를 표하는 바이다.

부디 이 책자가 우리나라에 '범죄예방정책학'이라는 새로운 학문분야를 정립하는데 초석이 되기를 기대한다.

2019년 12월 저자대표

차 례

제 **1** 편

범죄예방정책학의
필요성과 이론

제 **1** 장 범죄예방정책학의 필요성

우리 인류가 힘겹게 겪어온 긴 역사는 자연재해, 질병 등 갖은 고난과 이에 대한 극복이 점철된 과정이었다. 인류가 겪어온 수많은 고난 가운데 오늘날까지 해결의 실마리가 보이지 않는 문제 중 하나는 범죄문제라고 할 수 있다.

우리 인류사회에는 오랜 기간 동안 '범죄란 무엇인가?', '어떤 사람이 왜 범죄를 저지르는가?', 그리고 '우리는 범죄에 어떻게 대처해야 하는가?'와 같은 물음이 철학적·정책적 당면 과제로서 존재하여 왔다(이혁철, 2015: Ⅷ).

특히 조현병 환자 등 정신질환자에 의한 범죄 발생은 격리 구금 위주의 전통적인 형벌체계의 대응으로는 한계가 있음을 느끼게 한다. 또한 최근 수년간 성폭력범죄자들에 의해 저질러진 아동성폭력 등 끔찍한 범죄의 증가는 효과적인 범죄예방정책의 필요성을 더욱 부각시키고 있다.

제 1 절 형벌체계의 발전과 범죄예방정책학의 필요성

1. 형벌의 발전과 교정제도

인간이 존재하고 그러한 인간이 여럿 모여 사회를 이루어 살아가는 한 범죄는 발생할 수밖에 없다. 범죄의 역사는 인간의 존재만큼 오래 되었지만, 일정한 행위를 범죄로 규정하고 범죄자를 형벌을 통해 규율하는 형벌체계는 국가가 구성된 이후에 시작되었다. 특히 근대 시민혁명 이후 서구 유럽에서 현대적 의미의 형벌체계 근간이 형성되었던 것이다. 16세기 후반부터 유럽의 여러 나라에서 구금과 노동이 결합된 감옥제도가 널리 활용되기 시작하였고, 18세기 말까지 구금형, 즉 자유형이 가장 중요한 형벌로 자리 잡게 되었다.

우리나라에서 구금형의 집행은 교정제도로 표현되고 있다. 일반인들에게 '교정'이라는 용어는 사실 '처벌'의 동의어로 인식되며, 형법학 또는 형사정책학에서는 교도소 등 구금시설과 그 시설에 수용처분하는 형사정책을 의미한다.[1] 따라서 교정이라는 용어를 이와 같이 현행 법령의 의미로 국한하여 좁은 의미로 사용할 경우, 범죄인을 일정한 구금시설에 수용하여 처우하는 것, 즉 '시설내처우'로 이해할 수 있다(조흥식 · 이형섭, 2014: 14). 이러한 시설내처우의 집행, 즉 행형에 대해서는 비교적 일찍부터 학문적인 정체성이 어느 정도 형성되어 왔다. 행형학 또는 교정학이 바로 그것이다.

물론 교정학의 개념을 넓게, 그리고 적극적으로 정의한다면(이백철, 2015: 5-10), 후술하게 될 보호관찰제도나 소년사법제도 등 범죄예방정책에 대한 학문적 연구 분야를 포괄하는 개념이 된다. 그러나 전통적으로 교정학은 자유형의 집행과 관련되어 체계가 정립되었다. 교정에 대하여 이러한 넓은 개념을 채택할 때에도 무한한 개념 확장을 방지하기 위하여 형사사법체계와 관련하여 그 한계를 명확히 할 필요가 있다. 형사사법절차에 있어서 교정단계는 법원의 재판을 집행하는 기능을 담당하고 있으므로, 수사나 기소, 재판과 같은 단계는 포함하지 않는 것이 타당하다. 미국에서도 교정correction이라는 용어는 형사사법체계의 연속과정에서 마지막 단계에만 집중하는 경향이 있다(홍봉선, 2007: 18).

그렇다면 법교육, 셉테드, 신상공개, 선도유예, 판 · 결정 전 조사, 치료명령, 보호관찰, 사회봉사 및 수강명령, 형 집행 종료 후 전자감독, 갱생보호 등 수사 · 기소 · 재판 등 전체 형사사법절차에서 −나아가 형사사법체계 외적 부분까지 확대되어− 범죄예방을 위해 실시되는 다양한 정책들에 대한 새로운 개념적 · 학문적 영역의 설정이 필요하다고 본다.

2. 보호관찰제도의 도입과 전통적 형벌체계의 혁신

영국의 보통법common law은 법원이 선행의 서약과 보석금을 조건으로 범죄인

---

[1] 예를 들면 현행 법령상 교정시설이라는 용어는 교도소, 구치소 및 그 지소와 같은 범죄인의 수용 및 격리구금 시설을 말한다(「형의 집행 및 수용자의 처우에 관한 법률」 제2조).

을 석방하는 오랜 전통을 갖고 있었다. 이에 영향을 받아 미국의 판사들은 19세기 초부터 재범하지 않겠다는 서약을 받고 범죄인에 대한 형 선고를 무기한 유예하는 재량권을 행사했다. 1841년 매사추세츠주에서 선고유예와 함께 범죄인에게 민간 자원봉사자의 선도를 받도록 하는 보호관찰이 최초로 시도되어 재범이 크게 줄어드는 효과를 거두자 1878년 법제화되어 미국 전역으로 전파되었다. 영국에서도 1887년 보호관찰이 법률에 규정되었고 인한 교도소 과밀화 현상에 대한 대응책으로 법원이 보호관찰제도의 활용을 확대해 왔다. 유럽에서도 벨기에가 1888년 보호관찰제도를 도입한 이후 1889년 제1차 국제 형사학 대회 이후 보호관찰제도가 서구 유럽 대부분 국가 형법에 규정되었다.

영미에서 도입 초기의 보호관찰은 선고유예와 함께 부과되어 경미한 범죄인에 대한 가벼운 처벌로 인식되었고 구금형을 대체하는 독립적 형벌로 받아들여지지는 않았다. 그러나 영국에서는 보호관찰제도를 규정한 「형사사법법Criminal Justice Act」이 1948년 이후 2003년까지 수차례 개정을 거듭하면서 보호관찰 명령이 구금형을 대체하는 독립된 형벌로서의 지위를 확고히 하게 되었다. 미국에서도 보호관찰은 구금형을 대체하는 독립적 형벌로 규정되어 있다. 미국 연방 양형기준은 6월 이하의 구금형은 보호관찰 처분 단독으로, 1월 이상 15월 이하의 구금형은 보호관찰, 가택구금, 전자감독을 병과하는 처분으로 대체할 수 있도록 규정하고 있다. 대륙법계인 독일과 프랑스에서는 중범죄자에 대한 형 집행 종료 후 보호관찰제도를 도입하고 있다.

이와 같이 선진국에서는 보호관찰제도 등 사회내처우의 활용 확대를 통하여 형벌구조가 크게 변화하였다. 우리나라에서도 1989년 보호관찰제도 도입 이후 구금형, 즉 교정제도에 대응되는 범죄예방정책이 본격화되기 시작하였다.

3. 범죄예방정책학의 정립 필요성

전 세계적으로 각 국가는 범죄문제와 힘겨운 싸움을 벌이고 있지만, 범죄발생의 지속적 증가, 범죄의 흉포화, 각종 신종범죄의 출현 등 범죄현상은 갈수록 심각해지고 있다(조흥식·이형섭, 2014: 26).

범죄문제 심각화에 관한 일례로는 최근 20년간 미국의 범죄발생 변화추세와 그에 따른 형사사법비용의 막대한 증가를 들 수 있다. 1982년에 약 40만 명이었던 교정시설 수용인원은 2000년 약 194만 명으로, 그리고 2011년에는 약 224만 명으로 증가하였고, 성인 보호관찰대상자도 같은 기간에 약 130만 명에서 480만 명으로 급증하였다(BJS, 2002; BJS, 2012a).

우리나라의 경우에도 전체범죄의 발생건수는 지난 30년간 약 3배 증가하였다. 더군다나 최근 재범위험성이 높은 만기출소자나 반사회적 인격장애자에 의한 연쇄적인 흉악범죄로 사회적인 큰 파장이 발생하고 있다. 이러한 범죄증가현상의 배경에는 범죄유발환경 및 범죄기회의 확대라는 사회적·제도적 요인이 자리 잡고 있지만 보다 근본적인 이유는 국가의 범죄대책이 범죄인의 교정 및 재활기능을 충분하고 효과적으로 수행하지 못하기 때문이다. 따라서 21세기에 가장 우선적으로 다루어야 할 사회문제는 무엇보다도 범죄문제라고 할 수 있다(배임호 등, 2012: 13; 조흥식·이형섭, 2014: 26-27). 더욱이 우리나라는 급속한 사회경제적 발전과 사회구조의 변화에 따라 가치문화의 혼란과 가족구조의 변화를 겪고 있다. 이에 따라 범죄문제에 효과적으로 대응하는 전문적 범죄인 처우프로그램과 서비스의 개발이 무엇보다도 시급하게 요청되고 있다(조흥식·이형섭, 2014: 27).

구금형 중심의 근대적 형벌체계는 여러 한계[2]를 보이면서 보호관찰제도의 성립과 발전을 통해 다양한 범죄예방정책으로 확대 개편되어 왔다. 이러한 범죄예방정책은 치료명령 등 범죄인에 대한 치료와 재활을 위한 각종 신제도, 전자감독 등 지역사회 내에서 보다 강력한 범죄인 관리감독방안, 소년에 대한 특별처우 등이 포함된다. 범죄를 줄이기 위하여 다양한 전략들을 보다 심층적으로 연구하기 위해서는 이러한 특별대책에 특화된 새로운 학문분야의 성립이 필요하다.

특히 범죄예방정책은, 범죄인을 일정기간 사회로부터 격리된 시설에 구금하

---

2 범죄발생의 증가에 따라 1980~90년대를 거치면서 세계적인 형사사법의 조류는 빠르게 보수적으로 변하여 '법과 질서'의 이데올로기를 지향하게 되었다(이형섭, 2012). 일선 교정정책과 범죄대책에 있어서도 통제와 감시의 역할을 더 강조하게 되었다(Nash, 2009). 결과적으로 국가의 교정비용 부담은 크게 증가하였다. 예를 들어, 1982년 미국 전역의 교정비용은 약 15억 달러에서 2010년에는 48억5천만 달러로 약 3.2배 증가하였다. 한편 이러한 교정비용의 약 75%는 교정시설 증설과 운영에 소요되었다. 2011년 기준 교정시설 재소자 1인당 처우비용의 평균이 연간 2만8천 달러를 넘어서고 있다(BJS, 2012b). 문제는 이러한 강경대응 일변도의 정책이 충분한 효과를 거두지 못하고 있다는 점이다. 지난 30년간 국가의 교정비용이 큰 폭으로 증가했음에도 불구하고 여전히 범죄문제의 심각성은 완화되지 않고 있고 있다. '더 많은 교도소'(build more prisons)는 '더 많은 재소자'(more prisoners)를 양산할 뿐이라는 평가를 받고 있는 것이다 (Petersilia, 2001).

는, 즉 '탈脫사회화'하는 시설내처우로 제한하는 개념에서 벗어나 오히려 범죄인에게 지역사회에서 자유로운 사회생활을 허용하며 일정한 조건하에 그들을 감독하는, 즉 '친親사회화'하는 사회내처우를 주로 의미하게 된다(한영수, 2002). 즉, 형사정책의 최근 시대적 흐름에 맞추어, 속속 도입되는 전자감독, 치료명령 등 새로운 사회내처우에 초점을 맞추는 연구를 활성화시킬 필요가 있다. 이것이 특별한 범죄예방정책을 중심으로 하는 '범죄예방정책학'의 정립이 필요한 가장 중요한 이유이다.

제 2 절 범죄예방정책 분야의 형성과 발전

1. 소년원 설치와 보호관찰제도 도입 추진

우리나라 범죄예방정책의 기원은 일제강점기인 1911년 서울에 재단법인 '사법보호회'의 갱생보호활동에서 비롯된다고 할 수 있다. 그 후 1943년 「조선사법보호사업령」, 「사법보호위원회령」, 「사법보호관찰규제」 등이 제정되어 본격적으로 갱생보호활동이 전개되었다. 1942년 「조선소년령」과 「조선교정원령」에 따라 1942년 3월에 경성소년재판소(현 서울가정법원의 전신), 경성소년원(현 서울소년원의 전신)이 창설되었고, 1945년 광복 이후 대구, 부산, 광주에 소년원이 설립되었다.

그러나 범죄예방정책이 본격적으로 시작된 것은, 1980년 12월 18일 제정된 「사회보호법」이 재범위험성이 높은 누범자 등에 대한 보호처분으로 보호감호, 치료감호, 보호관찰 처분을 도입한 때로 보는 것이 타당하다. 「사회보호법」상 보호처분 관련 정책의 주무부서로 1981년 1월 9일 법무부에 보호국이 설치되었다. 기존의 범죄인에 대한 형 집행은 자유형 중심이었으며, 그 업무를 담당하는 것이 바로 법무부의 '교정국'(교정본부의 전신)이었다. 보호국은 교정국에 대응하여 '보안처분'의 입법, 정책입안과 집행을 위해 조직되었으며, 이 보호국이 후일 범죄예방정책국으로 확대 발전된 것이다.

특히 위와 같은 변화에 핵심에는 '사회내처우'인 보호관찰제도의 도입과 성장이 자리 잡고 있다. 따라서 범죄예방정책 분야의 발전은 바로 보호관찰제도의 성장과 그 궤를 같이 한다.

보호국 신설을 계기로 범죄인에 대한 유권적 지도감독을 통한 사회적응 촉진이라는 본래적 의미의 보호관찰제도의 도입이 추진되었다. 이러한 배경에서 법무부는 보호관찰제도 도입방안을 모색하게 되었다. 1982년 법무부 주요 업무계획에 보호관찰제도 전면도입 연구가 포함되었고, 1월부터 보호국에 '보호관찰제도 연구반'이 편성되어 종합보고서인 '보호관찰제도 도입요강(안)'을 제출하였다. 이 방안은 선고유예 및 집행유예 보호관찰, 사회보호법상 보호관찰, 소년법상 보호관찰, 가퇴원 및 가석방 보호관찰의 실시를 제안하였다.

보호관찰제도 도입에 대한 법무부의 방침이 확정되면서 제도도입에 앞서 1983년 「보호관찰시험실시 지침」이 제정되었다. 이 지침에 따른 시험실시 대상은 가석방자중 「갱생보호법」에 의한 관찰보호 대상자로서 보호관찰이 필요하다고 인정되는 자에 대하여 갱생보호회에서 시범실시를 수행하였다.

1987년 12월 16일에 실시된 제13대 대통령 선거에서 민주정의당 후보는 보호관찰제도의 도입을 대선공약의 하나로 제시하였다. 법무부는 1988년 3월 보호관찰제도 도입 준비위원회를 구성하여 본격적으로 「보호관찰법」 제정을 추진하였다. 「보호관찰법」 제정안은 12월 31일 법률 제4059호로 공포되어 1989년 7월 1일부터 시행에 이르게 되었다.

「보호관찰법」 제정과 함께 보호관찰제도 확대 시행을 위해 「소년법」의 개정도 추진되었다. 보호관찰관에 의한 6개월의 단기보호관찰과 2년의 보호관찰, 보호관찰과 병과 가능한 16세 이상의 소년에 대한 사회봉사명령과 수강명령의 도입을 내용으로 하는 「소년법」 개정안도 12월 31일 공포된 후 1989년 7월 1일부터 시행되었다.

2. 1995년 「형법」 개정과 성인 보호관찰 전면 실시

1992년 7월 「형법」 개정 법률안이 국회에 제출되어 공청회를 거치는 등 총 6차례의 소위 심사 끝에 1995년 12월 29일 공포되었고, 보호관찰 관련 규정은 1997년 1월 1일부터 시행되기에 이르렀다. 법무부에서 개정안을 준비한 지 약 6년 만에 보호관찰제도가 형법에 편입됨으로써, 사회내처우가 대한민국 형사사법 전반에 다양한 모습으로 활용될 수 있는 길이 열렸다. 아울러 종래 수사, 기소, 재판에 비해 약화되어 있던 형사 집행 기능이 획기적으로 보완되어 균형 잡힌 형사사법의 모습을 갖추게 되었다.

1997년 1월 1일부터 개정 형법에 의한 보호관찰이 시행되는 것에 대비하여 1996년 12월 12일 보호관찰법도 종전의 갱생보호법과 통합하여 「보호관찰 등에 관한 법률」(법률 제5178호)로 전면 개정되었다. 보호관찰제도 집행에 관한 주요내용은 이 법률 개정에 의하여 구체화되었다고 평가할 수 있다. 이는 지역사회와 여러 관련기관의 유기적 협력을 통해 범죄를 예방하는 사회내처우가 주된 형사정책의 하나로 확고히 자리 잡게 된 것을 의미한다.

이 법률 개정을 통해 모든 성인형사범에 보호관찰이 확대되는 기본적인 법적 틀이 완비됨으로써, 보호관찰제도 발전의 획기적인 전기가 마련되었다. 또한 유권적 사회내처우에 관한 「보호관찰법」과 임의적 사회내처우에 관한 「갱생보호법」을 하나의 법률에 통합하여 사회내처우의 일원화를 시도하였다.

3. 보호관찰 대상자의 급증과 2007년 「소년법」 개정

1997년 1월 1일부터 개정 형법이 시행되면서 집행유예에 보호관찰이나 사회봉사·수강명령이 병과되는 사건이 급격히 늘어났다.

보호관찰 대상자가 소년범 중심이었던 1996년까지 한 해 최고 6만여 건이었던 보호관찰 사건 수는 성인범 확대 첫 해인 1997년 한 해 무려 10만 건을 넘어서기에 이르렀다. 가장 많은 증가비율을 보인 것은 사회봉사명령 분야로 1996년 1만여 건이었던 것이 1997년 3만 건을 상회하였다. 이후 보호관찰사건은 연평균 14만-15만 건을 유지할 정도로 폭증하여 2007년에는 16만 5천 건을 넘어섰고, 직원 1인당 보호관찰 실시 인원은 평균 300~400명에 이를 정도였다.

이처럼 성인범 확대와 동시에 보호관찰제도가 조기에 정착하고 급격히 대상자가 늘어나게 된 것은 법원이 보호관찰·사회봉사·수강명령을 종래 무죄와 같이 여겨졌던 집행유예를 실질적인 형사정책 수단으로 활용할 수 있는 핵심 제도이자 재범방지에 효과적인 수단으로 인식하였기 때문인 것으로 평가된다.

선고유예와 집행유예의 조건으로 도입된 보호관찰제도는 성인 형사범에 대한 보호처분 제도 도입으로 활용범위를 넓히면서 더욱 확대되기에 이른다.

한편, 2007년 12월에는 「소년법」이 큰 폭으로 개정되어 2008년 6월 22일부터 시행되었다. 주된개정 사항은 다음과 같다. 첫째, 「소년법」 적용연령을 20세 미만에서 19세 미만으로 낮추었다. 둘째, 촉법소년과 우범소년의 연령을 12세 이상에서 10세 이상으로 하향 조정하였다. 셋째, 구 「소년법」상 7개이던 보호처분을 10개 유형으로 늘려 다양화 하였다. 넷째, 사회봉사명령 대상 소년 연령을 기존 16세 이상에서 14세 이상으로, 수강명령은 16세 이상에서 12세 이상으로 낮추었다. 다섯째, 종래 사회봉사명령과 수강명령은 보호관찰에 병합하는 방법으로만 부과할 수 있었으나 이를 독립적으로 부과할 수 있도록 하였다. 여섯째, 사회봉사명령 상한시간은 200시간으로, 수강명령 상한시간은 100시간으로 일원화하였다. 일곱째, 보호자 교육이 부가처분으로 신설되었다.

4. 성폭력 등 고위험범죄자에 대한 특별 범죄예방정책

(1) 전자감독제도 도입과 확대발전

전자감독제도는 1980년대 미국에서 처음 시작된 후 세계적으로 외출제한명령 curfew order, 특정장소 출입금지명령 exclusion order이 준수사항으로 부과된 보호관찰 대상자의 명령 이행여부를 감독하기 위해 도입된 것이다. 이 제도는 형벌 대체 보호관찰 또는 가석방이나 집행유예의 조건으로 부과되는 보호관찰의 보조수단으로 사용되어 왔으며, 사회내처우가 구금형의 폐해를 줄이고 과밀수용의 문제점을 해결하는 방안으로 널리 활용되는 데 기여하였다.

우리나라에서는 2005년 4월 당시 한나라당 대표가 연설에서 "성폭력범죄자에 대해 전자발찌를 채워서라도 성폭행 범죄를 근절시키겠다."고 발표하면서 주목을 받게 되었다. 2006년 초 서울과 용인에서 발생한 초등학생 성폭력 살해 사건을 계기로 법률안의 심의가 본격화되었다. 2007년 국회 본회의에서 법무부의 수정안이 통과되어 「특정 성폭력범죄자에 대한 위치추적 전자장치 부착에 관한 법률」이 2007년 4월 27일 공포되었다. 전자감독제도는 우리나라에서 기존의 보호감호, 치료감호와 같은 자유박탈적 보안처분 이외에 범죄인이 수용시설에서 석방된 이후에 지속적으로 생활상을 감독하는 자유제한적 보안처분이 본격적으로 도입되는 이정표가 되었다. 기존의 우리 형사사법체계는 아무리 재범위험성이 높은 중범죄자라

하더라도 자유를 박탈하여 사회에서 격리한 후 일정기간이 지나면 석방하여 사회 내에서 완전히 자유로운 상태로 지내도록 할 수 밖에 없고, 이들의 재범위험성을 낮추기 위한 개입을 할 방법이 없었다.

(2) 성폭력범죄자 성충동 약물치료제도 시행

남성의 성적행동에는 테스토스테론과 같은 남성호르몬이 중대한 영향을 미친다. 약물치료제도는 성폭력범죄를 저지른 성도착증 환자로서 성폭력범죄를 다시 범할 위험성이 있다고 인정되는 19세 이상의 성폭력범죄자에 대하여 약물투여와 함께 심리치료 등의 방법으로 도착적인 성기능을 일정기간 약화 또는 정상화시키는 제도이다.

1900년대 후반 유럽 국가들은 본인 동의에 따라 약물을 투여하여 성폭력범죄자 체내의 남성호르몬을 거세 수준까지 떨어뜨리는 치료(화학적 거세)를 시행하여 왔다. 1996년 미국 캘리포니아 주에서 2회 이상 13세 미만 아동을 대상으로 성폭력범죄를 저지른 자에 대해 동의 없이 약물치료를 시행하는 제도를 도입하였고, 이후 아이오와주, 몬태나주, 루이지애나주, 플로리다주, 위스콘신주 등이 이 제도를 채택하였다.

우리나라에서는 2008년 6월 「상습적 아동성폭력범의 예방 및 치료에 관한 법률」이 국회에 발의 되면서 최초로 성폭력범에 대한 약물치료가 논의되기 시작하였다. 이 법률안은 주목을 받지 못하다가, 2010년 2월 발생한 김길태 사건과 같은 해 6월 초등학교 운동장에서 8세 아동을 납치하여 자신의 집으로 데려가 성폭행한 김수철 사건을 계기로 심의가 급속히 진행되어, 2010년 6월 30일 국회 본회의에서 「성폭력범죄자의 성충동 약물치료에 관한 법률」이라는 제명으로 의결되어 2011년 7월 24일부터 시행되기에 이르렀다.

(3) 성범죄자 신상정보제도

우리나라의 성범죄자 '신상등록 공개·고지제도'는 단기간 내 상당히 많은 변화를 겪어왔다. 우리나라 성범죄자 신상공개제도는 2000년 청소년보호위원회가 「청소년 성보호법」에 근거, 청소년 대상 성매수자의 신상정보를 계도문으로 공개하는 형태로 최초 시행되었다. 그 후 2008년 같은 법이 개정되어 청소년 대상 성범죄를 저지른 성범죄자에 대해 법원의 선고에 의해 등록 및 열람대상자가 결정되도록 변경되었고, 2010년에는「청소년성보호법」이「아동 · 청소년 성보호에 관한 법률」로 법명이 개칭 되면서, 정보통신망을 이용한 적극적 정보공개인 현행 공개제도가 도입되었다.

　　2011년에는 성범죄자의 거주지역에 성범죄자의 신상정보를 직접 우편으로 고지하는 신상정보 고지제도가 시행되었다. 같은 해「성폭력범죄의 처벌 등에 관한 특례법」개정으로 신상정보의 등록, 공개 · 고지제도가 성인대상 성폭력범죄로 전면 확대 되었으며, 법무부가 그 주관부처가 되었다. 이에 따라 신상공개제도의 이원화, 즉 아동 · 청소년 대상 성범죄에 대한 공개 · 고지는 여성가족부에서, 성인 대상 성범죄자에 대한 공개 · 고지는 법무부에서 담당하게 되었다. 2013년에는 이러한 이원화체제가 재개편되어, 전체 성범죄자의 등록업무는 법무부에서, 공개 · 고지업무는 여성가족부에서 실시하도록 관련 법률이 개정되었다.

5. 법무부 범죄예방정책국의 출범

　　보호관찰, 소년원, 치료감호 등의 교정정책 이외의 범죄예방정책을 총괄하는 법무부 조직의 명칭은 1981년 1월 9일「법무부직제」에 따라 보호국이 설치된 이래 변동이 없었으나, 2008년 2월 29일「법무부와 그 소속기관 직제」개정으로 보호국이 '범죄예방정책국'으로 변경되었다.

　　이는 종래의 보호국 명칭이 범죄인에 대한 개입을 통한 범죄예방 업무 전반을 총괄하는 부서의 성격을 명확히 드러내는데 한계가 있다는 반성적 고려에 따른 것이다. 범죄예방정책국의 출범은 특별예방과 일반예방을 아우르는 명실상부한 정부 내 범죄예방정책 총괄부서로 자리매김해 나갈 미래적 전망을 담고 있는 변화라고 할 수 있다. 이로써 명실상부하게 범죄예방정책 분야가 형성되었다고 할 수 있다.

제 3 절 범죄예방정책의 방향과 범죄예방정책학

1. 범죄예방정책의 방향

최근 우리사회의 범죄문제와 이에 대한 대책에 대해서는 많은 논란이 야기되고 있다. 부산 청소년 폭력사건 후 국민신문고 등을 통해 계속 국민적 관심이 고조된 소년법 개정 문제와 춘천과 전주소년원에서 발생한 소년원 내에서의 의료처우 부실문제 그리고 조두순 출소임박을 계기로 전자감독제도에 대한 개선요구 등이 그것이다. 또한 조현병 환자 등 정신질환자의 연이은 강력범죄로 인하여 국민들은 이에 불안을 느끼며 특단의 대책을 요구하고 있다.

먼저, 「소년법」 개정은 흉폭화 저연령화 되어가고 있는 청소년 범죄에 대한 처벌을 강조하는 국민의 법감정과 소년의 건전한 육성과 보호를 목적으로하는 소년법의 취지 그리고 외국의 입법례 등을 종합적으로 검토하는 입법이 필요하다.

그리고 성폭력범죄자의 재범방지 등의 목적으로 활용되고 있는 전자감독제도의 개선을 위해, 시스템적으로는 휴대장치의 기능을 전자발찌와 통합한 일체형전자발찌 개발과 범죄징후를 사전에 알려주는 지능형 전자발찌의 개발이 필요하다. 그러나 전자발찌는 만능이 아니기 때문에 이를 보완하기 위해서는 대상자의 심성을 순화시키고 취업이나 주거지원 등을 통해 환경을 변화시키는 노력이 함께 병행되어야 한다.

최근 10년간 우리나라 형사사법에는 엄청난 변화가 있었다. 대부분의 변화는 사회내처우의 확대를 수반하고 있다. 전자감독, 형기종료 후 보호관찰, 성충동 약물치료 등 중범죄자의 출소 후 관리감독이 제도화되었다. 이는 위험사회로부터 안전을 갈망하는 국민의 여망에 따른 것이다.

한편, 벌금미납 노역장 유치 대체 사회봉사, 치료명령제도, 벌금형 집행유예제도와 같은 형벌 완화적 방향으로의 사회내처우 활용도 확대되고 있다. 또한, 인구감소 추세 속에 비행소년의 재범방지도 매우 중요한 과제이다.

이러한 시대상황은 범죄예방정책의 근본적 변화를 요구하는데, 이는 다양한 제도 개선과 함께 엄정하고 효과적인 성과평가를 통해 실현될 수 있다. 범죄인의 사회적응과 재범방지를 위해 우리 사회의 인식이 어떻게 변화되어야 하는지, 그것을 어떻게 성취할 것인지에 대한 관심이 어느 때보다 필요한 시점이다. 어떠한 제도가 어떤 방향으로 개선되어야 할지, 그것을 어떻게 평가할 것인지에 대해서도 충분한 경험과 전문성을 갖고 정책의 방향을 설정할 필요가 있다.

이 책은 이러한 형사정책의 커다란 변화의 흐름 속에서 사회내처우를 중심으로 하지만, 이에 국한되지 않고 다양한 스펙트럼을 가지고 있는 범죄예방정책을 정리하고 이에 대한 학문적, 실제적 발전방향을 모색함에 있어 기여하기 위하여 집필되었다. 필자를 비롯한 공저자들은 앞으로 우리사회의 범죄예방정책이 범죄인의 격리는 최소화하면서 범죄의 격리는 최대화하는 선진적 범죄대책으로 발전하기를 기대한다.

2. 범죄예방정책학의 범위와 연구주제

범죄예방정책은 범죄인의 재범을 방지함으로써 국민들의 안전에 실질적으로 기여하는 법무행정의 중요 분야이다. 정부 부처에서 이 업무를 전담하는 곳은 법무부의 범죄예방정책국이다. 범죄예방정책국의 업무영역은 일반인을 대상으로 하는 1차 범죄예방에서부터 범죄 전력자의 재범방지를 위한 특별예방인 3차 예방까지 다양하다. 즉, 범죄예방정책업무는 보호관찰, 소년원생 등의 재범방지라는 특별예방기능 뿐 만 아니라, 일반시민들과 잠재적 범죄자들에 대한 법교육 등 일반예방기능도 수행한다. 이러한 다양한 분야를 관통하는 하나의 키워드는 '범죄인의 재범률 감소'라고 할 수 있다.

결국 '범죄예방정책학'은 주로 범죄인의 재범률 감소를 위한 다양한 범죄예방정책을 학문적 연구대상으로 한다. 물론 올바른 학문적 정체성의 확립을 위해서는 향후 보다 심층적이고 면밀한 논의가 더 필요하지만, 이 책에서는 우선 범죄예방정책국의 업무분야를 주로 다루면서도, 유사한 명칭과 내용으로 경찰, 교정, 지자체 등 타 영역에서도 관여하고 있는 것까지 함께 다루어 외연을 확장하고자 한다. 예를 들면, 이 책에서 지자체, 경찰 등에서 시행하고 있는 셉테드의 내용을 소개하는 것이 대표적 사례이다.

최근의 범죄예방정책은 전자감독, 치료명령 등 다양한 신제도 도입에 따라 많은 변화를 겪고 있다. 이는 형사정책의 패러다임이 보호관찰, 전자감독 등 사회내처우를 중시하는 경향으로 변화하고 있기 때문이다. 그러나, 소년사법과 보안처분으로서 치료감호 역시 여전히 그 중요성이 강조되고 있다.

이러한 시대적 흐름 속에서 범죄예방정책학이 앞으로 매진해야 할 학문적 이슈는 크게 다음과 같은 4가지이다.

첫째, 재범률 감소가 무엇보다 중요한 이슈이다. 특별예방적 기능인 재범률 감소는 범죄예방정책의 가장 핵심적 기능인데, 이를 위해서는 보호관찰대상자, 소년원생 및 피치료감호자에 대한 효과적인 지도감독 및 심리치료가 중요하다. 특히 전자감독 대상자들의 재범을 선제적으로 방지하기 위해 이전의 범행내용이나 수법, 이동경로 등의 빅데이터를 분석하여 지도감독에 적극 활용하는 것도 필요하다.

둘째, 범죄예방정책의 운영에 있어서 정부주도의 형벌집행 방법에서 탈피하여, 국민참여를 촉진하고 민간의 다양한 경험을 활용할 수 있는 민간개방과 민간위탁의 확대에 대한 연구가 필요하다.

셋째, 범죄예방정책의 시행에 있어서는 통제와 관리중심의 범죄인 관리방식에서 치료와 재활중심으로 프로세스의 전환에 대한 정책적 제안이 요구된다. 치료와 재활을 중심으로 접근하는 방식이 효과를 거두기 위해서는 범죄인의 재범 위험요인을 완화하기 위한 문제해결중심의 상담이나 재범위험성평가 등에 대한 보다 심층적인 논의가 있어야 한다. 이와 관련해서 성충동 약물치료나 치료감호제도가 본래적 기능을 수행할 수 있도록 인권친화적으로 치료환경을 개선하는 것도 주요한 연구주제이다.

마지막으로 범죄예방정책을 집행하는 보호관찰관이나 소년원 교사 등의 업무 전문성을 강화하고 직무만족도를 향상시키는 연구 노력도 요구된다. 현재 범죄예방정책 업무에 종사하는 공무원 1인이 관리감독하는 범죄인 및 비행청소년의 평균 숫자는 선진국의 5.5배나 되는 실정이다. 이들 종사자의 업무부담을 경감시켜고 전문성을 강화하기 위한 다양한 연구가 필요한 시점이다.

제 **2** 장 범죄학 이론과 범죄예방정책

　　범죄학 이론은 범죄예방정책을 제시하는 근간이 된다. 어떤 범죄학 이론을 갖고 있느냐에 따라 그에 상응하는 예방정책도 달라지는 것이다. 예를 들어, 인간의 합리성을 믿고 있는 고전주의 범죄학을 지지한다면, 범죄예방정책 역시 형벌의 엄격성과 확실성, 신속성 등을 강조하는 강경대응 정책get-tough policy 분위기가 만들어질 것이다. 만약 일부 범죄학자들이 실증주의 범죄학을 더 강하게 주장한다면, 범죄를 유발시킨 요인을 체계적으로 규명하여 인간의 합리성이나 자유의지보다는 그 해당 원인에 기반을 둔 특정 범죄예방정책을 고수하게 된다.

　　다시 말해 효과적인 범죄예방을 위해서는 인간이 "왜 범죄를 저지르는가?"에 대한 진지한 성찰과 고민이 먼저 필요하다고 하겠다(황의갑 외, 2011: 15). 많은 범죄원인론을 어떻게 해석하고 특정 범죄학 이론을 실무 범죄예방정책에 어떻게 적용하느냐에 따라 해당 범죄예방정책의 효과성 평가 결과가 달라지고, 범죄자의 행동 수정 결과도 달라진다. 즉, '왜'라는 질문을 먼저 해결해야만 '어떻게' 개입할 것이냐의 답을 찾을 수 있다. 이런 의미에서 범죄원인에 관한 범죄학 이론에 대한 검토는 범죄예방의 기초를 이루는 가장 중요한 부분이라고 본다.

　　범죄예방 대책에서 범죄학 이론이 더욱 중요하게 다루어져야 하는 이유는 추가적으로 아래와 같은 세 가지 중요성 논거로 정리해 볼 수 있다.

　　첫째, 범죄학 이론은 실무자들의 범죄예방 활동을 올바른 방향으로 이끌어주는 하나의 나침반 역할을 할 수 있다. 만약 낙인이론과 상징적 상호작용주의 범죄학이 강조된다면, 형사사법 시스템의 활동 및 범죄예방대책은 삼진 아웃three strike out과 같은 처벌주의식 접근보다는 '비범죄화decriminalization' 혹은 '전환diversion' 정책으로 순회하게 될 것이다. 나침반이 가리키는 방향이 어디냐에 따라 경찰−검찰−법원−교정−관련 범죄예방 유관기관들의 활동이 달라지는 것이다.

　　둘째, 범죄학 이론을 바탕으로 범죄문제 해결 전략 및 범죄자 처우 활동들이 더욱 합리적으로 운영될 수 있다. 즉, 특정 범죄학 이론이 있어야만 구체적인 범죄예방 프로그램 및 활동을 설계할 수 있다는 의미이다. 특정 범죄학 이론을 근거로 구체적인 범죄예방 활동 내용을 수립할 수 있고, 관련 이론적 틀을 통해 개입활동을 평가할 수 있다. 범죄학 이론이 '왜' 라는 답을 보여주기에, 범죄예방정책 역시 핵심 활동 내용을 구체화할 수 있는 것이다.

셋째, 범죄학 이론은 특정 활동을 평가하고, 범죄예방분야의 정책과 제도의 도입 및 변화를 이해하고 대응하는 주요한 지식기반이 마련된다. 최근 대두되고 있는 많은 범죄예방정책은 근거-중심의 활동Evidence-Based Activities을 기반으로 한다. 효과성이 있는 예방정책만이 지속적인 지원을 받아 형사사사법 시스템 내에서 살아남을 수 있기에, 특정 범죄학 이론은 사후 범죄예방 정책 효과성을 평가, 결정짓는 핵심 프레임 역할을 한다고 볼 수 있다(황의갑 외, 2011: 24).

범죄학 이론은 크게 신고전주의와 실증주의의 두 가지 큰 패러다임으로 나누어진다. 전자는 고전주의 범죄학에 영향을 받은 것으로서, 비결정론적 관점에서 인간의 합리적 이성과 그 결과인 범죄행위 책임성을 강조한다. 이 범주의 가장 대표적인 것이 억제이론과 합리적 선택이론, 그리고 신고전주의 범죄학이다(황의갑 외, 2011: 181).

억제이론deterrence theory에서는 인간은 범행을 결정하기 전에 처벌가능성을 사전에 고려하고 치밀하게 계산하는 능력이 있다고 본다(황의갑 외, 2011: 161; 박상기 외, 2009: 67). 이는 범죄를 포함한 모든 인간행동이 자유의지와 합리적 판단능력을 바탕으로 이루어진다고 주장하는 고전주의 범죄학을 바탕으로 하는 것이다. 따라서 처벌에 의한 일반적인 위하효과, 즉 일반예방을 중시하며 범죄대책에 있어서도 범죄행위에 초점을 두고 '형벌'의 부과를 강조한다(조흥식·이형섭, 2014: 91). 따라서 이 범주에 속하는 이론은 자유형의 집행, 즉 엄격한 형벌의 집행을 특히 강조하게 된다.

한편, 후자에 해당하는 실증주의 범죄학은 근대 사회과학의 발전에 따라 범죄행위의 실증적인 원인을 찾으려는 하나의 큰 철학으로 볼 수 있다. 범죄행위보다는 '범죄자' 자체에 관심을 갖고, 범죄원인을 일으킨 특정 원인을 찾으려는 연구 방법 개발에 초점을 둔다. 실증주의 범죄학은 개인내적 측면에 범죄 발생 원인을 두기도 하고, 때로는 사회구조적 측면에서 범죄 원인을 찾을 수도 있다. 중요한 것은 범죄대책에 있어서 범죄자의 개별적 위험성에 초점을 두어 일반예방보다는 특별예방인 '보안처분'에 더 큰 관심을 두는 경향이 있다(황의갑 외, 2011: 232).

실증주의 범주에 속하는 많은 범죄학 이론들은 최근에 도입된 치료명령 등의 주요한 이론적 배경으로 활용되고 있다. 범죄예방정책의 수립에 많은 영향을 미치는 실증주의 범죄학 이론을 검토하여 보다 과학적이고 체계적인 범죄예방정책을 수립할 필요가 있다. 이하 신고전주의 범죄학 이론으로 최근 대두되고 있는 합리적 선택이론과 셉티트^{CPTED} 관련 범죄학 이론을 간략히 살펴보고, 다양한 실증주의 범죄학 이론들을 검토해 보도록 한다.

제 2 절 고전주의 범죄학과 합리적 선택이론

고전주의 범죄학^{Classical Criminology}은 18세기 계몽주의 철학에 영향을 받은 범죄학 사조를 말한다. 인간에게는 기본적으로 자유의지^{free will}가 있고, 합리적으로 상황을 판단하여 자신에게 이익이 되는 것을 고를 수 있는 능력이 있으므로 이 학파에서는 형벌의 비례성, 엄격성, 정당성 등을 중요하게 다룬다. 행형 개혁운동이 일어난 것도 바로 고전주의 범죄학을 기반으로 한 사회변화 움직임이 있었기 때문이라고 하겠다(황의갑 외, 2011: 178).

합리적 선택이론^{rational choice theory}은 고전주의 범죄학을 기반으로 한 것인데, 기본적으로 인간이 자신의 잠재적 쾌락을 극대화시키고, 잠재적 고통은 최소화시키려는 본능이 있다고 본다. 즉, 이 이론은 경제이론의 '기대효용^{expected utility}' 법칙에 기초하고 있으며, 인간은 범죄로 인하여 얻게 될 효용(이익)과 손실의 크기를 주관적으로 비교하여 범행여부를 결정하는 존재라고 보는 것이다(박상기 외, 2009: 76).

합리성의 정도가 개인별로 상이하여 주관적이라는 맹점이 있지만, 어떻든 간에 범죄자의 범죄행동 결정 선택은 경제적 기회, 학습과 경험, 범죄의 유형, 범죄의 시간과 장소, 범행대상의 분석 등 수많은 요인에 영향을 받아 나름 합리적으로 결정된 사항이다(황의갑 외, 2011: 187; 박상기 외, 2009: 76).

다시 말해 완전한 합리성을 가정하기는 매우 어려운데, 예상되는 행위의 결과에 대한 완전한 합리적 계산은 거의 찾아보기 쉽지 않은 것이 사실이다. 범죄자들은 체포를 피하려고 하지만, 그들은 범죄에 따른 법적 제재에 관하여 생각하지 않고 부정적인 결과보다는 긍정적 결과를 주로 생각하는 경향이 강하다(Tunnell, 1990). 이에 따라 합리적 선택이론가들은 순수한 합리적 계산모형을 고수하지 않고, 대신에 정보의 부족, 도덕적 가치, 다른 요소들로 인한 선택의 한계와 제한을 고려하는 '부분적 합리성' 모형을 발전시키는 연구를 시도하고 있다(Akers & Sellers,

2005: :59-60).

　　합리적 선택이론이 범죄예방에서 가지는 정책적 시사점은 기본적으로 억제 이론의 정책적 의의와 매우 유사하다. 단지, 최근의 신고전주의 범죄학에서는 "어떤 특성의 범죄자가 합리적 선택이론에 더 잘 해당하는가?"에 대한 논의가 크게 일고 있다고 볼 수 있다. 그리고 신고전주의 입장에서는 통합주의적 시각에서 주변 범죄 환경, 여건, 상황 등을 고려하는 절충 모델이 새롭게 논의되고 있다(황의갑 외, 2011: 185). 예를 들어 시설물 강화target hardening 전략이 이루어진 주거지는 범행대상이 될 가능성이 낮다고 볼 수 있는바, 이 경우에는 '셉티드CPTED: crime prevention through environmental design', 즉 '범죄예방을 위한 환경디자인'의 정책적 가치가 특히 신고전주의 차원에서 높게 평가된다고 하겠다. 고위험범죄자를 사전에 탐지하고, 이들에 대하여 지역사회의 역량을 집중적으로 강화시키는 것도 신고전주의 범죄학이 가진 중요한 정책적 시사점이 될 수 있다.

제 1 절　실증주의Positivism 범죄학 이론과 시사점

1. 생물학적 범죄이론Biological Criminology과 성충동 약물치료

　　롬브로조Cesare Lombroso로 대표되는 초기 생물학적 범죄학 이론은 오늘날 순수한 전통생물 범죄학이 아닌 '생물사회학Bio-Sociological Criminology'이라는 통합이론으로 변화, 발전해 가는 추세에 있다(황의갑 외, 2011: 268). 이론 초기에는 나쁜 종자이론(Bad Seed Theory)으로 불리면서 특정 가족 내 유전인자가 반복된 범죄행위의 원인라고 보았고, 해당 이론이 정치적으로 악용되기도 하였다(황의갑 외, 2011: 242).

　　1920년대와 1930년대를 거치면서 '인종차별주의'라는 비판을 받으며 초기의 생물학적 범죄학이론은 차츰 쇠퇴의 길을 걸었는데, 이 이론은 사실, 1940년대를 기점으로 2차 대전의 상흔 등으로 역사적으로 미국 사회학자들에 의해 금기시되는 이론으로까지 저평가되기도 했다(Wright & Miller, 1998).

　　그러나 최근 눈부시게 발전한 정신의학이나 생리학의 연구결과들을 바탕으로 현대적인 생물학적 범죄이론으로 진화되었다(Wright & Miller, 1998). 현대의 생물학적 이론들은 유전학 · 뇌과학 · 신경학 · 생화학에서 새롭게 발견된 진보적 지식에 기초하고 있는바, 이를 가리켜 생물사회학 범죄학이론으로 지칭할 수 있다(Akers & Sellers, 2005: 91).

생물학적 범죄 원인에 관한 연구는 매우 다양한데, 주요 연구주제는 ① 유전과 범죄, ② 염색체 이상, ③ 생리적 증후군, ④ 남성 테스토스테론, ⑤ 영양과 식습관, ⑥ 신경전달물질의 기능, ⑦ 뇌기능 장애, ⑧ ADHD, ⑨ DNA, ⑩ 환경 신경독소 등의 분야들이다(황의갑 외, 2011: 248). 이 중에서도 범죄예방정책의 변화와 관련하여 최근에 주목할 만한 것이 바로 '남성 테스토스테론 수치'에 관한 연구이다. 이는 성충동 약물치료(소위 '화학적 거세') 제도 도입의 주요한 이론적 근거가 되었다.

생화학물이란 인간의 내분비선에서 생성되는 호르몬 등의 각종 분비물을 일컫는데, 이러한 인체 내 생화학물의 불균형 상태가 사람들의 신체반응이나 정신활동에 중요한 영향을 미칠 수 있다는 견해가 20세기 들면서 많은 학자들에 의해 받아들여졌다(박상기 외, 2009: 116). 호르몬의 불균형과 범죄발생의 관련성에 있어서 일반적으로 인정되고 있는 것은 월경전증후군PMS: premenstrual syndrome이다.[1]

이외에도 남성의 2차 성징을 만들어내는 주된 호르몬인 테스토스테론은 범죄인의 폭력성과 관련된 것으로 알려지기도 했는데, 테스토스테론 수치에서 개인적인 차이는 주로 유전적 형질인 것으로 알려져 왔다(황의갑 외, 2011: 252). 일부 경험적 연구결과는 통계적으로 유의미한 결과를 발견하였다. 남성호르몬이 성적활동을 증가시키는데 영향을 미친다거나(Udry, 1988), 폭력적 남성 성범죄자의 호르몬 수치가 높다는 연구결과(Reiss & Roth, 1993) 등이 보고되었다(Akers & Sellers, 2005: 98). 과도한 테스토스테론 수치와 관련하여 주목할 것은 운동선수들이 주로 사용하는 아나볼릭 스테로이드에 관한 것이다. 스테로이드의 과다한 사용은 분노와 공격성을 높인다는 과학적 증거가 나타났다(황의갑 외, 2011: 253).

최근 성폭력범죄를 해결하기 위하여 그동안 많은 연구와 정책적 시도가 이루

---

[1] 대략 7명 중에 1명의 여성은 일상생활에 지장이 있을 정도로 심각한 생리통을 경험한다고 한다. 영국의 돌턴(Dalton)이나 사회생물학의 저명한 이론가인 피시바인(Fishbein) 등에 의해 수행된 여러 연구에서 일부 여성들이 이 같은 상태로 인하여 범죄뿐 아니라 여러 가지 비정상적인 행동을 한다는 것을 보고한 바 있다(Siegel, 2008: 161). 월경전증후군은 프랑스에서는 형사책임감경의 사유 중 하나로 인정되었으며, 정도의 차이는 있지만 영국과 미국의 일부 법정에서도 형사책임 감경사유로 인정받은 판례가 있다(황의갑 외, 2011: 253−254).

어져 왔다. 우리사회에서도 특히 지난 10여 년간 성범죄 증가와 흉포화에 대한 불안이 확산되어 특단의 대책을 요구하는 목소리가 높아졌다. 이에 따라 다양한 제도들이 시행되어 왔는데, 대표적으로 전자발찌를 통한 위치추적제도, 신상공개·고지제도, 성충동약물치료(화학적 거세) 등이 있다(황의갑 외, 2011: 259).

최근 2011년 성충동 약물치료가 위와 같은 생물학적 범죄이론, 특히 과도한 남성 호르몬 수치와 성범죄의 관련을 바탕으로 새로운 정책으로 입안되었다. 이 제도는 이는 성욕과 성적행동을 감소시키기 위하여 성욕억제약물anaphrodisiac drugs을 통하여 테스토스테른 수치를 인위적으로 낮추는 것을 의미하며, 이들 약물은 남성 호르몬인 테스토스테론 생성을 억제해 성충동을 줄여주는 역할을 한다.[2]

그러나 이러한 의료적 조치는 약간의 개인들에게만 효과가 있고 전체적인 범죄인에게 적용하기는 어려우며, 도입 당시 찬반 논의도 매우 첨예한 편이었다.[3] 우리나라의 현행 「성충동 약물치료 등에 관한 법률」 제2조 제3호는 "성충동 약물치료란 비정상적인 성적 충동이나 욕구를 억제하기 위한 조치로서 성도착증 환자에게 약물 투여 및 심리치료 등의 방법으로 도착적인 성기능을 일정기간 동안 약화 또는 정상화하는 치료를 말한다."고 규정하고 있다.

2. 사회구조주의 이론Social Structure Criminology과 정책적 시사점

(1) 사회구조주의 범죄학 이론

사회구조주의 범죄학Social Structure Theories은 범죄 원인을 설명하는 방식이 거시

---

2   화학적 거세에 사용되는 약물은 주로 전립선 암 치료제로 쓰이는 루프롤라이드, 고세렐린, 프킵토렐린 등으로서, 전문의의 판단에 따라 1개월, 3개월, 6개월에 한번 씩 투여한다. 화학적 거세는 일반적으로 약물의 투여가 지속되지 않으면 이전의 상태로 되돌아간다고 알려져 있다. 생명을 위협할 정도의 부작용은 적은 것으로 보고되나, 몇몇 사용자들에게는 지방축적, 골밀도 감소 등의 부작용을 보였으며, 장기적으로 심혈관계 질환과 골다공증을 일으킬 위험을 증가시킬 수 있는 것으로 나타났다. 또한 일부는 남성의 유방비대증(gynecomastia)을 일으켜 여성화 효과를 경험하기도 하는 것으로 보고되었다.

3   또한 범죄의 통제를 위해서는 장기간의 격리구금과 무력화만이 효과적인 수단이 된다(Akers & Sellers, 2005: 110). 예를 들면, 폭력적 성향이 있는 사람들에게 할돌(Haldol), 스텔라진(Stelazine), 프롤릭신(Prolixin), 리스페달(Risperdal) 등 신경전달물질의 조절을 돕는 향정신병약으로 치료하는 경우를 볼 수 있는데, 이를 종종 화학적 구속(chemical restraints)이라고 부른다(Siegel, 2008: 166).

적 분석 단위를 주로 활용하는 이론들을 지칭한다(황의갑 외, 2011: 279). 여기에 해당하는 이론들은 사회의 산물로 비행과 범죄행동을 묘사하며 주로 빈곤, 실업상태, 교육 부족 등의 구조적 형태에 범죄 원인이 있다고 본다. 이러한 시각에 봤을 때 사회적으로 불우한 구성원들 사이에서 범죄비율이 상대적으로 높다고 할 수 있다. 대표적인 사회구조주의 범죄학이론으로는 사회해체이론, 긴장이론, 문화적 일탈이론 등이 있다.

먼저, 사회해체이론은 1920~30년대에 시카고 청소년연구원의 사회학자인 쇼우와 맥케이(Shaw & McKay, 1942)의 도시범죄 및 비행연구에서 시작되었다. 생태범죄학에 속하는 그들이 주장은 기본적으로 해체되어 가는 도시지역에서의 생활이 범죄와 연결된다고 보았다. 이들은 당시 시카고 지역을 관찰하면서 도시지역 그리고 새로이 개발된 도심상업지역의 범죄율이 상대적으로 높다는 사실을 발견하였다(황의갑 외, 2011: 307).

특히, 도심지에 인접하여 주거지역에서 상업지역으로 변해가는 '전이지역zone in transition'에서는 거주민의 빈번한 전출입, 경제적 쇠퇴, 열악한 주거환경, 높은 결손가정의 비율, 알코올 및 약물남용의 만연 등의 문제가 나타나면서 사회해체social disorganization 문제가 심각하게 일어난다는 사실에 주목했다(황의갑 외, 2011: 305). 즉, 사회해체와 높은 범죄율이 긍정적 상관관계가 있다는 점에 관심을 가진 것이다(Akers & Sellers, 2005: 242-243).

사회해체이론에서는 더 나아가 특정 개인이 갖고 있는 부정적 특성이 범죄를 유발시키는 것이 아니라, 지역사회가 안고 있는 환경적 특성과 집합적 효능감Collective Efficacy 상태가 법을 준수하는 일반인들에게도 부정적 영향을 미쳐 특정지역 내 범죄문제로 연결된다는 주장을 하게 되었다.

1938년 미튼Robert Merton은 뒤르껭이 제안한 아노미의 개념을 범죄학에 도입하여 미국 사회에서 수용 가능한 목표와 수단 간의 불일치를 의미하는 것으로 사용하였다(박상기 외, 2009: 151). 머튼은 이러한 수단-목표 괴리에 따른 긴장에 적응하는데, ① 동조, ② 혁신, ③ 의례, ④ 은둔, ⑤ 반역 등의 5가지 유형을 제시하였다(Akers & Sellers, 2005: 250; Siegel, 2008: 229-230). 범죄의 관점에서 동조형과 의례형은 문제가 되지 않으며, 법집행기관이 주목하는 유형은 혁신형, 은둔형 그리고 반역형이다(황의갑 외, 2011: 288-289).

반면, 일반긴장이론(아노미이론)에서는 실패한 열망의 부산물인 스트레스, 좌절, 긴장, 분노 등과 같은 부정적 감정이 규범 위반의 가능성을 증가시킨다는 '심리학적 설명'을 사회구조주의에 가미하게 되었다(황의갑 외, 2011: 299). 이 이론은 미국 사회의 높은 범죄율과 하층 주거지역 및 소수집단의 범죄 집중현상을 설명하는데 매우 유용한 것으로 나타났다(Akers & Sellers, 2005: 248). 애그뉴(Agnew, 1992)가 제시한 이 '일반긴장이론General Strain Theory'은 사회구조주의를 바탕으로 일부 심리학적 요소를 절충한 통합적 범죄학 이론으로 볼 수 있다. 머튼과 달리 애그뉴는 하류층 범죄에 국한하지 않고 스트레스와 긴장을 느끼는 다양한 계층의 개인이 범죄를 저지르기 쉬운 이유를 이 이론으로 간단 명료하게 설명하였다(Siegel, 2008: 233). 그는 범죄성은 분노·좌절·우울과 같은 '부정적 감정negative affective states'의 결과라고 보았고, 이것은 하위계층에 한정된 문제만은 아니라고 보았다.[4]

비행하위문화론은 코헨이 1955년 「비행소년Delinquent Boys」을 통해서, 특히 하위계층 남자 청소년들 사이에서 발견되는 비행 하위문화에 관심을 가졌다(황의갑 외, 2011: 301). 미국 하류층 청소년은 의상, 행동, 학식 등에서 중산층에 못 미침에 따라 '지위좌절status frustration'을 경험하게 된다. 코헨은 최초로 좌절을 경험하는 곳은 학교인데, 비행하위문화는 이러한 좌절에 대한 하나의 '반동형성'으로 만들어진 결과로 보았다(Akers & Sellers, 2005: 252).

한편, 클라워드와 올린(Cloward & Ohlin, 1960)은 '차별기회differential opportunity'라는 개념을 통해 청소년의 비행을 비행하위문화와 기회 두 가지를 혼용해서 설명하였다. '차별기회'는 사회의 모든 계층에 속한 사람은 같은 성공목표를 공유하지만 하류층 사람들은 그 목표를 성취할 수 있는 수단이 제한되어 있다고 본 것이다(Siegel, 2008: 244). 동시에 준법행위로 나아가게 하는 기회가 차별적인 것과 마찬가지로 불법적인 기회 역시 하류층 청소년들에게 차별적이라고 볼 수 있다. 따라서 이 이론에서는 청소년들 사이에 일어나는 비행은 어떤 불법적 기회가 제공되었느냐에 따라 완전히 달라진다고 본다(Akers & Seller, 2005: 254).

---

4 그는 이러한 부정적 감정이 다음과 같은 긴장의 다양한 차원에서 생성된다고 주장하였다(Agnew, 1992). ① 긍정적 가치를 주는 목적달성의 실패, ② 기대와 성취 사이의 괴리, ③ 긍정적으로 자극의 제거, ④ 부정적 자극의 출현 등이 그것이다. 누구나 하나 이상의 이러한 긴장의 유형을 경험하게 되지만, 이것이 실제로 불법적 행동에 야기할 것인지는 개인의 판단에 달렸다. 다만, 긴장의 강도가 강하고 횟수가 많을수록 그 충격은 커지고 일탈에 빠질 가능성이 높아진다(조흥식·이형섭, 2014: 163).

(2) 사회구조주의 범죄예방 정책의 시사점

사회해체론은 우범청소년들이 왜 특정지역에 밀집하는가를 설명하는데 매우 유용하다. 따라서 이 이론이 가지는 범죄예방 정책적 함의는 범죄발생 비율이 높은 지역 내 공동체 차원의 비공식적 감독조직의 강화 필요성이라고 볼 수 있다. 비행 청소년이 학교 등 공식조직에 참여하는 것을 장려하는 다양한 교정프로그램의 시행이 필요하다. 범죄예방위원이나 소년보호위원 등 민간자원봉사자의 협업을 통하여 비행청소년 등의 다양한 사회적 참여 활동을 도모하는 것도 이 이론이 주는 주요한 정책적 시사점이다.

범죄예방정책의 관점에서는 긴장이론을 활용하여 육아휴가 · 변형근로 등 친가족 정책의 도입, 부모의 자녀훈육기술 훈련, 아동과 청소년에 대한 사회적 지원의 강화, 사회기술이나 대처능력 프로그램 등 가족과 학교 차원에서의 다양한 교정 개입을 지지한다(Akers & Sellers, 2005: 282).

한편, 클라워드와 올린(Cloward & Ohlin, 1960)의 관점은 1960년대 초 시작한 미국 케네디 행정부의 '빈곤과의 전쟁War on Poverty'을 일으키는 중요한 정책적 배경이 되었다(Siegel, 2008: 247). '빈곤과의 전쟁'의 일환으로 추진된 헤드스타트Head Start 등은 가난한 지역에서 공동체의 자부심과 연대의식을 형성하고 범죄에 취약한 청소년들에게 교육 및 취업기회를 제공해 범죄를 감소시키려는 노력의 결과물이었다. 지금도 이 이론에 입각하여 하위계층 청소년들이 일자리, 교육, 기술훈련을 통하여 합법적 성공기회를 증진시키는 것이 정책적으로 특히 중요하다고 볼 수 있다.

3. 사회과정주의 이론Social Process Criminology과 정책적 시사점

(1) 사회과정주의 범죄학 이론

사회과정이론은 한 개인이 어떤 절차를 거쳐 법을 위반해 가는 범죄자가 되는가를 설명하는 이론이다. 앞서 설명한 사회구조주의 범죄학이 거시적인 분석 단위를 사용했다면, 사회과정주의 범죄학은 범죄 원인을 설명하는 분석 단위가 '개인'에게 한정되어 있어 미시적 범죄 분석 단위를 활용하는 이론이다(황의갑 외, 2011: 333). 즉, 구조적 문제보다는 사회화 과정과 관련된 개인의 경험을 특히 강조하는 것이 사회과정주의 범죄학 이론이라고 볼 수 있다(Siegel, 2008: 266).

개인의 사회화가 범죄행위를 결정한다고 믿는 사회과정이론에는 크게 다음과 같은 세 가지 이론을 핵심 연구 주제로 다룬다. 첫째, 사회학습이론에서는 범죄성이 있는 친구로부터 범죄의 기술과 태도를 배우는데, 범죄는 일반적인 학습기제와 유사한 행위라고 본다(황의갑 외, 2011: 335).

둘째, 사회통제이론에서는 모든 사람은 잠재적 범죄인이지만, 사회의 유대와 같은 통제기제를 어린 시절에 획득한 사람은 범죄를 지연시킬 수 있는 통제 능력을 갖고 있다고 본다.

셋째, 사회반응이론에서는 사람들이 사회의 중요한 타자들로부터 '나쁜 사람'이라는 평가를 받게 되고 부정적인 낙인을 받게 되면, 범죄자 스스로도 자기 자신을 그런 나쁜 낙인찍힌 사람으로 받아들여 2차적 일탈이 지속된다고 본다(황의갑 외, 2011: 361).

사회과정이론의 첫 번째 유형은 범죄행위가 법위반의 가치나 규범, 범죄기술을 학습함에 따른 것이라고 보는 '사회학습이론'이다(황의갑 외, 2011: 324). 가장 대표적인 것은 서덜랜드의 '차별교제(접촉)이론'인데, 이에 의하면 범죄행위는 개인의 특성에서 비롯되는 것이 아니라 어떤 문화 환경에 놓인 개인에게 영향을 주는 학습과정의 결과이다(Siegel, 2008: 267). 에이커스와 버지스의 '차별강화이론'은 행동주의 심리학자들에 의해 발전된 조건형성의 학습 원리에 따라 서덜랜드의 차별교제이론을 재구성한 것으로서, 차별적 강화와 행동의 습득, 유지, 중단의 원리를 통합시킨 보다 광범위한 이론이다(Akers & Sellers, 2005: 135-136).

두 번째 유형인 사회통제이론은 기존의 범죄이론과는 다르게 '범죄의 발생원인'보다는 오히려 '규범에 순응하는 이유'를 찾으려고 한다. 허쉬(Hirsh)는 1969년 저술한 「비행의 원인Causes of Delinquency」에서 "우리 모두는 동물이다. 그러므로 자연스럽게 범죄행위를 저지를 수 밖에 없다."고 주장하였다(Akers & Sellers, 2005: 181).

허쉬는 개인이 사회와 유대를 맺는 방법으로 애착, 전념, 참여, 믿음의 네 가지를 제시하면서, 이 네 가지 요소에서 유대가 강하면 다른 요소에 있어서도 유대가 강화될 것이라고 주장하였다(조흥식·이형섭, 2014: 149).

최근에 갓프레드슨과 허쉬는 범죄인이 자기가 처한 상황과 상관없이 범죄를 피하려는 차별적인 성향이 '자기통제력'이며, 낮은 자기통제력을 가진 사람이 상대적으로 범죄를 저지를 가능성이 크다고 주장을 하게 되었다(Gottfredson & Hirshi,

1990: 89). 그들은 이 능력이 생후 여덟 살 전후에 형성되어 일생동안 안정적으로 유지된다고 보았다(황의갑 외, 2011: 362). 특히, 낮은 자기통제력의 근원은 비효과적이 불완전한 사회화, 특히 가정에서의 잘못된 자녀양육에 있다고 보았다(Akers & Sellers, 2005: 191). 인생 초기 8년 동안 효과적인 자녀양육이 이루어지지 않았을 때, 일탈행동이 일어나게 되고, 그 행동이 제대로 처벌되지 않는다면 자기통제력은 계속해서 낮은 수준에 머무를 수 밖에 없게 된다(황의갑 외, 2011: 367).

자기통제력이론에서는 낮은 자기통제력이라는 핵심 개념을 ① 충동성, ② 단순한 일 선호, ③ 위험추구, ④ 육체적 활동 선호, ⑤ 자기중심성, ⑥ 발끈한 성미 등 여섯 가지 특징으로 구분하여 객관적으로 측정하는 노력을 기울였다(황의갑 외, 2011: 363).

세 번째 유형인 '사회반응이론'은 일명 '낙인이론'이라고도 불리는데, 여기에서는 범죄경력이 어떻게 주위 사람과의 잘못된 상호작용으로 이루어지는지에 대해 관심을 가졌다(Siegel, 2008: 281).[5] 낙인이론가들은 범죄는 그 자체의 속성이 아니라 그것을 목격한 사람들이 부여한 속성이라고 주장하였다. 이 이론에서는 기본적으로 범죄는 사람의 행동에 대한 사회 대중의 반응에 대한 연속된 결과라고 보았다. 그리고 범죄는 권력을 가진 사람들이 정의하기 때문에「형법」도 지배계층의 가치를 반영하는 것으로 기존 법체계를 비판적으로 검토하는 태도를 가졌다(Siegel, 2008: 282-283).

(2) 사회과정주의 범죄예방 정책의 시사점

사회학습 원리를 적용한 범죄예방정책의 기본 가정은 범죄행동에 영향을 주는 사회학습과정을 개선하는 것을 가장 중요하게 본다. 이에 학습 원리에 따른 행동수정 프로그램은 개인과 집단 수준에서 비행청소년과 성인범죄인 교정에 다양하게 시행하려고 노력한다(Akers & Sellers, 2005: 160-161). 일부 연구에서는 가족 등을 이용한 사회학습적 접근이 일반적 심리치료보다는 더 효과적인 것으로 나타나기도

---

[5]   사회반응이론의 기원은 미드 등의 상징적 상호작용이론인데, 이에 의하면 인간은 다른 사람들 간의 역동적인 상호작용 속에서 자신의 자아개념이 발달시키며, 이러한 자아개념이 이후의 행동에 영향을 미치게 된다고 보았다(Siegel, 2008: 281).

한다(Andrew & Bonta, 1998: 262-268).

반면, 사회통제이론이 가지는 정책적 함의는 사회학습이론의 정책적 시사점과 비슷한데, 특히 가정과 학교에서 어린 시절에 한 개인이 맺게 되는 애착과 관여가 가장 비행을 예방하는데 중요하다고 본다. 이때 활용될 수 있는 방법은 긍정적 강화 기법, 모델링, 친사회적 태도와 기술을 학습토록 하는 것이다.

한편, 자기통제이론에 의하면 인생초기에 개입하는 가족프로그램이 충동적 행위를 통제하는 사회화에 영향을 미칠 가능성이 크다고 본다(Akers & Sellers, 2005: 201-204). 사회통제이론과 사회학습이론은 공통적으로 초기 사회화의 중요성을 강조하고 있다. 특히 근본적인 범죄예방을 위한 초기의 부모양육을 중시하면서, 만약 청소년이 비행을 저지른 경우에는 그들의 사회복귀프로그램을 강조한다(황의갑 외, 2011: 451-452). 따라서 다양한 부모교육 활동이 중요하게 다루어지며, 비행청소년의 사회유대를 강화하기 위한 사회복귀프로그램도 정책적으로 중요하게 여겨진다. 여기에는 교육, 직업훈련, 약물치료 개별상담 등이 광범위하게 포함될 수 있다.

마지막으로 낙인이론은 1970년대 이후 서구에서 많은 관심을 받았던 비행청소년 대상 다이버전diversion 정책에 큰 영향을 끼친 이론이라고 볼 수 있다. 다이버전 프로그램들은 복지적·교육적·접근방법을 선호하며, 범죄자에 대한 공식적, 비공식적 낙인을 줄일수록 재범을 줄일 수 있다는 주장을 바탕으로 한다.

4. 심리학적 범죄학 이론Psychological Criminology과 다양한 범죄예방정책

(1) 주요한 심리학적 범죄이론

심리학자들은 20세기 초반 범죄학 발전에 중요한 역할을 했고, 지난 수십 년간 범죄학 통합 발전에 핵심적인 기여을 해주었다(황의갑 외, 2011: 260-261). 심리학적 원인론을 대표하는 범죄학 이론에는 정신분석학 이론, 성격이론, 행동주의이론, 인지이론 등이 있다.

정신분석적 관점은 정신의학자 프로이트Freud에서 시작되었다. 프로이트의 학설의 핵심은 인간의 개성은 성적 욕구와 관련된 무의식적 욕망에 따른다는 것이다. 원초자아id는 모든 인간행동의 기저가 되는 성적 욕구로 구성되며 '쾌락원칙'을 따른다. 원초자아를 구성하는 성적 욕구는 리비도libido인데, 이것이 통제되지 않을 때

강간 또는 일탈적 행위를 저지를 수 있다. 한편 초자아superego는 사회의 도덕적 기준을 나타내는 양심conscience과 부모의 가치관을 내면화한 이상아ego ideal로 구성된다. 자아ego는 '현실원칙'에 의해 움직이며, 의식적인 성격으로 불리는 중재적인 힘을 의미한다(Siegel, 2008: 176). 프로이트는 원초자아와 초자아 사이의 갈등은 일반적으로 죄책감을 유발한다고 보았다. 보통사람의 경우 세 가지 성격적 요소의 균형을 잘 조절하여 죄책감을 적절하게 다룰 수 있다면 범죄행동은 발생하지 않게 된다(황의갑 외, 2011: 262-263).

정신분석학적 접근의 기본전제는 범죄행위가 그 자체로서는 별로 중요하지 않다고 본다. 그것은 단지 원초자아, 자아, 그리고 초자아 사이의 심리적 갈등을 나타내는 하나의 표상일 뿐인 것이다. 이러한 갈등은 비정상적인 성장이나 본능의 통제, 어려서 경험한 부모와의 잘못된 관계, 정서적 발달단계에서의 고착, 억압된 성과 죄의식에서 시작된 것이다.

이 중에서도 가장 심각한 원인은 오이디푸스 · 엘렉트라 증후군이다. 비록 '유아기의 기억상실'에 의하여 이러한 갈등을 기억하지 못한다 하더라도 실제로는 억압된 죄의식이 비행의 진짜 원인일 수 있다(Akers & Sellers, 2005: 117). 부모의 부재나 냉정하고 애정이 없는 부모 양육방식으로 인한 한 개인의 초자아 미발달 문제는 향후 범죄의 원인이 될 수 있다. 따라서 초기 어린시설의 부모와의 관계는 범죄발생의 결정적인 요인이 된다.

범죄에 대한 성격이론은 범죄인은 부적절하거나 비정상적인 성격을 가지고 있다는 가정 하에서 범죄의 원인을 개인의 성격에서 찾는다. 성격personality은 다른 사람과 한 개인을 구분하는, 사고와 감정을 포함하는 상당히 안정적인 행동패턴으로 볼 수 있다(Andrews & Wormith, 1989).

범죄와 연관된 성격적 특성은 일반적으로 충동성, 자기도취, 반항(권위에 대한 불신), 적대성, 파괴성, 감각추구, 의심, 분노, 가학성, 동정심의 부족, 감정적 미성숙, 인정받지 못하고 있다는 느낌, 정신적 불안정, 과잉활동성, 다른 사람에 대한 무감각 등으로 알려져 있다(Akers & Sellers, 2005: 120; Siegel, 2008: 187). 심리학적 이론가들 중 일부는 사이코패스psychopath, 즉 반사회적 성격을 가진 사람들의 행동과 심리에 큰 관심을 가지기도 한다(Feldman, 1993).

반사회적 성격을 가진 사람들은 자기만족 성향이 강하고, 자기도취적 경향 역시 강해 혼자 있기를 좋아하고, 가끔 언변이 뛰어나 매력적인 사람으로 보이기도 한다(황의갑 외, 2011: 266). 사이코패스의 존재에 대해서는 아직 많은 논쟁이 남아있지만, 이 이론을 주장하는 학자들은 대개 ① 불안정한 부모의 영향이나 아동기의 애정결핍 등 외상성 사회화, ② 일반인보다 낮은 각성 수준인 신경학적 장애, ③ 전두엽이나 측두엽 손상과 같은 뇌 이상, ④ 반사회적 이상성격의 행동패턴 등의 특징을 제시하고 있다(Siegel, 2008: 190~191).

　　반면, 심리학적 행동주의 이론가들은 인간의 행위가 학습경험을 통해 발달한다고 믿는다. 행동주의 이론의 주요 전제는 사람은 다른 사람에게서 받는 반응에 따라 행동을 수정한다는 것으로, 행동은 보상에 의해서 지속되고 부정적 반응이나 처벌에 의해서는 사라지게 된다(Siegel, 2008 :180). 사회학습이론은 유명한 사회학습이론가인 반두라Albert Bandura에 의해 정립되었는데, 그는 사람이 폭력적으로 행동하는 이유는 인간이 그런 형태로 타고났기 때문이 아니라, '행동모델링'이라고 불리는 인생경험을 통하여 후천적으로 학습했기 때문이라고 주장한다(Bandura, 1979).

　　최근 위상이 높아지고 있는 인지심리학에서는 사람이 세상을 어떻게 인지하고 정신적으로 개념화하며 문제를 해결하는지에 주목하기 시작했다(Siegel, 2008: 181). 공격적인 사람은 다른 사람이 사건에 반응하는 것을 관찰함으로써 적절하지 못한 각본을 학습할 수 있다. 아동기에 학습된 폭력적 행동반응은 아이가 성장해가면서 공격적 반응을 강화는 각본이 반복적으로 연습되어 안정적 경향이 형성된다(Baer & Maschi, 2003). 여기에 아동학대와 같은 부모의 행동이 상당한 영향을 미치는데, 부모의 거부로 상처받은 아이는 또래의 거부에 대하여 과민하게 반응하여 폭력적 행동으로 나아갈 가능성이 높다(Loeber & Hay, 1997).

(2) 심리학 범죄학 이론의 정책적 시사점

　　범죄에 관한 심리학적 원인론 가운데 정신분석학적 이론은 범죄의 이면에 있는 본질적 원인으로서 비합리적이고 무의식적인 동기를 강조한다(조흥식·이형섭, 2014: 133). 그러나 범죄원인에 대한 설명은 개별적 임상사례에 심하게 의존하고 있다(Akers & Sellers, 2005: 118~119). 범죄인의 동기는 무의식에 숨어 있어서 범죄인 자신도 모르기 때문에 이론을 직접적으로 검증할 수 있는 방법이 없는 비판을 받고 있다(조흥식·이형섭, 2014: 133). 정신분석이론 또는 성격이론의 치료적·정책적 함의는 분명한데, 이 관점에 의하면 범죄인은 병자로서 근원적 정서장애의 치료가 필요하다고 볼 수 있다(Akers & Sellers, 2005: 123-124). 주로 인간 내면에 있는 정서적 또는 성격적 문제의 증상이 중요하기 때문에 '개별화된 치료'가 무엇보다 중요하다.

한편 인지이론과 행동주의이론에 근거한 치료적 개입프로그램들은 개인의 기술이나 능력을 강조한다(조흥식·이형섭, 2014: 134). 대처기술과 문제해결 기술, 또래·부모 등과의 적절한 관계형성능력, 갈등해결과 의사소통 기술, 또래압력에 저항하는 방법, 결과적 사고와 의사결정 능력, 다른 사람과의 협동·존중, 친사회적 행동의 모델링, 공감능력 등이 그것이다.

범죄예방정책 분야에서 활용할 수 있는 심리학적 치료에는 개인 면담부터 행동수정에 이르는 많은 방법이 있다. 범죄원인에 대한 심리학적 접근은 또한 범죄예방정책의 차원에서 다양한 예방 및 치료프로그램에 영향을 미쳤다(Siegel, 2008: 193-194). 그러한 프로그램에는 개인의 문제가 범죄행동으로 나아가기 전에 차단하거나, 법교육, 치료프로그램, 선도조건부 기소유예, 대안교육 등 다양한 다이버전 정책을 활성화하는 것 등이 포함될 수 있다.

5. 비판범죄학Critical Criminology과 정책적 시사점

사회갈등이론은 범죄를 사회적 갈등과 경제적 갈등의 결과물로 설명하는 범죄학 이론을 말한다. 갈등론적 관점에서는 사회가 가치나 이해관계가 서로 다른 집단 간의 갈등이 사회가 지속되는 한 본질적으로 계속될 수밖에 없으며 이런 갈등은 중요한 사회적 과정의 한 과정으로 본다(황의갑 외, 2011: 405). 즉, 권력은 이러한 갈등의 결과를 결정짓는 중요한 요인인데, 가장 힘 있는 집단이 법을 장악하여 그들이 추구하는 가치를 법으로 채택하게 되어 범죄자보다는 법을 만드는 사람이 어떤 계층인가에 주목할 필요가 있다고 보는 것이다(Akers & Sellers, 2005: 285).

갈등이론에 속하는 볼드의 '집단갈등이론group conflict theory'에서는 자신의 특징 이익을 최우선시하는 이익집단들이 존재한다고 보았다(Akers & Sellers, 2005: 312) 볼드는 1958년 이 이론을 공식화하였는데, 그는 사람들은 집단 지향적이고 사회는 각각 그들 자신의 이익을 도모하는 집단을 구성하는 경향이 있다고 가정하였다. 그는 법의 제정과 집행 등의 과정은 이익집단들 사이의 근본적인 갈등과 국가의 경찰력을 장악하기 위한 투쟁이 직접적으로 반영된 것으로 보았다(조흥식 · 이형섭, 2014: 170-171).

급진적 갈등이론 또는 비판범죄학은 사회가 다양한 집단 간의 상호연관관계로 이루어져 있다는 가설을 거부하고 '후기자본주의사회'가 갖고 있는 소수 엘리트 권력계급 문제에 주목하였다(황의갑 외, 2010: 361). 이들은 사회적 · 경제적 · 문화적 권력을 장악하고 있고 이들이 주장하는 내용이 법체계에 반영되어 있다고 본 것이다(Akers & Seller, 2005: 322). 이에 따라 비판범죄학자들은 범죄를 경제적 · 사회적 맥락에서 설명하려는 노력을 했다는 긍정적 평가를 받게 된다(Siegel, 2008: 305). 유사한 맥락에서 퀴니(1980)는 자본주의에 대한 불가피한 대응, 하나의 반항으로써 어쩔 수없이 범죄가 발생하게 됐다는 주장을 평기도 했다.

범죄예방정책의 차원에서 갈등이론의 핵심적 사항은 범죄를 유발하는 원인이 갈등이고, 갈등이 한편으로는 긍정적 기능을 갖고 있다는 주장을 하게 되었다는 것이다. 따라서 거시적 차원에서 기존 법체계가 갖고 있는 문제점을 예리한 눈으로 새롭게 평가하게 되었다는 평가를 할 수 있다.

제 **2** 편

형사사법과
범죄예방정책

제 **3** 장   형사사법체계와 범죄예방

제 1 절 범죄예방의 의의와 유형

1. 범죄예방의 의의 및 역사

(1) 범죄예방의 의의

범죄예방의 개념은 학자 및 실무자들, 정책입안자와 정치인들 간에 주장의 차이가 있어 일률적으로 정의하기가 어렵다. 일반적으로 범죄예방은 범죄발생의 원인을 제거하거나 범죄억제작용을 하는 여러 원인을 강화함으로써 장래에 범죄가 발생하지 않도록 하는 것을 말한다.

최근 들어 범죄예방에 대한 관심이 높아진 이유는 범죄가 발생한 이후의 정책에 한계가 있다는 인식 때문이다. 특히 우리나라에서 범죄는 사회적으로 큰 물의를 빚은 이후에야 해당범죄에 대한 대응방안이 마련되는 것이 대부분이었다. 이러한 방식은 합리적 범죄대책으로서 한계가 있을 수밖에 없었고, 따라서 관심은 자연스럽게 범죄예방에 두어지게 되었다. 과거에 형사정책의 가장 중요한 테마가 자유형의 집행을 중심으로 하는 시설내처우에 있었다면 현재는 범죄예방에 있다고 할 수 있다(배종대, 2017: 355).

범죄예방활동이란 범죄의 위험을 예견, 인식 및 평가를 통하여 범죄를 감소기키고 나아가 범죄를 근절할 수 있는 사전예방적 활동을 의미한다(정진수 외 8명, 2013, 76).

범죄예방의 개념에 대하여 범죄의 양적 수준 혹인 인지된 범죄두려움의 수준을 감소하기 위한 모든 활동을 포함하는 견해도 있다. 즉, 지금까지의 범죄예방은 대부분 범죄의 양적 수준을 감소시키거나 그 증가를 억제하는 것으로 규정하는 경향이 있었으며, 범죄예방의 개념에 범죄의 두려움(이상원, 2015: 13–14)과 지각된 수준의 범죄와 범죄피해를 포함한 경우는 거의 없었다고 해도 과언이 아니다(이순래 외, 2011: 46). 최근에는 범죄예방의 개념범위에 범죄의 두려움을 포함하는 경향이 있다. 미국국립범죄예방위원회National Crime Prevention Council는 "범죄의 두려움 감소와 안전감을 증진시키도록 하는데 중점을 둔 태도와 행동의 유형으로서 그것은 인간 사회 삶의 질에 긍정적 영향을 주고 범죄가 만연할 수 없는 환경을 발전시키는 데 도움을 주는 것"으로 정의하고 있다(NCPC, 1997: 2).

범죄예방은 형사사법체계의 노력만을 포함하는 것이 아니라 공공기관이나 민간단체의 활동까지도 포함한다. 범죄를 유발하는 원인이 다양하듯이 범죄예방을 할 수 있는 효율적 접근방법도 다양할 수 있다.

　　범죄예방을 광의의 범죄예방과 협의의 범죄예방으로 구분하기도 한다. 광의의 범죄예방은 범죄의 원인을 제거하거나 감소시키는 모든 활동을 뜻한다. 여기에는 범죄의 수사, 재판, 행형, 교정 등과 같은 형사사법과정 뿐만 아니라 정치, 경제, 사회, 문화 등의 모든 정책이 포함된다. 이에 따르면 범죄예방은 어느 하나의 행정이나 사회기관에 의해 전담되어질 수 있는 성질의 것으로 볼 수 없고, 이것은 국가 및 모든 사회구성원, 사회단체가 공동하여 해결해야 할 과제라고 할 수 있다. 협의의 범죄예방은 직접적으로 범죄가 발생하지 않도록 사전에 원인을 제거하거나 피해를 방지하는 것을 의미한다. 일상생활에서 우리가 사용하는 범죄예방이라는 용어는 협의의 범죄예방을 말하는 것이다(이상원, 2015: 15).

(2) 범죄예방의 역사

　　범죄예방이란 개념은 범죄가 존재했던 순간부터 계속 있어온 것이다. 구체적 형태는 역사적으로 서로 달랐고 범죄예방이란 용어 자체는 비교적 최근에 사용되었지만, 안전에 대한 관심은 매우 오래되었다. 역사적으로 보았을 때 대부분 범죄와 범죄자에 대처하는 일은 자발적이건 강제적이건 간에 개인들의 책임이었다. 경찰, 법원, 교정, 보호시설 등이 1차적 책임을 담당한 것은 오히려 최근의 일이다. 그러나, 경찰, 법원, 교정시설, 보호시설, 기타 다른 기구들은 범죄를 예방하고 통제하는데 제대로 그 기능을 담당하지 못했다. 형사사법체계에 더 많은 자원을 배정하는 것으로는 범죄억제능력을 함양할 수 없었다. 범죄란 사회적 문제이며 단지 형사사법체계만의 문제는 아니었기 때문이다. 1960년대 이후로 범죄예방을 담당하는데 적극적 참여자로서 일반시민의 역할을 복원하려는 운동이 점차 생겨났다. 이는 개인책임에 기초한 오랜 전통으로 복귀하려는 것이다. 범죄예방을 위해서는 지역사회 개발계획, 건축설계, 지역행사, 청소년 보호기구, 안전설계, 교육과 기술훈련, 기타 공식 또는 비공식 활동들 모두 범죄와 범죄 두려움의 수준에 영향을 미칠수 있다. 범죄예방의 영역은 매우 광범위하며 앞으로도 계속 늘어날 것으로 전망된다(이순래 등, 2011: 45).

2. 범죄예방의 이론·모델 및 유형

(1) 형벌의 목적 사상과 범죄예방

형벌의 목적사상에 따르면 범죄예방이론은 일반예방이론과 특별예방이론으로 나눌 수 있다.

1) 일반예방이론

형벌이 일반예방적 목적을 달성하는데는 소극적 일반예방과 적극적 일반예방이 있다. 소극적 일반예방은 제3자(잠재적 범죄자 또는 다른 사람)의 범죄행위를 사전에 방지하기 위해 범죄자가 처벌된다는 것이다. 즉, 형벌은 제3자가 범죄를 저지르지 않도록 위축시키는 기능을 갖고 있다는 것이다. 이에 반해 적극적 일반예방은 시민들이 일반적으로 법질서의 존속력과 집행력에 대한 신뢰감을 유지시키는 것과 강화시키는 기능을 갖고 있다는 것이다(임준태, 2009: 45).

소극적 일반예방이론은 형벌을 통한 위하와 형집행을 잠재적 규범 파괴자에 대한 위협과 경고에 관련시키고 있다. 이 이론은 국가형벌권의 강화를 통해 잠재적 범죄자가 유사한 범죄행위를 저지르는 것을 위축시킬 수 있음을 의미한다. 법률상의 형벌 위하, 형사소추와 처벌을 통한 잠재적 범죄자의 심리적 위축이 종종 예방이라는 개념으로 이해되며, 범죄행위의 발현 빈도는 형벌의 가능성, 공형벌의 심각성, 형벌로 이어지는 처벌의 신속성 등에 의해 좌우된다는 인식을 근거로 하고 있다. 처벌 가능성과 형벌의 심각성의 향상 내지 강화야말로 잠재적 범죄자에게 형벌의 두려움을 동시에 높일 수 있다고 한다(이상안, 1998: 130).

적극적 일반예방이론은 법을 위반할 수 없다는 기본사고처럼 시민들의 법적 신뢰감에 대한 심각한 침해나 동요에 대해 범죄가 저질러지기 전에 법질서를 보호해야 한다는 것에 근거한다. 그리고 이 이론은 규범의 신뢰성(범죄가 저질러지기 전에 형법 질서의 보호에 대한 신뢰성)에 의한 훈련, 규범에 대한 인식, 법에 대한 신뢰감을 지향하고 있다. 적극적 일반예방이론은 형벌 위하가 사회의 규범의식을 강화시켜 주는 효과를 가짐으로써 범죄가 예방된다는 이론이다. 즉, 일정한 범죄행위를 법률로 금지하여 계속 처벌함으로써 형벌은 도덕 형성력을 가지고 동시에 국민들의 준법의식도 적극적으로 강화하고, 법규범에의 자발적인 복종을 가능케 하는 기능을 갖는다고 본다(배종대, 1999: 301; 박상기, 1996: 15; 임준태, 2009: 50).

2) 특별예방이론

특별예방이란 행위자 자신에 대한 직접적인 작용을 통해 그가 장차 형벌 없는 생활을 영위할 수 있도록 적절한 영향을 주는 형벌의 기능을 말한다(이형국, 1990: 26). 즉, 이 이론은 이전에 범죄를 저질러 발각되었던 자가 새로운 범죄를 저지르지 않도록 새롭게 예방하기 위한 여러 가지 조치와 관련된다. 특별예방이론은 처벌의 가능성, 보안처분 및 개선조치를 수단으로 범죄자에 대한 직접적인 작용을 통해 장래의 범죄행위를 예방하는 것을 의미하며, 개별적인 법 위반자를 지향하고 있다. 형벌의 목적을 범인의 사회복귀에 두고 형벌을 통해 범인을 교육 개선함으로써 범인 그 자체의 재범을 예방하려는 사고를 말한다(박상기 외, 1999: 301). 즉, 형벌을 통해 범죄자가 또 다른 범죄를 저지르기 전에 위축시킨다는 의미이다. 일반예방이론이 잠재적 범죄자인 일반인에 대한 형벌의 예방기능을 강조한 것이라면, 특별예방이론에서는 형벌을 구체적인 범죄자 개인에 대한 영향력의 행사라고 보고, 범죄자를 교화개선함으로써 재범을 하지 않도록 하는 것이다. 특별예방은 개별 법규 위반자를 지향하고 있으며, 일반예방과 마찬가지로 두가지 방향으로 작용하는데, 적극적 그리고 소극적 특별예방이다(박상기, 1996: 17; 배종대 1999: 301; 임준태, 2009: 54).

(2) 범죄예방의 구조모델론

범죄예방의 구조모델은 질병 예방 모델을 일반 범죄예방에 응용한 것이라고 할 수 있다. 예컨대 1차 예방은 질병 원인을 사전에 제거하는 것이고, 2차 예방은 질병에 감염될 기회를 제거하거나 억제하는 것이며, 3차 예방은 질병의 재발 방지를 의미하는 것으로 설명된다. 범죄예방에는 어떤 원리 한가지만으로는 범죄를 예방할 수 없기 때문에 이와 같은 학제간 접근방식이 필요하다는 것이다.

범죄예방의 구조모델의 체계적 분류는 브랜팅햄과 파우스트에 의해 명시적으로 시도되어 범죄학에 소개되었다. 1차 예방 단계가 기본적으로 모든 시민에게 적용되는 것임에 반하여, 2차 예방은 잠재적 범죄자 또는 기회범에 대한 예방을 지향하고 있으며, 3차 예방은 재범자나 범죄성이 강한 범죄자를 지향하고 있다(Kaiser, 1996: 249; 임준태, 2009: 58).

1) 1차 예방

범죄의 근원(뿌리)에 초점을 둔 이론으로서 범죄행동의 심층적 원인을 이상적으로 제거하자는 것, 즉 처음부터 범행의 출현을 막자는 것이다. 예컨대 범죄발생 원인과 상황에 영향을 미치는 문화, 경제, 교통, 사회정책 등을 통한 범죄예방 전략이 있다. 일반적인 규범의식과 가치 인식의 강화는 1차적 범죄예방의 한 목적이 된다.

1차 예방에서는 사회적 결함 또는 결핍구조의 개선과 심지어는 범죄를 저지르기 전 단계의 실업문제, 교육문제, 사회화, 주거환경 또는 노동조건, 여가활동 및 휴양활동 등이 거론된다. 피해자 지향적 경찰의 문제해결활동이나 범죄를 사전에 예방하고 공공의 안전을 강화하기 위한 지역사회지향적 경찰활동도 1차 예방 범주에서 고려될 수 있다. 지역사회와 경찰 간의 파트너십 구축을 위한 지역사회경찰활동 역시 이 단계에서 강조된다(임준태, 2009: 59).

2) 2차 예방

2차 예방은 범죄자가 범행을 실행하기 전에 범죄유형별로 이를 중점적으로 저지하려는 것이다. 경찰이 잠재적인 피해사건을 해결하려는 노력이나, 방법을 위해 건축물에 대한 건축공학기술 차원의 안전조치를 강구하는 것도 예로 들 수 있다. 이는 범죄자의 범행기회를 억제하는 것과 관련이 있다. 범죄상황에 곧 빠져 들어가려는 자는 범행 준비가 막 완료된 범죄자가 실질적인 범죄행위를 저지르지 못하도록 위축 또는 억제하기 위한 모든 노력들이 해당된다. "기회가 도둑을 만든다."는 속담에서 볼 수 있듯이 주거침입 방지시설과 고가품에 대한 안전조치를 강구하는 일, 환경설계를 통해 범죄를 예방하려는 노력, 범행에 용이한 상황들을 감소시키는 일과 잠재적 범죄 피해자를 위한 호신술 훈련 등이 2차 예방 단계에서 고려된다. 이 범행 기회구조를 변경시키는 전략은 잠재적 범죄자, 피해자 또는 제3자에게도 적용될 수 있다(임준태, 2009: 61).

3) 3차 예방

3차 예방은 범죄자 지향적 예방으로서 형사사법적 재범대책 및 억지를 의미한다. 이 단계는 한번 유죄자로 처벌되었던 자가 다시 범죄를 저지르지 않도록 하는 것을 지향하고 있으며, 주로 범죄자의 처벌, 처우 등과 관계된다. 즉, 이 단계에서는 특별예방적 제재를 통해 개별 범죄자의 새로운 범죄성을 억제시키거나 약화시키는 조치들이 강구된다. 이 단계는 또 다른 범죄의 억제를 지향하고 있으며, 비공식적 차원에서 가해자에 의한 피해의 원상회복 조치와 가해자—피해자 간 화해, 보안처분 등이 고려될 수 있다. 피해자 지향적 3차 예방 영역에서는 피해자를 돕고, 재차 피해를 입지 않도록 하거나 또는 새로운 범죄 피해를 면할 수 있는 피해자 지원 프로그램과 피해자 치료 프로그램이 중요하다(임준태, 2009: 67).

(3) 범죄예방의 유형 분류

1) 1차 예방, 2차 예방, 3차 예방

첫째, 1차 예방은 사회정책적 측면에서 이루어지는 범죄예방을 말한다. 사회환경 가운데 범죄원인이 될 수 있는 것을 정화하고, 교육을 통해 사회구성원이 건전한 인성을 갖도록 하는 방법 등이 여기에 속한다. 둘째, 2차 예방이란 범행가능성이 있는 잠재적 범죄자를 조기에 발견하고 그를 감시 · 교육함으로써 반사회적 행위에 이르기 전에 미리 예방하는 것을 말한다. 3차 예방은 범죄자를 대상으로 하는 예방조치로서 과거에 범행한 적이 있는 범죄자를 대상으로 재범하지 않도록 하는 것이 주된 임무이다(배종대, 2017: 356).

2) 일반적 범죄예방과 재범예방

범죄예방은 일반적 범죄예방과 재범예방으로 나누어 볼 수 있다.

일반적 범죄예방은 경찰의 범죄예방과 경찰 이외의 범죄예방으로 구분되기도 한다. 경찰의 범죄예방활동은 방범활동, 순찰활동 등이 대표적이다. 경찰 이외의 범죄예방활동에는 지역사회 주민참여를 통한 범죄예방, 매스컴의 범죄예방, 민간경비, CCTV 등 기술적 수단을 이용한 범죄예방, 4차 산업혁명 기술 등 첨단과학기술을 활용한 범죄예방 등이 있다. 재범예방은 교도소의 자유형 등 교정시설을 통한 재범예방, 소년원 등 소년보호시설을 통한 재범예방, 치료감호소 등의 임상적 개선법을 통한 범죄예방, 사회내처우인 보호관찰제도 및 전자감독제도를 통한 재범예방 등이 있다(배종대, 2017: 360).

제 2 절 형사절차 주요 단계와 범죄예방정책

1. 형사절차의 의의와 기본원리

　　형사사법절차criminal justice system는 형사사법을 실현하는 절차를 말한다. 구체적으로는「형법」에서 금지하고 있는 행위인 범죄혐의가 있는 사람에 대하여 수사, 기소, 재판, 집행을 하는 일련의 과정을 수행하는 절차를 말한다. 형사사법criminal justice이란 사전적으로 형법을 위반한 사건에 대하여 법을 적용하여 그 적법성과 위법성, 권리관계 등을 확정하여 선언하는 일이다.

　　우리「헌법」제12조는 '적법절차의 원칙' 또는 '형사절차법정주의'를 선언하고 있는데, 이는 민주적 법치국가의 기본원리로서 범죄를 저지른 사람은 법이 정한 절차를 거쳐서 범죄사실이 밝혀지고 유죄 판결을 받을 때만 형 집행을 받게 된다는 것을 의미한다. 또한 범죄를 저지른 사람도 법원에서 유죄 판결을 받기 전까지는 무죄로 추정된다. 이것을 '무죄추정의 원칙'이라고 한다(박상기 외, 2009: 447).[1]

2. 형사절차 주요 단계별 범죄예방정책

(1) 수사절차

1) 수사절차의 의의

　　공식적인 수사절차는 다양한 수사의 단서를 통해 수사기관이 범죄혐의를 가지고 입건했을 때 비로소 개시된다(박상기 외, 2009: 448). 일반적으로 수사기관이라 함은 사법경찰과 검사를 말하는데, 일상범죄는 대개 사법경찰에 의하여 수사가 개시되지만 검사는「형사소송법」상 사법경찰의 수사를 지휘한다. 강제수사는 수사대상자의 기본권을 침해하기 때문에 필요최소한에 그쳐야 하며, 임의수사가 원칙적인

---

[1]　우리「헌법」제12조는 "누구든지 법률에 의하지 아니하고는 체포, 구속, 압수, 수색 또는 심문을 받지 아니하며, 법률과 적법절차에 의하지 아니하고는 처벌, 보안처분 또는 강제처분을 받지 아니한다."고 적법절차의 원칙을 선언하고 있으며, 제27조 제4항은 "형사피고인은 유죄의 판결이 확정될 때까지는 무죄로 추정된다."하여 역시 무죄추정의 원칙을 선언하고 있다.

수사방법이다. 따라서 강제수사를 할 경우에는 「형사소송법」에 규정된 절차를 엄격히 준수하고 영장주의에 따라 원칙적으로 법관이 발부한 사전영장을 제시하여야 한다(박상기 외, 2009: 447-448).

2) 경찰의 범죄예방활동

경찰은 국민의 생명·신체 및 재산의 보호와 범죄의 예방·진압 및 수사, 경비·요인의 경호 및 대간첩작전수행, 치안정보의 수집, 교통의 단속 등 공공의 안녕과 질서유지를 위한 다양한 임무를 수행한다(「경찰관직무집행법」 제2조 참조). 이 중에서 특히 범죄에 관한 경찰의 주요기능은 수사와 범죄예방활동이다. 범죄예방은 범죄의 발생을 사전에 방지하기 위한 활동인데, 경계태세를 갖추고 범죄활동을 제지하고 나아가 범죄의 유인이 되는 것을 사전에 제거하는 활동을 말한다(김용우·최재천, 2006: 267).

이러한 경찰의 범죄예방활동은 방범활동이라고도 하며, 크게 일반방범활동과 특별방범활동으로 나눌 수 있다. 일반방범활동은 경찰관의 관내지역 순찰, 불심검문, 요보호자 보호활동, 범죄예방 관련 지도 및 계몽, 정보의 수집, 조사와 단속 등의 활동을 말하며, 특별방범활동은 특별한 대상만을 상대로 하거나 특별한 사항에 관하여 행하는 방범활동을 말한다(송광섭, 2003: 313). 지역사회를 기반으로 활동하는 시민활동가나 사회복지사 등은 청소년 우범지역 등에 대한 정보를 가지고 있으며, 범죄와 관련된 지역주민의 우려와 불만사항을 잘 알 수 있다. 이러한 정보들은 경우에 따라서 적절한 방식으로 경찰에 제공될 필요가 있다. 또한 지역주민들은 경찰관과 합동으로 우범지역 순찰 등 지역사회 방범활동에 직접 참여할 수도 있다. 특히 정신지체 장애 여자청소년이 성폭력 피해에 지속적으로 노출될 경우, 그 여자청소년의 위하여 문제를 제기하는 역할을 수행하는 적극적 개입노력이 요구된다(조흥식·이형섭, 2014: 201).

한편 경찰에서도 다양한 차원의 민간조직을 육성, 운영하고 있다. 이러한 경찰단계의 민간자원봉사조직의 구성원, 예를 들면 행정발전위원이나 명예경찰 등은 경찰과 밀접한 관계를 갖고 주로 청소년비행을 예방하는 데 개입하고 있다(최옥채, 2010: 93).

(2) 기소절차

1) 기소절차의 의의

검사는 수사결과 범죄의 객관적 혐의가 있다고 판단할 때에는 공소를 제기하는데, 이는 법원에 대하여 특정한 형사사건의 심판을 요구하는 검사의 소송행위를 말한다(이재상, 2012: 354). 우리나라는 공소제기와 관련하여 검사의 '기소독점주의'를 채택하고 있어서 사법경찰은 범죄자를 입건하여 수사를 했을 때는 원칙적으로 모든 사건을 검사에게 송치하도록 되어 있다(박상기 외, 2009: 449). 한편 검사는 그 송치 받은 사건에 대하여 범죄가 성립된다고 판단할 경우, 기소 여부를 결정하게 된다. 불기소의 경우 기소유예처분은 범죄의 혐의가 충분하고 소송조건을 갖추었는데도 검사의 재량에 의한 불기소처분을 인정한 것으로서, 이를 '기소편의주의'라고 한다(박상기 외, 2009: 449). '피의자'는 공소제기 전에 수사기관에 의하여 수사의 대상이 되는 사람이다. 이에 반하여 피고인被告人은 검사에 의하여 형사책임을 져야 할 사람으로 공소가 제기된 자, 또는 공소가 제기된 자로 취급되어 있는 자를 말한다(이재상, 2012:106). 즉 피의자는 공소제기에 의해 피고인이 되며 형사소송의 당사자가 된다.

2) 기소유예제도

우리나라는 기소편의주의를 채택하여 검사가 양형조건의 여러 사항을 참작하여 범죄혐의가 있고 소송조건이 구비되어도 공소를 제기하지 않을 수 있는데, 이러한 검사의 불기소처분을 '기소유예'라고 한다(『형사소송법』 제247조 제1항). 기소유예제도는 전과의 낙인 없이 기소 전의 단계에서 사회복귀를 가능하게 하고, 법원 및 형집행 기관의 부담을 덜어 줄 수 있다는 점에서 형사정책적인 의미가 상당하다(박상기 외, 2009: 465-466). 특히 소년범에 대해서는 1981년부터 전국적으로 선도조건부 기소유예제도가 법무부훈령으로 도입되어 활용 중에 있다가 2007년 『소년법』의 개정으로 정식으로 입법화되었다. 그러나 선도조건부 기소유예제도에 대해서는, 실질적인 자유제한처분임에도 불구하고 검사가 법원의 재판 없이 단독으로 행하는 것은 무죄추정원칙에 반하고 검사의 자의적인 재량에 의하여 좌우된다는 비판이 제기되고 있다(박상기 외, 2009: 467).

기소단계에서의 범죄예방정책으로서 가장 중요한 것은 선도조건부 기소유예와 관련된 활동이다. 보호관찰관 또는 민간자원봉사자인 범죄예방위원은 (보호관찰소) 선도조건부 기소유예청소년의 지도감독과 성매매자에 대한 기소유예부 특별교육프로그램('존스쿨' 등)의 운영에 관여한다. 전체 형사사법과정에 있어서 기소유예는 가장 경미한 경우에 해당되는 대상자들이므로 이들이 재범하지 않도록 조기에 개입하는 노력이 필요하며 또한 효과적이다(조흥식 · 이형섭, 2014: 202).

(3) 공판절차

1) 공판절차의 의의

검사가 법원에 공소장을 제출하여 공소를 제기하면 재판절차가 개시되는데, 공판절차에 의하여 유죄가 인정되는 경우에는 사형(생명형), 무기징역, 무기금고, 유기징역, 유기금고, 구류(이상은 자유형), 자격상실, 자격정지(이상은 자격형), 벌금, 과료(이상은 재산형)의 형이 선고된다(박상기 외, 2009: 450). 법원은 1년 이하의 징역이나 금고, 자격정지 또는 벌금의 형을 선고할 때에는 그 선고를 유예할 수 있고, 3년 이하의 징역이나 금고의 형을 선고할 때에는 1년 이상 5년 이하의 기간 동안 형의 집행을 유예할 수 있다. 법원의 판결이 확정되면 심판절차는 종료되고 동일한 사건에 대하여 다시 유효한 공소를 제기할 수 없는 '일사부재리의 원칙'이 적용된다(박상기 외, 2009: 451). 한편 심신장애자, 마약중독자, 알콜중독자 등 정실질환 범죄자에 대하여는 「치료감호 등에 관한 법률」에 의하여 피치료감호자를 치료감호 시설 내에 수용하여 치료를 위해 필요한 조치를 취하는 치료감호 보안처분을 부과하고 있다.

2) 판결 전 조사와 형의 유예

검사에 의하여 공소가 제기되면 범죄사건은 법원의 영역으로 넘어가게 된다. 법관은 적용하여야 하는 법정형과 가중 또는 감경 사유를 적용하여서 형의 종류와 그 양을 결정하는 '양형'量刑을 하여 법원은 실제로 형(선고형)을 선고한다(김용우 · 최재천, 2006: 280). 문제는 이러한 양형과정에서 법관에 따라 선고형의 편차가 크게 발생할 경우, 형벌의 적용에 있어서 불평등이 발생하고 양형의 불공정에 대한 논란이 발생한다(박상기 외, 2009: 474). 이러한 문제를 해소하기 위하여 자의적 양형편차를 줄이기 위한 '양형합리화' 방안이 필요하다. 이러한 양형합리화 방안의 하나로서 양형지침서 또는 양형기준표가 운영되거나[2] 판결 전 조사 제도가 활용된다(김용우·최재천, 2006: 349; 박상기 외, 2009: 385).

　　원래 미국의 경우 보호관찰관이 작성한 판결 전 조사 보고서는 지침서가 적용되기 이전부터 법관의 주된 양형자료가 되며 판결전사의 보고절차가 끝난 후에는 이를 근거로 해서 법관은 지침서에 제시된 적절한 범위 내에서 형을 선고하고 있다(조흥식·이형섭, 2014: 205–206). 판결 전 조사 제도는 유죄가 인정된 자에게 적합한 처우를 찾아낼 수 있도록 판결을 내리기 전에 피고인의 인격·소질·환경에 대한 과학적 조사를 하여 이를 양형의 기초자료로 이용하는 것을 말한다(김용우·최재천, 2009: 349). 우리나라에서는 1989년 보호관찰제도의 도입 당시부터 소년 형사범에 대하여는 이러한 판결 전 조사 제도를 시행하여 왔다. 2008년에는「보호관찰 등에 관한 법률」개정을 통해 성인 피고인에 대한 판결 전 조사가 가능하도록 법률적 근거가 마련되었다.

　　한편, 범죄의 정도가 경미한 초범자나 우발적 범죄자 등에 대하여는 아예 형을 선고하지 않거나 집행하지 아니하는 것이 형사정책의 목적상 유리할 수 있다. 이를 위한 것이 선고유예와 집행유예 제도이다(박상기 외, 2009: 474).

　　선고유예는 1년 이하의 징역이나 금고, 자격정지 또는 벌금의 형을 선고할 경우에 양형사유를 참작하여 개전改悛의 정상이 현저할 때 법관은 그 선고를 유예할 수 있다(「형법」제59조). 형의 선고를 유예하는 경우에 재범방지를 위하여 지도 및 원호가 필요한 때에는 1년간의 보호관찰을 받을 것을 명할 수 있다(같은 법 제59조의2). 한편, 우리나라의「형법」제62조는 법원이 3년 이하의 징역 또는 금고의 형을 선고할 경우에 양형사유를 참작하여 1년 이상 5년 이하의 기간을 정하여 형의 집행을 유예할 수 있다고 규정하고 있다. 또한 이러한 유예기간이 무사히 경과할 때에는 형의 선고는 효력을 잃는 것으로 규정하고 있다(같은 법 제65조). 형의 집행을 유예하는 경우에는 보호관찰을 받을 것을 명하거나 사회봉사 또는 수강을 명할 수 있다(같은 법 제62조의2).

2　미국에서는 1987년부터 연방양형위원회가 작성한 양형지침서가 시행되고 있다. 미국에서 만들어진 양평기준표는 도표방식으로 범죄의 종류와 중대성·피해정도·지역사회에 끼친 충격 등 43개의 범죄인자를 수직축에, 나이·학력·취업상황 등 6개의 범죄인경력 칼럼은 수평축에 배치하여 가로와 세로가 만나는 지점의 양형범위를 따르게 하고 있다. 최근 우리나라도 법원조직법의 개정을 통하여 법관 이외에 변호사, 범죄학자, 법학교수 등으로 구성된 양형위원회 제도를 도입하였고, 그 양형위원회로 하여금 양형기준을 설정하도록 하였다(박상기 외, 2009: 385–386).

공판단계의 범죄예방정책과 관련하여 가장 중요한 것은 판결 전 조사와 집행 (선고)유예 보호관찰제도라고 할 수 있다. 판결 전 조사와 보호관찰은 불가분의 관계에 있는데, 판결 전 조사는 미국에서 보호관찰probation의 적격 여부를 판단하기 위하여 법원이 보호관찰관에게 피고인에 관한 자료수집과 과학적 조사를 의뢰하고 이를 기초로 법관이 양형하면서 발전해 온 것이기 때문이다(김용우·최재천, 2006: 283; 박상기 외, 2009: 385).

(4) 형벌 및 보안처분 집행절차

1) 형벌 및 보안(보호)처분의 의의

㉠ 형벌의 의의와 종류

형벌은 가장 대표적인 범죄대책으로서 범죄행위에 대한 형사제재이며 국가적 강제수단이다. 형벌의 특징은 다음과 같이 정리될 수 있다(김용우·최재천, 2006: 179). ① 이미 발생한 범죄행위에 대한 사후적 대응이다. ② 범죄행위에 대한 공동체의 비난 또는 불승인을 내포한다. ③ 범죄인으로부터 자유와 권리를 박탈 또는 제한하는 기능을 한다. ④ 국가의 공적 제재수단이라는 점에서 언제나 공형벌公刑罰만을 뜻한다. ⑤ 국가권력에 의한 예정된 강제로서 범죄인에게 선택이나 회피의 기회를 줄 수 없다.

「형법」에 규정된 형벌의 종류는 사형, 징역, 금고, 구류, 자격상실, 자격정지, 벌금, 과료, 몰수 등 9가지이다(제41조). 이를 형집행에 의하여 박탈·제한되는 범죄인의 법적 이익의 유형에 따라 구분하면 생명형(사형), 자유형(징역·금고·구류)[3],

---

3　현행법상 자유형은 징역, 금고, 구류의 3가지 종류가 있다(「형법」 제41조 참조). 징역(懲役)은 수형자를 교도소 내에 구금하연서 일정한 노역, 즉 정역(定役)에 복무하게 하는 형벌인데 유기징역과 무기징역의 두 종류가 있다. 유기징역은 1년 이상 15년 이하의 기간이며, 가중하는 경우 25년까지 가능하다(제42조). 무기징역은 종신형이지만 10년이 지나면 가석방이 가능하다(제7조 제1항). 금고(禁錮)는 수형자를 교도소 내에 구금하되 정역에 복무하게 하지 않는다는 점에서 징역과 차이가 있다(제68조). 원래 징역과 금고의 구별은 노동을 천시하던 구시대적 유물로서 이러한 구분이 수형자의 재사회화와 관련하여 의미 있는 형벌 구분이라고 할 수 없다. 한편 구류는 1일 이상 30일 미만의 기간동안 수형자를 교도소 내에 구금하는 것으로서(제68조), 정역에 복무하지 않지만 본인의 신청에 의하여 가능하다는 점에서 금고와 동일하다.

재산형(벌금 · 과료 · 몰수)[4], 자격형(자격상실 · 자격정지)의 4종이 된다. 또한 형벌은 주형과 부가형으로 나눌 수 있는데, 주형은 단독으로 선고될 수 있는 형벌인데 비하여 부가형은 주형과 함께 선고되는 형벌이다. 몰수는 원칙적으로 부가형이며 다른 형벌들은 주형에 해당된다(박상기 외, 2009: 296). 이 중에서 형사제재수단으로서 자주 사용되거나 중요한 의미를 지니는 것은 생명형인 사형, 자유형 중에서 징역형, 재산형 중에서 벌금형 등이다.

사형은 수형자의 생명을 빼앗는 형벌로서 '생명형生命刑'이라고 하며, 가장 중한 형벌이기 때문에 '극형極刑'이라고도 한다. 사형은 가장 오래된 역사를 가진 형벌의 하나로서 고대에 이를수록 이용 빈도가 높았으며 그 집행종류도 근대 이전까지 매우 다양하게 발달해 왔다(배종대, 2011: 408).

자유형이란 수형자의 신체적 자유를 박탈하는 형벌로서 '구금형'이라고도 하며, 신체의 자유를 박탈하기 위하여 일정한 시설에의 구금을 전제로 하기 때문에 범죄인처우라는 관점에서는 '시설내처우'에 해당한다.

재산형은 범죄인으로부터 일정한 재산을 박탈하는 것을 내용으로 하는 형벌로서 제3자가 대납할 수 없는 일신전속적인 성격을 가지며 개별책임원칙이 적용된다. 재산형은 역사적으로 가장 오래된 형벌 가운데 하나이다. 그러나 오늘날의 원형은 중세 유럽의 속죄금에서 찾을 수 있다(박상기 외, 2009: 427).

피고인에게 형이 선고되어 확정되면 수형자가 된다. 수형자受刑者는 어의적으로 "형의 집행을 받는 사람"이라는 뜻이다. 따라서 피의자 또는 피고인이 구속영장에 의하여 구치소 등에 수감된 경우에도 아직 형의 집행을 받지 않기 때문에 수형자라고 할 수 없으며 이 경우에는 "아직 형의 결정이 이루어지지 않고 수용되어 있는 사람"이라는 의미에서 미결수용자未決收容者라고 한다. 「형의 집행 및 수용자처우에 관한 법률」제2조는 수형자와 미결수용자를 통칭하여 '수용자收容者'라는 용어로 정의하고 있다.

---

4 현행법상 재산형은 벌금, 과료, 몰수의 3가지 종류가 있지만(「형법」 제41조 참조), 이중에서 가장 대표적이고 광범위하게 활용되는 것은 벌금형이다. 벌금형은 일정 금액의 벌금을 국고에 납부하는 것으로서 과료와는 금액 과다의 차이만이 있을 뿐 그 본질은 다르지 않다. 따라서 통상 '벌금형'이라고 할 때 과료를 포함하는 것이 일반적이다(배종대, 2011: 431). 벌금은 국가에 대한 채권과 상계할 수 없으며, 벌금상속, 벌금에 대한 공동연대책임도 인정되지 않는다. 벌금을 납입하지 않는 자는 환형처분으로 1일 이상 3년 이하의 기간 동안 노역장에 유치할 수 있다(「형법」 제69조 및 제70조). 몰수는 범죄의 반복을 막거나 범죄로부터 이득을 얻지 못하게 할 목적으로 범죄행위와 관련된 재산을 박탈하는 것을 내용으로 하는 재산형을 말한다(「형법」 제48조 제1항). 몰수는 자유형과 벌금형만으로는 달성할 수 없는 형벌의 기능을 보완하는 제도로서 부가형이다(박상기 외, 2009: 324).

자유형의 역사

자유형의 기원은 고대의 노예형이나 노역형 등에서 비롯된 것이지만 본래적 의미에서의 자유형은 813년 유럽의 카알대제가 신분이 높은 범죄인을 사형에서 면하게 해주지 위하여 실시한 것이 시초로 알려진다(박상기 외, 2009: 304). 이후 13세기에서 15세기경까지 많은 도시법에서 형사제재의 하나로 자유형이 등장하였다. 그러나 범죄인의 사회복귀라는 이념을 달성하기 위한 근대적 의미의 자유형은 16세기 말 암스테르담에 근대적 교도소가 등장하면서 시작되었다(박상기 외, 2009: 304-305). 17세기 이후 중상주의의 영향으로 범죄인의 교화·개선보다는 값싼 노동력 확보가 중시되면서 교도소는 노동자 숙소화 되었고, 18세기 후반 계몽사상의 영향으로 영국의 존 하워드John howard 등의 감옥비판론자가 등장하면서 세계적으로 감옥 개량이 본격화되었다. 미국의 경우에는 감옥개량운동의 결과, '펜실베니아 체제Pennsylvania system'와 '오번 체제Auburn system'라는 새로운 구금제도가 도입되었다(이윤호, 2011: 63-66). 전자는 퀘이커quaker교도들의 감옥개량운동의 결실로 1790년 설치된 펜실베니아주 필라델피아교도소에서 시도되었는데, 독거구금과 침묵을 강요하고 성경을 읽으며 자신의 범죄를 반성하는정신적 개선에 중점을 둔 것이다. 후자, 즉 오번 체제는 1823년에 설치된 뉴욕주 오번교도소에서 실시된 구금제도로인데 밤에는 각자 격리된 자신의 방에서 독거하나 낮에는 말을 할 수는 없지만 동료재소자들과 공동노역에 종사하는 것으로서 20세기 산업교도소의 전신이라고 볼 수 있다(이윤호, 2011: 66).

출처: 조흥식·이형섭, 2014: 212-213.

ⓝ 보안처분의 의의와 종류

형벌은 범죄인의 책임을 전제로 하는 법익의 박탈인데 비하여 보안처분은 장래의 위험성을 전제로 한다는 점에서 양자의 차이가 있다(박상기 외, 2009: 295).[5] 보

---

5 형벌과 보안처분은 다같이 형사상의 제재에 속하지만 다음과 같은 차이가 있다(김용우·최재천, 2006: 233-236). ① 형벌은 응보·일반예방의 기능을 가지는데 비하여, 보안처분은 개선·보안·특별예방적 기능을 가진다. ② 형벌은 과거의 위법행위에 대한 처벌이지만, 보안처분은 미래의 위험성에 대한 예방이다. ③ 형벌에 비해 보안처분은 책임의 대소와 관계없이 해당 범죄인의 위험성에 따른 합목적인 집행이 가능하다.

안처분은 행위자의 재범위험성을 방지하기 위하여 이에 대한 특별예방을 목적으로 하는 처분이며, 사회방위의 목적으로 처벌이 아니라 범죄인의 재사회화와 치료를 위하여 필요한 조치를 취하는 것이다(박상기 외, 2009: 335). 보안처분은 형벌은 아니지만 신체·재산의 자유를 제한하는 성질을 갖고 있기 때문에 '보안처분 법정주의'가 적용된다. 우리 「헌법」 제12조 제1항은 "법률과 적법한 절차에 의하지 아니하고는 처벌·보안처분 또는 강제노역을 당하지 아니한다."고 규정하고 있다. 한편 보안처분이 특별예방 목적으로 적용된다고 하더라도 정당하기 위해서는 '비례성의 원칙'이 지켜져야 한다.

근대적 의미에서 보안처분이 형법전에 도입된 것은 1893년 스위스의 슈토스 Stooss 형법 초안에서 시작되었으며, 독일, 미국, 프랑스 등 세계 각국은 물론, 우리나라에도 보안처분이 여러 가지 용어로 개별 법률에 도입되어 사용되고 있다(박상기 외, 2009: 338). 현행법상 보안처분은 「형법」의 보호관찰, 사회봉사·수강명령, 「치료감호법」의 치료감호·보호관찰, 「보호관찰 등에 관한 법률」의 보호관찰처분, 「특정범죄자에 대한 보호관찰 및 전자장치 부착 등에 관한 법률」의 전자장치 부착명령·보호관찰 등이 있다.

이와 같은 다양한 보안처분은 크게 자유박탈 보안처분과 자유제한 보안처분으로 구분된다(조흥식·이형섭, 2014: 217-219). 대표적인 자유박탈 보안처분은 치료감호제도이다. 치료감호는 심신장애인, 마약류 및 알코올중독자, 소아성기호증 등 정신성적 장애인 등을 치료감호시설에 수용하여 치료하는 보안처분이다. 일반적으로 치료감호의 기간은 15년까지이지만, 다만 약물 및 알코올 중독자의 수용은 2년을 초과할 수 없다.

한편, 자유제한 보안처분 중에서 가장 대표적인 것은 보호관찰인데, 이는 범죄인을 일정한 구금시설에 수용하는 대신 자유로운 사회생활을 허용하되 일정한 준수사항을 부과하고 이를 이행하는지 여부를 보호관찰관이 지도·감독하는 대표적 사회내처우이다. 보호관찰과 유사한 제도로서 사회봉사명령과 수강명령은 집행유예의 조건으로 부과되는 자유제한적 보안처분이다. 사회봉사·수강명령은 보호관찰과 달리 가석방이나 가종료의 조건으로 부과되지는 않으며, 각각 법원에서 정한 일정시간의 무보수 봉사활동(사회봉사명령)이나 범죄성개선을 위한 교육 및 치료프로그램(수강명령)을 이행하도록 하는 것이다. 이외에도 2008년 9월부터 시행된 전자감독제도는 재범위험성이 높은 특정범죄자의 재범방지와 성행교정을 위하여 그의 행적을 추적하여 위치를 확인할 수 있는 전자장치를 신체에 부착하는 제도이다.

㉣ 보호처분의 의의

현행법상 '보호처분'은 가정폭력사범이나 성매매사범 등의 경우에도 적용되지만 주로 소년보호처분을 의미하는데, 형벌보다는 교육적·복지적 조치의 성격이 강하다. 보호처분의 법적 성격에 대해서는 과거 보안처분의 일종으로 보는 견해가 다수의 입장이었으나 최근에는 통상의 보안처분과 구분하는 견해가 다수설이다(김용우·최재천, 2006: 241-242).

보호처분, 특히 소년보호처분이 반사회적 소년의 장래 위험성을 제거하기 위한 처분으로 이해된다면 넓은 의미의 보안처분에 포함된다고 할 수 있으나 소년보호의 이념 아래 비행소년의 보호육성이라는 복지정책적 측면에서 발전한 것이다. 구체적으로 양자의 차이는 다음과 같다(김용우·최재천, 2006: 242). ① 보안처분은 사회방위를 목적으로 하지만 소년보호처분은 소년의 개선·보호를 목적으로 하고, ② 보안처분은 장래의 범죄에 대한 예방활동을 강조하지만 소년보호처분은 교육적·복지적 활동을 강조하며, ③ 보안처분은 대륙법계 국가들에서 형벌의 보완장치로 발전한 반면, 보호처분은 영국의 형평법적 이론인 '국친사상'에 입각한 것이다. 이처럼 양자를 하나의 범주로 묶어 판단하는 것은 무리가 있지만 양자 모두 형벌의 보충적·대안적 수단으로 고안되었고 보호처분도 어디까지나 사법적 판단에 의한 처분이라는 점에서 중복·교차되는 부분이 많이 있다(김용우·최재천, 2006: 243).

2) 형벌 집행인 '교정'과 보안·보호처분의 집행인 '범죄예방정책'

일반적으로 범죄자의 개선갱생 및 교정을 위한 치료적 개입 및 프로그램과 제반 형사정책적 노력을 총칭할 때는 '범죄인처우'라는 표현을 쓴다(조흥식·이형섭, 2014: 223). 형사사법체계에서 이루어지는 범죄인처우는 격리구금 여부에 따라 시설내처우와 사회내처우로 나뉜다. 이러한 시설내처우와 사회내처우는 각각 다시 그 대상에 따라 성인과 소년에 대한 처분으로, 그 목적과 형사정책적 기능에 따라 형사적, 보안적(보호적) 처분으로 구분되기도 한다. 그런데 성인에 대하여는 특별예방적 목적에서 범죄자의 개별적 위험성에 대처하기 위한 보안처분이 제도화되어 있는 반면 소년에 대해서는 소년보호의 이념과 국친사상에 의하여 보호적 처분이 주된 형사정책으로 채택되고 있다.

이와 같은 각 처우의 구분에 따라 실천현장인 담당기관과 대표적 제도를 정리하여 제시하면 아래의 그림과 같다. 법무부의 조직 구조 등을 참고하여 구분한다면, 형벌 집행은 '교정'이라고 하고, 보안처분 및 보호처분의 집행은 '범죄예방정책'이라고 할 수 있다.

[그림 3-1] 범죄자처우 관점에서의 형사제재 구분

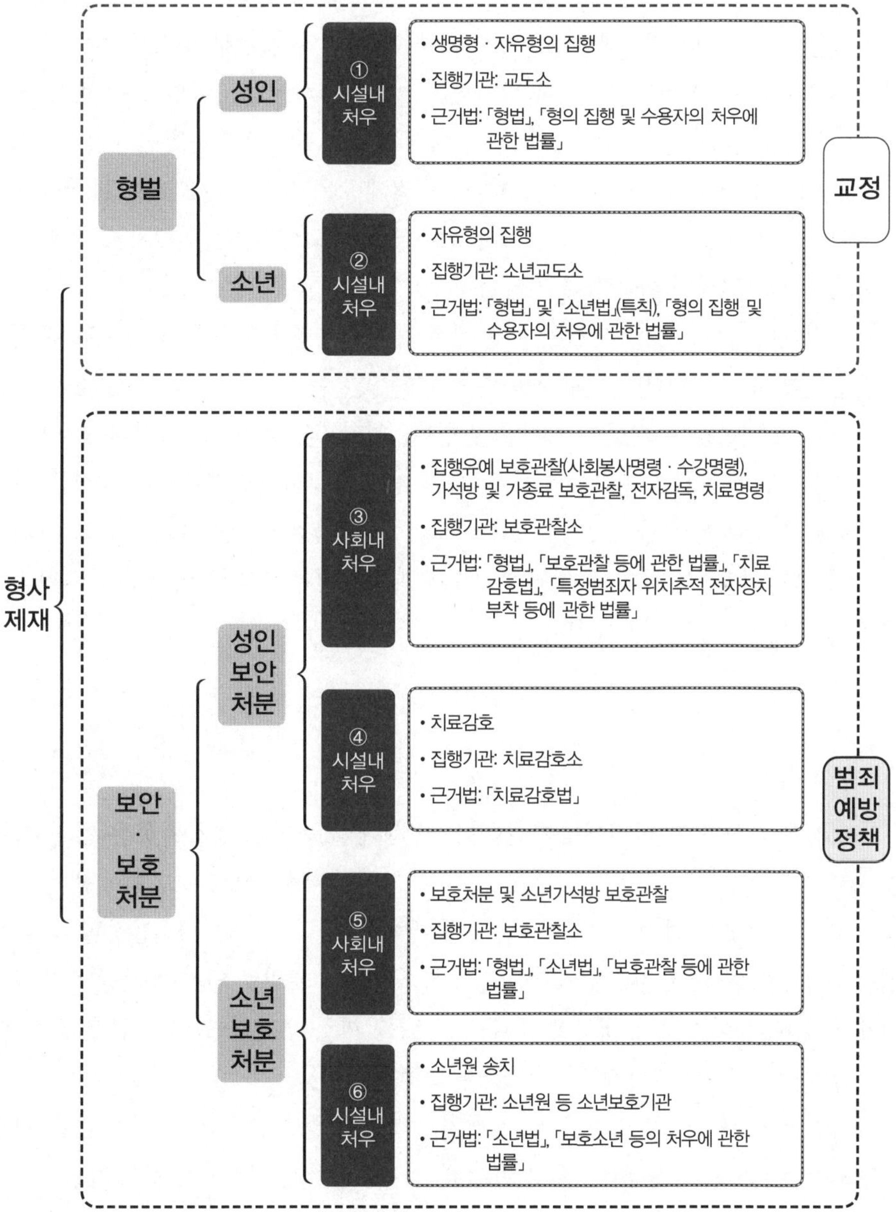

형사제재				내용	
형벌	성인	① 시설내 처우	• 생명형 · 자유형의 집행 • 집행기관: 교도소 • 근거법: 「형법」, 「형의 집행 및 수용자의 처우에 관한 법률」	교정
	소년	② 시설내 처우	• 자유형의 집행 • 집행기관: 소년교도소 • 근거법: 「형법」 및 「소년법」(특칙), 「형의 집행 및 수용자의 처우에 관한 법률」	
보안 · 보호 처분	성인 보안 처분	③ 사회내 처우	• 집행유예 보호관찰(사회봉사명령 · 수강명령), 가석방 및 가종료 보호관찰, 전자감독, 치료명령 • 집행기관: 보호관찰소 • 근거법: 「형법」, 「보호관찰 등에 관한 법률」, 「치료감호법」, 「특정범죄자 위치추적 전자장치 부착 등에 관한 법률」	범죄예방정책
		④ 시설내 처우	• 치료감호 • 집행기관: 치료감호소 • 근거법: 「치료감호법」	
	소년 보호 처분	⑤ 사회내 처우	• 보호처분 및 소년가석방 보호관찰 • 집행기관: 보호관찰소 • 근거법: 「형법」, 「소년법」, 「보호관찰 등에 관한 법률」	
		⑥ 시설내 처우	• 소년원 송치 • 집행기관: 소년원 등 소년보호기관 • 근거법: 「소년법」, 「보호소년 등의 처우에 관한 법률」	

그림 출처: 조흥식 · 이형섭(2014), p.224.

제 3 절 범죄예방기관과 범죄예측

1. 범죄예방기관

우리나라에서 그동안 범죄예방은 경찰기관에 의해서만 수행되는 것이라는 인식이 강했다. 그러나 범죄예방은 경찰기관뿐만 아니라 법무부 소속의 보호관찰기관과 교정기관 등에 의해서도 수행되고 있다. 우리나라의 범죄예방 관련 법률과 실무차원의 정책들을 기초로 분류해 보면, 대체적으로 경찰은 1차적 범죄예방과 2차적 범죄예방을 담당하고, 법무부는 3차적 범죄예방을 담당하는 것으로 보인다(박우현·최응렬, 2017: 133). 그러나 최근에는 법무부의 범죄예방기능이 2차적(셉테드), 1차적(법교육) 차원까지 확대되고 있다.

범죄예방기관은 형사사법기관 중에서도 범죄예방업무에 직접적으로 관련된 기관을 말한다. 형사사법기관criminal justice agencies은 수사, 기소, 재판, 집행 등 일련의 형사사법 기능을 수행하는 기관을 말한다. 경찰, 검찰, 법원, 교정기관, 보호기관 등이 이에 해당한다. 이밖에 제한된 범위 내에서 형사사법업무를 수행하는 특별사법경찰과 군내에서 관련 업무를 수행하는 헌병, 군검찰, 군사법원, 군교도소 등이 이에 포함된다. 이 중에서 가장 주된 범죄예방기관은 경찰과 법무부 범죄예방정책국 소속기관이라고 할 수 있다.

(1) 경찰기관

경찰은 대표적인 범죄예방기관이다. 범죄예방을 위한 경찰활동은 경찰 직무 중에서 가장 우선시되고 있다. 「경찰관직무집행법」 제6조에서는 범죄예방의 의의와 관련하여 경찰관이 범죄행위가 목전에 행하여지려 하고 있다고 인정될 때 이를 예방하기 위하여 관계인에게 필요한 경고를 하고, 그 행위로 인하여 사람의 생명·신체에 위해를 미치거나 재산에 중대한 손해를 끼칠 우려가 있어 긴급을 요할 때 그 행위를 제지할 수 있는 권한을 말한다고 하고 있다.

경찰은 형사사법기관 중에서 가장 가시적이고 일반 대중와 접촉이 많은 기관이며(Cramer, 1994: 50), 범죄문제와 관련해서는 중요한 공식적 사회통제기관으로서의 역할을 수행한다. 경찰의 모든 활동이 범죄예방에 초점이 맞추어진 가운데 움직

여지고 있다고 해도 과언이 아니다(신진규, 1987: 473). 경찰조직은 독립된 기관인 경찰청을 정점으로 시·도 단위에 지방경찰청을 두고 있으며, 그 아래에 인구 5만 명을 단위로 경찰서가 설치되어 있다.

경찰청의 경우 범죄예방과 관련된 기구로 생활안전경찰 업무를 관장하는 생활안전국을 들 수 있다. 생활안전경찰은 방범경찰이라고도 하며, 범죄의 예방정책의 수립과 집행, 기타 이에 관련된 활동을 통하여 국민의 생명과 재산을 보호하고 공공의 안녕과 질서를 유지하는 경찰의 목적을 달성하는 경찰의 기능이다. 경찰은 기존의 방범경찰적 작용을 확대하여 여성청소년범죄예방 및 수사, 성폭력범죄예방 및 수사 기능을 포함시켰다.

경찰청장 산하에 생활안전국을 두며, 생활안전국장은 치안감 또는 경무관으로 보한다. 생활안전국에 생활안전과, 생활질서과, 여성청소년과, 성폭력대책과 등을 둔다. 각 과장은 총경으로 보한다(「경찰청 및 그 소속기관 직제」 제11조, 「경찰청 및 그 소속기관 직제 시행규칙」 제8조). 이 중 생활안전과장은 범죄예방에 관한 연구 및 계획의 수립, 경비업에 관한 연구 및 지도, 112제도의 기획 및 운영, 지구대·파출소 외근업무의 기획 등 범죄예방 관련 기능을 수행한다. 성폭력대책과장은 성폭력범죄의 예방, 정보의 처리 및 수사·지도에 관한 업무, 성폭력범죄의 재범방지에 관한 업무, 성폭력 피해자 보호에 관한 업무 등 범죄예방 관련 기능을 수행한다.

지방경찰청의 경우 생활안전과와 여성청소년과 등이 설치되어 있고, 일선 경찰서에는 생활안전과가 설치되어 있다. 2004년 개편된 순찰지구대 및 파출소/치안센터는 경찰서 생활안전과 소관의 범죄예방 업무를 기본 과업으로 하는 지역사회 파견 경찰관서라고 할 수 있다(신진규, 1987: 473; 임준태, 2009: 284).

(2) 법무부 범죄예방기관

1) 범죄예방정책국

법무부 범죄예방정책국에는 범죄예방기획과, 보호정책과, 치료처우과, 소년보호과, 보호관찰과, 특정범죄자관리과, 소년범죄예방팀 등이 있다. 범죄예방기획과는 범죄예방정책국 총괄기획, 보호기관 공무원 정원관리, 인사·교육훈련, 보호기관 예산 및 시설관리 등을 관장한다. 보호정책과는 셉테드 및 법교육 정책개발 및 연구, 한국법무보호복지공단 및 민간법인 관리·감독, 법질서 실천운동 추진 등을 관장한다. 치료처우과는 치료명령 · 치료감호 관계법령의 입안 및 제도연구, 치료감호심의위원회 운영 및 결정의 집행 등을 관장한다. 보호관찰과는 보호관찰, 사회봉사 · 수강명령 집행, 청구전 · 결정전 · 판결 전 조사, 보호관찰심사위원회 심사 · 결정 및 운영, 보호관찰 기관평가 및 지도감독 등을 관장한다. 소년보호과는 소년원 · 분류심사원 수용관리, 소년원의 교육과정 운영, 소년원 · 분류심사원 기관평가 · 지도감독 등을 관장한다. 특정범죄자관리과는 전자감독 집행, 성폭력범죄자 신상정보 등록 · 관리 등을 관장한다.

2) 보호관찰심사위원회

보호관찰에 관한 사항을 심사 · 결정하기 위하여 법무부장관 소속하에 보호관찰심사위원회를 둔다. 심사위원회는 다음의 사항을 심사 · 결정한다. ① 가석방과 그 취소에 관한 사항, ② 임시퇴원과 그 취소에 관한 사항, ③ 보호관찰의 임시해제와 그 취소에 관한 사항, ④ 보호관찰의 정지와 그 취소에 관한 사항, ⑤ 가석방중인 자의 부정기형 종료에 관한 사항, ⑥ 기타 이 법 또는 다른 법령에 의하여 심사위원회의 관장사무로 규정된 사항, ⑦ 제1호부터 제6호까지의 사항과 관련된 사항으로서 위원장이 회의에 부치는 사항 등이다(「보호관찰 등에 관한 법률」 제6조).

3) 위치추적관제센터

전자감독은 특정범죄자에게 구금, 격리 등 시설 내 교정처우 대신에 사회 내 교정처우community based treatment로서 제한적인 사회생활을 허용하면서, 일정기간동안 '위치추적 전자감독 장치 부착명령'을 부과하여 특정시간대 외출제한, 특정장소 출입금지, 범죄피해자 등에 대한 접근금지, 치료프로그램 이수 등의 준수사항 이행을 통해 범죄피해자와 지역사회를 보호하는 제도이다. 위치추적관제센터는 1년 365일 24시간 전자감독대상자의 위치와 이동경로를 모니터링하고, 위에서 열거된 준수사항 위반사실을 전국 보호관찰소의 전담부서에 신속히 전달하는 기능을 수행하는 곳이다. 위치추적관제센터는 법무부 소속 기관으로서 현재 서울과 대전 두 곳에 있다.

4) 보호관찰소

보호관찰소는 보호관찰, 사회봉사, 수강명령 및 갱생보호에 관한 사무를 관장하기 위하여 법무부장관 소속하에 둔다(「보호관찰 등에 관한 법률」제14조 제1항). 보호관찰소는 다음의 사무를 관장한다. ① 보호관찰의 실시 및 사회봉사명령·수강명령의 집행, ② 갱생보호의 실시, ③ 검사가 보호관찰관이 선도함을 조건으로 공소제기를 유예하고 위탁한 선도 업무, ④ 범죄예방자원봉사위원에 대한 교육훈련 및 업무지도, ⑤ 범죄예방활동, ⑥ 기타 이 법 또는 다른 법령에 의하여 보호관찰소의 관장사무로 규정된 사항 등이다(「같은 법」제15조).

보호관찰소에는 위의 사무를 처리하기 위하여 보호관찰관을 두며, 보호관찰관은 형사정책학, 행형학, 범죄학, 사회사업학, 교육학, 심리학, 그 밖에 보호관찰에 필요한 전문적 지식을 갖춘 자이어야 한다(「같은 법」제16조). 이밖에 보호관찰관을 도와 보호관찰활동과 갱생보호사업을 지원하는 범죄예방자원봉사위원이 있다.

5) 소년보호기관

소년보호기관에는 소년분류심사원, 소년원, 청소년비행예방센터 등이 있다.

소년분류심사원은 「소년법」제18조 제1항 제1호에 따라 법원 소년부로부터 위탁된 소년(위탁소년) 등을 수용하여 그 자질을 분류심사하기 위하여 설치된 기관이다.

소년원은 교육·복지적 기능을 중시하여 국가가 소년들의 보호자가 되어 인성교육 등 생활지도와 특성화교육, 초·중등교육 및 직업능력개발훈련, 의료처우 등을 실시함으로써 비행소년의 인격과 행동을 교정하고 건전한 청소년이 갖추어야 할 인격을 함양토록 한다는 점에서 형사처분을 집행하는 소년교도소와는 그 성격이 다르다.

청소년비행예방센터는 부적응 학생 등 위기청소년과 기소유예자 등 비행 초기단계의 청소년을 대상으로 대안교육 등을 실시함으로써 범죄를 예방하기 위해 설치된 기관으로 전국 16개소가 있으며, 직제상 소속은 관할지역 소년원으로 되어 있다. 이 센터의 대외적 명칭은 청소년비행예방센터와 청소년꿈키움센터(대전센터는 솔로몬 로파크)를 같이 사용하고 있다(배종대, 2017: 522-3).

6) 치료감호기관

치료감호소는 정신질환·약물중독·성폭력범죄자의 재범 방지를 통한 안전한 사회를 구현하기 위하여 설치된 법무부 소속 전문치료기관이다. 범죄예방과 관련된 주요 업무로는 정신질환자의 효과적인 치료와 성공적인 사회복귀 등을 관장하고 있다. 또한 최근 증가하고 있는 아동성폭력 범죄에 효과적으로 대응하기 위해 인성치료 병동을 운영하고 있으며 인지행동치료 등 체계적인 치료활동을 통해 성폭력범죄 재발 방지에 주력하고 있다. 아울러, 치료감호소는 정신질환 및 물질남용 범죄연구를 위한 법정신의학 연구센터를 운영중이며, 정신과 전공의 등의 전문수련기관 역할도 수행하고 있다.[6]

2. 범죄예측과 범죄예방정책

(1) 범죄예측

　　범죄예측은 범죄예방의 중요한 부분이다. 특히 2차적 범죄예방에서는 더욱 그러하다. 범죄예측은 미래의 범죄행위 가능성을 예측하는 것으로 예측에 관한 여러 사항 중에서 가장 중요한 것은 무엇을 예측할 것인가, 즉 예측대상을 결정하는 것이다. 형사사법에서는 재범을 예측하는 것이 가장 일반적인 시도라고 할 수 있다. 재검거, 재유죄판결, 재수감, 차후행위의 심각성, 보호관찰이나 가석방의 취소 등이 미래의 위험성을 예측하는 일반적인 방법이다. 다만, 이러한 재범활동에 대한 예측은 개인의 최초 일탈행위에 대한 예측이라는 2차적 예방의 주된 관심사항을 제대로 반영하지 못한다. 잠재적 위험성은 형사사법 전문가들의 활동에서 중요한 고려사항이며, 잠재적 위험성을 가장 확연히 활용하는 부문은 소년사법체계이다. 소년사법체계의 전체 과정은 성인범죄에 가담하리라는 미래의 잠재적 가능성에 기초하여 운영되고 있다. 2차적 예방은 잠재적 일탈자가 그러한 잠재성을 앞으로 실현하지 않기를 추구한다(이순래 외, 2011: 256-257).

　　범죄예측은 형사사법제도에서 많은 활동들의 필수적인 부분으로 남겨져 있다. 형사사법기관의 모든 수준에서 내려지는 결정은 예측을 포함한다. 경찰관의 체포, 검찰의 고소, 판사의 판결, 가석방위원회의 가석방결정 등 이러한 선택들은 미래 일탈행동의 정도를 예측하는 것과 관련되어 있다.

6　http://www.cppb.go.kr/cppb/999/subview.do

(2) 범죄예방정책

일반적으로 정책이란 권위있는 정부기관이 당위성에 입각하여 사회문제 해결을 위해 공식적 행정과정을 거쳐 의도적으로 선택한 장래의 행동지침으로 정의된다. 범죄예방정책이란 범죄를 예방하거나 감소시키기 위해 경찰, 법무부 등 정부기관이 공식적 행정과정을 거쳐 의도적으로 선택한 장래의 행동지침으로 정의할 수 있다. 미국, 영국 등 선진국에서는 전통적 방식에 의한 경찰 범죄예방활동 효과에 있어서의 한계를 극복하고자 핫스팟 경찰활동, 문제지향적 경찰활동 등 지역사회 경찰활동과 데이터 분석 기반의 예측적 경찰활동이 새로운 패러다임으로 등장하고 있다(노성훈, 2015: 240).

1) 경찰 차원의 범죄예방정책

경찰의 범죄예방활동 중 일반방범활동은 범죄기회와 범죄유발요인을 제거하거나 줄이는 일상적 범죄예방활동을 말하며, 이는 대개 외근방범활동을 의미하는 것이 보통이다. 즉, 순찰이나 외근방문을 통해 범죄발생 가능성이 있는 지역을 돌아보거나 호구조사, 불심검문, 경찰제지, 피난 등의 조치를 취하거나 필요할 경우 보호조치 및 각종 법령위반을 단속하는 일 등이 여기에 속한다(배종대, 2017: 360).

경찰의 특별방범활동은 특별한 대상을 상대로 하거나 특별한 사항에 대하여 시행되는 방범활동을 말한다. 이것은 일시적으로 범죄를 감소시키기 보다는 경찰의 국민에 대한 이해와 협력을 얻어 장기적으로 범죄를 감소시키기 위한 목적을 갖고 있다. 경찰의 특별방범활동으로는 범죄예방의 진단을 한 후 조치를 건의하는 일과 범죄자의 취업알선 등을 통해 방범활동을 전개하는 방범보도, 방범정보수집, 방범진단, 방범홍보 등이 있다(배종대, 2017: 361).

최근 경찰은 대표적인 범죄예방정책으로 지역치안협의회와 자율방범대 등 시민의 협력을 바탕으로 '112신고 대응 시스템의 고도화'와 체계적 범죄예방 진단을 위한 '범죄예방진단팀' 제도를 도입하였고, 2005년부터 CPTED 프로그램을 도입하여 시범사업을 실시한 후 지방자치단체와 협력사업을 통해 원룸과 편의점 등을 대상으로 인증사업을 실시하고 있다(박우현·최응렬, 2017: 134).

2) 법무부 차원의 범죄예방정책

법무부 범죄예방정책국은 보호관찰, 사회봉사명령, 수강명령제도 등의 사회내처우 정책과 제도를 통하여 범죄예방활동을 수행한다. 또한 2008년 처음 시행된 위치추적 전자감독도 이상의 제도들과 함께 범죄예방에 기여하는 중요 제도라고 할 수 있다. 특히 위치추적 전자감독제도는 재범위험성이 높은 특정 범죄자(성폭력범, 미성년자 유괴범, 살인범, 강도범)의 신체에 위치추적 전자장치를 부착하여 24시간 대상자의 위치와 이동경로, 상태를 파악하고 보호관찰관의 밀착 지도감독을 통해 재범을 억제하는 제도이다. 법무부 범죄예방정책국에서 추진하고 있는 일반예방적 정책은 법교육과 법질서운동, CPTED 사업 등이 있다. 범죄에 대한 일반예방정책에 대하여 경찰과 법무부의 정책을 세부사업별로 구분해 보면 경찰은 현장에서 직접 사업을 수행하고 활동을 하는 특징을 보이는 반면, 법무부 범죄예방정책국은 예산을 배분하고 실제 사업 수행을 전문기관에 위임하는 차이를 보이고 있다(박우현 외, 2017: 134). 또한 비행소년에 대한 소년분류심사원 및 소년원 처우, 정신질환범죄자에 대한 치료감호소 처우 등도 시설수용을 통한 비행소년 또는 범죄자에 대한 예방 정책으로 자리매김하고 있다.

　　법무부 교정국은 시설내에서의 교정처우 정책과 제도를 통하여 범죄예방활동을 수행한다. 재사회화의 관점에서 보면 자유형은 범죄자에게 범죄에 상응하는 고통을 줌으로써 다시 범행하지 않도록 하는 목적을 가지고 있다. 즉, 자유형은 범죄자를 사회로부터 격리함으로써 고립감을 주고 그 기간 속죄의 마음을 갖게 함으로써 재범을 방지할 수 있다는 것이다. 그러나 현실적으로 자유형 자체가 재범예방기능을 담당한다고 보는 데는 한계가 있다. 자유형의 보안성은 물리적으로 집행기간 동안 재범을 거의 불가능하게 하지만, 수형자의 개선을 통한 출소 후의 재범예방 문제는 별도의 평가를 받아야 한다. 진정한 의미의 재범예방은 후자에 있다. 그럼에도 전과자의 높은 재범률을 감안하면 자유형의 예방기능은 거의 실패에 가깝다고 해도 과언이 아니라는 지적이 있다. 자유형의 개선목적은 자유를 구속한 가운데서 자유에 대한 교육을 하여야 하는 현실적인 모순을 안고 있다는 것이다(배종대, 2017: 372).

제 **4** 장 소년사법과 소년보호처분

1. 소년사법의 이념 및 모델

(1) 소년사법의 의의

　　소년사법은 '국친사상'國親思想과 '소년보호주의'의 이념에 입각하여 성인범에 대한 형사절차와는 다른 구조로 운영되는 소년에 대한 사법제도로서, 그 목적은 '소년의 복지향상'과 '균형(비례)의 원칙 실현'이라고 할 수 있다. 여기서 소년사법에 있어서 '균형의 원칙'이라 함은 소년범죄자에 대한 조치가 범죄의 중대성뿐 아니라 개인적 환경까지 고려한 가운데 행해져야 한다는 것이다(정동기, 1988: 49).

　　소년범죄 문제는 어느 시대나 존재해왔다. 그리고 소년범죄자이자 미래 세대인 이들 범죄소년을 어떻게 처우할 것인지는 중요한 국가정책이다. 그러나 1899년 미국 일리노이주에서 소년법원을 설립하여 소년과 성인을 다르게 처우하기 이전까지는 소년은 성인과 동일하게 처우되었고, 소년이라는 점은 정상 참작에 불과하였다. 발달단계에 있는 소년을 단순히 '작은 어른'으로 보고 성인에게 적용하는 법령을 그대로 적용하는 것은 소년을 성인범죄자로 양성하여 소년의 장래뿐만 아니라 사회질서를 위협하게 된다는 인식이 확산되기 시작하였다. 결과적으로 소년을 성인과 별도의 시설에 수용하거나 보호관찰의 실시, 소년법원의 설치 등 소년범죄자에 대한 인도주의적 실천 운동이 나타났으며, 궁극적으로는 소년법원의 설립으로 이어졌다.

　　19세기와 20세기의 전환기에 미국과 영국에서는 소년사건의 처분을 위한 독립된 법원을 설립하자는 사법적 혁신운동, 즉 '소년법원설립운동'이 일어나 세계 대다수의 국가에서는 형사사법제도와 독립된 별도의 소년사법체계를 갖추게 되었다. 최초의 소년법원은 1899년 7월 1일 미국 일리노이Illinois주 쿡카운티Cook County의 순회법원에 1개의 부로 신설된 것인데, 그 해 일리노이 주의회는 「소년법원법」Juvenile Court Act을 만장일치로 통과시켰다. 그 후 1945년까지 미국 내 모든 주에서 소년법원이 설립되었다(정동기, 1988: 48).

　　미국 소년법원의 가장 큰 특징은 소년범죄에 대한 '비범죄화' 조치였다. 즉, 단순히 소년이 죄를 범하였을 때 형벌을 완화하는 정도에 그치는 것이 아니라 소년범죄사건의 관할을 형사법원에서 민사법원으로 변경하는 파격적인 시도로 역사상 유래가 없는 변혁이었다. 미국에서 발생한 소년보호운동은 이후 많은 변화를 겪게 되어 최초 일리노이주 소년법의 모습과 달라졌지만 세계 각국의 소년사법의 발전에 커다란 영향을 미쳤다.

(2) 소년사법의 이념

소년사법의 이념은 국친사상parens patriae으로 대표되는데, 이는 국가가 부모의 역할을 대신하는 것이다. 소년들은 성인에 비해 환경에 쉽게 영향을 받으며, 특히 부모의 무관심 등 어린 시절에 양육 환경과 청소년기의 범법행위의 연관성이 높다. 따라서 국친사상은 문제 있는 가정환경을 보완하여 부모의 역할을 국가가 대신하여 보호하여야 한다는 것이다(송광섭, 2003: 739).

이 사상은 13세기 영국의「형평법」에 근원을 두고 있는데, 이는 원래 정신적 무능력에 있는 사람들의 법적 후견인을 왕이 대신한다는 국왕대권의 개념과 관련되어 있다. 이와 유사하게 법법행위를 한 소년에 대하여도 부적절하거나 부재된 보호자의 권한을 국왕 또는 국가가 대신한다는 것이 국친사상이다. 따라서 최초에는 왕권 유지와 봉건시대 가족제도에 대한 통제를 확보하기 위한 것이었으나, 점차 형사법원이 비행소년의 최대이익을 위해 행동하는 국가의 책임을 말하는 것으로 발전되었다(배종대, 2011: 484). 소년들은 주위의 타인이나 환경에 쉽게 영향을 받으며, 특히 보호자의 관심부족, 보호와 훈육의 부적절성에 의하여 범죄행위로 나아가기 쉽다. 따라서 국친사상은 문제가 있는 가정환경을 보완하고 부모의 역할을 대신하여 국가가 보호와 처우를 우선하여야 한다는 사상이다.

(3) 소년사법의 운영모델

세계 각국의 소년사법제도는 대체로 다음과 같은 세 가지 운영모델로 구분할 수 있다(정동기, 1988: 49-50). ① 적법절차모델the due process model: 소년사법에 있어 법률에 규정된 실체적 및 절차적 기본권을 강조하는 모델, ② 복지 또는 국친사상모델the welfare or parens patriae model: 소년사법을 기본적으로 법에 저촉된 청소년에 대한 경제적·사회적 복지를 증진시키는 개입intervention이라고 보는 모델, ③ 참여모델participatory model: 소년사법에 있어 청소년에게 유해한 환경을 제공하고 있는 사회의 적극적 참여와 위기청소년이나 비행청소년들이 주류 사회생활에 융화되기 위하여 법적 간섭을 최소화할 것을 요구하는 모델 등이다. 이러한 세 가지 모델은 각국의 환경에 따라 발전되어 온 것이지만 상호 모순되거나 배타적인 것은 아니다.

2. 우리나라 소년사법의 연혁[1]

(1) 소년사법제도의 도입

우리나라가 근대적 소년사법제도를 도입한 것은 일제 치하인 1942년 3월 23일 제정된 「조선소년령」(제령 제6호)의 시행과 함께, 서울과 지방에 '소년심리원少年審理院'이 설치된 때이다. 「조선소년령」은 일본의 구 「소년법」을 의용한 것으로서, ① 그 적용대상을 20세 미만자로 규정하고, ② 소년심판소 설치와 소년심판관 및 소년보호사에 대한 규정을 두었으며, ③ 보호처분의 종류를 조건부 보호자인도, 소년보호사에 의한 관찰, 감화원 송치, 교정원 송치, 병원 송치 등 6개로 규정하였다.

우리나라의 소년사법제도가 본격적으로 발전하게 된 것은 1958년 7월 23일 법률 제489호로 구 「소년법」이 제정·공포된 이후이다. 이 법은 그 목적을 "반사회성이 있는 소년에 대하여 그 환경의 조정과 성행의 교정에 관한 보호처분을 행하고 형사처분에 관한 특별조치"를 행함으로써 "소년의 건전한 육성"을 기하는 데 두었다. 1963년에는 서울가정법원과 대구·부산·광주에 각 소년부지원이, 그리고 그 외 지역에는 지방법원에 소년부가 각각 설치되었다.

「소년법」은 1988년 12월 31일, 그리고 2007년 12월 21일에 각각 중요한 개정을 거쳤다.

(2) 1988년 「소년법」 개정과 보호관찰제도의 도입

대한민국 법제사에서 법률조항에 최초로 현대적 의미의 보호관찰, 사회봉사·수강명령이라는 용어가 등장한 것은 1988년 12월 31일 개정되고 1989년 7월

---

[1] 이하의 내용은 정동기·이형섭·손외철·이형재 공저 「보호관찰제도론」(2016, 서울:박영사) pp.261-263의 내용을 발췌 요약한 것이다.

1일부터 시행된 「소년법」이 최초이다.

　　같은 법 제32조 제1항에 7개의 보호처분 유형을 열거하였는데 제2호에 '보호관찰관의 단기보호관찰을 받게 하는 것'을 규정하였고, 제3호로는 '보호관찰관의 보호관찰을 받게 하는 것'을 규정하였으며, 제33조에서 단기보호관찰의 기간은 6월로 하고, 보호관찰 기간은 2년으로 하였다. 제32조 제3항에서 단기 보호관찰 또는 보호관찰 처분시 16세 이상의 소년에 대해서는, 사회봉사명령 또는 수강명령을 동시에 명할 수 있다고 하여 사회봉사명령 등이 보호관찰처분의 병합처분임을 명시하였다. 제33조 제4항은 사회봉사 · 수강명령의 시간에 관해 규정하였는데 단기보호관찰의 경우에는 50시간을, 보호관찰의 경우에는 200시간을 초과할 수 없다고 명시하였다.

(3) 2007년 「소년법」 개정의 주요내용

　　「소년법」은 2007년 12월 21일 대폭 개정되고 부칙 제1조에 의거 2008년 6월 22일부터 시행되었다. 「소년법」의 개정이유를 보면, 청소년 인구의 감소에 따라 소년사건의 수가 감소하고 있음에도 불구하고, 소년범 재범률은 높은 수준을 유지하고 있고 범죄가 흉포화 되고 있어, 처벌위주에서 교화 · 선도 중심으로 소년사법 체계를 개선하는 것이었다. 이 개정에서 주요 내용은 「소년법」 적용연령을 20세 미만에서 19세 미만으로 낮추고, 촉법소년 및 우범소년의 연령을 12세 이상에서 10세 이상으로 하향한 것과 보호처분의 유형을 기존의 7개에서 10개로 늘려 다양화한 것이다. 이외에도 다음과 같은 주요 개정사항 있다.

　　① 보호처분 다양화와 사회봉사 · 수강명령의 독립처분화: 개정 「소년법」은 사회봉사명령과 수강명령을 보호관찰처분과 독립하여 부과할 수 있도록 하였다. 구 「소년법」에서는 사회봉사명령과 수강명령을 '단기보호관찰' 또는 '보호관찰' 처분에 병합하는 방법으로만 부과할 수 있었다. 다만, 현행법은 법원이 사회봉사명령 등을 부과할 경우에 단기보호관찰 또는 장기보호관찰과 병합하여 처분할 수도 있도록 하였다. 한편 구 「소년법」과 달리 현행 「소년법」에서는 보호관찰 기간 등에 관계없이 사회봉사명령의 상한 시간을 200시간으로, 수강명령의 상한시간을 100시간으로 일원화하였다.

　　② 「소년법」 적용연령 하향: 개정 「소년법」의 주요한 내용 중의 하나는 보호처

분의 대상연령이 종전의 만 12세에서 만 10세로 낮아졌다는 것이다. 또한 구「소년법」은 사회봉사명령 및 수강명령을 16세 이상의 소년에게만 부과할 수 있도록 규정하였으나, 현행「소년법」은 사회봉사명령은 14세 이상의 소년, 수강명령은 12세 이상의 소년에게 각각 부과할 수 있게 하였다. 연령 하한이 조정된 몇 가지 이유를 보면, 비행소년의 조기발견과 조기처우가 범죄예방정책에서 중요하다는 것과 초발비행의 시기가 빠를수록 상습화의 위험성이 높다는 점, 학교폭력 등 소년범죄의 저연령화가 진행되고 있고 또 심각한 양상을 보이기 시작했다는 점이다.「형법」은 집행유예자에게 부과하는 사회봉사명령의 하한연령을 14세로 규정하였고, 구「소년법」은 사회봉사명령 부과 하한연령을 16세로 규정하여 불이치하였으나, 현행「소년법」시행으로 사회봉사명령 하한연령이「형법」과 같이 14세로 일치하는 결과를 가져왔다.

③ 연계처우제도의 도입: 2007년 개정「소년법」에서는 1개월의 단기소년원 송치처분이 마련되었다. 이 처분은 주로 장기 보호관찰 처분과 병합하여 선고할 수 있도록 규정한 것이다. 소년법원에 송치된 소년 중 비행성이 심화되지 않고 단기간의 교육적 구금과 사회내처우 연계지도를 통해 개선 가능한 비행소년군에 대한 적합한 처우형식이 마련된 것으로 평가할 수 있다. 이는 소년범에 대한 단기구금을 통해 짧지만 강한 교육적 충격효과를 지향하면서, 사회내처우와 곧바로 연계하여 개선효과를 극대화하고자 하는 '처우병합명령'의 일종이다.

④ 보호자 교육 제도의 도입: 2007년 개정「소년법」은 기존의 보호자에 대한 감호위탁 처분만으로는 비행의 환경적 요인으로 작용하는 가정에 대한 개입이 부족하다는 취지에서 새로이 보호자 교육명령 제도를 도입하였다.[2] 이는 제1호 처분인 소년에 대한 부모의 감호명령에 더하여 미성년 자녀에 대한 부모의 대리책임을 적극적으로 인정한 조항이며, 법의 일반원칙인 개별책임에 대한 예외규정이라고 할 수 있다. 소년의 비행에 대한 보다 환경적인 개입을 시도한 것으로 부모에 대한 특별교육을 통하여 바람직한 부모역할, 자녀와의 의사소통기술을 향상하고 보호처분 집행과정에서 부모의 협조를 이끌어낼 수 있다는 점에서 의미가 크다.

---

2 비행소년의 잘못된 생활습성과 비행유발 요인에 대한 보호자의 적절한 대처가 부족하다고 판단될 때 적절한 교육을 통해 비행친화적 가정환경의 변화를 유도하고 소년에 대한 지지를 강화하기 위한 조치라고 할 수 있다.

3. 소년보호사건 처리절차

우리나라도 미국「소년법」의 영향을 받아 소년이 죄를 범하였을 경우 형벌을 완화하는 형사사건에 대한 특례규정뿐만 아니라 소년범죄자에 대하여 일반 형법과 다른 보호절차를 마련하여 운영하고 있다.

우리나라 소년사건에 대한 절차는 형사절차와 보호절차로 2원화되어 있다. 소년에 대한 형사절차는 경찰, 검사, 법원이 담당하고, 보호사건에 대해서는 가정법원 또는 법원 소년부에서 관할한다.

소년의 사건관할을 형사절차에서 보호절차로 전환하는 권한을 가지고 있는 기관은 검사와 형사법원 판사이지만 기소단계에서 사건을 법원소년부로 송치할 수 있는 권한을 검사가 가진다는 점에서 우리나라의 소년보호제도를 '검사선의주의'라 부른다. 보호의 대상은 [그림 4-1]에서 보듯이 10세 이상 14세 미만의 촉법소년, 10세 이상 19세 미만의 우범소년, 14세 이상 19세 미만의 범죄소년으로 구분되고, 이들에 대한 처리절차는 발견, 조사, 심리, 처분, 집행의 순으로 이어진다.

[그림 4-1] 소년보호처리절차

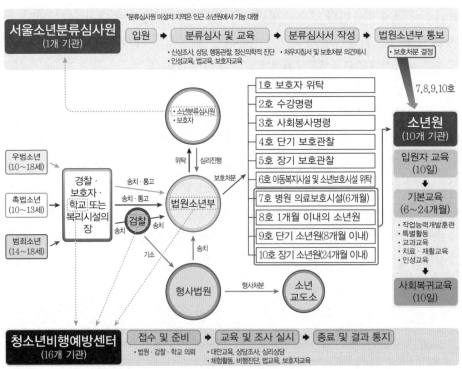

출처: 법무부 범죄예방정책국 소년보호과 자료(소년보호과, 2018, p.3)

76 제2편 형사사법과 범죄예방정책

법원 소년부에 사건을 송치 또는 통고할 수 있는 권한은 보호의 대상에 따라 달라진다.

먼저 보호자, 학교장, 사회복리시설장, 보호관찰소장은 '범죄소년, 촉법소년과 우범소년'을 발견한 경우에 이들을 관할 소년부에 통고할 수 있다. 소년에 대하여 법률상 감호교육의 의무가 있는 자를 보호자라고 하므로 모든 범죄소년, 촉법소년과 우범소년을 통고할 수 있는 것이 아니라 소년과 보호의무의 관계가 있는 자만이 통고할 수 있다.

경찰서장은 '촉법소년과 우범소년'에 대해서만 법원 소년부에 송치할 수 있다. 경찰서장이 이들 소년을 발견한 경우에는 검사를 거치지 않고 직접 소년법원에 송치하여야 한다고 규정하고 있어서 우리나라는 촉법 및 우범소년의 처리에 대하여 전건 송치강제주의를 취하고 있다(「소년법」제4조 제2항). 즉, 범죄소년을 발견한 경우에는 형사절차에 따라 전건 검사에게 송치하여야 한다. 다만, 경찰은「경범죄처벌법」이나「도로교통법」에 따라 소년에게 범칙금을 통고처분하거나「즉결심판에 관한 절차법」에 따라 직접 지방법원 또는 지원의 순회판사에게 즉결심판청구를 할 수 있다.

검사는 '범죄소년'에 대해서만 법원 소년부에 송치할 수 있다. 검사는 경찰에서 송치되거나 직접 인지한 소년피의사건을 수사한 결과 보호처분에 해당하는 사유가 있다고 인정하는 경우에는 사건을 관할 법원 소년부에 송치하여야 한다(「같은 법」제49조 제1항). 2007년「소년법」을 개정하면서 '벌금 이하의 형에 해당하는 경우'를 삭제하여 폭넓게 사건을 법원 소년부로 송치할 할 수 있도록 하였다. '촉법 또는 우범소년'이 검사에게 송치된 경우 어떻게 하여야 하는가? '촉법 또는 우범소년'에 대하여 검사에게 공소권이 없으므로 법원 소년부에 송치할 수 없고, 당연히 '공소권 없음' 등의 처분을 하여야 한다. 그렇다면 범죄소년이 자신의 무죄를 주장하는 경우에 이를 법원 소년부에 송치할 수 있는지 여부가 문제인데, 이는 법원 소년부에 송치할 수 없다고 하여야 할 것이다. 소년에게 죄가 없다면 범죄소년이 아니라 우범소년에 해당하는 것이므로 검사에게 공소권이 없어 소년부에 송치할 수 없다. 검사는 사건을 형사법원에 공소를 제기하여 유무죄를 다투거나 불기소처분을 하여야 할 것이다. 참고로 법원 소년부는 비범죄화 절차인 보호절차에 따라 심리를 진행하여 소년의 건전한 성장을 돕기 위하여 형사처벌이 아닌 보호처분을 결정하는 것으로 법원 소년부는 '죄없음' 결정을 할 수 있는 권한과 절차가 없다.

형사법원은 '범죄소년'으로서 검사가 형사사건으로 기소한 피고사건을 심리한 결과 보호처분에 해당할 사유가 있다고 인정한 때에는 소년법원에 송치하여 보호사건으로 처리하여야 한다(「같은 법」 제50조).

범죄소년에게 새로운 기회를 부여하기 위하여 소년보호절차가 존재하는 것이므로 법원 소년부에 송치된 사건을 다시 검사 또는 형사법원으로 송치하는 것은 바람직하지 않다. 그러나 「소년법」은 범죄소년에 대하여 법원 소년부로 하여금 사건에 대한 관할권을 포기하고 사건을 원 송치기관으로 송치할 있도록 특별한 규정을 두고 있다. 그러나 주의할 점이 있는데 범죄소년을 법원 소년부로 송치할 수 있는 기관은 '검사'와 '법원'이고, 이 중에서 '검사'가 송치한 사건에 대해서만 사건을 조사, 심리한 결과 그 동기와 죄질이 금고 이상의 형사처분을 할 필요가 있다고 인정한 때에는 검사에게 역으로 송치하여 형사사건으로 처리하도록 하고 있다(제49조 제2항). 법원 소년부는 사건을 '역송치'하지 않는 것이 원칙이므로 형사법원에서 송치한 사건에 대하여는 소년법원이 다시 형사법원으로 사건을 '역송치'할 수 없다고 해석함이 타당하다.

법원 소년부는 소년에 대한 사건을 조사, 심리하는 데 필요하다고 인정하면 소년의 감호에 관하여 임시조치로써 1개월 이내(1회 연장 가능)의 기간을 정하여 소년분류심사원에 위탁할 수 있다. 이 경우 분류심사결과통지서를 참고하여 심리하게 된다.

제 2 절 소년보호처분

1. 소년보호처분의 의의와 종류

(1) 소년보호처분의 의의

19세 미만의 소년의 범죄에 대하여 일반적 형사절차에 따른 형사처분을 부과하는 것 이외에 별도로 해당 소년의 교육 및 선도를 목적으로 한 보호처분을 인정하고 있다. 이때 '보호처분'은 「소년법」에서 반사회성이 있는 소년에 대하여 그 환경 조정과 성행 교정을 위하여 형사처분 대신 소년의 건전한 육성을 목적으로 10세 이상 19세 미만의 소년에 대하여 가정법원 또는 지방법원의 소년부에서 보호사건으로 심리한 결정이다(「소년법」제32조). 강력범죄 등 죄질이 불량하고 전과가 많은 등 보호처분이 적합하지 않다고 판단되는 경우에는 형사처분을 부과하고, 선도·교육이 가능하여 개선가능성이 있는 소년에 대하여는 보호처분을 부과하고 있다.

(2) 소년보호처분의 종류

법원 소년부 판사는 소년사건을 심리한 결과 보호처분을 할 필요가 있다고 인정하면 보호관찰, 소년원 송치 등의 처분을 하여야 한다. 「소년법」에 의한 보호처분의 종류는 10개이지만 부가처분이 있고, 처분 상호 간의 전부 또는 일부를 병합할 수 있으므로 실제로는 24개 종류라고 할 수 있다(「소년법」제32조). 단독처분 이외에 부가처분이 3종류가 있으므로 부가처분을 포함시키면 더욱 다양한 처분이 가능하다. 부가처분의 종류로는 대안교육 또는 상담 및 교육명령, 외출제한 명령, 보호자 특별교육명령이 있다(「소년법」제32조의 2).

소년부판사는 조사, 심리의 결과 비행사실이 인정되는 경우 보호의 필요성 유무와 정도에 따라 불처분, 검사에게 송치, 보호자에게 감호 위탁, 보호관찰, 소년원송치 등의 종국결정을 한다. 어떤 처분을 할 것인지에 대해서는 통일된 기준은 없고 전적으로 소년부판사의 자유재량에 일임되어 있다. 다만, 소년법의 목적이 반사회성 있는 소년의 환경조정과 품행교정을 위하여 보호처분을 선택하고, 보호처분의 목적은 소년이 건전하게 성장하도록 돕는 것이므로 소년의 보호를 위한 것이어만 한다. 단순히 소년에게 벌주기 위한 것이나 사회를 보호(방위)하기 위한 것은 제외되어야 한다. 보호처분을 통하여 개선이 극히 곤란한 경우나 사회를 방위할 필요가 있다고 판단될 때는 '역송치'하여 전통적인 형사사법절차에 따르도록 하여야 한다. 비행사실의 경중, 비행전력 등은 소년의 환경과 인성을 이해하고 돕기 위한 것으로만 한정하여 활용하여야 한다.

법원 소년부 판사는 사건을 심리한 결과 보호처분을 할 필요가 있다고 판단되면 보호처분을 하며, 그렇지 않을 경우에는 심리불개시, 불처분, 검찰청 송치 등의 결정을 한다. 보호처분 현황은 [표 4-1]과 같다.

[표 4-1] 소년보호처분 현황

구분＼연도	2007	2008	2009	2010	2011	2012	2013	2014	2015	2016
전 체 (처리사건)	35,514 (100.0%)	39,532 (100.0%)	47,865 (100.0%)	45,090 (100.0%)	48,713 (100.0%)	50,771 (100.0%)	45,393 (100.0%)	34,600 (100.0%)	35,920 (100.0%)	33,142 (100.0%)
보호처분	26,874 (75.7%)	30,222 (76.4%)	35,819 (74.8%)	32,416 (71.9%)	35,072 (72.0%)	36,150 (71.2%)	31,952 (70.4%)	24,529 (70.9%)	25,911 (72.1%)	23,526 (71.0%)
1호	6,536 (18.4%)	6,214 (15.7%)	5,883 (12.3%)	4,527 (10.0%)	4,021 (8.3%)	4,222 (8.3%)	3,822 (8.4%)	2,960 (8.6%)	3,771 (10.5%)	3,142 (9.5%)
1·2호	–	972 (2.5%)	3,388 (7.1%)	4,251 (9.4%)	4,123 (8.5%)	4,518 (8.9%)	3,522 (7.6%)	2,420 (7.0%)	2,609 (7.3%)	2,554 (7.7%)
1·2·3호	–	–	572 (1.2%)	615 (1.4%)	874 (1.8%)	1,040 (2.0%)	646 (1.4%)	445 (1.3%)	581 (1.6%)	557 (1.7%)
1·2·4호	–	3,535 (8.9%)	4,891 (10.2%)	4,473 (9.9%)	4,998 (10.3%)	5,180 (10.2%)	4,020 (8.9%)	3,163 (9.1%)	3,696 (10.3%)	3,255 (9.8%)
1·2·5호	–	874 (2.2%)	1,186 (2.5%)	1,309 (2.9%)	1,393 (2.9%)	1,118 (2.2%)	1,496 (3.3%)	1,026 (3.0%)	803 (2.2%)	1,009 (3.0%)
1·2·3·4호	–	765 (1.9%)	1,905 (4.0%)	1,777 (3.9%)	2,420 (5.0%)	2,266 (4.5%)	1,557 (3.4%)	1,160 (3.4%)	1,627 (4.5%)	1,272 (3.8%)
1·2·3·5호	–	1,576 (4.0%)	1,581 (3.3%)	1,288 (2.9%)	1,990 (4.1%)	1,831 (3.6%)	1,901 (4.2%)	1,541 (4.5%)	1,571 (4.4%)	1,413 (4.3%)
1·3호	–	227 (0.6%)	1,148 (2.4%)	1,399 (3.1%)	1,629 (3.3%)	1,405 (2.8%)	1,297 (2.9%)	982 (2.8%)	1,133 (3.2%)	851 (2.6%)
1·3·4호	–	1,960 (5.0%)	2,183 (4.6%)	2,182 (4.8%)	2,418 (5.0%)	2,087 (4.1%)	1,868 (4.1%)	1,844 (5.3%)	1,832 (5.1%)	1,194 (3.6%)
1·3·5호	–	1,838 (4.6%)	1,731 (3.6%)	1,482 (3.3%)	1,352 (2.8%)	1,560 (3.1%)	1,843 (4.1%)	1,535 (4.4%)	1,082 (3.0%)	891 (2.7%)
1·4호	10,391 (29.3%)	6,259 (15.8%)	4,780 (10.0%)	3,593 (8.0%)	3,689 (7.6%)	3,054 (6.0%)	2,746 (6.4%)	2,354 (6.8%)	2,299 (6.4%)	1,923 (5.8%)
1·5호	7,639 (21.5%)	2,599 (6.6%)	1,256 (2.6%)	880 (2.0%)	808 (1.7%)	637 (1.3%)	900 (2.0%)	742 (2.1%)	647 (1.8%)	522 (1.6%)
2호	–	130 (0.3%)	71 (0.1%)	37 (0.1%)	18 (0.0%)	51 (0.1%)	107 (0.2%)	70 (0.2%)	16 (0.0%)	59 (0.2%)
3호	–	181 (0.5%)	268 (0.5%)	116 (0.3%)	53 (0.1%)	104 (0.2%)	125 (0.3%)	92 (0.3%)	49 (0.1%)	87 (0.3%)
4호	34 (0.1%)	–	23 (0.1%)	34 (0.1%)	77 (0.1%)	103 (0.2%)	91 (0.2%)	63 (0.2%)	40 (0.1%)	154 (0.5%)

구분＼연도	2007	2008	2009	2010	2011	2012	2013	2014	2015	2016
4·6호	–	137 (0.3%)	192 (0.4%)	104 (0.2%)	146 (0.3%)	56 (0.1%)	22 (0.0%)	39 (0.1%)	46 (0.1%)	33 (0.1%)
5호	9 (0.0%)	10 (0.0%)	2 (0.0%)	13 (0.0%)	28 (0.1%)	71 (0.1%)	41 (0.1%)	32 (0.1%)	19 (0.1%)	27 (0.1%)
5·6호	–	142 (0.4%)	739 (1.5%)	747 (1.7%)	922 (1.9%)	1,164 (2.3%)	1,150 (2.5%)	834 (2.4%)	883 (2.5%)	1,063 (3.2%)
5·8호	–	408 (1.0%)	1,708 (3.6%)	1,689 (3.7%)	1,915 (3.9%)	2,607 (5.1%)	1,879 (4.1%)	1,257 (3.6%)	1,316 (3.7%)	1,012 (3.1%)
6호	478 (1.3%)	410 (1.4%)	128 (0.3%)	73 (0.2%)	9 (0.0%)	14 (0.0%)	13 (0.0%)	9 (0.0%)	2 (0.0%)	5 (0.0%)
7호	27 (0.1%)	–	100 (0.2%)	81 (0.2%)	150 (0.3%)	195 (0.4%)	149 (0.3%)	183 (0.5%)	141 (0.4%)	105 (0.3%)
8호	–	6 (0.0%)	22 (0.0%)	11 (0.0%)	15 (0.0%)	7 (0.0%)	3 (0.0%)	–	5 (0.0%)	3 (0.0%)
9호	957 (2.7%)	762 (1.9%)	919 (1.9%)	861 (1.9%)	883 (1.8%)	1,206 (2.4%)	1,153 (2.5%)	812 (2.3%)	794 (2.2%)	770 (2.3%)
10호	803 (2.3%)	857 (2.2%)	992 (2.1%)	806 (1.8%)	1,019 (2.1%)	1,169 (2.3%)	1,252 (2.8%)	813 (2.3%)	866 (2.4%)	770 (2.3%)
병과처분기타	–	360 (0.9%)	151 (0.3%)	68 (0.2%)	122 (0.3%)	485 (1.0%)	349 (0.8%)	153 (0.4%)	83 (0.2%)	855 (2.6%)
심리불개시	5,957 (16.8%)	6,801 (17.2%)	7,377 (15.4%)	7,338 (16.3%)	7,905 (16.2%)	9,209 (18.1%)	8,065 (17.8%)	5,669 (16.4%)	5,703 (15.9%)	5,547 (16.7%)
불처분	2,056 (5.8%)	2,020 (5.1%)	3,041 (6.4%)	3105 (6.9%)	2,579 (5.3%)	2,278 (4.5%)	2,663 (5.7%)	2,543 (7.3%)	2,763 (7.7%)	2,650 (8.0%)
타법원 이송	546 (1.5%)	332 (0.8%)	1,234 (2.6%)	1,840 (4.1%)	2,536 (5.2%)	2,441 (4.8%)	2,179 (4.8%)	1,403 (4.1%)	1,093 (3.0%)	1,106 (3.3%)
검찰청 송치	67 (0.2%)	152 (0.4%)	394 (0.8%)	391 (0.9%)	621 (1.3%)	693 (1.4%)	534 (1.8%)	456 (1.3%)	450 (1.3%)	313 (0.9%)
기 타	14 (0.0%)	5 (0.0%)	–	–	–	–	–	–	–	–

출처: 법원행정처 사법연감

2008. 6. 22. 개정 「소년법」 시행에 따라 2008년도부터 보호처분구분이 상세화됨

일반적으로 보호처분은 보호관찰로 대표되는 사회내처우와 시설에 수용하여 교육하는 주거 처우로 구분한다.[3] 주거 처분(시설내처분)은 6호(복지시설), 7호(치료), 8호(1개월), 9호(6개월), 10호(2년 이내) 처분이고, 사회내처분은 주거 처분을 제외한 처분이 해당된다. [표 4-2]를 보면 보호처분 중에서 사회내처분 비율은 2007년 91.8%에서 2016년 80.5%로 크게 감소하고, 이와 반대로 주거 처분이 크게 증가하고 있는 경향을 보이고 있다.

[표 4-2]   소년보호처분 중 사회내처분과 시설내처분 현황(단위: 명)

연도 구분	2007	2008	2009	2010	2011	2012	2013	2014	2015	2016
보호처분	26,874 (100.0%)	30,222 (100.0%)	35,819 (100.0%)	32,416 (100.0%)	35,072 (100.0%)	36,150 (100.0%)	31,952 (100.0%)	24,529 (100.0%)	25,911 (100.0%)	23,526 (100.0%)
사회내 처분	24,609 (91.8%)	27,500 (91.9%)	31,019 (84.5%)	28,044 (84.4%)	31,086 (83.7%)	29,642 (78.1%)	26,331 (78.7%)	20,582 (81.8%)	21,868 (81.5%)	19,680 (80.5%)
주거 처분	2,265 (9.2%)	2,722 (9.9%)	4,800 (15.5)	4,372 (15.6%)	5,064 (16.3%)	6,508 (21.9%)	5,621 (21.3%)	3,947 (19.2%)	4,053 (18.5%)	3,846 (19.5%)

출처: 법원행정처 사법연감(재구성)(법원행정처, 2016, 2017)

2. 소년범죄예방의 재강조

(1) 소년 보호관찰의 비전과 정책목표

보호처분으로서의 성격을 가진 보호관찰 가운데 대표적인 것은 소년보호처분의 하나인 보호관찰이다. 소년보호처분의 하나인 보호관찰(「소년법」 제32조 제4호 및 제5호) 이외에도, 유사한 보호관찰로는 성매매청소년에 대한 보호관찰(「아동·청소년의 성보호에 관한 법률」 제28조 제1항 제1호), 가정폭력가해자에 대한 보호관찰(「가정폭력범죄의 처벌 등에 관한 특례법」 제40조 제1항 제5호), 성매매자에 대한 보호관찰(「성매매알선 등 행위의 처벌에 관한 법률」 제14조 제1항 제2호) 등이 있다.

소년보호처분의 하나인 보호관찰에는 성인과는 다른 소년사법 이념이 적용되

---

3   통상 사용하고 있는 '시설내처우'라는 용어는 형사법원의 형 선고에 의한 교도소 수감으로 인식되며, 소년 보호처분은 비범죄화절차에 의한 보호처분이므로 '시설내처우'라는 용어는 「소년법」의 목적을 훼손할 우려가 있다. 따라서 '6호내지 10호 처분'을 통합하여 지칭할 때 '주거 처우'라고 통일하여 사용한다.

어야 한다는데 이론이 없다. 외국의 소년사법 사조를 살펴보면, 19세기 초반 국친사상과 소년보호 이념을 기반으로 시작하여 1980년대에는 강경처벌주의로 전환되었다가, 1990년대 말에는 균형적 접근을 강조하는 방향으로 발전되어 왔다. 특히 2000년대 이후에는 증거기반 실천 및 발달심리 원칙에 기반을 둔 정책이 강조되고 있다. 이러한 소년사법 이념의 변화에 따라 소년 보호관찰의 실천모델 또한 변화하는 모습을 보여 왔다. 소년 보호관찰의 초기 모델은 교육형주의에 입각한 '복지적 접근방식'을 강조하였는데, 최근에는 통제와 지원의 균형을 추구하는 방향으로 전환된 것이다(법무부, 2019: 240).

그동안의 우리나라의 소년 보호관찰은 관리감독 위주의 접근방식을 취함으로써 큰 틀에서는 성인과 특별한 차별성을 보여주지 못하였다. 이러한 기존 방식에 대한 반성으로, 최근에는 증거기반 실천과 선별적 집중을 강조하는 새롭고 다양한 소년범죄예방정책을 추진해 나가고 있다(법무부, 2019: 240). 2016년에는 법무부에 이러한 소년범죄예방을 전담하는 부서가 신설되었고, 2018년에는 범부처 차원의 '소년비행예방협의회'가 구축되었다.

3. 소년범죄예방팀 출범과 소년비행예방협의회

2016년부터 소년에 대한 초기 비행예방 및 소년 보호관찰 대상자 지도감독 강화 등 소년사법 정책의 전문성을 강화하고 소년 사회내처우와 관련하여 법무부 내에 통일된 정책 추진의 필요성이 제기되었다. 이러한 배경에서 같은 해 6월 법무부 범죄예방정책국에 소년비행예방정책 준비팀이 구성·운영되었고, 2017년 1월 '소년범죄예방팀'이 출범하였다. 소년범죄예방팀은 현재 57개 보호관찰소의 소년을 대상으로 하는 보호관찰 및 사회봉사·수강명령, 조사업무와 16개 청소년비행예방센터, 소년보호협회 업무를 관장하고 있다(법무부, 2019: 240-241).

2017년 9월 부산 여중생 집단 폭행 사건 등 연이은 청소년 강력범죄를 계기로 사회 불안이 가중되고 청소년범죄에 대한 국민의 법감정이 악화되었다. 이러한 청소년 강력범죄에 대하여 체계적·종합적으로 대응하기 위해 2018년 6월 법무부장관 소속의 범정부 협력기구인 '소년비행예방협의회'(대통령훈령 제385호)가 구축되었다. 소년비행예방협의회는 법무부장관을 위원장으로 하고 기획재정부, 교육부, 여성가족부, 경찰청 등 10개 부처(청) 차관급을 위원으로 하여 소년비행예방에 관한 주요 정책과 계획을 심의 · 조정하는 기능을 수행한다(법무부, 2019: 241).

2018년 12월 소년비행예방협의회는 2019년부터 2023년까지 5년간 수행할 '제1차 소년비행예방 기본계획'을 수립하였다. 이 기본계획은 5대 전략, 16개 과제로 구성되었으며, 청소년의 비행성 심화 정도에 따라 단계적으로 개입하는 체계를 구축하였다.[4]

---

[4] 제1차 소년비행예방기본계획 5대 전략의 내용은, ① 위기 청소년 비행유입 차단, ② 초기 비행소년 선도 및 진단강화, ③ 소년범 재범방지 역량 강화, ④ 피해자 보호 · 지원체계 개선, ⑤ 소년비행예방 협력체계 구축 등이다(법무부, 2019: 241).

제 **5** 장 성폭력범 특별예방정책

＊＊＊
———

　　성폭력범죄자들의 재범을 방지하기 위해서는 처벌을 강화하여야 한다는 엄벌주의와 관리감독을 좀 더 엄격히 하여야 한다는 여론의 압박 속에 다양한 제도들이 연속적으로 도입·시행되고 있다. 세계 각국에서 성폭력범죄자에 대해 시행하고 있는 비교적 강력한 정책은 크게 3가지이다. 전자감독제도와 성범죄자에 대한 신상정보를 등록하고 공개·고지하는 제도, 그리고 일명 화학적 거세라고 하는 성충동억제 약물치료제도가 바로 그것이다. 우리나라는 미국과 더불어 이상의 3가지 제도를 모두 시행하고 있는 나라이다.

　　이 중에서 전자감독제도는 그 제도적 중요성이 매우 크고 현재는 성범죄뿐 아니라 살인·강도·미성년자 유괴 등 다른 강력범죄에도 폭넓게 적용되고 있으므로 이 책의 제9장에서 별도로 다루도록 한다. 따라서 이하에서는 성범죄자 신상정보 등록·공개·고지 제도와 성충동 약물치료제도를 중심으로 살펴본다.

제 1 절　성범죄자 신상정보 등록·공개·고지 제도

1. 신상공개제도의 의의 및 연혁

(1) 의의

　　'성범죄자에 대한 신상정보 등록·공개·고지제도'란 「성폭력범죄의 처벌 등에 관한 특례법(이하 '성폭력처벌법')」과 「아동·청소년의 성보호에 관한 법률(이하 '청소년성보호법')」에 의해 등록대상 성범죄로 유죄판결이나 약식명령이 확정된 자 또는 법원으로부터 신상공개명령을 받은 성범죄자의 신상정보를 일정기간 동안 등록하고 관리하며, 정보통신망을 통해 공개하고, 아동·청소년의 친권자 등 법률에 지정된 자에게 고지하는 것을 말한다(이하에서는 편의상 신상정보에 대한 등록, 공개, 고지제도를 모두 지칭하는 용어로 '신상공개제도'라고 표현하고자 한다).

이 제도는 신상정보 등록대상자의 개선·교화에 집중하기보다는 정부가 성범죄자의 정보를 체계적으로 관리하여 성범죄가 발생하였을 경우 신속하게 검거하고자 하는 목적과, 신상정보 공개제도와 고지제도를 효율적으로 운용하여 잠재적 성범죄의 피해자가 스스로를 예방할 수 있도록 하고, 잠재적 성범죄자들에게도 사회적 낙인 등을 고려하여 범죄자의 길로 들어서지 않도록 하는데 그 목적이 있다.

신상공개제도는 성범죄자에 대한 처벌을 강화해야 한다는 엄벌주의와 과학기술의 발전이 함께 결합되어 만들어진 것이다. 그러나 객관적인 근거 없이 그 효과성에 대한 막연한 기대를 갖고 있으며, 범죄자에 대한 인권침해 우려 등 신상공개제도의 위헌성에 대한 비판도 많은 것이 현실이다. 그동안 주로 제기되어 왔던 위헌성은 첫째, 신상공개가 형사제재와 함께 부과된다는 점에서 이중처벌금지 원칙에 반한다는 것, 둘째, 신상정보 공개되는 성범죄와 이보다 불법성이 더 중한 다른 범죄와의 형평이 맞지 않아 평등의 원칙에 위배된다는 것, 셋째, 성범죄 예방을 위한 다른 방법이 있음에도 범죄자 및 그 가족 등의 프라이버시가 지나치게 침해되는 신상공개제도를 시행하는 것은 과잉금지의 원칙에 위배된다는 점이다(조종태, 2015).

헌법재판소는 이에 대해 신상공개제도의 법적 성격이 '보안처분'이라는 전제하에 유죄 판결이 확정된 성범죄자에 대하여 형사처벌 이외에 별도로 그 신상을 공개하더라도 헌법상의 이중처벌금지 원칙이나 평등의 원칙에 위배되지 않는다는 입장을 견지하고 있다. 그리고 과잉금지의 원칙과 관련해서 목적의 정당성, 수단의 적합성 그리고 피해의 최소성과 법익 균형성 측면에서 요건을 충족하기에 별반 문제가 없다는 입장이다. 그러나 학계에서는 여전히 신상공개제도가 많은 문제점을 가지고 있어 현재 운영되고 있는 제도를 합리적으로 보완하여야 한다는 의견들도 많다.

(2) 연혁

신상공개제도는 2000년에 우리나라에 최초로 도입되었다. 도입 당시에는 그 적용대상과 목적이 '원조교제' 등 청소년 성매수자를 중심으로, 이들의 범행을 예방하고 성범죄 피해 청소년을 보호·지원하기 위한 것이었다. 그러나 이 제도는 이후에 지속적으로 확대되어, 현재에는 유죄판결을 받은 성범죄자 모두를 대상으로 하고 있고 그 목적도 성범죄자의 조기검거 및 재발방지 그리고 지역주민들이 성범죄로부터 자기 자신과 자녀들을 보호하기 위해 실시되고 있다. 성범죄자 신상정보 제도는 2000년 제도 도입 이후 계속된 성폭력범죄 발생과 그에 따른 사회적 여론 악화 및 국민 인식 변화 등으로 수차례에 걸쳐 법률 제·개정을 통해 변화를 거듭해 왔다. 그 결과 현재는 출범 당시와는 상당히 변화된 제도적 양상을 보이고 있는 것이다(조종태, 2015).

1) 범죄 계고문 작성에 의한 신상공개

성범죄자 신상공개제도는 2000. 7. 1. 「청소년의 성보호에 관한 법률」의 제정으로 도입되었다. 청소년 성매매의 심각성을 고려하여 청소년 성매매 관련 범죄자의 신상을 공개함으로써 범죄예방효과를 극대화하려는데 주요 목적을 두고 있었다(김지선 등, 2012).

청소년보호위원회 산하 '신상공개 등 사전검토위원회'는 청소년 대상 성범죄자 중에서 공개대상자를 선별하였고, 범죄자의 성명, 연령, 직업, 범죄사실의 요지 등을 관보와 인터넷에 게시하였으며, 이 업무는 청소년보호위원회에서 담당하였다.

최초로 도입된 성범죄자 신상공개제도는 국민들의 지대한 관심과 지지 속에서 도입되었음에도 불구하고, 공개대상자의 해당정보가 관보에만 게시됨으로써 일반 국민들은 쉽게 접근하기가 어려웠고, 등록제도를 두지 않으므로 범죄수사 등 종합적인 활용이 곤란하였다는 등의 비판을 받았다(조종태, 2015).

2) 신상정보 등록 및 열람(공개)제도 도입

「청소년의 성보호에 관한 법률」은 2005년 12월과 2007년 8월 그리고 2009년 6월 등 3차례에 걸쳐 개정이 이루어졌다. 그 결과 그동안 문제점으로 지적되어 오던 것들이 많이 보완되었다.

먼저, 성범죄자 신상정보 공개제도만 있었던 것을 등록제도를 도입함으로써 성범죄자가 재범하였을 경우 등록정보를 활용하여 신속하게 검거할 수 있게 되었다. 국가청소년위원회의 결정으로 5년 동안 신상정보를 등록하도록 하였으며, 등록대상 성범죄자의 인권침해를 우려하여 청소년에 대한 강간, 강제추행 등으로 2

회 이상 금고 이상의 실형을 선고 받고 최종 형의 전부 또는 일부의 집행을 받거나 면제를 받은 자 중 재범의 위험성이 있는 자에 대해 매우 제한적으로 실시하였다.

둘째, 신상정보 공개대상자 선정을 비사법적 기관인 국가청소년위원회에서 하던 것을 사법기관인 법원에서 선고하도록 변경하였다.

셋째는 열람 방식도 관보나 인터넷 게시문을 통해서만 가능하던 것을 피해자와 피해자의 법정대리인 및 청소년 관련 교육기관의 장이 관할경찰서에 열람 신청서를 제출한 후 열람 장소를 지정받아 컴퓨터 단말기로 열람할 수 있도록 하였다. 특히 2010년 1월 1일부터 '성범죄자 알림e' 서비스가 개설되면서 성인은 누구나 실명 인증절차를 걸치면 간편하게 성범죄자의 신상정보를 열람할 수 있게 되었다.

3) 성인대상 신상정보 등록 · 공개 · 고지제도 도입

2010년 이른바 부산 여중생 납치 후 성폭행 살인사건인 '김길태 사건'이 계기가 되어 2010년 4월 「성폭력범죄의 처벌에 관한 특례법」이 제정되었다. 이 법 제정을 계기로 종전 아동 · 청소년대상 성범죄자에 한하여 적용하던 신상정보제도를 피해자가 성인인 성범죄자까지 확대하였다.

한편 종전에는 성범죄자에 대해 신상정보를 등록하고 인터넷을 통해 공개하는 제도만 운영하던 것을 2010년부터는 '우편고지제도'를 새롭게 도입하였다.[1] 이러한 고지 정보는 고지 대상자가 거주하는 곳의 아동 · 청소년의 친권자나 법정대리인이 있는 가구에 우편으로 송부하도록 하였다.[2]

2012년 이후 「청소년성보호법」 개정으로 그동안 등록 대상에서 제외되었던, 공중밀집 장소에서의 추행, 통신매체 이용 음란행위, 카메라 등 이용촬영죄 등이 추가되었다.

그러나 「성폭력처벌법」은 등록정보의 보존 · 관리 기간을 10년간으로 정한 반면, 「청소년성보호법」에서는 20년으로 정하여 양 법률에 차이가 있었고, 이를 담당

---

1 '우편고지제도'는 성범죄자의 성명, 나이, 실제거주지(상세주소로 아파트의 경우는 동과 호수, 일반주택의 경우는 번지 수), 키나 몸무게 등 신체정보, 최근 6개월 이내에 촬영한 사진, 그리고 성범죄 사실의 요지 등 6가지 정보를 우편으로 고지하는 것이다.

2 이처럼 고지정보를 모든 지역 주민들에게 송부하지 않고 아동 · 청소년 자녀를 둔 세대의 세대주에게만 송부한 이유는 이웃에 사는 성범죄자로부터 아동과 청소년을 보호하고자 하는 목적으로 신상정보 고지제도가 도입되었고, 기타 관심 있는 사람들은 '성범죄자 알림e' 사이트를 통해 자기 지역의 성범죄자에 대한 정보를 추가적으로 열람할 수 있는 방법이 마련되어 있었기 때문이다.

하는 기관이 성폭력 피해자의 연령에 따라 여성가족부와 법무부로 이원화되어 있어 동일한 가해자가 청소년과 성인을 성폭행 한 경우에는 양 기관으로부터 우편고지서가 배달되는 등 업무의 중복과 통일성이 부족하다는 비판을 받아왔었다.

4) 신상정보 등록은 법무부, 공개 · 고지는 여성가족부에서 담당

2010년 4월 「성폭력범죄의 처벌에 관한 특례법」이 제정된 이후, 피해자의 연령이 19세 이상인가 미만인가에 따라 신상정보의 등록과 공개 · 고지의 주관부서가 달랐다. 즉, 피해자 연령이 19세 이상인 경우에는 「성폭력범죄의 처벌에 관한 특례법」에 근거하여 법무부에서 담당하였고, 피해자의 연령이 19세 미만인 경우에는 「아동 · 청소년의 성보호에 관한 법률」에 의해 여성가족부에서 담당하는 등 이원화 되었다.[3]

2012년 8월 서울 중곡동에서 부녀자를 성폭행하고 살해한 일명 '서진환 사건'을 계기로 성폭력범죄자에게 실시하던 종전의 전략들에 대해 일대 전환과 혁신을 요구하는 국민들의 목소리가 높았다. 이에 국회는 그해 9월 '아동 · 여성대상 성폭력 대책 특별위원회'를 구성하고 성폭력범죄자의 처벌을 강화하는 것을 포함하여 심도 있는 논의를 하였고, 그 결과 신상정보공개와 관련해서는 그 동안 문제점으로 지적되어 오던 것들을 법률 개정을 통해 개선하게 되었다.

먼저, 성폭력 범죄 피해자의 연령을 중심으로 담당부처가 이원화되었던 것을 등록, 공개 · 고지라는 업무 프로세스를 중심으로 신상정보 등록업무는 법무부에서, 공개 · 고지 업무는 여성가족부에서 실시하는 것으로 개선하였다.

둘째, 관할구역에 거주하는 아동 · 청소년의 친권자 또는 법정대리인에게만 실시하던 우편고지 대상을 그 구역의 어린이집 원장, 유치원장, 학교장뿐만 아니라 학원 및 교습소장까지로 확대하였다. 아울러 행정구역은 다르지만 경계를 같이 하는 읍 · 면 · 동 주민자치센터 게시판에도 게시하는 방법으로 고지대상을 추가하였다.

---

[3] 이처럼 신상정보 관리업무를 이원화하여 관리함으로써 업무 중복에서 초래되는 비효율 및 국가예산 낭비라는 문제점 이외에도 신상정보 등록기간이나 신상정보 공개대상자 그리고 열람방법 등에서 그 기준이 서로 달라 이용자들에게 많은 혼란과 불편을 초래하였다. 그리고 관리주체의 이원화의 문제 이외에도 우편고지제도에 대한 개선요구, 공개정보 확대, 선고형에 따른 등록 및 공개기간의 차등화 그리고 인터넷 공개시 인증절차 폐지 등에 대한 요구 등 많은 개선 요구사항들이 있었다.

셋째, 최초 고지 이후 추가고지를 실시하지 않음으로써 우편고지 대상에서 제외 되었던 우편 송부이후 출생, 입양, 전입신고 된 아동·청소년의 친권자 또는 법정대리인이 있는 가구 등에도 반기 1회씩 고지명령을 집행하도록 하였다.

넷째, 그동안 죄질이나 형의 경중에 관계없이 일률적으로 20년으로 규정되어 있던 신상정보 등록기간에 대하여 헌법재판소가 헌법불합치결정(헌법재판소 2015. 7. 30. 선고, 2014헌마340)을 함에 따라, 불법성·재범위험성에 대한 법원의 판단을 반영하되 통일성을 기할 수 있도록 선고형을 기준으로 신상정보 등록기간을 차등화하였다.

성범죄 예방을 위한 성범죄자 정보관리의 필요성 증대로 인해 등록기간이 20년으로 상향되어 온 제도 연혁 및 법 개정 취지를 존중하여 현행 등록기간 20년을 기준으로, 징역 10년 초과는 현재보다 연장된 30년으로 하고 징역 3년 초과 10년 이하는 현재와 같이 20년으로 하였으며, 징역 3년 이하는 15년으로 벌금형은 10년으로 등록기간을 단축하였다.

다섯째, 인터넷 공개 시스템인 '성범죄자 알림e' 사이트에 접촉 시 인권침해를 우려해 인증절차를 복잡하게 관리하던 것을 실명 인증절차를 폐지함으로써 이용자들의 편의성을 도모하였고, 성범죄자 공개·고지 정보에 성폭력범죄 전력횟수와 현재 전자발찌 부착 여부를 추가하였다.

2. 외국의 신상공개제도 운영사례

(1) 개관

성범죄자 신상공개제도를 입법화하여 운영하고 있는 나라로는 미국, 영국, 캐나다, 프랑스, 호주, 대만, 남아프리카공화국 등이 있다. 이 중에서 가장 먼저 신상정보제도를 도입 한 나라는 미국이며, 그 외의 나라들도 2000년도 초반에 대부분 제도를 도입하여 실시하고 있다.

성범죄자 신상정보 등록제도는 성범죄자에 대한 체계적 관리와 범행 발생 시 검거의 용이성 때문에 많은 나라에서 도입, 시행하고 있으나 성범죄자에 대한 정보를 인터넷이나 우편물로 공개·고지하는 나라는 우리나라를 포함하여 미국과 캐나다 연방정부 정도인 것으로 나타나고 있다. 신상정보 등록기간은 범죄의 유형이나 죄질에 따라 10년에서 30년 정도가 일반적이었다.

[표 5-1] 각국의 성범죄자 신상정보 등록 및 공개제도 비교

국가	도입 시기	등록 제도	공개·고지 시스템 존재 여부	웹사이트 존재 여부	해외여행 제한 여부	등록 기간	소년 등록	면제 제도
미국 (연방)	1994	○	○	○	○	15년, 25년, 종신	○	○
영국	1997	○	열람 (아동 성범죄자)	×	○	2년~종신	○	○
캐나다 (연방)	2004	○	○ (고위험성범죄자)	○ (고위험성범죄자)	×	10년~종신	○	○
프랑스	2004	○	×	×	×	10년, 20년, 30년	–	–
호주	2004	○	×	NSW주	주마다 상이	주마다 상이	–	–

(2) 주요 국가의 사례

1) 미국

㉮ 발전과정 및 특징

미국은 국가 단위의 통합된 신상정보 등록 및 고지제도를 구축한 세계 최초의 국가이다. 1940년대 캘리포니아주와 애리조나주에서 신상정보제도가 처음 시작된 이후 1990년대 초까지 미국 대다수의 주가 신상정보제도를 시행하고 있다.

미국 신상공개제도의 특징은 주정부와 연방정부가 각각의 역할을 하고 이를 연방에서 전체적으로 통합, 관리한다는 점이다. 즉, 개별 주에서는 신상정보 등록 시스템jurisdiction-level system을 관리하고, 연방정부에서는 '성범죄 신상정보 공개웹사이트'national public registry web-site을 운영하는 이중적 체계이다.

오늘날의 미국 신상정도 등록제도는 2006년 의회가 「아담 월시법AWA」을 전격 통과시키면서부터 그 기본 구조를 통일적으로 갖추게 되었다고 볼 수 있다.[4] 한편

---

4 1994년 아동 대상 범죄예방을 위한 제이콥 법(Jacob Wetterling Crime Against Children Act)과 1996년의 메간 법(Megan's Law) 이후에도 미국 연방 정부 및 의회가 신상정보제도가 갖고 있는 문제점을 지적하면서범죄자를 집중 감독, 지도하기 위한 새로운 대책이 필요하다는 공감대가 만들어졌다. 2006년 "아동보호 및 안전을 위한 아담 월쉬법(AWA: Adam Walsh Child Protection and Safety Act)"이 만들어졌고, 마침내 통합적인 수준에서 미국 전 지역에 적용할 수 있는 새로운 신상정보제도 근거 법률이 만들어졌다.

「성범죄자 등록 및 공개법SORNA: Sex Offender Registration and Notification Act」은 AWA 법률안의 제1편에 해당하는 내용으로, 성범죄자 신상정보 등록 및 고지제도에 관하여 미국내 모든 지방자치 단체에서 적용할 통합적 가이드라인을 제공하고 있다.

미국의 신상정보 등록제도는 1994년에 제정된 「웨터링법Wetterling Act」을 통해 처음 도입되었다. 신상정보등록 업무를 당당하는 기관은 각 주마다 다른데, 일부 주에서는 경찰이 담당하고 일부는 우리나라의 보호관찰국과 유사한 치안안전국Department of Public Safety에서 담당하고, 일부 주에서는 교정국Department of Corrections에서 담당하고 있다(미국 법무성, 2005). 이에 비해 연방정부 차원에서 신상정보 등록제도를 담당하는 기관은 법무부 산하 'SMART'[5]라는 부서이다. 이 부서는 성범죄자의 양형, 감독, 체포, 등록, 위치 확인 등의 업무를 추가적으로 담당하고 있다.

④ 성범죄자 신상정보 등록 및 고지제도의 주요내용

형이 확정(구금 제외)된 후 성범죄자는 3일 이내 본인이 살고 있는 관할구역 내 경찰관서를 방문하여 신상정보를 보고할 의무가 있다. 등록의무를 가진 성범죄자가 등록해야 할 최소한의 정보는 성명, 전화번호, 이메일, 사회보장번호, 거주지, 고용정보, 차량정보, 신체정보, 범죄정보 등이다(김지선 등, 2012).

미국에서는 성범죄자를 3개의 부류로 나눈다. 즉, 성범죄 유형에 따라 2군과 3군이 구분되고, 이 두 개의 군에 해당하지 않는 성범죄 유형은 1군으로 분류되는데, 3군이 가장 고위험군 범죄자이다.[6]

1단계 성범죄자의 등록기간은 15년이며 10년이 지나고 면제clean record기준을 충족하면 5년의 등록기간이 감소된다. 2단계 성범죄자들의 등록기간은 25년이며 등록기간을 감축시킬 수 없다. 3단계 성범죄자들은 평생 등록대상이 되며 예외가 없다. 각 단계마다 등록정보의 진위 여부를 확인하는 주기를 명시하고 있다. 1단계 성범죄자들은 1년에 한 번, 2단계는 6개월에 한 번, 3단계는 3개월에 한번 등록정보의 진위 여부를 확인해야 한다.

---

5 'Sex Offender Sentencing, Monitoring, Apprehending, Registering, and Tracking Office'의 약어이다.

6 2군 성범죄에는 미성년자를 대상으로 한 대부분의 성적 학대나 착취가 포함된다. 3군 성범죄에는 폭행이나 협박으로 성행위를 하는 경우, 의식이 없거나 약물에 취한 상태인 사람과 성행위를 하는 경우, 성행위가 어떠한 행동인지 이해하지 못하거나 거절할 수 없는 상황에 있는 사람과 성행위를 하는 경우, 13세 미만의 아동과 성행위를 하는 경우 등의 성범죄 유형으로 1년 이상의 자유형에 처해질 만한 범죄를 저지른 경우가 이에 해당된다.

미국의 모든 주는 성범죄자 웹사이트를 운영하여 일반인이 성범죄자의 신상 정보를 확인할 수 있도록 하고 있다. 미국 연방 법무부는 통합 웹사이트를 통해 신 상정보를 공개하고 있다. 이 사이트는 각 주의 성범죄자 등록사이트와 연결되어 있 다. 신상정보가 등록된 모든 성범죄자는 온라인 웹사이트에 정보가 제공되지만 각 주는 재량에 따라 1군(저위험군) 성범죄자에 대해서는 웹사이트에 정보를 공개하지 않을 수 있다(김지선 등, 2012).

마지막으로 성범죄자가 등록 의무를 다하지 않고 규정을 준수하지 않는다면 주 또는 연방 법원에서 재판을 받게 되며 벌금 또는 최대 1년 이상의 징역에 처할 수 있다.

2) 영국

㉮ 발전과정 및 특징

미국의 「메간법」 입법추진에 즈음하여 영국은 1997년 「성범죄자법Sex Offender Act」[7]을 제정하여 성범죄자 등록 · 공개제도를 처음 도입하였다. 성범죄자가 형이 확 정되면 일정 기간 동안 직접 경찰서를 방문하여 자신의 신상정보를 통보하고, 주기 별로 그 사실 여부를 알리고 변경사실도 통보해야 할 책임이 법적으로 규정되었다.

이후 2003년 발생한 사라 페인Sarah Payne 살해 사건을 계기로 신상정보 등록 법 률을 강화해야 한다는 여론에 따라, 영국 의회는 2003년의 「성범죄법Sexual Offences Act」을 통해 일반인들이 자신들의 지역사회 내의 성범죄자 거주 여부 등을 알 수 있 도록 등록제가 강화되었다. 일정한 성범죄(예를 들면, 강간, 성폭행, 13세 미만 아동 성폭 행 등)를 저질러 형이 확정되면 자동적으로 신상정보 등록 대상자가 된다. 이 법에 따라 성범죄자는 거주지역의 경찰서에 본인이 이름, 주소, 생년월일, 사회보장번 호를 등록해야 하며, 경찰서에서 사진촬영과 지문채취를 받아야 한다.

이런 맥락에서 영국의 신상정보제도 운영 이념을 세 가지로 요약하면 다음과 같다. 첫째, 신상정보제도는 어디까지나 수사기관의 범죄자 체포, 수사, 확인을 위 해 고안된 제도이다. 둘째, 경찰 이외에 다양한 지역사회 형사사법기관들이 성범죄 를 예방하기 위해서 신상정보 등록 데이터베이스가 활용되어야 한다. 셋째, 잠재적

---

7 이 법은 「메간법」과 마찬가지로 성범죄자로부터 지역사회를 보호하는 데 그 목적이 있었으며, 적용대상이 되는 성범죄 유형은 강간, 강제추행, 13세 미만 아동대상 간음, 16세 미만 미성년자 대상 성매매, 간음, 추 행, 그리고 남성간 추행행위 등이며 원칙적으로 18세 이상의 성범죄자에 대해서만 적용하고 있다.

범죄자가 성범죄를 포기하고 재범을 저지르지 않도록 신상정보 제도는 하나의 유익한 유도 전략으로 사회에서 활용될 뿐, 어떠한 경우에도 처벌 목적으로 사용되어서는 안 된다(Davidson, 2009).

㉡ 신상정보 등록 및 공개 제도의 주요 내용

영국에서는 경찰이 신상정보 등록 업무를 맡은 1차 책임 기관이다. 그러나 해당 등록 업무를 감독하는 기관으로서 경찰 외에 교정시설과 보호관찰소가 공동으로 신상정보 업무에 참여하고 있다(Davidson, 2009).

신상정보제도는 '성범죄자 등록sex offender register'과 '아동 성범죄자 공개child sex offender disclosure scheme'의 두 가지 방향에서 운영되고 있다.

먼저, 성범죄자 등록제도는 일정 성범죄자가 개인적으로 경찰서에 찾아가 자신의 이름과 주소, 은행계좌, 신용카드 정보 등의 다양한 신상정보를 통보하고, 신상정보 항목의 변경 사항이 있을 때는 그 변경 사항을 다시 경찰서에 통보하게 하여 성범죄자의 정보를 계속 업데이트 된 상태로 유지하는 것이다. 성범죄 유형 중 심각한 성범죄에 대해서는 범죄자의 연령에 상관없이 등록해야 하며, 그 외의 성범죄 유형에 대해서는 대체로 18세 이상인 경우에는 모두 등록해야 하며, 18세 미만인 경우에는 1년 이상의 자유형을 선고받은 경우에만 등록하도록 하고 있다(조종태, 2015).

영국의 신상공개제도에서는 현재 일반인들을 위한 공개 신상정보 웹사이트는 없다.

영국에서는 거의 모든 성범죄 유형을 등록 범죄 대상으로 간주하고 있으며, 개별 상황에 따라 신상정보 등록기간이 달라지는데, 일반적으로 2년에서부터 종신형으로 그 등록 기간 범위가 매우 넓다. 그리고 신상정보 변동사항이 발생하면 성범죄자는 3일 이내 경찰에 변경사실을 알려야만 한다. 신상정보 등록 의무를 성범죄자가 제대로 지키지 않게 되면 벌금에서부터 최장 5년까지의 구금 실형을 선고받을 수 있다.

3. 우리나라 신상공개제도의 현황

(1) 전체 사건현황

성범죄자에 대한 신상정보 등록·공개·고지 현황을 살펴보면 [표 5-2]에서 보는 것과 같이 큰 폭으로 증가하였다. 2011년 4,071건이었으나 2017년에는 58,053건으로 총 사건수는 매년 1만 2~3천 건씩 증가하고 있다. 또 다른 특징은 전체 신상정보 사건 중 공개나 고지율이 매년 감소하고 있다는 점이다. 제도 도입 초창기인 2011년에는 단독 공개를 포함하여 고지까지의 비율이 약 48%를 차지하였으나 단순 성추행 등에 대한 공개·고지명령은 공개·고지로 얻을 수 있는 실익보다 부작용이 크다는 학계와 언론의 지속적인 지적에 따라 공개명령이나 고지명령 건수가 큰 폭으로 감소하여 2017년에는 15%에 불과하다.

[표 5-2] 신상공개제도 사건 현황

단위: 건(%)

구분	계	등록	등록+공개	등록+공개+고지
2011	4,071	2,149(52.7)	1,488(36.6)	434(10.7)
2012	7,794	3,341(42.8)	1,731(22.2)	2,722(34.9)
2013	13,628	6,257(45.9)	2,366(17.4)	5,005(36.7)
2014	23,874	14,382(60.2)	2,411(10.1)	7,081(29.7)
2015	36,267	24,805(68.4)	2,455(6.8)	9,007(24.8)
2016	46,415	37,343(80.5)	714(1.5)	8,358(18.0)
2017	58,053	49,568(85.4)	536(0.9)	7,949(13.7)

출처: 법무부 범죄예방정책국(2017) 신상정보 등록현황자료

(2) 죄명별 현황

2017년도 신상등록대상자들의 죄명별 현황을 살펴보면 [표 5-3]에서 보는 것과 같이, 강제추행이 전체의 42.5%로 가장 많고 그 다음은 강간으로 33.9%를 차지하고 있다. 그 외 2012년부터 새롭게 등록대상 범죄로 추가된 카메라 촬영죄(11.4)와 공중밀집장소 추행죄(5.0) 등이 그 뒤를 따르고 있다. 그러나 공개대상자나 공개·고지대상자는 강제추행은 각 3.5%와 19.4%에 불과한데 비해 재범위험성이 높은 강간범죄가 66.0%와 72.9%로 대부분을 이루고 있다는 점은 주목할 만하다.

[표 5-3] 2017년도 신상공개제도 죄명별 현황

단위: 건(%)

구분	계	강제 추행	강간	카메라 촬영 등	공중밀집 장소추행	친족관계 강간 등	기타
등록	49,568 (100)	23,036 (46.5)	13,601 (27.4)	6,584 (13.3)	2,871 (5.8)	741 (1.5)	2,735 (5.5)
공개	536 (100)	19 (3.5)	354 (66.1)	2 (0.4)	–	111 (20.7)	50 (9.3)
공개 · 고지	7,949 (100)	1,545 (19.4)	5,791 (72.9)	54 (0.7)	43 (0.6)	370 (4.6)	146 (1.8)
계 (%)	58,053 (100)	24,600 (42.5)	19,746 (33.9)	6,640 (11.4)	2,914 (5.0)	1,222 (2.1)	2,931 (5.1)

출처: 법무부 범죄예방정책국(2017) 신상정보 등록현황자료

(3) 선고형량별 현황

2017년 신상공개 대상자 선고형량별 현황을 살펴보면 [표 5-4]에서 보는 것
처럼, 전체적으로는 집행유예가 42.1%로 가장 많고 이어서 벌금, 징역 순이다.
그러나 이를 처분별로 살펴보면, 신상정보등록 대상자는 집행유예(47.8%)와 벌금
(33.5%) 순이나 공개나 공개 · 고지대상자는 징역이 90% 이상이고 벌금형은 1% 미
만으로 거의 활용되고 있지 않다.

[표 5-4] 2017년도 신상공개 대상자 선고형량별 현황

단위: 건(%)

구분	계	유기징역	집행유예	벌금	무기징역	선고유예
등록	49,568 (100)	8,661 (17.4)	23,648 (47.8)	16,612 (33.5)	11 (0.02)	646 (1.3)
공개	536 (100)	507 (94.6)	27 (5.0)	1 (0.2)	1 (0.2)	–
공개 · 고지	7,949 (100)	7,136 (89.8)	724 (9.1)	28 (0.3)	61 (0.8)	–
계 (%)	58,053 (100)	16,304 (28.1)	24,399 42.1	16,641 (28.7)	73 (0.1)	646 (1.0)

출처: 법무부 범죄예방정책국 신상정보 등록현황자료

4. 신상정보 등록 · 공개 · 고지의 절차

(1) 개요

우리나라 신상정보제도 도입과정을 보면, 등록제도가 없는 상태에서 공개제도를 먼저 도입하고 오히려 등록제도를 후에 도입하였다. 이는 성매수 등 성범죄자에 대한 강력한 처벌을 요구하는 사회적 여론 때문에 처음부터 등록보다는 공개에 초점을 맞춘 신상공개제도를 운영한 것이다.

신상정보 공개 처리절차는, 먼저 유죄가 확정되면 법원은 14일 이내에 판결등본을 법무부로 송달하여야 한다. 또한 등록대상자의 주거지를 관할하는 경찰서장은 등록대상자가 제출한 신상정보 제출서를 법무부에 송부하여야 한다. 법무부는 제출서의 정확성을 검토하여 보완 후 성명, 주민등록번호 등 등록정보를 입력하여야 하고, 등록대상자는 본인의 등록정보 및 종료예정일 등을 형사사법포털의 열람시스템을 통해 확인이 가능하다.

법무부는 등록명령 이외에 공개 · 고지명령이 부과된 대상자에 대한 정보를 여성가족부장관에게 송부하여야 한다. 여성가족부장관은 해당 대상자에 대한 정보를 인터넷을 통해 공개하고 우편으로 주거지에 고지하여야 한다. 마지막으로 법무부는 등록기간 경과 시 등록정보를 즉시 폐기해야한다. 이때 대상자는 정보통신망을 통해 폐기사실을 열람할 수 있다.

(2) 신상정보의 등록

1) 신상정보 등록대상자

신상정보 등록대상자는 크게 등록대상 성범죄로 유죄 확정판결을 받은 자와 등록대상 성범죄로 공개명령이 확정된 자로 구분할 수 있다(「성폭력처벌법」 제42조 제1항). 즉, 등록대상자는 19세 미만의 아동 · 청소년과 성인대상 성범죄로 유죄판결이 확정된 자 또는 정보통신망을 이용하여 신상정보를 공개하도록 하는 명령이 확정된 자이지만 등록대상 성범죄 중 「아동 · 청소년의 성보호에 관한 법률」 제11조 제5항(아동 · 청소년 이용음란물 소지죄)로 벌금형을 선고받은 자는 제외된다(같은 법 제42조 제1항 단서).

등록대상이 되는 유죄판결이라 함은 사형, 징역, 금고, 집행유예, 벌금형은 물론이고 선고유예,[8] 형집행 면제 판결을 받은 경우도 포함한다. [표 5–5]에서 보는 것과 같이 등록대상 성폭력범죄의 유형은「형법」,「성폭력처벌법」,「청소년성보호법」,「아동복지법」등에 따라 다양하다. 이 중「성폭력처벌법」상의 '공중 밀집장소에서의 추행'과 '성적목적을 위한 공공장소 침입행위', '통신매체를 이용한 음란행위', '카메라 등을 이용한 촬영'죄는 2012년 법률 개정으로 추가되었다.

[표 5–5] 등록대상 성범죄 유형

구분	등록대상 성폭력 범죄
형법	제297조(강간), 제297조의2(유사강간), 제298조(강제추행), 제299조(준강간, 준강제추행), 제300조(미수범), 제301조(강간 등 상해 · 치상), 제301조의2(강간등 살인 · 치사), 제302조(미성년자등에 대한 간음), 제303조(업무상위력 등에 의한 간음), 제305조(미성년자에 대한 간음, 추행)의 죄, 제339조(강도강간)의 죄, 제342조(강도강간의 미수)의 죄 ▶ (가중 범죄) 이상 각 범죄로서, 다른 법률에 따라 가중처벌 되는 죄
성폭력범죄의 처벌 등에 관한 특례법	제3조(특수강도강간 등), 제4조(특수강간 등), 제5조(친족관계에 의한 강간 등), 제6조(장애인에 대한 강간 · 강제추행 등), 제7조(제13세 미만의 미성년자에 대한 강간, 강제추행 등), 제8조(강간 등 상해 · 치상), 제9조(강간 등 살인 · 치사), 제10조(업무상 위력 등에 의한 추행), 제11조(공중 밀집 장소에서의 추행), 제12조(성적 목적을 위한 다중이용장소 침입행위), 제13조(통신매체를 이용한 음란행위), 제14조(카메라 등을 이용한 촬영), 제15조(미수범) ※ 성적 목적을 위한 공공장소 침입죄(제12조), 통신매체를 이용한 음란 행위의 벌금형 제외
아동 · 청소년의 성보호에 관한 법률	제7조(아동 · 청소년에 대한 강간 · 강제추행 등), 제8조(장애인인 아동 · 청소년에 대한 간음 등), 제9조(강간 등 상해 · 치상), 제10조(강간 등 살인 · 치사), 제11조(아동 · 청소년이용음란물의 제작 · 배포), 제12조(아동 · 청소년 매매행위), 제13조(아동 · 청소년의 성을 사는 행위 등), 제14조(아동 · 청소년에 대한 강요행위 등), 제15조(알선영업행위 등) ※ 음란물 배포 · 제공 · 전시 · 상영죄(제11조 제3항), 음란물 단순소지죄(제11조 제5항)의 벌금형 제외
아동복지법	아동 · 청소년에 대한「아동복지법」제17조 제2호 제17조 제2호(아동에게 음행을 시키거나 음행을 매개하는 행위)

아동 · 청소년을 대상으로 한 성범죄의 경우 아동 · 청소년 대상 성폭력 범죄는 물론 아동 · 청소년 대상 성매매, 성매매 알선 및 강요행위, 매매행위 등 청소년 성보호법에 규정된 모든 성범죄를 등록대상으로 규정하고 있는 반면에 성인대상 성

---

8 선고유예 판결을 받은 경우를 유죄 확정판결을 받은 경우에 포함시킬 것인지와 관련하여 실무상 논의가 있었지만 최근 대법원은 '등록 대상자의 신상정보 제출의무는 법원이 별도로 부과하는 것이 아니라 등록대상 성범죄로 유죄판결이 확정되면「성폭력처벌법」의 규정에 따라 당연히 발생되는 것이고, 위 유죄판결에서 선고유예 판결이 제외된다고 볼 수 없다'(대법원 2014. 11. 13. 선고 2014도3564 판결)고 하여 선고유예판결을 선고받은 대상자도 신상정보 등록대상이 됨을 명백히 하였다.

범죄의 경우에는 「성폭력 범죄의 처벌 등에 관한 특례법」에서 규정하는 '성폭력 범죄' 중에서 「형법」 제242조(음행매개), 제243조(음화반포등), 제244조(음화제조등), 제245조(공연음란)의 죄와 추행, 간음 또는 성매매와 성적착취를 목적으로 범한 제288조(영리 등을 위한 약취, 유인, 매매등), 제289조(인신매매), 제290조(약취, 유인, 매매, 이송등 상해·치상), 제291조(약취, 유인, 매매, 이송등 살인·치사), 제292조(약취, 유인, 매매 또는 이송된 사람을 수수 또는 은닉), 제294조(미수범)의 죄를 신상정보 등록대상자에서 제외시키고 있다. 그밖에 일반적으로 성범죄에 해당한다고 생각하는 「성매매 알선 등 행위의 처벌에 관한 법률」상의 음란물 배포 행위는 제외되어 있다.[9]

2) 신상정보의 등록 절차

법원은 등록대상 성범죄로 유죄판결 또는 공개명령 판결을 선고할 경우에 신상정보 등록대상자라는 사실과 신상정보 제출의무가 있음을 등록대상자에게 알려 주어야 한다.

법원은 등록대상자에게 고지하는 것과는 별도로 유죄판결이나 공개명령 판결이 확정된 날로부터 14일 이내에 판결문과 등록대상자에 대한 고지사항을 법무부장관에게 송달하여야 한다(「성폭력처벌법」 제42조 제3항).

등록대상자는 판결이 확정된 날로부터 30일 이내에 신상정보를 자신의 주소지를 관할하는 경찰관서의 장에게 제출하여야 한다(「성폭력처벌법」 제43조 제1항). 다만, 등록대상자가 교정시설 또는 치료 감호시설에 수용된 경우에는 그 교정시설의 장 또는 치료감호시설의 장에게 신상정보를 제출하면 된다. 제출하는 신상정보의 내용은 성명, 주민등록번호, 주소 및 실제거주지, 직업 및 직장 등의 소재지, 키와 몸무게 등 신체정보, 소유차량 등록번호 등이다.

법무부에서는 위와 같이 등록대상자가 제출한 신상정보와 경찰관이 제출한 사진에 더하여 등록대상자의 등록대상 성범죄 경력정보와 성범죄 전과사실(죄명, 횟수), 위치추적 전자장치 부착여부 및 그 기간까지 시스템에 등록하고 있다.

법무부는 등록을 마치면 등록일자를 밝혀서 등록대상자에게 등록한 정보를 통지하여야 한다. 등록대상자가 최초에 제출정보를 제출하지 아니하거나 변경정

---

[9] 「형법」 제342조(강도강간미수)도 원래 제외되어 있었는데 다른 범죄는 논외로 하더라도 등록대상 범죄들보다 훨씬 더 심각하고 중대한 강도강간미수가 등록대상 범죄에서 제외된 것은 입법의 불비로서 2016. 12. 20. 법 개정 시에 새롭게 추가되었다.

보를 정당한 사유 없이 제출하지 아니하는 경우에는 신상정보 등록에 필요한 사항을 관계 행정기관의 장에게 조회를 요청하여 등록할 수 있으며, 이를 실무상에서는 '직권등록'이라고 부르고 있다.

3) 등록정보의 관리

신상정보 등록대상자가 되면 국가에서 10년에서 많게는 30년 동안 등록 대상자를 시스템에 입력하여 관리하여야 하고, 이외에도 대상자는 매 1년마다 관할 경찰서에 출석하여 사진촬영에 응하여야 한다. 주소 등이 변경된 경우에는 변경정보를 제출하여야 하고, 경찰관이 선고형의 차이에 따라 3개월, 6개월 또는 1년 단위로 대상자의 집이나 직장 등을 찾아 직접 대면하는 방법으로 등록정보의 진위를 확인하고 있다.

[표 5-6] 선고유형별 등록기간

선고형	벌금	징역 3년 이하	징역 3년 초과~ 징역 10년 이하	징역 10년 초과, 사형, 무기징역
등록기간	10년	15년	20년	30년
등록면제신청 최소 등록기간	7년	10년	15년	20년
정보 확인주기	1년	6개월		3개월
	신상정보 공개 · 고지대상자 3개월			

법무부장관은 등록정보를 선고형과 관련 없이 일률적으로 20년간 보존 · 관리하던 것을 법률 개정을 통해 [표 5-6]에서 보는 것과 같이, 벌금형은 10년, 3년 이하의 징역은 15년, 3년 초과 10년 이하의 징역은 20년, 10년 초과 징역이나 사형 무기징역은 30년간 관리하도록 하였다. 이때 교정시설 또는 치료감호 시설에 수용되어 있는 기간은 등록기간에 산입되지 않는다.

제출한 신상정보가 변경된 경우에는 사유가 발생한 날로부터 20일 이내에 그 사유와 변경내용을 관할 경찰서 또는 교정시설의 장에게 제출하여야 한다(「성폭력처벌법」 제43조 제3항). 등록정보에 대하여는 그 정확성을 담보하기 위하여 관할 경찰서의 장은 대상자와 직접 대면 등의 방법으로 등록정보의 진위 및 변경여부를 확인하여 이를 법무부장관에게 통보하여야 한다(「성폭력처벌법」 제45조 제4항). 이때 정보 확인 주기는 [표 5-5]에서 보는 것과 같이 벌금형은 1년마다, 3년 이하의 징역에서부터 10년 이하의 징역은 6개월마다 그리고 10년 초과의 징역 등은 3개월마다 진위 여부를 확인하여야 하다. 이처럼 신상정보의 확인주기를 선고형에 따라 달리하는 이유는 재범위험성 등을 고려한 때문이다.

등록대상자는 최초 등록일로부터 1년마다 주소지 관할 경찰관서에 출석하여 자신의 정면, 좌·우측 상반신 및 전신 컬러사진의 촬영에 응해야 한다.

교정시설의 장 등은 등록대상자의 사진 전자기록, 출소 예정일, 출소 후 거주지, 출소사유를 기재한 서면을 등록대상자의 출소 2개월 전까지 법무부장관에게 송달하여야 하고, 등록대상자가 가석방이나 가종료, 가출소 되는 경우에는 출소 5일 전까지 자료를 송달하여야 한다(「성폭력처벌법」시행령 제3조 제6항).

등록 후 최소 등록기간이 경과하고 다음과 같은 객관적 요건을 충족하고 본인의 신청이 있는 경우 법무부는 객관적 요건의 충족여부를 심사하여 잔여기간 등록을 면제할 수 있다.

① 등록대상 성범죄 재범이 없을 것
② 판결 시 선고받은 자유형의 집행을 종료하거나 벌금을 완납하였을 것
③ 판결 시 부과 받은 신상정보 공개·고지명령, 전자발찌 부착명령, 성충동 약물치료명령, 보호관찰, 사회봉사명령 및 수강명령의 집행이 모두 종료되 었을 것
④ 신상정보 등록, 전자발찌 부착, 성충동 약물치료에 관한 의무 위반 범죄를 저지르지 않을 것

최소 등록기간은 등록기간 10년은 7년, 15년은 10년, 20년은 15년, 30년은 20년이다. 또한 선고유예자의 경우 2년이 지나 면소로 간주되면 등록을 면제한다.

법무부장관은 등록정보를 검사 또는 각급 경찰서의 장에게 배포할 수 있다(「성폭력처벌법」제46조). 이는 성범죄자 신상정보를 주기적으로 등록, 관리함으로써 성범죄를 예방하고 관련 정보를 수사 및 범인 검거에 활용하고자 하는 등록제도 본래의 목적에 부합하는 운영이다.

등록정보는 등록기간의 만료, 등록 대상자의 사망 등의 폐기사유가 발생하면 등록정보원부 파일 및 판결문 등 관련서류 일체를 즉시 폐기하고, 그 사실을 등록대상자에게 통지하도록 되어 있다(「성폭력처벌법」제45조 제2항).

등록대상자의 신상정보 등록·보존 및 관리 업무에 종사하고 있거나 종사하였던 자가 등록정보를 누설하거나 정당한 권한 없이 등록정보를 변경 또는 말소한 경

우에는 법에 따라 처벌된다(「성폭력처벌법」 제48조, 제50조).

(3) 신상정보의 공개

1) 신상정보 공개대상자

신상정보 공개제도는 처음 범죄 계도문 방식의 일반 신상공개에서 출발하여 경찰서 열람제도로 그리고 정보통신망을 이용한 공개로 변천해 왔다. 열람주체도 초기 피해자 및 피해자의 법정대리인 등에 한정되던 것을 등록대상자 거주 지역 청소년의 법정대리인으로 그리고 성인으로, 최근에는 실명 인증 절차를 거친 사람은 누구나 정보통신망을 이용하여 열람할 수 있도록 확대되었다.

신상정보 '등록'을 성폭력처벌법이 규정한 것과 달리 신상정보의 '공개 및 고지'는「청소년성보호법」이 규정하고 있다.

「청소년성보호법」 제49조 제1항은 공개대상자로 ① 아동 · 청소년 대상 성폭력범죄를 저지른 자, ②「성폭력처벌법」 제2조 제1항(성폭력범죄) 제3호 · 제4호, 제2항(제1항 제3호 · 제4호에 한정), 제3조부터 제15조까지의 성범죄를 저지른 자, ③ 13세 미만의 아동 · 청소년을 대상으로 아동 · 청소년 대상 성범죄를 저지른 자로서 13세 미만의 아동 · 청소년을 대상으로 아동 · 청소년 대상 성범죄를 다시 범할 위험성이 있다고 인정되는 자, ④ 위 제1항 또는 제2항의 죄를 범하였으나「형법」 제10조 제1항에 따라 처벌할 수 없는 자로서 위 제1항 또는 제2항의 죄를 다시 범할 위험성이 있다고 인정되는 자를 규정하고 있다.

법원은 위 대상자에 대한 공개정보를 정보통신망을 이용하여 신상정보 등록기간 동안 공개하도록 하는 공개명령을 판결과 동시에 선고하여야 한다. 다만, 피고인이 아동 · 청소년인 경우이거나 신상정보를 공개하여서는 아니 될 특별한 사정이 있다고 판단하는 경우에는 공개명령을 선고하지 아니할 수 있다(「청소년성보호법」 제49조 제1항 단서).

대법원은 '신상정보를 공개하여서는 아니될 특별한 사정이 있다고 판단되는 경우'에 해당되는지는 "피고인의 연령, 직업, 재범위험성 등 행위자의 특성, 당해 범행의 종류, 동기, 범행과정, 결과 및 그죄의 경중 등 범행의 특성, 공개명령 또는 고지명령으로 인하여 피고인이 입는 불이익의 정도와 예상되는 부작용, 그로 인해 달성할 수 있는 등록대상 성폭력범죄의 예방의 효과 및 등록대상 성폭력범죄로부터의 피해자 보호효과 등을 종합적으로 고려하여 판단하여야 한다."고 판시하고 있다(대법원 2012. 2. 23. 선고 2011도 16863판결).

2012. 12. 18. 법 개정 전에는 아동·청소년 대상 성범죄 사건에 대하여 벌금형을 선고하는 경우도 공개명령의 예외사유로 규정하고 있었으나 개정 시에 이를 삭제하였다.

2) 공개기간 및 공개내용

우리 법은 신상정보 '열람'이 아닌 '공개'제도를 도입하면서부터 그 신상정보 공개기간이 「형의 실효 등에 관한 법률」 제7조에 따른 기간을 초과하지 못하도록 규정하여 그 우려를 불식시키고 있다. 이에 따라 대상자에 대하여 3년을 초과하는 징역이나 금고형을 선고하는 경우에는 공개기간이 10년, 3년 이하의 징역이나 금고의 경우에는 5년, 벌금의 경우에는 2년을 각 초과하지 못한다.

공개기간은 판결이 확정된 때부터 기산되며(법 제49조 제2항), 실형이나 치료감호 선고를 받은 경우에는 그 형이나 치료감호의 전부 또는 일부의 집행을 종료하거나 집행이 면제된 때부터 기산한다.

부칙에 의해 열람명령이 공개명령으로 전환되는 경우에는 그 신상공개 기간은 기왕에 열람에 제공된 기간을 제외한 잔여기간으로 한정된다(부칙 제5조 제8항).

공개되는 정보는 성명, 나이, 주소 및 실제거주지(도로명 및 건물번호 까지), 신체 정보(키와 몸무게), 사진, 등록대상 성범죄요지(판결일자, 죄명, 선고형량 포함), 성폭력범죄 전과사실(죄명 및 횟수), 전자장치 부착여부 등 8가지이다(「청소년성보호법」제49조 제3항).

이는 등록정보와는 다소 차이가 있다. 등록정보에 있는 직업 및 직장 등의 소재지와 소유차량 등록번호, 성범죄 경력정보는 공개정보에는 제외되어 있고, 등록정보의 '주민등록번호'는 '나이'로 대체되고, 등록정보의 '성범죄 전과사실'은 '성폭력범죄 전과사실'로, '전자장치 부착여부 및 기간'은 '전자장치 부착여부'로 대체되는 등 전반적으로 등록정보에 비해서 공개정보는 그 범위가 한정되어 있다. 이는 누구나 실명 인증절차를 거치면 인터넷을 통해 열람할 수 있는 공개정보의 특성상 대상자에 대한 지나친 인권침해의 우려가 있다는 점을 고려한 결과이다.

그리고 부칙에 의해 기존에 열람명령을 받은 자 등은 정보통신망을 이용한 공개명령 대상자로 전환되더라도 공개되는 정보는 기존 열람정보에 한정된다(부칙 제5조 제7항).

3) 공개명령의 집행

공개명령은 정보통신망을 이용하여 여성가족부 장관이 집행한다(「청소년성보호법」 제52조 제1항). 현재 여성가족부는 '성범죄자 알림e'라는 공개정보를 열람할 수 있는 전용 웹사이트를 구축하여 운영하고 있으며, 누구든지 성명과 주민등록번호 입력 등의 방법으로 실명 인증을 거치면 전용 웹사이트(www.sexoffender.go.kr)에서 대상자의 검색이 가능하다.

공개정보는 아동 · 청소년 등을 등록대상 성범죄로부터 보호하기 위하여 성범죄 우려가 있는 자를 확인할 목적으로만 사용되어야 하며, 이를 위하여 여성가족부는 공개정보를 열람한 사람의 신상정보를 일정기간 동안 보관 · 관리하고 있다.

(4) 신상정보의 고지

1) 고지대상자

「청소년성보호법」은 신상정보 공개대상자 중에서 ① 아동 · 청소년 대상 성폭력범죄를 저지른 자, ②「성폭력처벌법」 제2조 제1항(성폭력범죄) 제3호 · 제4호 제2항(제1항 제3호 · 제4호에 한정), 제3조부터 제15조까지의 성범죄를 저지른 자, ③ 위 제1항, 제2항의 죄를 범하였으나 형법 제10조 제1항에 따라 처벌할 수 없는 자로서 제1항, 제2항의 죄를 다시 범할 위험성이 있다고 인정되는 자를 고지대상자로 규정하고 있다(「청소년성보호법」 제50조 제1항).

한편 피고인이 아동 · 청소년인 경우나 신상정보를 고지하여서는 아니 될 특별한 사정이 있는 경우에는 고지명령을 선고하지 아니할 수 있다. 이는 공개명령의 경우와 동일하다.

2) 고지정보 및 기한

고지되는 정보는 고지대상자가 이미 거주하고 있거나 전입하는 경우에는 「청소년성보호법」 제49조 제3항의 공개정보를 제공하되, 주소 및 실제거주지는 거주하는 곳의 번지 및 아파트 동과 호수까지 포함하도록 되어있다. 그리고 고지대상자가 전출하는 경우에는 위 고지정보와 함께 그 대상자의 전출정보를 고지한다(「청소년성보호법」 제50조 제4항).

대상자에 대한 고지명령은, 집행유예를 선고받은 대상자는 신상정보 최초 등록일로부터 1개월 이내, 금고 이상의 실형을 선고받은 경우에는 출소 후 거주할 지역에 전입한 날로부터 1개월 이내에 하여야 하고, 고지대상자가 다른 지역으로 전출하는 경우에는 변경정보 등록일로부터 1개월 이내에 하여야 한다(「청소년성보호법」제50조 제3항).

3) 고지명령 집행 방법 및 절차

고지명령의 집행방법은 우편고지와 정보통신망 고지, 그리고 게시가 있다. 먼저 '우편고지'는 여성가족부가 구축한 「우편고지시스템」을 활용하여 성범죄자가 거주하는 읍·면·동의 지역주민 중 아동·청소년의 친권자 또는 법정대리인이 있는 가구, 「영유아보육법」에 따른 어린이집의 원장 및 「유아교육법」에 따른 유치원의 장, 「초·중등교육법」에 따른 학교의 장, 읍·면 사무소와 주민자치센터의 장, 「학원의 설립·운영 및 과외교습에 관한 법률」에 따른 학교교과교습 학원의 장, 「아동복지법」에 따른 지역아동센터의 장과 「청소년활동진흥법」에 따른 청소년수련시설의 장에게 고지한다(「청소년성보호법」제50조 제5항).

고지명령의 집행 후 관할구역에 출생·입양·전입신고가 된 아동·청소년의 친권자를 포함한 고지정보 수령자로서 고지정보를 우편으로 송부받지 못한 자에 대하여는 반기별로 1회 우편고지를 한다. 이는 최초 제도 도입 시(2011. 1. 1. 시행)에는 아동·청소년의 친권자와 법정대리인으로 한정되었으나 실효성이 적다는 지적에 따라 점점 어린이집과 유치원으로 확대 실시되었다.

'정보통신망 고지'는 전자우편 고지라고도 하며, 공개정보 전용 웹사이트(성범죄자알림e)를 통한 고지이다.(「청소년성보호법」시행규칙 제7조) 이는 현행 우편고지제도의 경우 고지대상자가 출소 후 해당지역으로 전입하는 경우 등에 일회의 고지에 그치고, 그 이후 해당지역으로 새로 전입한 지역주민이나 아동·청소년을 세대원으로 두지 않은 지역주민은 우편고지를 받을 수 없고, 단지 전용 웹사이트를 통한 열람이 가능할 뿐인데, 이러한 방법을 사용하면 상세주소가 포함된 신상정보가 제공되지 않는 문제 등이 있어 이를 보완하기 위해 만든 제도이다. 정보통신망 고지를 이용하기 위해서는 본인 성인 인증 후에 해당지역주민 여부를 확인하는 절차를 거쳐야 하며, 이후 그 지역에 살고 있는 성폭력범죄자에 대한 정보를 열람할 수 있다.

'게시'는 성범죄자가 거주하는 읍·면 사무소 또는 동(경계를 같이하는 읍·면 또는 동을 포함) 주민자치센터 게시판에 30일간 고지정보를 게시하도록 하는 것을 말하며(법 제50조 제4항) 통상 고지대상자가 거주하는 곳의 읍·면 사무소의 장 또는 주민자치센터의 장에게 위임하여 게시하고 있다.

5. 신상공개제도의 문제점과 개선방안

(1) 신상공개제도의 기대효과와 부작용

1) 제도의 기대효과와 실증적 연구결과

2000년대 초반 용산초등생 성폭력사건을 비롯한 아동·청소년을 대상으로 엽기적인 성폭행 사건이 연달아 발생하면서 당시 미국 등에서 실시하고 있던 성범죄자에 대한 신상공개제도를 포괄적으로 도입하자는 논의가 계속되었다. 이러한 논의의 결과, 2011년에는 청소년을 대상으로 한 성폭력범죄자에 대해 부분적으로 실시하고 있던 신상정보 등록제도를 공개·고지까지 확대하고 그 피해 대상 범위를 성인으로까지 확대하여 실시하게 되었다.

이처럼 신상정보제도를 확대운영 함에 따른 기대효과는 다음과 같다. 첫째, 성범죄를 범하면 본인의 신상정보뿐만 아니라 주거지의 소재지까지 인터넷 공개와 지역주민들에게 우편으로 고지함으로써 성범죄를 지으면 창피하여 지역사회에서 얼굴을 들고 살 수 없다는 사실을 알려줌으로써 성범죄 욕구가 있던 '잠재적 성범죄자들'에게 성범죄를 저지르지 않도록 하는 일반예방효과를 기대할 수 있다.

둘째, 성범죄로 유죄가 확정된 범죄자의 신상정보를 등록하고 인터넷이나 우편물로 공개·고지함으로써 성범죄자에게 지역주민들이 본인을 주시하고 있고 불법행위가 있을 때 즉각적으로 신고하여 처벌받을 수 있다는 사실을 알려줌으로 재범을 억제하는 특별예방효과를 기대할 수 있다.

셋째, 일반시민들에게 주변에 성범죄자가 살고 있다는 사실을 알려줌으로써 본인 스스로 예방조치를 하여 자기 자신과 지역사회를 성범죄자로부터 보호할 수 있다. 이외에도 신상정보 등록제도는 성범죄자의 신상정보를 등록하고 관리함으로써 성범죄 발생 시 용의자 범위를 축소하고 추적을 용이하게 하여, 신속히 범인을 검거할 수 있다는 장점이 있다.

2) 신상공개제도의 부작용

신상공개제도는 지역주민들이 공동으로 성범죄자를 감시하는 한편 주민 스스로를 보호함으로써 성범죄를 예방하고자 하는 제도이지만, 신상이 공개되는 성범죄자의 입장에서 보면 지역사회로부터의 고립은 물론 지역주민들로부터 공격을 당할 수도 있다는 문제점이 있다. 미국의 경우 성범죄자들이 신상공개로 인해 친구를 잃고, 실직을 경험하고, 이웃으로부터 괴롭힘 내지는 위협성의 전화와 우편물을 받고, 공공장소에서 불공평한 대우를 받는 사례가 있었다고 하며, 우리나라의 경우에도 신상이 공개된 성범죄자의 23.7%가 성범죄자라는 이유로 동네에서 협박을 당하거나 주민들로부터 불평을 들은 경험이 있고, 7.4%는 이사를 권유받거나 혹은 강요받은 적이 있는 것으로 나타났다(강지현, 2013).

성범죄자 자신이 신상공개로 인해 여러 가지 어려움을 겪는 것보다 더 심각한 것은 신상이 공개되는 대상자 가족의 고통이다. 성범죄자로 그 범죄사실과 사진, 주거 등이 인터넷을 통하여 공개되고 심지어 학교 및 주거에 우편으로 고지되는 것은 본인에게도 수치이지만 가족에게도 엄청난 충격이다. 실제 우리나라에서도 신상 공개 및 고지제도가 시행되면서 그 가족이 고통을 이기지 못하고 자살하는 사건이 발생하기도 했다.

우리나라의 연구결과에 의하면 성범죄자의 신상공개로 인해서 16.1%의 자녀가 동네에서 외출을 꺼리게 되었고, 동네에서 따돌림을 당하였다고 하며, 동네에서 불평이나 욕을 듣거나(9.7%), 협박을 당하였다거나(9.7%), 실제 폭행을 당한 적이 있는(8.3%) 것으로 나타났다. 성범죄자의 자녀들은 학교에서도 따돌림을 당하거나(15.9%) 협박이나 폭행을 당하는 경우도 있는 것으로 나타났다(김지선 등, 2012).

성범죄자의 가족들은 자신의 가족이 성범죄자라는 것에 대해 수치심을 느끼면서 동시에 주변사람들로부터 낙인이 찍히고, 이로 인해 자존감이 낮아지고 우울증과 같은 정신질환을 경험하기도 하며, 가장인 성범죄자의 실직으로 인해 경제적 어려움까지 겪고 있는 경우가 많다. 사람들은 그러한 고통은 범죄자의 가족으로서 당연히 수인하여야 하는 것으로 인식하는 경우가 많지만 실제 가족의 입장에서는 본인이 저지르지도 않은 범죄에 대하여 그러한 고통을 감내한다는 것은 쉬운 일이 아니다.

신상공개제도가 제도 도입시 생각했던 것처럼 제도 시행으로 인해 성범죄가 줄어들고 지역사회가 좀 더 안전해졌다는 평가를 내릴 수 있으려면 성범죄자 자신은 물론이고 가족이 느끼는 피해 등의 부정적 결과가 완화될 수 있도록 제도적·문화적으로 배려하는 노력이 필요하다 할 것이다(조종태, 2015).

(2) 신상공개제도의 개선방안

1) 신상정보 등록과 보호관찰 연계강화

초기의 성범죄자 신상정보등록제도는 일반 시민의 안전과 형사사법기관의 원활한 법 집행을 위하여 도입되었으나 최근에는 성범죄자 행동수정 및 범죄자 치료를 위한 유익한 보호관찰 지도감독기법으로 활용되고 있는 추세이다(조윤오, 2017).

2018년 5월말 기준 우리나라의 전체 신상정보 등록사건 총 64,116건 중 보호관찰, 사회봉사명령, 수강명령, 전자감독 등 부과자는 총 50,838명으로 이는 전체 등록사건 대비 79.3%에 해당된다(법무부 특정범죄자관리과 2018년 5월 신상정보). 성범죄로 유죄판결이 확정되어 신상등록 의무를 부과 받은 사람 중 약 80%가량의 사람들이 보호관찰 등 부가처분을 받게 되면서 이들은 실주거지를 관할하는 보호관찰소에 출석하여 관련 신고절차를 이행해야 함과 동시에 주민등록지 관할 경찰서에 신상등록 관련 제반 서류를 제출해야 한다.

또한 신상등록제도 시행 이후 2018년 5월 현재까지 관할 경찰서에 기본신상 제출서를 제출하지 않은 등록 대상자 5,360명 중 보호관찰 등 부과자가 4,271명(79.7%)에 달한다(법무부 특정범죄자관리과 2018년 5월 신상정보). 이들은 제출의무 위반으로 경찰에 입건되어 조사를 받게 되고 정당한 사유 없이 기본 신상정보를 제출하지 아니한 경우에는 추가로 1년 이하의 징역 또는 500만 원 이하의 벌금형을 받게 되며, 현행 면제제도 요건상 향후 등록기간 동안 면제를 받을 수 있는 기회가 원천적으로 차단된다.

교도소나 치료감호소에 수용된 성범죄자가 수용시설의 장에게 기본제출서를 제출하고 있는 상황에서 벌금형 부과 또는 집행유예, 선고유예 대상자에게 보호관찰 등 부가처분을 함께 병과하면서 상대적으로 더 무거운 신고의무를 부과하기 보다는 보호관찰 등의 부가처분을 집행하는 기간 동안은 보호관찰소에서 기본 신상 등록업무를 담당하도록 하는 것이 행정절차의 간소화와 신상등록대상자의 재활과 원만한 사회적응을 위해서도 바람직 할 것이다.

특히 2018년을 기준으로 신상정보등록을 위해 경찰서에 기본서류를 제출하지 않아 위반자로 관리되는 인원은 876명으로 이들 중 법원에서 보호관찰처분을 받아 보호관찰소에 신고를 마친 대상자가 735명(84%)에 이르고 있다(법무부 특정범죄자 관리과 2018년 신상정보). 경찰서에 기본제출서를 제출하지는 않았으나 보호관찰이나 보호관찰소에서 실시하는 수강명령 프로그램에는 참여하는 대상자들이 상당수인 점을 감안할 때 제도운용의 효율성과 성범죄자에 대한 효과적인 지도·감독을 위해서는 보호관찰과의 연계를 강화할 필요가 있다.

이를 위한 구체적인 방안으로는 우선 보호관찰 등이 부과된 등록대상자의 경우 보호관찰소에 신고할 때 기본제출서를 경찰서에 제출하는 대신, 보호관찰소의 장에게 제출하도록 하고, 보호관찰기간 동안 변경제출서 접수 및 진위 여부 확인 등을 경찰이 아닌 보호관찰관이 직접 담당하도록 「성폭력범죄의 처벌 등에 관한 특례법」을 개정할 필요가 있다.

미국 텍사스주의 경우는 법원에서 보호관찰 처분을 받은 대상자가 보호관찰소에 신고할 때 신상등록 기본제출서를 보호관찰관에게 작성하여 제출하도록 하고 있다. 이는 보호관찰 신고 시기와 경찰 확인 시기 사이에 대상자의 소재불명이나 경찰 출석의무 해태 등으로 신상정보 확인에 공백이 생기는 것을 방지할 수 있는 장점이 있다. 또한 신상정보 변경사항이 발생할 경우에도 보호관찰기간 중에는 보호관찰관에게 변경제출서를 작성하여 제출하면 보호관찰관이 이를 신상등록업무를 담당하는 공공안전부와 확인업무를 담당하는 경찰, 보안관 등에게 각각 1부씩 송부하고 있고, 보호관찰관도 신상등록시스템에 접속하여 신상정보를 직접 입력, 수정할 수 있도록 되어 있다.

교정시설에서 출소한 후 귀주예정지가 아닌 다른 곳에서 거주하게 될 경우에도 석방된 날로부터 7일 이내에 다시 신주거지를 관할하는 보호관찰관, 교정 직원에게 신고하도록 되어 있다(법무부, 2015).

신상공개제도의 특별예방효과가 긍정적인 면을 고려할 때, 사회내처우에 대한 경력과 노하우가 있는 보호관찰관이 신상등록업무 중 일부를 담당할 경우, 신상등록제도가 단순 신고접수 및 서류 확인에서 벗어나 심리상담·교육·원호처우 등 성범죄자의 재범방지를 위한 양질의 관리 프로그램으로 전환될 수 있을 것이다. 이렇게 됨으로써 신상정보 제출의무 고의 기피자에 대해서는 의무이행을 독려하고 법원의 고지누락 등으로 인한 선의의 미제출자를 최소화하는 등 신상정보 등록의 신속성과 정확성 담보를 통해 효율적인 제도운영이 가능해질 것이다.

2) 신상정보 등록과 공개·고지의 일원화

2013년 6월 「성폭력 범죄의 처벌 등에 관한 특례법」 개정 이후 신상정보 등록 및 유지, 관리 업무는 법무부가 관장하고, 신상정보 공개·고지 업무는 여성가족부가 맡고 있는데, 신상정보제도 운영 주체를 성범죄 예방대책의 효과성과 교정비용의 감소 등 효율성을 고려해서 법무부로 모든 신상정보제도 업무를 단일화 할 필요가 있다.

종전의 제도는 기존에 아동·청소년 대상 성폭력범죄자에 대한 신상공개제도만 운영되던 상태에서 새로이 성인대상 성폭력범죄자에 대한 신상공개제도도 필요하다는 국민여론에 편승하여 기존 제도에 대한 충분한 연구나 새로운 입법에 따른 문제점들을 파악하지 못한 채 성인대상 성폭력범죄자에 대한 신상공개제도를 담은 특별법을 제정하다보니 같은 제도를 두 개의 법률에서 규정하면서 두 개의 기관이 업무를 담당하는 기형적인 구조가 되었다.

신상정보 등록은 법무부에서, 공개·고지는 여성가족부에서 관장하는 이원화된 운영체제로 인해 그동안 비효율성 논란이 계속적으로 제기되어 왔다.

첫째, 현행 신상정보 등록제도는 등록업무와 공개·고지업무가 두 개의 기관으로 분리되어 있어 최초 등록 시점부터 공개·고지집행까지 약 4주간의 소요기간이 발생함으로 인해 성범죄자의 등록정보가 국민들에게 신속하게 공개·고지되는데 장애가 있다.

둘째, 「성폭력범죄의 처벌 등에 관한 특례법」은 법무부에 등록된 때부터 등록기간이 기산되나 「아동·청소년의 성보호에 관한 법률」은 판결확정 시부터 공개·고지기간이 기산되어 기산점이 상이하고, 집행유예 실효, 노역 등 수용기간의 기간산입 여부에 있어 등록기간과 공개·고지기간 산정 방법이 서로 다른 점 등록과 공개·고지의 근거법률 및 소관부서가 달라, 양 기관 간 법률해석의 통일성이 결여되어 법 적용에 어려움이 있다.

셋째, 이원화로 인한 행정 절차 증가 및 중복적 업무처리로 인해 인력과 예산의 이중 투입 및 업무처리 과정에서 공개·고지 오정보 등 사고 발생 시 책임 소재가 불분명한 점도 문제점으로 지적되고 있다.

외국의 입법례에서도 성범죄자 '등록'과 '공개·고지'를 이원적으로 운용하는 사례는 없고, 공개·고지의 효율성과 신속성을 담보하기 위해 등록 주체가 공개·고지업무도 함께 담당하는 것을 당연한 것으로 보고 있으며, 미국은 등록과 공개고지 업무를 법무부 소속기관인 'SMART'에서 전담하고 있다.

따라서 신상공개제도는 성범죄자의 재범 위험성으로부터 사회를 보호하기 위한 보안처분이므로 형사 집행 주무 부처인 법무부로 일원화할 필요가 있고, 일원화를 통한 절차 간소화로 공개·고지정보의 신속·정확한 관리 및 인력·예산의 중복을 제거함으로써 제도의 효율성을 제고할 필요가 있다.

특히 최근에 등록대상자 중 법원으로부터 공개·고지명령을 선고받는 비율을 살펴보면 [표 5-7]에서 보는 것과 같이 제도 초기인 2014년 21.2%에서 2017년 5.9%로 지속적으로 감소하여 신상등록제도 운영에 있어 여성가족부의 역할이 점차 축소되고 있는 상황이다(조윤오, 2017).

[표 5-7] 신규사건 중 공개·고지비율

구 분	신규사건	등록	공개·고지(비율)
2014	10,418	8,205	2,213(21.2%)
2015	12,780	10,758	2,022(15.8%)
2016	11,423	10,265	1,158(10.1%)
2017	12,613	11,869	744(5.9%)
2018. 5.	6,572	6,268	304(4.6%)

출처: 법무부 신상정보 통계자료(2018. 5. 현재)

3) 신상공개대상 범죄와 공개범위의 최소화

현행법은 신상이 공개되는 범죄의 범위를 광범위하게 인정하고 있다. 최근 「청소년성보호법」 개정을 통해 공중밀집 장소에서의 추행이나 통신매체를 이용한 음란행위 등 성폭력범죄가 아닌 일반 성범죄를 공개대상에 추가하였다.

신상공개 및 고지가 성범죄자는 물론 그 가족에게도 지울 수 없는 낙인을 찍는 성격을 가지고 있는 점을 고려한다면 현재의 광범위한 대상범죄 규정을 합리적인 범위로 제한하는 것이 타당하다. 즉, 폭력을 수반으로 하는 범죄이면서 상대적으로 가벼운 범죄인 최근에 신상공개대상으로 추가된 성인 대상 공중밀집 장소에서의 추행 등 4가지 범죄는 신상공개 대상 범죄에서 제외하는 것을 고려해 볼 필요가 있다(조종태, 2015).

공개되는 항목의 관점에서는 현재처럼 모든 공개대상자의 신상정보를 일률적으로 동일한 항목으로 인터넷을 통해 공개하는 방식에서 탈피하여 공개되는 항목도 차등을 둘 필요가 있다. 현재의 인터넷 공개방식을 유지할 경우 고위험범죄자 또는 재범위험성이 높은 범죄자들에 대한 정보는 가급적 많이 공개하여야겠지만 저위험범죄자 또는 재범위험성이 낮은 범죄자들은 그 폐해를 고려하여 필요 최소한의 항목만 공개되도록 하여야 할 것이다.

현재 성명, 나이, 주소 및 실제거주지(도로명 및 건물번호), 신체정보, 사진, 등록대상 성범죄요지, 성폭력범죄 전과사실, 전자장치 부착여부 등 8가지 항목을 공개하고 있지만 경미한 성범죄자의 경우에는 이중 일부 예를 들면, 신체정보와 성폭력전과사실 등을 제외하는 방안을 검토할 필요가 있다(조종태, 2015).

제 2 절 성충동 약물치료

'성범죄'라는 명백하고 심각한 사회문제를 해결하기 위하여, 그동안 수많은 학문적 연구와 정책적 시도가 이루어져 왔다. 그러나 거듭된 노력에도 불구하고 인류사회에 대한 성범죄의 위협은 줄어들지 않고 있는 실정이다.

우리사회에서도 특히 지난 10여 년간 성범죄 증가와 흉포화에 대한 불안이 확산되어 특단의 대책을 요구하는 목소리가 높아졌다. 이에 따라 다양한 제도들이 시행되어 왔는데, 대표적으로 전자발찌를 통한 위치추적제도, 신상공개·고지제도, 성충동 약물치료(화학적 거세) 등이 있다.

이 중에서도 성충동 약물치료는 가장 최근인 2011년에 도입되었으며, 제도에 대한 찬반 논의도 매우 첨예한 편이었다. 이 절에서는 이 제도의 개괄적인 의의를 살펴보고, 관련된 국내외의 논의를 정리한 후 향후 발전방향에 대하여 모색해 보도록 한다.

1. 성충동 약물치료 제도의 개관

(1) 성충동 약물치료의 개념정의

일반대중에게 '성충동 약물치료'는 흔히 '화학적 거세'로 알려져 있다. 그러나 엄밀히 볼 때 양자는 서로 구분되는 개념이라고 할 수 있다.

'화학적 거세chemical castration'는 성욕억제약물을 통한 거세를 말하는데, 비정상적 성충동 및 성적활동을 감소시키거나 의료적 관점에서 전립선암 등 호르몬과 연관된 암을 치료하기 위하여 시행되는 것이다. 이는 외과적 거세와 달리 생식샘이나 생식기관을 떼어내거나 불임(단종)시술을 하는 것을 의미하는 것이 아니다(Meisenkothen, 2009). 따라서 화학적 거세는 범죄대책으로서뿐 아니라 의료적 치료기법의 하나로도 활용되는 것이며, 그 대상도 반드시 남성에 국한되지 않는다.

한편 이 절에서 다루고 있는 '성충동 약물치료'는 그중에서도 성욕libido과 성적 행동sexual activity을 감소시키기 위하여 성욕억제약물anaphrodisiac drugs을 통한 성적 기능의 불능화로 볼 수 있다. 특히 이 제도에 대해서는 특정 성범죄자에 대하여 법원의 판결에 의해서만 시행이 가능한 형사정책 내지 형벌의 일환으로 정의하는 것이 타당하다. 우리나라의 현행 「성충동 약물치료 등에 관한 법률」(이하 '법'이라 한다.)도 비슷한 취지로 정의하고 있다. 법 제2조 제3호는 "성충동 약물치료란 비정상적인 성적 충동이나 욕구를 억제하기 위한 조치로서 성도착증 환자에게 약물 투여 및 심리치료 등의 방법으로 도착적인 성기능을 일정기간 동안 약화 또는 정상화하는 치료를 말한다."고 규정하고 있다.

따라서 이 책에서는 '성충동 약물치료'의 개념에 대하여, '재범위험성이 높은 성도착증 환자에 대해 치료약물을 투여하여 성충동을 억제시키는 제도'라고 정의하고자 한다. 이 개념정의에는, 이 제도를 효과적으로 운영하기 위해서 전문가의 심리치료프로그램 및 보호관찰관의 체계적 · 과학적 관리를 포함하고 있다.

(2) 성충동 약물치료의 연혁

1) 성충동 약물치료의 시작

역사적으로 볼 때, 성범죄에 대한 대응책으로 성범죄자를 성적인 충동에서 벗어나게 하는 방법들이 다양하게 모색되어 왔다. 그중의 하나가 바로, 물리적 또는 화학적 '거세castration'이다.

1900년대 후반까지 대부분의 거세형은 인권적 측면에서 수용되지 못하였다. 그러던 중 1982년 애리조나주 최고 법원은 '화학적 거세chemical castration'라는 개념을 성범죄자에 대한 처벌수단의 하나로서 언급하기 시작하였다. 1997년 플로리다에서는 이러한 화학적 거세를, 성범죄자 처벌수단의 하나로서 공식적으로 활용하기 시작하였다. 플로리다 주법 97-184장에 의하여 성범죄자에 대한 화학적 거세를 시행하기에 이른 것이다(법무부, 2015: 3).

2) 세계적 확산

현재 미국 8개주를 비롯해 독일, 덴마크, 스웨덴, 폴란드 등 유럽 7개 국가에서 성충동 약물치료 제도를 시행하고 있다. 덴마크에서는 1973년부터 범죄자에 대한 화학적 거세를 도입하였고, 미국에서는 1997년부터 일부 주에서 실시하기 시작하였다.

유럽에서는 20세기 초반 의학 및 우생학의 발전으로 성범죄자에 대해 '제재'가 아닌 '치료'적 관점으로 형사정책 패러다임이 전환되면서 성범죄자에 대한 물리적·화학적 거세를 통한 치료제도 도입되었다. 1929년 덴마크를 시작으로, 독일과 북유럽 국가 중심으로 거세 관련 법안 제정되었다. 덴마크(1929년), 독일(1933년), 노르웨이(1934년), 핀란드(1935년), 에스토니아(1937년), 아이슬란드(1938년), 스웨덴(1944년), 체코(1966년) 순으로 입법화되었다. 반면, 영국, 프랑스 등 서유럽 국가에서는 거세 관련 입법이 이루어지지 않았으며, 스위스, 네덜란드는 입법화 과정 없이 외과적 거세 또는 약물치료를 시행하였다.

그러나 20세기 중반 이후에는 거세의 실효성에 대한 의문 및 헌법 가치와 충돌된다는 문제 제기로 거세 관련 입법이 폐지 또는 사문화되었다. 덴마크, 독일, 노르웨이, 핀란드에서는 사문화되고, 스웨덴, 라트비아, 아이슬란드는 공식적으로 폐지되었다. 다만, 체코, 에스토니아만 예외적으로 확대 시행 중에 있고, 영국, 프랑스, 벨기에, 이탈리아, 헝가리는 입법화 없이 자발적 약물치료제도를 시행하여 왔다.

한편, 미국에서의 강제적 성충동 약물치료 제도는 1996년 캘리포니아주에서 최초로 성범죄자에 대하여 입법화되어 1997년부터 시행되었다(법무부, 2015: 4). 1997년에는 플로리다, 몬타나, 조지아 등 3개 주에서, 1998년 이후에는 아이오와, 루이지애나, 위스콘신, 오리건 등 4개 주에서 입법화되었다.[10]

---

10 조지아주는 2006년 제도를 폐지하였고, 텍사스주는 동의에 의한 외과적 거세만 시행하고 있다. 오리건주의 법률은 시범실시의 차원에서, 교정국이 6개월 이내에 가석방되거나 보호관찰하에 석방될 모든 성범죄자 중 매년 40~50명을 선발하여 가석방위원회에서 정한 가석방 기간(또는 형기 종료 후 보호관찰 기간)의 일부 또는 전부 동안 치료하도록 규정하였다.

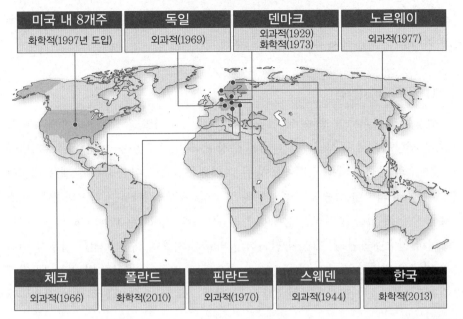

[그림 5-1] 화학적 거세 시행 주요 국가

미국 내 8개주	독일	덴마크	노르웨이
화학적(1997년 도입)	외과적(1969)	외과적(1929) 화학적(1973)	외과적(1977)

체코	폴란드	핀란드	스웨덴	한국
외과적(1966)	화학적(2010)	외과적(1970)	외과적(1944)	화학적(2013)

출처: 법무부, 2015, p.4.

21세기 초반에 들어서면서 유럽에서도 성충동 약물치료와 관련된 중요한 변화가 나타난다. 그동안 사문화되거나 폐지되어 가던 유럽의 성충동 약물치료제도가 일부 국가에서 새로운 성범죄 대책으로 재조명되기 시작한 것이다. 2009년 폴란드가 왜곡된 성적 기호로 인한 성범죄자에 대한 실형 선고 시 약물치료를 선고할 수 있는 규정을 도입하였고, 2012년 몰도바도 유사한 제도를 입법하였다.

우리나라에서도 날로 흉포화되고 있는 성폭력 범죄를 근절하기 위해 2010년 7월 「성폭력범죄자의 성충동 약물치료에 관한 법률」을 제정되었다. 이후 2011년 7월 같은 법 시행규칙 및 시행령이 제정되어, 2013년 3월부터 이 제도가 본격적으로 실시되기에 이르렀다.

(3) 성충동 약물치료에 대한 논란

이 제도의 도입에 대해서는 주기적 약물 투여로 남성호르몬 수치를 일시적으로 줄이는 것이 과연 근본적 성범죄 감소로 이어질 수 있는지에 대한 의문이 강하게 제기되었다. 더구나 앞서 살펴본 것처럼, 성충동 약물치료가 대중에게는 '화학적 거세'라는 개념으로 더 알려지면서, 그 '거세'라는 명칭이 주는 부정적 이미지로 인하여 인권침해적 성격에 대해 많은 우려가 있었다(윤정숙, 2014: 1). 성충동 약물치료와 관련된 논란 중에서 주요한 것은 다음과 같다.

1) 치료의 비자발성

성충동 약물치료에 관해서는, 우선 그 치료의 비자발성으로 인하여 적용대상이 매우 제한적으로 규정되어야 한다는 주장이 제기되고 있다. 미국의 플로리다에서 이 제도의 관련법 제정 당시에도 많은 의학전문가들이 이에 대한 문제를 제기하였다. 이들에 의하면 성충동 약물치료의 적합성은 성범죄자들이 자신의 행동이 스스로 통제할 수 없다고 인정할 경우에 한정해야 한다(Spalding, 1998: 126).

미국 연방대법원은 "개인이 침해적인 의료적 치료에 대한 동의를 거부할 권리를 가지고 있다."고 판시(Cruzan v. Missouri Dep't of Health, 1990)한 바 있는데, 이에 비추어볼 때 성충동 약물치료와 같은 비자발적 치료는 매우 제한적으로 적용되어야 한다.

이와 관련해서는 우리나라의 법 제22조가 특히 문제될 수 있다. 치료명령 부과 없이 징역형을 선고받아 복역 중인 성폭력 수형자에게, 법원이 치료명령을 부과하기 위해서는 해당 수형자의 자발적 동의가 필수적인 요건으로 규정되어 있다. 법은 이러한 자발적 동의를 얻기 위해서 교도소 · 구치소장, 검사 등에게 설명의무를 부과하고 있다. 그런데 이에 대해서는 치료자인 의사가 아닌 구금시설의 장이나 검사의 설명이 '치료에 있어서의 설명'을 대체할 수 있는지에 대한 의문이 제기된다(설민수, 2010). 특히 치료명령에 대한 동의가 가석방허가에 유리하게 작용하도록 한 법률의 구조는 동의를 실질적으로 강요하는 측면이 있다는 점에서 위헌 논란의 여지가 있다(설민수, 2010).

2) 잔인하고 비정상적인 처벌

미국 「수정헌법」 제8조는 잔인하고 비정상적인 처벌을 금지하고 있다. 성충동 약물치료와 같이, 벌금형이나 구금형 등 전통적인 형벌의 범위 밖에 있는 새로운 기법의 시도는 제8조와 관련되어 논란의 여지가 있다(Spalding, 1998: 130). 미국의 법원은 실험적이고 효과성이 입증되지 않은 몇 개의 의료적 치료처우를 이 조항에 의거하여 무효로 선언한 적이 있다(Knecht v. Gillman, 1973; Mackey v. Procunier, 1973;

Rennie v. Klein, 1978).[11]

그러나 성충동 약물치료를 지지하는 사람들은, 이 제도는 성범죄자가 향후 더 심각한 성범죄를 저지르고 처벌받는 것을 방지함으로써, 결과적으로 그들의 자유를 증대시키는 것이라고 주장한다(윤정숙, 2014: 10).

3) 과잉금지원칙의 위반 여부

성충동 약물치료는 우리나라 「헌법」 제37조 제2항의 본질적 기본권 침해금지, 즉 과잉금지 원칙과 관련하여, 그 위반 여부가 문제된다. 약물치료는 치료를 받는 사람의 생식기능에 영향을 미치는데, 이는 혼인 및 가족구성의 권리, 성적 자기결정권, 치료에 대한 자기결정권 등 「헌법」 제10조의 행복추구권과 기본적 인격권을 침해한다고 볼 수 있다(설민수, 2010).

다만, 이 제도가 재범위험성이 높은 성도착범죄자의 재범억제라는 공익에 목적이 있다는 점, 처벌보다는 치료의 외형을 취하고 있다는 점 등을 고려할 때 쉽게 위헌이라고 단정하기도 어렵다. 따라서 그 합헌성을 판단함에 있어서는 헌법재판소의 심사기준인 '비례의 원칙'이 적용될 것으로 보인다(설민수, 2010). 한편 2015년 12월 23일 헌법재판소에서는 치료명령 제도는 원칙적으로 위헌은 아니지만[12] 장기형의 경우 집행 시점에서 불필요한 치료를 막을 수 있는 절차가 마련되어 있지 않은 점[13]에서는 과잉금지원칙에 위배되어 위헌적 부분이 있다고 보아 명령조항(제8

---

11 1952년 영국에서는 당시 불법이었던 동성애에 대한 형사처벌을 피하기 위해 화학적 거세 약물치료를 받았던, 수학자 앨런 튜링이 젖가슴이 커지는 등의 부작용으로 2년 후 자살하는 사례도 있었다(박상기, 2010).

12 심판대상조항들은 성폭력범죄를 저지른 성도착증 환자의 동종 재범을 방지하기 위한 것으로서 그 입법목적이 정당하고, 성충동 약물치료는 성도착증 환자의 성적 환상이 충동 또는 실행으로 옮겨지는 과정의 핵심에 있는 남성호르몬의 생성 및 작용을 억제하는 것으로서 수단의 적절성이 인정된다. 또한 성충동 약물치료는 전문의의 감정을 거쳐 성도착증 환자로 인정되는 사람을 대상으로 청구되고, 한정된 기간 동안 의사의 진단과 처방에 의하여 이루어지며, 부작용 검사 및 치료가 함께 이루어지고, 치료가 불필요한 경우의 가해제제도가 있으며, 치료 중단시 남성호르몬의 생성과 작용의 회복이 가능하다는 점을 고려할 때, 심판대상조항들은 원칙적으로 침해의 최소성 및 법익균형성이 충족된다(헌법재판소, 2015. 12. 23. 결정, 2013헌가9)

13 장기형이 선고되는 경우 치료명령의 선고시점과 집행시점 사이에 상당한 시간적 간극이 있어 집행시점에서 발생할 수 있는 불필요한 치료와 관련한 부분에 대해서는 침해의 최소성과 법익균형성을 인정하기 어렵다. 따라서 이 사건 청구조항은 과잉금지원칙에 위배되지 아니하나, 이 사건 명령조항은 집행 시점에서 불필요한 치료를 막을 수 있는 절차가 마련되어 있지 않은 점으로 인하여 과잉금지원칙에 위배되어 치료명령 피청구인의 신체의 자유 등 기본권을 침해한다(헌법재판소, 2015. 12. 23. 결정, 2013헌가9).

조 제1항)에 대한 헌법불합치 결정[14]을 선고하였다. 개정법은 징역형과 함께 치료명령을 받은 사람의 경우 징역형의 집행이 종료되기 전 9개월부터 6개월까지의 기간에 치료명령의 집행을 면제할 것을 신청할 수 있고, 법원은 징역형이 종료되기 3개월전까지 치료명령 집행 면제 여부를 결정하도록 하고 있다(법 제8조의2 신설).

4) 이중처벌금지의 위반 여부

우리나라 「헌법」 제13조는 '이중처벌 금지원칙'을 천명하고 있다. 이와 관련하여 징역형을 선고받은 성폭력범죄자에게 형기 종료 후 치료명령을 부과하는 것이 「헌법」 제13조를 위반하는 것은 아닌지 논란의 여지가 있다.

우리나라 헌법재판소의 판례를 살펴보면, 이 원칙은 「형법」 제41조에 규정한 '형벌'의 경우만 적용되며 보안처분, 이행강제금, 과징금 등의 제재는 여기에 해당되지 않는다는 '형식론적 입장'을 취한 경우가 많다(88헌가5 결정, 99헌가18 결정, 2001헌가25 결정 등; 설민수, 2010). 약물치료는 장래의 재범위험성을 염두에 둔 조치이다. 따라서 그 법적 성격을 형벌이 아닌 보안처분이라고 할 때(박상기, 2010), 이중처벌 금지원칙에 위반되지 않는다고 볼 수도 있다.

그러나 약물치료가 피고인의 신체에 대한 사실상의 제재로서 형벌(신체형)적 성격이 있으므로 이중처벌로 볼 여지는 여전히 남아 있다(박상기, 2010). 헌법재판소도 청소년 성매수자 신상공개제도에 대하여 수치감, 불명예 등의 불이익을 주므로 그 구체적 입법목적, 공개 내용, 유죄판결과의 관계 등을 따져서 실질적으로 형벌로 작용하는지를 살펴보아야 한다고 판시한 바 있다(2002헌가14 결정).

결국 약물치료가 이중처벌 금지원칙에 위배되는지 여부는 입법목적 등에 비추어 실질적 형벌로 기능하는지를 살펴보아야 할 문제이다. 우리나라의 법이 치료를 강조하고 있는 점, 성도착증 환자에게 제한적으로 적용되는 점, 그 집행내용이 구금형과는 사실상 차별되는 점 등을 고려할 때 이중처벌로 보기는 어렵다고 할 것이

---

14 이 사건 명령조항에는 위헌적 부분과 합헌적 부분이 공존하고 있고, 장기형 선고로 치료명령 선고시점과 집행시점 사이에 상당한 시간적 간극이 존재하는 경우 불필요한 치료가 이루어질 가능성을 배제할 수 있는 구체적인 방법과 절차의 형성은 입법자의 판단에 맡기는 것이 바람직하다. 또한 이 사건 명령조항의 위헌적 부분은 치료명령의 선고에 의하여 곧바로 현실화되는 것이 아니라 집행시점에서 비로소 구체적으로 문제가 되며, 그 집행시점까지 개선입법을 함으로써 제거될 수 있으므로, 법적 혼란의 방지를 위하여 헌법불합치 결정을 선고하되, 2017. 12. 31.을 시한으로 입법자가 개정할 때까지 계속 적용하도록 하였다(헌법재판소, 2015. 12. 23. 결정, 2013헌가9).

다(설민수, 2010).

5) 약물치료의 효과성 논란

정신적 질환에 의한 성도착증 환자에 대하여 정신과 치료가 아닌 성충동 약물 치료가 과연 효과가 있는지에 대한 의문이 제기된다(박상기, 2010). 많은 연구들에 의하면 자발적 치료의지가 없는 성도착증 환자에 대한 어떠한 치료, 심지어 수술 적 거세도 성적 충동을 완전히 제거하지 못한다고 한다(설민수, 2010). 특히 성범죄 는 신체적 욕구 이외에도 성에 대한 문화적 태도, 남성중심의 가부장문화, 성산업 적 환경 등 사회문화적 요인에도 많이 좌우(박상기, 2010)되기 때문에 약물치료가 과 연 실효성이 있는지 논란의 여지가 있다.

반면, 미국 오레건 주에서 2000~2004년 가석방된 성범죄자를 대상으로 분석 한 결과 약물치료를 받지 않은 경우 재범률은 18%였으나 치료를 받은 경우는 0% 로 감소하였다는 실증적 연구결과가 보고된 바도 있다(법무부, 2015: 4).

2. 외국의 성충동 약물치료제도

(1) 미국

미국에서는 1996년 캘리포니아주의 「형법」을 개정을 통하여 성충동 약물치료 제도가 최초로 도입(1997년부터 시행)되었다. 같은 법은 법원이 13세 미만 아동 대상 성범죄자에 대한 가석방 결정시 성충동 약물치료 명령을 부과할 수 있도록 하고(대 상 범죄의 재범자는 필요적으로 부과), 가석방 일주일 전부터 교정국이 불필요하다고 판 단을 하는 시점까지 집행하도록 규정하였다.

플로리다주는 1997년 법률을 개정하여 법원이 강간, 유사강간죄로 유죄 판결 시 성충동 약물치료 명령을 부과할 수 있도록 하고(대상 범죄의 재범자는 가석방시 필요 적으로 부과), 석방 일주일 전에 치료를 개시하여 법원이 결정한 기간 동안 집행하도 록 규정하였다. 1997년 몬타나주, 1998년 루이지애나주(2008년 개정)는 법원이 유 죄판결 선고시 성충동 약물치료를 부과하는 내용의 유사 내용 입법하였다. 1998년 아이오와주도 가석방 시 성충동 약물치료를 부과하는 내용의 유사 내용 입법하였다. 위스콘신주는 1999년 법률을 개정하여 ① 13세 미만 아동 대상 성범죄자에 대하여 교정국이 가석방이나 집행유예의 필요조건으로 명하거나, ② 성적 약탈자 민사구금civil commitment된 자를 법원이 석방 명령시 석방 후 치료내용으로 포함할 수 있도록 규정하였다.

[표 5-8] 미국의 입법례

	주 (도입년도)	대상	결정	대상자 동의 의학적 판단	치료 개시	치료 기간	비용 부담
1	플로리다 1997년	강간, 유사강간	법원이 유죄판결시 명령 부과(재범자는 필요적)	동의 不要 -다만, 의료전문가가 60일 이내 검사 후 대상자 적합성 동의시 유효	석방 일주일 전	법원이 결정한 기간(종신 가능)	주정부 부담
2	몬타나 1997	16세 미만 아동대상 강간 · 강제추행 중 상해 · 치상 -다만, 재범으로 강간(친족강간)시에는 성인 대상도 포함	법원이 유죄판결시 명령 부과	동의 不要 -다만, 의료진은 시술 거부 가능	석방 일주일 전	교정국의 불요 결정 시까지	주정부 부담
3	루이지애나 1998 (2008 개정)	13세 미만 아동 등 강간 -다만, 재범으로 강간시 성인 대상도 포함	법원이 유죄판결시 명령 부과(재범자는 필요적)	동의 不要 - 다만, 의료전문가가 60일 이내 검사 후 대상자 적합성동의시 유효	석방 6주 전	불요 결정 시까지	대상자 부담 빈곤자 예외조항 無
4	캘리포니아 1996년	13세 미만 아동 대상 강간, 유사강간, 강제추행 등	법원이 가석방 결정시 명령 부과(재범자는 필요적)	동의 不要 - 의학적 판단 不要	가석방 일주일 전	교정국이 형기심의위원회의에 불요 의견 제시 시까지	주정부 부담
5	아이오와 1998	12세 이하 아동 대상 강간, 강제추행, 음란행위, 성적 목적 착취 행위 등	법원이 가석방 결정시 명령(재범자는 필요적)	동의 不要 - 의학적 판단 不要	가석방 일주일 전	교정국의 불요 결정 시 까지	대상자 부담 빈곤자 예외조항
6	위스콘신 1999	13세 미만 아동 대상 성폭력	• 교정국이 가석방이나 집행유예의 필요조건으로 명령 • 법원이 성적 약탈자 Civil Commitment 석방의 필요조건으로 제시	동의 不要 - 의학적 판단 不要			

주 (도입년도)	대상	결정	대상자 동의 의학적 판단	치료 개시	치료 기간	비용 부담
7	오리건	모든 성범죄 – 강간, 강제추행, 공연음란죄 등	교정국이 6개월 이내 가석방되거 나 보호관찰부 석방자 중 매년 40~50명 선발, 의료진의 동의하 시범실시	동의 不要 – 의료진 동의 필요	석방과 동시에	가석방위원 회에서 정한 가석방 기간 (또는 형기 종료 후 보 호관찰 기간) 일부 또는 전부 동안	대상자 부담

(2) 유럽 각국

유럽 각국의 성충동 약물치료제도 운영사례는 과거의 실시경험 및 현재의 실시여부에 따라 [표 5-9]와 같이 크게 4가지 유형으로 구분할 수 있다(법제처, 2013: 12-14).

[표 5-9] 유럽 각국의 강제적 성충동 약물치료제도 실시유형

과거 법제 현재 법제	실시경험 있음	실시경험 없음
실시	〈제1유형: 적극 시행〉 – 체코, 에스토니아 〈제2유형: 소극 시행〉 – 덴마크, 독일, 노르웨이, 핀란드)	〈제4유형: 신규 시행〉 – 폴란드, 몰도바
미실시	〈제3유형: 과거 시행〉 – 스웨덴, 라트비아, 아이슬란드	※ 미시행(자발적 거세만 시행) 영국, 프랑스, 이탈리아 등

출처: 법제처(2013), p.14.의 〈그림 1〉을 참조하여 재구성

첫 번째 유형은 체코, 에스토니아 등 적극 시행국가들로서, 이 제도를 과거부터 실시하고 있으며 현재도 적극적으로 확대하여 운영하고 있는 경우이다. 체코는 1966년 「보건법」을 제정하여 성범죄자와 성전환자·동성애자에 대한 자발적인 약물치료 제도를 도입하였고, 대상자 신청 및 보건부 승인을 거쳐 시행하여 왔다. 2009년 「형법」 개정으로 성적 비정상·성적 일탈자를 정신질환자로 간주하는 규정을 신설하고, 정신질환자에 대한 보안처분의 일환으로 강제적 외과적 거세 또는 약물치료 제도를 도입하였다. 체코의 「보호감호법」은 보호감호 선고 시 시설 내에서,

치료명령 선고 시 사회 내에서 성충동 약물치료를 실시하며, 두 경우 모두 징역형과 별개로 병과될 수 있도록 규정하고 있다.

두 번째 유형은 소극 시행국가들로서, 과거에는 이제도를 운영하였으나 현재는 관련 규정이 거의 사문화된 국가들이다. 덴마크가 대표적이며, 독일, 노르웨이, 핀란드 등이 여기에 해당된다. 덴마크는 1929년 「거세법」을 제정하여 외과적 거세 및 약물치료 제도 도입하였으나, 1967년 강제 조항을 삭제하고 1970년대부터 외과적 거세는 사실상 중단한 상태이다. 현재는 「보건법」에 따라 성범죄자와 성전환자 · 동성애자에 대하여 대상자의 신청과 보건예방부의 허가를 거쳐 자발적 약물치료만 가능하나, 이 역시도 사문화되어 있다.

세 번째 유형은 과거에는 이 제도를 운영하였으나 현재는 폐지한 국가들로서 스웨덴이 대표적이며, 라트비아, 아이슬란드 등이 여기에 해당된다. 스웨덴은 1944년 「거세법」을 제정하여 중대한 위험을 야기하거나 비정상적인 성충동이 있는 사람의 경우, 대상자의 동의와 보건복지부의 허가를 거쳐 외과적 거세 및 약물치료를 시행하였지만, 2009년에 법안을 폐지하였다.

네 번째 유형은 최근에 이 제도를 도입한 국가들로서 폴란드(2009년 도입), 몰도바(2012년 도입) 등이 여기에 해당된다. 폴란드는 2009년 성범죄 재범방지 대책으로 「형법」을 개정하여 강제적 약물치료 제도를 도입하고, 형사법원이 성도착으로 인한 성범죄로 실형을 선고할 경우 약물치료명령을 별도로 선고할 수 있도록 규정하였다. 특히, 같은 법은 15세 미만 아동 또는 가족 대상 성범죄로 실형을 선고하는 경우 약물치료명령을 필요적으로 병과하도록 규정하였다. 이때의 약물치료명령은 보건부가 입원치료시설[15] 혹은 시설 외에서 통원치료를 통해 집행한다.

---

15 「형소법」에 따라 성충동 약물치료명령은 '중' 이상의 경비등급에 해당하는 입원 또는 통원치료시설에서 집행되어야 하여, 현재 약물치료명령이 집행될 수 있는 치료감호시설은 3개, 폐쇄 치료시설은 6개 병원이다.

[표 5-10] 유럽 각국의 성충동 약물치료제도 실시유형

구분 (도입년도)	과거 도입 법률	현행 법률	대상	절차	집행
1 스웨덴 1944	「거세법」 (1944년)	2009년 폐지	• 타인에게 중대한 위험 또는 피해를 야기하는 성충동 • 정신 질환 또는 심각한 장애로 인한 비정상적인 성충동	• 대상자의 동의(심신상실자는 불요) • 보건복지부의 허가(전문가 위원회)	시행 폐지
2 덴마크 1929	「단종 및 거세에 관한 법률」(1929년) – 1967년 강제 조항 삭제 – 1970년대부터 외과적 거세는 사실상 중단	「보건법」 (2007년)	• 성범죄자 • 성전환자·동성애자	• 대상자의 신청 • 보건예방부의 허가	자발적 약물치료
3 독일 1933	「유전질환자의 후생방지에 관한 법률」(1933년) *「보안처분법」상 보안처분의 하나인 '거세'에 관한 세부 법률의 성격	「자발적인 거세 및 기타 치료방법에 관한 법률」(1969년)	• 비정상적인 성충동과 관련된 중한 질병, 정신적 질환 또는 고통을 겪는 자 • 14세 미만자 대상 성범죄·성적 강요·강간 등 범죄자	• 대상자의 동의 • 후견법원의 인가 • 감정단이 동의의 적법성 확인	• 자발적 약물치료 • 자발적 외과적 거세도 1년에 5건 미만 시행
4 체코 1966	「보건법」 (1966년)	「보건법」	• 성범죄자 • 성전환자·동성애자	• 대상자의 신청 • 보건부의 승인(전문가위원회)	자발적 약물치료
		「특별의료법」 (2011년)	• 성적 비정상 또는 성적 일탈이 판명 • 과도한 성충동으로 인해 성범죄의 위험성 인정		자발적 외과적 거세
		「형법」 (2009년) & 「보호감호법」(2008년)	성적 비정상 또는 성적 일탈시 정신질환자로 간주	법원이 정신질환자에 대한 보안처분인 ① 보호감호(시설 수용 중 강제치료) 또는 ② 치료명령(사회 내에서 강제치료) 선고	• 강제적 외과적 거세 • 강제적 약물치료
5 폴란드 2009	×	「형법」 (2009년) ※「보건법」상 제도 없음	성도착 성범죄로 실형 선고자	• 형사법원이 약물치료명령 선고 ※징역형과 별도 선고	• 강제적 약물치료 • 행형법원은 출소 전 6개월 이내에 집행 여부 및 집행방법(입원 또는 통원치료) 결정 • 사회복귀가 가능할 때까지 입원 집행 가능
			성도착 15세 미만 또는 가족 대상 성범죄로 실형 선고자	• 형사법원이 약물치료명령 필요적 선고 ※징역형과 별도 선고	

3. 성충동 약물치료 대상자 및 판결(결정) 절차

(1) 근거법률의 제·개정

1) 근거법률의 제정

우리나라에서 성충동 약물치료제도는 2010년 7월 23일 「성폭력범죄자의 성충동 약물치료에 관한 법률」(이하 '법'이라 한다.)의 제정으로 도입되었다. 이 제도는 2011년 7월 같은 법 시행령 및 시행규칙 공포되어 7월 24일부터 본격적으로 시행되었다.

2) 근거법률의 주요개정

2012년 12월에는 피해자의 연령을 16세 미만으로 제한하던 규정을 폐지하는 법률 개정(2013. 3. 19. 시행)이, 2016년 1월에는 성충동 약물치료의 대상이 되는 성폭력범죄에 유사강간죄를 추가하고 해상강도 중 강간의 객체를 부녀에서 사람으로 확대하는 법률 개정이 이루어졌다.[16]

한편, 2015년 12월 23일 헌법재판소는, 「성폭력범죄자의 성충동 약물치료에 관한 법률」 제8조 제1항에 따른 치료명령의 판결조항에 대하여 헌법불합치를 결정한다(2013헌가9). 그 이유는, 치료명령 선고를 피고사건 선고와 동시에 하도록 규정하여 장기형이 선고되는 경우 치료명령 선고시점과 집행시점 사이에 상당한 시간적 격차가 있음에도 불구하고, 피치료자가 집행시점에 치료의 필요성에 이의를 제기함으로써 불필요한 치료를 막을 수 있는 절차를 두지 아니하여 과잉금지원칙에 위배된다는 것이었다.

이에 따라 2017년 12월 19일 그 취지를 반영하여 치료명령의 집행 면제 신청 절차를 마련함으로써 위헌성을 해소하도록 법률이 개정되었다((2018. 1. 1. 시행, 법률 제15254호). 이 개정법률은 이외에도 약물치료 대상범죄에 아동·청소년 강간 등 상해·치상죄, 강도강간미수죄 등을 추가하고(제2조), 치료명령을 선고받은 사람이 정당한 사유 없이 출국 허가기간 내에 귀국하지 아니한 경우를 치료기간 연장사유

---

[16] 2012년 12월 18일, 다양한 성범죄에 효과적으로 대처하기 위하여 유사강간죄를 신설하고 성범죄의 객체를 부녀에서 사람으로 확대하는 「형법」 개정이 이루어졌다(2013. 6. 19. 시행). 그러나 성충동 약물치료에 있어서는 아직까지 유사강간죄가 대상이 되지 않고 해상강도 중 강간의 경우에도 부녀로만 그 객체를 한정하고 있었다.

에 추가하였다(제16조 제1항 제3호).

(2) 성충동 약물치료 대상자

법 제1조는 성폭력범죄를 저지른 19세 이상의 성도착증 환자로서 성폭력범죄[17]를 다시 범할 위험성이 있다고 인정되는 사람에 대하여 성충동 약물치료를 실시한다고 규정하고 있다.

여기서 성도착증 환자란, 「치료감호 등에 관한 법률」 제2조 제1항 제3호에 따른 소아성기호증小兒性嗜好症, 성적가학증性的加虐症 등 성적 성벽性癖이 있는 정신성적장애자로서 금고 이상의 형에 해당하는 성폭력범죄를 저지른 사람 또는 정신건강의학과 전문의의 감정에 의하여 성적 이상 습벽으로 인하여 자신의 행위를 스스로 통제할 수 없다고 판명된 사람을 말한다(법 제2조제1호; 법무부, 2015: 3).

이러한 성충동 약물치료의 대상자는 구체적으로 다음과 같은 3가지 유형이 있다.

1) 성폭력 범죄자

법원이 성폭력 범죄자의 피고사건을 판결하면서 본 건의 징역형 또는 치료감호 종료 이후 치료명령을 받을 것을 선고한 경우이다. 법원은 치료명령 청구가 이유 있다고 인정하는 때에는 15년의 범위에서 치료기간을 정하여 판결로 치료명령을 선고하여야 한다(법 제8조). 치료기간은 최초로 성 호르몬 조절약물을 투여한 날 또는 법 제14조제1항에 따른 심리치료 프로그램의 실시를 시작한 날부터 기산하되, 초일은 시간을 계산함이 없이 1일로 산정한다(법 제30조).

---

[17] 법에서 말하는 "성폭력범죄"란, ① 「아동·청소년의 성보호에 관한 법률」 제7조(아동·청소년에 대한 강간·강제추행 등)부터 제10조(강간 등 살인·치사)까지의 죄, ② 「성폭력범죄의 처벌 등에 관한 특례법」 제3조(특수강도강간 등)부터 제13조(통신매체를 이용한 음란행위)까지의 죄 및 제15조(미수범)의 죄(제3조부터 제9조까지의 미수범만을 말한다), ③ 「형법」 제297조(강간)·제297조의2(유사강간)·제298조(강제추행)·제299조(준강간, 준강제추행)·제300조(미수범)·제301조(강간등 상해·치상)·제301조의2(강간등 살인·치사)·제302조(미성년자등에 대한 간음)·제303조(업무상위력등에 의한 간음)·제305조(미성년자에 대한 간음, 추행)·제339조(강도강간), 제340조(해상강도)제3항(사람을 강간한 죄만을 말한다) 및 제342조(미수범)의 죄(제339조 및 제340조 제3항 중 사람을 강간한 죄의 미수범만을 말한다), ④ 위의 ①~③ 죄로서 다른 법률에 따라 가중 처벌되는 죄(법 제2조 제2호3) 등을 말한다.

2) 성폭력 수형자

법 제8조 제1항에 의한 치료명령이 부과되지 않은 성폭력수형자가 형 집행 중 가석방 요건을 갖추고 약물치료에 동의하여 법원이 치료명령을 결정한 경우이다. 검사는 가석방 요건을 갖춘 성폭력 수형자에 대하여 정신과 전문의의 진단이나 감정을 받아 법원에 치료명령을 청구할 수 있으며 법원은 치료명령 청구에 대해 이유 있다고 인정하는 때에는 15년의 범위 내에서 결정으로 치료명령을 고지한다(법 제22조).

3) 성폭력 가종료자 등

치료감호심의위원회가 치료감호의 집행 중 가종료 또는 치료위탁되는 피치료감호자나 보호감호의 집행 중 가출소되는 피보호감호자에 대해 치료명령을 부과한 경우이다. 성폭력범죄자 중 성도착증 환자로서 치료감호의 집행 중 가종료 또는 치료위탁되는 피치료감호자나 보호감호의 집행 중 가출소되는 피보호감호자에 대하여 보호관찰 기간의 범위에서 치료명령을 부과할 수 있다(법 제25조). 가종료 · 치료위탁 · 가출소되는 성폭력범죄자의 보호관찰기간은 3년이므로 이 경우 성충동 약물치료의 최장기간은 3년이라고 할 수 있다.

[표 5-11] 대상자 유형별 약물치료기간

구분	적용법조	치료명령 기간
징역형 등 종료 후 치료명령	법 제8조	법원이 정한 기간
가석방 등의 치료명령	법 제22조	(최장 15년)
가종류 등치료명령	법 제25조	보호관찰 기간의 범위에서 치료감호심의위원회가 정한 기간(최장 3년)

출처: 법무부(2015), p.7.

(3) 치료명령의 청구 및 판결(결정) 절차

성충동 약물치료를 실시하기 위해서는 정신건강의학과 전문의의 진단이나 감정, 검찰의 청구, 법원의 선고(결정) 등의 법적 절차를 거쳐야 한다.

[그림 5-2] 치료명령의 청구 및 판결(결정) 절차 흐름도

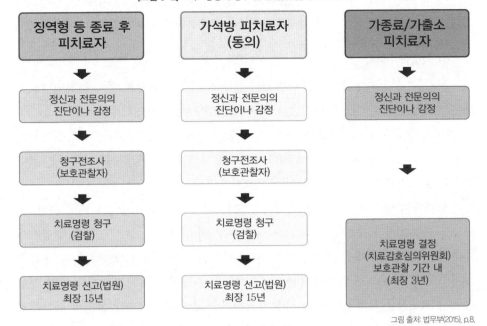

그림 출처: 법무부(2015), p.8.

1) 치료명령의 청구

㉮ 성폭력 범죄자

검사는 사람에 대하여 성폭력범죄를 저지른 성도착증 환자로서 성폭력범죄를 다시 범할 위험성이 있다고 인정되는 19세 이상의 사람에 대하여 약물치료명령(이하 "치료명령"이라고 한다)을 법원에 청구할 수 있다(법 제4조 제1항). 이 경우 검사는 치료명령 청구대상자(이하 "치료명령 피청구자"라 한다)에 대하여 정신건강의학과 전문의의 진단이나 감정을 받은 후 치료명령을 청구하여야 한다(제2항). 한편 법원도 피고사건의 심리결과 치료명령을 할 필요가 있다고 인정하는 때에는 검사에게 치료명령의 청구를 요구할 수 있다(제3항).

검사는 치료명령을 청구하기 위하여 필요하다고 인정하는 때에는 치료명령 피청구자의 주거지 또는 소속 검찰청(지청을 포함한다. 이하 같다) 소재지를 관할하는 보호관찰소(지소를 포함한다. 이하 같다)의 장에게 범죄의 동기, 피해자와의 관계, 심리상태, 재범의 위험성 등 치료명령 피청구자에 관하여 필요한 사항의 조사를 요청할 수 있다.

치료명령 청구사건의 관할은 치료명령 청구사건과 동시에 심리하는 피고사건

의 관할에 따른다(법 제6조 제1항). 법원은 치료명령 청구를 받으면 지체 없이 치료명령 청구서의 부본을 치료명령 피청구자 또는 그 변호인에게 송달하여야 한다(제2항).

❹ 성폭력 수형자

검사는 사람에 대하여 성폭력범죄를 저질러 징역형 이상의 형이 확정되었으나 제8조제1항에 따른 치료명령이 선고되지 아니한 수형자(이하 "성폭력 수형자"라 한다) 중 성도착증 환자로서 성폭력범죄를 다시 범할 위험성이 있다고 인정되고 약물치료를 받는 것을 동의하는 사람에 대하여 그의 주거지 또는 현재지를 관할하는 지방법원에 치료명령을 청구할 수 있다(법 제22조 제1항).

성폭력 수형자에 대한 치료명령의 절차는 다음과 같다(제2항 및 제4항). 우선, 교도소 · 구치소(이하 "수용시설"이라 한다)의 장은 가석방 요건을 갖춘 성폭력 수형자에 대하여 약물치료의 내용, 방법, 절차, 효과, 부작용, 비용부담 등에 관하여 충분히 설명하고 동의 여부를 확인하여야 한다. 성폭력 수형자가 약물치료에 동의한 경우 수용시설의 장은 지체 없이 수용시설의 소재지를 관할하는 지방검찰청의 검사에게 인적사항과 교정성적 등 필요한 사항을 통보하여야 한다. 이 경우 검사는 소속 검찰청 소재지 또는 성폭력 수형자의 주소를 관할하는 보호관찰소의 장에게 성폭력 수형자에 대하여 청구 전 조사를 요청할 수 있다. 검사는 성폭력 수형자에 대하여 약물치료의 내용, 방법, 절차, 효과, 부작용, 비용부담 등에 관하여 설명하고 동의를 확인한 후 정신건강의학과 전문의의 진단이나 감정을 받아 법원에 치료명령을 청구할 수 있다.

❺ 성폭력 가종료자 등

치료감호의 집행 중 가종료 또는 치료위탁되는 피치료감호자나 보호감호의 집행 중 가출소되는 피보호감호자에 대한 치료명령 부과에 있어서는 별도의 청구절차가 없다.

2) 치료명령의 판결(결정)

❶ 성폭력 범죄자

법원은 성폭력범죄를 저지른 성도착증 환자에 대한 검사의 치료명령 청구가 이유 있다고 인정하는 때에는 15년의 범위에서 치료기간을 정하여 판결로 치료명령을 선고하여야 한다(법 제8조 제1항). 이 경우 법원은 치료명령을 받은 사람에게 치료명령의 취지를 설명하고 준수사항을 적은 서면을 교부하여야 한다(법 제10조 제3항). 치료명령은 피고사건의 판결과 동시에 선고하지만, 피고사건의 양형에 유리하게 참작되어서는 아니 된다(법 제8조 제4항 및 제6항).

법원은 치료명령 청구가 이유 없다고 인정하거나 피고사건에 대하여 무죄·면소·공소기각의 판결(결정)을 선고하는 때, 피고사건에 대하여 벌금형을 선고하거나 선고의 유예 또는 집행유예 선고를 하는 때에는 판결로 치료명령 청구를 기각하여야 한다(제3항).

㉯ 성폭력 수형자

법원은 성폭력 수형자에 대한 치료명령 청구가 이유 있다고 인정하는 때에는 결정으로 15년의 범위 내에서 치료명령을 고지하고 치료명령을 받은 사람에게 준수사항 기재서면을 송부하여야 한다(법 제22조 제2항 제6호 및 제4항). 치료명령의 결정에 대해서는 법령위반, 중대한 사실오인, 현저히 부당한 처분 등 일정한 경우에 검사, 성폭력 수형자 및 그 법정대리인은 7일 이내에 항고할 수 있다(제5항).

수용시설의 장은 치료명령 결정이 확정된 성폭력 수형자에 대하여 가석방심사위원회에 가석방 적격심사를 신청하여야 하며, 가석방심사위원회는 성폭력 수형자의 가석방 적격심사를 할 때에는 치료명령이 결정된 사실을 고려하여야 한다(법 제23조 제1항 및 제2항). 치료명령이 결정된 성폭력 수형자는 치료기간 동안 치료비용을 부담하여야 한다. 다만, 치료비용을 부담할 경제력이 없는 사람의 경우에는 국가가 비용을 부담할 수 있다(법 제23조 제1항). 수용시설의 장은 성폭력 수형자가 석방되기 5일 전까지 그의 주소를 관할하는 보호관찰소의 장에게 그 사실을 통보하여야 한다(법 제22조 제12항).

㉰ 성폭력 가종료자 등

「치료감호 등에 관한 법률」에 따른 치료감호심의위원회는 성폭력범죄자 중 성도착증 환자로서 치료감호의 집행 중 가종료 또는 치료위탁되는 피치료감호자나 보호감호의 집행 중 가출소되는 피보호감호자(이하 "가종료자 등"이라 한다)에 대하여 보호관찰 기간의 범위에서 치료명령을 부과할 수 있다(법 제25조 제1항). 치료감호심의위원회는 치료명령을 부과하는 결정을 할 경우에는 결정일 전 6개월 이내에 실시한 정신건강의학과 전문의의 진단 또는 감정 결과를 반드시 참작하여야 한다(제2항).

3) 치료명령 집행면제

2017년 12월 19일에는 법률 개정으로 성폭력 범죄자, 즉 징역형과 함께 치료명령을 선고받은 사람의 치료명령 집행면제 절차가 마련되었다(제8조의2부터 제8조의4까지 신설). 이전의 성충동 약물치료 판결조항은 치료명령 선고를 피고사건 선고와 동시에 하도록 하여 장기형이 선고되는 경우 치료명령 선고시점과 집행시점 사이에 상당한 시간적 격차가 있다. 이에 대하여 헌법재판소는 과잉금지원칙에 위배된다고 헌법불합치를 결정하였는데, 집행면제규정은 그 취지를 반영하여 치료명령 집행시점에 치료의 필요성을 다시 판단함으로써 불필요한 치료가 이루어지지 아니하도록 하는 절차를 마련한 것이다.

법 제8조 제1항에 따라 징역형과 함께 치료명령을 선고받은 사람은 형 집행 종료 전 12개월부터 9개월까지 사이에 법원에 치료명령의 집행 면제를 신청할 수 있도록 하고, 법원은 정신건강의학과 전문의의 진단·감정 및 보호관찰소장의 재범위험성 등 조사 결과를 근거로 치료 필요성 여부를 심사하여 형 집행 종료 3개월 전까지 치료명령 집행 면제 여부를 결정하도록 하고 있다.

피치료감호자 중 징역형과 함께 치료명령을 받은 사람의 경우 형기가 남아 있지 아니하거나 9개월 미만의 기간 동안 남아 있는 경우에는 치료감호심의위원회가 치료명령이 선고된 피치료감호자에 대한 치료감호의 종료·가종료 또는 치료위탁 결정 시 정신건강의학과 전문의의 진단·감정 등을 근거로 치료 필요성 여부를 심사하여 치료명령 집행 면제 여부를 결정하도록 한다.

4) 치료명령 판결(결정) 등의 통지

법원은 성폭력 범죄자(제8조)나 성폭력 수형자(제22조)에게 치료명령을 선고할 때에는 그 판결이 확정된 날부터 3일 이내에 치료명령을 받은 사람의 주거지를 관할하는 보호관찰소의 장에게 판결문의 등본과 준수사항을 적은 서면을 송부하여야 한다(법 제11조 제1항). 교도소, 소년교도소, 구치소 및 치료감호시설의 장은 치료명령을 받은 사람이 석방되기 3개월 전까지 치료명령을 받은 사람의 주거지를 관할하는 보호관찰소의 장에게 그 사실을 통보하여야 한다(제2항).

치료감호심의위원회는 성폭력 가종료자 등에게 치료명령을 부과하는 결정을 한 경우에는 즉시 가종료자 등의 주거지를 관할하는 보호관찰소의 장에게 통보하여야 한다(법 제25조 제3항).

4. 성충동 약물치료의 집행

(1) 성충동 약물치료의 요건 및 집행 개시와 정지

1) 성충동 약물치료의 요건

법이 정한 성충동 약물치료는, ① 비정상적 성적 충동이나 욕구를 억제하거나 완화하기 위한 것으로서 의학적으로 알려진 것일 것, ② 과도한 신체적 부작용을 초래하지 아니할 것, ③ 의학적으로 알려진 방법대로 시행될 것 등의 3가지 요건을 모두 충족하여야 한다(법 제3조).

2) 치료명령의 집행개시

㉮ 성폭력 범죄자 및 성폭력 수형자

법 제8조 및 제22조에 따라 치료명령을 받은 사람이 형의 집행이 종료되거나 면제 · 가석방 또는 치료감호의 집행이 종료 · 가종료 또는 치료위탁으로 석방되는 경우, 보호관찰관은 석방되기 전 2개월 이내에 치료명령을 받은 사람에게 치료명령을 집행하여야 한다(법 제14조 제3항).

㉯ 성폭력 가종료자 등

법 제25조에 따라 치료명령을 부과 받은 가종료자 등이 가종료 · 치료위탁 또는 가출소 되기 전 2개월 이내에 보호관찰관은 치료명령을 집행하여야 한다. 다만, 치료감호와 형이 병과된 가종료자의 경우 집행할 잔여 형기가 있는 때에는 그 형의 집행이 종료되거나 면제되어 석방되기 전 2개월 이내에 치료명령을 집행하여야 한다(법 제27조).

3) 치료명령의 집행정지

성폭력 범죄자, 수형자 및 가종료자 등이 이 법에 따른 치료명령의 집행 중 구속영장의 집행을 받아 구금되거나 금고 이상의 형의 집행을 받게 된 때에는 그 집행이 정지된다(법 제14조 제4항). 구속영장으로 구금된 경우에는 구금이 해제되거나 금고 이상의 형의 집행을 받지 아니하는 것으로 확정된 때부터 그 잔여기간을 집행한다(제5항 제1호). 금고 이상의 형 집행을 받게 된 때에는 형의 집행이 종료되거나 면제된 후 또는 가석방된 때부터 그 잔여기간을 집행한다(제5항 제2호).

또한 법 제8조 및 제22조에 따라 치료명령을 부과 받은 성폭력 범죄자와 성폭력 수형자로서 가석방 또는 가종료 · 가출소된 자에 대하여 치료기간 동안 가석방 또는 가종료 · 가출소가 취소되거나 실효된 때에도 치료명령의 집행이 정지된다(제4항). 이 경우에는 그 형이나 치료감호 또는 보호감호의 집행이 종료되거나 면제된 후 그 잔여기간을 집행한다.

(2) 성충동 약물치료의 집행방법

성충동 약물치료, 즉 치료명령은「의료법」에 따른 의사의 진단과 처방에 의한 약물 투여,「정신건강증진 및 정신질환자 복지서비스 지원에 관한 법률」에 따른 정신보건전문요원 등 전문가에 의한 인지행동 치료 등 심리치료 프로그램의 실시 등의 방법으로 집행한다(법 제14조 제1항).

보호관찰소의 장은 소속 보호관찰관 중에서 치료명령의 집행, 치료명령을 받은 사람의 재범방지와 건전한 사회복귀를 위한 치료 등 필요한 조치의 부과, 그 밖에 치료명령을 받은 사람의 준수사항 이행 여부 확인 등 지도 · 감독 및 원호 등을 전담하는 보호관찰관을 지정하여야 한다(법 제31조). 전담 보호관찰관은 치료명령을 받은 사람에게 치료명령을 집행하기 전에 약물치료의 효과, 부작용 및 약물치료의 방법 · 주기 · 절차 등에 관하여 충분히 설명하여야 한다(제2항).

1) 약물의 투여

㉮ 기본원리

남성 발기에 가장 중요한 역할을 하는 것은 고환에서 추출되는 스테로이드계의 대표적인 남성호르몬인 테스토스테론이다. 이 호르몬은 대부분 고환에서 생산되나 부신에서도 5%정도 분비되는데, 주로 대뇌에서 성적 욕구를 조절하여 성욕을 일으키고 성적 흥분에 관여하며 일부는 음경에 직접 작용해 발기력을 도와주는 역할을 한다.

성충동 약물치료는 주로 테스토스테론의 생성을 억제 · 감소시키거나 수용체에 결합하는 것을 방해하는 치료약물을 근육과 피하지방에 주사하거나 경구용 알약을 복용토록 하는 방법이 사용된다. 성충동 약물치료를 받게 되면 성적 자극에 대한 반응이 떨어지고 성욕이 억제될 수 있으나 이는 치료가 진행되는 동안에만 효과가 지속되며 주사를 맞지 않으면 원래대로 회복된다는 한계가 있다.

⑭ 치료약물 종류

성충동 약물치료에 사용되는 치료약물은 크게 2가지로 구분된다.

우선, 성호르몬의 생성을 억제·감소시키는 약물(시행령 제8조 제1항 제1호)로는 메드록시프로게스테론 아세테이트^{MPA: Medroxyprogesterone acetate}, 류프롤리드 아세테이트^{Leuprolide acetate}, 고세렐린 아세테이트^{Goserelin acetate}, 트립토렐린 아세테이트^{Triptorelin acetate} 등이 현재 고시되어 있다.

한편 성호르몬이 수용체에 결합하는 것을 방해하는 약물(시행령 제8조 제1항 제2호)은 사이프로테론 아세테이트^{CPA: Cyproterone acetate}가 유일하게 지정되어 있다(법무부, 2015: 10).[18]

[표 5-12] 법무부고시(제2017-107호, 2017. 6. 26) 성충동 치료약물

구분	약물
성호르몬의 생성을 억제·감소시키는 약물(「성폭력범죄자의 성충동 약물치료에 관한 법률 시행령」 제8조 제1항 제1호)	메드록시프로게스테론 아세테이트 (MPA, Medroxyprogesterone acetate)
	류프롤리드 아세테이트(Leuprolide acetate)
	고세렐린 아세테이트(Goserelin acetate)
	트립토렐린 아세테이트(Triptorelin acetate)
성호르몬이 수용체에 결합하는 것을 방해하는 약물(「성폭력범죄자의 성충동 약물치료에 관한 법률 시행령」 제8조 제1항 제2호)	사이프로테론 아세테이트(CPA, Cyproterone acetate)

현재 법무부에서는 치료효과가 매우 높고 심혈관계 부작용이 적은 류프롤리드 아세테이트^{Leuprolide Acetate, 상품명: 루크린}를 주로 사용해 약물치료를 하고 있다(법무부, 2015: 13). 이외에도 사용가능한 주요 성충동 치료약물의 구체적 효능에 대해서는 아래의 표에 제시되어 있다(법무부, 2015: 19).

---

18 성선자극호르몬 길항제로는 루프롤라이드(leuprolide), 고세렐린(goserelin)등의 주사제가 널리 쓰이며, MPA와 CPA는 주사제보다 경구용 알약이 많이 사용된다(법무부, 2015: 12).

[표 5-13] 주요 성충동 치료약물의 효능

메드록시프로게스터론 아스테이트(MPA: Medroxyprogesterone acetate)	MPA의 주된 작용기전은 프로게스테론 유도체로 시상하부-뇌하수체 축의 피드백효과로 성선자극호르몬의 분비를 억제하며 또한 testosterone-α-reductase를 유도하여 테스토스테론의 대사를 가속화시켜 이로 인해 혈중 내 테스토스테론의 농도는 감소된다. 또한 testosterone hormone-binding globulin을 증가시켜서 활성형인 유리 테스토스테론이 감소하게 되고, 안드로겐 수용체와도 결합 가능하다. MPA는 속발성 무월경, 기능성 자궁출혈, 경증 또는 중등등 자궁내막증, 자궁적출술을 받지 않은 폐경기 여성에 대한 에스트로겐 투여시 병용요법으로 국내에서 사용되고 있는 약제이다. 테스토스테론의 수준은 치료 전의 25~50%로 감소한다.
류프롤리드 아세테이트 (Leuprolide acetate), 트립토렐린 아세테이트 (Triptorelin acetate)	성선자극호르몬 길항제(gonadotropin releasing hormone agonist: GnRH agonist)에 속하며 현재 성선자극호르몬 길항제는 Triptorelin acetate, Leuprolide acetate, Goserelin acetate 등 3가지가 사용 가능하다. 지속적인 성선자극호르몬 길항제의 투여는 급속히 성선자극호르몬 수용체의 탈감작화를 야기하여 황체형성호르몬의 감소를 유발한다. 따라서 2~4주 후 테스토스테론의 레벨은 거세수준에 이르게 된다. 대부분의 국가에서 진행성 전립선암, 자궁내막증, 성조숙증, 자궁섬유근종 및 여성 불임 등에 사용이 허가되어 있으며 여러 연구들을 통해 긍정적인 치료 효과가 보고되어 있다. 치료 효과가 매우 높고 특히 이전에 정신 치료 및 항남성호르몬제제에 반응이 없었던 환자에서도 효과가 높게 나타나, 테스토스테론 수준은 거세수준(0.5ng/ml)을 보인다.
사이프로테론 아세테이트 (Cyproterone acetate)	스테로이드성 항남성호르몬제제인 CPA의 주된 기전은 항남성호르몬 효과로써, 강력한 남성호르몬인 DHT가 안드로겐 수용체에 결합하는 것을 억제하며 또한 프로게스테론을 활성화한다. 시상하부-뇌하수체 축의 피드백효과로 성선자극호르몬의 분비를 억제하여 테스토스테론 및 디하이드로테스토스테론(DHT: dihydrotestosterone)의 레벨을 감소시키는 대표적인 항남성호르몬제재이다. 주로 캐나다, 중동, 유럽 등지에서 전립선암 및 성욕 조절 약제로 등록되어 있으며, 성조숙증 및 다모증의 치료제로 쓰인다. 국내에서는 전립선암 환자의 치료에 사용되며, 테스토스테론 수준은 치료 전의 22~50%로 감소된다.

㉰ 치료비용의 부담

법원이 유죄판결이나 치료감호 판결과 함께 치료명령을 선고하는 경우 및 치료감호심의위원회가 가종료자 또는 가출소자에게 치료명령을 결정하는 경우에는 국가가 치료비용을 모두 부담하고 있다. 법 시행 전에 형이 확정되었거나 법 시행 후 치료명령이 선고되지 않은 성폭력 수형자가 가석방 요건을 갖추고, 치료에 동의하여 법원이 치료명령을 결정하는 경우에는 본인이 비용을 부담한다. 다만, 치료비용을 부담할 경제적 능력이 없는 경우에는 국가가 비용을 부담하고 있다.

2018년 6월 현재, 성충동 약물치료에는 1인당 연간 약 500만 원 정도가 소요된다. 2018년 1월 치료감호소를 기준으로, 1회 약물투약 비용은 172,513원(약물비용 11,9423원, 진찰·처방 비용 53,090원)이지만 민간병원의 경우에는 병원별로 1회 투약 비용의 차이가 있다.

[표 5-14] 2018년 성충동 약물치료 무자력자 지원예산

구분	계	약물치료비	호르몬 수치 및 부작용 검사	심리치료비
12명 기준 ('18년 예산)	6,000만 원	3,120만 원	7,80만 원	2,100만 원

출처: 법무부 특정범죄자관리과 통계자료(2018. 6. 1. 현재).

㉑ 부작용 검사 및 치료명령 일시중단

치료감호소시설 또는 지정 치료기관의 의사는 약물투여 시 부작용에 대한 검사와 치료를 함께 실시하고 있다. 주요 부작용으로는 골밀도 감소가 가장 유력하며, 장기적인 투여는 간독성, 고혈압, 체중증가, 칼슘소실, 우울증 등을 유발할 수 있다고 한다. 다만 제도 시행 이후 현재까지 우려할 만한 수준의 부작용 사례는 보고된 바 없다.

만일 치료기관에서 부작용에 대한 검사 및 치료를 실시하기 어려운 때에는 「의료법」에 따른 의료기관과 연계하여 부작용에 대한 검사 및 치료를 실시한다. 약물치료 의사는 문진, 혈액검사, 골다공증 검사 등 대상자의 건강상태를 주기적으로 살피는 한편, 골밀도 강화 등 예방치료 및 부작용 최소화를 위해서도 노력할 필요가 있다.

보호관찰관은 부작용 여부에 대한 지속적 검진을 통해 부작용이 중대하여 신체에 회복하기 어려운 손상이 발생할 수 있다는 전문의의 소견이 있으면 약물투여를 일시 중단하여야 한다. 치료명령은 보호관찰관이 집행하는 것이지만, 약물투여는 의사의 진단과 처방에 의하여 실시(법 제14조)하기 때문에 부작용 등 점검 및 치료 또한 의사와 상의하여 신행한다.

[그림 5-3] 약물치료 일시중단 절차도

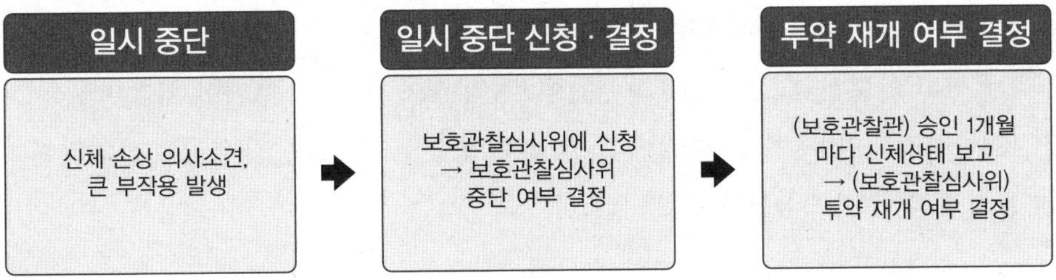

일시 중단
신체 손상 의사소견,
큰 부작용 발생

➡

일시 중단 신청 · 결정
보호관찰심사위에 신청
→ 보호관찰심사위
중단 여부 결정

➡

투약 재개 여부 결정
(보호관찰관) 승인 1개월
마다 신체상태 보고
→ (보호관찰심사위)
투약 재개 여부 결정

2) 심리치료 프로그램 실시

㉮ 심리치료 프로그램의 진행자

성충동 약물치료를 받는 성도착환자의 왜곡된 성의식을 바로잡고 약물치료의 효과성을 높이기 위해서는 반드시 심리치료가 병행되어야한다. 심리치료 프로그램의 기획 및 집행은 보호관찰소에서 주관하고 있다.

심리치료는 진행자의 자질에 따라 그 프로그램 효과성이 크게 좌우된다. 성충동 약물치료에 있어서 심리치료 프로그램 진행을 담당할 진행자는 정신과 전문의, 정신보건전문의 또는 성폭력치료분야 전문가로서 성폭력 가해자치료에 실무경험이 있는 사람 등으로 구성된다.

㉯ 심리치료 프로그램 내용

심리치료 프로그램은 월 1회 이상, 1시간 내외로 진행되며 인지행동 치료 등으로 구성된다. 심리치료 프로그램에 포함될 주요내용은 ① 인지왜곡과 일탈적 성적기호의 수정, ② 치료동기의 향상, ③ 피해자에 대한 공감능력 증진, ④ 사회적응능력 배양, ⑤ 일탈적 성행동의 재발 방지, ⑥ 그 밖에 성폭력 재범예방을 위해 필요한 사항 등이다(법무부, 2015: 16).

치료명령을 받은 사람이 이전 성폭력 치료 프로그램 이수 전력이 없는 경우에는 기존의 성범죄자 치료 프로그램을 기본으로 진행한다. 이전에 성폭력 치료 프로그램 이수경험이 있는 사람에 대해서는 초기에는 동기면담Motivational Interviewing기법 등을 활용한 동기 강화에 중점을 두며, 이후에는 재범방지 프로그램 위주로 진행한다. 여기에는 성충동 약물치료, 위치추적장치(전자발찌), 신상정보 등록·공개·고지, 취업제한 등에 따른 심리적 반응 및 태도를 다루는 내용이 포함된다(법무부, 2015: 16).

(3) 성충동 약물치료(치료명령)의 집행현황

성충동 약물치료제도 시행 후 2018년 5월 현재까지 총 45건의 치료명령이 판결 또는 결정되었다. 법원 판결에 의한 치료명령은 총 22건, 치료감호심의위원회의 결정에 의한 치료명령은 총 23건이다.

[표 5-15] 성충동 약물치료 판 · 결정 현황

구분	계	'11년	'12년	'13년	'14년	'15년	'16년	'17년	'18. 5.
법원판결	22	0	0	6	6	5	5	0	0
치료감호심의위원회 결정	23	0	1	2	5	0	5	6	4

출처: 법무부 범죄예방정책국 성충동 약물치료 통계자료(2018. 6. 1. 현재)

제도 시행 이후 2018년 5월 현재까지 판결 또는 결정된 치료명령 45건 가운데, 집행완료 8건, 집행 중 18건 등 총 26건이 집행되었으며, 향후 집행을 대기하고 있는 사건이 19건이다.

[표 5-16] 성충동 약물치료 집행 및 대기 현황

계	집행 종료	집행 중			법원 판결 집행 대기
		소계	치료감호심의위원회 결정	법원판결	
45	8	18	15	3	19

출처: 법무부 범죄예방정책국 성충동 약물치료 통계자료(2018. 6. 1. 현재).

5. 성충동 약물치료 대상자의 준수사항 및 의무

(1) 치료명령과 보호관찰 준수사항

1) 필요적 보호관찰

성폭력 범죄자 및 성폭력 수형자로서 치료명령을 선고받은 사람(이하 "치료명령을 받은 사람"이라 한다)은 치료기간 동안 「보호관찰 등에 관한 법률」에 따른 보호관찰을 받는다(법 제8조 제2항 및 제29조 제2항).

성폭력 가종료자 등은 가종료 등의 시점부터 필요적으로 보호관찰이 개시되며 치료명령도 보호관찰 기간의 범위에서 부과된다(「치료감호 등에 관한 법률」 제32조 제1항 및 법 제25조 제1항).

2) 보호관찰 준수사항

㉮ 일반준수사항

이 법에 따라 치료명령을 받은 사람은 치료기간 동안「보호관찰 등에 관한 법률」제32조 제2항 각 호(제4호는 제외한다)의 준수사항[19]과 다음 각 호의 준수사항을 이행하여야 한다(법 제10조 제1항).

1. 보호관찰관의 지시에 따라 성실히 약물치료에 응할 것
2. 보호관찰관의 지시에 따라 정기적으로 호르몬 수치 검사를 받을 것
3. 보호관찰관의 지시에 따라 인지행동 치료 등 심리치료 프로그램을 성실히 이수할 것

㉯ 특별준수사항

법원은 법 제8조 및 제22조에 따라 성폭력 범죄자 및 성폭력 수형자에게 치료명령을 선고하는 경우「보호관찰 등에 관한 법률」제32조 제3항의 특별준수사항을 부과할 수 있다(법 제 10조 제2항).[20]

치료감호심의위원회는 성폭력 가종료자 등에게 법 제25조에 따른 치료명령을 부과하는 경우 치료기간의 범위에서 준수기간을 정하여「보호관찰 등에 관한 법률」

---

19 「보호관찰 등에 관한 법률」제32조 제2항 각 호(제4호는 제외한다)는 다음과 같다.
  1. 주거지에 상주(常住)하고 생업에 종사할 것
  2. 범죄로 이어지기 쉬운 나쁜 습관을 버리고 선행(善行)을 하며 범죄를 저지를 염려가 있는 사람들과 교제하거나 어울리지 말 것
  3. 보호관찰관의 지도 · 감독에 따르고 방문하면 응대할 것

20 「보호관찰 등에 관한 법률」제32조 제3항: 법원 및 심사위원회는 판결의 선고 또는 결정의 고지를 할 때에는 제2항의 준수사항 외에 범죄의 내용과 종류 및 본인의 특성 등을 고려하여 필요하면 보호관찰 기간의 범위에서 기간을 정하여 다음 각 호의 사항을 특별히 지켜야 할 사항으로 따로 과(科)할 수 있다.
  1. 야간 등 재범의 기회나 충동을 줄 수 있는 특정 시간대의 외출 제한
  2. 재범의 기회나 충동을 줄 수 있는 특정 지역 · 장소의 출입 금지
  3. 피해자 등 재범의 대상이 될 우려가 있는 특정인에 대한 접근 금지
  4. 범죄행위로 인한 손해를 회복하기 위하여 노력할 것
  5. 일정한 주거가 없는 자에 대한 거주장소 제한
  6. 사행행위에 빠지지 아니할 것
  7. 일정량 이상의 음주를 하지 말 것
  8. 마약 등 중독성 있는 물질을 사용하지 아니할 것
  9.「마약류관리에 관한 법률」상의 마약류 투약, 흡연, 섭취 여부에 관한 검사에 따를 것
  10. 그 밖에 보호관찰 대상자의 재범 방지를 위하여 필요하다고 인정되어 대통령령으로 정하는 사항

제32조 제3항 각 호의 준수사항 중 하나 이상을 부과할 수 있다(법 제26조).

ⓐ 준수사항위반죄

이 법에 따른 약물치료를 받아야 하는 사람이 정당한 사유 없이 제10조 제1항 각 호의 준수사항을 위반한 때에는 3년 이하의 징역 또는 1천만 원 이하의 벌금에 처하고(법 제35조 제2항), 제10조 제2항에 따른 준수사항을 위반한 때에는 1천만 원 이하의 벌금에 처한다(제3항).

(2) 치료명령을 받은 사람의 의무

1) 의무

치료명령을 받은 사람은 치료기간 중 상쇄약물의 투약 등의 방법으로 치료의 효과를 해하여서는 아니 되며(법 제15조 제1항), 형의 집행이 종료되거나 면제·가석 방 또는 치료감호의 집행이 종료·가종료 또는 치료위탁되는 날부터 10일 이내에 주거지를 관할하는 보호관찰소에 출석하여 서면으로 신고하여야 한다(제2항). 치료 명령을 받은 사람은 주거 이전 또는 7일 이상의 국내여행을 하거나 출국할 때에는 미리 보호관찰관의 허가를 받아야 한다(제3항).

2) 의무위반죄

이 법에 따른 약물치료를 받아야 하는 사람이 도주하거나 정당한 사유 없이 제 15조 제1항의 의무를 위반한 때에는 7년 이하의 징역 또는 2천만 원 이하의 벌금에 처한다(법 제35조 제1항).

(3) 치료기간의 연장 및 준수사항 변경

1) 성폭력 범죄자 및 성폭력 수형자

치료 경과 등에 비추어 치료명령을 받은 사람에 대한 약물치료를 계속 하여야 할 상당한 이유가 있을 때, 보호관찰소의 장의 신청에 따른 검사의 청구로 치료기 간을 결정으로 연장할 수 있다(법 제16조 제1항). 법원은 다음 각 호의 어느 하나에 해 당하는 사유가 있으면 보호관찰소의 장의 신청에 따른 검사의 청구로 치료기간의 연장이나 준수사항의 추가 또는 변경을 결정을 할 수 있다(제1항 및 제2항). 다만, 치료기간을 연장할 경우에는 종전의 치료기간을 합산하여 15년을 초과할 수 없다(법 제16조 제1항).

1. 정당한 사유 없이 「보호관찰 등에 관한 법률」 제32조 제2항(제4호는 제외한다) 또는 제3항에 따른 준수사항을 위반한 경우
2. 정당한 사유 없이 제15조 제2항을 위반하여 신고하지 아니한 경우
3. 거짓으로 제15조 제3항의 허가를 받거나, 정당한 사유 없이 제15조 제3항 을 위반하여 허가를 받지 아니하고 주거 이전, 국내여행 또는 출국을 하거 나 허가기간 내에 귀국하지 아니한 경우

위의 각 호에 규정된 사항 외의 사정변경이 있는 경우에도 법원은 상당한 이유 가 있다고 인정되면 보호관찰소의 장의 신청에 따른 검사의 청구로 제10조 제2항 의 준수사항을 추가, 변경 또는 삭제하는 결정을 할 수 있다(제3항).

2) 성폭력 가종료자 등

성폭력 가종료자 등에 대해서는 법 제16조에 의한 치료기간의 연장이나 준수사 항의 변경은 인정되지 않는다. 다만, 치료감호심의위원회는 치료명령을 부과받은 피보호관찰자가 「보호관찰 등에 관한 법률」 제32조 제2항 또는 「치료감호 등에 관한 법률」 제33조 제2항의 준수사항을 위반하거나 상당한 사정변경이 있는 경우에는 직 권 또는 보호관찰소의 장의 신청에 따라 준수사항 전부 또는 일부의 추가 · 변경 또 는 삭제에 관하여 심사하고 결정할 수 있다(「치료감호 등에 관한 법률」 제33조 제3항).

6. 성충동 약물치료의 가해제 및 종료

(1) 치료명령의 가해제

1) 가해제의 신청

보호관찰소의 장 또는 치료명령을 받은 사람 및 그 법정대리인은 해당 보호관 찰소를 관할하는 보호관찰심사위원회(이하 "심사위원회"라 한다)에 치료명령의 가해 제를 신청할 수 있다(제17조 제1항). 이 신청은 치료명령의 집행이 개시된 날부터 6

개월이 지난 후에 하여야 한다. 신청이 기각된 경우에는 기각된 날부터 6개월이 지난 후에 다시 신청할 수 있다(제2항). 가해제의 신청을 할 때에는 신청서에 가해제의 심사에 참고가 될 자료를 첨부하여 제출하여야 한다(제3항).

2) 가해제의 심사 · 결정

심사위원회는 가해제를 심사할 때에는 치료명령을 받은 사람의 인격, 생활태도, 치료명령 이행상황 및 재범의 위험성에 대한 전문가의 의견 등을 고려하여야 한다(법 제18조 제1항). 심사위원회는 가해제의 심사를 위하여 필요한 때에는 보호관찰소의 장으로 하여금 필요한 사항을 조사하게 하거나 치료명령을 받은 사람이나 그 밖의 관계인을 직접 소환 · 심문 또는 조사할 수 있다(제2항).

심사위원회는 치료명령을 받은 사람이 치료명령이 계속 집행될 필요가 없을 정도로 개선되어 죄를 다시 범할 위험성이 없다고 인정하는 때에는 치료명령의 가해제를 결정할 수 있으며, 이 경우에는 준수사항도 가해제된 것으로 본다(제4항 및 제6항). 한편 심사위원회가 치료명령의 가해제를 하지 아니하기로 결정한 때에는 결정서에 그 이유를 명시하여야 한다(제5항).

3) 가해제의 취소

보호관찰소의 장은 치료명령이 가해제된 사람이 성폭력범죄를 저지르거나 주거 이전 상황 등의 보고에 불응하는 등 재범의 위험성이 있다고 판단되는 때에는 심사위원회에 가해제의 취소를 신청할 수 있다. 이 경우 심사위원회는 가해제된 사람의 재범의 위험성이 현저하다고 인정될 때에는 가해제를 취소하여야 한다(법 제19조 제1항). 가해제가 취소된 사람은 잔여 치료기간 동안 약물치료를 받아야 한다. 이 경우 가해제기간은 치료기간에 산입하지 아니한다(제2항).

(2) 치료명령의 집행종료 및 시효

1) 성폭력 범죄자

법 제8조 제1항에 따라 선고된 치료명령은, 치료기간이 지난 때, 치료명령과 함께 선고한 형이 사면되어 그 선고의 효력을 상실하게 된 때, 치료명령이 가해제된 사람이 그 가해제가 취소됨이 없이 잔여 치료기간을 지난 때에 그 집행이 종료된다(법 제20조).

치료명령을 받은 사람은 그 판결이 확정된 후 집행을 받지 아니하고 함께 선고된 피고사건의 형의 시효 또는 치료감호의 시효가 완성되면 그 집행이 면제된다(법 제21조 제1항). 치료명령의 시효는 치료명령을 받은 사람을 체포함으로써 중단된다(제2항).

2) 성폭력 수형자

법 제22조 제2항 제6호에 의하여 고지된 치료명령은 성폭력 수형자에게 선고된 제1항의 징역형 이상의 형이 사면되어 그 선고의 효력을 상실하게 된 때, 치료기간이 지난 때, 치료명령이 가해제된 사람이 그 가해제가 취소됨이 없이 잔여 치료기간을 지난 때에 그 집행이 종료된다(법 제20조 제1호 및 제3호, 제22조 제13항).

치료명령을 받은 사람은 치료명령 결정이 확정된 후 집행을 받지 아니하고 10년이 경과하면 시효가 완성되어 집행이 면제된다(법 제22조 제14항). 치료명령의 시효는 치료명령을 받은 사람을 체포함으로써 중단된다(법 제21조 제2항).

3) 성폭력 가종료자 등

법 제25조 제1항에 의하여 부과된 치료명령은 치료기간이 지난 때, 가출소·가종료·치료위탁으로 인한 보호관찰 기간이 경과하거나 보호관찰이 종료된 때, 치료명령이 가해제된 사람이 그 가해제가 취소됨이 없이 잔여 치료기간을 지난 때(제22조 제3호 및 제28조)에 그 집행이 종료된다.

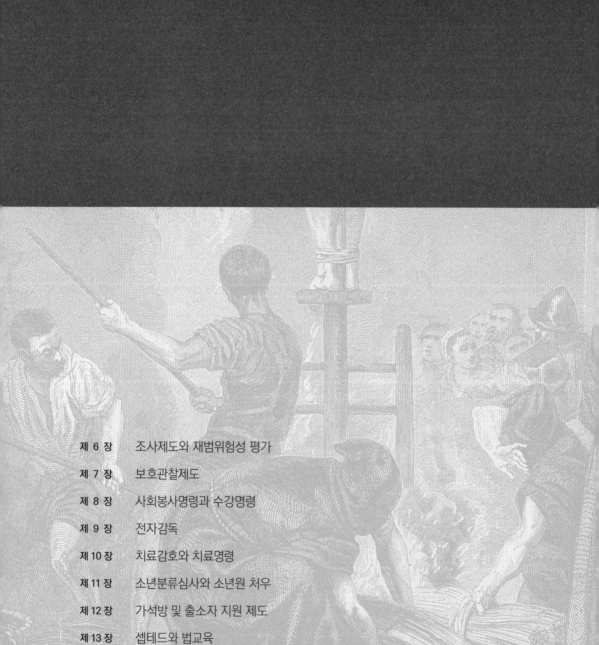

제 **3** 편

범죄예방정책
분야론

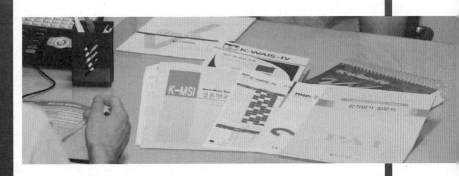

제 **6** 장 조사제도와 재범위험성 평가

제 **1** 절 　양형조사와 보호관찰 조사제도

1. 양형조사제도의 필요성과 외국사례

(1) 양형조사제도의 필요성

국가는 국민과 안녕과 사회의 질서 유지를 목적으로 범죄인에게 법률상의 제재를 가하는 형벌권을 행사하는데, 이들 범죄인을 어떻게 처분할 것인가는 형사사법영역에서 계속되어온 주요 과제 중 하나이다. 범죄인은 물론 사회구성원은 범죄에 합당하고 공평한 처분을 기대하며, 형벌권을 가진 국가나 판결권자도 적정하고 합리적인 처분을 추구한다(양문승 · 유학희, 2009).

이와 관련하여 법치국가의 이념 구현과 국가형벌권의 정당성 확보의 수단으로 강조되는 것이 형사소송절차에서의 양형과정이다. '양형量刑'이란 형의 양정, 즉 형량을 얼마로 할 것인가를 결정하는 과정과 내용으로, 유죄로 판단된 피고인에 대하여 구체적으로 언도할 형의 종류와 양을 정하는 것이다(최정학, 2005). 특히 과거의 응보적 관점에서 특별예방적 형벌관으로의 발전에 따라 현대 형사절차의 기능이 범죄인의 재범방지와 사회적응을 위해 필요한 처우의 선택에도 중점을 두고 있어 형사소송절차에서 범죄인에 대한 과학적이고 합리적인 양형은 더욱 중요해지고 있다(김혜정, 2005: 27).

양형과 관련하여 제기되는 문제는, 법관에 따라 선고형의 편차가 클 경우 형벌적용의 불평등이 발생하고 법원의 권위가 실추된다는 점이다. 실제로 우리나라 형사실무에서는 양형의 지역 간 불균형, 법관 간 개인 편차로 인해 양형의 불공정에 대한 논란이 일어난다고 지적되었다(박상기 외, 2009: 474). 따라서 양형을 합리화하고 법관에 의한 자의적 양형 편차를 줄이기 위한 다양한 노력이 필요한데, 이러한 양형 합리화 방안으로서 양형지침서 또는 양형기준표의 작성과 활용(박상기 외, 2009: 385-386), 판결 전 조사 제도의 제도화(김용우 · 최재천, 2006: 349; 박상기 외, 2009: 385; 배종대, 2011: 370-371) 등이 제기되었다.

국내 형사소송절차에서 형사피고인에 대한 양형자료조사로는 1989년부터 시행된 판결 전 조사 제도가 있으며, 그 외에도 각종 조사 제도가 마련되어 범죄인의 양형과 처우의 기초자료를 확보하는 수단으로 활용되고 있다. 여러 가지 조사제도 중 대표적인 것은 형사소송절차 전반에 걸쳐 폭넓게 적용되고 그 활용도가 높은 보호관찰관에 의한 조사제도, 즉 보호관찰 조사제도라고 할 수 있다.

(2) 주요 외국의 양형조사제도

양형절차가 사실인정절차와 분리되어 있는 영미법계 국가에서는 양형조사제도로서 판결 전 조사가 주로 활용되어 왔다. 판결 전 조사는 보호관찰제도와 깊은 관련을 맺으며 발전해 왔지만, 절차이분제의 전통과 경험이 없는 대륙법계 국가에서도 영미법계 국가의 영향을 받거나 혹은 독자적으로 양형자료조사제도를 발전시켜 왔다(김혜정, 2002: 260). 이에, 미국, 영국과 함께 프랑스, 독일 등 주요국의 조사제도와 그 특징을 간단히 살펴보면 다음과 같다.[1]

1) 미국

미국에서 판결 전 조사 제도가 본격적으로 발전하게 된 것은 1940년 보호관찰을 표준화하기 위한 「성인 보호관찰 표준법Adult Probation Law of the U.S.」을 제정한 이후부터라고 할 수 있다(최석윤, 1999). 이 표준법은 1955년 개정되어 '1년 이상의 구금형'의 유죄판결 전에는 반드시 판결 전 조사 보고서가 법원에 제출되어야 한다는 규정을 두었다. 이는 판결 전 조사가 보호관찰 적격성 판단을 위해서 뿐 아니라 법관의 모든 처분의 결정을 위해서도 필요하다는 것을 명백히 했다는 것에 의의가 있다(Standard Probation and Parole Act, 1955, 11; 법무부, 2010 재인용).[2]

---

[1] 이하의 내용은 **2010년 판결 전 조사 성과분석.** 법무부 범죄예방정책국, 2010. pp.14-27. 참조.

[2] 미국 연방차원에서 판결 전 조사 제도는 1946년 「연방 형사소송 규칙」을 제정하여 연방 판결 전 조사를 표준화하였고, 이후 1987년 「양형지침서(Sentencing Guideline)」가 적용되기 시작하면서 보고서의 성격변화와 보호관찰관의 역할 강화가 나타나기 시작하였다. 즉 양형지침서가 적용되면서부터 판결 전 조사서의 영향력이 한층 더 증가하여 이 과정에서 법관의 판결전 조사보고서에 대한 의존도는 더욱 심화되었고, 이 때문에 보호관찰관은 양형관(Sentencer)이라고 불릴 정도로 핵심적인 역할을 수행하고 있다.

2) 영국

영국에서 판결 전 조사 제도의 근거는 1991년 개정된 「형사재판법^{Criminal Justice}

^Act」**3**에 법원은 판결에 있어 보호관찰관의 조사 결과를 적극 활용해야 한다는 것을 규정한 이후 1993년 개정으로 사회조사의 의무적 활용을 명시한 것에서 찾을 수 있다(손외철, 2003: 331). 2003년 「형사재판법」에 의하면, 법원은 원칙적으로 판결 선고에 앞서 판결 전 조사 보고서를 제출받아 그 내용을 참작할 것을 요구하고 있다.

3) 프랑스

대륙법계 국가인 프랑스는 1960년부터 '인적사항조사제도^{L'enquete de personnalite'}를 시행하였다. 프랑스는 범죄인에 대한 적정한 형벌권의 행사를 위해서 검사와 예심판사에 의한 이 조사제도를 주로 양형사유를 조사하고 있다. 원칙적으로 이와 같은 조사는 검사들이 명하여 이루어지는데, 경제, 가정, 사회상황을 보호관찰소 등 자격이 부여된 자에게 조사한 후 보고할 것을 규정하고 있다.

4) 독일

독일도 범죄인의 인격조사를 위한 '사법보조제도^{Gerichtshilfe'}를 발전시켜 왔다. 독일에서는 수사기관인 검사가 양형조사의 1차적 책임을 지며, 검사는 양형사실의 조사에 필요하다면 '사법보조제도'를 활용할 수 있다. 검사가 공소를 제기한 후에는 법원도 재량으로 이 제도를 활용할 수 있다. 이러한 독일의 사법보조제도는 소년형사범에 대해서는 1923년에, 성인은 1974년에 각각 도입되었다.

위와 같이 양형기준이 도입된 미국이나 영국에서는 보호관찰관의 판결 전 조사가 양형에 필수적인 절차로 자리 잡았으며, 스웨덴, 노르웨이 같은 북구의 대륙법계 국가도 절차이분제를 도입하여 사회복지적 차원의 '인격조사제도'를, 독일에서는 '사법보조제도'를 통해 범죄인의 양형사유로 활용하고 있다.

---

3 「형사재판법」에서 '판결 전 조사'라는 용어를 사용하였고 이전에는 '사회조사(Social Inquiry)'라는 용어를 사용하였다.

2. 보호관찰 조사제도의 의의 및 기능

(1) 보호관찰 조사제도의 의의

보호관찰 조사제도는 정해진 법령에 따라 보호관찰관이 법원, 검사, 수용기관의 장 등의 요구에 의해 범죄인의 인격과 환경에 관한 사항, 재범 위험성의 양태와 정도 등 제반 정상자료에 대해 조사하는 것이다. 보호관찰 조사제도는 법관이 피고인의 보호관찰 적격성 여부에 대한 기초자료를 확보하고자 보호관찰을 집행하는 보호관찰관에게 그 자료조사를 위임하거나 요구한 것에서 기원한 바와 같이 보호관찰제도의 도입과 함께 시행되었고 발전하여 왔다.

보호관찰 조사의 주요 항목에는 범행동기, 범죄경력, 피해자 감정 및 피해회복 여부, 가족사항, 성장과정, 생활환경, 건강상태, 성격 및 심리상태, 대인관계, 재범위험성 등이 있는데, 조사내용은 소송 당사자 일방의 유·불리에 좌우되지 않는 객관성을 가져야 한다. 또한 조사방법은 과학적이어야 하며 전문적인 지식과 경험을 가진 사람에 의해 실시되어야 한다.

보호관찰 조사제도는 그 종류에 따라 법적 근거와 구체적인 목적은 다르지만, 모든 조사제도가 갖는 공통점은 범죄사실에 관한 조사가 아니라 범죄인의 인격과 환경에 대한 전촉인격적 조사라는 점이다. 이런 측면 때문에 보호관찰 조사는 범죄사실의 수사 등에서는 파악하기 곤란했던 범죄인의 자료를 정확하고 풍부하게 판결권자에게 제공하여 양형을 비롯한 형사사법절차의 공정성과 합리성을 높일 수 있는 것이다.

(2) 보호관찰 조사제도의 기능

보호관찰 조사제도는 보호관찰의 필요성에 대한 조사로부터 시작되었으나, 그 실효성이 인정되면서 현재는 양형 일반을 위한 것으로 그 활용 범위가 확대되어, 형사소송절차 전반에서 범죄인의 처분과 처우의 자료로서 기능하며 궁극적으로 재범 예방을 위한 기능을 하고 있다(김혜정, 2005: 89). 보호관찰 조사제도의 역할과 기능을 구체적으로 살펴보면 다음과 같다.

1) 양형의 합리화

공판단계에서 실시하는 조사의 주요 기능은 양형의 합리화이다. 범죄인의 경력, 성격, 환경 및 피해자 관련 사항 등에 관한 자료를 객관적이고 과학적으로 조사하여 법관에게 제공함으로써 양형의 적정성과 형평성을 높이고, 범죄인의 사회복귀와 재범방지에 가장 적합한 형의 종류와 수준을 결정할 수 있게 된다.

양형의 합리화는 판결 전 조사의 1차적이며 핵심적인 기능이다(Abadinsky, 2012). 이는 이전의 범죄전력, 피고인의 성격, 성장과정, 환경, 범행동기, 범행당시의 정황 그리고 심리·정신적 진단을 통해 재범위험성 등을 포괄적으로 조사하여 범죄인에게 선고될 개별적 처우에 대한 적응성·타당성 등을 합리적으로 평가함으로써 형벌이 적절하게 개별화되도록 하는 기능이다. 우리나라 「보호관찰법」 제19조는 판결 전 조사를 '피고인에 대해서 집행유예나 선고유예에 따른 보호관찰, 사회봉사 또는 수강을 명하기 위해서 활용'하도록 규정하고 있어 사회내처우의 적격성 여부만을 판단하기 위해서 활용되는 것처럼 보일 수 있다. 그러나 판결 전 조사제도를 광범위하게 활용하고 있는 미국 등에서도 초기에는 판결 전 조사 제도를 보호관찰 적격성을 위해 활용하다가 이후 양형 합리화 전반으로 그 활용범위를 확대한 사실에서 보듯이 판결 전 조사의 기능을 양형의 합리화로 해석하는 것이 바람직할 것이다.

2) 처우의 개별화

근대 이후의 교육·목적형주의에 입각할 때, '형벌'이란 범죄인의 개선 또는 사회복귀, 사회방위를 위해 범죄의 위험성을 치유하는 교육 또는 치료방법이다. 따라서 범죄인의 처우는 개별화되어 각 개인의 범죄 성향을 개선하는데 가장 적절한 방법과 내용이어야 한다. 수사 및 기소단계, 공판단계에서 실시되는 보호관찰 조사제도는, 부과된 형의 종류, 보안처분 또는 특별준수사항 등 처우수단이 범죄인 각각의 성행교정과 재범방지에 적합한지 그 개별적 적합성을 판단하는 데 기여한다.

3) 범죄인처우에 대한 자료 제공

수사 및 기소 단계 또는 공판 단계에서 실시된 조사의 자료는 판결 이후의 행형 단계에서도 범죄인 처우의 참고자료로서 효과적인 교정대책의 수립과 시행을 돕는다. 즉, 보호관찰 처분 또는 실형 처분을 받은 각 개인에 대해 보호관찰관이 적절하고 효과적인 지도·감독과 원호를 할 수 있도록 하거나 교정당국이 수용자 분류와 교정 프로그램 실시, 석방 계획 수립 등에 활용하도록 함으로써 교정과 보호처우의 합리화에 기여하고 있다.

피고인이 보호관찰 판결을 받은 경우 보호관찰소에서는 판결 전 조사 내용을 기초로 재범위험성과 욕구risk & needs 등 개별적 특성에 부합한 과학적인 분류와 처우계획을 수립하여 재범방지에 기여할 수 있다(Champion, 2002).

4) 형사사법상 예측 가능성 확대

현대 형사사법제도는 범죄인을 사회로부터 완전히 격리시키기보다 재사회화를 통해 건전한 사회구성원으로 재통합하는 것에 중요한 가치를 두고 있다. 따라서 범죄인이 어떠한 노력을 통해 변화가능한지, 어떻게 변화시킬지에 대한 예측은 매우 중요하며, 이러한 범죄예측이 형사사법 관련 분야의 핵심 주제가 되었다. 또한, 형사사법상 예측의 필요성은 필연적으로 범죄 요인에 대한 정확한 자료조사를 요구하였고, 조사자료를 통해 보다 정확하고 합리적인 형사사법 상의 예측이 가능해진다. 결국, 조사제도를 통해 범죄인에 대한 예측 가능성이 확대될 수 있다.

5) 회복적 사법Restorative Justice 이념 구현 등

보호관찰 조사제도는 종전의 형사사법체계에서 상대적으로 배제되었던 피해자를 형사피고인의 재판과정에 참여시킴으로써 피해자에 대한 회복적 사법이념을 구현할 수 있다. 조사의 한 과정인 피해자 조사절차는 범죄로 인한 피해자의 신체적·심리적 변화, 현재 회복정도, 피해회복 여부, 가해자에 대한 처벌의사 등을 확인하여 피해자가 형사사법절차에 참여할 수 있도록 하고 피해자에게 자신의 의견이 재판에 반영될 수 있음을 인식하도록 할 수 있다.

그 밖의 보호관찰 조사제도의 기능에는 조사 자료가 범죄나 형사정책 연구를 위한 유용한 자료로 활용될 수 있다는 점이 있다. 또한 조사 과정에서 가정환경, 성장과정, 장래계획 등의 내용이 폭넓게 포함되어, 범죄인이 자기문제에 직면하고 진지하게 되돌아볼 수 있는 자아성찰의 기회를 가질 수도 있다. 아울러 부모 등 가족구성원도 피조사자의 문제 상황을 보다 객관적으로 인식하는 계기가 되며 때로는 가족 구성원의 통합과 지지를 이끌어내기도 한다.

3. 보호관찰 조사제도의 연혁

국내의 보호관찰 조사제도 중 최초로 시행된 것은 판결 전 조사 제도이다. 판결 전 조사는 보호관찰소에서 실시한 최초의 전문 조사이고, 전체 보호관찰 대상자 중 가장 많은 비율을 차지하는 집행유예 처분과 밀접한 관계가 있기 때문에 보호관찰관이 수행하는 모든 조사를 대표하는 용어로 사용되기도 한다(강호성, 2014: 192).

판결 전 조사 제도의 도입 이전에는 소년사건의 처우 결정을 위해 소년과 보호자의 성행과 경력을 조사하는 제도가 「소년법」에 마련되었으나,[4] 형사실무에서의 조사제도는 1988년 「보호관찰법」의 제정에 따라 소년 형사범에게 판결 전 조사를 실시할 수 있도록 하면서 시작된 것이다. 이후 보호관찰제도의 확대와 더불어 보호관찰 조사제도도 발전을 거듭해 왔다. 보호관찰 조사제도의 확대와 다양화 등 주요 변화를 중심으로 보호관찰 조사 제도의 연혁을 살펴보자.

(1) 판결 전 조사 제도 최초 도입

1988년 12월 31일 제정되어 1989년 7월 1일 시행된 「보호관찰법」(법률 제4059호)에서 판결 전 조사 제도가 최초 입법화되었다. 같은 법 제26조에서 "법원은 소년에 대하여 형의 선고유예 또는 집행유예에 따른 보호관찰을 명하기 위하여 보호관찰소의 장에게 조사를 요구할 수 있다."라고 규정하면서 소년 형사범에 대해 양형자료조사인 판결 전 조사가 가능하도록 하였다. 비록 소년 형사범에게 제한적으로 적용하였지만, 판결 전 조사 제도의 도입은 범죄인에 대해 획일적이고 형식적인 처우가 아니라 각각의 범죄인과 범죄에 대해 구체적이고 실질적으로 처우하는 '처우의 개별화' 측면에서 큰 의미가 있었다.

또한, 「보호관찰법」 제정 시 판결 전 조사와 함께 교도소 등 수용기관의 소년수용자와 소년보호처분에 따른 소년원 수용자에 대한 환경조사제도도 도입되어 소년 수용자의 처우는 물론 가석방·가퇴원 심사 시에도 활용하도록 하였다.

4　1958년 7월 24일 제정, 시행된 「소년법」(법률 제489호) 제9조와 제10조에 따라, 소년사건의 조사를 위해 소년부에 소년보호관을 두며, 소년사건의 해당 소년과 보호자에 대해 성행, 경력, 가정상황, 기타 환경 등을 조사할 수 있도록 하였다. 이에 따라, 판사는 소년보호관에게 소년의 처우결정이나 양형에 참고할 만한 필요사항을 조사할 수 있도록 하였으나, 이는 조사자와 조사 내용의 비전문성, 과학성 부족 등으로 판결 전 조사 제도의 본질과는 상당한 거리가 있었다(김혜정, 2002: 262)

소년 형사범에 대한 판결 전 조사의 시행에도 성인에 대한 판결 전 조사는 입법화되지 못하였으나, 1994년 이후 성인 성폭력사범에 대해서는 판결 전 조사가 일부 실시되었다. 즉, 「형법」상의 성범죄처벌에 대한 특별법의 형식으로 1994년 4월 1일 제정·시행된 「성폭력범죄의 처벌 및 피해자 보호 등에 관한 법률」에서 성폭력사범에게 보호관찰 조건부 집행유예나 선고유예를 선고할 수 있도록 함에 따라 성인이더라도 성폭력사범인 경우에는 판결 전 조사가 가능하다는 해석에 있었던 바, 개별법원에서 성인 성폭력 피고인에 대한 판결 전 조사를 의뢰한 것이다(김혜정, 2002: 263).

1995년 12월 「형법」 개정(시행 1997년 1월 1일)에 의해 보호관찰제도가 모든 성인 형사범으로 확대 실시되었고, 판결 전 조사의 대상에도 성인이 포함되는 것이 필요하였다. 그러나 보호관찰제도의 확대에 따라 개정된 「보호관찰법」에서는 성인수형자의 가석방 심사를 위한 조사제도만 도입되었을 뿐이다. 1997년 1월 1일 전부개정, 시행된 「보호관찰 등에 관한 법률」(법률 제5178호, 1996. 12. 12.) 제28조에서 성인 수형자에 대한 보호관찰 사안조사제도가 도입된 것이다. 그러나 성인 형사범에 대한 판결 전 조사의 근거 규정은 마련되지 못하였다. 법무부에서 판결 전 조사제도의 전면실시를 규정한 「보호관찰 등에 관한 법률」 개정안을 제출하였으나, 법원행정처의 반대에 부딪쳐 무산되었다(이형재, 1999: 10).

그럼에도 소년 형사범에 대한 판결 전 조사를 통해 양형과 사회내처우 판단자료로서 판결 전 조사의 유용성이 인정되면서 1997년 이후 성인 형사범에 대한 판결 전 조사가 법원의 요청에 따라 실무적으로 활용되었다. 성인에 대한 판결 전 조사는 입법의 불비 상태에서 일부 법관들이 「보호관찰 등에 관한 법률」 제19조에 준하여 형사소송상 증거조사의 한 방법으로 판결 전 조사를 의뢰하였다. 실제로 성인 형사범에 대한 판결 전 조사는 1997년 44건이 시행되었던 것을 시작으로, 2001년 525건, 2005년 3,000여 건 등으로 급격하게 증가하였고 2004년 이후 소년에 대한 조사건수를 상회하였다. 성인 형사 피고인에 대한 판결 전 조사 제도는 2008년 12월 26일 개정된 「보호관찰 등에 관한 법률」(법률 제9168호)에서 소년 형사범으로 제한한 규정을 삭제함으로써 비로소 근거 규정을 마련하였다.

(2) 보호사건의 결정 전 조사 근거 규정 마련

2000년대 이후 개별법 신설 등을 통해 그동안 실무적으로 활용되던 각종 조사제도의 근거를 마련하였다. 우선, 가정보호사건에 대한 결정 전 조사가 2007년 8월 개정, 시행된 「가정폭력범죄의 처벌 등에 관한 특례법」에서 보호관찰관에 의한 조사로 규정되었다.[5] 즉, 같은 법 제21조1 제1항에서 판사가 보호관찰소의 장에게 조사를 요구하는 직접 규정을 마련하여 관례적으로 시행되던 보호관찰소의 가정보호사건 결정 전 조사가 입법화된 것이다. 이후, 2011년 7월 일부 개정된 같은 법 제3장에 피해자보호명령이 신설되면서 제55조의7에 의거, 피해자보호명령사건에 대한 조사도 가능해졌다.

성매매보호사건에 대한 결정 전 조사의 경우, 「성매매알선 등 행위의 처벌에 관한 법률」 제정 시부터 「가정폭력범죄의 처벌 등에 관한 특례법」의 결정 전 조사를 준용하도록 하였는데,[6] 2007년 8월 「가정폭력범죄의 처벌 등에 관한 특례법」에서 보호관찰관의 결정 전 조사가 입법화되면서 성매매보호처분 대상자에 대한 결정 전 조사도 실무적 시행의 법적 근거를 마련하였다.

소년보호사건 결정 전 조사 역시 2007년 12월 개정되어 2008년 6월 시행된 「소년법」과 2008년 12월 26일 개정되어 2009년 3월 27일 시행된 「보호관찰 등에 관한 법률」을 통해 법적 근거를 확보하였다.[7] 이와 함께, 2008년 개정 「소년법」 시

---

5 1997년 12월 13일 제정된 「가정폭력범죄의 처벌 등에 관한 특례법」(법률 제5436호)은 제20조와 제21조에서 가정보호 사건의 조사ㆍ심리를 위하여 법원에 가정보호사건 조사관을 두어 행위자ㆍ피해자 및 가정구성원의 심문이나 가정폭력범죄의 동기ㆍ원인 및 실태 등의 조사를 명할 수 있도록 하였으나 보호관찰소의 장에게 조사를 요구하는 직접 규정은 마련되지 않았다. 다만, 2003년경부터 실무적으로 보호관찰소에 결정 전 조사를 요구하는 사례들이 일부 있었고, 2004년부터 전국적으로 결정 전 조사 활용이 일반화되던 중 보호관찰관에 대한 조사의 입법화는 2007년 8월 시행된 개정안에서 이루어진 것이다.

6 2004년 3월 22일 제정된 「성매매 알선 등 행위의 처벌에 관한 법률」(법률 제7196 호) 제17조(다른 법률의 준용)는 성매매보호사건 조사 시 「가정폭력범죄의 처벌 등에 관한 특례법」 제21조를 준용하도록 하여 조사제도를 규정하였다.

7 1958년 7월 24일 제정된 「소년법」(법률 제489호)은 보호사건의 조사와 심리에 있어 정신과의사, 심리학자와 사회사업가의 진단 또는 의견을 참작하도록 규정하였으며 이후 수차례 개정되었으나, 조사의뢰 기관에 보호관찰소는 명문화되지 않았다. 그러나 동 조문에 근거하여 법원 소년부에서는 실무적으로 2003년경부터 보호관찰소에 대한 결정 전 조사 의뢰를 시작하여 2004년부터 매년 증가세를 보였다. 이러한 현실을 감안하여 2007년 12월 21일 개정된 「소년법」(법률 제8722 호)은 제12조에 보호관찰소를 조사기관으로 추가하였으며 2008년 12월 26일 개정된 「보호관찰 등에 관한 법률」도 제19조의2에 법원 결정 전 조사 규정을 신설하고 조사절차 등도 구체적으로 명시하였다.

행 시, 소년사건에 대한 검사의 결정 전 조사 제도도 도입되었다.

(3) 청구 전 조사 제도의 도입과 보호관찰 조사의 다양화

2000년대 후반, 법률의 제정 또는 관련 규정의 개정 등으로 다양한 유형의 청구 전 조사 제도가 도입되었고, 형 집행 단계에서의 조사가 추가되었다.

2007년「특정 성폭력범죄자에 대한 위치추적 전자장치 부착에 관한 법률」제정으로 성폭력사범에 대한 위치추적 전자장치 부착명령을 위한 청구 전 조사가 시행되었다. 이후, 2009년 같은 법이「특정 범죄자에 대한 위치추적 전자장치 부착에 관한 법률」로 일부 개정되면서 전자장치 부착명령 대상 범죄가 미성년자 유괴사범 및 살인범으로 확대되고 2014년에는 강도 사범이 추가되면서, 위치추적 전자장치 부착명령 청구 전 조사 대상도 확대되었다. 또한「특정 성폭력 범죄자에 대한 위치추적 전자장치 부착에 관한 법률(법률 제9112호)」부칙 제2조에 의거, 성폭력사범에 대해 소급하여 전자장치를 부착할 수 있도록 하면서 소급 청구 전 조사 제도도 시행되었다. 2012년에는 성충동 약물치료명령 청구를 위한 청구 전 조사, 2014년 형 집행 종료 후 보호관찰명령 청구를 위한 청구 전 조사 등으로 확대되었다.

그 밖에도 2014년 아동보호사건(피해아동보호명령)에 대한 법원 결정 전 조사 및 검사 결정 전 조사, 피해아동보호명령 이행실태조사,[8] 2016년 정신질환자 등에 대한 치료명령 선고를 위한 판결 전 조사, 2017년 성충동 약물치료명령 부과자의 집행면제 결정을 위한 결정 전 조사 등이 도입, 시행되고 있다.

[표 6-1] 보호관찰 조사 제도의 도입 현황

도입년도 (시행일 기준)	조사업무	근거 법률 등
1989. 7.	소년 형사범 대상 판결 전 조사	「보호관찰법」제정
	환경조사	
1997. 1.	보호관찰 사안조사	「보호관찰 등에 관한 법률」개정
2003. 2.	귀주환경조사	법무부지침 관찰 61350-83(2003.2.5)
2007. 8.	가정보호사건 결정 전 조사	「가정폭력범죄의 처벌 등에 관한 특례법」개정

8　아동보호사건(피해아동보호명령) 결정 전 조사는 2001년 이후 참혹한 아동학대 사건들이 연이어 발생하면서 이를 근절하기 위해 2014. 1. 28. 제정되고 같은 해 9. 29. 시행된「아동학대범죄의 처벌 등에 관한 특례법」에 따라 시행되었다.

도입년도 (시행일 기준)	조사업무	근거 법률 등
2007. 8.	성매매보호사건 결정 전 조사	「성매매 알선 등 행위의 처벌에 관한 법률」 (가정폭력범죄의 처벌 등에 관한 특례법 준용)
2008. 6.	소년보호사건 결정 전 조사	「소년법」, 「보호관찰 등에 관한 법률」 개정
2008. 6.	검사에 의한 결정 전 조사	「소년법」 개정
2008. 9.	위치추적 전자장치 부착명령 청구 전 조사	「특정 성폭력 범죄자에 대한 위치추적 전자장치 부착 에 관한 법률」 제정
2009. 3.	성인 형사범 대상 판결 전 조사	「보호관찰 등에 관한 법률」 개정
2012. 12.	성충동 약물치료명령 청구 전 조사	「성폭력범죄자의 성충동 약물치료에 관한 법률」 제정
2014. 1.	아동보호사건 결정 전 조사(검찰) 아동보호사건(피해아동보호명령) 결 정 전 조사(법원) 피해아동보호명령 이행실태조사	「아동학대범죄의 처벌 등에 관한 특례법」 제정
2014. 1.	형 집행 종료 후 보호관찰명령 청구 전 조사	「특정 범죄자에 대한 보호관찰 및 전자장치 부착 등에 관한 법률」 개정
2016. 5.	치료명령 판결 전 조사	「치료감호 등에 관한 법률」 개정
2017. 10.	성충동 약물치료명령의 집행 면제 결 정 전 조사	「성폭력범죄자의 성충동 약물치료에 관한 법률」 개정

4. 보호관찰 조사제도의 종류

보호관찰 조사제도는 형사소송절차에서의 조사 시점을 기준으로 수사 및 기소 단계의 조사, 공판 단계의 조사, 집행 단계의 조사 등 3단계로 구분할 수 있다.[9] 한편 조사 시점과 목적 그리고 조사서가 반영되는 처분의 종류에 따라 조사의 명칭이 정해진다. 예를 들면, '판결' 전에 실시하는 조사는 '판결 전 조사', '결정'을 위해 실시하는 조사는 '결정 전 조사', 특정한 명령의 '청구'를 위해 실시하는 조사는 '청구 전 조사'라고 지칭한다. 형사소송절차별 조사 종류와 그 대상은 [그림 6-1]과 같다. 이제 각 보호관찰 조사 제도의 법적 근거와 주요한 내용을 살펴보자.

---

9 조사 시기에 따른 3단계 구분이 아닌 판결을 기준으로 판결 전 조사(判決前調査)와 판결 후 조사(判決後調査)로 이분할 수도 있다. 형사사법절차에서 재판 단계 이전까지의 조사와 그 이후 교정단계에서의 조사로 구분하면, 재판 단계까지의 조사가 법원ㆍ검찰 등 사법기관의 판단을 위해 이루어지는 사법작용인 반면 판결 이후 교정단계에서의 조사는 처분이 확정된 사람에 대한 개별 처우를 위한 법 집행기관의 행정 작용으로 해석할 수 있다.

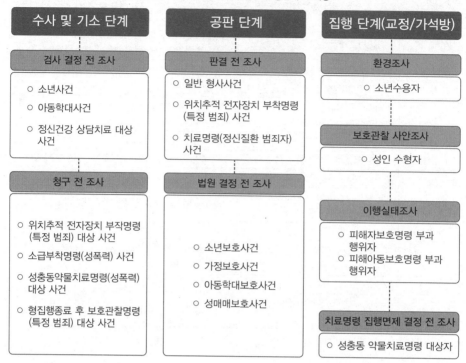

[그림 6-1] 형사소송단계별 조사 종류와 그 대상

수사 및 기소 단계

검사 결정 전 조사
- 소년사건
- 아동학대사건
- 정신건강 상담치료 대상 사건

청구 전 조사
- 위치추적 전자장치 부작명령 (특정 범죄) 대상 사건
- 소급부착명령(성폭력) 사건
- 성충동약물치료명령(성폭력) 대상 사건
- 형집행종료 후 보호관찰명령 (특정 범죄) 대상 사건

공판 단계

판결 전 조사
- 일반 형사사건
- 위치추적 전자장치 부착명령 (특정 범죄) 사건
- 치료명령(정신질환 범죄자) 사건

법원 결정 전 조사
- 소년보호사건
- 가정보호사건
- 아동학대보호사건
- 성매매보호사건

집행 단계(교정/가석방)

환경조사
- 소년수용자

보호관찰 사안조사
- 성인 수형자

이행실태조사
- 피해자보호명령 부과 행위자
- 피해아동보호명령 부과 행위자

치료명령 집행면제 결정 전 조사
- 성충동 약물치료명령 대상자

그림 출처: 법무부, 『한국보호관찰 30년사』, 2019, p.341.

(1) 수사 및 기소 단계의 조사

수사 및 기소 단계에서 실시되는 조사는 검사에 의해 의뢰되며, 결정 전 조사와 청구 전 조사로 크게 구분할 수 있다.

1) 검사 결정 전 조사

검사에 의한 결정 전 조사는 소년 피의사건, 아동학대사건, 정신질환자에 대한 정신건강 상담·치료조건부 기소유예 대상 사건 등에 대해 실시하며, 피의자의 기소·불기소 여부, 보호사건 송치의 필요성 또는 조건부 기소유예 처분 여부 등을 결정하기 위한 목적으로 활용된다.

검사 결정 전 조사의 근거 법령은 소년 사건의 경우 「소년법」 제49조의2이고,[10] 아동학대사건의 경우 「아동학대 범죄의 처벌 등에 관한 특례법」 제25조이며,[11] 정신건강 상담 · 치료조건부 기소유예 대상 사건의 경우 「정신건강 상담치료조건부 기소유예 처리지침」(대검예규 2016. 11. 24.) 제4조의3이다.

각 결정 전 조사에서 공통적으로 조사하는 주요 내용에는 당해 범죄에 관한 사항, 범죄경력, 가족 사항 및 생활환경, 성장과정, 학업사항 및 대인관계, 심신상태, 당해 범죄에 대한 태도, 재범위험성 등 피의자의 품행이나 경력, 생활환경 등에 관한 사항이 있다. 그에 더해 각 조사의 특징적인 중요 내용으로는 소년 사건의 경우, 보호자의 관심 및 보호능력, 또래관계 등이며, 아동학대사건의 경우 아동학대의 전반적인 원인 및 실태, 아동학대 범죄력, 양육능력, 현재 피해자와의 관계, 피해자의 상태 및 감정 등이며, 정신건강 상담 · 치료조건부 기소유예 대상 사건 결정 전 조사의 경우 피의자의 정신과적 병력 및 증상, 치료의 필요성 및 가능성, 치료 방법 등이다.

2) 청구 전 조사

청구 전 조사는 위치추적 전자장치 부착명령 등 특정 명령의 청구 여부를 결정하기 위해 필요한 사항을 조사하는 것으로, 위치추적 전자장치 부착명령 청구 전 조사, 형 집행종료 후 보호관찰명령 청구 전 조사, 성도착증환자인 성폭력 사범에 대한 성충동 약물치료명령 청구를 위한 조사 등이 있다.

첫 번째, 위치추적 전자장치 부착명령 청구 전 조사는 「특정 범죄자에 대한 보호관찰 및 전자장치 부착 등에 관한 법률」 제6조 및 제21조의8에 근거하여 성폭력 · 미성년자 유괴 · 살인 · 강도 등 특정 범죄인에 대해 실시하거나 또는 「특정 성폭력범죄

---

[10] 2007년 12월 21일 개정된 「소년법」은 소년 피의사건에 대하여 검사가 소년부 송치, 공소제기, 기소유예 등의 처분을 결정하기 위하여 필요할 경우 피의자의 주거지 또는 검찰청 소재지를 관할하는 보호관찰소의 장, 소년분류심사원장 또는 소년원장에게 피의자의 품행, 경력, 생활환경이나 그 밖에 필요한 사항에 관한 조사를 요구할 수 있도록 규정하였다. 이는 검사선의주의에 따라 검사가 소년에 대한 피의사건을 수사한 결과 보호처분에 해당하는 사유가 있다고 인정한 경우 사건을 관할 소년부로 송치하거나 공소제기 등을 하여야 하나 소년사건을 적정하게 처리하기 위한 소년의 품행 및 환경의 조사가 미흡하다는 지적이 있어 이러한 문제점을 개선하기 위해 도입되었다.

[11] 2014년 1월 28일 제정되고 같은 해 9월 29일 시행된 「아동학대 범죄의 처벌 등에 관한 특례법」은 제25조에서 아동학대범죄에 대하여 아동보호사건 송치, 공소제기 또는 기소유예 등의 처분을 결정하기 위하여 필요하다고 인정하면 아동학대행위자의 주거지 또는 검찰청 소재지를 관할하는 보호관찰소의 장에게 아동학대행위자의 경력, 생활환경, 양육능력이나 그 밖에 필요한 사항에 관한 조사를 요구할 수 있다고 규정하였다.

자에 대한 위치추적 전자장치 부착에 관한 법률」(제9112호) 부칙 제2조에 따라 형 집행이 종료된 성폭력사범에 대해 근거한다.[12] 주요 조사 내용에는 전자장치 부착 여부를 결정하는데 필요한 사항으로서 범죄 동기, 피해자 관련 사항(피해자와의 관계, 피해자 감정, 피해회복 여부), 범죄경력, 가족 및 성장과정, 생활환경, 신체 및 건강상태, 인지능력, 정서 및 정신상태, 성적 특성(성적 발달력, 성도착증 여부 등), 대인관계, 향후 생활계획, 재범 위험성 등이 포함된다. 또한, 조사자는 위치추적 전자장치 부착명령의 필요성과 함께 야간 등 특정 시간대의 외출제한, 출입금지 지역, 주거지역 제한 및 특정범죄 치료프로그램 이수 등 준수사항 부과의 필요성 등을 제시한다.

두 번째, 형 집행 종료 후 보호관찰명령 청구 전 조사는 2013년 6월 「특정 범죄자에 대한 위치추적 전자장치 부착에 관한 법률」이 「특정 범죄자에 대한 보호관찰 및 전자장치 부착 등에 관한 법률」로 개정, 시행됨에 따라 성폭력·미성년자 유괴·살인·강도 사범 등에 대해 형 집행 종료 후 보호관찰 제도가 도입되면서 시행되었다.[13] 주요 조사 내용은 위치추적 전자장치 부착명령 청구 전 조사와 동일하며, 조사자가 야간 등 특정 시간대의 외출제한, 출입금지 지역, 주거지역 제한 및 특정범죄 치료프로그램 이수 등과 같은 준수사항을 권고할 수 있는 점도 같다.

세 번째, 성충동 약물치료명령 청구 전 조사는 「성폭력범죄자의 성충동 약물치료에 관한 법률」 제5조에 근거한다.[14] 성충동 약물치료명령 청구를 위해 조사가 필

---

12 「특정 성폭력 범죄자에 대한 위치추적 전자장치 부착에 관한 법률」(법률 제8394호, 2008. 9. 1. 시행)의 시행 당시, 그 대상이 성폭력사범으로 국한되었으나, 2009년과 2010년 「특정 범죄자에 대한 위치추적 전자장치 부착에 관한 법률」로 일부 개정되면서 미성년자 대상 유괴범으로 확대되었고, 2014년 6월부터는 강도 범죄까지 포함되었다. 한편 2009년 「특정 성폭력 범죄자에 대한 위치추적 전자장치 부착에 관한 법률」(법률 제9112호)부칙 제2조에 따라 출소자·출소예정자·출소 임박자에게 2008년 9월 1일 이전의 성폭력 사건에 대해 소급 적용되는 소급청구 전 조사가 시행되어 그 위헌 여부가 논란이 되었으나 2015년 헌법재판소의 합헌 결정에 따라 현재까지 시행되고 있다.

13 형 집행 종료 후 보호관찰명령 청구 전 조사는 위치추적 전자장치를 부착할 만큼 재범위험성이 높지 않은 사람을 대상으로 징역형 종료 이후 보호관찰관의 지도·감독이 필요한 지 여부를 조사하는 것으로, 위치추적 전자장치 부착명령 청구 전 조사의 근거 규정을 준용하고 있다.

14 「성폭력범죄자의 성충동 약물치료에 관한 법률」은 16세 미만의 사람에 대하여 성폭력범죄를 저지른 성도착증 환자로서 성폭력범죄를 다시 범할 위험성이 있다고 인정되는 사람에게 성충동 약물치료를 실시하여 성폭력범죄의 재범을 방지하고 사회복귀를 촉진하는 것을 목적으로 2010년 7월 23일 제정되어 2011년 7월 24일 시행되었다. 이후 성폭력 범죄의 흉포화 등으로 2012년 12월 일부 개정(2013년 3월 19일 시행)하여 성충동 약물치료 대상자가 피해자 연령과 상관없이 성폭력범죄를 저지른 성도착증 환자로 확대되면서 조사 대상도 확대되었다.

요한 내용은 기본적으로 위치추적 전자장치 부착명령 청구 전 조사와 동일하며, 그 외에 성도착증 여부, 성충동 약물치료명령의 필요성 등에 대한 내용이 추가된다.

(2) 공판 단계의 조사

공판 단계의 조사는 법원의 요구에 의해 실시하며, 형사사건 피고인의 판결을 위한 양형자료로서의 판결 전 조사와 소년보호사건 · 가정보호사건 · 아동학대보호사건 · 성매매보호사건 등 각종 보호사건에 대한 결정 전 조사가 있다.

1) 판결 전 조사

판결 전 조사Pre-sentence report는 형사소송절차에서 유죄가 인정된 피고인에 대하여 판결을 선고하기 전에 피고인의 소질과 환경에 관한 상황을 과학적으로 조사하여 양형의 기초자료로 이용하는 것으로, 조사 대상과 목적에 따라 일반 형사사건에 대한 판결 전 조사, 위치추적 전자장치 부착명령 판결 전 조사, 치료명령 판결 전 조사 등으로 구분할 수 있다.

일반 형사사건에 대한 판결 전 조사는 형사소송절차에서 유죄가 인정된 피고인에 대하여 판결을 선고하기 전에 피고인의 소질과 환경에 관한 상황을 과학적으로 조사하는 것으로, 「보호관찰 등에 관한 법률」제19조에 근거한다. 특히 성폭력 사범의 경우, 「성폭력범죄의 처벌 등에 관한 특례법」제17조와 「아동 · 청소년의 성보호에 관한 법률」제22조에서도 판결 전 조사를 실시할 수 있도록 근거규정이 마련되어 있다. 주요 조사 내용에는 범행동기, 피해자 관련 사항(피해자와의 관계, 피해자 감정, 피해회복 여부), 범죄경력, 가족 및 성장과정, 생활환경, 신체 및 건강상태, 인지능력, 정서 및 정신상태, 대인관계, 향후 생활계획, 재범 위험성 등이 있으며, 그 외 각 피조사자에 따라 필요한 사항이 있을 경우 추가로 조사할 수 있다.

위치추적 전자장치 부착명령을 위한 판결 전 조사는, 특정 범죄(성폭력, 미성년자 대상 유괴, 살인, 강도)를 범한 사람에 대해 형의 집행을 유예하면서 보호관찰을 받을 것을 명할 때 범죄의 동기, 피해자와의 관계, 심리상태, 재범의 위험성 등 필요한 사항을 조사하는 것이다. 「특정 범죄자에 대한 보호관찰 및 전자장치 부착 등에 관한 법률」제28조에 근거하며, 주요 조사 내용은 위치추적 전자장치 부착명령 청구 전 조사와 동일하다.

치료명령 판결 전 조사는, 정신장애 또는 주취 문제로 범죄를 저지른 치료명령 대상자[15]에게 형의 선고유예 또는 집행유예를 선고하며 일정 기간의 치료를 명하기 위해 필요한 사항을 조사하는 것으로, 「치료감호 등에 관한 법률」 제44조의3에 근거한다. 치료명령 판결 전 조사의 내용은 일반 형사사건 판결 전 조사의 내용을 비롯하여 치료명령 부과를 위한 기본 자료인 현재의 정신과적 증상, 병력病歷, 치료력, 치료비용 부담능력 등이 있다.

2) 결정 전 조사

법원 결정 전 조사는 소년보호사건, 성매매보호사건, 가정보호사건, 아동보호사건에 대해 실시한다. 첫 번째, 소년보호사건 결정 전 조사는 보호소년의 경력, 성장과정, 가정상황, 성격, 품행(또는 범죄의 동기, 원인 및 실태) 등을 조사하는 것으로, 「소년법」 제12조와 「보호관찰 등에 관한 법률」 제19조의2에 근거한다. 소년사건에 대한 검사 결정 전 조사와 비교할 때 시행 목적은 상이하지만, 소년을 대상으로 한 조사라는 측면에서 조사내용은 거의 유사하다.

두 번째, 가정보호사건(또는 피해자보호명령사건) 결정 전 조사는 「가정폭력범죄의 처벌 등에 관한 특례법」 제21조와 제55조의7에 근거한다. 가정보호사건 행위자에 대한 조사로, 조사내용에는 행위자의 경력, 성장과정, 가정상황 등 일반적인 결정 전 조사의 내용을 비롯하여 가정폭력사건의 특성을 확인하기 위해 가정폭력의 전반적인 원인 및 동기, 가정폭력의 실태, 가정폭력범죄 발생 이후의 정황, 부부관계의 회복 가능성 등의 내용이 추가된다.

세 번째, 아동보호사건(또는 피해아동보호명령)에 대한 결정 전 조사는 행위자, 피해아동 및 가정구성원에 대한 심문이나 그들의 정신·심리상태, 아동학대범죄의 동기·원인 및 실태 등에 관하여 조사하는 것으로, 「아동학대 범죄의 처벌 등에 관한 특례법」 제44조와 제56조에 근거한다. 조사 내용에는 아동학대사건에 대한 검사 결정 전 조사와 거의 유사하여, 행위자의 경력, 성장과정, 가정상황, 성격 등

---

15 「치료감호 등에 관한 법률」 제2조의3에 따르면, 치료명령 대상자는 다음 각 호의 어느 하나에 해당하는 자로서 통원치료를 받을 필요가 있고 재범의 위험성이 있는 사람이다. 1. 형법 제10조 제2항에 따라 형이 감경되는 심신 장애인으로 금고 이상의 형에 해당하는 죄를 지은 자, 2. 알코올을 식음하는 습벽이 있거나 중독된 자로 금고 이상의 형에 해당하는 죄를 지은 자, 3. 마약·향정신성의약품·대마, 그밖에 대통령령으로 정하는 남용되거나 해독을 끼칠 우려가 있는 물질을 식음·섭취·흡입·흡연 또는 주입받는 습벽이 있거나 중독된 자로서 금고 이상의 형에 해당하는 죄를 지은 자.

일반적인 조사내용을 비롯하여 아동학대범죄의 특성을 반영한 항목인 아동학대의 전반적인 원인 및 실태, 아동학대 범죄력, 양육능력, 현재 피해자와의 관계, 피해자의 상태 및 감정, 본 아동학대 사건 이후의 상황 등이 추가된다.

네 번째, 성매매보호사건 결정 전 조사는「성매매알선 등 행위의 처벌에 관한 법률」제17조에 근거하며, 조사 내용에는 행위자의 경력, 성장과정, 가정상황, 성격 등 일반적인 보호관찰 조사의 내용을 비롯하여 성매매보호사건 고유의 내용으로는 성매매의 동기, 성매매의 경험 및 실태 등이 추가된다.

(3) 집행 단계의 조사

형 집행 단계의 조사는 교정 또는 가석방을 위한 경우와 형 집행 상황 자체를 확인하기 위한 경우로 구분되며, 주로 수용시설의 장 또는 법원의 요구에 의해 실시된다.

수용시설의 장의 요구에 의한 조사에는 소년 수용자에 대한 환경조사와 성인 수형자의 가석방 적격성 심사를 위한 보호관찰 사안조사가 있고, 법원의 요구에 의한 조사에는 가정폭력(아동학대)행위자의 피해자(피해아동)보호명령 이행실태를 확인하는 이행실태조사와 성충동 약물치료명령 대상자의 약물치료 집행을 면제하기 위한 약물치료 집행면제 결정 전 조사가 있다.

1) 환경조사

환경조사는「보호관찰 등에 관한 법률」제26조에 따라 소년 수형자 또는 소년법상의 소년원 수용처분을 받은 소년을 대상으로 실시된다. 조사의 의뢰기관은 해당 소년이 수용된 수용기관 · 병원 · 요양소 ·「보호소년 등의 처우에 관한 법률」에 따른 소년의료보호시설의 장 등이다. 환경조사는 수용자의 교정처우 자료, 가석방 · 가퇴원 심사자료 등으로 활용되며, 주요 조사 내용에는 범죄 동기, 수용 전의 직업, 생활환경, 교우관계, 가족상황, 피해회복 여부, 출소 후 생계 대책 등이 있다.

2) 보호관찰 사안조사

보호관찰 사안조사는「보호관찰 등에 관한 법률」제28조에 의거, 징역 또는 금고 이상의 형을 선고받은 성인수형자 중 가석방심사위원회에 가석방 적격심사가 신청된 사람을 대상으로 하며, 가석방 적부결정 및 보호관찰 필요여부를 결정하기 위한 심사 자료로 활용된다.

주요 조사 내용은 환경조사와 동일하게 범죄원인, 수용 전의 직업, 생활환경, 대인관계, 가족상황, 피해회복여부, 생계대책 등이 있으며, 그 외에 석방 후의 재범 위험성 및 사회생활 적응 가능성 등이 포함된다. 보호관찰 사안조사는 보호관찰 심사위원회[16]가 직접 실시하거나, 교도소·구치소·소년교도소의 소재지 또는 해당 성인수형자의 거주 예정지를 관할하는 보호관찰소의 장에게 의뢰할 수 있다.

3) 이행실태조사

이행실태조사는 법원의 요구에 따라 가정폭력 피해자에 대한 피해자보호명령 (또는 임시보호명령) 및 아동학대 피해자에 대한 피해아동보호명령(또는 임시보호명령)을 받은 행위자의 이행실태를 조사하는 것이다.[17] 근거 조항은 「가정폭력 범죄의 처벌 등에 관한 특례법」 제55조의5, 「아동학대 범죄의 처벌 등에 관한 특례법」 제53조이며, 2014년 관련법의 개정으로 도입, 실시되고 있다. 주요 조사 내용에는 피해자보호명령(또는 임시보호명령)의 청구 사유, 가정폭력(아동학대)의 실태, 본 처분의 이행실태, 가족사항, 범죄 및 수사경력, 주거 및 직업 사항 등이 있다.

4) 성충동 약물치료명령 집행의 면제 결정 전 조사

징역형과 함께 성충동 약물치료명령을 선고받은 사람은 형 집행 종료 전에 약물치료명령의 집행 면제를 신청할 수 있고, 법원은 해당 신청자의 치료명령 집행 면제 여부를 결정하기 위해 결정 전 조사를 요구할 수 있다.

약물치료명령 집행면제를 위한 결정 전 조사는 2017년 12월 19일 개정되어 2018년 1월 1일부터 시행된 「성폭력범죄자의 성충동 약물치료에 관한 법률」 제8조

---

16 「보호관찰 등에 관한 법률」에 따르면 보호관찰기관에는 보호관찰소와 보호관찰 심사위원회가 있다. 이 중 보호관찰 심사위원회는 보호관찰에 관한 사항을 심사·결정하기 위해 법무부장관 소속으로 설치된 기관으로, 구체적인 관장 업무에는 가석방과 그 취소에 관한 사항, 소년원 보호소년의 임시퇴원·임시퇴원 취소·퇴원에 관한 사항, 보호관찰의 임시해제와 그 취소에 관한 사항, 보호관찰의 정지와 그 취소에 관한 사항, 가석방 중인 사람의 부정기형의 종료에 관한 사항, 기타 심사위원회의 관장 사무로 규정된 사항 등이다.

17 이행실태조사의 경우, 법원은 보호관찰관 외에도 가정보호사건조사관, 법원공무원, 사법경찰관리 등에게도 의뢰할 수 있다.

2 제5항에 근거하며, 보호관찰관은 치료명령을 받은 성폭력 수형자의 교정성적, 심리상태, 재범 위험성 등 필요한 사항을 조사하여 변화와 개선 정도를 확인함으로써 성충동 약물치료명령 집행 면제 결정에 필요한 정보를 제공한다.

[표 6-2] 보호관찰 조사 유형별 대상, 법적 근거 및 목적

구분	종류		조사대상	목적	적용법조
수사 및 기소 단계 (검찰)	결정전 아동학대 행위자 정신질환자		소년	기소 여부 등 「아동학대범죄의 처벌 등에 관한 특례법」 제25조	「소년법」 제49조의2
			정신질환 여부와 상담·치료 필요성 판단	「정신건강 상담치료조건부 기소유예처리지침」	
	청구 전	부착 명령	성폭력, 미성년자 유괴, 살인, 강도	형기종료 후 전자장치 부착 필요성 판단	「특정 범죄자에 대한 보호관찰 및 전자장치 부착 등에 관한 법률」 제6조, 제21조의8, 같은 법 제 28조
		보호관찰 명령		형 집행종료 후 보호관찰 필요성 판단	
		소급 부착	성폭력	재범위험성 등 전자장치 부착 필요성 판단	「특정 성폭력범죄자에 대한 위치추적 전자장치부착에 관한 법률(제9112호)」 부칙 제2조
		약물치료 명령	성폭력 (성도착자)	성도착 여부, 재범 위험성 등 성충동 약물치료 필요성 판단	「성폭력범죄자의 성충동 약물치료에 관한 법률」 제5조
공판 단계 (법원)	판결 전	일반	성인, 소년	양형인자 등 조사	「보호관찰 등에 관한 법률」 제19조 「성폭력범죄의처벌등에관한특례법」 제17조 「아동·청소년의성보호에관한법률」 제22조
		부착 명령	성폭력, 살인, 강도, 미성년자 유괴	집행유예 시 전자장치 부착 필요성 판단	「특정 범죄자에 대한 보호관찰 및 전자장치부착 등에 관한 법률」 제28조
	판결 전	치료 명령	주취, 약물 및 정신장애범죄	정신질환, 재범 위험성, 치료 필요성 판단	「치료감호 등에 관한 법률」 제44조의3
	결정 전 성매매사건 가정보호사건 (피해자보호명령) 아동보호사건 (피해아동보호명령)		소년사건	보호처분(또는 보호명령) 결정 자료 「성매매알선 등 행위의 처벌에 관한 법률」 제17조 「가정폭력 범죄의 처벌 등에 관한 법률」 제21조, 제55조의7 「아동학대범죄의 처벌 등에 관한 특례법」 제44조, 제56조	「소년법」 제12조, 「보호관찰 등에 관한 법률」 제19조의2. '08. 12. 26.

구분	종류	조사대상	목적	적용법조
집행 단계	환경조사 (소년원등)	소년원 등에 수 용된 자	교정교육자료 활용	「보호관찰 등에 관한 법률」 제26조
	보호관찰 사안조사	교도소 등에 수용된 자	석방 후 적응가능성 등 가석방 심사	「보호관찰 등에 관한 법률」 제28조
	이행실태조사	가정폭력 또는 아동학대행위 자	보호명령의 이행실태 파악	「아동학대 범죄의 처벌 등 에 관한 특례법」 제53조 「가정폭력 범죄의 처벌 등 에 관한 특례법」 제55조의 5
	치료명령 집행 면제 결정 전 조사	징역형과 함께 치료명령을 받 은 자	성충동 약물치료 명령집행 면제	「성폭력범죄자의 성충동 약물치료에 관한 법률」 제 8조의2

5. 보호관찰 조사의 내용 및 현황

(1) 조사의 내용과 절차

1) 조사의 내용

「보호관찰 등에 관한 법률」 제19조는 판결 전 조사에서 조사할 내용으로 '범행 동기, 직업, 생활환경, 교우관계, 가족상황, 피해회복 여부 등 피고인에 대한 사항'으로 규정하고 있는데, 이는 각종 보호관찰 조사 제도의 표준이자 공통적인 조사 항목이 되고 있다.

현재, 각종 조사제도의 일반적인 조사 항목은 당해 범죄 관련 사항(범죄사실 인정 여부, 본 범죄의 정황 및 범죄 동기), 피해자 관련 사항(피해 내용, 피해자 감정, 피해회복 여부), 범죄경력, 가족사항, 성장과정, 생활환경, 정신 및 신체 상태, 학력사항, 대인관계, 보호자의 관심 및 보호능력(가족의 지지), 진술태도, 향후 생활 계획, 재범위험성, 조사자 의견 등이다.

앞서 설명하였듯이, 각 조사제도는 이상의 조사 항목을 기초로 하며, 각각의 목적과 조사 대상범죄의 특성, 그리고 조사 대상자의 개별적 특성에 따라 고유한 조사 내용을 추가하고 있다.[18]

---

18 법무부는 보호관찰 조사제도의 종류에 따라 그 서식과 조사 항목을 표준화하여 조사업무를 시행하고 있다.

2) 조사 방법 및 절차

조사는 일차적으로 피조사자의 진술자료를 기초로 하며, 가족을 비롯하여 친구·직장동료 등 관계인 진술정보, 범죄경력·주민등록자료 등 공식적 기록자료, 병원 진단서 및 장애진단서 등 추가적으로 필요한 기록자료의 확보를 통해 이루어진다.

조사업무는 법원이나 검사 등 조사 의뢰자로부터 조사요청서를 접수하면서 시작되고, 해당 요청 기관에 조사결과를 송부하면서 마무리된다. 조사의 절차는 크게 4단계로 구성되는데, 1단계는 접수 및 준비과정, 2단계는 자료수집과정으로 조사에 필요한 참고자료 수집 및 조회, 3단계는 피조사자 및 관계인 등과의 직접 면접조사를 실시한 후 조사서 작성, 그리고 마지막 4단계는 조사결과를 통지하는 단계이다.

(2) 조사제도의 현황

보호관찰 조사제도는 도입 초기 소년형사범에 대한 판결 전 조사와 환경조사에 국한되었으나, 이후 각종 보호사건에 대한 결정 전 조사, 검사 결정 전 조사, 위치추적 전자장치 부착 청구 전 조사, 성인 판결 전 조사 등이 차례로 도입되면서 그 활용건수가 꾸준히 또는 급격히 증가하여 왔다. 제도 도입 첫해 연간 2,000여 건 수준이던 조사 건수는 2018년 26,528건에 달하고 있다.

[표 6-3] 주요 조사 유형의 연도별 접수 현황

(단위: 건)

연도	계	판결 전 조사	법원 결정 전 조사	환경조사	검사 결정 전 조사	위치추적 청구 전 조사
1989	2,067	2	–	2,065	–	–
1990	4,467	3	–	4,464	–	–
1991	4,724	1	–	4,723	–	–
1992	4,227	16	–	4,211	–	–
1993	4,431	1	–	4,430	–	–
1994	4,977	139	–	4,838	–	–
1995	5,550	371	–	5,179	–	–
1996	7,395	2,103	–	5,292	–	–
1997	9,878	3,388	–	6,490	–	–
1998	9,989	2,322	–	7,667	–	–
1999	9,433	3,173	–	6,260	–	–

연도	계	판결 전 조사	법원 결정 전 조사	환경조사	검사 결정 전 조사	위치추적 청구 전 조사
2000	9,183	3,654	–	5,529	–	–
2001	9,124	3,903	–	5,221	–	–
2002	8,495	3,667	–	4,828	–	–
2003	8,650	4,040	–	4,610	–	–
2004	7,861	4,107	553	3,201	–	–
2005	6,979	4,167	797	2,015	–	–
2006	6,048	3,071	1,128	1,849	–	–
2007	8,678	3,631	3,186	1,861	–	–
2008	10,953	4,273	3,311	1,862	1,415	92
2009	13,814	3,597	4,234	2,009	3,670	304
2010	17,885	1,598	6,398	1,738	4,524	3,627
2011	18,960	1,526	9,242	1,581	3,906	2,705
2012	24,416	2,385	12,719	1,715	5,547	2,050
2013	23,829	2,159	12,141	1,701	5,084	2,744
2014	24,808	2,257	12,399	1,594	5,855	2,703
2015	27,681	2,166	17,678	1,561	3,805	2,471
2016	27,464	1,901	16,931	1,555	4,379	2,698
2017	26,024	2,003	16,606	1,920	3,626	1,869
2018	**26,528**	**2,053**	**19,662**	**1,496**	**1,678**	**1,639**

출처: 법무부 범죄예방정책국 보호관찰조사 통계자료

[그림 6-2] 주요 조사 유형별 접수 추이

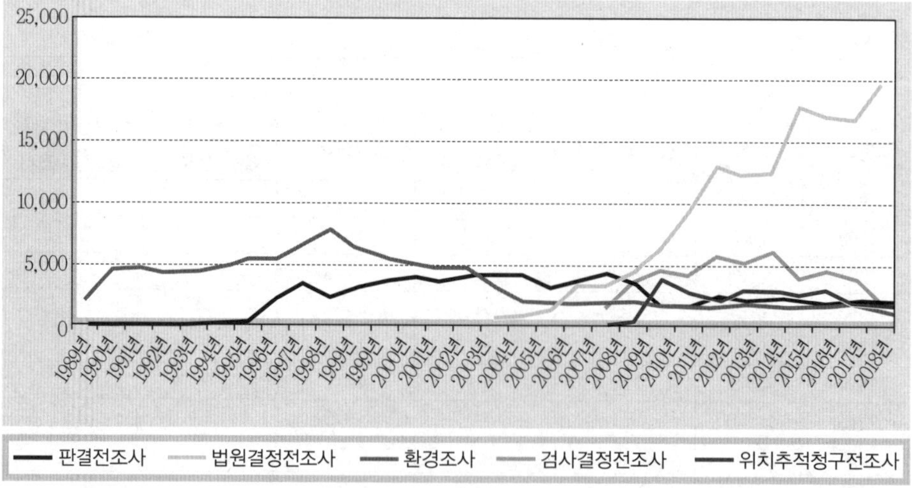

그림 출처: 법무부, 「한국보호관찰 30년사」, 2019, p.344.

1. 재범위험성 평가의 의의 및 발전단계

(1) 재범위험성 평가의 의의

범죄인의 위험성은 어떻게 결정되는가? 범죄인에 대한 위험성 평가는 사회 안전에 영향을 미치며 범죄인이 지역사회에서 관리감독 받은 방식에 영향을 미치므로 이는 매우 중요한 질문이라 할 수 있다.

재범위험성 평가risk assessment는 한 개인의 범죄 행동 반복 가능성을 예측하는 것으로서, 재범 가능성의 통계적 예측 요인들을 추출해 내는 것이다. 이러한 재범위험성 평가의 목적은 범죄자를 그 위험 수준에 따라 유형화하고 개별화된 처우와 관리를 가능케 해주어 해당 범죄자의 재범 위험성을 감소시키는 데 있다.

과거 효과적인 범죄자 교정에 대한 연구는 세 가지 원칙의 중요성을 강조해왔다(Labreque, Smith, Lovins, & Latessa, 2014). 그것은 위험성risk, 욕구need, 반응성 responsivity의 원칙(즉, RNR principle)이다. 위험성 원칙risk principle은 타당한 위험평가 도구가 사용되면 범죄행동은 예측이 가능하다는 것을 말한다. 위험평가 도구에 의해 재범위험 수준이 결정되면 위험 수준에 맞게 처우 강도를 맞추어주어야 한다. 즉, 저위험 범죄자보다 고위험 범죄자에게 더 많은 교정 자원을 투입해야 한다. 욕구 원칙need principle은 교정/보호관찰관은 범죄를 유발할 수 있는 역동적 위험요인에 개입의 초점을 맞추어야 한다는 것이다. 즉, 관리감독이나 프로그램 등 교정처우 개입에 의해 변화가 가능한 위험요인들(예: 반사회적 성격, 반사회적 인지, 반사회적 동료 등)을 표적으로 삼아야만 재범을 감소시킬 수 있다. 반응성 원칙responsivity principle은 교정처우 프로그램은 범죄자의 학습능력, 동기, 강점 등을 고려하여 가장 잘 수용될 수 있는 방식으로 제공되어야 한다는 것이다.

위험성-욕구-반응성 원칙을 경험적으로 지지하는 다수의 연구들이 존재한다. 예를 들어, 고위험 범죄자에 초점을 맞춘 프로그램은 재범률을 감소시키지만, 저위험 범죄자에 초점을 맞춘 프로그램은 재범률을 오히려 증가시킨다(Lowenkamp, Latessa, & Holsinger, 2006). 범죄유발 위험요인(예: 반사회적 성격, 반서회적 인지 등)을 표적으로 한 프로그램은 재범율을 감소시키지만, 범죄유발과 거리가 먼 영역(예: 자기-존중감, 불안 수준 등)에 대한 프로그램은 재범 억제 효과가 미미한 것으로 나타났다(Andrews & Bonta, 2010). 다른 형태의 치료 프로그램에 비해 인지행동기법이 재범 감소에 효과가 있는 것으로 나타났다. 위험성-요구-반응성 원칙에 따라서 운영된 교정처우 프로그램들은 재범율에서 평균 26%의 감소를 보였다(Andrews & Bonta, 2010). 즉, 범죄자의 재범율을 낮추는 것은 기본적으로 정확한 재범위험성 수준 평가에서부터 출발한다.

위험성 예측 요인에는 개인의 성향 이외에 범죄 경력, 사회·인구학적 특징, 정신장애 등 재범과 관련되었다고 알려진 다양한 요소들이 포함된다. 정적 위험요인static risk factors은 개인의 과거 이력들을 토대로 하여 변하지 않는 요인들로 구성된다. 정적 위험 요인의 통계적 설명력은 역동적 위험요인보다 높지만 개선에 대한 시사점은 없다. 역동적 위험요인dynamic risk factors은 교정이나 개인의 노력, 치료 프로그램 등을 통하여 변화시킬 수 있는 위험요인을 말하며, 범죄자의 개선 여부에 대한 시사점을 줄 수 있다.

(2) 재범위험성 평가도구의 내용

교정관련 문헌 고찰과 메타분석의 연구결과는 "효과적 개입의 원칙"을 다음과 같이 요약한다.

1) 위험성Risk

개입의 목표가 되는 대상자WHO을 의미하는데, 고위험 범죄자는 더 많은 범죄유발 요인을 보이므로 위험성 평가를 위해 타당하고 신뢰로운 도구를 사용하여 고위험 범죄자에게 더 많은 처우가 돌아가도록 해야 한다. 위험성 원칙의 준수는 자원의 효율적 배분의 문제뿐만 아니라, 관리의 효과성 측면에서도 중요하다. 다수의 연구가 저위험 범죄자를 집중 프로그램과 감독에 배치한 결과 효과성이 없었다고 보고하였다.

2) 욕구Need

개입의 목표가 되는 대상WHAT이 무엇인지에 관한 원칙이다. 욕구원칙은 범죄인의 범죄유발 욕구, 즉 범죄행동과 상관이 있는 요인이 무엇인가에 집중하였다. Andrews와 Bonta(1996)는 반사회적/범죄친화적 태도, 범죄친화적 교유관계, 범죄행동을 유발하는 기질적 · 성격적 요인, 반사회적 행동이력, 가족요인, 낮은 수준의 교육적 · 직업적 · 경제적 달성, 낮은 수준의 친사회적 레저활동 참여, 알코올이나 약물 남용 등 8가지 요인을 범죄행동과 관련된 주요 위험요인major risk factors이라고 하였다. 그리고 이중 범죄인의 태도 · 가치 · 믿음, 불량 교우관계, 성격, 과거력 등 네가지 요인을 반사회적/범죄친화적 태도 등 네가지 요인을 Andrews와 Bonta(2010)는 빅포Big Four라고 명명하였다.

범죄우발 위험요인은 프로그램과 개입의 주요 목표가 되어야 하는 반면, 창의력부족, 신체상태, 의료적 상태, 불안, 낮은 자존감 같은 비범죄유발적 위험요인noncriminogenic risk factor은 범죄행동과 상관이 높지 않으므로 프로그램 목표로 설정되지 말아야 한다(Edward J. Latessa and Paula Smith, 2013).

3) 반응성Responsivity

문제행동(반사회적 행동과 범죄 행동을 포함)을 어떻게 다룰 것인지에 대한 원칙으로서 이는 두 개의 하위요인으로 나뉜다. 하나는 사회학습이론, 인지이론, 행동이론 등에 기초한 개입들이 가장 효과적인 개입방법이라는 것으로 이는 일반 반응성이다. 그리고 특정 반응성은 개입 대상자의 개인적 능력과 학습 스타일을 고려하여, 특정 담당자가 특정 범죄자를 지도할 때 더욱 효과적일 수 있음을 인식하는 원칙을 말한다.

4) 전문가 재량Professional discretion

전문가 재량은 대상자의 위험성, 욕구, 반응성 요인을 고려하여 평가를 실시한 전문가는 범죄자의 재범위험성을 최종적으로 결정함에 있어서 자신의 전문적 판단을 포함해야 한다는 원칙이다.

(3) 재범위험성 평가도구의 발전 단계

형사사법에서 활용되는 위험성 평가도구는 각각의 발전 단계에 따라 1세대 평가도구로부터 4세대 평가도구까지 구분할 수 있다. 위험성 평가도구는 순수한 임상적 판단을 하였던 1세대부터 시작하여 정적 예측요인, 동적예측 요인을 지나 지금은 빅데이터를 활용하는 단계인 제4세대라고 분류하고 있다.

1) 제1세대 위험성 평가

제1세대 위험성 평가는 정신의학적 평가법이라고도 하는데, 임상전문가의 주관적, 직관적 판단에 근거하여 재범가능성을 평가하는 전통적 방식으로 통계적, 과학적 사실에 근거하지 않아 타당성과 신뢰성에 문제가 있다. 1세대 위험성 평가도구는 범죄인의 위험성을 결정함에 있어 '직관', 즉 순수한 임상적 판단에 의존했다. 1세대 평가는 범죄인에 대한 면담과 파일 검토를 통해 자료를 수집하고, 일반적인 평가와 재범예측은 "나의 전문적인 의견에 의하면…"의 형식으로 이루어졌다. 정신건강 전문가들의 보수적 위험성 판단으로 실제 위험성이 낮은 사람을 높다고 예측하는 오류를 범해 인권침해의 소지가 많다는 지적이 있다.

2) 제2세대 위험성 평가

제2세대 위험성 평가는 정적 요인 중심의 계리적 접근이라고 하는데, 객관적, 실증적 방법을 통해 재범예측요인으로 입증된 항목들을 수리적으로 채점하여 총량으로 계량화하여 평가하는 방법이다. 범죄자의 범죄전력, 최초 입건연령, 본건 범죄관련 요인 등 시간이 지나도 변화지 않는 정적static 요인을 평가함으로 객관성과 타당성 확보가 가능하다.

2세대 분류 및 평가도구는 Bruce와 그의 동료(1928)들에 의해 처음으로 시도되었다. 일리노이주 가석방위원회는 가석방의 결정에 보다 객관적인 판단을 위하여 Bruce와 그의 동료들에게 객관적으로 표준화된 도구의 개발을 의뢰하였다. Bruce 등은 약 6,000명의 수형자 기록을 검토한 결과를 토대로 'Burgess 척도'를 개발하였는데, 이는 정적 요인 중심의 통계 · 계리적 평가도구의 효시가 되었다.

경험적으로 자료에 대한 사전분석을 근거로 위험요인을 산출하기 때문에 일정한 훈련을 거치면 쉽게 적응이 가능하다는 장점이 있으나 피조사자의 현재 상황을 충분히 반영하지 못한다는 한계가 있다. 대표적인 평가도구로는 미국에서 많이 활용되고 있는 RRASOR(피해자 성별, 피해자와의 관계, 성범죄 전과, 석방 시 연령), Static-99(피해자 성별, 성범죄 전과 등 9개 문항) 등과 우리나라에서 개발하여 활용 중인 KSORAS, JDRAI-S 등이 있다.

3) 제3세대 위험성 평가

제3세대 위험성 평가는 동적 요인을 포함한 계리적 접근이라고 하는데, 범죄자들의 재범위험성을 평가하는 경우 정적 위험요인보다는 역동적 위험요인에 대한 보다 체계적인 진단이 처우의 적응측면에서 더 큰 도움이 된다고 한다.

3세대 위험성 평가는 위험성은 단순히 정적 예측 요인 이상의 의미가 있음을 반영하고 있다. 이는 위스콘신주 사례관리 분류시스템에서 가장 잘 나타나 있다. 1975년 위스콘신주에서 최초로 개발되어 시행되고 있는 '대상자 관리 · 분류 시스템CMC: Client Management Classification'은 범죄자에 대한 감독 수준을 확인하고 범죄자의 욕구와 이러한 욕구를 충족시킬 자원의 결정을 지원하기 위해 개발하고, 적절한 분류는 제한된 자원을 고위험 범죄자에게 집중할 수 있도록 돕는다.[19] Andrew와 Bonta(1995)에 의해 개발된 LSI-R이 3세대 도구 후반 버전의 좋은 예라고 할 수 있다.

3세대 방식에 약물의 사용여부나 고용상황, 반사회적 성향 등 시간의 흐름에 따라 변할 수 있거나 수정이 가능한 동적 변인을 정적 위험요인에 가미시켜 위험성을 평가한다. 그러나 동적 위험요인은 정적 위험요인에 비해 측정이 상대적으로 어렵고 평가자에 따라 평가결과가 달라질 수 있다는 문제점이 있다. 대표적인 평가도구로는 우리나라에서 많이 활용되고 있는 PCL-R, KPRAI, KSOPAS-T, KSOPAS-D 등이 있다.

4) 제4세대 위험성 평가

제4세대 위험성 평가는 빅데이터를 활용하고 머신러닝 기술을 접목하여 위험성을 평가하는 최근 평가방식으로서 기본적으로 3세대 도구들과 상당정도 유사하다. 이 평가방식은 사례관리의 중요성과 처우관리계획 등을 강조한 것으로 대표적인 평가도구로는 캐나다에서 많이 활용되고 있는 LSI-R/CMI와 영국의 OASys 등이 있다.

---

[19] National Institute of Justice(1983)은 위스콘신 주에서 개발된 CMC를 모델 시스템으로 도입하여 전국적으로 시행하도록 홍보하고 권고하기 시작해 텍사스주 오스틴시를 포함한 여러 관할 지역에서 만족스러운 결과가 보고되었다. CMC 시스템은 보호관찰대상자에게 정기적으로 실시되는 위험성/욕구 평가를 기초로 하여, 대상자의 위험성/욕구를 상 · 중 · 하로 분류함으로써 지도감독의 수준을 결정하는데 활용된다. 즉, 3세대 위험성 평가는 동적 요인을 포함한 계리적 접근과 이를 보완하고, 구조화된 임상적 평가를 토대로 이루어졌다. 3세대 위험성평가 도구의 후반 버전은 위험성과 욕구 항목이 잘 통합되었고 사용하기도 쉬워졌다.

2. 우리나라 평가도구의 발전과정 및 현황

(1) 우리나라 재범위험성 평가도구의 도입 및 시행

　　보호관찰 조사 분야를 비롯하여 보호관찰 대상자의 분류 및 지도감독 등 보호관찰전 영역에서 대상자의 재범위험성에 대한 정확한 평가가 요구된다. 범죄예방 인력과 예산의 효율적인 사용을 위해서는 양형과 처우에 대한 정확한 정보, 범죄인의 과학적인 분류와 효과적인 처우계획의 수립 등이 중요하며, 그와 동시에 과학적이고 객관적인 재범위험성 평가를 위해 재범위험성 평가도구의 필요성도 커졌다.

　　국내에서 재범위험성 평가도구의 도입과 발전을 보호관찰 조사 측면과 보호관찰 지도감독 측면으로 구분하여 살펴보면 다음과 같다.

　　먼저, 보호관찰 조사 영역에서는 보호관찰 조사 제도가 시행되면서 MMPI, PAI 등의 심리척도를 이용하여 재범과 관련된 위험 요인인 반사회성 정도, 충동성 수준, 다양한 정신과적 증상 여부 등을 확인하였다. 이후 이러한 심리척도를 통한 재범위험요인의 확인은 계속 유지하면서 2008년 9월 특정 성폭력범죄자에 대한 위치추적 전자장치 부착에 관한 법률이 시행되면서부터 재범위험성 평가도구를 본격적으로 활용하게 되었다. 같은 법에서 동종 재범의 위험성이 높은 성폭력 범죄자에게 위치추적 전자장치 부착명령을 부착할 수 있도록 규정함에 따라 전자장치 부착명령 청구를 위한 조사 시 '한국 성범죄자 위험성평가도구'를 성폭력범죄자의 동종 재범위험성 평가에 사용한 것이다. 당시 한국판 타당화를 마쳤던 사이코패스 체크리스트[PCL-R]도 병행 사용하였다. 2011년 위치추적 전자장치 부착 대상 범죄의 확대에 따라 재범위험성 평가가 필요해짐에 따라 강력범죄에 대한 재범위험성 평가도구로 KORAS-G를 개발하여 활용하였고, 2017년에는 성폭력범죄의 동적 위험요인에 대한 평가를 위한 성범죄자 동적 위험성 평가도구도 개발하였다.

　　두 번째, 보호관찰 지도감독 과정에서의 재범위험성 평가도구 사용을 살펴보면, 2000년대 중반부터 보호관찰 대상자를 위험성에 따라 분류하는 평가도구의 개발이 시작되었다. 2005년 소년 보호관찰 대상자에 대한 재범위험요인 기초연구와 분류평가도구 개발 연구(김양곤·이수정·이민식, 2005)가 이루어졌다. 이후 2006년 성인 보호관찰 대상자 분류평가도구 개발과 2009년 소년 보호관찰대상자를 절도, 폭력, 교통사범 등으로 구분하여 사범에 특화된 위험성 평가도구가 각각 개발되었다(노일석, 2009; 노일석·정진경, 2009). 그러나 보호관찰 실무에서 실질적으로 적용된 것은 2010년 개발되어 2011년 1월부터 성인 보호관찰 대상자의 분류 및 지도감독에 전면 적용하기 시작한 '성인 보호관찰 대상자 재범위험성 평가도구^{KPRAI}'로부터 시작되었다(강호성, 2010). 이후 2012년부터 개발을 시작하여 2016년 개발 완료된 소년 재비행에 대한 정적 위험성 평가도구가 활용되었고, 비슷한 시기에 성인 보호관찰 대상자를 사범별 특성에 따라 지도감독하기 위해 성범죄와 약물사범에 특화된 재범위험 요인 평가도구, 소년 재비행에 대한 동적 위험성 평가도구가 개발, 활용되고 있다.

(2) 국내 재범위험성 평가도구의 현황

1) 개관

국내의 보호관찰 조사 및 보호관찰 대상자 지도감독에서 활용하는 재범위험성 평가도구를 평가 대상의 범죄 유형 또는 연령에 따라 구분하면 다음과 같다.

우선, 성폭력범죄자 대상 평가도구에는 '한국 성범죄자 위험성 평가척도 KSORAS: Korean Sex Offender Risk Assessment Scale', '한국 성범죄자 동적 재범위험성 평가도구KSORAS-D: Korean Sex Offender Risk Assessment Scale-Dynamic', '성폭력사범 재범위험 요인 평가도구KSORAS-T: Korean Sex Offender Risk Assessment Scale-Treatment'가 있다.

성인 강력범죄자 대상 평가도구로는 '성인 재범위험성 평가도구KORAS-G: Korean Offender Risk Assessment System-General'가 있다.

성인 보호관찰 대상자의 위험성 및 분류 평가도구로는 '성인 보호관찰 대상자 재범위험성 평가도구KPRAI: Korean Probationer Risk Assessment Inventory'와 '성인 보호관찰 대상자 재범위험성 평가도구-개정판KPRAI-R: Korean Probationer Risk Assessment Inventory-Revised'이 있다.

성인 약물사범 대상 평가도구로는 '약물사범 재범위험요인 평가도구KDORAS-T: Korean Drug Offender Risk Assessment Scale-Treatment'가 있다.

소년 대상 재비행 위험성 척도로는 '소년 대상자 정적 재비행 위험성 평가도구 JDRAI-S: Juvenile Delinquency Risk Assessment Inventory-Static'와 '소년 대상자 동적 재비행 위험성 평가도구JDRAI-D: Juvenile Delinquency Risk Assessment Inventory-Dynamic'가 있다.

마지막으로, 성인범죄자의 정신병질 평가에는 '정신병질자 선별도구PCL-R: Psychopathy Checklist-Revised'를 사용한다.

[표 6-4] 보호관찰분야에서 활용되는 재범위험성 평가도구

명 칭	개발 시기	적용 대상
한국 성범죄자 위험성 평가척도(KSORAS)	2008년	성인 성범죄자
한국 성범죄자 동적 위험성 평가도구(KSORAS-D)	2017년	
성폭력사범 재범위험요인 평가도구(KSORAS-T)	2016년.	
성인 재범위험성 평가도구(KORAS-G)	2011.년	성인 강력범죄자
성인 보호관찰대상자 재범위험성 평가도구(KPRAI)	2010년	성인 보호관찰 대상자
성인 보호관찰대상자 재범위험성 평가도구-개정판 (KPRAI-R)	2017년.	
약물사범 재범위험요인 평가도구(KDORAS-T)	2016년	성인 약물사범
소년 대상자 정적 재비행 위험성 평가도구(JDRAI-S)	2016년	소년 보호관찰 대상자
소년 대상자 동적 재비행 위험성 평가도구(JDRAI-D)	2017년	
사이코패시 체크리스트(PCL-R)	2008년	성인 성범죄 · 강력범죄

2) 성폭력범죄에 대한 재범위험성 평가

㉮ 한국 성범죄자 위험성 평가척도 KSORAS

KSORAS는 성범죄자의 동종 재범 위험성을 평가하기 위한 목적으로 2008년 법무부 연구용역을 통해 개발된 척도로, 만 18세 이상 남성 성폭력범죄자에게 사용한다. KSORAS는 일부 동적 위험요인이 포함되어 있지만 대부분 정적 위험요인으로, 총 15개 문항으로 구성되었다.

㉯ 한국 성범죄자 동적 위험성 평가척도 KSORAS-D

KSORAS-D는 정적 위험요인 위주로 구성된 KSORAS를 보완하기 위해 동적 위험 요인을 평가하기 위한 위험성 평가도구로 개발되었다. KSORAS-D는 18세 이상 성인 성폭력 범죄자의 재범 위험성, 특히 동적 재범위험성을 평가하기 위한 척도로, 심리학 박사, 보호관찰 실무가, 정신보건전문요원 등으로 구성한 법무부 TF팀에 의해 개발되었다. 국내외 성범죄자 재범위험성 평가도구 및 관련 문헌 등을 기초로 문항을 선정한 후 타당성 검증 과정을 거쳤다. KSORAS-D는 5개 요인, 총 19개 문항으로 구성되었다. 5개 요인에는 정적 위험요인인 범행 관련 요인과 함께 동적 위험요인인 성적 일탈성, 대인관계, 인지적 왜곡, 자기조절 등이 있다.

㉰ 성폭력사범 재범위험요인 평가도구(KSORAS-T)

KSORAS-T는 만 18세 이상의 성인 남성 성폭력 사범에 대해 보호관찰 지도감독 상황에서의 재범위험 요인을 평가하기 위해 2016년 법무부 연구용역을 통해 개발한 도구로, 정적 위험요인과 동적 위험요인을 모두 포함하고 있다. KSORAS-T는 6

개 요인, 총 49문항으로 구성되며, 6개 요인에는 정적 위험 요인, 변화 동기 요인, 재범유발 요인, 성의식 요인, 자기조절력 요인, 가족 및 대인관계 요인 등이 있다.

3) 성인 강력 범죄 재범위험성 평가

한국 범죄자 위험성 평가척도KORAS-G는 만 19세 이상의 강력 범죄자의 재범위험성을 평가하기 위한 목적으로 법무부 연구용역 형태로 개발되었고, KSORAS와 유사하게 일부 동적 위험 요인이 포함되어 있으나 대부분 정적 위험요인으로 구성되었으며, 평가 문항은 총 17개이다.

4) 성인 보호관찰 대상자 재범위험성 평가

㉮ 성인 보호관찰 대상자 위험성 평가도구KPRAI

성인 보호관찰대상자 위험성 평가도구KPRAI는 성인 보호관찰대상자의 위험성에 따른 분류 및 처우계획 수립을 위해 보호관찰 실무가, 정신보건전문요원 등으로 구성된 법무부 TF팀에 의해 개발되었다. 평가는 본 건 범죄사실, 범죄경력, 보호관찰 등 처분 전력 등 관련 기록을 검토하고, 해당 보호관찰 대상자를 비롯한 가족, 관계인 등과의 면담결과를 종합하여 이루어진다. KPRAI는 8개 요인, 총 42개 문항으로 구성된다.

㉯ 성인 보호관찰대상자 위험성 평가도구 개정판(KPRAI-R)

성인 보호관찰대상자 위험성 평가도구 개정판KPRAI-R은 성인 보호관찰대상자 위험성 평가도구KPRAI를 개정한 것으로,[20] 보호관찰 실무전문가, 정신보건전문요원 등으로 구성된 법무부 TF팀에 의해 개발되었다. KPRAI-R의 요인은 KPRAI와 동일하게 반사회적 태도 · 범죄력 등 8개인 반면, 문항 수는 30개로 KPRAI보다 단축된 형태이다.

5) 성인 약물범죄 재범위험성 평가

약물사범 재범위험요인 평가도구KDORAS-T는 보호관찰 처분을 받은 만 18세 이

---

[20] KPRAI-R은 KPRAI 문항 중 내용이 중복되거나 불명확한 경우를 통합하고, 기존 평가대상자에 대한 분석을 통해 재범집단과 비재범집단을 변별하지 못하는 문항은 삭제하였으며, 평가의 정확성을 향상시키기 위해 문항의 내용이 포괄적인 경우에는 그를 분리하는 등으로 개정하였다.

상의 성인 남녀 약물사범에 대해 보호관찰 지도감독 시 재범 위험 요인을 확인하기 위한 목적으로, 법무부 연구용역을 통해 개발되었다. 약물사범의 위험성과 관련된 항목들로 문항을 구성하였다. 평가 문항은 정적 위험 요인, 변화동기 요인, 약물중독 요인, 재범유발 요인, 자기조절력 요인, 가족 및 대인관계 요인 등이 있으며, 총 41문항으로 구성된다.

6) 소년 대상 재범위험성 평가

㉮ 소년 대상자 정적 재비행 위험성 평가도구^{JDRAI-S}

JDARI-S는 19세 미만 청소년 대상자의 재비행 위험성을 평가하기 위한 평가도구로, 2012년부터 2016년까지 보호관찰과 조사 업무에서의 실무전문가 집단과 정신보건전문요원이 TF팀을 구성하여 개발하였다. 범죄 경력, 보호자의 보호능력 등 총 10개 문항으로 구성되며, 동적 위험요인이 일부 포함되어 있지만 주로 정적 위험요인으로 이루어졌다.

㉯ 소년 대상자 동적 재비행 위험성 평가도구^{JDRAI-D}

JDRAI-D는 19세 미만 청소년의 동적 재비행 위험성을 평가하기 위한 목적으로 2017년 법무부 연구용역을 통해 개발한 평가 척도로, 7개 요인, 총 35문항으로 구성되었다. 7개 요인에는 반사회적 성행, 학교ㆍ직장, 정신건강, 여가, 성 요인 등이 있다.

7) 정신병질자 선별 평가

사이코패시[21] 체크리스트^{PCL-R: The Hare Psychopathy Checklist-Revised}는 정신병

---

21 '사이코패시'라는 용어는 소시오패스적 성격 장애(Sociopathic Personality Disorder), 반사회적 성격 장애(Antisocial Personality Disorder; ASPD)와 구별되는 개념이다. 사이코패시라는 개인의 내적 정신질환으로 인해 범죄행위가 발생한다고 보는 관점은 20세기 중반의 자유주의적 관점에서 받아들여지지 않았던 탓에 1930년대에 심리학자인 패트리지(Patridge)가 사용한 '소시오패스(Sociopath)라는 표현이 더욱 각광받았다. 1958년판 DSM은 사이코패스를 소시오패스적 성격장애(Sociopathic Personality Disorder)로 분류하였다. 1968년판 DSM부터 2013년판 DSM-V까지는 사이코패시를 반사회적 성격장애(Antisocial Personality Disorder: ASPD)와 동의어로 등재하였다. 하지만 많은 연구자들은 이러한 분류방식이 사이코패시를 제대로 묘사하지 못한다고 비판하였고, 특히 Rober D. Hare 박사는 사이코패시와 반사회적 성격장애는 다른 개념이라고 주장하였다. Hare 박사에 의하면, 반사회적 성격장애의 진단은 객관적으로 평가할 수 있는 피검사자의 행동에 초점을 맞추는 반면, 사이코패시는 성격, 정서, 행동 등과 같이 폭넓은 기준으로 평가한다(최이문ㆍ강태경ㆍ조은경, 2014: 376)

질 사이코패시, psychopathy 평가를 위해 Robert D. Hare 박사가 개발한 척도로, 한국판 PCL-R은 조은경 · 이수정이 타당화하였다. 한국판 PCL-R의 각 문항은 사이코패스의 특성을 그 내용으로 하는데, 총 20개 문항으로 구성되며, 각 문항은 4개 단면(단면1. 대인관계, 단면2. 정서성, 단면3. 생활양식, 단면4. 반사회성)으로 나뉘고, 4개 단면은 다시 2개 요인(요인1. 대인관계/정서성, 요인2. 사회적 일탈)으로 구분된다. 단면별 문항을 살펴보면, 대인관계 단면에는 입심 좋음/피상적 매력, 과도한 자존감, 병적인 거짓말, 남을 잘 속임/조종함 등 4문항이 있고, 정서성 단면에는 후회 혹은 죄책감 결여, 얕은 감정, 냉담/공감능력의 결여, 자신의 행동에 대한 책임감을 못 느낌 등 4항목이 있다. 생활양식 단면에는 자극추구/쉽게 지루해하는 경향, 기생적인 생황방식, 현실적이고 장기적인 목표부재, 충동성, 무책임성 등 5항목이 있으며, 반사회성 단면은 행동통제력의 부족, 어릴 때 문제행동, 청소년 비행, 조건부 가석방 혹은 유예의 취소, 다양한 범죄력 등 5항목이 있다. 또한, 특정 단면에 포함되지 않는 2개 문항, 즉 문란한 성생활과 여러 번의 단기 혼인관계 등이 있다.

제 **7** 장 **보호관찰제도**

제 1 절 보호관찰제도의 의의

1. 보호관찰제도 도입배경 및 의의

범죄인을 효율적으로 관리하여 재범을 방지하고 결국 범죄로부터 사회안전을 보호하는 것은 오래전부터 있어왔던 국가의 책무였다. 보호관찰제도가 도입되기 전인 지금부터 약 1세기 전까지는 징역을 중심으로하는 자유형과 벌금형이 중심적인 형벌집행수단이었다. 그러나 자유형은 구금을 수단으로 하기 때문에 교도소 내에서 범죄수법을 배우거나 출소후에도 지속적으로 연락을 주고 받음으로 재범의 유혹에 빠져들기 쉽고 전과자라는 낙인으로 건전한 사회생활이 어려운 점, 높은 교정비용 그리고 가족 등과의 격리에 따른 인권침해 등이 지속적으로 문제점으로 제기되어왔다. 벌금형은 자유형의 문제점을 상당부분 극복하고 있으나 처벌수단이 약하여 피해자의 법감정을 충족시키지 못한다는 문제점과 경제적 능력의 차이에 따라 형벌의 효과가 달라질 수 있다는 점 그리고 벌금을 다른 사람이 대신 내줄 수 있기 때문에 형벌제도의 고유한 가치인 자기책임의 원칙에 반한다는 한계를 가지고 있었다.

이러한 시대적 배경을 바탕으로 구금의 폐해는 최소화하면서 사회교화 기능은 최대화하는 수단으로서 교도소 등의 시설내처우와 대비되는 개념으로서 보호관찰제도가 도입되었다.

일반적으로 보호관찰제도는 범죄인을 교도소나 소년원 등 수용시설에 구금하지 않고 일정한 준수사항 이행을 조건으로 자유로운 사회생활을 허용하면서 보호관찰관의 지도·감독을 받게하거나 사회봉사명령이나 수강명령을 이행하도록 하면서 범죄성을 개선하는 선진 형사정책제도라고 한다. 이러한 개념정의에서 보듯이 보호관찰제도는 몇가지 특징을 자기고 있다. 먼저, 유죄가 인정된 범죄인을 대상으로 하는 법적·강제적 처분이라는 점이다. 이는 유죄가 확정되지 않은 비행청소년에 대한 선도·교화 활동을 하는 청소년상담센터나 학교밖지원센터에서 실시하는 여러 프로그램들과는 구별된다. 둘째, 구금을 동반하지 않고 자유로운 사회생활을 허용하면서 일정한 준수사항 이행을 조건으로 한다는 점에서 구금을 필수적으로 동반하는 교도소나 소년원 등의 시설내처우와는 구별되며, 준수사항 이행을 조건으로 한다는 점에서 이러한 조건이 강제되어 있지 않은 갱생보호사업과도

구별된다. 셋째, 보호관찰은 단순히 행정이나 사건을 처리하는 것이 아니라 사람의 인성을 변화시켜야 하므로 사회복지학, 심리학, 법학 등을 배경으로 한 처우전문가인 보호관찰관에 의해 이루어진다는 특징이 있다.

> **보호관찰의 개념: probation과 parole**
>
> 일반적으로 우리나라에서는 보호관찰이라고 통칭하지만, 원래는 보호관찰부 형의 집행유예나 선고유예인 프로베이션probation과 보호관찰부 가석방을 의미하는 퍼롤parole의 두가지 형태로 존재한다. 이 둘은 준수사항을 지킬 것을 조건으로 자유롭게 사회생활을 한다는 점에서는 동일하나, 보호관찰의 결정과 부과절차, 법률적 특성이나 형사사법상의 위치 등에서는 차이가 있다.
>
> 우리나라에서 실시 중인 보호관찰의 80% 이상은 probation형이다. 그러나 최근에는 교도소 과밀화의 해소방안이나 강력범죄로부터 사회를 보호하기 위해 형기가 종료된 후에도 보안처분의 형태로 보호관찰을 실시하는 parole형이 중요해지고 있는 실정이다.

2. 보호관찰제도의 기능

보호관찰제도의 형사정책적 기능을 이형섭 등(2016)은 사회복귀적 측면과 시설내처우의 한계를 극복하는 대안으로서의 측면 그리고 현대 형사정책의 주요 이슈와 관련 측면 등으로 구분하고 구체적으로는 범죄인 처우의 다양화, 지역사회 재통합, 교도소 과밀수용 완화 및 범죄성 심화차단, 효과적 범죄억제(통제) 그리고 비용효과성 등으로 제시하였다.

다른 측면에서는 보호관찰제도의 기능을 전통적 기능과 현대적 기능으로 나눌 수 있다. 먼저 전통적 기능은 기본적으로 보호관찰대상자를 질병을 갖고 있는 치료받아야 할 환자라고 보고있으며 상담과 원호를 핵심적 처우수단으로 한다. 구체적으로는 재활기능, 지역사회 재통합 기능, 교도소 과밀수용의 완화 기능 그리고 피해배상기능 등이 있는데 이를 좀 더 자세히 살펴보면 다음과 같다.

재활기능은 범죄인의 반사회적 성향이나 태도, 행위유형 등을 변화시켜 사회적응력을 높임으로서 재범을 방지하는 것으로 이를 위해서는 심리치료와 카운슬링 등을 통해 처우의 개별화, 전문화 그리고 다양화가 요구된다. 지역사회재통합 기능은 구금으로 인해 지역사회와의 단절을 최소화하는 동시에 보호관찰 집행과정에 일반시민이 개입하도록 하여 사회 전체가 범죄인에 대한 이해와 범죄대응능력을 향상시켜 사회통합력을 강화시키는 기능이다. 교도소 과밀수용 완화 기능은 현대사회의 범죄율 증가와 이에 따른 처벌 강화는 필연적으로 교도소 재소자 증가를 가져왔다. 그 결과 교도소 과밀수용의 문제가 발생하였으며 이는 곧 다양한 인권침해 사례가 발생하였고 아울러 교정교육 효과가 감소하였으며 더 많은 국가 예산을 교정비용으로 지불해야 하는 악순환이 반복되고 있다. 범죄인을 사회 내에서 관리하는 보호관찰제도는 교도소 과밀수용 문제를 해결하는 실질적인 대안이 되고 있다. 마지막으로 피해배상기능은 배상명령이나 원상회복명령 등을 보호관찰대상자에게 부여하거나 지역사회에 일정한 근로를 명하는 사회봉사명령을 통해 보호관찰제도는 범죄자가 피해자나 지역사회에 끼친 범죄피해에 대해 배상하도록 하는 기능이 있다.

　　보호관찰제도의 현대적 기능은 초창기의 보호관찰제도가 다소 사회복지적인 면이 강조되어 처벌로서의 역할을 다하지 못하고 있으며 그 결과 범죄인에 대한 효율적인 재범방지 수단이 되고 있지 못하다는 비판에 따른 대안으로 처벌기능과 범죄통제 기능이 새롭게 강조되고 있다. 처벌적, 범죄통제적 기능은심리학적, 사회복지학적 보호관찰 처우 방식이 덜 강조되는데 비해 경찰사법적 기능이 강조되고 있다. 즉, 준수사항 이행 여부에 대한 엄격한 감독과 전자감독 이나 가택구금 등 처벌적 요소가 강화된 새로운 제도가 다양하게 등장하여 범죄자들의 재범을 효과적으로 통제하고 이를 통해 국민의 생명과 안전을 보호하는데 중점을 두고 있다고 할 수 있다.

3. 보호관찰제도의 법적 성격

　　보호관찰제도는 법원의 판결이나 결정에 의해 또는 검사의 결정이나 준사법기관인 가석방심사위원회 등의 결정에 의해 부과되고 법무부 소속 공무원인 보호관찰관이 집행한다. 그러나 보호관찰에 대해서는 우리 「형법」에서 규정한 9가지의 형벌의 종류에 포함되어 있지 않기 때문에 그 법적 성격에 대해 논란이 되고 있다. 가장 많이 제기되고 있는 견해로는 보안처분설, 변형된 형벌 집행설, 독립적 제재설 그리고 개별판단설 등이 있다.

먼저, 보안처분설은 종전 대법원 판례의 입장이며, 이는 과거의 범죄행위에 대한 책임보다는 미래의 재범위험성을 방지하기 위한 수단으로 보호관찰을 보고 있는 견해로, 치료감호법에 의한 가출소·가종료나 징역형 종료 후 전자감독 명령의 보호관찰대상자들에게는 맞는 견해이나 과거의 범죄행위에 대한 책임에 입각해서 부과된 집행유예부 보호관찰이나 가석방 대상자들을 설명하는데는 한계가 있다.

변형된 형벌집행설은 형의 집행을 유예하거나 중단하고 그 대신 사회 내에서 지도·감독을 통해 형의 집행과 같은 효과를 얻게 되는 보호관찰제도를 형벌집행의 변형된 형태라고 보고 이를 자유형의 변형이라고도 한다(정동기 외, 2016: 17-18). 이의 근거로 집행유예대상자나 가석방 대상자가 유예기간 또는 가석방 기간 중 준수사항을 위반하면 집행유예나 가석방이 취소되고 원래의 형벌을 집행한다는 점에서 변형된 형벌집행설이라고 하나, 전자감독제도나 소년보호처분제도 등을 설명하지 못하는 한계를 가지고 있다.

다음으로 독립된 제제수단설은 보호관찰이 자유형의 변형도 아니고 순수한 보안처분도 이니며 형법상 독립된 제재수단의 지위를 가진다는 견해이다. 즉, 보호관찰은 보안처분과 형벌의 성격을 동시에 지니고 있는 독특한 제도 또는 「형법」상 제3의 길'이라고 한다. 즉, 보호관찰제도는 형벌도 보안처분도 아닌 교정시설 수용이나 형벌로부터 분리된 독립성을 갖고 있으며 보안처분의 성격을 기본으로 하되 보조적으로 형벌적 성격도 동시에 갖는다는 견해이다(정동기 외, 2016: 19-20).

마지막으로 개별판단설로 다수설의 입장이다. 우리나라에서 실시 중인 보호관찰제도는 선도조건부 기소유예에서부터 전자감독이나 형기종료 후 보호관찰 등 형사사법체계의 다양한 단계에서 광범위하게 활용되고 있어 이를 통일적인 한가지 학설로 보호관찰 학설을 설명하기 어렵다. 그러므로 개별판단설은 보호관찰 유형에 맞게 개절적으로 판단하는 것이 합리적이라는 견해이다. 즉, 전자감독이나 성충동 약물치료, 형기종료 후 보호관찰, 가출소나 가종료자에 대한 보호관찰 등은 사회방위를 위해 범죄자의 미래의 재범위험을 차단하기 위해 보호관찰을 실시하는 것이므로 사회보호목적의 보안처분이라고 할 수 있다. 가석방이나 집행유예 부 보호관찰은 보호관찰 준수사항을 위반하면 가석방이나 집행유예가 취소되어 본래의 형을 집행할 수 있기 때문에 형법전에 명시된 형벌의 종류에는 포함되어 있지는 않지만 독립된 제재수단 설이라고 할 수 있다. 그리고 소년보호처분은 소년보호목적의 보안처분, 가정폭력사범이나 아동학대사범에 대한 보호관찰은 피해자 보호목적의 보안처분이라고 할 수 있다. 이처럼 보호관찰의 법적 성격을 보호관찰 유형에 따라 개별적으로 판단하는 것이 타당할 것이다.

제2절 보호관찰의 역사와 발전과정

1. 보호관찰의 역사

보호관찰제도의 기원으로는 일반적으로 존 어거스트Jonh Augustus라는 미국의 구두수선공이 보스턴 시법원으로부터 보호관찰을 조건으로 알코올 중독자를 인수하여 개선시킨 것이 효시가 되었다고 한다(이형재, 2012). 이후 미국 매사추세츠주에서 1878년 최초로 입법화 된 이후 1963년 알래스카주를 마지막으로 전미 50개 주 모두 보호관찰제도가 활용되고 있다. 미국은 전체 성인범죄자의 60%에게 보호관찰을 부과하고 교도소 재소자 중 75%가 보호관찰부 가석방으로 보호관찰을 받고 있는 성인만 490만 명이다.

영국은 판사들의 노력에 의해 보호관찰제도가 유래되었다. 1841년경 버킹엄 지방의 판사인 Mattew Davenport Hill은 17년간 483명에 대해 보호관찰제도를 활용한 결과 그 중 78명만이 재범하여 84%가 성공하였다고 발표하였다. 이후 교정개혁운동 민간단체인 Haward 협회의 노력으로 보호관찰 활용이 확대되어 1887년 「초범자 보호관찰법」, 1925년 「범죄자 보호관찰법」 등이 입법화 되면서 제도가 정착하였다. 영국은 연간 22만건에 달할 정도로 판결 전 조사의 활용이 활발하며, 보호관찰대상자는 12만여 명에 이른다.

독일은 1911년 「형법」 개정때 보호관찰이라는 용어를 사용한 후, 1922년 「소년복지법」을 통해 소년범에 대한 보호관찰을 처음 도입하였다. 1953년 개정 「형법」을 통해 집행유예와 가석방에 관한 규정을 신설하였고 1975년 「형법」 개정을 통해 보호관찰을 성인범까지 대폭 확대하였다. 독일은 대륙법계 국가의 특성상 보호관찰제도가 활성화 되어 있지 않은 편이며, 보호관찰대상자는 약 10만 명이다.

일본은 1949년 「범죄자예방갱생법」의 제정과 함께 보호관찰제도가 본격적으로 도입되어 1951년 「형법」 개정, 1954년 「집행유예자 보호관찰법」 제정으로 보호관찰제도가 정착하였다. 일본 보호관찰제도의 특징은 민간 자원봉사자인 '보호사'가 보호관찰대상자를 지도감독하고 국가 공무원인 보호관찰관은 '보호사'를 관리하는 시스템으로 운영되고 있으며 보호관찰대상자는 2014년 개시인원 기준 약 4만 명이다(정동기 외, 2016: 223).

보호관찰의 아버지, JOHN AUGUSTUS

John Augustus는 1784년 미국 매사추세츠주 우번Woburn에서 태어났다. 보스턴에서 성공한 구두 제조자shoemaker이자 금주운동가였던 그는 57세가 되던 1841년 어느 날 보스턴의 형사법원에 알코올 중독자 한 사람을 교정시설House of Correction에 구금하는 대신 자신이 보호하겠다고 요청한다. 이것이 현대 보호관찰의 시초이다.

법원은 John Augustus의 요청을 받아 들여 대상자가 3주 후 재판에 출석할 것을 조건으로 보호관찰을 허용하였다. 3주 후 새사람으로 완전히 달라진 대상자의 모습에 판사는 놀라움을 금치 못하였다. 재판 결과 대상자는 교정시설 수용대신 1센트 벌금을 포함하여 총 3달러를 약간 넘는 비용을 치르고 완전한 자유를 얻게 되었다.

Augustus가 오늘날 보호관찰의 아버지로 불리는 이유는 그가 맨 처음 보호관찰Probation이란 용어를 사용하였을 뿐만 아니라 오늘날 보호관찰의 본질적인 실천 활동 중, 대상자에 대한 조사 및 분류, 사례 관리, 환경 개선, 법원 보고 등을 최초로 실행한 점에서 비롯된다.

출처: A Report of the labors of John Augustus, pp.4~5.에서 발췌

이상의 나라들에서 살펴보았듯이 보호관찰제도 도입 초창기에는 주로 자원봉사자에 의해 이루어졌으며 이를 담당하던 조직도 경찰서 등이 담당하여 현재와 같은 전문 보호관찰관에 의한 보호관찰 실시까지는 많은 시간이 걸렸다.

우리나라에서 1989년 7월 「소년법」상 보호처분 대상자와 「사회보호법」상 가출소자를 대상으로 보호관찰을 처음 실시하였다. 그러나 본격적인 보호관찰제도가

도입되기 이전 단계에서도 제도 도입을 위한 많은 노력이 있어왔다. 1981년 1월 법무부 보호국이 신설되어 보호관찰 도입을 위한 준비를 하였고, 1983년 1월부터 현재의 한국법무보호복지공단인 갱생보호회 직원들이 가석방 대상자들을 중심으로 시험실시를 하였다.

보호관찰제도 실시 이후 구금형에 비해 사회내처우의 활용도가 더욱 높아지면서 보호관찰 대상과 범위가 확대되어 왔다. 1997년 「형법」 개정을 통해 그 대상이 성인 형사범으로 확대되었고, 1998년 7월에는 가정폭력사범, 2000년 성판매청소년사범에 대한 보호관찰 실시, 2004년 성매매사범 보호관찰실시, 2005년 성구매사범에 대한 존스쿨 실시, 2008년 9월에는 소위 '유영철사건', '용산초등학생 성폭력사건', '김수철 사건', '혜진·예슬양 사건' 등 국민적 우려와 관심을 집중시킨 일련의 성폭력 살인사건 등의 영향으로 성폭력범에 대한 위치추적 전자감독제도가 전격적으로 도입되고 이후 살인, 강도범으로 확대되었다. 그리고 2009년 이후 최근 10년간에는 벌금미납자에 대한 사회봉사 대체제도는 성폭력범에 대한 신상정보 등록 및 공개제도, 성충동 약물치료 제도, 형기종료 후 보호관찰제도, 아동학대사범에 대한 보호관찰, 치료명령제도 그리고 벌금형에 대한 집행유예제도가 도입되는 등 보호관찰제도의 외연과 내용은 놀라울 정도로 급격히 확장·심화되고 있다.

[표 7-1] 보호관찰제도 도입과정

연도	새로 도입된 제도	근거법률
1995	보호관찰소 선도위탁 제도	「보호관찰 등에 관한 법률」
1997	성인범 확대	「형법」
1998	가정폭력사범 보호관찰	「가정폭력범죄의 처벌 등에 관한 특례법」
2000	성판매청소년사범 보호관찰	「아동·청소년의 성보호에 관한 법률」
2005	성구매사범 존스쿨 실시	「성매매알선등 행위의 처벌에 관한 법률」
2008	전자감독제도 도입	「특정 범죄자에 대한 보호관찰 및 전자장치 부착 등에 관한 법률」
2009	벌금미납자 사회봉사제도	「벌금 미납자의 사회봉사 집행에 관한 특례법」
2011	신상정보 등록 및 공개제도	「성폭력범죄의 처벌 등에 관한 특례법」
	성충동 약물치료 제도 도입	「성폭력범죄자의 성충동 약물치료에 관한 법률」
2013	형기종료 후 보호관찰제도	「특정 범죄자에 대한 보호관찰 및 전자장치 부착 등에 관한 법률」
2014	아동학대사범 보호관찰	「아동학대범죄의 처벌 등에 관한 특례법」
2016	보호관찰 치료명령제도	「치료감호 등에 관한 법률」
2018	벌금형에 대한 집행유예제도	「형법」

2. 보호관찰제도의 발전과정

보호관찰제도 도입초기 소년범 등 경미한 범죄자를 주된 대상으로 하였으나 이후 보호관찰제도에 대한 신뢰와 형사정책적 필요성 등으로 성폭력범, 강도, 살인 등 강력범에 대한 재범통제 기능을 수행하게 됨으로서 형사사법정책의 틀 내에서 그 역할과 기능의 중요성이 크게 강화되었고, 보호관찰제도와 조직에 대한 국민적 기대와 관심 역시 커졌다고 할 수 있다(이형재, 2012).

우리나라 보호관찰제도가 발전한 과정을 제도도입과정과 보호관찰 집행현장 에서의 시스템의 변화 그리고 보호관찰 기능과 역할에 대한 국민들의 기대 등을 중심으로 보호관찰제도 도입초기, 성장기, 발전기 등 3단계로 나누어 살펴보고자 한다.

[표 7-2] 보호관찰제도 발전과정

구분	제도 도입 초기	성장기	발전기
시기	1989. 7.~1996. 12.	1997. 1.~2008. 8.	2008. 9.~현재
구분기준	제도 도입 이후 성인범으로 확대 이전까지	성인범 확대 이후 전자감독제도 도입 이전까지	전자감독, 성충동 약물치료 등 보안처분의 확대 이후부터 현재까지
주요 프로그램	청소년 토요교실	지명수배제도	재범위험성 평가도구
주된 보호관찰기법	상담·교육 위주의 지도 감독	준수사항위반자에 대한 엄정한 제제 중심	IT 기술과 보호관찰을 접목한 처우의 다양화
새롭게 도입된 제도들	보호관찰소 선도위탁	가정폭력, 존스쿨, 성매매 사범에게 보호관찰 실시	전자감독, 벌금대체 사회봉사 명령, 성충동 약물치료, 형기종료 후 보호관찰, 치료명령제도, 벌금형에 대한 집행유예

(1) 보호관찰제도 도입초기

1989년 7월 보호관찰제도가 도입된 이후부터 「형법」 개정에 따른 성인범으로 보호관찰제도가 확대되기 전까지의 시기를 말한다. 이 시기는 보호처분을 받은 소 년들을 대상으로 교육적·복지적 관점에 따른 보호관찰을 시행하였다. 이 시기의 주요 프로그램으로는 여가시간을 박탈하고 건전한 가치관 형성을 위해 매주 토요 일마다 보호관찰 청소년들을 출석시켜 역할극이나 유명 강사를 초대하여 교육을 하는 '토요교육'을 개최하였다.

제도 도입 초기에는 일본 보호관찰제도의 영향을 많이 받아 민간 자원봉사자인 보호선도위원(현재는 법사랑위원)의 도움을 받아 지역사회 내에서 보호관찰대상자를 지도하였으며, 보호관찰대상자가 준수사항을 위반하였어도 적극적으로 제재 조치하기 보다는 주로 선처를 하였다.

(2) 보호관찰제도 성장기

집행유예나 선고유예 그리고 가석방자에 대한 보호관찰 실시 근거를 마련한 「형법」개정은 한국 보호관찰제도 역사에 있어서 큰 사건이었다. 대상 범위가 청소년에서 성인으로 확대됨으로 보호관찰 외연이 확대되었다는 측면뿐만 아니라 형법전 내에 보호관찰 처분이 포함됨으로써 보호관찰제도를 일반인들에게 널리 알리는 계기가 되었다. 그래서 보호관찰이 성인범까지 확대시행된 1997년부터를 한국 보호관찰제도의 성장기로 구분하고자 한다.

보호관찰대상이 성인으로 확대됨에 따라 종전 교육적 · 복지적 기능 중심에서 재범방지와 통제 중심으로 보호관찰 기능이 변화되었고 이에 걸맞게 준수사항 이행 여부에 대한 면밀한 모니터링과 위반자에 대한 집행유예 취소 등 보다 적극적으로 제제조치를 실시하였다. 또한 이를 위해 경찰청의 도움을 받아 구인장을 발부받아 소재추적 중인 대상자에 대해서 지명수배제도를 활용 할 수 있게 되었다.

이 시기에 새롭게 도입된 제도로는 1998년과 2004년에 가정폭력과 성매매사범에 대해 보호관찰을 실시하였고 2005년에는 성구매사범에 대해 '존스쿨'이라는 8시간 교육을 이수하는 조건으로(현재는 16시간으로 교육시간이 확대 됨) 기소를 유예하는 제도가 실시되었다.

(3) 보호관찰제도 발전기

2000년도 초반에는 '유영철 사건'이나 '조두순 사건' 등 아동과 여성을 상대로 한 성폭력과 살인사건이 많이 발생하였다. 그리고 국민소득이 2만 불대로 진입하면서 범죄로부터 안전에 대한 욕구가 경제적 욕구 이상으로 증대되었다. 이러한 상황적 요인에 대처하기 위해 정부는 범죄자에 대한 처벌을 강화하였다. 그리고 교도소 출소 이후에도 사회 내에서 범죄자를 관리하는 전자감독제도나 성범죄자 신상정보공개제도 그리고 형기종료 후 보호관찰제도 등 새로운 형태의 보안처분을 입법화하였다. 그래서 시기를 이 전 시기와 구분하여 보호관찰의 역할과 기능이 국민의 안전에 보다 실질적으로 기여하는 방향으로 전환되었고 이를 위한 조직과 보호관찰대상자들에 대한 지도감독 기법이 변화되었다고 할 수 있어 전자감독제도가 도입된 2008년도 이후부터 2018년도 현재까지의 시기를 보호관찰의 발전기라고 하겠다.

이 시기에는 새로운 보호관찰제도가 유독 많이 도입되었고, 국민들의 보호관찰에 대한 관심과 기대가 이전 시기보다 훨씬 커졌다. 2008년도 성폭력사범에 대한 전자감독제도뿐만 아니라, 2009년도 벌금대체 사회봉사명령제도, 2010년도 살인범에게 전자감독제도 확대 도입, 2011년도 성범죄자에 대한 신상정보공개제도와 성도착증 환자에 대한 성충동 약물치료 제도 등 아주 중요한 제도들이 숨가쁘게 도입되었다. 그리고 2013년에는 살인, 강도 등 특정범죄자에 대한 형기종료 후 보호관찰제도가, 2014년도에는 아동학대사범에 대한 보호관찰을 실시하였으며, 2016년 12월에는 주취나 정신질환범죄자에 대한 보호관찰 치료명령제도를 실시하였으며, 2018년 1월부터는 벌금형에 대한 집행유예제도를 도입하면서 집행유예기간 중에는 보호관찰을 실시할 수 있게 되었다.

이 시기의 보호관찰의 특징은 첫째, 재범율을 낮추기 위해서 재범위험성평가도구를 활용하여 위험성 수준에 상응하는 지도감독을 실시하고 위험요인을 최소화하는데 보호관찰 지도감독의 초점을 두고 있다. 둘째, 소년과 성인 업무를 구분하여 실시하였다. 소년과 성인을 별도의 보호관찰관을 지정하여 차별화된 지도감독을 실시하고, 성인 중에서도 성폭력, 살인, 약물사범 등 특정사범을 절도나 교통사범 등과 분리하여 차별화된 지도감독 기법을 적용하여 관리하고 있다. 또한 지도방식에 있어서도 소년에게는 복지적 상담적 기능을 강조하였고 특정사범에게는 지도감독 밀도를 강화하고 현장에서 범죄유발요인을 차단하는 등 보다 적극적인 지도감독을 시행하였다. 셋째, 전자감독, 사회봉사명령 화상감독이나 외출제한음성감독시스템 등에서 첨단IT 기술을 보호관찰 지도감독에 적극 활용함으로써 대상자 관리에 있어서 사각지대를 최소화하고자 하였다.

1 보호관찰 행정조직

(1) 보호관찰 조직

보호관찰 업무와 관련된 행정조직은 중앙조직과 일선조직으로 나눌 수 있으며, 일선조직으로는 보호관찰소, 위치추적관제센터, 보호관찰심사위원회가 있다.

1) 중앙조직

보호관찰 업무를 담당하는 중앙조직은 법무부 범죄예방정책국[1]이다. 이곳에서는 주로 보호관찰 주요정책을 결정하고 평가하며, 이를 위한 법률 제개정 작업을 하며, 인력과 예산을 확보하는 등의 업무를 담당한다. 범죄예방정책국에는 6과 1팀으로 구성되어 있는데 이 중 직접적으로 보호관찰 업무를 담당하는 부서로는 보호관찰과, 특정범죄자관리과, 소년비행예방팀 등이 있고 간접적으로 지원하는 부서는 범죄예방기획과, 보호법제과, 법질서선진화과 등이 있다.

2) 보호관찰소

보호관찰소[2]는 일선현장에서 보호관찰대상자를 직접 관리하는 업무를 담당하는 기관으로 전국에 총 57개가 있는데 법원·검찰청의 소재지와 유사하게 설치되어 있다. 보호관찰소는 담당사건 수나 관할구역 인구수 등을 기준으로 본소와 지소로 나누는데 본소는 서울, 부산, 대전, 대구, 광주 등 대도시를 중심으로 18개 기관이 있으며, 성남, 안산, 평택, 군산, 포항 등 38개 기관에 지소가 설치되어 있다.

1989년 보호관찰소 개청 당시에는 본소 12개소 지소 6개소 등 18개 기관에 불과하던 것이 업무량이 증가함에 따라 2018년에는 56개 기관으로 확대되어 왔으며,

---

[1] 1981년 보호국으로 출범하였으나 2005년 「사회보호법」 폐지와 법교육 업무 신설 등으로 인해 보다 포괄적으로 업무내용을 설명할 수 있게 하기 위해 2008년 국명칭을 범죄예방정책국으로 변경하여 오늘에 이르고 있다.

[2] 주민들에게 보다 친숙한 이미지를 주기 위해 2016년 기관명칭을 준법지원센터로 변경하여 보호관찰소와 함께 병행하여 사용하고 있다.

미국, 영국, 캐나다, 호주 등의 경우 보호관찰기관이 수백에 이르는 것에서 볼 수 있듯이 우리나라도 보호관찰 대상자를 보다 근접한 거리에서 관리하기 위해 보호관찰기관이 추가적으로 많이 생길 것으로 예상된다.

보호관찰소의 하부조직으로는 예산, 인사 및 소내 일반 행정업무를 담당하는 행정지원과, 소년과 성인 보호관찰업무를 담당하는 관찰과, 사회봉사명령과 수강명령을 담당하는 집행과, 판결 전 조사 등을 담당하는 조사과, 그리고 전자감독과 성폭력 마약사범등을 담당하는 특정범죄자관리과 등이 있다. 관찰과는 소년과 성인과로 직제화되어 있지 않지만 업무를 분리하여 실시하고 있고, 집행과는 사회봉사과와 수강집행과로, 특정범죄자관리과 역시 전자감독과과 강력과로 구분하여 업무를 처리를 하고 있다. 향후 보다 효율적인 업무처리를 위해서 직제화 추진이 이루어져야 할 것이다.

3) 위치추적관제센터

2008년 9월 성폭력범죄자 등에 대한 전자감독제도 도입과 더불어 전자감독대상자들의 위치정보를 관리하고 위치추적 시스템을 운영하기 위해 서울과 대전에 위치추적 관제센터를 설치, 운영하고 있다. 센터의 주된 업무는 피부착자의 위치정보를 24시간 확인하고, 이동경로를 점검하는 것이다. 이동경로 확인 중에 피부착자가 피해자 접근금지명령을 위반하거나 어린이 보호구역을 침입하거나 전자발찌 훼손하였을 경우, 가까운 경찰서나 보호관찰관에게 통보하여 출동을 요청함으로 범죄가 발생하는 것을 방지하는 것이다.

위치추적센터를 서울과 대전에 두곳을 설치, 운영하는 이유는 인접한 지근거리에 있는 관제센터로부터 신속하게 상황을 전달받을 수 있는 시스템을 갖추고자 하는 측면도 있지만 지진이나 폭격 등 만일의 사태에 대비해서 두얼시스템으로 운영하는 것이다.

서울에 있는 중앙관제센터는 서울, 경기, 인천, 강원, 대구, 경북지역의 전자발찌대상자들에 대한 관제업무를 담당하고 대전관제센터는 충청이남 지역 중 대구, 경북 지역을 제외한 지역을 관제하며, 4교대 방식으로 24시간 운영된다.

4) 보호관찰심사위원회

보호관찰심사위원회는 보호관찰에 관한 사항을 심사·결정하는 합의제 행정기관으로서 전국 5개 고등검찰청 소재지에 설치되어 있으며, 위원장을 포함하여 5인 이상 9인 이하의 위원으로 구성되어 있으며 위원의 임기는 2년으로 하되 2차에 한해 연임할 수 있다.

주된 업무는 소년 가석방 및 가석방 취소, 소년원생 임시퇴원과 그 취소, 보호관찰 성적양호자에 대한 임시해제와 그 취소, 전자감독 및 성충동 약물치료 대상자에 대한 가해제와 그 취소에 관한 사무를 관장한다.

위원장은 검사장인 고등검찰청 차장검사가 담당하고 있으며, 위원은 판사, 검사, 변호사, 정신과 전문의, 보호관찰소장, 지방교정청장, 교도소장, 소년원장 그리고 보호관찰에 관한 지식과 경험이 풍부한 자 중에서 법무부장관이 임명하거나 위촉한다.

보호관찰심사위원회 업무를 전문적으로 수행하기 위해서 관련 분야 전문가를 상임위원으로 임명하며 그 상임위원은 최대 3명까지 둘 수 있으나 현재는 5개 심사위원회 모두 1명씩을 두고 있다. 심사자료 작성 및 회의진행 등 상임위원을 보조하기 위해 10명 이내의 보호직 공무원이 보호관찰심사위원회에서 근무하고 있다.

2. 보호관찰 인력과 보호관찰관의 역할

(1) 보호관찰 인력

1) 보호관찰관

보호관찰 업무는 보호관찰관이 담당한다. 「보호관찰법」 제16조에는 보호관찰관은 형사정책학, 행형학, 범죄학, 사회사업학, 교육학, 심리학, 그 밖에 보호관찰에 필요한 전문적 지식을 갖춘 사람이어야 한다고 규정하고 있고, 「법무부 직제 시행규칙」에 따르면 보호관찰관은 5급 이상의 일반직 공무원을 말한다고 한다. 그러나 법률상 규정에도 불구하고 실무에서는 보호관찰대상자를 직접 만나 지도하는 사람을 보호관찰관이라고 하고 있다. 따라서 일반적으로 보호관찰관은 보호관찰소에서 근무하는 보호직 공무원을 말한다.

보호관찰관은 보호관찰대상자를 지도감독하고 수강명령이나 사회봉사명령을 집행하고 판결 전 조사 등 법원이나 검찰청에서 의뢰한 조사서를 작성하는 등 보호관찰소에서 담당하는 사무의 대부분을 처리한다. 2019년 7월 현재 보호관찰기관

(위치추적관제센터 포함)의 총 정원은 1,708명이며(법무부, 2019: 128), 이 중 순수하게 보호관찰 업무만을 담당하는 직원은 전체 직원의 약 25% 수준인 400명 수준이다. 이들이 현재원 기준 5만명 정도인 보호관찰대상자를 지도감독하고 있는데 직원 1인당 관리인원을 산출하면 134명으로 이는 OECD국가들의 평균 관리인원인 27명보다 5배 이상 많은 업무량을 담당하는 것으로 나타나고 있다.

2) 보호관찰 분야에서의 자원봉사자

범죄로부터 안전에 대한 욕구는 생리적 욕구 다음으로 가장 본질적인 인간의 욕구라고 한다. 나와 우리가족이 범죄로부터 안전해지고자 범죄예방을 위해 자원봉사에 참여하는 것은 어찌보면 당연한 것이라고 할 수 있다. 범죄예방을 위한 자원봉사자 활동과 관련해서는 두 가지 유형이 있는데 그 중 하나는 전과자를 비롯하여 범죄예방활동에 자원봉사활동을 하기를 원하는 사람은 제약조건 없이 참여시키는 것이고, 다른 하나는 일정한 자격요건과 정원을 미리 정하고 이 요건에 해당하는 사람만을 자원봉사자로 선정하여 법무부 장관의 위촉장을 전수하고 활동하게 하는 것이다. 우리나라는 후자를 채택하고 있다.

보호관찰제도는 미국의 한 민간자원봉사자에 의해 시작된 제도이고, 범죄자를 사회 내에서 관리하는 특성으로 인해 보호관찰 활동에 자원봉사자가 참여하는 것은 불가피하다.

1989년 보호관찰제도 도입 이후 자원봉사자를 모집하여 보호관찰대상자를 지도하고 후원하였다. 그러나 유사 중복제도를 정비하여 민간자원봉사조직의 효율적 활용을 모토로 갱생보호회의 '갱생보호위원'과 검찰청의 '소년선도위원' 그리고 보호관찰소의 '보호선도위원'을 하나로 통합하는 작업이 추진되었다. 결국, 1997년 통합이 완성되었으며 이 단체의 관리는 각급 검찰청에서 맡게 되었다.[3] 법무부 내부에서 이견이 첨예하게 충돌하였고, 무엇보다 지역사회의 재력가, 명망가 중심으로 구성된 통합민간자원봉사단체의 간부들은 신생조직인 보호관찰소에 소속되기보다는 검찰청과 연계된 활동을 선호하였다. 결과적으로 민간자원봉사자들의 보호관찰 분야에서의 활동은 크게 위축되었다(이형재, 2012).

이처럼 범사랑위원의 활동은 비교적 저조하지만 보호관찰소에서는 다양한 유

---

3 통합된 명칭은 범죄예방위원이란 명칭을 거쳐 현재는 법사랑위원이란 명칭을 사용하고 있다.

형의 자원봉사자들을 활용하여 공백을 최소화 하고 있다. 학교 밖 청소년 지원센터 상담원이나 지역 건강지원센터에서 활동하는 상담원들의 도움을 받고 있으며, 사회봉사나 수강명령 집행시에도 지역사회에 있는 다양한 장애인 · 노인 복지센터와 성폭력 · 가정폭력 상담센터의 지원을 받아 집행을 하고 있다. 그리고 보호관찰대상자들과 특별한 관계가 있는 학교 선생님이나 직업훈련소의 담당교사 등을 특별 범사랑위원으로 지정하여 대상자 관리에 도움을 받고 있다.

(2) 보호관찰관의 역할

보호관찰을 성공적으로 집행하기 위해서는 보호관찰관의 전문성 확보와 역할 갈등을 얼마나 효과적으로 극복하고 합리적인 모형을 세우냐에 달렸다고도 할 수 있다. 보호관찰관의 역할 갈등의 문제는 보호관찰이 '보호'라는 사회복지적 기능과 '관찰'이라는 법집행적 · 경찰적 기능, 즉 상반된 두가지 기능을 동시에 수행하도록 요구받는데서 기인한다. 그러나 문제는 현실적으로 이 두가지 역할이 같은 사람에 의해 동시에 수행될 수 없다는 사실이다(이윤호, 1995).

Glasser는 통제를 강조하는지 아니면 지원을 강조하는지에 따라 Ohlin 등이 개발한 보호관찰관의 3가지 유형(처벌적, 복지적, 보호적)에 수동적 보호관찰관을 보완하여 4가지 유형을 제시하였다. [그림 7-1]에서 보는 것처럼 통제만을 강조하는 처벌적punitive 보호관찰관과 지원만을 강조하는 복지적welfare 보호관찰관이 있다. 그리고 어느 것에도 소극적인 수동적passive 보호관찰관과 통제와 지원 모두에 적극적인 보호적protective 보호관찰관이 있는데 역할갈등이 심한 경우는 처벌적 보호관찰관과 복지적 보호관찰관일 것이다.

[그림 7-1] 보호관찰관의 보호관찰유형

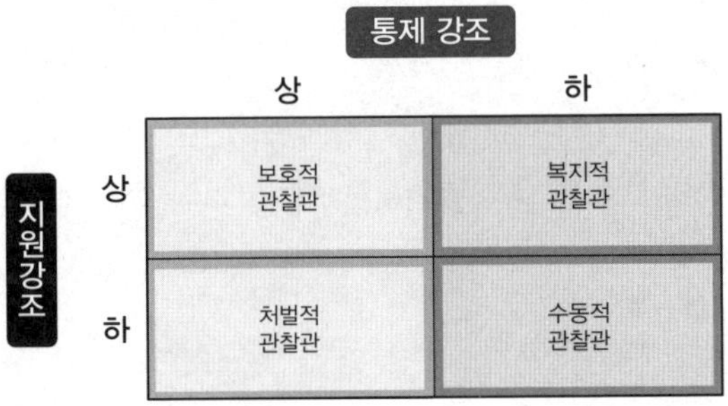

그림출차: Glasser, D. The Effectiveness of a Prison and Parole System, Indianapolis, IN: Bobbs-Merrill, 1969.; Frank C. Jordan and Joseph E. Sasfy, 197

보호관찰제도 도입 초창기에는 보호관찰 지도감독의 중심적 사상은 보호관찰관이 범죄자들에게 "조언하고, 지지하고, 친구가 되어주는" 것이다. 보호관찰에 있어서 초기 모델인 사회복귀 내지 복지지향적 이념은 범죄자에 대한 개별처우와 개입과정에서 중요하게 활용되어 왔다.

그러나 성폭력 등 강력범죄자에 대한 가택구금형 전자감독이나 형기종료 후 보호관찰 등 보다 위험한 범죄자로부터 사회보호라는 것이 보호관찰의 핵심기능으로 자리 잡으면서 사회복지적 이념은 후퇴할 수밖에 없었다. 특히 1990년대에는 더욱 다양한 보호관찰기법들이 생겨나면서 보호관찰 행정의 책임성과 효과성이 강조되기 시작하였다. 이에 따라 더욱 강도 높은 정치적·사회적 통제가 뒤따르고 전문가집단으로서 보호관찰관이 전통적으로 누려온 자율성은 상당한 제약을 받기 시작하였다. 강경화의 경향은 원조와 지지보다는 통제와 가시의 역할을 보호관찰관에게 보다 더 많이 요구하게 되었다.

현대 형사사법에서 보호관찰 영역은 더욱 확대되고 있고 그 기능과 역할 또한 더욱 커지고 있다. 이는 종래 보호관찰관의 역할이 통제중심이냐 아니면 지원 중심이냐 라는 다소 평면적인 접근으로는 현대적 보호관찰 환경에 적절히 대응하는 데 한계가 있다고 할 수 있다. 통제적 방법과 원조적 방법은 상호 융합적으로 활용하되, 통제적 접근을 할 것인지 아니면 원조적 접근을 할 것인지는 대상자의 재범위험성 수준과 위성요소를 기반으로 하여야 할 것이다. 즉, 현재 임박한 재범위험이 있다면 우선 통제적 방법을 사용하여야 할 것이나 그렇지 않다면 상담과 원조적 방법을 사용하여야 할 것이며, 양 기능을 상호 보완적으로 활용하여야 할 것이다(이형재, 2012).

제 4 절 보호관찰 지도감독supervision

보호관찰은 보호관찰대상자에 대한 지도감독뿐만 아니라 사회봉사명령이나 수강명령집행 등을 모두 포함하는 넓은 의미의 보호관찰을 의미할 수 있고, 보호관찰 대상자에 대한 지도감독과 원호를 주된 내용으로 하는 좁은 의미의 보호관찰로 나눌 수 있는데 이 장에서는 협의의 보호관찰을 중심 보호관찰대상자 와 현황 그리고 지도감독의 내용과 준수사항 위반 시 조치사항 등에 대해 살펴보겠다.

1. 보호관찰대상자

보호관찰대상자는 유죄자 인정된 자로서 법원이나 검찰청에서 판결이나 결정을 받거나 또는 가석방심사위원회, 치료감호심사위원회나 보호관찰심사위원회에서 보호관찰을 조건으로 석방된 자들이다.

보호관찰대상자들은 특별한 사범만을 대상으로 하는 것이 아니라 모든 사범을 대상으로 하며, 보호관찰기간은 처분기간의 판결 또는 결정에 따라 다르다. 구체적으로 처분유형에 따라 프로베이션형 대상자와 퍼롤형 대상자로 나누어 보호관찰대상자들을 살펴보면 다음과 같다.

(1) 프로베이션probation형 대상자

「형법」에 근거한 선고유예와 집행유예 대상자로 보호관찰대상자 중 사건수가 가장 많은데 이들의 보호관찰기간은 선고유예는 1년, 집행유예는 유예기간이거나 판사가 따로 기간을 정한 경우에는 그 기간이다. 다음으로 보호처분 대상자로 「소년법」에 의한 소년 보호처분자, 「가정폭력범죄의 처벌에 관한 특례법」에 의한 가정보호처분자, 「성매매알선 등 행위의 처벌에 관한 법률」에 의한 성매매 보호처분자 그리고 「아동학대범죄의 처벌 등에 관한 특례법」에 의한 아동학대 보호처분자 등 4가지 형태의 보호처분 대상자가 있다. 이들 보호처분대상자는 형사처분 대상자와 달리 처벌의 대상이 아니라 치료와 교육의 대상으로 전과자로 분류되지 않는 특징

이 있다. 이들의 보호관찰기간은 소년보호처분 대상자를 제외하고는 모두 6개월이
며, 소년보호처분 대상자는 단기보호관찰처분은 1년, 보호관찰처분은 2년이다. 마
지막으로 검사로부터 보호관찰소 선도를 조건으로 기소유예처분을 받은 선도위탁
대상자가 있는데 보호관찰기간은 6월 또는 1년이다.

(2) 퍼롤^{parole}형 대상자

교도소 등 구금형을 일부 경험한 후 잔형기간 또는 형기종료 후 일정기간 사회
내에서 보호관찰을 받는 유형인 퍼롤의 대표적인 대상자는 「형법」에 근거하고 있는
가석방대상자이며 이들의 보호관찰 기간은 잔형기간이다. 다음으로 「치료감호법」
에 근거하는 치료감호가 가종료된 피치료감호자나 보호감호가 가출소된 피보호감
호자 등이 있는데 이들의 보호관찰기간은 3년이다. 마지막으로 소년원에서 임시퇴
원한 대상자는 「보호관찰 등에 관한 법률」에 근거하는데 보호관찰 기간은 6개월에
서 2년 사이에서 보호관찰심사위원회가 정한 기간이다.

2. 보호관찰 현황

(1) 연도별 보호관찰 현황

최근 5년간 보호관찰 사건수는 꾸준히 증가하고 있다. 이를 전년도 이월사건
을 합친 통계인 실시사건과 당해연도 신수인 접수사건으로 나누고 이를 다시 소년
과 성인으로 나누어 살펴보면 다음과 같다.

먼저 실시사건은 2013년 총 96,574건에서 2016년 100,995건으로 증가하였
고 2017년에는 다시 105,705건으로 증가하였다. 접수사건 역시 2014년에 잠시 주
춤하였다가 2017년에는 53,419건으로 전년도 대비 9.7% 증가하였다. 이처럼 실시
사건과 접수사건이 지속적으로 증가한 것은 최근 몇 년간 아동학대사범에 대한 보
호관찰 실시나 치료명령제도 등 새로운 제도가 도입된 때문으로 보인다. 다만, 소
년대상자는 매년 유의미하게 감소하고 있는데 이는 총 인구구성에서 청소년인구가
줄어들어 이것이 청소년범죄의 전체 건수가 급감하고 있기 때문으로 보인다.

[표 7-3]   최근 5년간 보호관찰 실시 및 접수사건 현황

(단위: 명. %)

구분	실시			접수		
	전체	소년	성인	전체	소년	성인
2013년	96,574	44,970	51,604	47,540	23,173	24,366
2014년	95,198	40,234	54,964	46,110	20,383	25,727
2015년	96,419	36,945	59,474	47,991	19,281	28,710
2016년	100,995	34,129	66,866	51,844	18,223	33,621
2017년	105,705	32,449	73,256	53,419	17,799	35,620

출처: 법무부 범죄예방정책국 통계자료

(2) 사범별 보호관찰 접수현황

[표 7-4]   최근 5년간 보호관찰 사범별 접수 현황

(단위 : 건. %)

연도	구분	계	폭력	교통	절도	사기 횡령	강력	마약	풍속	성폭력	경제	기타
2013년	전체	47,540 (100%)	11,419 (24.2%)	5,794 (12.2%)	10,573 (22.2%)	4,449 (9.4%)	1,889 (4.0%)	1,564 (3.3%)	1,363 (2.9%)	3,481 (7.3%)	482 (1.0%)	6,454 (13.6%)
	소년	23,173	5,732	1,830	8,164	1,130	443	324	145	1,422	68	3,915
	성인	24,366	5,759	3,964	2,409	3,319	1,446	1,240	1,218	2,059	414	2,539
2014년	전체	46,110 (100%)	11,846 (25.7%)	5,666 (12.3%)	9,077 (19.7%)	4,571 (9.9%)	1,602 (3.5%)	1,255 (2.7%)	1,183 (2.6%)	3,968 (8.6%)	488 (1.1%)	6,454 (14.0%)
	소년	20,383	4,580	1,709	6,816	1,233	362	144	117	1,357	82	3,983
	성인	25,727	7,266	3,957	2,261	3,338	1,240	1,111	1,066	2,611	406	2,471
2015년	전체	47,991 (100%)	13,317 (27.7%)	5,846 (12.2%)	8,300 (17.3%)	4,953 (10.3%)	1,435 (3.0%)	1,346 (2.8%)	1,553 (3.2%)	3,776 (7.9%)	508 (1.1%)	6,957 (14.5%)
	소년	19,281	4,257	1,629	6,146	1,355	264	99	161	1,271	97	4,002
	성인	28,710	9,060	4,217	2,154	3,598	1,171	1,247	1,392	2,505	411	2,955
2016년	전체	51,844 (100%)	13,058 (25.2%)	7,566 (14.6%)	7,634 (14.7%)	5,930 (11.4%)	1,780 (3.4%)	1,562 (3.0%)	1,943 (3.7%)	3,568 (6.9%)	648 (1.2%)	8,155 (15.7%)
	소년	18,223	3,872	1,715	5,306	1,263	241	77	181	1,145	108	4,315
	성인	33,621	9,186	5,851	2,328	4,667	1,539	1,485	1,762	2,423	540	3,840
2017년	전체	53,419 (100%)	13,499 (25.3%)	8,499 (15.9%)	6,706 (12.6%)	6,670 (12.5%)	1,559 (2.9%)	1,702 (3.2%)	2,400 (4.5%)	3,353 (6.3%)	697 (1.3%)	8,334 (15.6%)
	소년	17,799	4,406	1,886	4,632	1,208	202	94	187	1,095	56	4,033
	성인	35,620	9,093	6,613	2,074	5,462	1,357	1,608	2,213	2,258	641	4,301

출처: 법무부 범죄예방정책국 통계자료

최근 5년간 접수사건을 사범별로 살펴보면, 폭력사건이 가장 많고 그 다음은 교통, 절도, 사기횡령 순이다. 여기서 눈여겨볼 것은 절도사건이 큰 폭으로 감소하였다는 점이다. 지난 2013년에는 22%를 차지하던 것이 계속 감소하여 2017년에는 12.6%로 40% 이상 감소하였다. 이는 소매치기나 단순 절도사건이 감소하고 기존 절도사범들이 인터넷 공간에서 사기, 횡령 등으로 전환된 때문으로 보인다. 또한 보호관찰처분을 받은 성폭력사범도 2013년과 2014년은 각 7.3%와 8.6%를 차지하였는데 2017년에는 6.3%로 15% 이상 감소하였음을 볼 수 있다. 이는 성폭력사건에 대한 처벌강화의 영향으로 구금형처분이 늘어난 때문으로 풀이된다.

3. 보호관찰 지도감독

(1) 보호관찰 지도감독supervision 개관

보호관찰관은 보호관찰대상자의 재범을 방지하고 건전한 사회복귀를 촉진하기 위하여 필요한 지도감독을 한다고 「보호관찰 등에 관한법률」(제33조)은 규정하고 있다. 그리고 구체적인 지도감독의 방법으로서 먼저, 보호관찰대상자와 긴밀한 접촉을 가지고 항상 그 행동 및 환경 등을 관찰하는 것과, 둘째, 보호관찰대상자에 대해서 「보호관찰법」 제32조의 준수사항을 이행함에 적절한 지시를 하는 것, 셋째는 보호관찰대상자의 건전한 사회복귀를 위하여 필요한 조치를 하는 것 등이다. 즉, 보호관찰대상자의 준수사항 이행여부를 면밀히 접촉하면서 관찰하고 필요한 지시를 하며 도움이 필요할 때는 도와주는 것을 말한다.

보호관찰관에게 보호관찰대상자를 배분하는 기준은 일정한 지역이나 사범, 그리고 재범위험성이 기초한 분류등급을 기준으로 할 수 있는데 우리나라는 현지출장면담과 교우관계에 따른 지도감독의 용이성 등을 고려하여 지역을 기준으로 하면서 분류등급을 일부 혼합하는 형태로 이루어지고 있다.

(2) 보호관찰 실시절차

보호관찰실시 절차를 살펴보면 먼저, 보호관찰대상자는 법원이나 검찰 또는 각종 위원회로부터 판결이나 결정을 받은 날로부터 10일 내에 보호관찰소에 출석하여 서면으로 신고를 하면, 신고당일 신고서를 접수하고 초기면담을 실시하며 준수사항 서약서를 징구한다. 이후 특정한 날을 정해 보호관찰실시 안내 및 준수사항 이행 등에 관한 교육을 하는데 이를 '개시교육'이라고 한다. 이후 보호관찰관은 해당 보호관찰대상자에 대해 재범위험성 평가 등을 기초로 분류를 실시하고 위험요인과 보호요인 등을 종합적으로 검토하여 향후 보호관찰대상자에 대한 지도감독의의 방향이 되는 처우계획을 수립한 후 이를 기반으로 지도감독을 실시한다.

(3) 보호관찰 지도감독

보호관찰대상자에 대한 지도감독의 기준이 되는 요인은 분류등급, 사범, 직업 등 크게 3가지로 나누어 볼 수 있다.

먼저 보호관찰대상자에 대한 분류와 분류에 따른 처우를 살펴보면, 재범위험성 정도에 따라 '상, 중, 하'나 '집중, 주요, 일반' 등으로 3단계로 나누거나 또는 '집중, 주요, 일반 등 단계로 대상자를 분류하고 있다. 분류등급의 수가 많을수록 처우를 세분화할 수 있다는 장점은 있으나 객관적으로 분류하기 어렵고 분류등급의 경계선 상에 있는 대상자에 대한 명확한 분류가 어렵다는 문제가 있다. 분류를 실시하는 기준은 재범위험성 평가점수를 기본으로 하고 그 외에도 현재의 직업상태, 재범횟수나 보호관찰경력, 성폭력 범죄 전력 등을 사용한다.

다음으로 사범별 처우내용을 살펴보면, 약물사범과 교통사범, 가정폭력사범 그리고 성폭력사범에 등 사범에 따라 차별화된 보호관찰을 실시한다. 예컨대, 마약 등 약물사범은 수시로 간이시약검사를 실시하여 약물사용 여부를 점검하여 조기에 재범사실을 적발하고 수시로 검사한다는 사실을 본인이 인식하므로 스스로 단약의지를 갖도록 한다. 가정폭력사범은 가정을 방문하여 피해자와 상담 및 상태확인을 통해 행위자에게 심리적 압박을 주어 재범을 방지하고 문제상황 발생시 즉각적인 개입이 가능한 시스템을 구축한다.

> **분류등급별 지도감독 내용**
>
> 분류등급별 지도감독 내용은 다음과 같다. 재범위험성이 가장 높은 집중대상자는 지정일로부터 3개월까지는 월 4회 이상 대면접촉을 실시하

고 그 중 1회 이상은 주거지에 출장 방문하여야 한다. 3개월이 경과하면 대면접촉 횟수가 월 3회 이상으로 감소한다. 재범위험성 정도가 중간 정도인 주요대상자는 월 1~2회 이상 대면접촉을 실시하고 분기에 1회 이상 현지출장을 실시하여야 한다. 재범위험성이 가장 낮은 일반대상자도 역시 일반등급으로 분류하고 격월 1회 이상 대면접촉 등을 실시하고 있다.

이외에도 분류를 실시하기 어렵거나 실익이 없는 준수사항을 위반하여 소재불명 중인 '추적조사대상자', 재범하여 교도소에 수용중인 '수용자', 군대에 입대한 '군법피적용자', 보호관찰 성적이 양호하여 현재 보호관찰을 실시하고 있지 않은 '임시해제·가해제자' 등 분류등급제외자가 있다.

마지막으로 보호관찰대상자의 직업별로 차별화된 지도감독을 실시한다. 우선 대상자를 무직자, 학생, 직장인, 자영업자, 직업훈련생 등으로 구분하고 이에 상응하는 처우를 실시한다. 예컨대, 재범위험성이 높은 무직자에 대해서는 보다 집중적인 면담관리를 실시하면서 향후 직업훈련이나 취업 등에 대한 구체적 추진과제를 제시하고 이행 여부를 지속적으로 점검하는 형태로 지도한다. 그리고 학생의 경우는 담임 선생님이나 학생부장 등을 통해 학교생활에 잘 적응하는지 여부를 파악하고 보호관찰소 출석상담을 최소화하는 등 가급적 학교생활에 지장을 주지 않도록 지도감독한다.

4. 준수사항 위반시 조치사항

보호관찰은 준수사항을 지킬 것을 조건으로 자유롭게 사회생활을 허용하는 제도라는 점에서 준수사항을 위반하고 그 위반의 정도가 심각한 경우에는 집행유예나 가석방 등이 취소되어 교도소 구금 등 불이익한 조치를 받게 된다. 그럼으로 준수사항의 내용이 무엇인지, 그리고 이를 위반하였을 때 어떤 절차를 거쳐 조치를 받게 되는 지를 살펴보고자 한다.

(1) 보호관찰 준수사항

보호관찰이란 준수사항condition 이행 여부를 점검하는 과정이라고도 할 수 있으므로 결국 준수사항은 보호관찰의 구체적 내용이라고도 할 수 있다. 준수사항은 보호관찰대상자가 강제적으로 이행하여야 할 사항이고 이를 위반하면 강제조치가 될 수 있다는 점에서 그 구체적 내용은 법률로 정하고 법원의 판결이나 결정의 형태로 부과되어야 한다.

보호관찰대상자라면 누구나 지켜야 할 준수사항인 일반준수사항은 주거지에 상주하고 생업에 종사할 것이나 보호관찰관의 지도감독에 따르고 방문에 응할 것 같은 것 등이 있으며 이는 「보호관찰 등에 관한 법률」 제32조에 명시되어 있다. 한편, 개별 보호관찰대상자의 특성과 환경에 맞게 부과될 필요가 있는 준수사항을 특별준수사항이라고 하며, 이는 「보호관찰 등에 관한 법률」 제32조와 같은 법 시행령 제19조에 명시되어 있는데 대표적인 사례로는 특정시간대의 외출제한, 특정 지역이나 장소에의 출입금지, 특정인에 대한 접근금지, 일정한 주거가 없는 자에 대한 거주장소 제한, 그리고 마약류의 투약, 흡입, 섭취 여부에 관한 검사에 따를 것 등이 있다.

(2) 준수사항 위반자에 대한 조치사항

준수사항을 위반하고 그 위반의 정도가 무거워 보호관찰을 계속 실시하는 것이 곤란할 정도에 이르게 되면 보호처분 변경신청이나 집행유예취소신청을 위해 경고, 구인, 유치 등의 강제처분 절차를 진행한다. 먼저 경고는 준수사항 위반 사실에 대해 주의를 주는 사전적 행위이다. 경고조치가 있었음에도 불구하고 계속해서 준수사항을 위반하면 보호관찰소장은 검사에게 신청하고 판사가 발부하는 체포영장과 유사한 구인장을 발부받는다. 구인장 집행은 보호관찰관이 실시하는 것이 일반적이지만 경찰의 도움을 받아 집행하는 비율이 점차 늘어나고 있다.

구인된 보호관찰대상자는 보호관찰 기간 중에 준수사항을 위반한 사실에 대하여 조사가 이루어진 후 특별히 참작할 사유가 없으면 구속영장과 유사한 유치허가장을 구인장과 같은 절차로 판사로부터 발부받는다. 준수사항을 위반하여 구인·유치되는 사건은 연간 2천 건 정도에 이르러 이는 전체 보호관찰대상자 중 약 2%에 해당한다.

우리나라는 준수사항 위반죄라는 것이 전자감독대상자를 제외하고는 없기 때문에 집행유예 취소나 보호처분변경 신청 또는 가석방 신청을 하여야 하는데 법원 등 처분기관에서는 준수사항 위반 사실은 명백하지만 원처분을 취소하기에는 너무 가혹하다는 의견들이 있어 집행유예 취소 신청 인용율은 60%로 조금 낮다는 의견이 많다.

제5절 보호관찰의 효과

보호관찰은 효과적인가? 그리고 어떤 프로그램들이 효과적인가에 대해 그동안 많은 논란이 있어왔다. 마틴슨(1974년)은 1945년부터 1967년까지 출판된 231개 교정치료 프로그램에 관한 논문을 리뷰하면서 범죄자 교화개선에 있어서 아무것도 효과적이지 않다는 소위 "Nothing Work"원칙을 주창하였다. 이후 메타분석을 통한 교정 프로그램들에 대한 효과성 연구가 다양하게 실시되었고 일부는 효과가 있는 것으로 일부는 효과가 없는 것으로 나타났다.

보호관찰의 효과성에 대해서는 다음과 같이 세 개분야로 나누어 살펴볼 수 있다. (1) 보호관찰대상자들과 교도소나 소년원 수용자들과의 재범율을 비교함으로 보호관찰제도의 효과성을 평가한다. (2) 보호관찰 분야에서 어떤 프로그램들이 효과가 있었고 어떤 프로그램들은 효과가 없었는지를 비교한다. (3) 보호관찰의 비용−효과성을 조사한다.

먼저 보호관찰 효과성을 어떻게 측정할 것인가에 대해 검토할 필요가 있다. 미국에서 실시한 일부 연구에서는 보호관찰 기간만료 종료율을 기준으로 한 경우도 있다. 왜냐하면 교정의 효과를 제외하고 대부분의 성과지표들은 긍정적 성과, 즉 이수율, 합격률 등을 기준으로 평가하는데 비해 교정분야에서는 부정적인 성과인 재범율을 기준으로 하기 때문이다. 그러나 일반적으로는 보호관찰의 효과성은 재범율도 평가하며, 재범율도 법원으로부터 유죄가 확정되기 전인 체포나 기소만 되어도 재범으로 보는 연구들이 일반적이다. 재범 이외에 준수사항 위반으로 처벌받은 것도 재범율로 산정한다.

1. 보호관찰과 다른 처분과의 효과성 분석

위스콘신주에서 실시한 연구(Wisconsin Division of Corrections, 1965)는 이전에 중범죄로 기소된 적이 없는 절도범에 대해 징역형을 선고하는 것과 보호관찰을 부과하는 것 간에 성과를 비교하였다. 이 연구는 어느 특정 시점에서 위반율(산정기간은 2년)은 보호관찰대상자는 23%인데 비해 절도죄로 교도소에 수감된 후 가석방으로 출소한 대상자의 위반율은 34%였다. 결국 위스콘신주 연구에서 나타난 것은 보호관찰이 교도소에서 출소한 가석방보다 성공적이라는 것이다(Latessa & Smith, 2013).

이외에도 지금까지 수행된 제한적 연구들을 통해, 보호관찰은 초범자들에게는 상당한 효과가 있을 수 있다는 것이 실험적으로 나타났다(Latessa & Smith, 2013).

우리나라에서는 이와 유사한 연구가 실시된 적은 없다. 다만, 보호관찰, 교도소, 소년원에서 각기 다른 재범률을 산정하고 있을 뿐이다. 보호관찰은 매년마다 보호관찰기간 중 재범율을 산정하고 있고, 교도소와 소년원은 출소 후 재입원률이나 재복역률을 산정하고 있다.

[표 7-5] 최근 3년간 보호관찰, 소년원, 교도소 재범률 비교

구분	보호관찰			소년원		교도소	
	계	소년	성인	1년 이내	2년 이내	1년 이내	2년 이내
2015년	7.6	11.7	5.2	12.0	19.8	6.7	15.4
2016년	7.9	12.3	5.6	14.0	–	7.5	18.0
2017년	7.8	12.8	5.6	–	–	6.6	17.3

최근 3년간 보호관찰, 소년원, 교도소 재범률을 재입소율이 등을 통해 간접적으로 비교해 보면 [표 7-5]에서 보는 것과 같이, 보호관찰은 성인과 소년을 합한 평균에서 7.6%에서 7.8%이며, 소년원 1년 이내 재입소율은 12.0%에서 14.0%이고 2년이내는 19.8%이다. 그리고 교도소의 재복역률은 1년 내는 6~7%대이나 2년 내는 15~18%대이다. 이상의 통계에서 보듯이 보호관찰이 소년원이나 교도소에 비해 재범률이 다소 낮음을 알 수 있다.

재범률 산정기준에 있어, 보호관찰은 보호관찰기간 중에 재범한 사건만을 다루며, 재범산정 시기는 검사가 종국처분이 있는 구공판 이상을 재범으로 보며 준수사항 위반은 재범으로 산정하지 않는다. 교도소나 소년원의 경우는 출소 또는 출원

후 교도소에 재입소하는 재입소율이나 소년원에 재입원하는 재입원율로 산정하고 있다. 그러나 교도소 재범률 산정에 있어서 재범을 하여 집행유예 등의 처분을 받았으나 교도소에는 입소하지는 않은 경우에는 통계산정에서 제외하였고, 소년원은 나이가 20세가 넘어 재범을 하였으나 소년원에 입소할 수 없는 경우는 제외되었기에 지나치게 소극적으로 재범률을 산정하였다고 비판을 받고 있다.

2. 보호관찰 프로그램의 효과성 분석

먼저 보호관찰제도가 재범억제에 효과적인지를 교도소 등 다른 제도와 비교하지 않고 보호관찰만을 대상으로 살펴보고, 이후에 보호관찰소에서 실시한 프로그램 중 어떤 것들이 효과성이 높은지를 살펴보겠다. Allen, 등은 1951년부터 2000년 사이에 보호관찰대상자들의 재범률에 대한 관한 13개의 연구를 메타분석을 통해 정리하였다. [표 7-6]에서 보는 것처럼 1985년에 실시한 Petersilia의 연구결과가 실패율(재범과 준수사항 위반을 포함함)이 65%로 가장 높았고, Caldwell(1951)의 연구가 16.4%로 가장 낮았다. 그러나 연구마다 실패에 대한 정의, 추적기간follow-up periods, 그리고 범죄자의 유형이 연구마다 서로 상당히 달랐다.

Morgan(1993)은 테네시주에서 266명의 성인 중범죄 보호관찰대상자들을 대상으로 어떤 요인들이 보호관찰 성과에 긍정적으로 영향을 미쳤는지 그리고 이러한 요소들이 보호관찰 성공을 예측할 수 있는지를 알아내기 위해 연구하였다. 그녀는 단지 27%의 보호관찰대상자만이 실패했다는 사실을 알았고, 여성, 기혼자 그리고 고학력자들은 성공가능성이 더욱 높다는 사실도 알았다. 보호관찰 실패와 관련된 중요한 요소들로는 이전 중범죄 전력, 보호관찰 전력, 교도소 수용전력 그리고 보호관찰 기간(기간이 길면 길수록 실패가능성은 더욱 크다) 등이었다(Latessa & Smith, 2013).

보호관찰 프로그램 중 어떤 것이 효과적이었는지 그리고 어떤 프로그램이 효과가 없었는지에 대한 연구들도 있었다. 먼저 효과성이 입증된 프로그램으로는 보호관찰청소년의 가족체계에 개입하는 프로그램들이다. 이는 부모 또는 청소년에게만 집중하는 프로그램보다 가족관계를 증진시키고 가족간 갈등을 줄이는 데 효과적이라고 보고되고 있다(Kumpfer & Alvarado, 1997; 김병배, 2017. 재인용). 또한 자기통제, 분노조절, 공감능력 향상, 방사회적 태도 등을 수정하는 인지행동치료CBT도 효과성이 입증되었는데 이는 치료대상자가 자신의 범죄 또는 비행과 관련된 사고 패턴을 수정하고 문제해결 기술 등 대인적 사회기술을 학습할 수 있기 때문이라고 한다(Guerra & Slaby, 1990; 김병배, 2017. 재인용).

[표 7-6] 보호관찰대상자들의 재범률에 관한 연구들

연구	본 사건범죄	실패기준	추적기간	실패율(%)
Caldwell(1951)	조세법위반(72%)	기소	보호관찰종료 후 (postprobation) 5.5-11.5년	16.4
England(1955)	주류밀매(48%)와 사기	기소	보호관찰종료후 6-12년	17.7
Davis(1955)	강도, 위조와 사기	두 개 이상의 위반 (준수사항이나 재범)	보호관찰종료까지 4-7년	30.2
Frease(1964)	알려지지 않음	경고장(inactive letter) 영장위반, 처분취소	보호관찰기간 중 18-30개월	20.2
Landis et al. (1969)	자동차 절도, 위조와 사기	처분취소 (준수사항 위반이나 재범)	보호관찰종료까지	52.5
Irish(1972)	절도와 강도	체포나 기소	보호관찰종료 후 최소 4년	41.5
Missouri Div. Probation & Parole(1976)	강도, 절도, 자동차 절도	체포나 기소	보호관찰종료 후 6개월~7년	30.0
Kusuda(1976)	재산범죄	처분취소(revocation)	보호관찰종료까지 1~2년	18.3
Comptroller General(1976)	알려지지 않음	처분취소와 출소 후 기소	보호관찰종료 후 평균 20개월	55.0
Irish(1972)	재산범죄	체포	보호관찰종료 후 3~4년	29.6
Petersillia (1985)	중범죄 보호관찰대상자들	체포	40개월 이상 추적(tracked)	65.0
McGaha et al. (1987)	중범죄 보호관찰대상자들	체포	40개월 이상 추적(tracked)	22.3
Vito(1986)	중범죄 보호관찰대상자들 (약물범죄 제외)	체포	40개월 이상 추적(tracked)	22.0
Maxwell et al. (2000)	중범죄 보호관찰대상자들	처분취소	30개월 이상 추적(tracked)	47.0

출처: Adapted and updated from Allen, H., Carlson, E., Parks, E.(1979). Critical issues in adult probation. Washington,DC: National Institute of Law Enforcement and Criminal justice.

효과성이 없는 것으로 입증된 정책으로는 대부분 처벌을 위협하여 재범을 억제하려는 억제이론에 기반을 둔 프로그램들이다. 병영훈련이나 교도소 방문Scared

Straight 그리고 다른 처벌강화 프로그램들은 인기는 많았지만 재범률 감소에 효과가 있었다는 자료는 거의 없다. 이러한 접근방법들의 주요한 문제점 중 하나는 범죄자들에게 무엇을 하여야 할 것인지를 알려주기 보다는 하지 말아야 할 메시지를 전달할 뿐이라는 것이다. 즉, 장래 위험한 상황을 극복하는데 필요한 기술을 가르쳐 주지 않는다는 것이다. 우리나라에서 많이 실행되고 있는 특별준수사항으로 부과되는 야간외출제한명령도 미국에서 보고된 상당수 연구와 국내에서 연구된 몇몇의 연구에서 재범감소에는 효과가 없다고 한다(Adams, 2007; 조윤오, 2007)

이외에 Sherman과 그의 동료들은 어떤 프로그램이 재범률 감소에 효과가 없었는지를 국립법무연구소the National Institute of Justice에서 지원을 받아 연구하였고 그 결과는 다음과 같다(Latessa & Smith, 2013).

- 전통적 군사기본훈련을 활용한 교정 병영훈련
- 약물남용 방지교육DARE과 같은 자존감을 포함한 두려움이나 다른 정서적 표현에 초점을 맞춘 약물남용방지교실
- 학교 기반 여가 시간을 알차게 보내는 프로그램
- 청소년 범죄자들에게 성인 교도소를 방문하게 하는 "교도소 견학Scared Straight" 프로그램
- 충격보호관찰, 충격가석방, 그리고 보호관찰이나 가석방에 대한 분리선고 split sentences
- 전자감독 가택구금
- 집중보호관찰
- 모호하고 비구조화된 상담을 사용하는 재활 프로그램
- 시골지역에서 이색challenging 경험을 활용한 청소년범죄자들에 대한 주거제한residential 프로그램

그러나 일부 프로그램에 대해서는 효과성에 대한 결과가 엇갈리고 있다. 그 중 하나는 면담횟수를 증가시켜 재범을 통제하고자 하는 집중보호관찰ISP이고, 다른 하나는 가족회합, 배상, 중재 등을 활용하는 회복적 사법Restorative Justice 프로그램이다(김병배, 2017). 일부 연구에서는 재범률 감소에 부정적인 결과를 제시하였으나 다른 일부 연구에서는 효과가 있다고 하여 추가적인 연구가 필요해 보인다.

3. 보호관찰의 비용-효과성 분석

미국에서 중구금 교도소 건립에 들어가는 비용은 교도소 베드bed당 약 10만 달러가 소요되었으며, 재소자 1인당 교도소 내에서 먹여주고 입혀주는 등의 연간 유지비용은 뉴욕주는 60,076달러고 캔터키주는 14,603달러로 지역 간 편차가 있으나 평균적으로 31,000달러이다(Henrichson & Delaney, 2012). 우리나라도 미국과 별반 다르지 않다. [표 7-7]에서 보는 것과 같이 2017년을 기준으로 교도소 수용자 1인당 연간 관리비용을 피복비, 급식비, 프로그램 운영비 등 직접비용과 교도관 인건비인 간접경비를 모두 합치면 약 2,354만 원이 소요되었으며 소년원생의 경우는 약 3,800만 원이 소요되는 것으로 나타나고 있다. 그런데 보호관찰대상자의 경우에는 직접비용이 대상자 1인당 연간 1만 3천여 원에 불과하고, 간접비용인 인건비까지 모두 합치면 44만 8천여 원이며 전자감독대상자들은 직접경비가 다소 많은 관계로 82만 2천여 원이다. 이처럼 보호관찰대상자 1인당 연간 관리비용은 교도소나 소년원생 1인당 관리비용과 비교할 때 1/50에도 못미치는 아주 비용효과성이 높아 국가예산을 절감할 수 있는 제도라고 할 수 있겠다.

[표 7-7] 교도소 수용자와 보호관찰대상자 1인당 관리비용비교

구분	교도소 수용자	보호관찰대상자 (전자감독대상자)
인원 기준*	53,892명	202,631명 (2,981명)
직접경비(1인당)**	2,235,746원	13,191원 (394,633원)
간접경비(1인당)***	21,311,970원	428,091원
계	23,547,716원	441,282원 (822,724원)

* 2017년 말 인원 및 예산을 기준으로 함
** 직접 경비는 수용자의 경우는 급식비, 피복비, 의료비, 생필품비, 난방비, 건강보험 등을, 보호관찰 대상자는 수강명령집행비, 응급구호비, 구료비(구인유치대상자 매식비, 프로그램 운영비)을 그리고 전자감독 대상자는 심리치료 프로그램 운영와 휴대장치 통신료 등을 기준으로 산정함
*** 간접경비는 이 업무에 종사하는 직원들의 총 인건비를 관리대상자 수로 나눈 것으로 보호관찰과 전자감독의 경우는 인건비 편성상 별도로 분리되어 있지 않아 합쳐서 산출함

제 **8** 장　사회봉사명령과 수강명령

제 1 절 사회봉사명령

1. 사회봉사명령 소개

사회봉사명령이란 유죄가 인정되거나 보호처분 등의 필요성이 인정된 사람에 대하여 일정시간 동안 무보수로 사회에 유익한 근로를 하도록 명하는 것을 말한다.[1] 우리나라의 현대적 의미의 사회봉사명령은 1988년 소년법에서 먼저 도입되었다. 그 후 1995년 개정 「형법」에 의하여 성인범에게도 사회봉사명령 제도가 시행되었다. 이후 사회봉사명령제도는 벌금을 대체하는 제도로서 활용되는데, 2009년 벌금형을 선고받은 범죄자 중 경제취약계층에 대하여 벌금을 사회봉사로 대체하는 제도가 시행되기 시작하였다. 벌금대체 사회봉사명령제도는 형사사법 분야에서의 취약계층을 위한 대안적 정책으로 제정되어 운영 중이다.

[표 8-1] 사회봉사(명령)제도 연혁 (법률 제·개정 기준)

년도	내용
1988년(시행 1989년)	소년범 사회봉사명령
1995년(시행 1997년)	성인범 사회봉사명령
2009년	벌금미납 대체 사회봉사제도

2. 사회봉사명령의 기능과 법적 성격

일정 기간 무보수로 사회에 유익한 근로를 하게 되는 사회봉사는 그 시작은 반성을 도모하기 위한 새로운 처벌 방식의 고민은 물론 교도소의 과밀화 등으로 인한 현실적인어려움에 의해 탄생되었다. 그러나 사회봉사제도는 직업이나 학교생활 등의 일상생활을 유지하면서 처벌을 이행하는 제도로 운영되므로 가족관계나 사회적 관계 유지가 가능하다는 장점으로 인해 그 기능이 점점 범죄자의 재사회화 기능에 초점을 맞추어 선고·집행된다.[2]

---

1 「사회봉사 집행지침」 제2조.

2 동지의 견해로 구금의 폐해를 줄이기 위해 도입된 것이나 이러한 소극적 목적과 함께 적극적 목적 내지 기대효과로서 범죄인의 처벌, 사회에 대한 배상, 범죄행위에 대한 속죄, 범죄인의 사회복귀가 제시될 수 있다고 한다(오영근, 2007: 47).

(1) 사회봉사명령의 기능[3]

1) 범죄인의 처벌 기능

사회봉사명령을 도입한 외국은 물론 우리나라의 경우도 사회봉사명령은 여가시간 박탈의 기능을 갖는다. 그러나 직업을 가지고 있는 사람이 200시간의 사회봉사명령을 선고받았을 경우 하루 8시간씩 25일을 꼬박 봉사활동만을 수행해야 하는 상황은 상당한 제약을 수반한다. 이러한 측면에서 비록 사회 내에서 이행하는 봉사활동이지만 강제성과 상당성의 측면에서 사회봉사명령은 범죄에 대한 형벌적 기능을 갖는다.

2) 사회에 대한 배상 기능

범죄인이 자신의 노동을 통해 범죄로 인해 침해를 받은 사회에 공헌함으로써 그 침해를 전보한다는 것은 사회봉사명령의 배상적 요소라고 할 수 있다. 다만, 이때의 배상은 피해자에 대한 것이 아니라 사회에 대한 것이다. 사회가 범죄인에게 죗값을 치르게 하는 것을 응보라고 한다면, 사회봉사명령은 범죄인이 자기의 잘못을 이유로 사회에 죗값을 치루는 것이다. 다만, 응보가 악을 악으로 갚는 것인데 비해, 사회봉사명령은 사회에 기여함을 통해 악을 배상하는 것이다.

3) 범죄행위에 대한 속죄 기능

사회봉사명령은 자신의 무책임한 행동에 대한 속죄수단으로 활용될 수 있다. 강한 죄책감을 가지고 있는 범죄인들이 다른 사람들을 위한 무보수의 노동에 종사함으로써 그 죄책감을 완화시킬 수 있다는 것이다.

4) 범죄인의 사회복귀 기능

일정시간동안 반복적으로 근로를 행하게 되는 사회봉사명령을 통해 범죄인의 사회적 책임감이 증진되고, 다른 노동 종사자와 교제할 수 있고, 여가시간을 건전하게 활용할 수 있고, 장기적인 관심과 기술을 익힐 수 있으며, 근로습관을 회복할 수 있다. 기타 사회복귀에 도움이 될 수 있는 구체적 상황 등은 다음과 같다.

3　자세하게 오영근 논문 1991/9, pp.266-268. 참조.

① 노약자 등 도움이 필요한 사람들에 대한 봉사를 통해 범죄인은 사회적 책임 감과 사회에서의 자신의 역할에 대해 새로운 관념을 갖게 된다.

② 감독관, 자원봉사자, 다른 범죄인 등과 접촉함으로써 긍정적 가치관이 형 성될 수 있고, 권위를 무시하는 태도를 없앨 수 있으며, 사회적 고립감 등을 없앨 수 있다.

③ 여가시간에 반사회적 행위를 할 수 있는 사람이 여가시간에 노동을 함으로 써 범죄의 기회가 줄어들고, 여가시간을 건설적으로 활용하면 범죄의 동기 도 줄어들 수 있다.

④ 사회봉사명령을 하는 동안 범죄인들이 이전에 알지 못했던 소질이나 관심 을 알아내고 발전시키며, 명령이 종료된 이후에도 자원봉사자로서 활동하 거나 새로운 직업을 가짐으로써 사회봉사명령 제도에 영구적인 도움을 줄 수 있게 된다.

⑤ 사회봉사명령은 장기간 근로에 종사하지 않았던 사람들로 하여금 근로습관 을 회복시켜주는 도구가 될 수 있다. 실업상태에 있었거나 취업불가능이라 고 판단되던 사람들도 직업상의 어려움에 대해 관용을 베풀어 주는 근로환 경 속에서 일하는 경우에는 자신감을 갖고 좋은 근로 습관을 가질 수 있다 고 기대된다.

(2) 사회봉사명령의 법적 성격

사회봉사명령의 시작은 「소년법」상 보호관찰처분 시 병과처분으로 규정되어 있으므로 보호관찰처분의 부가처분으로서의 성격으로 태동되었다(「소년법」 제32조 제3항). 사회봉사를 통해 처벌의 기능을 수행한다기보다는 재사회화와 재범방지를 위한 생활부조의 수단으로의 성격이 강하다(김영환 외, 1992: 154; 박미숙, 2002: 96 재 인용). 그러나 「형법」 제62조의2 제1항의 일반 성인범에 대한 사회봉사명령은 집행 유예의 조건 또는 부속처분(보호관찰부 집행유예, 사회봉사 집행유예)으로서의 모습을 띠고 있기에 그 성격을 소년법과 동일하게 보기는 어렵다. 그렇다고 해서 사회봉사 명령을 독립된 형벌 내지 부가형이라고 보는 것도 아니다(이영란, 2000: 27).

이처럼 「소년법」상의 사회봉사명령과 형법상 사회봉사명령의 성격이 다르기 때문에 「형법」상 사회봉사의 이념이나 법적 성격을 단순히 정의하는 것은 쉬운 일이 아니다. 일단 적용 모습은 다르지만 소년범과 성인범을 구분하지 않고 사회봉사명령을 동일선상에서 바라보는 입장은 사회봉사명령이 추구하는 주요 기능은 사회복귀로 보고, 처벌이나 배상은 부차적인 기능으로 바라본다(이경재·최석윤, 1997: 184). 반면 소년범과 성인범에 적용하는 사회봉사명령을 달리 구분하여 바라보는 입장은, 소년범에 대하여는 사회복귀를 취우선 기능으로, 성인범에 대하여는 배상이나 처벌, 비 구금화 등을 그 우선 기능으로 바라보는 입장을 취한다(김영환 외, 1992: 196; 박미숙, 2002: 96 재인용). 그러나 박미숙은 두 입장이 취하는 입장이 궁극적으로 큰 차이가 없다고 본다(박미숙, 2002: 97). 후자의 입장도 사회봉사명령의 도입 초기 시행과정에 나타날 수 있는 문제점을 고려하여 이를 줄이기 위한 방안으로서 제안하는 것일 뿐, 종국적으로 사회봉사명령도 사회복귀를 그 기본이념으로 해야 한다고 보기 때문에 양 입장은 사회봉사명령의 기본이념에 있어서 차이가 나는 것은 아니라는 것이다(박미숙, 2002: 97).

그렇다면 사회봉사명령의 「형법」상의 법적성격은 어떠한가? 법적 성격에 대한 논의도 보안처분으로 보는 입장(박미숙, 2002: 97)과 제3의 독립된 처분(법원행정처, 15; 손동권·최영신, 1998: 41; 박미숙, 2002: 97)으로 보는 입장으로 나뉜다. 사회봉사명령을 보안처분으로 보는 입장은 사회봉사명령이나 보호관찰 모두 동격의 법적 지위를 가지며, 보호관찰과 같이 자유 제한적 보안처분으로서의 성격을 갖는다는 점을 그 근거로 제시한다. 대법원 또한 사회봉사명령의 법적 성격을 명확히 밝히고 있지는 않지만, 「형법」 제62조의2 제 1항의 보호관찰의 법적 성격을 형벌이 아니라 보안처분이라고 판시한 바 있다(대법원 1997. 6. 13. 선고 97도 703 판결). 이는 동일한 조문 하에 있는 사회봉사명령도 보호관찰과 마찬가지로 장래의 위험성으로부터 행위자를 보호하고 사회를 방위하기 위한 합목적인 조치로 파악하고 있기 때문이라고 본다(박미숙, 2002: 97).

사회봉사명령이 보호관찰과 병과되거나 그 중 하나만이 부과될 수 있도록 한 형법의 입법취지를 고려하거나 행위자의 재범방지와 사회복귀의 주된 이념으로 한다는 점을 고려한다면 사회봉사명령을 보안처분으로 이해할 여지는 있다. 그러나 한편으로는 사회봉사명령이 보호관찰이나 수강명령과는 달리 「형법」상의 유예에 따른 조건으로서 선고되면서 그 과정에 무보수 노동의 의무를 부과한다는 것을 살펴보면 행위불법에 대한 보상으로서의 성격도 갖기에 조건으로서의 사회봉사명령은 형사제재로서의 성격도 동시에 갖는다는 것을 알 수 있다(박미숙, 2002: 97). 즉,

사회봉사명령부 집행유예는 자유형의 변형 또는 대체수단으로서 형사제재적인 성격을 갖는 것도 부인할 수 없다(김영환 외, 1992: 154; 이경재 · 최석윤, 1997: 196−107).

사회봉사명령을 제3의 처분으로 바라보는 입장은 위와 같이 결국 사회봉사명령은 불법에 대한 응보라는 전통적인 형벌의 색체를 완전히 벗어버리지도 않으면서 개별교화적 기능과 재사회화의 기능을 동시에 추구하려는 제도라는 점을 들어 형벌과 보안처분의 성격을 동시에 갖는 제3의 처분으로 보는 것이 타당하다고 본다(박미숙, 2002: 97).

3. 사회봉사명령 요건과 절차

(1) 사회봉사명령 부과 대상

성인의 경우 사회봉사명령 부과 대상은 (1) 사회봉사명령을 조건으로 집행유예가 선고되는 사람(「형법」 제62조의 2), (2) 「가정폭력범죄의 처벌 등에 관한 특례법」 제40조 제1항 제4호의 규정에 따라 명령을 받은 사람, (3) 「성폭력범죄의 처벌 등에 관한 특례법」 제16조 제4항의 규정에 따라 명령을 받은 사람, (4) 「성매매 등 행위의 처벌에 관한 법률」 제14조 제1항 제3호의 규정에 다라 명령을 받은 사람, (5)벌금미납자의 경우 사회봉사 허가 결정을 받은 사람, (6) 「아동학대범죄의 처벌 등에 관한 특례법에」 따라 명령을 받은 사람, (7) 「아동 청소년 성보호에 관한 법률」 규정에 따라 명령을 받은 사람, (8) 보호관찰소 선도 위탁 규정에 따라 병과 처분을 받은 사람이다.

현행 「보호관찰 및 사회봉사명령 등에 관한 예규」 제1조는 보호관찰 및 사회봉사명령 · 수강명령 재판의 기본 방향으로서 형사사건에서 선고유예 · 집행유예를 선고하는 경우 또는 소년 보호 · 가정보호 · 아동보호 사건에서 보호처분을 명하는 경우에 보호관찰 및 사회봉사명령 · 수강명령 등을 적극 활용한다고 그 방향을 서술하고 있다. 그리고 대상자의 선정과 관련해서는 제3조에서 "사회봉사명령은 원칙적으로 보호관찰을 명하는 모든 대상자에게 부과할 수 있으며, 수강명령에 적합한 경우라도 집행기관 및 교육 프로그램의 여건과 내용 등을 고려하여 적절한 사회봉사명령을 부과할 수 있다."고 보고 사회봉사명령에 적합한 대상자와 부적합한 대상자들을 예시하고 있다.

사회봉사명령에 적합한 대상자는 (1) 자신을 비하하거나 목적 없이 생활하면서 자신의 능력을 모르고 있는 경우, (2) 사회적으로 고립되어 있거나 단편적인 행동양식을 가지고 있는 경우, (3) 근로정신이 희박하고 다른 사람의 재산을 탐내거나 직무와 관련하여 부당한 대가를 받은 경우, (4) 음주운전, 무면허운전 등 중대한 교통법규위반죄를 범한 경우, (5) 기타 사회봉사명령을 부과하는 것이 적절하다고 판단되는 경우이다.

그러나 이러한 사람들을 판사들이 어떻게 구분해 낼 것이며, 이들 모두가 사회봉사명령을 받고 있는지도 의문이다. 결론적으로는 본 재판 예규를 통해서는 "사회봉사명령을 선고받는 사람들은 어떤 사람들인가? 판사는 누구에게 사회봉사를 선고하고 있는가?"에 대한 답변을 기대하기는 매우 어렵다. 명확한 선고기준이 존재하지 않기에 현재 사회봉사명령이 법원마다 선고되는 양상이 다르고 법관마다 부여한 사회봉사명령 시간이 상이한 문제점들이 지속적으로 나타난다. 이러한 상황은 예전의 양형기준 제정시점에 지적된 문제들로 되돌아가 판사의 지나친 재량, 투명성과 공정성, 예측가능성의 문제를 다시 소환하게 된다. 명확한 기준의 제시는 법관의 효율적이고 명확한 판단에도 도움이 되고 대상자들에게도 예측성 측면에서 도움이 될 것이다. 그리고 이러한 사회봉사명령 선고 기준 마련에는 반드시 사회봉사명령의 그 근본적 존재 이유에 대한 선고민이 필요함을 밝혀둔다.

(2) 부과 시간

법원은 관련법에 따라 최대 500시간까지 사회봉사명령을 선고하며 평균적인 사회봉사명령의 시간은 100~200시간이다. 그러나 우리나라의 경우 이러한 사회봉사명령을 부과하는 기준에 대하여는 명확한 규정이 마련되어 있지 않다.

영국의 경우 범죄의 경중에 따라 범죄의 경중에 따라 낮음(40~80시간), 중간(80~150시간), 높음(150~300시간) 3가지 단계로 나누고 있다. 미국은 실형을 기준으로 사회봉사명령 시간을 계산하고 있는데, Tonry는 영국의 항소법원의 판례를 근거로 삼아 징역 1년을 사회봉사작업 190시간으로 본다고 주장하였다.

모든 실형이나 집행유예 선고 대상이 사회봉사명령 부과의 대상이 되는 것도 아니고, 사회봉사명령의 모습이 실형에 비례하여 존재할 수도 없기에 미국식의 실형에 대비하여 사회봉사명령 시간을 계산하는 방식은 부적절해 보인다. 사회봉사명령이 필요한 사안의 경중에 집중하여 이를 기준으로 상/중/하를 판단하고 그 안에서 개인적 상황 등을 고려하여 사회봉사 시간을 선고하는 방식이 적절하다.

(3) 사회봉사 작업 내용

1) 일반적 유형

사회봉사 대상자들이 수행하는 봉사 분야 및 작업내용은 농어촌 지원, 소외계층 지원, 긴급재난복구지원, 복지시설 지원, 주거환경개선 지원 그리고 지역사회 지원 및 기타공익 지원이 있다. 그러나 이는 예시일 뿐 지역적 특수성과 공익적 성격을 고려하여 그 분야와 작업내용은 다양해 질 수 있다.

2) 사회봉사 국민공모제

법무부에서는 이러한 사회봉사 집행 분야를 다양화하기 위해서 "사회봉사 국민공모제"를 운영하고 있다. 도움을 필요로 하는 일반 국민들이 직접 법무부에 자원봉사 필요 인력을 신청하고 법무부에 의해 선정될 경우 사회봉사 명령 대상자들의 봉사활동을 지원 받게 된다.

법무부에서 제시한 선정기준은 일반 국민이 봉사 일손을 필요로 하는 분야가 지역사회에 기여하는 내용이어야 하고, 사회적 약자를 지원하거나 공공의 이익이 되는 것이어야 한다. 또한 봉사자가 봉사의 가치와 보람을 느낄 수 있는 내용이어야 하며, 봉사자의 안전을 위협하지 않는 활동이어야 한다.

[표 8-2] 국민공모제 지원 신청 분야 및 집행 사례

신청 분야	집행 사례
지역사회 지원	벽보 및 낙서 제거, 지역 환경정화 활동
소외계층 지원	노인, 장애인, 소년소녀가장, 다문화가정, 저소득층 등 소외계층 지원활동 (목욕, 이·미용, 빨래, 연탄배달, 김장배달, 무료급식 등)
주거환경개선지원	집수리, 도배, 장판, 방충망 교체, 도색, 청소 등
농촌 등 지원	영세, 고령농가 등 농어촌 일손돕기, 농기계 수리, 비닐하우스 보수 등
긴급 재난복구 지원	태풍, 폭우, 폭설 등으로 인한 재난복구 지원
복지시설 지원	장애인 복지관, 노인요양원 등
기타 공익지원	공익적 목적의 행사, 축제, 경기대회 등 보조 공익 단체 지원활동 등

(4) 사회봉사명령 집행

법관에 의해 사회봉사명령이 선고되며, 그 집행은 보호관찰소가 담당한다. 보호관찰소에서는 국공립기관이나 사회복지시설 혹은 의료기관등에 그 집행의 전부나 일부를 위탁 운영한다. 사회봉사 집행 시 대상자의 교통비, 식비는 직접, 협력 집행을 불문하고 자비부담을 원칙으로 한다.

1) 관리감독 주체 기준

이러한 사회봉사 집행 방법은 관리 감독 주체에 따라 직접집행과 협력집행으로 구분된다. 직접 집행은, 사회봉사 대상자 인솔, 작업현장 배치, 작업 지시, 집행 프로그램 기획 및 진행, 집행 상황 내역 기록 등 사회봉사 집행의 모든 과정을 보호관찰관이 직접 관리 및 집행하는 것을 말한다. 상황에 따라 법무부에서 임명한 법사랑 자원봉사위원(법사랑위원) 등 집행 보조 인력이 현장에서 감독을 대리하기도 하거나 담당자가 집행 장소를 순회감독 하는 경우도 직접 집행이라 칭한다. 주로 농어촌 지원(모내기, 벼 베기, 농작물 재배, 과실 수확, 농수로 정비, 농가환경개선, 마을 청소 및 공동시설 보수 등), 소외계층 지원, 긴급재난복구 지원 등의 봉사활동이 이러한 직접집행의 대표적인 예이다. 협력 집행은 보호관찰관의 감독권 행사를 조건으로 집행의 전부 또는 일부를 협력기관의 장에게 위탁하여 집행하는 것을 말한다. 사회봉사명령 이수자가 국공립기관이나 사회복지시설, 의료기관 등에서 봉사를 수행하는 경우 협력집행 방식으로 진행된다.

[표 8-3] 관리감독 주체에 따른 사회봉사 집행 방식

집행 방식 구분	설명	봉사 예
직접 집행	대상자 인솔부터 집행상황 내역 기록까지 사회봉사 집행의 모든 과정을 보호관찰관이 직접 관리	농촌 봉사
협력집행	집행상황에 대한 보호관찰관의 감독을 조건으로 협력기관의 장에게 위탁하여 집행하는 방법	기관 봉사

2) 봉사 이행의 연속성 기준

사회봉사명령 집행은 연속집행을 원칙으로 하되, 사회봉사 대상자의 생계유지 곤란, 질병, 학업, 직업 훈련 등 불가피한 사유로 집행의 개시 또는 연속 집행 및 평일, 주간 집행이 곤란할 경우 이를 조정하여 봉사활동을 진행하는 탄력집행 방식도 가능하다. 탄력집행이란 착수시기를 조정하고나 하루 봉사활동 시간을 분할, 주

말 야간 집행 등 사회봉사 시간과 요일을 탄력적으로 선택하여 봉사하는 방식으로 사회봉사 집행에 따른 생업 불편을 최소화하기 위해 운영되고 있다. 사회봉사 대상자가 탄력집행을 신청한 경우 서류 검토 및 면접 등을 통해 허가 여부를 결정한다.

3) 집행 불응자에 대한 조치

일반적인 사회봉사 명령 대상자가 보호관찰관 혹은 협력기관 책임자의 사회봉사 집행 지시에 따르지 않고 집행에 불응할 경우 가능한 조치로는 우선, 사유를 소명하게 하거나 소환조사를 할 수 있고, 이후 이에 응하지 않거나 소명 내용에 따라 필요시 구인, 유치, 처분변경, 집행유예 취소 등의 제재조치 수반을 경고 한다. 계속된 불응 시, 보호관찰관은 관련법에 따라 유치한 후 집행유예의 취소 또는 보호처분의 변경 신청을 할 수 있다.

벌금 대체 사회봉사 집행불응자는 사회봉사 허가 고지를 받은 날부터 10일이내에 신고하지 않거나, 집행 지시에 응하지 않는 자로 정의된다. 이들에 대하여는 출석요구서 발부를 원칙으로 소환을 요구하고, 이에 불응할 경우 사회봉사 허가 취소 경고장을 교부한다. 경고에도 불구하고 (1) 1개월 동안 신고를 하지 않은 경우, (2) 보호관찰관 집행 지시에 따르지 않는 경우, (3)사회봉사 이행 중 집행 장소를 2회 이상 무단이탈한 경우, (4) 불응사실 조사를 위한 소환지시에 불응한 경우, (5) 주거를 이전하거나 1월 이상의 국내외 여행 시 미리 보호관찰관에게 신고하지 아니한 경우, (6)소재불명 기간이 1개월 이상 경과한 경우는 관할 지방검찰청 검사에게 집행유예 취소 신청을 할 수 있다. 재량적 신청과 달리 사회봉사대상자들이 다음의 사례에 해당될 경우에는 보호관찰관이 사회봉사 명령 허가 취소를 신청해야 한다.

① 보호관찰관 또는 협력기관의 집행에 관한 정당한 지시에 불응하면서 폭행, 욕설, 협박 등으로 항거하는 경우
② 사회봉사 집행 현장에서 소란을 피우면서 다른 대상자를 괴롭히거나 선동하여 다수의 사회봉사 집행을 방해하는 경우
③ 사회봉사 집행기간 중 대리 출석임이 확인된 경우
④ 기간 내에 사회봉사를 마치지 못한 경우
⑤ 재범, 구금, 질병, 군입대 등의 사유로 사회봉사를 계속 집행하기에 적당하지 않다고 판단되는 경우

그러나 사회봉사명령 취소를 요구하는 보호관찰관의 신청 또는 검사의 취소 청

구가 법원에 의해 받아들여지지 않을 경우 보호관찰관은 사회봉사명령을 집행한다.

4) 사회봉사명령 종료

사회봉사 종료 요건은 크게 4가지 상황으로 요약된다. 첫째 사회봉사 집행시간을 이수한 경우, 둘째 벌금미납 사회봉사자가 벌금을 완납한 경우, 셋째 집행 불이행 등의 상황으로 인해 사회봉사 허가의 취소가 결정된 경우, 마지막으로 사회봉사 대상자가 사망한 경우이다. 이러한 사회봉사명령이 종료될 경우 사회봉사 집행 담당관은 개인별 집행 상황을 정리하여 보호관찰카드에 편철하여 관리하도록 하고, 집행의 효과성 측면을 위해 사회봉사 종료자 소감문과 설문조사서를 작성하기도 한다.

4. 사회봉사명령제도 집행 현황

법무부에서 제공한 2018년 6월 현재 사회봉사 병과 및 단독명령 현황을 살펴보면, 성인대상 사회봉사명령은 2013년부터 2017년까지 지속적으로 증가해오고 있음을 알 수 있다. 2013년 30,905건의 사회봉사명령이 2017년에는 44,910건으로 증가하였고, 보호관찰조건과 병과된 사회봉사명령은 2013년 10,097건에서 2017년 13,886건으로 증가하였음을 알 수 있다. 단독으로 사회봉사명령이 부과된 사건은 2013년 20,808건에서 2017년의 경우 1만여 건 이상 증가하여 31,024건이 실시되었음을 알 수 있다. 이 중 벌금대체 사회봉사명령을 수행하는 자는 2017년 3,111명, 2018년 2,835명으로 2018년의 경우 9.2%가량 감소하였다(2018년 법무부 보호관찰과 자료).

[표 8-4] 사회봉사명령 병과, 단독명령 현황(실시사건)

구분	총 계			소 년			성 인		
연도	계	보호관찰부	단독명령	소 계	보호관찰부	단독명령	소 계	보호관찰부	단독명령
2013	41,511	17,388	24,123	10,606	7,291	3,315	30,905	10,097	20,808
2014	43,293	16,468	26,825	9,442	6,017	3,425	33,851	10,451	23,400
2015	45,549	16,569	28,980	8,677	5,641	3,036	36,872	10,928	25,944
2016	48,395	1,969	30,426	7,616	4,973	2,643	40,779	12,996	27,783
2017	53,231	19,351	33,880	8,321	5,465	2,856	44,910	13,886	31,024

출처: 법무부 보호관찰과 내부자료 2018년 6월 제공

사회봉사명령 협력기관 분야별 현황을 살펴보면, 2018년 6월 현재, 총 1,174개의 협력기관이 지정되어 있으며, 94.89%에 해당하는 협력기관이 복지시설이었고, 나머지 47곳이 공공기관이었다. 또한, 2017년 12월 31일 기준 집행인원을 살폈을 때 20.9%가 직접 집행으로 이루어지고 있었고, 79.1%가 협력집행으로 운영되고 있었다.

[표 8-5] 사회봉사명령 협력기관 분야별 현황

계	복지시설	공공시설	기타
1,174	1,114	47	13

출처: 법무부 보호관찰과 내부자료 2018년 6월 제공

사회봉사명령을 이수하고 있는 사범들의 범죄군을 살펴보면(소년범죄 포함), 2017년 폭력범죄가 10,119건으로 19.0%, 교통범죄가 15,147건으로 28.5%, 절도범죄가 3,706건으로 7%, 사기·횡령이 7,190건으로 13.5%, 강력범죄가 431건으로 0.8%, 마약범죄가 774건으로 1.5%, 풍속범죄가 2,867건으로 5.4%, 성폭력 범죄가 2,591건으로 4.9%, 경제범죄가 1,737건으로 3.3%, 그리고 기타 범죄가 8,669건으로 16.3%이다. 기타 범죄를 제외하고는 교통범죄가 가장 많은 비율을 차지하고 있고, 그 다음으로는 폭력과 사기, 횡령 범죄자 순으로 사회봉사명령 선고분포를 이루고 있었다.

[표 8-6] 사회봉사명령 사범별 현황(실시사건)

연도	소계	폭력 비율	교통 비율	절도 비율	사기·횡령 비율	강력 비율	마약 비율	풍속 비율	성폭력 비율	경제 비율	기타 비율
2013	41,511	9,050 (21.8)	9,790 (23.6)	5,589 (13.5)	5,492 (13.2)	614 (1.50)	649 (1.6)	1,705 (4.1)	1,424 (3.4)	1,091 (2.6)	6,107 (14.7)
2014	43,293	9,948 (23.0)	10,190 (23.5)	4,887 (11.3)	6,058 (14.0)	587 (1.4)	551 (1.3)	1,558 (3.6)	1,728 (4.0)	992 (2.3)	6,794 (15.7)
2015	45,549	10,061 (22.1)	10,523 (23.1)	4,581 (10.1)	6,631 (14.6)	546 (1.2)	500 (1.1)	2,024 (4.4)	2,010 (4.4)	1,130 (2.5)	7,543 (16.6)
2016	48,395	9,530 (19.7)	11,930 (24.7)	3,925 (8.1)	7,258 (15.0)	508 (1.0)	710 (1.5)	2,495 (5.2)	2,274 (4.7)	1,431 (3.0)	8,334 (17.2)
2017	53,231	10,119 (19.0)	15,147 (28.5)	3,706 (7.0)	7,190 (13.5)	431 (0.8)	774 (1.5)	2,867 (5.4)	2,591 (4.9)	1,737 (3.3)	8,669 (16.3)

출처 : 법무부 보호관찰과 내부자료 2018년 6월 제공 자료를 재구성함

사회봉사이수 대상의 성별 비율을 살펴보면, 2017년 기준 남자는 89.4%, 여

자는 10.6%에 해당하였다. 2013년부터 2016년까지는 여자가 9%대를 계속 유지하였으나, 2017년 기준으로 10%를 상회하였다.

[표 8-7] 사회봉사명령 성별 현황(실시사건)

연도	소계	남	(비율)	여	(비율)
2013	41,511	37,425	90.2	4,086	9.8
2014	43,293	38,998	90.1	4,295	9.9
2015	45,549	41,240	90.5	4,309	9.5
2016	48,395	43,722	90.3	4,673	9.7
2017	53,231	47,614	89.4	5,617	10.6

출처: 법무부 보호관찰과 내부자료 2018년 6월 제공 자료를 재구성함.

사회봉사명령을 선고받은 이들의 연령별 현황을 살펴보면, 2017년 기준 14세 미만은 존재하지 않고, 20대는 13.4%, 30대는 20.2%, 40대는 22.3%, 50대는 20.7%, 60대는 6.2%, 70대 이상은 0.6%정도 차지한다. 그중 70대가 271명, 80대는 8명이나 분포되어 있다.

[표 8-8] 사회봉사명령 연령별 현황(실시사건)

연도	소계	14 미만	14~19	20~30 미만 비율	30~40 미만 비율	40~50 미만 비율	50~60 미만 비율	60~70 미만 비율	70~80 미만 비율	80 이상 비율
2013	41,511	10,424 (25.1)	654 (1.6)	4,845 (11.7)	7,595 (18.3)	9,435 (22.7)	6,976 (16.8)	1,457 (3.5)	122 (0.3)	2 (0.0)
2014	43,293	9,311 (21.5)	786 (1.8)	5,028 (11.6)	8,348 (19.3)	10,186 (23.5)	7,832 (18.1)	1,637 (3.8)	159 (0.4)	6 (0.0)
2015	45,549	8,556 (18.8)	734 (1.6)	5,479 (12.0)	8,923 (19.6)	10,690 (23.5)	8,777 (19.3)	2,202 (4.8)	183 (0.4)	5 (0.0)
2016	48,395	7,479 (15.5)	721 (1.5)	6,313 (13.0)	9,633 (19.9)	11,220 (23.2)	10,047 (20.8)	2,743 (5.7)	230 (0.5)	9 (0.0)
2017	53,231	8,230 (15.5)	677 (1.3)	7,156 (13.4)	10,743 (20.2)	11,859 (22.3)	10,994 (20.7)	3,293 (6.2)	271 (0.5)	8 (0.0)

출처: 법무부 보호관찰과 내부자료 2018년 6월 제공 자료를 재구성함

이들이 부과받은 사회봉사명령 시간은 2017년 기준으로 50시간 이하는 19.7%, 51~100시간은 37%, 101~200시간은 40.9%, 201~300시간은 2.0%, 301~400시간은 0.3%, 그리고 400시간 이상은 9명에 해당하였다. 대다수의 사람들이 51~200시간 사이의 사회봉사명령을 선고받고 있음을 알 수 있다.

[표 8-9] 사회봉사명령 부과시간별 현황(실시사건)

연도	소계	50시간 이하 비율	51~100시간 비율	101~200시간 비율	201~300시간 비율	301~400시간 비율	401~500시간 비율
2013	41,511	8,443 (20.3)	14,585 (35.1)	17,519 (42.2)	756 (1.8)	182 (0.4)	26 (0.1)
2014	43,293	8,336 (19.3)	15,790 (36.5)	18,222 (42.1)	758 (1.8)	162 (0.4)	25 (0.1)
2015	45,549	9,211 (20.2)	16,931 (37.2)	18,381 (40.4)	846 (1.9)	164 (90.4)	16 (0.0)
2016	48,395	9,598 (19.8)	18,338 (37.9)	19,430 (40.1)	857 (1.8)	163 (0.3)	9 (0.0)
2017	53,231	10,507 (19.7)	19,712 (37.0)	21,778 (40.9)	1,043 (2.0)	182 (0.3)	9 (0.0)

출처: 법무부 보호관찰과 내부자료 2018년 6월 제공 자료를 재구성함.

5. 외국의 사회봉사명령 제도

현재 사회봉사명령을 실시하고 있는 국가는 영국, 미국, 독일, 아일랜드, 이탈리아, 룩셈부르크, 포르투갈, 스위스, 덴마크, 노르웨이, 네덜란드, 프랑스 등이다(문정민, 2002: 64).[4] 유럽 여러 국가에서 사회봉사명령을 도입하게 된 것은 1976년 유럽평의회 각료회의 결정이 계기였다. 여기에서 자유형을 대체할 수 있는 새로운 형벌수단 입법이나 반영에 대해 논의가 이루어졌고, 특히 사회봉사명령의 장점을 부각시켜 권고하였다.

(1) 해외 사회봉사명령 도입 유형

다른 나라의 사회봉사명령은 국가에 따라 단기구금의 대체인지, 벌금미납의 대체인지, 사면의 조건인지, 기소유예의 조건인지 등 다양한 유형으로 운영되고 있다(장규원, 2003: 128). 단기구금형의 대체형식으로 적용중인 나라는 영국, 독일, 프랑스, 네덜란드, 노르웨이, 포르투갈이고, 벌금미납의 대체 사회봉사를 실시하고 있는 나라는 이탈리아, 독일 그리고 스위스이다. 사면의 조건으로 사회봉사명령을

---

4 https://www.ncjrs.gov/App/Publications/abstract.aspx?ID=116155

실시하고 있는 나라는 룩셈부르크, 네덜란드, 노르웨이이고, 독일은 기소유예의
조건으로도 사회봉사명령을 부과하고 있다.

　　이를 다시 국가별로 분류해 보면, 독일은 단기구금형, 벌금미납, 그리고 기소
유예 조건으로 사회봉사명령을 운영하고 있고. 영국은 단기구금형의 대체로 주로
사회봉사명령 제도를 운영하고 있음을 알 수 있다. 네덜란드와 노르웨이는 단기구
금형뿐만 아니라 사면의 조건으로도 사회봉사명령 제도를 함께 운영하고 있음을
확인 할 수 있다.

[표 8-10]　국가별 사회봉사명령의 도입 유형

유형	적용국가
단기구금형의 대체형	영국, 독일, 프랑스, 네덜란드, 노르웨이, 포르투갈
벌금미납의 대체형	이탈리아, 독일, 스위스
사면의 조건	룩셈부르크, 네덜란드, 노르웨이
기소유예의 조건	독일

출처: 장규원(2003), 사회봉사명령 제도의 발전방안에 관한 고찰, **교정연구 제20호**, p.128, 참조.

[표 8-11]　사회봉사명령 부과 대상

소년-성인 구분	대상 구분	관련 법
소년	소년범죄	「소년법」 제32조 제1항 제3호
성인	사회봉사명령을 조건으로 집행유가 선고되는 사람	「형법」 제62조의 2
	가정폭력범죄자	「가정폭력범죄의 처벌 등에 관한 특례법」 제40조 제1항 제4호
	성폭력범죄자	「성폭력범죄의 처벌등에 관한 특례법」 제16조 제4항
	성매매 관련 행위자	「성매매 등 행위의 처벌에 관한 법률」 제14조 제1항 제3호
	아동학대 범죄자	「아동학대범죄의 처벌등에 관한 특례법」 제 8조 제3항, 제36조 제1항 제4호
	아동 청소년 성보호 위반자	「아동청소년 성보호에 관한 법률」 제21조 제4항
	보호관찰 병과자	「보호관찰소 선도위탁 규정」 제4조
	벌금미납자 중 사회봉사명령 허가를 받은 사람	「벌금 미납자의 사회봉사 집행에 관한 특례법」

(2) 형사절차상 사회봉사명령의 부과 단계

　　형사절차 중 어느 단계에서 사회봉사명령을 부과할 수 있는지 그 단계를 살펴
보면 독일의 경우 기소단계, 공판단계, 양형단계 그리고 행형단계에서 모두 사회봉
사명령을 부과하고 있고, 영국은 양형단계에서 부과하고 있다. 네덜란드는 단기구

금형의 대체와 사면의 조건으로 사회봉사명령 제도를 운영하고 있는 만큼 행형단계에서 사회봉사를 부과하고 있다(장규원, 2003: 128).

[표 8-12] 국가별 사회봉사명령 부과 단계

부과단계	조건	적용국가
기소단계	기소유예조건	독일
공판단계	공판절차 중지조건	독일
양형단계	독립처분	영국
	선고유예조건	독일
	집행유예조건	독일
행형단계	가석방조건	독일
	환형처분	독일
	사면에 의한 집행면제 조건	네덜란드

또한 이러한 사회봉사명령을 부과할 시 영국과 독일의 경우 대상자들에게 동의서를 받고 있다. 독일의 경우 벌금 미납 대체형, 기소유예단계, 공판절차 중지 대상자의 경우 동의를 요구하고 있고, 그 밖의 경우는 동의를 요구하지 않는다.

[표 8-13] 사회봉사명령 부과 시 동의 여부

국가	동의
영국	명시적 동의요
독일	벌금 미납 환형처분, 기소유예, 공판절차 중지 대상자 동의요, 그 밖의 경우 동의 ×

(3) 국가별 사회봉사명령제도

1) 영국[5]

영국의 사회봉사명령CSO: Community Service Order은 1972년에 시행되었고 이후 2001년 사회처벌명령CPO: Community Punishment Order로 명칭이 변경되었다. 전형적인 사회봉사내용은 건축, 땅파기, 가구수리, 페인트칠, 강변 청소, 쓰레기 수거, 장애인이나 노인을 위한 봉사(장규원, 2003: 129)이며, 노동 장소는 교회, 호스텔, 청소년 수련원, 양로원, 노인들의 개인주택, 야영장, 공원이다. 구체적 노동은 범죄인의 위험성, 교통의 용이성, 사회봉사명령을 선고받은 범죄인의 수, 자선기관의 구조와 조직, 사회봉사팀의 직원 구성과 이들을 활용할 수 있는 자원, 실업 등에 의해

---

5 https://publications.parliament.uk/pa/cm201719/cmselect/cmpubacc/897/897.pdf

영향을 받는다. 보통은 일정한 감독하에 집단적으로 노동을 하지만, 노인들을 위한 정원 가꾸기나 장식, 탁아소에서 아이들 돌보기, 노인의 수발들기 등도 가능하다.

사회봉사명령시간은 최소 40시간에서 최대 300시간까지(연령에 따라 차등부과) 선고가능하다.

2) 독일

독일은 단기 자유형의 폐단을 막기 위해 사회봉사명령을 도입하였다(조준현, 1996: 25). 영국과 달리 독일은 벌금형을 선고받은 자가 벌금을 납입하지 않았을 경우에 벌금을 상각하기 위하여 일정한 노동을 부과하고 노동의 사회적 대가를 고려하여 당해 벌금이 마치 납입된 것처럼 처리하는 사회봉사명령제도로 출발하였다(조준현, 1996: 25). 준수사항과 봉사유형의 결정은 법관이 담당한다(조준현, 1996: 32). 이러한 선고를 위해서 보호관찰관, 행형공무원, 그리고 법관의 예비적 조사와 면접이 진행된다(조준현, 1996: 32). 대상자들이 이행하는 사회봉사 유형은 병원, 요양소, 장애자수용시설, 교통통제소, 방범 순찰소, 음주자 보호소, 쓰레기 처리장, 도로청소 등이다(조준현, 1996: 31-32).

3) 뉴질랜드

뉴질랜드[6]는 1866년 세계 최초로 전국적으로 보호관찰제도probation system를 실시한 국가이다. 1985년 형사사법법(Criminal Justice Act 1985)에 따라 사회내처우가 실시되어 사회봉사명령community service order이 실시되었다. 뉴질랜드에서는 사회봉사명령을 주기적 구금과 사회봉사명령을 결합한 형태의 사회 내 노동community work 운영 중이다.

사회봉사작업의 내용은 교회, 양호시설, 노인시설, 그 외의 복지시설 등에서 작업, 노인가정의 정원 청소, 사회봉사를 위한 헌 옷 재생판매소에서의 작업, 그 외 대상자의 특기를 활용한 작업(예를 들어 수영코치 등) 다양한 형태의 작업이 이루어진다(강경래, 2012: 372).

사회봉사명령은 범죄의 중대성과 범죄경력을 고려하여 최소 40시간에서 최대

---

6 이에 관해서 자세하게, 강경래, "사회봉사명령 제도와 범죄자의 사회재통합", 보호관찰 제12권 제2호, 2012, 327면 참조.

400시간까지 선고한다. 사회 내 노동의 대상이 되는 전형적인 범죄는 음주운전과 같은 교통범이다. 선고된 사회 내 노동은 2년내에 집행을 완료해야 한다.

4) 미국

미국에서 현대적인 형태의 사회봉사명령 제도는 1966년 캘리포니아주 앨러미다Alameda 카운티의 시 법원Municipal court에서 교통 범죄자에게 무보수 노동을 형벌로써 선고함으로써 시작되었다. 보호관찰 조건부 석방에 보호관찰부 석방에 부가되는 사회봉사 조건은 법률에 규정된 지역 사회 보호 및 범죄자의 재사회화라는 양형 목적을 달성하기 위한 것이다.[7]

사회봉사명령은 범죄자의 재사회회와 지역 사회의 보호에 초점을 맞추어 이루어진다. 대다수 사회봉사는 대상자의 직업, 학업 및 자녀 양육 등의 스케줄을 고려하여 법원에서 명한 대로 파트타임으로 이루어지며, 주로 사무직이거나, 수작업 노동, 교육의 형태가 가장 흔하다(Feeley, Malcom and Campbell, 1992: 170). 미국에서는 법관이 사회봉사의 종류를 지정하면, 보호관찰부서에서 적합한 작업 프로그램을 찾아 잠정적으로 배정하며 이를 위해 연방 법원 행정사무국에서는 사회봉사명령을 담당하는 보호관찰관들을 두고 있다(Maher and Dufour, 1987: 24). 대상자의 취미, 기술과 능력, 사회적 지위, 교통수단 등을 고려하나 운영 면에서는 음주 운전자에게 병원 응급실에서 봉사하도록 하는 등 대상자가 가진 기술보다는 범죄와 관련하여 봉사의 종류를 지정한다(황일호, 2008: 94).

5) 프랑스

프랑스의 사회봉사명령제도Penalty of Community Service는 1983년에 도입되었다(황일호, 2008: 94). 프랑스의 사회봉사명령에서 유형결정은 형집행판사가 한다. 형집행 판사가 사회적 유용성과 범죄자의 사회복귀 가능성을 고려하여 봉사시설을 지정하고, 봉사활동의 내용, 일정, 방법을 결정하고, 이후 집행은 보호관찰위원회가 담당한다(황일호, 2008: 94).

---

[7]   18 U.S.C. § 3553(a)(2)(C) and (D).

6) 호주

호주의 사회봉사명령은 대상자의 동의에 따라 판사에 의해 선고된다. 호주 사회봉사명령 제도의 특징은 자유형의 집행기간 중이거나 가택구금기간 중에도 사회봉사명령을 집행할 수 있다는 점이다(장규원, 2003: 132). 최대 500시간까지 사회봉사를 명령이 가능하다.

6. 사회봉사명령제도의 효과성

사회봉사명령이 갖는 효과는 크게 직접적 효과와 간접적 효과로 나뉜다. 직접적 효과는 형사정책으로서 의도한 처벌적 기능 수행효과로서 사회봉사명령 제도의 필요성에 대한 인식, 재범억제력에 대한 인식이 있다. 재범억제력은 봉사가 주는 고단함으로 인한 재범억제와 봉사의 보람으로 인한 재범억제로 구분된다. 간접적 효과는 사회봉사명령 제도가 기대하는 근로의식과 지역사회에 대한 기여의 기능에 기반을 두고, 근로의식 고취와 지역사회에 대한 관심고취 효과로 정리된다.

우리나라에서는 박미랑과 이정민(2018)에 의해 사회봉사명령의 효과성이 측정되었는데, 사회봉사명령 제도의 효과가 단순히 특정 몇 가지 요인에 따라 단순히 결정되는 것은 아니고 범죄군별, 처분유형별 상이한 요인들에 의해 영향을 받고 있음을 확인하였다. 또한, 인구학적 요인이나 이전의 범죄경력은 유의미한 영향력을 미치지 못한다는 사실을 발견하였다.

(1) 직접적 효과

사회봉사명령 제도의 필요성에 대한 인식에 가장 빈번하게 통계적으로 유의미한 영향력을 발휘하는 요인은 범죄자의 남탓(책임의식) 경향, 형사사법기관에 대한 신뢰도, 그리고 보호관찰관에 대한 애착과 기관이 보여주는 고마움이다. 성별이 영향을 미치는 요인은 처분 유형이 벌금대체 사회봉사명령인 경우와 보호관찰 병과 처분인 경우이고, 범죄유형별로는 유의미한 영향력을 발휘하지 못하였다. 나이는 범죄유형군중 사기 · 횡령인 경우, 그리고 벌금대체 사회봉사명령 대상자에서 영향을 미치고 있었다.

두 번째로 봉사의 고단함으로 인한 범죄억제력에 영향을 미치는 요인은 남탓(책임의식), 형사사법기관에 대한 신뢰도, 가족에 대한 애착, 사회에 대한 애착, 그리고 보호관찰관에 대한 애착, 처벌의 엄격성에 대한 인식, 복지기관이 대상자의 성실성에 대한 감독을 할 경우이다. 성별이 영향을 미치는 경우는 벌금대체 사회봉사대상자만 유일하였고, 여성일 경우 고단함으로 인한 재범억제력이 커졌다. 범죄자가 남탓하는 경향이 낮고, 형사사법기관에 대한 신뢰도가 높을수록, 가족이나 사회에 대한 애착이 높을수록 억제력이 강하였다. 그리고 범죄유형별로는 전혀 상관이 없었으나, 처분 유형별로 살펴보았을 경우, 벌금대체 사회봉사명령집단과 집행유예 조건부 사회봉사명령 집단에게서 보호관찰관과의 애착은 범죄억제력에 유의미한 영향력을 발휘하고 있음을 확인시켜주었다. 봉사이행 중 지각 횟수가 있는 경우가 오히려 고단함으로 억제력은 더 컸고 교통범죄와, 벌금대체 사회봉사명령자 집단에서 그러한 모습이 발견되었다. 교통범죄나 벌금대체 사회봉사자의 경우에는 이전 사회봉사명령 이수 경험 중 제재를 받았던 이들도 억제력에 유의미한 영향력을 발휘하고 있었다. 벌금대체 사회봉사명령 이수자 집단에서는 벌금액 역시도 유의미한 인자로 도출되었다. 하지만 다른 범죄전력 등은 재범억제력에 유의미한 영향력을 발휘하지 않았다.

사회봉사활동의 보람으로 인한 재범억제력에 영향을 미치는 요인은 매우 눈에 띄게 형사사법기관에 대한 애착과, 중화기술, 그리고 보호관찰관에 대한애착, 기관의 고마움표현, 봉사기간이다. 범죄유형과 처분유형 상관없이 모든 집단에서 형사사법기관에 대한 신뢰도가 높을수록 봉사활동에 대한 보람으로 인한 재범억제력이 유의미하게 나타났다. 그리고 교통범죄와 벌금대체 사회봉사명령 이수자, 단독명령자의 경우에는 보호관찰관에 대한 애착이 봉사보람으로 인한 재범억제력에 유의미한 영향력을 미치고 있음을 알 수 있다. 폭력범죄자와 사기·횡령 범죄자 그리고 벌금대체 사회봉사자에게는 기관이 고마움을 표현할수록 재범억제력이 높아졌고, 교통범죄와 폭력범죄의 경우 봉사기간이 길어질수록(오랫동안 봉사할수록) 봉사보람으로 인한 재범억제력이 높아지는 것을 발견할 수 있었다. 성별과 나이는 범죄유형에는 전혀 영향을 미치지 못하였다.

(2) 간접적 효과

간접적 효과로서 근로의식 고취에 영향을 미치는 요인들을 살펴보면, 인구학적 요인은 범죄유형별, 처분유형별 영향을 미치는 상황이 다르나, 남탓(책임의식) 성향과 형사사법기관에 대한 신뢰도, 보호관찰관에 대한 애착은 상당히 반복적으로 유의미한 영향력을 발휘하고 있었다. 그중 형사사법기관에 대한 신뢰도는 사기 횡령집단과 집행유예 조건부 선고 집단에서 영향력이 유의미하였다. 남탓하는 경향은 폭력집단에서 유의미한 요인으로 도출되었다. 폭력집단에서 남탓하는 경향이 작은 사람들이 근로의식 측면에서 높은 효과성을 보이는 경향이 있다. 범죄유형 및 처분유형과는 상관없이 모든 집단에 대하여 보호관찰관에 대한 애착이 매우 중요한 요소로 추출되었다. 그 다음으로 교통범죄와 집행유예 조건부 사회봉사명령 집단은 복지기관에 대상자의 봉사활동에 고마움을 표현하였을 때 근로의식이 고취되는 현상이 발견되었다. 전반적으로 이전의 범죄전력이나 봉사이행 태도의 영향력을 살펴보면, 벌금대체 사회봉사명령 전과기 없을수록 근로의식은 높아지는 것으로 나타났다. 즉, 근로의식을 고취시키려는 목적으로 사회봉사를 실시한다면, 이전의 벌금대체 사회봉사명령 전력이 있는 사람들은 다른 방식으롱 분류하는 것이 효과성 측면에서 권고된다. 단순한 지각, 결석 제재조치, 벌금액이 등은 근로의식에는 유의미한 영향력을 미치지 못하였다.

마지막으로 지역사회에 대한 관심을 고취시키는 데 영향을 미치는 요인들을 살펴보면 지금까지 유의미한 영향력을 발휘하지 않았던 인구학적 요인들의 영향력이 발견된다. 거의 모든 집단에서 나이가 많은 대상자들이 지역사회에 대한 관심이 고조되는 것을 발견하였고, 폭력범죄의 경우 직업이 있는 경우 지역사회에 대한 관심이 높아지는 것을 발견하였다. 그러나 거의 모든 집단에 대하여 유의미한 영향력을 발휘하는 요인은 앞선 요인들과 유사하게 형사사법기관에 대한 신뢰도와 보호관찰관에 대한 애착이다. 특히 형사사법기관에 대한 신뢰도는 교통범죄군과 벌금대체사회봉사자 집단에서는 유의미성이 발견되지 않는 반면, 보호관찰관에 대한 애착 요인은 모든 범죄유형과 처분유형에서 골고루 유의미한 영향력을 발휘하였다. 봉사태도에서는 제재조치를 받지 않은 성실한 범죄자들이 지역사회에 대한 관심이 높아지는 경향성이 높음을 발견하였다.

각 상황별로 효과성에 영향을 미치는 요인들이 상이하기는 하지만 범죄군과 처분유형을 구분하지 않고 보편적으로 유의미한 영향력을 발휘하고 있는 요인들은 형사사법기관에 대한 신뢰도와 보호관찰관에 대한 애착, 그리고 복지기관의 고마움 표현이었다. 즉, 사회봉사명령 제도의 효과와 성공여부에 영향을 미치는 것은 대상자의 개개인의 특성이 아닌 조금 더 사회적, 문화적, 조직적 요인이 크다는 것이다. 또한, 보호관찰소의 독자적인 노력 만으로는 만족할만한 성과를 내기가 매우 어렵다는 것을 알 수 있다. 형사사법기관이 전반적으로 높은 신뢰도를 보여줄 수 있도록 노력해야 하며, 보호관찰관과 대상자가 친밀한 애착관계를 형성할 수 있어야 하며, 복지기관에서는 대상자들의 봉사활동에 대한 고마움을 표현해야 한다는 것이다.

다른 그 어떤 이론적 요인보다도 애착요인, 보호관찰관과의 애착이 유의미한 영향력을 발휘하는 것은 실제 보호관찰소의 사회봉사 집행과의 집행 전략 수립 과정에 고려대상이 되어야 할 것이다. 그리고 이러한 보호관찰관과 대상자의 애착을 이끌어 내기 위해서는 더욱 근접한 보호관찰이 이루어져야 함을 의미한다.

제 2 절 수강명령

1. 수강명령의 소개

수강명령은 법원에서 유죄가 인정되거나 보호처분의 필요성이 인정된 사람에 대하여 형의 유예조건이나 보호처분의 조건으로서 일정한 기간 내에 특정한 시간 동안 범죄성 개선을 위한 교육·상담을 받거나 치료 프로그램에 참석하도록 하는 제도이다(정동기 외, 2016: 365). 수강명령제도는 1948년 영국에서 「형사재판법」에 수강센터에 관한 규정을 둔 것이 효시이며, 이후 사회내처우 제도의 대표적 유형의 하나로서 약물, 알코올남용 치료, 정신 및 행동 치료 프로그램 등으로 발전하여 왔다. 형사정책의 가장 선진적인 제도이며, 인간의 심리와 행동에 대한 이해를 바탕으로 재범 방지를 위한 다양한 교육·치료적 접근을 시도하고 있어 고도의 전문성이 요구되는 분야이다.

우리나라의 수강명령제도는 1988년 12월 「소년법」 개정에 따라 시행되어 소년범에 대한 약물 오·남용 방지 교육, 심성계발훈련 등의 형태로 진행되었고, 1997

년 「형법」 개정을 통해 모든 형사범으로 확대된 후 적용 대상이 지속적으로 추가되었다. 현재 성폭력치료, 약물 및 알코올중독 치료, 가정폭력치료, 폭력치료, 아동학대치료 등 다양한 분야에서 치료적 개입을 위해 활용되고 있다.

2. 수강명령의 기능 및 법적 성격

(1) 수강명령의 기능

수강명령제도는 범죄행위가 범죄자의 잘못된 인식이나 태도, 행동습관에서 비롯되며 재범방지를 위해서는 인지나 행동을 친사회적인 방식으로 수정하는 개입이 필요하다는 가정에 기반하고 있다. 이에 특정한 수강명령 프로그램이 범죄자의 인식과 행동에 영향을 미쳐 재범을 억제할 것이고, 수강명령 프로그램을 이수한 사람에게는 행동변화의 효과가 있을 것을 기대한다(법무부, 2019: 268). 수강명령은 교육(정보와 지식의 제공), 상담 또는 치료적 접근을 활용한다. 즉, 행동 변화를 유발하는 원인에 대한 다양한 이론적 가정(ex. 사회학습이론, 사회인지이론, 자아개념이론, 인간관계론)을 근거로 인지행동치료적 접근, 행동치료적 접근, 긍정심리학적 접근, 강점기반 접근 등을 통해 범죄라는 부정적 결과를 초래하는 사고, 정서, 행동 등을 교육·치료한다. 그 결과, 범죄에 이르게 할 수 있는 범죄유발욕구를 해소하고, 건전한 가치관을 심어주며 문제 상황에 대한 대처능력을 향상시켜 재범하지 않고 사회 구성원으로 원만하게 적응하도록 한다.[8]

(2) 수강명령의 법적 성격

수강명령의 법적 성격은 수강명령을 부과할 수 있는 법률에 따라 두 가지 유형으로 구분할 수 있다. 하나는 보호처분 또는 보안처분으로서의 수강명령이고, 다른 하나는 형사처분으로서의 수강명령이다.

전자는 「소년법」과 「가정폭력범죄의 처벌 등에 관한 특례법」, 「아동학대 범죄

---

8   교육의 방법으로는 강의, 시청각 교육, 토론, 체험, 집단상담 등을 활용하며, 수강 프로그램의 내용은 범죄 내용, 범죄 전력, 명령의 취지, 개인적 특성 등을 고려하여 선정한다.

의 처벌 등에 관한 특례법」상 보호처분의 하나로서 부과되는 것을 의미하며, 후자는 「형법」상 집행유예의 조건으로 부과되는 수강명령 또는 「성폭력범죄의 처벌 등에 관한 특례법」, 「아동청소년의 성보호에 관한 법률」 등에서 형벌과 병과되는 수강명령을 의미한다(정동기 외, 2016: 366).

그러나 두 가지 유형의 수강명령이 법적 성격에서는 상이하다 하더라도 사회내 처우로서 시설내처우의 폐단을 줄이고 교정 비용을 절감할 수 있다는 점과 지역사회의 관심과 협력을 통하여 범죄자의 교정·교화를 촉진할 수 있다는 일반적인 특징을 공유하고 있다.

수강명령은 강제적 처분으로 범죄자의 자유를 일정시간 제한한다는 점에서 협의의 보호관찰이나 사회봉사명령과 유사하게 범죄자 제재와 처벌의 성격을 가진다. 그러나 그 내용이 일정한 교육 프로그램에 참가할 것을 요구한다는 점에서 다른 제도와 구별된다. 즉, 수강명령 고유의 핵심 목표는 범죄자의 심성 교정을 위한 치료적, 교육적, 개선적 개입이다. 수강명령제도는 법적 제재의 하나이지만, 넓은 관점에서는 교육 프로그램의 하나로 해석될 수 있다.

3. 수강명령의 연혁

(1) 소년 수강명령제도의 도입

1988년 12월 31일 전부 개정되어 1989년 7월 1부터 시행된 「소년법」(법률 제4057호)에서 보호관찰처분을 받은 16세 이상의 소년에게 수강명령이나 사회봉사명령을 선택적으로 부과할 수 있도록 함으로써 최초 법제화되었다. 이때의 수강명령은 보호관찰처분의 부수처분으로 반드시 보호관찰처분과 병합하여 부과하였고, 단기보호관찰의 경우 50시간, 장기보호관찰의 경우 200시간 범위 내에서 병과할수 있었다. 이처럼, 우리나라의 수강명령제도는 보호관찰제도의 활성화와 함께 청소년 비행성 교정과 심성순화를 위한 교육 실시를 목적으로 「소년법」상 보호처분의 하나로서 최초 도입되었다(법무부, 2019: 270).[9]

---

[9] 수강명령의 최초 처분은 1989. 9. 8. 서울가정법원에서 폭력, 본드 흡입 등 비행을 저지른 소년 5명에게 '서울적십자청소년복지관에서 실시하는 푸른교실에서 50시간의 수강명령을 받을 것'이라는 결정을 한 것이다(법무부, 2019: 276).

수강명령은 제도 초기에는 비행 청소년들의 여가시간을 박탈하여 자유를 제한한다는 처벌적 측면이 강해 대부분 인성개발 프로그램이나 감수성 훈련 프로그램으로 위주로 진행되었다. 대표적인 사례로는 1993년 10월부터 전국 보호관찰소에서 실시한 청소년 '토요교실'이 있다. 이는 영국의 주말 수강센터attendance center와 유사하게 소년 범죄자의 주말 여가시간을 박탈하고 여가 선용을 통해 건전한 사회생활의 습관화를 목적으로 실시되었다고 한다. 그러나 점차 재범방지 및 사회적응 능력을 배양하고자 하는 교육적·개선적 목적이 강조되면서 프로그램들이 범행 원인 등에 따라 특성화되었다(법무부, 2019: 276-277).

(2) 수강명령제도의 확대와 발전

소년범에 대한 교육 성격이 강했던 수강명령제도는 1997년 1월부터 집행유예의 조건으로 시행되어 성인 형사범까지 그 대상이 확대됨에 따라 급격히 발전하기 시작하였다. 또한 이후에도 각종 특별법 제·개정 등으로 그 대상이 계속 확대되어 수강명령제도는 지속적인 양적 성장과 함께 전문적이고 독립적인 형사정책수단으로 자리매김하여왔다. 「형법」, 「소년법」, 「성폭력처벌법」, 「청소년성보호법」, 「성매매처벌법」, 「가정폭력처벌법」, 「아동학대처벌법」, 「산업안전보건법」 등 여러 법률이 수강명령의 부과 근거에 관하여 규정하고 있다.

1995년 12월 29일 개정되어 1997년 1월 1일부터 시행된 「형법」(법률 제5057호)에서 형의 집행을 유예하는 경우 수강명령을 부과할 수 있도록 하면서 수강명령제도는 모든 형사범으로 확대되었다. 그에 따라 수강명령 집행의 기본법인 「보호관찰 등에 관한 법률」에도 수강명령 집행에 관한 여러 규정을 신설[10]하였고, 1997년 대법원에서는 수강명령에 관한 대법원 재판예규를 마련하였다.

연이어 다양한 특별법에서 수강명령제도를 속속 도입하여 1998년 1월 성폭력범죄자(「성폭력범죄의 처벌 및 피해자보호 등에 관한 법률」), 같은 해 7월 가정폭력 행위자(「가정폭력범죄의 처벌 등에 관한 특례법」), 2000년 7월 청소년 대상 성범죄자(「청소년의

---

[10] 「형법」 개정으로 1997년 1월부터 보호관찰제도가 모든 형사범으로 확대 실시되는 것에 대비하여 1996년 12월 12일 개정된 「보호관찰 등에 관한 법률」에 수강명령의 집행 근거를 마련하였다. 즉, '제4장 사회봉사 및 수강'을 신설하여 제59조는 수강명령 등의 범위, 제61조는 수강명령 등의 집행담당자, 제62조 이하에서는 수강명령 대상자의 준수사항과 종료절차 등을 규정, 수강명령 제도의 기본법으로 작용하고 있다.

성보호에 관한 법률」), 2004년 9월 (「성매매알선 등 행위의 처벌에 관한 법률」) 등에 대한 수강명령이 규정되었다. 이후로도 법률의 제·개정에 따라 수강명령의 부과 대상 및 집행시간 상한선 확대, 형벌과 수강명령의 필요적 병과 규정 등이 신설되었다.

(3) 이수명령제도의 도입

2010년에는 아동·청소년 대상 성범죄자에게 벌금형 또는 징역형 이상 실형에 대한 치료프로그램 이수명령[11]을 부과하는 제도가 도입되었다. 구체적으로, 청소년의 성보호에 관한 법률에서 개정된 아동·청소년의 성보호에 관한 법률은 2010년 4월 아동·청소년 대상 성범죄자에게 벌금형 또는 징역형이상의 실형 선고 시 성폭력치료프로그램의 이수명령 제도를 새롭게 도입함과 함께 수강명령과 이수명령을 필요적으로 병과하도록 하였다(법무부, 2019: 271). 2011년 10월에는 「성폭력범죄의 처벌 등에 관한 특례법」도 성폭력범죄 유죄 판결 선고 시 성폭력치료 프로그램 이수명령 제도를 도입하였고, 같은 법률에서 2013년 6월에는 유죄판결 선고 시 수강명령과 성폭력치료 프로그램 이수명령의 필요적 병과를 규정하면서 집행시간의 상한선도 500시간으로 상향하였다.

2014년 9월 「아동학대범죄의 처벌 등에 관한 특례법」이 제정되어 아동학대 치료강의가 수강명령 분야에 포함되었고, 아동학대 범죄로 유죄판결 시 수강명령 또는 아동학대 치료 프로그램 이수명령을 부과할 수 있게 되었다. 2016년 1월 「형법」에서 벌금형에 대한 집행유예가 도입되면서 벌금형 판결 선고 시에도 수강명령의 부과가 가능해졌다. 2019년 1월 개정되어 2020년 1월 시행 예정인 「산업안전보건법」은 벌금형, 집행유예 또는 징역형 이상 실형 판결 선고 시 수강명령을 부과할 수 있도록 규정하였다.[12] 수강명령 또는 치료프로그램 이수명령은 필요적으로 부과하거나 임의적으로 부과할 수 있다. 대부분의 법률에서는 임의적으로 부과할 수 있도

---

11 「청소년성보호법」, 「성폭력처벌법」, 「아동학대법」에서 벌금형 이상의 유죄판결 시, 특정 치료프로그램의 이수명령을 부과하도록 하는데, 이수명령은 해당 범죄에 대한 치료프로그램이라는 면에서 수강명령의 본질과 동일하다. 따라서 프로그램의 구성 및 내용, 집행 방법 등에서 이수명령과 수강명령에는 차이가 없다. 따라서 이하에서 수강명령의 현황 등에 있어서는 이수명령도 포함하도록 한다.

12 다만, 「성폭력처벌법」 또는 「아동청소년 성보호법」, 「아동학대처벌법」은 벌금형 또는 징역형 이상 실형 선고 시 치료프로그램의 이수명령을 부과하도록 규정한 반면 「산업안전보건법」은 형벌의 종류와 상관없이 수강명령을 부과하도록 하였다.

록 하고 있으나, 「성폭력처벌법」과 「청소년성보호법」의 성범죄에 대해서는 특별한 사정이 없는 한 형벌에 수강명령 또는 치료프로그램 이수명령을 필요적으로 부과하도록 하고 있다.

이러한 변화에 따라, 수강명령제도는 청소년은 물론 성인에게까지 치료적 개입을 위한 보다 적극적인 수단으로 활용되고 있으며, 수강명령 집행 실태에도 큰 변화가 있었다. 수강명령 프로그램의 분야별 전문화도 추진되어 준법운전 수강, 음주운전방지 수강, 폭력치료 수강, 약물 오남용 방지 수강 등 체계적으로 분화된 수강명령 프로그램이 개발되어 활용되기 시작하였다.

(4) 교육조건부 기소유예

수강명령의 교육적 효과가 인정되면서 다이버전의 개념으로 다양한 분야에 대한 교육조건부 기소유예제도로 이어졌다. 교육조건부 기소유예는 특정 유형의 범죄자를 대상으로 교육을 실시한다는 점에서 수강명령과 매우 유사하다. 다만, 교육조건부 기소유예는 다이버전의 일종으로 일반적인 수강명령과 달리 법원의 판결(결정)에 따라 부과되는 것이 아니어서 그 절차가 간소하고 상대적으로 교육시간도 짧은 것이 일반적이다.[13] 2005년 성구매자 재범방지교육을 시작으로, 2012년 음란물사범, 2013년 가정폭력사범, 2014년 인터넷 악성댓글, 2016년 도박사범 등에 대한 교육조건부 기소유예 제도가 도입, 시행되고 있다.

기소유예자에 대한 보호관찰소 개입은 선도를 위한 지도감독 형태로부터 시작되었다. 즉, 「형사소송법」 제247조 기소편의주의에 따라 1995년 1월 5일 개정 · 시행된 「보호관찰 등에 관한 법률」 제15조 제3호에 의해 보호관찰소의 관장사무에 '검사가 보호관찰관이 선도善導함을 조건으로 공소제기를 유예하고 위탁한 선도 업무'가 추가된 이후부터이다.[14]

---

13 이 책에서는 수강명령제도와 유사성을 이유로 함께 다루기로 한다. 다만, 통계 현황 등에 있어서는 정확성을 기하여 구분하여 제시하도록 한다.

14 1995년 4월 14일 「법무부 훈령」 제322호(보호관찰소 선도위탁규정)가 제정되어 보호관찰소 선도조건부 기소유예 처분 및 보호관찰소에의 선도위탁에 관한 사항이 규정된 것이다. 당시 보호관찰소 선도위탁 시 선도위탁 1급과 2급을 구분하였는데 선도위탁 1급은 1년, 선도위탁 2급은 6개월간 보호관찰을 실시하면서 선도 교육, 집단치료 또는 상담 등을 실시하였다.

기소유예자에 대하여 단순한 지도감독에 그치지 않고 시간을 정하여 특정한 교육을 실시한 것은 2005년 성구매자 재범방지교육, 소위 존스쿨John School 제도의 시행에서 시작되었다. 존스쿨John School은 성구매로 처음 입건된 사람을 기소유예나 약식 기소하는 대신 일정 기간 성의식 개선과 재범방지를 위한 교육을 받도록 하는 제도로, 1995년 미국의 성매매피해생존자 단체인 세이지SAGE가 민관협력으로 처음 실시한 이래 미국과 캐나다, 유럽 등 여러 나라로 확산되어 시행 중이다(정동기 외, 2016: 383). 우리나라의 존스쿨 제도는 2004년 3월 「성매매알선 등 행위의 처벌에 관한 법률」 제정을 계기로, 2005년 8월부터 시행되었고, 2012년 교육의 현재 수준으로 확대되었다.[15]

나아가 교육조건부 기소유예제도가 다양한 분야로 본격적으로 적용되기 시작한 것은 2012년 12월 6일 개정·시행된 보호관찰소 선도위탁 규정(「법무부 훈령」 제875호)에 따른 것으로, 이때 선도유예의 실효성 강화를 위해 20시간의 범위에서 상담, 교육, 봉사활동 등을 독립적인 선도처분으로 활용할 수 있도록 하였다. 이후 청소년은 물론 성인에 대한 교육조건부 기소유예가 확대되어 왔다.

(5) 수강명령의 최근동향

2016년 이후에도 수강명령 부과 대상은 계속 확대되었다. 2016년 1월 시행된 개정 「형법」에서 벌금형의 집행을 유예할 수 있도록 하면서, 모든 형사범에게 벌금형 집행유예 판결 선고 시 수강명령을 부과할 수 있게 되었고, 2016년 12월 시행된 「성폭력범죄의 처벌 등에 관한 특례법」 개정안과 2018년 7월 시행된 「아동·청소년의 성보호에 관한 법률」 개정안은 약식명령을 고지하는 경우에도 성폭력치료 프로그램 이수명령을 병과할 수 있도록 하였다. 또한, 2019년 1월 개정되어 2020년 1월 시행 예정인 「산업안전보건법」은 벌금형, 집행유예 또는 징역형 이상 실형 판결 선고 시 수강명령을 부과할 수 있도록 하였다(법무부, 2019: 271). 이에 따라 2019년 4월 현재, 적용 중인 수강명령 대상자 유형 및 교육 내용은 다양한 범죄유형에 적용되어 매우 세분화되어 있다. 실무적으로는 도박문제 치료를 위한 수강명령, 신종금융사기 범죄자에 대한 재범방지교육령 등도 실시되고 있다.

---

15 '존스쿨'이란 명칭은 미국에서 성매매 혐의로 체포된 남성들이 대부분 자신을 '존(John)'이라고 소개하면서 유래하였다(정동기 외, 2016: 383).

[표 8-14] 수강명령 근거법률 별 대상자 및 부과시간

근거법	대상자	집행 분야	부과시간
「소년법」	보호처분 시 수강명령을 부과받은 소년	모든 분야 가능	100시간 이내
「형법」	법원으로부터 수강명령을 조건으로 집행유예를 선고받은 사람	모든 분야 가능	200시간 이내
「성폭력범죄의 처벌 등에 관한 특례법」(성폭력처벌법)	성폭력범죄자로 유죄 판결시	성폭력치료	500시간 이내
「아동·청소년의 성보호에 관한 법률」(청소년성보호법)	아동·청소년 대상 성폭력범죄자로 유죄 판결 시	성폭력치료 등	500시간 이내
「아동·청소년의 성보호에 관한 법률 시행령」(청소년성보호법 시행령)	가해 아동·청소년		100시간 이내
「가정폭력범죄의 처벌 등에 관한 법률」(가정폭력처벌법)	가정보호처분 4호를 받은 사람	가정폭력치료	200시간 이내 (변경 시 400시간 이내)
「성매매알선 등 행위의 처벌에 관한 법률」(성매매처벌법)	성매매알선 등 범죄로 보호처분을 받은 사람	성매매(알선) 재범방지	100시간 이내 (변경 시 200시간 이내)
「아동학대범죄의 처벌 등에 관한 특례법」(아동학대처벌법)	아동학대 행위자로 유죄 판결 선고 시	아동학대치료	200시간 이내
	아동학대 행위자로 상담, 치료 또는 교육 조건부 기소유예 처분 시		―
	아동학대 행위자로 보호처분 부과 시		200시간 이내 (변경 시 400시간 이내)
「산업안전보건법」	안전·보건조치의무 위반자로 유죄판결 선고 또는 약식명령 고지 시	산업안전범죄 예방	200시간 이내

출처: 법무부(2019), **보호관찰30년사**, p.274.

4. 수강명령 집행방식 및 분야

(1) 집행 방식

1) 직접집행과 협력집행

수강명령의 집행방식은 집행주체에 따라 직접집행과 협력집행으로 구분한다. '직접집행'은 보호관찰소의 장이 집행계획을 수립하고 사내강사 또는 외부강사를 활용하여 집행하는 것이고, '협력집행'은 집행 상황에 대한 보호관찰소의 장의 감독권 행사를 조건으로 집행의 전부 또는 일부를 협력기관의 장에게 위탁하여 집행하는 것이다. 여기서 협력기관이란, 수강명령의 집행을 조력하게 할 목적으로 보호관찰소의 장이 지정한 국가 기관이나 지방자치단체, 사회복지시설 및 전문 상담기관, 의료기관, 기타 단체 등을 의미한다. 주요 치료분야에는 성폭력치료 가정폭력치료, 약물치료, 준법운전 강의 등이 있다.

제도 시행 초기에는 주로 민간기관에 대상 청소년을 위탁하여 교육하는 '협력집행' 형식으로 집행하였다. 그러나 수강명령 영역이 계속 확대되고 프로그램 분야가 더욱 다양해지면서 협력집행 방식에 대하여 적합한 협력기관 및 외부강사의 부족, 외부강사의 자질 및 역량의 편차, 전문가가 희소한 분야의 수강명령 확대, 민간전문자원의 지역 간 편차, 프로그램의 효율적 운영 곤란 등 많은 문제점이 제기되었다. 이에 따라 법무부는 전문화된 분야별 표준프로그램을 개발하고 전문인력을 특채하거나 내부전문가를 육성하는 정책을 꾸준히 추진하여 왔다. 이처럼 수강명령은 협력기관 위탁집행의 형식에서 벗어나 점차 보호관찰소에서의 직접집행 방식으로 전환, 1998년 21.5%에 지나지 않았던 직접집행 비율이 2000년 50%를 넘기 시작한 이후 매년 꾸준히 증가하여 2018년까지 95% 이상을 유지하고 있다.

[표 8-15] 최근 10년간 수강명령의 직접집행과 협력집행 현황

연도 \ 구분	총 계	직접집행	협력집행
2009	21,941	20,959	982
2010	19,767	18,735	1,032
2011	19,717	18,485	1,232
2012	21,597	20,364	1,233
2013	21,217	20,233	984
2014	22,742	21,446	1,296
2015	24,003	23,521	482
2016	27,958	27,386	572
2017	34,411	33,845	566
2018	31,646	30,800	846

출처: 법무부(2019), 한국보호관찰 30년사, p.280.

2) 집단상담과 개인상담

수강명령은 프로그램 참여 인원 및 진행 형식에 따라 집단상담과 개인상담으로 구분할 수 있다. 집단상담은 한 두 명의 상담자와 다수의 구성원으로 진행되며, 개인상담은 말 그대로 치료자와 한 명의 개인 간에 이루어진다.

대부분의 수강명령 프로그램은 집단상담 형태로 진행하며, 각 집단은 법원에서 지정된 수강분야 또는 범죄유형 및 내용에 따라 유사하거나 동일한 문제를 가진 대상자로 구성되는데, 일반적으로 치료자의 수, 범죄유형 등에 따라 10명에서 15명 내외, 또는 20명 수준으로 배치한다.[16] 다만, 준법운전강의와 같이 교육적 성격이 강한 경우, 교육인원을 추가할 수 있다. 한편, 정신과적 문제 또는 성격특성 등으로 집단상담에 적합하지 않은 대상자, 유사한 유형의 문제를 가진 대상자가 적어 집단 구성이 곤란할 경우 개인상담 형태로 집행하고 있다.

3) 구조화된 상담 및 폐쇄형 집단

대부분의 수강명령 프로그램은 교육 또는 치료의 주제와 회기별 프로그램 내용이 대체로 정해져 있는 구조화된 형태로 진행되며, 때로는 큰 틀의 주제와 각 회기의 목표는 있지만 상황에 따라 유연하게 운영되는 반구조화된 집단의 형태로 운영되기도 한다. 또한, 수강 프로그램 중간에 새로운 구성원을 받지 않는 폐쇄형 집단으로 운영되는 것이 일반적이다.

장기간의 수강명령 시간이 부과된 대상자가 상대적으로 많은 성폭력치료 수강명령의 경우, 기본 프로그램을 이수한 사람을 대상으로 하는 순환형 심화치료 프로그램에서는 기존 구성원의 교육 종결에 따라 프로그램 중간에 새로운 구성원이 들어올 수 있도록 하는 개방형의 형태로 운영되고 있기도 하다. 교육과 치료의 효과를 유지하기 위해 4주 이상 장기간 집행하는 것이 필요하다. 2012년 이후 법무부에서도 수강집행센터를 설치하고 표준화된 전문 프로그램을 개발하여 성폭력치료, 가정폭력치료, 마약 또는 알코올치료 프로그램 등은 1일 4~8시간, 주 1회, 총 5~6주간 진행하는 등 장기분할 프로그램을 지향하고 있다(법무부, 2019: 282-283).

---

16 집단상담은 사회적 대인관계문제를 다루는데 개인상담보다 더 효과적이다. 집단상담에서는 유사한 문제를 갖는 타인을 관망·관찰하면서 스스로에 대한 객관화와 통찰이 가능하고, 집단 내 상호작용을 통한 학습효과를 기대할 수 있으며, 집단 자체가 프로그램에서 학습한 내용을 사용하는 기회가 된다. 또한, 다수의 사람에게 동시 진행하여 경제적이기도 하다. 다만, 각 개인에 대한 집중도가 떨어질 수 있음에 대한 보완은 필요하다.

(2) 집행 분야

1) 수강명령에 적합한 대상자 유형

1997년 1월 모든 형사범으로의 수강명령 대상 확대로, 기존의 청소년 대상 심성순화 프로그램 이외에 새로운 분야의 수강명령 프로그램이 필요해졌다. 1997년 마련된 「수강명령에 관한 대법원 재판예규」는 수강명령에 적합한 대상자 유형을 다음과 같이 제시하였다.

① 본드 · 부탄가스 흡입 등 약물남용범죄 또는 마약범죄를 범한 경우
② 알코올 중독으로 인한 범죄를 범한 경우
③ 심리 · 정서상의 특이한 문제와 결합된 범죄(성범죄 등)를 범한 자로서 적절한 프로그램을 통하여 치료를 받을 필요가 있는 경우
④ 기타 수강명령을 부과하는 것이 적절하다고 판단되는 경우

2) 수강명령 강의 유형 및 집행 분야

1997년 마련된 「수강명령에 관한 대법원 재판예규」에서는 수강명령 강의 내용의 일반적 유형을 다음과 같이 제시하였다.

① 약물 · 마약 · 알코올치료강의
② 준법운전강의
③ 정신 · 심리치료강의
④ 성폭력 · 가정폭력치료강의

이에 대부분 법원에서 범행 원인과 특성 등에 따라 수강명령 집행 분야를 지정하였고, 집행현장에서도 법원의 수강 분야 지정과 범죄내용 등을 고려한 집행을 위해 준법운전강의, 알코올치료, 폭력치료, 약물오남용 방지 등 분야별로 특화된 프로그램을 개발하여 활용하여 왔다.

현재 실제 집행현장에서는 수강명령 집행지침보다 집행 분야가 더욱 광범위하여 기존의 집행 분야에 더하여 2016년 즈음부터 도박문제치료, 신종금융사기 범죄자의 재범방지교육, 「산업안전보건법」 위반자에 대한 수강명령 등도 실시하고 있다. 수강명령 집행 분야의 계속적인 확장은 범죄자의 재범방지를 위한 효과적인 교육 및 치료 수단으로 수강명령이 광범위하게 활용되고 있다.

[표 8-16] 수강명령 집행 분야

집행 분야	주요 내용
약물 · 알코올 치료 강의	약물 등 오 · 남용에 대한 이해 증진, 단약 · 단주 결심 유도 및 강화 등
준법운전 강의	바람직한 운전습관, 교통사고 재발방지, 음주운전 예방 등
정신 · 심리 치료 강의	자기 이해 및 자아 개념 강화, 분노조절, 심리치료 등
성폭력 치료 강의	성에 대한 왜곡된 생각, 인지적 왜곡 수정 등
가정폭력 치료 강의	가정폭력의 범죄성 인식, 폭력행위 인정 및 재발방지 교육 등
성매매 방지 강의	성매매 개념과 환경, 성의식 점검, 성매매 재발방지 교육 등
아동학대 치료 강의	폭력에 대한 태도 교정, 부모 교육, 상담치료 등
성구매자 재범방지 강의	왜곡된 성의식 바로잡기, 성구매 거절연습, 재발방지 교육 등
음란물사범 재범방지 강의	아동 · 청소년 음란물 소지 유통행위 근절을 위한 재발방지 교육 등

출처: 법무부(2019), 한국보호관찰 30년사, p.283.

3) 표준화된 전문프로그램 개발

2007년부터 법무부는 내외부의 전문가로 '수강명령 전문화 TF'팀을 구성하여 집행 분야별 표준화된 전문프로그램을 개발하였다. 이를 위해 법무부에서는 전국 보호관찰소에서 집행하는 프로그램 내용을 분석하고 재범률을 통한 효과성을 검토하였고, 수년간 시범 실시 및 검증 · 보완 과정을 거쳤다(법무부, 2019: 287). 2019년 4월 기준, 개발 완료된 전문 프로그램 분야는 성폭력치료, 가정폭력치료, 소년심리치료, 약물치료, 알코올치료, 준법운전교육, 성매매방지교육 등이다(법무부, 2019: 287).

[표 8-17] 수강명령 프로그램 표준화 및 전문프로그램 개발 현황 (2019년 4월 기준)

분야	프로그램	개발 시기
성폭력치료	성범죄자 치료 프로그램 매뉴얼	2009.10
	개정판–성범죄자 치료 프로그램 매뉴얼(기본프로그램)	2011.08.
	성범죄 재발방지를 위한 순환형 상담치료프로그램 매뉴얼	2013.10
	아동 · 청소년 대상 성범죄자 치료프로그램 매뉴얼	2016.02.
	비접촉 성범죄 치료프로그램 매뉴얼	2017.02.
가정폭력치료	가정폭력 수강명령 전문프로그램 매뉴얼	2009.04.
	개정판–가정폭력치료 수강명령 프로그램 매뉴얼	2013.05.
	2차 개정판–가정폭력치료 수강명령 프로그램 매뉴얼	2016.02
아동학대	아동학대 재발방지를 위한 수강명령 프로그램 매뉴얼	2016.02.
약물치료	약물 수강명령 전문프로그램 매뉴얼(변화를 위한 새로운 시작)	2009.04.
	개정판–약물중독치료 수강명령 전문프로그램 매뉴얼	2013.04.
알코올치료	알코올치료 수강명령 프로그램 매뉴얼	2016.02.
준법운전치료	준법운전 수강명령 전문프로그램 매뉴얼	2011.07.
소년 대상 치료	소년 심리치료 수강명령 전문프로그램 매뉴얼	2009.04.
	개정판–소년 심리치료 수강명령 전문프로그램 매뉴얼	2011.08.
	2차 개정판–소년 심리치료 수강명령전문 프로그램 매뉴얼	2016.02.

출처: 법무부(2019), 한국보호관찰 30년사, p.288.

5. 수강명령제도 집행 현황

「형법」개정을 비롯하여 수강명령 관련법의 제·개정으로 대상 범위가 점차 넓어지고, 범죄인 교육과 치료 중요성에 대한 인식의 확대, 수강명령 프로그램의 질적 발전 등으로 실시사건이 급증하는 등 지속적인 양적 확대가 이어졌다.

(1) 연도별 실시사건 현황

수강명령 실시사건은 제도 도입 첫해인 1989년 297건에서 시작하여 매년 증가 추세를 보여 왔고, 1997년「형법」개정을 계기로 증가 폭이 더욱 커졌다. 2008년 2만 건을 넘어섰으며, 2014년부터 수강명령(이수명령 포함) 실시사건이 3만 건을 상회하였고, 2017년부터 약 5만 건에 이르렀다.

[표 8-18] 연도별 수강명령 실시사건 추이

(단위 : 건)

연도	수강명령 실시사건	연도	수강명령 실시사건
1989	297	2004	15,384
1990	1,477	2005	15,849
1991	1,519	2006	13,783
1992	2,193	2007	16,293
1993	2,162	2008	22,083
1994	3,092	2009	25,888
1995	3,185	2010	24,306
1996	2,481	2011	25,110
1997	2,606	2012	28,517
1998	4,402	2013	28,568
1999	5,348	2014	34,883
2000	9,390	2015	39,084
2001	11,236	2016	43,930
2002	11,901	2017	51,749
2003	12,232	2018	49,883

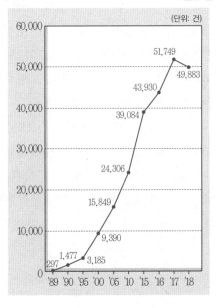

출처: 법무부(2019), **한국보호관찰 30년사**, p.269.

(2) 연령별 · 근거법률별 현황

1) 연령별 현황

개정 「형법」 적용 첫해인 1997년 성인의 수강명령 실시사건 비율은 각각 25%와 75%로 성인 실시사건이 절대다수를 차지하였다. 이후로도 소년 사건의 증가율이 성인 사건의 증가율에 미치지 못하여 2001년부터 2004년까지 소년의 비율은 10%대에 머물렀다. 2004년부터 소년 사건의 비율이 점진적으로 증가하던 중 2008년 「소년법」 개정으로 소년 비율이 전체의 약 33%를 차지하였고 2011년에는 51.7%에 이르렀다. 그러나 법원에서 소년 수강명령을 지역 상담센터 등 민간기관에 위탁하는 사례가 늘면서 소년 실시사건이 다시 감소추세로 돌아섰고 성인 실시사건은 지속적으로 증가하여 2018년의 경우 수강명령 실시사건 중 소년이 11.9%, 성인이 88.1%를 차지하였다(법무부 범죄예방정책국, 2018년 수강명령 통계자료).

2) 근거 법률별 실시사건 현황

「소년법」에 의한 수강명령 사건은 형법 적용 첫해인 1997년 이후 감소와 증가를 반복하다 2005년부터 증가 추세를 보였다. 특히, 2008년에는 7,108건으로 전년 대비 약 2배 증가하였고 2012년에는 13,668건에 이르기도 하였다. 그러나 2013년부터 다시 감소 추세를 보였으며, 2015년부터 2018년까지 연간 5천여 건 수준이다(법무부, 2019: 272-273).

「형법」에 의한 실시사건은 1997년부터 2004년까지 지속적으로 증가하다 2004년 이후 감소와 증가를 반복하였고, 2016년부터 매년 2만 건을 상회하고 있다. 「성폭력처벌법」에 의한 실시 사건은 2013년 전년 대비 2배 이상 급증한 후 지속적으로 증가하고 있으며, 「가정폭력처벌법」에 의한 실시 사건 역시 2013년 급증한 후 매년 약 5천건 수준을 기록하고 있다(법무부, 2019: 273-274).

[표 8-19] 2000년 이후 수강명령 근거법률별 실시사건 추이

(단위: 건)

연 도	총 계	소년법	형법	성폭력법	가정폭력법	성매매처벌법	아청법	아동학대처벌법
2000	9,390	2,066	6,648	39	637			
2001	11,236	1,706	8,881	48	601			
2002	11,901	1,361	9,575	85	880			
2003	12,232	1,682	9,618	89	843			
2004	15,384	2,042	12,255	105	982			
2005	15,849	3,295	11,597	135	706	116		
2006	13,783	3,710	8,930	194	812	137		
2007	16,293	3,819	11,286	260	760	168		
2008	22,083	7,108	13,409	270	1,014	282		
2009	25,888	12,209	11,916	299	1,140	324		
2010	24,306	12,049	10,721	303	855	273	105	
2011	25,110	12,841	10,336	561	600	123	649	
2012	28,517	13,668	12,427	699	697	117	909	
2013	28,568	10,037	14,472	1,429	1,314	210	1,106	
2014	34,883	7,023	15,887	7,531	2,964	197	1,281	
2015	39,084	5,790	17,933	9,008	4,184	303	1,676	190
2016	43,930	5,452	22,358	9,015	4,777	781	1,165	382
2017	51,749	5,981	26,488	10,761	5,465	965	1,396	693
2018	49,883	5,794	24,406	12,416	4,700	454	1,344	769

출처: 법무부(2019), 한국보호관찰 30년사, p.273.

(3) 사범별 현황

제도 시행 초기의 사범별 접수사건 비중을 살펴보면, 교통사범, 환각마약사범, 폭력사범 순으로 나타났으나, 2005년부터 절도사범이 환각마약사범의 사건수를 넘어서 교통사범, 폭력사범, 절도사범 순으로 바뀌었다. 이후 성폭력사건에 대한 사회적 관심이 커지고 2010년 성폭력사범에 대한 이수명령제도가 시행됨에 따라 성폭력사건이 매년 증가하여 2013년 절도사건을 추월했고, 2014년에는 폭력사범을 넘어, 수강명령 접수사건 중 교통사범 다음으로 많은 비중을 차지했다. 2018년 기준으로 사범별 수강명령 접수사건은 교통사범 41.7%, 성폭력사범 27.8%, 폭력사범 16.3%, 풍속사범 4.0%, 절도사범 2.7%, 마약사범 1.8%, 기타 5.7% 등으로 나타났다(법무부 범죄예방정책국, 2018년 수강명령 통계자료).

[표 8-20] 최근 10년간 수강명령 시범별 현황(소년 성인 구분)

(단위: 건)

구분		총계	절도	폭력	교통	사기 횡령	성폭력	환각 마약	강력	경제	풍속	기타
2009	계	23,374	3,836	5,209	10,512	340	1,070	499	477	35	475	921
	소년	11,335	3,689	3,559	1,920	262	633	121	383	24	130	614
	성인	12,039	147	1,650	8,592	78	437	378	94	11	345	307
2010	계	21,672	4,068	4,378	9,319	412	1,260	504	356	44	371	960
	소년	10,934	3,919	3,146	1,594	341	653	146	278	38	103	716
	성인	10,738	149	1,232	7,725	71	607	358	78	6	268	244
2011	계	22,197	4,164	4,237	8,703	469	2,319	746	271	41	243	1,004
	소년	11,474	4,055	3,330	1,533	416	804	258	197	31	49	801
	성인	10,723	109	907	7,170	53	1,515	488	74	10	194	203
2012	계	24,591	3,508	5,848	10,147	404	2,437	671	242	24	273	1,037
	소년	11,674	3,435	4,626	1,381	351	671	152	191	22	62	783
	성인	12,917	73	1,222	8,766	53	1,766	519	51	2	211	254
2013	계	23,427	2,682	3,946	10,681	379	3,292	661	179	25	549	1,033
	소년	7,861	2,601	2,178	1,028	324	697	115	115	19	52	732
	성인	15,566	81	1,768	9,653	55	2,595	546	64	6	497	301
2014	계	28,925	1,837	4,782	10,759	343	8,718	590	135	26	630	1,105
	소년	5,720	1,767	1,441	861	286	555	41	63	20	33	653
	성인	23,205	70	3,341	9,898	57	8,163	549	72	6	597	452
2015	계	32,136	1,357	5,985	12,022	358	9,010	621	142	88	892	1,661
	소년	4,752	1,269	1,177	827	296	482	27	54	17	49	554
	성인	27,384	88	4,808	11,195	62	8,528	594	88	71	843	1,107
2016	계	36,049	1,155	6,511	14,995	338	8,931	704	114	53	1,335	1,913
	소년	4,465	1,081	1,011	792	261	480	24	38	41	56	681
	성인	31,584	74	5,500	14,203	77	8,451	680	76	12	1,279	1,232
2017	계	42,019	1,076	7,357	17,942	380	10,318	903	88	40	1,828	2,087
	소년	4,890	1,016	1,396	927	302	421	28	35	20	50	695
	성인	37,129	60	5,961	17,015	78	9,897	875	53	20	1,778	1,392
2018	계	39,884	1,057	6,484	16,622	348	11,070	698	69	36	1,597	1,903
	소년	4,623	992	1,371	829	294	443	22	15	24	61	572
	성인	35,261	65	5,113	15,793	54	10,627	676	54	12	1,536	1,331

출처: 법무부 범죄예방정책국, 수강명령 사범별(소년, 성인) 2019년 현황자료

(4) 교육조건부 기소유예 실시 현황

　　교육조건부 기소유예의 시작은 2005년 성구매자 재범방지교육, 소위 존스
쿨 John School 제도가 시행된 것이다. 이후 법무부 범죄예방정책국과 대검찰청은 재범
방지를 위한 교육필요 분야를 선정하고 적정 프로그램을 구성하여, 2012년 음란물사
범 재범방지교육, 2013년 가정폭력사범 재범방지교육, 2014년 인터넷 악성댓글 재
범방지교육, 2016년 도박사범 재범방지교육 등을 시행하였다. 그 외에도 각 보호관
찰소와 일선 검찰청의 협의에 따라 2013년부터 성폭력사범에 대해 기소유예 조건으
로 20시간 이내의 교육을 이수하도록 하는 제도도 실시하고 있다(법무부, 2019: 291).

[표 8-21] 선도조건부 기소유예 교육 유형

구분	시행연도	교육시간(기간)
성구매자 재범방지 교육	2005년	16시간
음란물사범 재범방지교육	2012년	5시간
가정폭력재범방지교육	2013년	8시간 또는 16시간
성폭력재범방지교육	2013년	20시간 이내
아동학대 재범방지교육	2014년	8시간 또는 16시간
인터넷악성댓글 재범방지교육	2015년	4시간
도박 재범방지교육	2016년	8시간

[표 8-22] 존스쿨 등 기소유예 교육 실시사건 현황

(단위: 건)

연도	계	성구매자	가정폭력	음란물소지자	성폭력	아동학대	도박사범	인터넷댓글	정신건강상담	기타교육
2005	3,210	3,210	–	–	–	–	–	–	–	–
2006	13,455	13,455	–	–	–	–	–	–	–	–
2007	18,784	18,784	–	–	–	–	–	–	–	–
2008	21,802	21,802	–	–	–	–	–	–	–	–
2009	39,631	39,631	–	–	–	–	–	–	–	–
2010	15,576	15,576	–	–	–	–	–	–	–	–
2011	8,936	8,936	–	–	–	–	–	–	–	–
2012	6,112	5,954	–	72	–	–	–	–	–	86
2013	7,275	3,997	404	2,443	–	–	–	–	–	431
2014	7,024	3,223	640	1,488	778	16	–	–	–	879
2015	10,041	3,464	793	1,100	3,982	75	–	–	–	627
2016	19,107	12,510	665	1,297	3,842	117	203	121	1	351
2017	19,569	9,237	382	991	5,540	231	1,830	655	1	702
2018	12,714	3,947	314	890	5,148	258	1,031	783	1	342

출처: 법무부 범죄예방정책국, 교육조건부 기소유예 2019년 현황자료

6. 외국의 수강명령제도[17]

(1) 영국

현대의 수강명령제도는 사회봉사명령제도와 같이 영국을 최초 실시국가로 보는 것이 일반적이다. 1948년 영국 「형사재판법」은 경미한 범죄를 저지른 21세 미만자에게 주말 수강센터Attendance Center에 출석하여 강의를 듣도록 최초로 규정하였다. 이처럼 현대의 수강명령제도의 기원은 영국으로 보는 것이 일반적이다. 주말 수강센터 출석요구는 소년범의 주말 여가시간을 박탈하여 범죄 기회를 줄일뿐 아니라 '짧고 예리한 충격'short and sharp shock을 주고, 여가선용과 건전한 사회생활 습관 내면화 등의 여러 목적을 가지고 있었다.

영국에서의 수강명령제도는 독립처분으로서 부과하는 경우와 보호관찰을 조건으로 부과하는 경우로 구분된다. 독립처분으로서의 '수강센터명령Attendance Center Order'은 비교적 비행성이 약한 범죄자가 일정기간 지정된 장소에 출석하여 강의훈련 또는 상담을 받도록 하는 것으로서, 법원이 자유형과 결부시키지 아니하고 독립처분으로 선고한다. 그러나 실제로는 17세 미만의 소년에게 주로 부과되고 있으며, 그 중에서도 초범자와 재범자이면서 비교적 경미한 범죄를 범한 자에게 주로 선고된다.

수강센터Attendance Center는 일과 후 학교나 청소년 시설 등에서 경찰에 의해 운영된다. 수강센터Attendance Center의 수강시간은 12시간 이상 24시간 이내의 범위에서 법원이 적당하다고 인정되는 시간을 정하나, 17세 이상인 자에게는 36시간까지 선고할 수 있다. 수강센터의 강의시간은 매주 토요일 오후에 2시간씩 열리는데 1일 참석시간은 3시간을 초과할 수 없다. 한편, 보호관찰을 조건으로 하는 수강명령인 '보호관찰주간센터 명령'Probation Day Center Order는 통상 일과시간 중 보호관찰 대상자의 사회적응 능력을 향상시키고 재범을 방지할 수 있도록, 필요한 교육과 훈련을 시키는 비수용적인 수강시설을 말한다.

---

[17] 이하의 내용은 (정동기 외, 2016). **보호관찰제도론**의 pp.367-369.의 내용을 요약 발췌, 정리한 것이다.

(2) 미국

미국에서 시행된 수강명령과 유사한 제도로서 두드러진 프로그램은 소위 '주간처우센터Day Treatment Center' 또는 가이드GUIDE: Girls Unit for Intensive Daytime Education라는 것이 있다. 주간처우센터는 비행소년에 대한 프로그램으로서 1964년 가을에 캘리포니아California의 콘트라 코스타Contra Costa 카운티에서, 10명의 여성 비행청소년을 처음 시작되었다. 프로그램 대상자들은 24시간의 구금을 받을 정도의 경미한 비행을 저지른 소녀들이다. 한편 '가이드GUIDE 프로그램'은 13세에서 19세까지의 비행소녀를 대상으로, 교육 · 집단활동 · 상담을 할 목적으로 하는 주간처우 프로그램으로서, 교육기간은 3년으로 정규 학교교육과 병행하면서도 여러 가지 새로운 방법을 사용하여 소녀들의 자아개념을 변화시키고, 가정문제에 대하여 해결책을 제시하여 주었다.

(3) 독일

독일의 범죄인 처우정책에서 수강명령과 유사한 것은 「형법」 제56조의 c가 규정한 형집행유예의 경우에 법원이 내릴 수 있는 지시조치Weisungen가 있다. 독일 형법상의 이 조치는 재범을 범하지 않으려는 피고인의 노력에 도움을 주려는 법원의 명령으로서, 이미 1953년의 제3차 「형법」 개정법부터 규정되고 실시되었다. 독일 형법은 치료나 약물 중독치료의 과정에 들어가게 하거나 적당한 요양소 또는 시설에 입소하라는 조치도 내릴 수 있는데, 다만 이 조치는 당사자의 동의가 있는 경우에 한하고 있다. 이와 같이 당사자의 동의를 요구하는 것은 개인의 기본권이 부당하게 침범받지 않게 하는 것뿐만 아니라, 당사자들의 동의 없이는 소정의 목적달성이 어렵기 때문이다.

7. 수강명령의 효과성

다양한 수강명령 프로그램의 효과성에 대한 고민What Works?으로 범죄 하위유형에 따른 집행의 필요성, 프로그램 효과성 연구 등 대한 관심과 요구가 높아지고 있다. 수강명령의 효과성을 검증하는 방법에는 수강명령 이수자의 재범률을 확인하는 것과 수강명령 프로그램 시작 전과 종료 후에 동일한 심리척도를 사용하여 그 차이를 비교 검증하여 문제행동이나 인식 개선 정도를 확인하는 것이 있다.

2000년대 초반부터 프로그램의 효과성 연구가 실시되었고, 가장 많은 연구가 이루어진 것은 가정폭력과 성폭력 치료 분야이다. 2003년 4월 성공회대 장희숙 교수 등 가정폭력 민간 전문가와 공동으로 가정폭력행위자 프로그램 효과성 연구를 기획, 약 1년 동안 3개의 대표적인 치료프로그램(인지행동, 정신분석, 해결중심)을 각 5회씩 실시한 후 1년간 추적조사follow-up을 실시하여 효과성을 검증하였다. 그리고 연세대학교 의과대학 의학행동과학연구소와 공동으로 2003년부터 2008년까지 전국 36개 보호관찰소에서 실시된 성폭력 가해청소년에 대한 인지행동치료 프로그램의 효과를 평균 49.04개월의 추적기간 동안의 재범 여부를 통해 확인한 결과, 치료프로그램 참가 집단에서 동종 및 폭력 범죄의 재범률이 유의미하게 낮았다. 또한, 2010년 법무부 본부에서 수강명령이 부과된 성폭력사범과 가정폭력사범을 수강명령이 부과되지 않은 성폭력사범 및 가정폭력사범과 비교분석한 결과, 프로그램 사전-사후 검사 및 재범률에서 수강명령 프로그램을 이수한 집단이 그렇지 않은 집단에 비해 동종범죄를 포함한 폭력범죄의 재범 위험성을 감소시키는데 유의미한 효과가 있었다(법무부, 2019: 287).

그동안 각 보호관찰소에서 수강명령 프로그램 실시 전후 인식조사를 실시하여 이수자의 긍정적인 변화와 프로그램에 대한 만족도를 확인해 왔고, 2016년 한국형사정책연구원[18]에서 수강명령 이수자에 대한 체계적인 연구를 실시하였다. 즉, 대표적인 전문 수강명령 집행 분야인 성범죄, 가정폭력, 알코올, 약물 치료 프로그램 이수자를 대상으로 프로그램 이수 후의 심리 행동적 변화를 측정한 결과, 각 프로그램에서 의도하였던 치료 내용과 관련한 긍정적인 변화를 확인하였다. 성폭력사범의 경우 왜곡된 강간통념이 수정되고 성폭력피해자에 대한 공감수준이 향상됐고, 사회문제해결능력 및 일탈적 성적 환상이 개선되는 효과가 나타났다. 알코올치료 프로그램의 경우, 음주변화전략 및 음주상황에서의 대처능력이 향상되었으며,

---

[18] 한국형사정책연구원의 '형사정책과 사법제도에 관한 평가연구(X)-수강명령제도의 운용 및 프로그램의 효과성 평가'는 2016년 6월부터 8월까지 서울, 인천, 수원, 대전, 대구 부산, 광주 수강집행센터에서 실시한 각 전문 프로그램을 대상으로, 해당 프로그램을 이수한 대상자 총 933명(성범죄 557명, 가정폭력 178명, 알코올 159명, 약물 39명)에게 사전사후 검사를 실시하였고, 그 결과를 분석하였다.

약물사범의 경우 자존감이 향상되고 우울감이 저하되었으며 사회문제해결능력이 향상되었다.

「성매매방지법」 제4조 및 같은 법 시행규칙 제2조에 근거하여 3년마다 실시하는 성매매 실태조사를 통해 확인한 기소유예 교육의 효과는 다음과 같다. 2016년의 실태조사에서는 존스쿨 수강 후 '성매매가 범죄이고 사회와 가족에게 해를 끼친다'는 등 성매매 범죄의 위해성에 대한 인식이 바람직한 방향으로 변화되었다(5점 척도로 측정, 평균 3.5점→3.9점)(국가인권위원회, 2016).

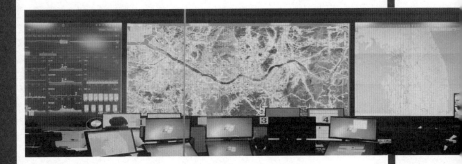

제 **9** 장 　전자감독

제 1 절　전자감독의 의의 및 연혁

1. 전자감독의 의의

(1) 전자감독의 개념

유럽형사자문위원회의 교정협력자문위원회는 전자감독을 형사사법체계 내에서 사람의 위치·이동이나 특정행동을 전자적으로 감시하는 것으로 정의한다(한영수 외, 2013: 7). 이러한 정의는 전자적 기술을 활용하여 범죄자의 시공간적 위치를 감시하는 전자감독의 핵심적인 특징을 잘 보여주는 장점이 있다. 그러나 전자감독은 범죄자에 대한 보호관찰관의 관리감독을 기계적인 감시로 대체하는 것이 아니라 보호관찰관이 고위험범죄자를 집중적으로 관리감독하기 위해서 활용할 수 있는 다양한 도구 중의 하나라는 주장들이 제기되고 있다(Tennessee Board of Probation and Parole, 2007; 김일수, 2005; 강호성, 2012).

우리나라의 경우 제정 전자장치부착법에 보호관찰관의 임무규정을 포함시켜 보호관찰직원들에게 전자발찌 부착명령 집행과 더불어 대상자들에 대한 일반적 보호관찰의 지도와 원호가 가능하도록 하였다. 그리고 더 나아가 법원으로부터 성폭력 치료프로그램의 특별준수사항을 부과 받지 않은 피부착자에 대해서도 전자감독 대상자의 성행교정을 위한 의료적·상담적 치료조치를 할 수 있도록 규정하고 있다(김지선 외, 2014: 112). 최초로 전자감독을 도입하는 내용을 골자로 발의된 법률안에는 전자장치를 부착한 자에 대한 보호관찰관의 지도감독(보호관찰)에 관한 내용이 없었으나, 법무부의 수정의견이 반영되어 제정법률에는 보호관찰관이 대상자의 재범방지 및 건전한 사회복귀를 위하여 필요한 지도와 원호 등을 할 수 있도록 한다는 조항이 포함되었다는 것은 전자감독기술은 보호관찰관의 지도감독을 효과적으로 담보하기 위한 수단일뿐이고 결국 보호관찰관의 인간적인 관심과 개입, 관여가 없으면 궁극적으로 범죄자의 태도변화와 재범방지는 불가능하다는 생각을 반영한 것이라고 할 수 있다(김지선 외, 2014). 이러한 점을 고려해 볼 때 전자감시라는 용어보다는 전자감독이라는 용어가 더 적절하다고 할 수 있다.

(2) 전자감독의 유형

1) 기술적 특성에 따른 구분 : 가택구금과 위치추적 전자감독

전자감독은 도입목적, 전자장치의 작동범위, 기술적 특성을 기준으로 '가택구금방식Home Detention'과 '위치추적방식GPS-tracking'으로 구분할 수 있다. 제1세대 전자감독방식으로 불리는 가택구금방식은 거주지 내에 고정되는 재택감독장치와 대상자의 발목 또는 팔목에 부착된 부착장치 간의 주기적인 무선 주파수radio frequency 송수신을 통해 대상자가 거주지 내에 거주하고 있는지를 확인하는 방식이다(김지선 외, 2013: 112).

이러한 가택구금방식의 전자감독은 활동반경이 주거지 내로 제한되는 특성 때문에 주로 6개월 이하의 단기구금형을 선고받은 경미사범의 수용처우를 대체하여 교도소 과밀수용문제를 해결하거나 도주의 우려로 구속되는 피고인의 법정 출석을 담보하는 재택구금 전자감독 조건부 불구속 수단으로 활용된다. 또한, 위치추적방식과 비교하여 기술 구현 방식이 상대적으로 단순하고, 도입과 운영에 소요되는 예산 역시 상대적으로 저렴하여 전자감독제도를 운영 중인 대다수의 국가[1]에서 활용 중에 있고, 무선 통신시설 체계가 미비한 국가에서도 운영이 가능하여 기초적 수준의 전자감독을 구현하고자 하는 국가에서도 운영이 가능하다는 장점도 갖고 있다(한영수 외, 2013: 9).

위치추적방식의 전자감독은 대상자의 신체에 부착하는 부착장치(전자발찌), 휴대용 추적장치, 재택감독장치 등 전자감독대상자에게 지급하는 장치와 인공위성 Global Positioning System(이하 GPS), 이동통신 기지국(CDMA, WCDMA, Wi-Fi) 등 고도의 통신시설을 이용하여 대상자의 위치와 개별 장치의 상태를 실시간으로 확인하는 방식이다. 위치추적방식은 대상자의 현재 위치를 시간과 장소에 구애받지 않고 24시간 실시간으로 파악할 수 있는 방식으로 대상자가 집 밖으로 나갈 경우 위치파악이 불가능한 가택구금방식의 근본적 한계점을 극복한 것이다.

위치추적방식은 다음과 같은 장점을 갖고 있다. 첫째, 대상자의 24시간 이동경로를 확인할 수 있어 출입금지지역이나 피해자 접근금지구역 진입시 보호관찰관에 의한 즉각적인 개입이 가능하다. 둘째, 대상자에 의하여 범행이 발생하면, 그

---

1 룩셈부르크·노르웨이·스웨덴·스위스·싱가포르·영국·대만 등에서는 가택구금만 시행 중이며, 미국·프랑스·호주·네덜란드·뉴질랜드·스페인·핀란드·폴란드·포르투갈·조지아·에스토니아·이스라엘 등에서는 가택구금방식과 더불어 위치추적방식을 함께 사용하고 있다.

의 이동경로 등이 담긴 수신자료를 활용하여 손쉽게 범인을 검거할 수 있다. 셋째, 대상자의 체류범위가 자신의 주거지에 한정되어 있지 않으므로 사회와의 교류가 단절되지 않은 채 생업에 종사할 수 있어 건전한 사회복귀를 촉진할 수 있다(한영수 외, 2013;10). 그러나 이와 같은 장점에도 불구하고, 가택구금방식에 비해 위치추적 장치의 별도 개발, 무선 통신료의 추가 부담, 이동통신 등 네트워크 기반시설의 구비 등 극복해야 할 과제가 있기도 하다(김지선 외, 2014: 116).

[표 9-1] 재택구금 전자감독과 위치추적 전자감독의 비교

구분	재택구금방식	위치추적방식
도입시기	1980년대 초반	1990년대 후반
도입목적	교도소 과밀수용을 해소하기 위한 구금대안	성폭력 및 살인 등의 흉악 범죄로부터의 사회방위
법적성격	단기구금형의 대체형벌	형기종료 후 보안처분
대상범죄	교통사범이나 절도범과 같은 경미범죄	성폭력, 살인, 강도 등의 중범죄
부착기간	대체로 6개월 미만	대체로 5년 이상
장점	• 비용 저렴 • 장비조작 간편	• 대상자의 이동경로 확인 가능 • 범죄발생 시 검거 용이
단점	외출 시 위치파악 곤란	인력 및 비용 과다 소요
시행국가	미국, 영국, 스웨덴, 독일, 싱가포르 등 30여 개 국가	미국, 호주, 프랑스, 독일, 네덜란드, 한국 등 10여 개 국가

출처: 한영수 외, (2013), p.11.

2) 적용단계에 따른 구분

전자감독이 형사사법단계의 어느 지점에서 적용되느냐에 따라 재판 전pre-trial 단계에서의 전자감독과 재판 후post-trial 단계에서의 전자감독으로 구분할 수 있다.[2] 재판전 단계에서의 전자감독은 주로 미결구금의 대안으로 가택구금 전자감독을 활용하는 것을 말한다. 재판 후 단계에서의 전자감독은 정문유형front door model과 후문유형back door model으로 다시 나눌 수 있다. 정문유형은 법원이 피고인에게 독자적인 형벌의 일종으로 전자감독을 선고하거나 형의 집행이나 형의 선고를 유예하는 조건으로 전자감독을 부과하는 것을 말한다. 또한 단기자유형을 선고하되 그 집행을 가택구금 전자감독의 방법으로 할 수 있게 하는 입법례도 여기에 해당한다. 후문유형은 교정 · 감호시설에서 출소한 자를 대상으로 전자감독을

---

2 일부의 연구자(황태정, 2014; 연성진 · 유진, 2015)들은 적용단계를 1) 재판전, 2) 재판후, 3) 형집행종료 후 3단계로 구분하기도 한다.

실시하는 것이다. 가석방의 조건으로 전자감독을 부과하거나 형기종료 후 사회방위를 위한 보안처분의 일종으로 전자감독을 받게 하는 것이 이러한 유형에 포함된다(한영수 외, 2013: 14-15).

2. 전자감독제도의 연혁

(1) 전자감독의 효시와 가택구금 전자감독

범죄자가 휴대한 전자신호발신기로부터 나오는 전기적 신호를 수신하여 범죄자를 원격으로 감시한다는 원리를 적용한 실험들은 1960년대 중반부터 시작되었고, 이러한 선구적인 실험들이 결실을 맺어 전자감독제도가 처음으로 도입된 때는 1983년이다. 미국 뉴멕시코주의 앨버커키 지방법원의 잭 러브Jack Love 판사는 1970년대 후반부터 소년범을 교도소에 수용하는 대신 위치를 파악할 수 있는 장치부착을 조건으로 가석방하는 방안을 고민하였고, 컴퓨터 판매원인 마이클 고스Michael Goss에게 장치 개발을 의뢰하였다. 잭 러브 판사는 1983년에 마이클 고스에 의해 개발된 '고스링크Gosslink'로 불리는 전자발찌를 보호관찰준수사항을 위반한 30세의 범죄자에게 한 달간 전자감독 재택구금을 선고하면서 사용하기 시작하였으나, 기술적인 문제 등의 이유로 전자감독의 적용은 총 5사례에 그치고 말았다(한영수 외, 2013; 김혜정, 2015). 1983년 12월에는 미국 플로리다주 웨스트 팜비치 법원 관할구역에서 재택구금제도인 '지역사회통제 프로그램community control program'에 연계한 전자감독명령이 시범적으로 활용되기도 하였다(한영수 외, 2013: 29-29). 이것이 가택구금방식 전자감독의 시초로 알려져 있다(Shillington, 1983). 이후 전자감독제도는 미국 내에서 점차 확대되기 시작하여 1987년에는 21개 주, 1989년에는 37개 주, 1995년에는 50개의 모든 주로 확산되었다(김지선 외, 2014: 183).

전자감독의 효시에서 드러나는 것처럼 전자감독제도의 등장은 시설구금의 폐해로 확대되었던 사회내처우가 낙인효과를 줄이면서 범죄자가 가정에서 일상적인 생활과 직장생활을 가능하도록 함으로써 사회복귀를 원활히 한다는 장점이 있는 반면에, 사회방위에는 미흡하기 때문에 보호관찰의 통제기능을 강화할 필요가 있다는 인식에서 출발하였다(김혜정, 2015: 7). 이 시기 지역사회교정의 가장 전형적인 형태는 가택구금이었고, 따라서 인적 감시에 의한 가택구금의 문제점을 해결하기 위한 목적에서 제1세대 전자감독은 주로 '단기간의 가택구금 전자감독short-term EM-house arrest'과 결합되어 활용되었으며, 재범위험성이 낮은 범죄자가 주된 대상이었으며, 성폭력범과 같은 고위험군의 범죄자에 대해서는 잘 사용되지 않았다.

(2) 위치추적 전자감독의 도입과 발전

GPS 위치추적기술이 민간영역에서 광범위하게 상용화되면서 전자감독제도는 새로운 시기를 맞이하게 되었다. 위치추적기술로 인해 대상자가 있는 장소나 위치와 관계없이 24시간 추적감시가 가능해지면서 가택구금방식에 비해 뛰어나다고 평가받기 시작했고, 고위험 범죄자로 그 대상을 확대할 수 있는 기술적 기반이 마련되게 되었다.

미국에서 위치추적방식 전자감독의 도입에 결정적인 역할을 한 것은 2005년 2월 미국 플로리다주에서 9살 소녀 Jessica Lunsford가 아동 성폭행 전과자에게 성폭행을 당한 후 살해당한 사건이다. 이 사건이 발생한 이러한 성폭력범에 대해서 더욱 강력한 재범예방수단이 필요하다는 국민적 요구가 빗발쳤고, 이에 따라 플로리다주는 같은 해에 'Jessica Lunsford Act'를 제정하였고, 본 법률을 근거로 위치추적방식 전자감독제도를 도입하였다. 구체적으로 '성적 흉악범sexual predators'이나 '15세 미만의 피해자를 대상으로 범죄를 저지른 18세 이상의 범죄자'에 대해 법원이 지정한 학교나 보육시설, 공원, 놀이터, 공공 통학버스 정류장, 그 밖의 어린이들이 정규적으로 모이는 장소로부터 반경 1,000피트 이내에 이러한 고위험군 범죄자가 거주하는 것을 금지하고, GPS를 이용한 전자감독을 통해 실시간으로 대상자의 위치를 추적하도록 함으로써 그 준수 여부를 확인할 수 있게 하였다(김지선 외, 2014:187). 이후 미국 연방과 각 주는 성폭력범에 대해 위치추적방식을 적용하는 법률을 적극적으로 제정하였고(Button, DeMichele & Payne, 2009), 그 결과 2011년 말 현재 위치추적방식을 적용하는 미국의 주는 애리조나, 노스캐롤라이나 등 35개 주와 워싱턴 D.C.로 확대되었다(김지선 외, 2014: 115).

(3) 전자감독제도의 전세계적인 확산

1980년대 초 미국에서 시작된 전자감독제도는 사회내처우의 통제력을 강화하고 시설내구금과 사회내처우의 중간적 제재수단으로 기능할 수 있다는 장점과 더불어 서구 대부분의 국가가 직면하고 있는 교도소 수용인원 증가에 따른 교도소 과밀화문제를 일정 정도 해결해 줄 수 있는 방안으로 인식되면서 1990년대부터 유럽을 비롯한 전세계적으로 확산되었다. 이에 따라 2011년 기준으로 유럽의 18개 국가에서 전자감독을 실시하고 있다(한영수 외, 2013: 40). 2000년대 후반 전자감독제도를 다소 늦게 도입한 국가들을 포함한 대부분의 유럽 국가에서는 경미한 범죄에 대해 구금형의 집행방법이나 가석방의 조건으로 전자감독을 실시하고 있다. 단기 자유형의 대체수단으로서 가택구금 전자감독을 실시하고 있는 국가는 스웨덴, 네델란드, 프랑스, 오스트리아 등이다.

한편, 미국에서 2005년 이후 적용되기 시작한 위치추적방식도 최근 여러 국가에서 다양한 형사사법단계에서 활용되고 있는데(에스토니아, 프랑스, 독일, 아일랜드, 네델란드, 스페인 등), 미국처럼 형집행을 마친 고위험 성폭력범죄에 대한 강성형사정책이 일환으로 위치추적방식 전자감독을 활용하고 있는 국가는 2009년 도입한 우리나라, 독일, 프랑스 등이다. 독일은 2011년부터 형기종료 후 출소자에게 부과되는 보안처분의 일종인 행상감독처분Führungsaufsicht의 준수사항으로 위치추적방식의 전자감독을 실시하고 있으며, 프랑스는 2005년 12월 12일 「형법」 개정에 의해 법원이 형기종료 후 재범의 위험성으로 인하여 사회사법이행Du suivi socio-judiciaire을 피고인에게 명하는 경우 그 이행수단의 하나로 '전자적 이동감독처우surveillance -lectronique mobile'를 신설하였다(황태정, 2014: 37, 77).

(4) 우리나라 전자감독제도의 연혁

1) 전자감독제도의 도입

전자감독제도의 도입 필요성은 1998년 5월에 개최된 '전국 보호관찰 기관장 회의'에서 급증하는 보호관찰대상자의 효율적인 감독을 위해 전자감독제도의 도입을 공식 의제로 다루면서 처음으로 제기되었고, 이의 후속 작업으로 이에 따라 1999년 1월 법무부에 '전자감시 프로그램 도입 운영반'이 설치되어 외국의 정책사례와 국내 도입방안을 연구하였지만, 기술적 여건의 미비 및 인권침해 논란 등으로 도입이 지연되었다. 그러나 부녀자 등을 연쇄살인한 유영철 사건, 2명의 초등학생을 비롯한 14명을 성폭행하고 연쇄살인한 정남규 사건 등 끔찍한 성폭력사건이 연이어 발생하면서 국민의 불안감과 공분이 최고로 고조되었고, 이러한 사회적 분위기에서 전자감독제도의 도입이 다시 논의되었다. 이러한 배경에서 2005년 7월 전자감독 도입 법안인「특정 성폭력범죄자에 대한 위치추적 전자장치 부착에 관한 법률」(이하「전자장치부착법」) 제정안이 발의되었다.

그러나 제도 도입을 반대하는 시민사회단체의 성명 발표 등으로 법률안 심의는 상당기간 지체되다가 2006년 초에 서울과 용인에서 각 발생한 초등학교 여학생 성폭력 및 살해사건 등의 영향으로 2006년 12월 5일 법무부의 수정 법률안 국회에 제출되었다. 법률안은 2007년 4월 제정·공포(시행일 2008. 10. 28.)되었다. 그러나 제도 시행을 앞둔 2008년 초에 발생한 '안양 초등생 납치 살인사건'과 '일산 초등생 납치 미수사건'은 전자감독제도 시행 시기 등에 상당한 영향을 미치게 된다. 결국 제정된 법률이 시행되기도 전에 제도 시행 일자를 앞당기고 부착기간을 최장 5년에서 10년으로 연장하는 법률을 개정하는 이례적인 상황을 맞이하였다. 2008년 10월 28일로 예정된 전자감독제도는 약 2개월이 당겨진 2008년 9월 1일 시행되었다.

2) 전자감독제도의 확대

전자감독제도 시행 1년이 경과된 당시 여론의 평가는 긍정적이었다. 2009년 9월 법무부의 여론조사에 따르면, 국민들 대부분은 전자감독 대상을 성폭력 범죄자 외에 살인, 강도, 방화로 확대 적용하는 방안에 대부분 찬성하였다(법무부, 2019). 또한, 2008년 12월 경기도 안산시에서 발생한 '조두순 사건'이 사회적 이슈가 되면서 아동 성범죄의 재발 방지를 위한 대책 등에 대해 국민적 공감대가 형성되었다. 결국 2009년 4월 전자감독대상에 '미성년자 대상 유괴범죄'의 추가를 골자로 하는 2차 개정이 이루어졌다.

한편 '김길태 사건'과 '김수철 사건'으로「전자장치부착법」시행 전 성폭력 범죄 전력자에게도 전자장치부착명령을 소급하여 적용해야 한다는 여론이 형성되었다. 결국「전자장치부착법」의 시행일인 2008년 9월 1일을 기준으로 3년을 소급하여 부착하는 개정안이 국회를 통과하게 되었다. 이와 함께 부착기간을 기존 최장 10년에서 최장 30년으로, 부착대상에 살인죄를 포함하는 등의 3차 개정이 이루어졌다.

또한 2012년 12월 4차 법률 개정에서는 전자장치 부착 대상 범죄에 강도죄가 추가되어 전자감독은 강력사범의 재범을 예방하는 특화된 형사정책으로 자리 잡게 되었다(법무부, 2019: 300).

3) 소급적용과 위헌법률심판

2010년 8월 31일 청주지방법원 충주지원이 아동 성범죄자에 대한 부착명령 소급적용 청구건을 심리하면서 헌법재판소에 위헌법률심판을 제청하였다. 법원은 소급효 규정은 '형벌불소급의 원칙 · 신뢰보호의 원칙 등에 위배된다.'는 것 등을 제청의 주요 근거로 적시하였다. 이에 대해 헌법재판소는 2012년 12월 27일, 소급 부착명령대상자가 침해받는 신뢰 보호의 이익과 공익적 목적을 비교할 때 과잉금지 원칙에 위배된다고 볼 수 없다고 판단하였다. 이후 전자장치 부착 소급 적용 등에 대한 헌법소원사건(2015헌바35, 2015. 9. 24. 선고)에서도 전자감독이 성폭력범죄의 재범방지와 사회보호를 위한 적절한 수단이며 그 효과성이 인정된다고 판시하였다(법무부, 2019: 301).

3. 전자감독의 기대효과

지금까지 전자감독의 기대효과에 대해서는 크게 두 가지 축을 중심으로 논쟁이 전개되어 왔다. 하나는 전자감독이 구금의 대안이 될 수 있는가 이고, 다른 하나는 사회를 보호하는데 긍정적으로 기여할 수 있는가이다. 전자는 전자감독이 과잉구금을 완화하고 인도적 처우로서 기능할 수 있으며 또 부수적으로 교정비용 절감 등의 경제적 효과가 있는가가 주된 쟁점이다. 후자인 사회보호의 논쟁은 전자감독의 재범억제 효과에 맞춰진다. 전자감독이 시설구금이나 일반보호관찰에 비교해서 범죄자의 재범억제에 탁월한가, 만약 재범억제 효과가 있다면 그것은 경범죄자에 한정되는가 아니면 고위험 범죄자의 재범억제까지도 기대할 수 있는가가 주된 쟁점이다(김지선 외, 2013: 121).

전자감독의 기대효과에 대한 논의와 경험적인 연구는 주로 전자감독이 구금의 대안적 제재가 될 수 있느냐에 맞춰져 왔다. 이는 전자감독 활용된 초기에는 대다수의 서구국가들이 시설구금회피의 목적으로 1세대인 가택구금 전자감독을 활용하였기 때문이다. 그러나 최근 위치추적 전자감독의 활용이 확대되면서 논의의 초점이 사회방위효과, 즉 형집행을 종료한 고위험범죄자들의 재범억제 효과에 맞추어져 있다.

(1) 과잉구금 완화와 교정비용 절감 효과

미국을 비롯한 서구 국가에서 전자감독을 처음 도입한 취지는 일차적으로 그들이 당면한 교도소의 과밀수용 해소를 위한 것이었다. 전자감독은 교정시설에 구금할 범죄자를 지역사회 내에서 처우할 수 있도록 해줌으로써 교정시설의 과밀구금을 완화해주고, 전자감독 비용이구금비용에 비해 저렴하기 때문에 교정비용 절감할 수 있는 매력적인 대안으로 주장되었다(Payne & Gainey, 2000a: 99; 김혜정, 2000b: 118-122). 뿐만 아니라 장래의 교정시설을 신축하는 경비를 절감하는 효과도 기대할 수 있다고 본다(김일수, 2005: 190).

(2) 재범억제효과

1980년대 이후 미국의 많은 주 정부는 처벌의 강도와 자유 제한을 기준으로 교도소와 보호관찰 사이에 가택구금house arrest, 전자감독, 집중보호관찰intensive supervision, 일일보고센터day reporting 등 새로운 형태의 중간적 처벌을 고안하였다(김지선 외, 2014: 122). 이는 단순한 면담위주의 기존 보호관찰의 감독과 지도방법만으로는 대상자의 재범방지에 한계가 있다는 인식에 따른 것이다.

전자감독은 다른 중간적 처벌과 마찬가지로 기본적으로 사회내처우이기 때문에 교정시설의 과밀화를 해결하고, 대상자가 가정과 사회에서 더 많은 시간을 보낼 수 있도록 하고 다양한 치료프로그램에 참가할 수 있는 기회를 제공할 수 있는 이점이 있을 뿐 아니라 전자적 장치를 통해 전통적인 보호관찰의 통제기능을 강화시키는 효과를 갖기 때문에 사회내처우 대상자의 재범억제에 기여한다고 주장한다(Bouffard & Muftic, 2006: 26-30). 특히, 전자감독은 형기가 종료된 재범가능성이 높은 고위험 범죄자에 대한 보안처분으로 전자감독을 실시하는 경우에 재범억제 효과가 더 크다고 본다(한영수 외, 2013: 21). 현재 우리나라에서 실시되고 있는 전자감독제도도 이 논리에 근거하고 있다.

제 2 절 우리나라 전자감독제도의 개관

1. 전자감독의 부과대상

(1) 대상범죄

2007년 4월 제정된 「전자장치부착법」에서 전자장치 부착대상은 특정 성폭력 범죄[3]뿐이었으나, 이후 법개정을 통해 2009년 미성년자 유괴범죄, 2010년 살인범죄, 2014년 강도범죄로 순차적으로 확대되었다. 여기서 특정 성폭력범죄란 성폭력 범죄 중 형법상음행매개(제242조), 음화 등 반포(제243조), 음화 등 제조(제244조), 공연음란(제245조) 등과 같은 성풍속범죄와 「성폭력특례법」상의 공중 밀집장소에서의 추행행위(제11조), 성적 목적을 위한 공공장소 침입행위(제12조), 통신매체를 이용한 음란행위(제13조), 카메라 등을 이용한 촬영행위(제14조)를 제외한 성폭력범죄를 말한다. 한편, 우리나라에서는 외국의 다수의 입법례와는 달리 19세 미만의 소년에 대해서도 전자감독을 선고할 수 있도록 하고 있으나, 다만 그 집행을 19세 이후에 하도록 규정하고 있다.

(2) 형사사법단계별 적용대상

앞서 살펴본 바와 같이 전자감독은 형사사법의 다양한 단계에서 활용가능하다. 그러나 우리나라에서는 전자감독을 재판전 단계에서 보석의 조건이나 미결구금의 대체수단으로 활용하고 있지 않으며, 재판후 단계에서만 활용하고 있다. 재판후 단계에서 형의 집행유예의 조건으로 부과하는 정문유형front door model 전자감독과 징역형을 선고하면서 형집행종료 후 전자감독을 부과하거나 가석방 또는 가종료자에 대해 부과하는 후문유형back door model 전자감독방식을 모두 활용하고 있다. 그러나 재판 후 단계에서도 유럽국가에서 널리 사용되고 있는 단기자유형의 대체수단으로서 가택구금 전자감독도 활용되고 있지 않다.

---

3   특정 성폭력범죄의 2010년 4월 15일 법개정(법률 10257호, 시행 2010. 7. 16.)을 통해 2008년 9월 1일 이전에 성폭력범죄를 저질러 제1심 판결을 선고받아 형이 확정된 자라 하더라도, 일정 조건에 해당할 경우 부착명령의 대상이 되도록 하는 '부착명령의 소급' 적용 근거를 마련하였다.

2. 전자감독의 부과절차

전자감독의 부과절차는 형사사법의 어느 단계에서 전자감독이 부과되는지에 따라 현저히 다르다. 아래에서는 각 단계별로 나누어 살펴보도록 한다.

[그림 9-1] 전자감독의 유형별 실시절차 개관

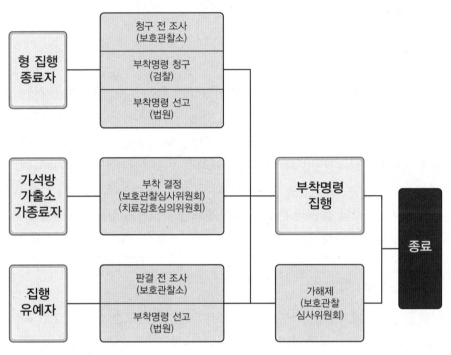

그림출처 : 법무부. (2017). **전자감독 업무매뉴얼**. p.7.

(1) 형집행 종료 후 전자감독

1) 청구요건

형집행 종료 후 부착명령의 청구요건도 대상 범죄유형에 따라 다르다. 성폭력 범죄와 강도범죄는 특정요건에 해당하는 경우 검사가 임의로 부착명령을 법원에 청구할 수 있는 반면에, 미성년자 유괴범죄와 살인범죄는 임의적 청구와 필요적 청구요건이 나뉘어져 있다. 구체적으로 살펴보면, 성폭력범죄는 재범위험성이 있는 사람 중 10년 이내 재범, 동종범죄로 인한 전자장치 부착전력, 상습성(2회 이상), 19

세 미만 대상의 성폭력범죄, 장애인대상 성폭력범죄 중 하나의 요건에 해당될 때, 강도범죄는 재범위험성이 있는 사람 중 10년 이내 재범, 전자장치 부착전력, 상습성(2회 이상) 중 하나의 요건에 해당될 때 검사가 법원에 부착명령을 청구할 수 있다. 미성년자 유괴범죄와 살인범죄는 각각 동종의 재범위성이 있는 경우 검사가 임의로 법원에 부착명령을 청구할 수 있고, 동종재범을 저지른 경우는 검사가 반드시 법원에 부착명령을 청구해야 한다.

2) 청구 전 조사

검사는 전자발찌 부착명령을 청구하기 위하여 필요하다고 인정하는 때에는 피의자의 주거지 또는 소속 검찰청(지청 포함) 소재지를 관할하는 보호관찰소의 장에게 청구전 조사를 요청할 수 있다(「전자장치부착법」 제6조 제1항). 검사로부터 청구 전 조사를 요청받은 보호관찰소의 장은 이를 조사할 보호관찰관을 임명해야 하며, 지명된 보호관찰관[4]은 범죄의 동기, 피해자와의 관계, 심리상태, 재범의 위험성 등 전자발찌 부착명령의 청구 및 판단을 위해 필요한 피의자의 정보관련 사항을 조사한 후 검사에게 조사보고서를 제출하여야 한다(「전자장치부착법」 제6조 제2항, 제3항).

3) 선고와 부착기간

법원은 검사의 전자발찌 부착명령 청구가 이유 있다고 인정되는 경우 판결로 '형 집행 종료 후 전자장치 부착명령'을 선고한다(「전자장치부착법」 제9조 제1항). 형 종료 후 부착명령 선고의 판결시 법원은 부착기간을 선고하여야 하며, 이때 부착기간은 최하 1년 이상에서 최대 30년 이하까지 선고할 수 있고, 법정형에 따라 선고할 수 있는 부착기간의 상한과 하한이 결정된다(「전자장치부착법」 제9조 제1항). 법정형의 상한이 사형 또는 무기징역인 경우 부착기간이 10년 이상~30년 이하, 징역형의 하한이 3년 이상의 유기징역인 경우 3년 이상~20년 이하, 징역형의 하한

---

4 조사를 담당하는 보호관찰소 직원의 경우, 심리학 관련 석·박사 학위 및 임상심리사, 사회복지사 등의 전문자격을 소지하여 특별 채용된 직원이나 조사 분야에 대한 자격증을 취득하는 등 특정 요건을 갖춘 조사관이 담당한다. 보호관찰소 조사관 제도는 2010년 8월 16일 「보호관찰 등에 관한 법률 시행규칙」 개정을 통해 조사업무의 원활한 수행 및 전문성 확보를 위해 신설된 것으로, 보호관찰소 소속 공무원으로 조사 분야 교육을 이수하고 필기시험 및 조서 작성능력 평가를 통과한 자가 조사관이 된다(동 규칙 제7조의2 제2항)(김지선 외, 2014: 335-336).

이 3년 미만의 유기징역인 경우 1년 이상~10년 이하이다. 그리고 19세 미만인 사람에 대하여 특정범죄를 저지른 경우 부착기간 하한을 성인 대상 범죄자의 2배로 가중한다.

형집행 종료 후 전자감독 대상자에 대한 부착기간은 법 제정시 당시 최장 5년이었으나, 2008년 1차 법률개정 시 최장 10년, 2010년 3차 법률개정 시 최장 30년으로 늘어났으며, 부착기간의 하한 가중요건의 연령범위도 2010년 13세 미만에서 2012년 4차 법률개정 시 19세 미만으로 확대되었다.

(2) 가종료 및 가출소의 조건으로서 전자장치부착

1) 가석방자에 대한 필요적 전자장치 부착

「전자장치부착법」상의 특정범죄를 저지른 자는 가석방기간 동안 필요적으로 전자발찌를 부착해야 한다(「전자장치부착법」 제22조 제1항). 다만, 보호관찰심사위원회가 전자장치 부착이 필요하지 아니하다고 결정한 경우에는 부착하지 않을 수 있다(「전자장치부착법」 제22조 제1항 단서).

2) 가종료자 · 가출소자에 대한 임의적 전자장치 부착

「전자장치부착법」상의 특정범죄를 저지른 자가 치료감호의 집행 중 가종료 또는 치료위탁되거나 폐지된 「사회보호법」의 경과규정에 따른 보호감호의 집행 중 가출소될 때 준수사항 이행 여부 확인 등을 위하여 치료심의위원회의 결정으로 전자발찌를 부착할 수 있다(「전자장치부착법」 제23조 제1항). 치료심의위원회는 보호관찰기간의 범위에서 안에서 부착기간을 정한다.

3) 집행유예의 조건으로서 전자장치 부착

「전자장치부착법」상의 특정범죄를 범한 자에 대해서 법원이 형의 집행을 유예하면서 보호관찰을 받을 것을 명할 때에는 보호관찰기간의 범위 내에서 기간을 정하여 준수사항의 이행여부 확인 등을 위하여 전자장치를 부착할 것을 명할 수 있다(「전자장치부착법」 제28조 제1항). 이 경우 전자감독은 형의 집행유예의 부수처분으로 부과되는 것이다(한영수 외, 2014: 124). 이때 법원은 피고인의 주거지 또는 그 법원의 소재지를 관할하는 보호관찰소의 장에게 범죄의 동기, 피해자와의 관계, 심리상태, 재범의 위험성 등 피고인에 관하여 필요한 사항의 조사를 요청할 수 있는데(「전자장치부착법」제28조 제3항), 이를 '판결 전 조사'라고 한다.

한편, 법원은 전자장치 부착기간 중 대상자의 소재지 인근 의료기관에서의 치료, 지정 상담시설에서의 상담치료 등 대상자의 재범방지를 위해 필요한 조치를 취할 수 있다(「전자장치부착법」제28조 제2항).

3. 전자감독 집행

(1) 집행절차

전자감독의 집행은 법원 등이 부착명령을 선고한 사람에 대해 전자장치를 부착하고 보호관찰관의 지도감독을 통해 재범을 예방하고 건전한 사회적응을 촉진하는 일련의 과정이다. [그림 9-2]에서 알 수 있듯이 전자감독의 집행은 형사사법 적용단계에 따라 약간씩 달라지지만, 일반적으로 전자장치 부착명령의 집행과정은 전자장치 부착, 분류 및 처우계획 수립, 지도감독, 종료 절차로 세분화할 수 있다.

일반적으로 부착장치(일명, 전자발찌)는 교정시설 등에서 출소하기 직전에 부착하며, 재택감독장치는 출소 직후 거주지에 설치한다. 부착 이후에 대상자에 대한 지도감독은 일선 보호관찰소의 전담보호관찰관이 담당하며, 전담보호관찰은 대상자 개인별로 처우계획을 수립하여 실시한다. 보호관찰관은 대상자의 이동경로패턴을 분석하여 재범의 우려가 있는지 사전에 점검하는 업무뿐 아니라 대면접촉을 통한 상담, 직업훈련, 취업알선 등 일반적인 보호관찰의 지도와 원호와 성행교정을 위한 의료적 · 상담적 치료조치 등을 담당하게 된다.

집행과정 중에 전자감독 대상자가 전자장치 효용의무나 특별준수사항을 위반한 경웨 별도의 범죄로 기소하거나 원처분을 취소하는 제재조치를 법원에 신청할 수 있으며, 반면에 대상자가 보호관찰관의 지도감독에 순응하고 전자장치 효용의무를 위반함이 없이 일정기간 경과하고 재범의 위험성이 없다고 판단될 경우 가해제 신청을 통해 전자장치 부착명령의 집행을 중지할 수 있다. 전자감독은 그 기간이 경과하거나 원처분의 실효 또는 취소, 그리고 재범으로 금고 이상의 형의 집행을 받게 될 때 집행이 종료된다(한영수 외, 2014: 129-130).

[그림 9-2] 전자감독의 집행절차

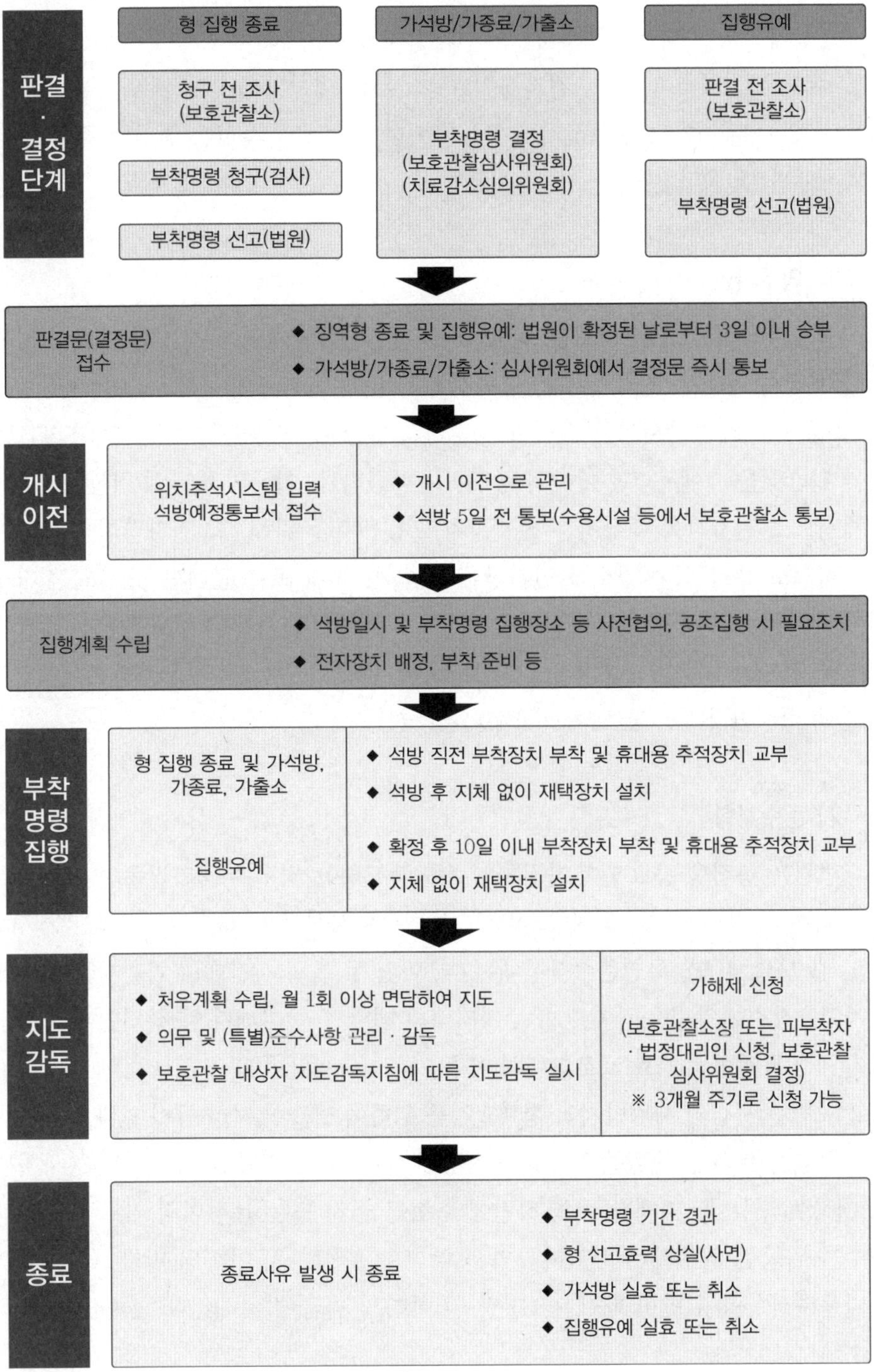

판결·결정단계	형 집행 종료	가석방/가종료/가출소	집행유예
	청구 전 조사 (보호관찰소)	부착명령 결정 (보호관찰심사위원회) (치료감호심의위원회)	판결 전 조사 (보호관찰소)
	부착명령 청구(검사)		
	부착명령 선고(법원)		부착명령 선고(법원)

판결문(결정문) 접수	◆ 징역형 종료 및 집행유예: 법원이 확정된 날로부터 3일 이내 승부 ◆ 가석방/가종료/가출소: 심사위원회에서 결정문 즉시 통보

개시 이전	위치추적시스템 입력 석방예정통보서 접수	◆ 개시 이전으로 관리 ◆ 석방 5일 전 통보(수용시설 등에서 보호관찰소 통보)

집행계획 수립	◆ 석방일시 및 부착명령 집행장소 등 사전협의, 공조집행 시 필요조치 ◆ 전자장치 배정, 부착 준비 등

부착 명령 집행	형 집행 종료 및 가석방, 가종료, 가출소	◆ 석방 직전 부착장치 부착 및 휴대용 추적장치 교부 ◆ 석방 후 지체 없이 재택장치 설치
	집행유예	◆ 확정 후 10일 이내 부착장치 부착 및 휴대용 추적장치 교부 ◆ 지체 없이 재택장치 설치

지도 감독	◆ 처우계획 수립, 월 1회 이상 면담하여 지도 ◆ 의무 및 (특별)준수사항 관리·감독 ◆ 보호관찰 대상자 지도감독지침에 따른 지도감독 실시	가해제 신청 (보호관찰소장 또는 피부착자 ·법정대리인 신청, 보호관찰 심사위원회 결정) ※ 3개월 주기로 신청 가능

종료	종료사유 발생 시 종료	◆ 부착명령 기간 경과 ◆ 형 선고효력 상실(사면) ◆ 가석방 실효 또는 취소 ◆ 집행유예 실효 또는 취소

그림출처 : 법무부. (2017). p.8.

(2) 대상자의 의무사항과 준수사항

대상자는 전자감독 집행기간 중 전자장치효용유지의무와 특별준수사항에 대한 준수의무를 지켜야 한다. 전자장치효용의무는 대상자의 원활한 위치추적을 위한 것으로 모든 전자감독 대상자에게 부과되며, 특별준수사항은 형집행 종료 후 대상자에게만 부과된다.

1) 의무사항

전자감독의 실효성 확보를 위해 대상자는 전자장치의 부착기간 중 전자장치를 신체에서 임의로 분리·손상, 전파방해 또는 수신자료의 변조, 그 밖의 방법으로 그 효용을 해하여서는 안된다고 규정하고 있으며(「전자장치부착법」 제14조 제1항), 이를 위반했을 때에는 7년 이하의 징역 또는 2천만 원 이하의 벌금에 처할 수 있다. 구체적으로 전자감독 대상자는 전자장치 효용유지를 위해 (ⅰ) 전자장치의 기능이 정상적으로 유지될 수 있도록 전자장치를 충전, 휴대 또는 관리할 것, (ⅱ) 전자장치가 정상적으로 작동하지 아니하는 경우 지체없이 그 사실을 보호관찰소에 알릴 것, (ⅲ) 전자장치의 기능유지를 위한 보호관찰관의 정당한 지시에 따를 것 등의 의무를 지켜야 한다(「전자장치부착법 시행령」 제11조).

2) 준수사항

법원은 형집행 종료후 전자장치명령을 선고하는 경우 부착기간동안 보호관찰을 병과하고(「전자장치부착법」 제9조 제3항), 특별준수사항을 부과할 수 있다(「전자장치부착법」 제9조의2 제1항). 특별준수사항에는 (ⅰ) 야간 등 특정 시간대의 외출제한, (ⅱ) 특정지역·장소에의 출입금지, (ⅲ) 주거지역의 제한, (ⅳ) 피해자 등 특정인에의 접근금지, (ⅴ) 특정범죄 치료 프로그램의 이수(500시간의 범위 이내), (ⅵ) 그 밖에 부착명령을 선고받는 사람의 재범방지와 성행교정을 위하여 필요한 사항 등이 있다.

법원이 부과한 특별준수사항을 정당한 사유 없이 위반한 경우에는 형사처벌의 대상이 되는데, 피해자 등 특정인에의 접근 금지 또는 특정범죄 치료 프로그램 이수를 위반한 경우에는 3년 이하의 징역 또는 1천만 원 이하의 벌금, 그 이외의 특별준수사항을 위반한 때에는 1천만 원 이하의 벌금에 처해진다(「전자장치부착법」 제39조).

(3) 대상자에 대한 지도감독

보호관찰소의 장은 대상자에 대한 지도·감독 및 원호의 사항을 전담하는 보호관찰관을 지정하여 하며, 보호관찰관은 대상사자의 재범방지와 건전한 사회복귀를 위하여 필요한 지도와 원호를 하고, 대상자의 소재지 인근 의료기관에서 치료, 상담시설에서 상담치료 등 대상자의 재범방지 및 수치심으로 인한 과도한 고통의 방지를 위해 필요한 조치를 할 의무가 부과된다(「전자장치부착법」 제15조 제1항, 제2항).

대상자에 대한 지도는 전자장치 효용유지 등의 의무이행확보를 위한 지도, 치료프로그램 참여 등의 필요조치 이행협력을 위한 지도, 기타 대상자의 재범을 방지하고 건전한 사회복귀를 촉진하기 위해 필요한 지도 등을 의미한다. 대상자에 대한 원호는 보호관찰 등에 관한 버률 제34조에 규정한 숙식제공, 취업알선, 직업훈련 기회제공, 환경개선 등의 원호와 다를 바가 없다(한영수 외, 2013: 151).

(4) 가해제 및 종료

가해제는 대상자의 범죄성 개선에 대한 전문가 판단과 대상자의 재범방지를 위한 노력을 평가하여 부착을 조기에 종료하는 제도이다. 이는 대상자가 가해제의 가능성을 바라보고 보호관찰관의 지도감독에 대한 순응하도록 하고, 치료프로그램에 자발적으로 열심히 참여하도록 하는 동기를 부여함으로써 결과적으로 대상자의 성행개선과 재범을 방지하기 위한 목적으로 실시된다.

가해제는 보호관찰소의 장, 대상자 또는 법정대리인의 신청으로 보호관찰심사위원에서 심사·결정한다. 보호관찰심의위원회는 대상자의 인격, 생활태도, 부착명령 이행상황 및 재범의 위험성에 대한 보호관찰관과 정신건강의학과 의사 등 전문가의 의견을 고려하고, 필요한 경우 심사대상자를 소환하여 조사한 후 재범위험성이 없다고 판단될 경우 가해제 결정을 한다(「전자장치부착법」 제18조 제1항). 그러나 보호관찰소의 장은 부착명령이 가해제된 자가 특정범죄를 저지르거나 주거지이전 상황 등의 보고에 불응하는 등 재범의 위험성이 있다고 판단되는 때는 보호관찰심사위원회에 가해제 취소 신청을 할 수 있고, 보호관찰심사위원회는 재범위험성이 현저하다고 인정될 때에는 가해제를 취소하여야 한다(「전자장치부착법」 제18조 제1항).

제 3 절 우리나라 전자감독제도의 운영현황

1. 전자감독 대상자 현황

(1) 전체 실시현황

　2008년 9월 제도 도입 이후 현재까지 전자감독의 집행인원은 지속적으로 증가하고 있다. 이는 도입 시 유일한 대상이었던 성폭력범죄의 재범억제를 위해 전자감독 활용도가 높아진 측면도 있지만, 주된 이유는 도입 이후 3차례의 법 개정을 통해 적용대상이 '미성년자 유괴범죄'(2009년 8월), '살인범죄'(2010년 7월), '강도범죄'(2014년 6월)로 점차 확대한 데서 기인한 것이다. 그리고 2013년 집행인원이 급격히 증가한 것은 2010년 10월 법 시행 이전에 성폭력범죄를 저지른 사람에게도 소급되는 법개정이 이루어지고, 2012년 12월 대법원의 합헌결정에 따라 2013년부터 소급적용이 본격적으로 이루어졌기 때문이다(김지선, 2018: 2).

　한편, 형기종료자의 경우 아직 교도소에 수감 중이며 집행이 개시되지 않은 인원 또한 적지 않다. 2018년 6월 현재 개시 이전 총인원은 2,386명이다(법무부 특정범죄자관리과 2018년 통계자료).

(2) 범죄유형별 실시현황

　전자감독 대상이 새로운 범죄유형으로 확대됨에 따라 전체 전자감독 대상자 중 거의 대다수를 차지하였던 성폭력범의 비율은 지난 10여 년간 큰 변화를 겪었다. 2008년과 2009년 모든 대상자가 성폭력범이었으나, 전자감독 대상이 살인범죄로 확대된 2010년부터 성폭력범의 비율은 감소하기 시작하여 2012년에는 살인범이 차지하는 비율이 더 높았다. 소급대상자가 본격적으로 유입된 2013년 성폭력범의 비율이 일시적으로 다시 증가하였으나 이후 지속적으로 감소하는 추세를 보이고 있다. 2018년 6월 현재 전체 집행누적인원(8,261명)에서 범죄유형별 비율을 보면, 성폭력범은 53.1%, 살인범 35.2%, 강도범 11.6% 등의 순이다(출처: 법무부 특정범죄자관리과 2018년 통계자료).

[표 9-2] 범죄유형별 · 처분유형별 전자감독 집행인원

단위: 명(%)

년도	계	범죄유형				처분유형					
		성폭력	유괴	살인	강도	가석방	가출소등	집행유예	형기종료		
									일반	소급	계
2008	188	188 (100.0)	–	–	–	186 (98.9)	1 (0.5)	1 (0.5)			
2009	347	347 (100.0)	–	–	–	329 (94.8)	12 (3.5)	5 (1.4)	1 (0.3)	–	1 (0.3)
2010	465	239 (51.4)	–	226 (48.6)		306 (65.8)	14 (3.0)	29 (6.2)	18 (3.9)	98 (21.1)	116 (24.9)
2011	766	366 (47.8)	2 (0.3)	398 (52.0)	–	397 (51.8)	11 (1.5)	46 (6.0)	68 (8.9)	244 (31.9)	312 (40.7)
2012	526	209 (39.7)	1 (0.2)	316 (60.1)		295 (56.1)	30 (5.7)	15 (2.9)	118 (22.4)	68 (12.9)	186 (35.4)
2013	1,136	817 (71.9)	1 (0.1)	318 (28.0)	–	302 (26.6)	27 (2.3)	32 (2.8)	179 (15.8)	596 (52.5)	775 (68.2)
2014	950	570 (60.0)	2 (0.2)	229 (24.1)	149 (15.7)	347 (36.5)	47 (4.9)	17 (1.8)	241 (25.4)	298 (31.4)	539 (56.7)
2015	836	390 (46.7)	2 (0.2)	244 (29.2)	200 (23.9)	403 (48.2)	61 (7.3)	5(0.6)	263 (31.5)	104 (12.4)	367 (43.9)
2016	1,133	435 (38.4)	2 (0.2)	451 (39.8)	245 (21.6)	599 (52.9)	126 (11.1)	7(0.6)	333 (29.4)	68 (6.0)	401 (35.4)
2017	1,154	504 (43.7)	5 (0.4)	417 (36.1)	228 (19.8)	560 (48.5)	121 (10.5)	12 (1.0)	382 (33.1)	79 (6.8)	461 (39.9)
2018											
계	7,501	4,065 (54.2)	15(0.2)	2,599 (34.6)	822 (11.0)	3724	450	169	1602	1556	3158

출처: 법무부 범죄예방정책국 특정범죄관리과 2018년 통계자료

(3) 처분유형별 실시현황

도입 첫해인 2008년의 경우 전체 집행인원의 99%가 가석방자였으나 2010
년부터 성폭력범에 대한 엄벌주의의 일환으로 가석방이 전면 금지되면서(이형섭,
2013: 57) 가석방자가 차지하는 비율은 급감하였다. 이에 비해 2010년부터 형기종
료자의 비율이 증가하였고, 2013년에는 소급효 위헌심판의 합헌결정의 영향으로
소급 형기종료자가 크게 증가하여 전체 형기종료 자가 전체 대상자의 68%를 넘
어서게 되었다. 소급 형기종료자의 수가 급감한 2016년 이후 다시 가석방자의 비

율이 증가하여 2017년 연말기준 가석방자는 약 48.5%(560명), 형기종료자는 약 40%(461명)를 차지하고 있다(법무부 특정범죄자관리과 통계자료, 2018). 이를 통해 우리나라에서 전자감독은 주로 구금형의 집행완화와 사회방위를 목적으로 하는 후문유형으로 활용되고 있으며, 시설구금회피를 목적으로 하는 정문유형은 전체에서 차지하는 비율이 1% 미만으로 활용도가 낮다.

(4) 부착기간별 실시현황

부착기간별 전자감독 실시현황을 살펴보면, 2008년과 2009년의 경우 전자감독이 가석방자 중심으로 운영되어 부착기간이 6개월 미만인 사람이 전체의 각 82%와 66.5%를 점유하여 비교적 단기간에 집행이 종료되었다. 그러나 2010년부터 성폭력범에 대한 가석방이 전면 금지되면서 형기종료자의 비율이 증가하였고, 두 차례에 걸친 법개정으로 형기종료자의 부착기간이 최장 30년으로 증가하였으며, 2013년부터 소급 형기종료자가 대거 유입되면서 평균 부착기간도 대폭 증가하였다. 2017년 연말 기준, 전체 대상자의 평균 부착기간은 약 6년이며, 이 중에서 형기종료 대상자의 경우는 약 7년이다(법무부 특정범죄자관리과 2018년 통계자료).

2. 운영시스템

대부분의 국가에서 전자감독의 1세대인 무선주파수$^{Radio\ Frequency}$를 활용한 가택구금 전자감독을 먼저 도입하였고 이후 전자감독의 목적과 대상자의 유형에 따라 2세대인 위치추적$^{GPS-Tracking}$ 전자감독을 도입한데 반해, 우리나라는 1세대 방식을 거치지 않고 위치추적 전자감독을 전격 도입하였다(김지선, 2018: 20). 위치추적 전자감독은 대상자의 신체에 부착하는 부착장치(일명, 전자발찌), 휴대용 추적장치 및 재택감독장치 등 전자감독 대상자에게 지급하는 장치와 인공위성^{Global} $^{Positioning\ System}$, 이동통신 기지국(CDMA, WCDMA, Wi-Fi) 등 고도의 통신시설을 이용하여 대상자의 위치와 개별 장치의 상태를 실시간으로 확인하는 방식이다(김지선 외, 2013: 114). 현행 위치추적 전자감독 운영시스템은 크게 범죄인의 위치를 파악하는 측위기술, 즉 '위치측정시스템'과 위치확인과 이동경로 탐지에 사용되는 기계적

설비인 '위치추적 전자장치'로 구분된다(한영수 외, 2013: 204).

(1) 위치측정시스템

2008년 전자감독이 도입된 이래 법무부에서는 몇 차례의 개선을 통해서 측위의 정확도가 가장 높은 GPS 방식을 기본으로 하되, 지하철 역사 내에서도 대상자의 위치를 파악할 수 있는 Wi-Fi방식은 CDMA(코드분할/다중접속방식) 이동통신기술을 복합적으로 활용하여 측위의 정확성을 높이고 있다(김지선, 2018: 21).

위와 같은 위치측정 기술을 대상자의 전자감독에 적용하는 방식은 다음과 같다. 위성에서 송신된 위치정보는 휴대용 추적장치에 수신된다. 이 위치정보가 통신회사의 이동통신망과 위치기반서비스LBS를 이용하여 관제센터에 전송되어 관제센터에서 대상자의 위치를 정확히 측정할 수 있게 된다. 또한 대상자가 주거지 또는 특정장소에 장기간 머무르는 경우에는 RF무선주파수통신 방식을 이용한 재택감독 방식을 채택하여 위치추적의 효율성을 높이고 있다.

(2) 위치추적 전자장치

위치추적 전자장치는 기술적 역할에 따라 부착장치, 재택감독장치, 휴대용 추적장치로 구분된다. 부착장치는 대상자가 신체(발목)에 착용하는 장치로서 무선주파수 신호를 지속적으로 발신하는 기능을 한다. 이 장치는 신체로부터 분리하기 어렵게 만들어지며, 분리나 훼손시도가 있을 경우 경보가 울려 보호관찰관 등에 즉시 알려질 수 있도록 기술적 처리가 되어 있다. 이 장치는 대상자의 발목에 부착하기 때문에 일반인에게 '전자발찌'로 더 많이 알려져 있다.

재택감독장치는 대상자의 주거지에 설치하는 장치로서, 전화망을 통하여 운영시스템과 연결되어 있으며 발신기인 부착장치의 신호를 탐지하여 대상자의 위치를 확인한다. 수신기의 위치는 이동할 수 없으며, 발신기의 신호를 정해진 범위 내에서 수신한다. 이외에도 재택감독장치는 휴대장치 충전 및 문자메시지 수신, 외출제한명령 부과자에 대해서는 재택 여부를 확인하는 기능도 있다.

휴대용 추적장치는 GPS 등을 통하여 대상자의 위치를 확인하는 장치이다. 이 장치는 대상자가 착용한 부착장치로부터 신호를 수신하여 GPS 등과 연결이 되므로 항상 대상자와 일정한 범위 내에 있어야 한다. 또한 대상자는 이 장치를 정기적으로 충전하여 기능을 유지하여야 한다. 휴대용 추적장치는 실제 위치정보를 제공하는 핵심 기능 외에 문자메시지 수신, 음성 통화 등 기능도 있다.

우리나라에서는 그동안 휴대용 추적장치, 부착장치, 재택감독장치 등 3가지 유형의 장치가 1개의 세트가 되는 분리형 전자장치 구성방식을 채택하여 왔다. 그러나 최근에는 휴대용 추적장치와 부착장치를 결합한 일체형 전자장치를 개발하여 2018년부터 시범운용 중에 있다.

3. 담당조직 및 인력 현황

(1) 관제센터와 집행전담부서

전자감독제도의 운영을 총괄하는 부서는 법무부의 범죄예방정책국 특정범죄관리과이며, 실제집행은 범죄예방정책국 산하 보호관찰소의 전자감독과와 서울위치추적중앙관제센터(2008년 8월)와 위치추적대전관제센터(2011년 12월) 등 2개의 위치추적관제센터에서 담당하고 있다.

위치추적관제센터는 교대근무제를 통해서 24시간 운영되며, 주된 임무는 개별 전자장치의 상태(장치훼손, 저전력, 감응범위 이탈 등)와 전자감독대상자의 이상행동(외출제한명령 시점이 경과되었음에도 귀가하지 않는 경우, 외출제한명령 시간 중임에도 외출하는 경우, 출입금지 구역에 접근 또는 진입하는 경우 등)에 의해 발생하는 경보를 확인하고, 확인된 경보에 대해 대상자에 대한 전화연락방식을 통해 1차 대응을 하는 것이다(김지선 외, 2014: 279). 그러나 1차 대응방법으로는 발생된 경보의 구체적인 원인 파악이 어렵거나 종결 조치가 곤란한 경우에는 전담보호관찰관에게 이관하는 역할을 수행한다. 이외에도 중앙관제센터는 위치추적 전자장치나 시스템의 유지보수, 신장치 제작 및 시스템 성능개선을 위한 연구개발사업을 추진하고 있다(한영수 외, 2013: 179).

전자감독과 관련된 정책을 입안하고 추진하는 업무는 처음에는 법무부 범죄예방정책국 내보호관찰과에서 담당하다가 2015년 전담부서인 '특정범죄자관리과'가 설치되었다(법무부, 2019). 일선 보호관찰소에서는 초기에 전담직원만을 지정하여 집행하다가 점차 대상자의 수가 증가하고 업무량이 늘어남에 따라 2014년부터 서울·부산 등 광역 보호관찰소 중심으로 '특정범죄자관리과'가 신설되었으며, 2019년 8월부터 '전자감독과'로 개칭되었다.

(2) 관제인력과 전담 보호관찰관

2018년 현재 2개의 위치추적관제센터에 39명의 관제인력이 배치되어 있다. 이는 2008년 13명에 비해 3배 증가한 수치이지만, 관제인원 대비 집행인원이 많아 동시다발적으로 경보가 발생했을 때 처리지연 등의 업무장애가 발생할 우려가 크다.

2018년 기준 전국의 56개 보호관찰소에 162명의 전담직원이 배치되어 있다. 전자감독 대상자 수가 2008년 151명에서 2018년 3,126명으로 20.7배 증가한 것에 비해, 인력은 2008년 48명에서 2018년 162명으로 3.3배 증가에 그치고 있다(법무부, 2019: 304-305).

전자감독 전담직원들은 이전과는 전혀 다른 고위험 대상자와의 접촉, 전자감독집행이라는 새로운 업무의 수행, 경보발생으로 인한 야간 및 휴일의 현장출동, 운영본부와 일반국민들의 전자감독에 대한 지나친 관심 등으로 인하여 업무와 관련된 정신적·육체적 소진이 일반 보호관찰직원에 더 높은 것으로 나타났으며, 업무만족도는 일반보호관찰 직원에 비해 더 낮았다(김지선 외, 2013: 318-322).

4. 가해제 현황

지난 10년간 전자감독 누적 실시인원 22,647명 중 가해제 신청인원은 1,499명으로 가해제 신청률은 6.6%에 불과하다. 그리고 가해제가 신청된 1,499건 중 921건이 인용되어 인용률은 61.4%였다. 지난 10년간 가해제율(가해제 인원/실시인원×100)은 4.1%였으며, 2008년 가해제율이 거의 0%에 가까웠으나 2012년에는 8.1%로 대폭 증가하였다. 이후 다시 감소하여 2017년 가해제건수는 167건으로 가해제율은 3.8%였다.

전자감독 실시인원 중 대다수를 차지하고 있으며 대부분 형기종료자들로 구성되어 있어 평균 부착기간이 상당히 긴 성폭력범의 경우에는 지난 10년간 57명만이 가해제되어 가해제율은 0.4%에 불과하다. 이는 전체 대상자에 대한 가해제율의 1/10에도 못 미치는 수치이다(김지선, 2018: 35-36). 성폭력범에 대한 가해제비율도 지난 10년간 완만하게 증가하고는 있으나 여전히 1% 미만으로 매우 낮다.

전체적으로 가해제 신청률, 인용률, 가해제율은 매우 낮아 대상자가 보호관찰관의 지도감독에 순응하고, 자발적으로 치료프로그램 등에 참여할 수 있는 동기부여 역할을 하는 제도로서 제 기능을 하지 못하고 있다. 또한, 성폭력범의 대다수는 형집행 종료자로서 이들에 대한 전자장치 부착은 재범위험성을 근거로 이루어지는 보안처분으로서 성격을 갖고 있기 때문에 이들에 대한 가해제의 활성화는 반드시 필요함에도 불구하고(김지선, 2018: 41), 성폭력범은 가해자의 신청부터 거의 배제되어 상태에 있다.

5. 재범율

2008년에서 2017년까지 지난 10년간 재범을 저지른 전자감독 대상자는 338명으로 재범률은 1.49%이다. 연도별로 재범률 추이를 살펴보면, 2008년 0.49%였고, 2009년에는 1건도 발생하지 않으나 2010년 이후부터 점차로 증가하여 2017년에는 1.77%로 최고치를 기록하였다.

[표 9-3] 전체 특정범죄와 성폭력범죄의 동종재범율

구분	계	2008	2009	2010	2011	2012	2013	2014	2015	2016	2017
전체 특정범죄	22,647	205	591	714	1,561	1,747	2,555	3,260	3,598	4,066	4,350
특정범죄재범	338	1	–	4	17	23	33	52	62	69	77
특정범죄 재범율	1.49	0.49	0.00	0.56	1.09	1.32	1.29	1.60	1.72	1.70	1.77
성폭력 범죄	15,527	205	591	465	685	874	1,747	2,370	2,650	2,894	3,046
성폭력 재범	300	1	–	3	15	22	32	48	53	58	68
성폭력 재범율	1.93	0.49	0.00	0.65	2.19	2.52	1.83	2.03	2.00	2.00	2.23

출처: 법무부 범죄예방정책국 특정범죄관리과 2018년 통계자료

전자감독 대상자의 80% 정도를 차지하는 성폭력범의 경우에는 지난 10년간 총 295건의 동종재범사건이 발생하여 동종재범률은 1.9%이다. 가석방자를 중심으로 운영되던 2008년과 2009년의 재범사건은 각각 0건과 1건으로 매우 낮았으나, 형기종료자들을 대상으로 전자감독이 운영되기 시작한 2010년부터는 증가하기 시작하여 2012년에는 2.40%로 최고치를 기록하였다. 2013년에는 1.72%로 전년도보다 0.68%p 감소하였으나 2014년 이후부터 다시 점진적인 증가세를 보여 2017년에는 2.17%였다. 성폭력범의 재범율이 도입 초기보다 높아지기는 했지만, 여전히 전자감독 대상 성폭력범 100명 중 98명은 재범없이 안정적으로 생활하고 있는 것으로 나타났다. 또한 성폭력범 중 일반보호관찰 대상자와 전자감독 대상자의 재범율을 비교분석한 결과에 따르면(김대진 외, 2017: 69), 전자감독 대상자의 재범율은 일반적으로 재범위험성이 매우 낮은 것으로 평가되는 일반보호관찰 대상자의 재범률의 1/3에 불과한 것으로 나타났다. 이러한 결과들을 종합해볼 때, 전자감독은 적어도 부착기간 중 대상자의 재범을 억제하는 데에 효과가 상당하다고 평가할 수 있다.

제4절 전자감독제도의 발전과제

1. 기술적 측면

(1) 전자감독시스템의 안정성 강화

도입 초기 전자감독제도의 시행착오를 겪으면서 법무부는 GPS 전자감독시스템의 안정화와 개별 전자장치가 갖는 문제점을 해소하기 위해 부단히 노력하였다, 전자장치의 기계적 오류는 대상자의 전자감독제도 전반에 대한 신뢰의 문제와 관련된 매우 중요한 문제이므로 앞으로도 이를 감소시키기 위한 노력이 지속적으로 이루어져야 할 것이다.

(2) 대상자의 편의성을 고려한 전자장치 개선

이와 더불어 장기간 몸에 전자발찌를 부착하고, 여러 가지 전자장치를 관리해야 하는 '대상자의 편의성' 관점에서 기술개발과 예산투입이 이루어질 필요가 있다. 지난 10여 년간 전자감독제도와 관련된 기술적 문제의 해결은 주로 '통제'적 관점에서 이루어진 것으로 평가된다. 통제적 관점은 전자장치 중 부착장치의 절단저항성을 높이기 위해서 무독성의 실리콘재질이었던 부착장치를 폐기하고, 스트랩 내부에 강화필름, 스틸 와이어, 스테인리스 강판을 사용하여 인장강도를 끊임없이 높여 온 것에서 단적으로 드러난다. 인장강도가 강화된 스트랩이 매일 발목에 착용해야 하는 대상자에게 여러 가지 불편을 초래하리라는 것을 짐작하는 것은 어렵지 않다. 미국 등 외국에서는 훼손사건에도 불구하고 무독성 실리콘 재료를 현재까지 사용하고 있다는 점은 우리에게 시사하는 바가 크다(김지선 외, 2013: 267).

전자감독 대상자들 대다수가 외부로 노출될 가능성이 있는 전자발찌로 인해 두려움과 수치심을 느끼고 있으며, 이러한 수치심은 분노, 좌절, 무력감 등의 부정적 감정상태로 이어짐으로써 준수사항위반이나 부착장치 등에 대한 강한 훼손 충동을 느끼게 하고, 대상자의 일상을 피폐하게 한다. 이러한 점에서 대상자들은 전자감독운영과 관련하여 다른 어떤 요구들보다 전자장치에 대한 개선을 원하고 있는 것으로 나타났고, 그들이 원하는 방식은 부착장치의 소형화, 배터리 수명연장, 일체형 장비제공 등이다. 앞으로의 기술적 개선방향은 이와같은 대상자들의 욕구를 반영하여 대상자들의 사회적 낙인에 대한 두려움과 수치심을 줄여주며,[5] 재범억제 있어서 가장 중요한 요소인 안정적인 직업생활을 유지하는데 방해받지 않도록 해야 할 필요가 있다.

2. 정책적 측면

(1) 재택구금 전자감독의 도입

현재 법률상 전자감독제도는 집행유예, 가석방, 가종료 및 가출소, 형 집행 종

---

5 대상자의 특성에 따른 처우프로그램의 개발에서 제안한 것처럼 여성 대상자를 고려한 성인지적 관점의 처우에는 여성용 전자장치의 개발도 포함되어야 할 것이다.

료 단계 등 다양한 형사사법단계에서 적용할 수 있도록 규정되어 있다. 그러나 형사사법의 처분단계에 따라 대상자의 위험정도, 전자감독의 적용목적이 다름에도 불구하고, 모든 대상자들에게 일률적으로 이동의 자유는 허락해 주지만 가장 감시의 정도가 강하고, 인력과 예산이 많이 드는 위치추적 전자감독방식만 적용하고 있다. 이러한 포괄적인one size fit all 정책방식은 비합리적이며 비용효율적이지도 않다. 처분유형별 전자감독 집행상황을 살펴보면, 집행유예 단계에서의 전자감독은 거의 활용되고 있지 않다. 이는 전자감독의 대상이 되는 특정범죄의 성격상 쉽게 형의 집행을 유예하기 힘들기 때문이다. 그러나 집행유예자에게 이동이 자유로운 위치추적 전자감독방식이 아닌 가택구금 전자감독을 적용한다면 전자감독이 집행유예의 조건으로 활용될 여지가 더 크다(한영수 외, 2013: 293). 이는 가석방의 경우에도 마찬가지이다. 현재 위험성이 높은 것으로 인식되고 있는 성폭력범에게는 가석방의 조건으로 한 위치추적 전자감독이 거의 활용되고 있지 않는데 외출을 허용하지 않는 가택구금 전자감독을 적용한다면 그 활용도가 높아질 것이다.

이와 함께 현재 전자감독이 활용되지 않는 재판전 단계에서 미결구금의 대체수단, 보석의 조건, 단기자유형의 집행방법으로 가택구금 전자감독을 도입하는 것도 고려해볼 필요가 있다(한영수 외, 2013; 김혜정, 2015; 김대권 외, 2017). 이러한 유형의 전자감독은 시설구금에 비해 기본권 제한은 훨씬 적은 반면에, 시설구금으로 인한 사회와의 단절, 낙인효과 문제를 최소화하고 시설수용비용을 절감할 수 있어 이미 많은 국가들이 전자감독 도입 초창기부터 활용해 온 방식이다. 우리나라의 경우에도 전자감독제도가 실시 10년째로 안정화되어가고 있는 상황에서 그동안 확충해 온 위치추적설비와 축적된 인적자원과 지식 등을 중범죄에 국한하지 않고 저위험 범죄자 관리에도 활용할 방안을 모색하여 볼 필요가 있다(김대권 외, 2017).

(2) 대상자 선정시 집행에 영향을 미치는 대상자 특성 고려

선행연구들은 전자감독의 목표를 달성하고 효과성을 증진시키기 위해서는 전자감독의 목표에 부합되는 적정한 대상자 선정이 매우 중요하다는 점을 보여 주고 있다(Peckenpaugh and Petersilia, 2006; Finn and Muirhead-Steves, 2002; 조윤오, 2010; 박선영, 2010; 김지선 외, 2013). 적정한 대상자의 선정이라는 관점에서 고려되어야 할 가장 기본적인 요소는 대상자가 복잡하고 관리가 까다로운 전자장치를 제대로 사용하고 관리할 수 있는 최소한의 능력이 있는지의 여부라고 할 수 있다. 그러나 현재 전자 감독 대상자의 선정에서는 이러한 요소들이 고려되지 않아 대상자들을 지도감독하 는 보호관찰관의 어려움이 가중되고 있다. 전자감독제도가 모든 범죄자의 재범을 억제할 수 있는 만능통치약은 아니다. 재범위험성이 높으나 대상자의 특성상 전자 감독을 통해 재범을 억제하기 어렵다고 판단되는 경우, 대상자의 특성에 적합하고 효과적인 보안처분 대안을 모색하는 방식으로 문제를 해결해 나가야 할 것이다.

(3) 대상자의 욕구를 고려한 처우프로그램 제공

전자감독 대상자에 대한 여러 조사연구에서 밝혀진 바와 같이 전자감독 대상 자는 일반적으로 경제적으로 빈곤하고 사회적으로 불우한 집단이며(강호성, 2012; 김지선 외, 2013; 박은영, 2016; 박성수, 2015), 오랜 교도소 수용생활 등으로 심리적으로 고립되어 있고 정서적으로 불안정한 사람들이 많아 재범에 노출되기 쉽다(강호성, 2012). 이와 같은 다양한 지지의 욕구를 가진 대상자에게 감시위주로 전자감독제도 를 운영하는 것은 재범억제와 사회의 보호라는 목표를 달성하는 데 한계가 있음은 분명하다.

전자감독 대상자에 대한 전담직원들의 인간적 관여와 사회적 지지의 제공, 치료프로그램의 내실화, 대상자의 필요와 욕구에 대응하는 개별화된 처우프로그 램의 제공 등을 통해 대상자들의 사회복귀를 적극적으로 지원해야 한다(한영수 외, 2013). 다행히도 현재 전담직원은 잦은 대면접촉을 통해 대상자와 긍정적인 관계를 형성하고 있는 것으로 나타나고 있다. 상당수의 대상자들이 전자발찌 부착 이후 일 상생활에서 실질적·심리정서적으로 다양한 부작용들을 경험함에도 불구하고 재 범률이 현저히 낮게 유지되는 것도 대상자와 전담직원 간의 긍정적인 관계형성과 이를 통한 사회적 지지의 역할이 중요하게 작용한 것으로 보인다.

그러나 부착기간이 장기화되는 상황 속에서 전담직원의 정서적 지지만으로는 대상자의 재범을 억제하고 사회복귀를 지원하는 데는 한계가 있다. 전자감독 대상 자에 대한 보다 장기적이고 체계적인 자립지원 및 원호가 필요하다. 향후 대상자들 이 경제적 안정을 위한 기반을 다질 수 있도록 직업훈련 제공이나 취업지원해 주기 위한 전담직원과 국가의 적극적인 노력이 필요하다.

한편, 전자감독 대상자 중 정신장애 진단을 받은 대상자가 증가하고 있다는 현실을 고려해야 한다. 정신건강분야에서 일한 경험이 있거나 전문훈련을 받은 보호관찰직원을 충원하여(박은영, 2016), 정신장애 대상자의 지도감독에 배치하고 업무의 난이도를 고려하여 담당사건수를 적정하게 배정하는 것이 중요하다.

전자감독 대상자들은 특별한 정신장애질환이 없더라도 오랜 기간 동안의 수용생활, 전자발찌 부착으로 인한 수치감과 부착 장기화로 인한 부정적 감정상태의 누적 등으로 인해 심리정서적 문제를 갖고 있는 대상자들이 많기 때문에 담당직원들은 이러한 심리적, 정서적 스트레스를 이해해야 하고, 적절한 개입을 시도해야 한다.

각 보호관찰소에서는 전자감독 시행 초기부터 대상자에 대한 심리치료의 중요성을 인식하여 기존의 보호관찰 지역사회자원과 연계하여 개별적으로 전자감독 대상자에 대한 개별 심리치료 프로그램을 실시하여 왔다. 그러나 전문인력과 예산 등 체계적인 인프라 구축이 미비하여 시행에 애로사항이 많았으며, 지역사회 여건에 따라 보호관찰소간 편차가 심하였다. 법무부에서는 체계적인 심리치료 여건을 조성하기 위해서 2016년부터 기관평가에 '심리치료 등 프로그램 집행'분야를 실시하고, 2017년에는 전국 보호관찰소 중 특정범죄자관리과가 설치된 5개 기관에 심리전문요원을 배치하여 개별 심리치료 활성화를 도모하고 있다.[6] 전자장치를 통한 단순한 감시만으로는 대상자의 재범을 억제하는데 한계가 있다는 점을 고려해 볼 때, 향후에는 적어도 어느 정도의 규모를 갖추고 있는 18개 본소단위까지 심리전문요원을 확대 배치할 필요가 있다.

(4) 전담인력의 확충과 직원의 스트레스 관리

증가하는 전자감독 대상자 수에 비해 전자감독 실행을 위해서 필요한 관제인력, 전담보호관찰관, 신속대응팀 인력이 부족한 상황이다. 인력부족 상황은 대상자의 재범억제에 무엇보다도 중요한 전담보호찰관의 대상자에 대한 인간적 개입과 사회적 지지자로서 역할을 충실히 이행하기 어렵게 만들며, 24시간 축적되는 대상자에 대한 GPS 정보를 대상자에 대한 여러 가지 인적인 정보 및 대면접촉을 통해서 얻은 여러 가지 정보들과 결합하여 범행의 전조를 파악할만한 시간적 여유가 주

---

6 전자감독 대상자에 대한 개별심리치료 현황을 살펴보면, 통계가 집계되기 시작한 2016년에는 6,917회였으며, 2017년에는 전년보다 34.7% 증가한 9,316회였다.

어지지 않으며, 이러한 능력을 배양하기 위한 심도 깊은 교육에 참여할 수도 없게 만들어 전담보호관찰관의 전문성 제고에도 부정적인 영향을 미친다. 또한 인력부족으로 전자감독과 일반 보호관찰업무를 겸임하는 직원들의 비율이 여전히 높은 상황은 전자감독뿐만 전체 보호관찰업무의 부실화를 초래할 수 있다.

한편, 현재 전자감독 전담직원들은 극심한 업무스트레스에 시달리고 있다. 증가된 업무량, 잦은 야간 출동업무로 인한 피로도, 야간 출동 시 느끼게 되는 신체적 피해에 대한 두려움, 경보가 울렸을 때 제대로 대처하지 못해 법적인 책임을 질지도 모른다는 불안감, 장치오작동으로 인해 현장에 출동했을 때 대상자들과 겪게 되는 마찰과 이로 인해 느끼게 되는 무력감, 전자감독제도에 대한 일반 국민과 정치권의 과도한 관심과 성과 산출에 모든 노력을 투입하는 조직의 압력, 24시간 지속적인 대기상태로 인해 발생하는 일상생활 및 가족생활에의 제약 등이 직원들의 업무스트레스에 영향을 미치는 요인들이다. 실제로 전자감독 전담직원들은 일반 보호관찰직원에 비해 신체적 폭행, 언어적 폭력, 고소 · 소송피해경험이 더 많고, 업무로 인한 정신적 · 육체적 피로가 누적되어 심리적인 방전상태에 처한 이른바 '소진'척도의 점수가 유의미하게 높은 상황이다. 이에 따라 보호관찰직원들은 전자감독업무를 회피하는 경향이 강하다.

전자감독제도도 집중 보호관찰제도와 마찬가지로 대상자 대면접촉과 이를 통한 보호관찰직원의 사회적 지지가 대상자의 전자감독제도에 대한 순응과 재범억제에 중요한 요인으로 나타났다는 연구결과를 고려해 보면(박선영 외, 2010; 김지선 외, 2013) 실질적인 전담인력을 늘리고, 전자감독 전담인력에게 적정한 사건수를 배당하며, 전담직원들의 직무상 발생하는 스트레스 관리를 위한 조직차원에서의 노력이 필요하다.

(5) 부착기간의 단축과 가해제 활용의 확대

부착기간의 장기화로 인해 발생하는 대상자의 심리적 긴장 해제 및 범죄억제효과의 저하, 우울감 등 부정적 정서의 심화, 자살률 증가 등과 같은 여러 가지 문제점들을 고려해 볼 때, 법률개정을 통해 부착기간의 상한을 재조정하는 것이 가장 바람직한 방법일 수 있다. 부착기간 상한을 법개정 이전인 5년 혹은 최대한 10년 이내로 정하고, 재범위험성을 고려하여 필요한 경우 연장할 수 있도록 법률을 개정할 필요가 있다(박성수, 2015; 김혜정, 2015:108; 연성진 외, 2014).

이와 더불어 부착기간 장기화의 문제를 해결하기 위한 간접적인 방안으로 가해제를 활성화할 필요가 있다. 현재 성폭력범에 대한 가해제는 다른 특정범죄에 비해 현저히 낮다. 그러나 전자장치 부착명령을 받은 성폭력범의 대다수는 형집행 종료자로서 이들에 대한 전자장치 부착은 재범위험성을 근거로 이루어지는 보안처분으로서 성격을 갖고 있기 때문에 이들에 대한 가해제의 활성화는 보안처분제도의 목적과 기능에 비추어 볼 때 반드시 필요하다. 2016년 12월 법개정을 통해 부착명령 가해제 시 필요한 경우 보호관찰 또는 준수사항을 부과할 수 있는 규정을 신설하여 현재 일반 보호관찰 대상자와 비슷한 수준인 월 2회 이상의 지도감독을 실시하고 있으나 이를 보다 강화하여 가해제 인용 결정 부담을 완화할 필요가 있다.

제 **10** 장 　치료감호와 치료명령

～∽～
─────

　이 장에서는 「치료감호 등에 관한 법률」(이하 「치료감호법」)에 규정된, '치료감호와 치료명령'이라는 2가지 중요한 범죄예방정책을 다룬다. 이 제도들은 정신질환자·중독자 등에 대한 형사사법 치료제도라는 점에서 공통점이 있다. 그러나 전자는 자유박탈적 보안처분, 즉 시설내처우인데 비하여 후자는 보호관찰과 유사한 자유제한적 보안처분이라는 점에서 차이가 있다. 전자는 입원치료이며 후자는 통원치료인 것이다.

◖ 제 1 절　치료감호제도

1. 치료감호의 의의 및 역사

(1) 치료감호의 의의

　치료감호제도는 심신장애, 마약류·알코올 그 밖의 약물중독, 정신성적精神性的장애가 있는 상태 등에서 범죄행위를 한 자 중에서 재범의 위험성이 있고 특수한 교육·개선 및 치료가 필요하다고 인정될 때 법원의 판결에 의하여 보호와 치료를 함으로써 재범을 방지하고 사회복귀 촉진을 도모하려는 형사정책 제도이다(국립법무병원, 2019: 5).

　치료감호는 보안처분의 하나인데, 여기서 보안처분이라 함은 형벌로는 행위자의 사회복귀와 사회방위가 부적합한 사람에게 사회적 위험성을 전제로 특별예방적 관점에서 부과되는 범죄예방처분이다(이백철, 205: 217). 치료감호는 보안처분 중에서도 시설에 수용하는 자유박탈적 보안처분이다. 일반적으로 치료감호의 기간은 15년이지만, 약물 및 알코올 중독자의 수용은 2년을 초과할 수 없다.

범죄에 대하여 형벌을 부과할 때에는 범죄의 억지를 기대하지만, 경우에 따라서는 형벌만으로는 그러한 기대에 부응할 수 없다. 특히 정신병질, 알코올중독, 마약중독 등의 범죄인에게는 형벌집행의 개선 및 위하 효과가 미약하기 때문에 범죄적 상황에 대한 치료적 효과를 위하여 부과되는 것이 치료감호제도이다(배종대, 2011: 437; 박상기 외, 2009: 335).

(2) 치료감호의 역사

치료감호는 1980년 「사회보호법」에 의해 시행되어 오다가 「사회보호법」이 위헌 결정으로 폐지되면서 2005년 8월 4일에 「치료감호법」이 제정되었으며, 2008년 6월 13일에 정신성적장애로 인한 성범죄행위도 치료감호를 받도록 개정되었고, 2016년 12월 2일에 「치료감호 등에 관한 법률」로 개정되면서 치료명령이 추가되었다.

2. 치료감호기관

(1) 치료감호소의 임무 및 연혁

1) 치료감호소의 임무

치료감호소는 「치료감호법」에 의하여 치료감호처분을 받은 자의 수용·감호와 치료 및 이에 관한 조사·연구를 하는 기관이다. 이외에도 법원·검찰·경찰 등에서 의뢰한 자에 대한 정신감정을 실시한다(조흥식·이형섭, 2014: 304).

2) 치료감호소의 연혁

치료감호소는 1987년 11월 3일 500병상의 규모로 개청되었으며, 1995년 10월 500병상이 증축되었다. 1993년부터 전공의 수련병원으로 지정되었고 1997년부터는 '국립감호병원'이라는 병원명칭을 병행하여 사용하기 시작하였다. 2004년에는 치료감호소의 부설기관으로 약물중독재활센터가 개청되었으며, 2006년에는 병원 명칭이 '국립법무병원'으로 변경되었다. 2008년 12월에는 인성치료재활병동이 50병상의 규모로 개관되었고 2011년에는 이 병동에 150병상이 증축되어 총

1,200병상의 규모가 된다.

2017년 5월 치료감호소는 보건복지부로부터 「정신건강복지법」 지정진단 의료기관으로 지정되었으며, 2018년 4월에는 의료기관평가 인증을 획득하는 등 병원으로서 위상을 계속 강화하고 있다. 2019년 11월에는 체계적인 법정신의학 연구와 교육을 위해 부설 '법정신의학연구소'가 설립되었다.

(2) 치료감호시설의 현황

치료감호소는 법무부 범죄예방정책국 산하기관이며, 법무부의 주무부서는 치료처우과이다. 치료감호소는 수용자의 진료 및 치료를 담당하는 의료부가 있는데, 일반정신과, 특수치료과, 감정과 등 8개 과로 구성되어 있으며 주로 의사나 간호사의 자격이 있는 의무직·간호직공무원 등이 근무하고 있다. 한편, 의료부와 별도로 수용관리를 담당하는 감호과와 행정업무를 지원하는 행정지원과가 편제되어 있다. 치료감호소의 부속기관으로 2004년 약물중독재활센터가 개설되었다.

[그림 10-1] 치료감호소 조직도

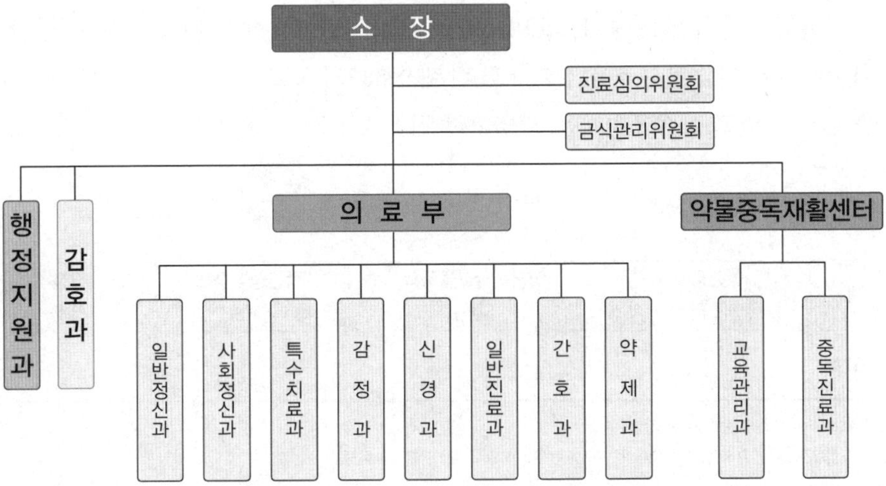

2019년 9월 현재 치료감호소 총 정원은 419명이며, 이 중에 의무직 20명, 간호직 129명, 간호조무직 147명 등이 정원이며 17명의 전문경력관이 있다(「법무부와 그 소속기관의 직제 시행규칙」 별표8). 정원외 인력으로는 수련의, 공중보건의 등 약 30명이 근무 중이다. 치료감호소의 시설은 사무실, 병동, 기숙사, 가정관, 비상대기

소 등의 건물로 구성되어 있으며, 총 51,261㎡ 규모이다(국립법무병원, 2019: 7).

한편, 법무부는 2015년 8월 전국에 하나뿐이 치료감호시설의 지역적 분산을 위하여 보건복지부 산하의 국립부곡정신병원(경남 창녕군 소재)에 1개 병동을 할애받아 50병상 규모의 별도 치료감호시설(지정법무병원)을 설치하였다. 「치료감호법」 제16조의2(치료감호시설) 제1항은 치료감호시설에 대하여, 치료감호소 이외에도 국가가 설립·운영하는 국립정신의료기관 중 법무부장관이 지정하는 기관(이하 '지정법무병원'이라 한다)이라고 규정하고 있다. 한편, 지정법무병원은 피치료감호자를 다른 환자와 구분하여 수용하고, 국가는 지정법무병원에 대하여 예산의 범위에서 시설의 설치 및 운영에 필요한 경비를 보조하여야 한다(법 제16조2 제2항 및 제3항).

3. 치료감호의 실시현황

(1) 수용 현재원

치료감호소가 1,200병상, 부곡의 지병법무병원이 50병상 등으로 전체 치료감호시설의 수용규모는 총 1,250병상인데, 2019년 9월말 현재 실제 수용인원은 1,013명이다. 이중에서 심신장애 1호 환자가 882명으로 전체의 87.1%로 절대 다수를 점하고 있고 감정유치자는 27명으로 전체의 2.7%에 불과하다.

[표 10-1] 치료감호 수용 현재원

(2019. 8. 31. 기준, 단위: 명)

계	심신장애 (1호)	약물·알코올중독 (2호)	정신성적장애 (3호)	감정 유치
1,013	882 (87.1%)	46 (4.5%)	58 (5.7%)	27 (2.7%)

주 1) 출처: 법무부 치료처우과 2019년 9월말 통계자료
주 2) 수용 현재원 1,013명 중 외국인은 10명이며, 부곡법무병원은 44명(1호 심신장애인) 수용 중이다.

(2) 연도별 수용인원 변화추이

치료감호의 수용인원은 2008년 749명에서 2010년 917명, 2012년 1,024명 등으로 지속적으로 증가하다가 2015년 1,212명을 정점으로 최근 수년간 다시 감소

하여 2017년 1,137명, 2018년 1,038명을 기록하였다.

[그림 10-2] 연평균 치료감호 수용인원

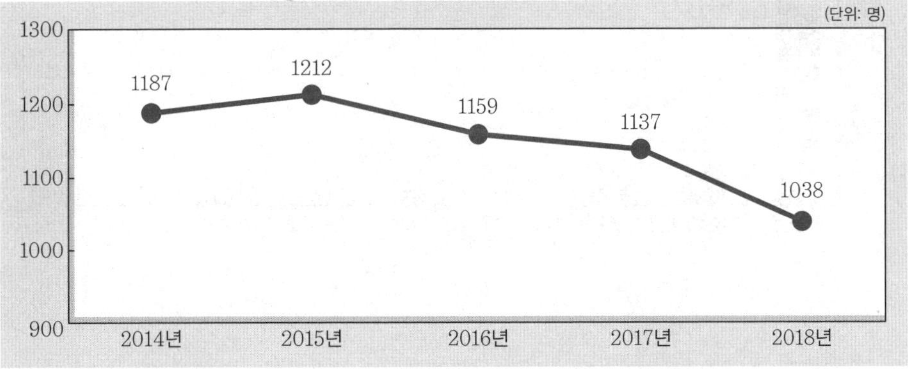

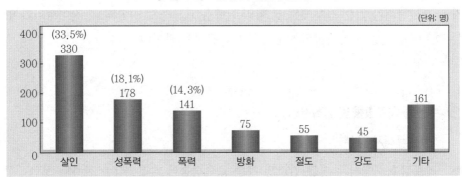

출처: 법무부 치료처우과 2019년 9월말 통계자료

(3) 죄명별 · 병명별 현황

2019년 9월말 기준 치료감호소 수용인원의 죄명별 현황을 살펴보면, 전체 1,024명의 수용인원 중 가장 많은 비중을 차지하는 것이 살인범으로 총 330명 (33.5%)이며, 이어서 성폭력범이 178명(18.1%), 폭력범이 141명(14.3%) 등의 순이다.

[그림 10-3] 치료감호 죄명별 수용현황

출처: 법무부 치료처우과 2019년 9월말 통계자료

한편, 2019년 9월 말 기준 치료감호 수용인원의 병명별 현황을 살펴보면, 조현병이 539명으로 전체의 절반 이상을 차지하고 있고, 이어서 정신지체, 기분장애, 망상장애 등의 순으로 높은 비율을 점유하고 있다.

[그림 10-4] 치료감호 병명별 수용현황

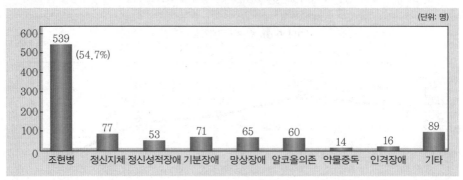

출처: 법무부 치료처우과 2019년 9월말 통계자료

4. 치료감호시설의 치료 및 교육

(1) 치료감호소 입·출소 절차

피치료감호자가 치료감호소에 입소하면 우선 그에 대한 분류심사를 시행하고 다양한 치료활동 및 재활프로그램을 적용한다. 매월 개최되는 법무부의 치료감호심의위원회(법무부차관이 위원장)는 진료심의위원회의 신청에 따라 (가)종료, 치료위탁 등 피치료감호자의 출소 여부를 심의·결정한다. 가종료가 결정된 피치료감호자는 잔여형기가 있는 경우에는 그 형의 집행을 교도소로 이송되고, 잔여형기가 없는 경우에는 사회에 복귀하되, 3년간의 보호관찰을 받아야 한다.

(2) 수용 중 치료활동 및 정신감정

1) 분류심사 및 분리수용

치료감호소에서는 신규 입소된 자를 교육병동에 수용, 각종 검사와 정신·신체 상태에 대한 정밀평가·분류를 시행하고 있다. 분류심사는 신입심사와 재심사로 구분되는데, 정신과적 상태, 성별, 약물습벽 여부 등에 따라 등급별로 분류하고 정신과 주치의와 수용병동을 지정한다(국립법무병원, 2019: 13).

[그림 10-5] 국립법무병원(치료감호소) 입·출소 절차

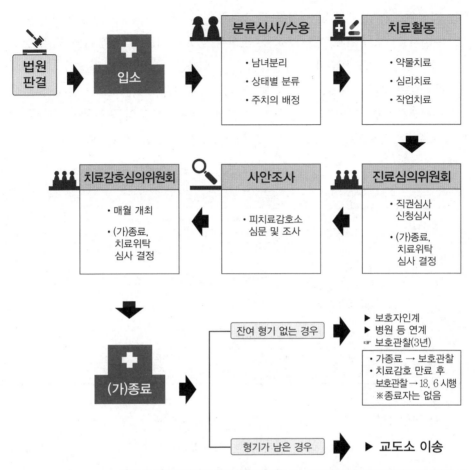

분류심사/수용
- 남녀분리
- 상태별 분류
- 주치의 배정

치료활동
- 약물치료
- 심리치료
- 작업치료

법원
판결

입소

치료감호심의위원회
- 매월 개최
- (가)종료,
  치료위탁
  심사 결정

사안조사
- 피치료감호소
  심문 및 조사

진료심의위원회
- 직권심사
  신청심사
- (가)종료,
  치료위탁
  심사 결정

(가)종료

잔여 형기 없는 경우
▶ 보호자인계
▶ 병원 등 연계
☞ 보호관찰(3년)
- 가종료 → 보호관찰
- 치료감호 만료 후
  보호관찰→ 18. 6 시행
  ※종료자는 없음

형기가 남은 경우
▶ 교도소 이송

그림출처: 국립법무병원(2019), 정신질환 범법자의 전문 치료·재활을 위한 국립법무병원(치료감호소) 브로슈어, p.9.

치료감호소의 수용자들은 각 특성에 맞게 분리수용하는데, 검사병동에는 중환자 및 신입 피치료감호자·감정유치자 등을 수용한다. 일반병동에는 심신장애자를 수용하고 여자병동에는 여자 피치료감호자 및 감정유치자를 별도로 수용한다. 마약류 및 약물남용자, 알코올 습벽자는 약물중독재활센터에, 그리고 소아성기호증 등 정신성적 성범죄자는 인성치료재활병동에 각각 분리수용한다(조흥식·이형섭: 2014: 307-308).

2) 다양한 치료활동

치료감호소의 치료 및 재활 프로그램의 주요 내용은 분류심사, 정신과적 치료, 특수치료, 중독 치료 및 단약교육, 정신성적 장애 치료, 직업훈련 등 다양하다. 정신과적 치료는 담당 주치의 지정하여 증상에 따른 치료방법을 결정하고 정신요법, 약물요법, 환경요법 등 담당 주치의사의 치료계획에 의한 치료를 실시한다. 한편, 사회적응훈련, 직업훈련, 소집단 및 대집단 특수치료, 약물중독치료, 단주 및 단약 교육 등 재활프로그램도 운영하고 있다(조흥식 · 이형섭: 2014: 308).

[표 10-2] 치료 및 재활 프로그램 주요 내용

구분	내용
분류심사	입소 후 1개월 동안 교육병동에 수용하여 각종 검사와 정신 · 신체 상태에 대한 정밀 평가 → 치료지침 수립하여 주치의와 수용병동을 지정
정신과적 치료	주치의가 피치료감호자의 증상에 따라 정신치료, 약물치료, 환경치료 등의 치료계획을 수립 · 시행
특수치료	• 소집단치료활동(심리극, 음악치료, 작업치료 등) • 대집단활동(영화상영, 합창제, 무용, 체육대회 등)
중독 치료 · 재활	단약교육, 단주교육
정신성적 장애 치료	인지행동치료, 영화치료, 심리극 등
직업훈련	• 맞춤형 직업재활 서비스를 통한 사회복귀 기반 마련 • 제과제빵, PC정비, 컴퓨터, 건축시공, 건축도장 과정

3) 정신감정

정신감정은 법원 · 검찰 및 경찰 등으로부터 정신감정을 의뢰받은 자를 대상으로 정신과 전문의가 법정신 의학적 판단에 의하여 전문적인 정신감정을 실시하고 그 결과를 통보하는 제도이다(「형사소송법」 제172조 참조). 치료감호소는 「치료감호법」 제4조 제2항, 제13조에 근거를 두고 형사사법단계의 피의자 · 피고인에 대하여 정신건강의학과 전문의가 감정서를 작성하여 법원 등의 재판자료로 제출하기 위해 그들을 치료감호소에 유치한다(국립법무병원, 2019: 10). 피의자 · 피고인에 대한 정신감정은 그들에 대한 면밀한 정신의학적 개인면담, 각종 검사, 간호기록 및 병실생활 등을 종합하여 시행한다. 정신감정 기간은 평균 1개월로서 감정병동에 수용하여 실시한다(국립법무병원, 2019: 10).

국내 형사정신감정 건수 중 약 95%를 치료감호소에서 실시하고 있으며, 치료감호소 이외에도 전국 5개 국립(정신)병원, 서울시립은평병원 등에서 나머지 5% 정도의 정신감정을 실시한다. 2015년에는 연간 652명이 정신감정을 위하여 입소되었으나 2017년에는 464명, 2018년 444명 등으로 전체적으로 감소 추세에 있다.그 이유는 정신감정의 수요가 줄었다기 보다는 정원 대비 절반정도밖에 충원되지 않은 치료감호소의 부족한 의료인력에 기인한다고 본다.

[표 10-3] 최근 5년간 치료감호소의 정신감정 현황

(단위: 명)

연도	2014	2015	2016	2017	2018
인원	610	652	536	464	444

(3) 출소 이후 치료활동

1) 무상 외래진료

치료감호소는 출소자 및 가종료자 등에 대하여 10년간 무상으로 외래진료를 시행하고 있다(필요하다고 인정될 경우 10년 연장). 전체 외래진료의 약 70%를 치료감호소에서 수행하고 있으며 나머지 30%는 전국 5개 국립병원에서 담당하고 있다.

[표 10-4] 최근 5년간 치료감호소의 무상 외래진료 현황

(단위: 명)

연도	2014	2015	2016	2017	2018
인원	1,546	1,514	2,329	2,263	1,899

2) 시설연계 등 사회복귀지원

치료감호소에서는 가종료자 등 출소자에 대하여도 적극적으로 사회복귀를 위한 시설연계 등을 시행한다. 2018년 가종료자(252명)의 인계현황을 살펴보면, 보호자 95명, 교도소 79명, 병원 75명, 기타 3명 등이다(법무부 치료처우과 2018년 치료감호 통계자료).

[표 10-5] 최근 5년간 치료감호소의 무상 외래진료 현황

(단위: 명)

연도	2014	2015	2016	2017	2018
계	46	64	98	89	67
정신병원	40	57	90	76	57
사회복지시설	6	7	8	13	10

출처: 법무부 치료처우과 2018년 치료감호 통계자료

3) 성충동 약물치료

치료감호소에서는 「성충동 약물치료법」에 따른 성충동 약물치료 청구 대상자에 대한 진단이나 감정 및 치료명령을 받은 사람에 대한 약물·심리치료도 시행하고 있다.

[표 10-6] 성충동 약물치료 집행 현황

(단위: 명)

연도	계	2012년	2013	2014	2015	2016	2017	2018	2019. 8.
인원	34	1	1	5	1	6	5	8	10

출처: 법무부 치료처우과 2018년 치료감호 통계자료

제 2 절 치료명령제도

1. 치료명령제도의 도입

(1) 치료명령의 도입배경 및 의의

유흥문화가 확산되고 사회적 복잡성이 심화되면서 주취, 마약, 정신질환자에 의한 범죄도 더욱 빈번해졌다. 알코올, 마약, 정신질환 등에 의한 범죄는 중독성과 반복성을 특징으로 하고 있어 단순히 범죄행위를 처벌하는 것만으로는 재범의 발생을 막기 어렵다. 시간이 지나면서 물질에 대한 의존이 심화되고 정신질환이 더욱 악화되어 범죄의 빈도와 사회적 해악이 점점 커지지만 처벌로는 이를 개선할 수 없기 때문이다. 이에 처벌보다 치료를 통해 문제를 해결하려는 새로운 시도를 하게 되었고 이는 치료명령의 도입으로 이어졌다. 치료명령제도의 시행에 따라 알코올, 마약, 정신질환으로 비교적 경미한 범죄를 저지른 자는 법원의 판결에 의해 일정한 기간 동안 치료적 처우를 받게 되었다.

2010년대 초반 일부 의료계에서 강제적인 통원치료 필요성에 대한 언급이 있었으나(신은주, 2010; 서미경, 2010), 구체적인 실천 지침을 제시하지는 못했다. 치료명령제도의 도입은 몇몇 의사들의 담론 수준에 있던 주제를 국가 형사사법체계로 흡

수, 법적으로 제도화하였다는 점에서 큰 의미가 있다. 이는 과거 개인의 임의적 선택영역이었던 치료 여부를 형사사법 집행과정으로 포섭하였다는 것을 의미한다.

치료명령은 보호관찰관의 치료적 개입과 선제적 범죄예방 기능을 대폭 강화했다. 과거 보호관찰 대상자 치료에 대한 보호관찰관의 지도감독은 강제력 없는 임의적, 권고적 수준에 머물렀다. 그러나 치료명령의 도입으로 대상자는 치료에 참여할 의무를 지게 되었고 보호관찰관은 치료과정에 참여할 것을 요구할 수 있게 되었다. 이에 따라 치료적 개입은 보호관찰관의 직무상 권한이 되었다. 또한 치료명령을 통해 범죄자에 대한 보호관찰관의 개입시기도 앞당겨지게 되었다. 보호관찰관의 조기개입은 물질의존성과 범죄성의 심화를 방지함으로써 보다 근본적이고 선제적인 범죄예방 효과를 가져왔다.

(2) 도입경과

치료명령제도의 도입은 2013년에 국정과제로 포함되면서 본격화되었다. 같은 해에 「경미범죄 정신질환자 치료제도의 도입방안」에 대한 연구가 수행되었고 2014년에는 법무부에 제도 추진을 위한 TF가 설치되어 활동하였으며, 「치료감호법」 일부개정안 의원발의로 국회에 제출되었다. 2015년 11월 정신질환자 및 주취자 치료명령과 관련된 개정안이 국회 본회의를 통과하여 2016년 12월부터 시행에 들어갔다. 2017년에는 마약중독자 등에 대해서 치료명령 부과할 수 있도록 하는 「치료감호법」 일부 개정 법률안이 국회를 통과하여 2018년 6월부터 시행되었다.

[표 10-7] 치료명령제도 도입경과

2013. 02.	「경미범죄 정신질환자 치료제도의 도입방안」 연구용역 발주
2013. 03.	국정과제에 포함
2013. 04. ~ 2013. 12.	관련 자료 수집 및 연구
2014. 02. ~ 2014. 07.	법무부, 대검, 중앙정신보건사업지원단 등 치료보호 제도 추진 T/F
2014. 09. 18.	「치료감호 등에 관한 법률」 일부개정법률안 이한성 의원 대표발의
2015. 11. 12.	국회 본회의 통과
2016. 12. 02.	「치료감호 등에 관한 법률」 개정안 시행
2017. 04.	마약중독자 등에 대해서 치료명령 부과할 수 있도록 하는 「치료감호 등에 관한 법률」 일부 개정 법률안 국회 통과(시행: 2018. 06.)

이와 함께 2016년에 정신정신건강 상담·치료 조건부 기소유예제도가 도입되

었다. 2016년 5월 강남역 여성 살인사건을 비롯한 묻지마 범죄는 정신질환으로 인한 경미한 범법행위로부터 시작되었다는 사실이 알려지면서, 정신질환 범죄자의 폭력성 조기 발견 및 상담·치료를 통한 재범방지가 필요하다는 여론이 확산되었다. 이에 따라 2016년 11월 24일 대검찰청에서는 「정신건강 상담·치료 조건부 기소유예 처리 지침」을 제정, 기소유예 단계에서 상담·치료 조기개입 제도를 도입하였다.

이 제도가 집행(선고)유예 치료명령과의 여러 가지 면에서 유사하여 같은 제도로 이해해도 무방하다. 양 제도의 유사한 점은, ① 기소유예의 경우에도 전담 보호관찰관이 치료명령에 준하여 치료기관에서 치료 및 지도감독 실시, ② 기소유예자의 경우 주로 정신질환자로 재범위험성 감소를 위해 통원치료 필요, ③ 의사의 진단에 따라 약물·심리치료 실시, ④ 치료비용은 원칙적으로 자비부담, ⑤ 보호관찰관이 치료기관 등에서 성실히 치료를 받고 있는지 확인 감독 등이다. 다만, 처분기관, 집행기간 등에서 일부 차이점도 있는데 그 주요한 내용은 다음과 같다.

[표 10-8] 집행(선고)유예 치료명령과 상담·치료 조건부 기소유예의 차이점

구분	집행유예 (선고유예)	기소유예
처분기관	법원	검사
사범	제한 없음	강·폭력사범
기간	1~5년	6개월
예산 지원 여부	가능	불가능
제재조치	실효 및 취소	상담·치료 불이행자 통보서 송부

(3) 치료명령의 특징

치료명령은 국가 형사사법체계에 의한 강제적 치료를 수단으로 한다는 점에서 치료감호와 유사하다. 치료명령은 치료감호와 함께 「치료감호법」에 규정되어 있다. 그러나 치료감호가 정신질환 등으로 인한 중범죄에 대하여 사회로부터의 격리를 바탕으로 치료와 재활을 도모하는데 반해 치료명령은 사회생활의 연속성을 보장하면서 치료 의무만을 부과한다는 점에서 본질적인 차이가 있다. 또한 치료감호를 받은 정신질환자가 15년(중독자는 2년) 동안 치료감호를 받게 되는데 비해 치료명령은 형의 선고유예나 집행유예 기간 동안만 적용된다는 점도 다르다.

[표 10-9] 치료명령제도의 개관

종류		선고유예부	집행유예부	기소유예부
근거 법률		「치료감호 등에 관한 법률」	좌동	정신건강 상담 치료 조건부 기소유예 처리지침 (대검예규)
대상자의 유형		• 심신장애(정신질환) • 알코올 습벽 중독(주취) 등 약물 습벽 중독	좌동	
대상범죄		모든 범죄(제한없음)	좌동	
보호관찰 부과 여부		필요적 보호관찰 (1년)	필요적 보호관찰 (집행유예기간 내)	필요적 보호관찰 (6개월)
치료명령 기간		보호관찰기간 내에서 법원이 결정	좌동	6개월 (기간연장 없음)
준수 사항	일반	1. 보호관찰관의 지시에 따라 치료에 성실히 응할 것 2. 보호관찰관의 지시에 따라 심리치료 프로그램을 성실히 이수할 것	좌동	없음 ※보호관찰 준수사항을 준용
	특별	없음 ※보호관찰 특별준수사항 부과 가능	좌동	없음
집행방법		① 약물치료 ② 심리치료 ③ 약물치료+심리치료 ※위 3가지 중 하나를 선택		
치료비용 부담		대상자 본인이 부담 ※수급자, 차상위계층, 위기상황에 처한 사람(긴급복지지원법)은 국가예산 지원 가능		
치료기관 지정		법무부에서 지정한 치료기관에서 집행함이 원칙이나 대상자 본인이 원할 경우 일정한 조건이 갖춰지면 치료기관 이외 정신병원에서도 가능	좌동	지정된 치료기관에서 받도록 대상자 선도(본인이 원할 경우 지정되지 않은 병원에서도 가능) ※의사에 의한 약물치료 또는 정신건강 전문가 등에 의한 심리치료면 족함
치료명령 위반 시		구인, 유치, 취소 등 제재조치 가능	좌동	검찰청에 통보 (불이행통보서)

치료명령은 형사제재의 일환으로서 어느 정도 강제성을 수반한다. 그러나 치료명령에 따르는 강제성의 정도는 치료감호와 같은 직접적 강제가 아니라 위반사항에 대한 제재를 통한 간접강제이다. 따라서 강제적으로 약물을 투여한다거나 약

복용 거부자에 대하여 격리, 강박과 같은 치료감호법상의 강제조치를 취할 수는 없다. 대신에 치료를 거부하거나 지시에 따르지 않을 경우 준수사항을 추가·변경하거나 유예된 형을 선고하는 방법으로 제재를 가하게 된다. 다만, 이러한 강제적 조치는 치료행위 지속을 위한 보조적 수단에 불과하며 오히려 대상자의 자발적 참여와 협력이 치료명령 집행에 더 중요하다. 치료명령에 거부적인 대상자로부터 참여와 협력을 얻어내는 것이 치료명령 대상자 지도감독의 핵심요소이다. 이러한 점에서 치료명령은 시설내처우인 치료감호와 다르며, 따라서 치료명령에 대해서는 「치료감호법」과 독립된 별도의 법률로 규율하는 것이 바람직하다(법무부, 2019: 335).

2. 외국의 사례

미국, 영국, 독일, 호주, 프랑스 및 일본 등지에서는 정신질환 및 알코올·약물 중독범죄인에게 사회 내에서 치료를 받도록 하는 절차를 마련해서 집행 중에 있다. 국가마다 형사사법시스템과 정신보건시스템을 혼용 또는 분리하여 적용한다. 세계 각국의 제도 중, 우리나라의 치료명령 집행에 시사점이 큰 제도는 미국의 정신보건법정, 영국의 정신치료 준수사항, 일본의 의료관찰제도가 대표적이다.

(1) 미국의 정신보건법정

미국의 경우, 경미한 범죄를 저지른 정신질환자를 위해 전통적인 형사사법체계 대신 형사사법절차와 정신보건시스템 영역을 효율적으로 접목하고 있다. 정신장애인의 권리를 보장하면서도 지역사회 구성원의 안전을 유지하기 위하여 '정신보건법정'Mental Health Court을 두고, 형사사법절차 초기에 경미한 범죄를 저지른 정신질환자를 선별하고 사회 내 적절한 자원을 활용하여 치료와 관리를 하는 체계를 갖추고 있다.

'정신보건법정'Mental Health Court의 목표는, ① 지역사회를 더욱 건강하고 안전하게 유지, ② 지역 내 유용한 자원과 국민의 세금을 보다 효율적으로 사용, 범죄를 저지른 정신장애인의 법적 문제 및 정신건강문제를 호전 등이다(법무부, 2018). 정신보건법정은 정신장애가 있는 범죄인은 전통적인 형사사법시스템으로 적절하게 대응하기 곤란하다는 점에 착안, 1997년 미국 플로리다에서 최초로 운영되기 시작하였으며, 2016년 3월 현재 미국의 거의 모든 주에서 약 300여개의 정신보건법정이 운영되고 있다. 정신보건법정은 문제해결 접근을 적용해서 법관의 감독 하에서 법원 직원과 정신보건전문가가 공동으로 치료를 설계하고, 지역사회 자원을 활용한 치료를 집행하고 있다. 치료 상황과 수행 정도에 관해 정기적으로 피드백을 받아 대상자가 치료에 순응하면 형량을 줄이는 등의 보상을, 치료와 법원의 준수사항을 이행하지 않을 경우 제재를 가한다.

[표 10–10] 정신보건법정 구성의 10개 필수요소

필수요소	내용
1. 계획과 집행	계획 위원회와 자문단을 통한 치료 계획과 집행
2. 대상자 선정	적합한 대상자 및 적절한 지역사회 내 자원 발굴
3. 적기의 대상자 선별과 서비스 연계	신속, 정확한 대상자 선별 및 서비스 연계
4. 참가조건	치료 참가의 요구사항과 치료완료 시 보상 명시
5. 사전 동의	치료관련 세부사항 고지 및 동의
6. 치료 지원과 서비스	대상자에게 적합한 개별화된 지원 연계
7. 비밀보장	대상자의 치료 및 증상 등 개인정보 보호
8. 협의체 구성	대상자의 치료에 필요한 다양한 전문가 참여
9. 준수사항 이행 여부 모니터링	지속적인 치료경과에 대한 보고와 치료 내용 수정
10. 지속가능성	정신보건법정의 안정적인 운영을 위한 제반사항

(2) 영국의 정신치료 준수사항

영국에서는 치안법원과 형사법원으로 이원화되어 있고 경미한 범죄는 주로 치안법원에서 다루는데, 정신장애인에 대한 치료 관련 재판은 주로 치안법원에서 담당한다. 정신장애인에 대한 치료제도로는, 우선 우리나라의 치료감호제도로 볼 수 있는 입원명령[1]이 있고, 사회내처우 중 정신장애인을 위한 '정신치료 준수사항'MHTRs: Mental Health Treatment Requirements이 있다. MHTRs는 통원치료의 개념으로서, 우리나라의 치료명령에 해당한다.

과거에는 정신치료 준수사항(MHTRs)을 결정하기 위해서는 대상자의 정신상

---

1 입원치료를 선고하는 경우 법적으로 별도의 징역형을 병과할 수 없기 때문에 독립처분에 해당하고, 사회내처우는 독립처분뿐만 아니라 집행유예의 부수적 조건으로 부과될 수 있다

태가 치료가 필요한 상태이고, 치료의 효과가 있을 것이라는 전문의의 의견서 또는 증언이 필요하였다. 2012년 이후 법원의 예산부족과 시간제약 등의 요인으로 「the Legal Aid, Sentencing and Punishment of Offenders ACT 2012」에 의하여 이 조항이 폐지된 후 MHTRs를 선고하는데 최소한의 기준이 없어 법원의 재량권이 확대되었다. 주로 보호관찰 명령이 동반되며 보호관찰관의 감독이 병행된다.

영국 정신보건센터에서 발간한 MHTRs에 관한 자료에 따르면 사회내처우가 선고된 경우 MHTRs의 선고비율은 낮아서 활용도가 높지 않다고 하는데, 중요한 원인으로는 다음과 같은 문제점을 지적한다(법무부, 2018). ① MHTRs와 관련한 명확한 기준이나 실시 지침의 부재, ② 업무담당자의 훈련 부족 및 유관기관의 교류 미흡, ③ 정신장애 평가와 관련한 합의된 기준 필요, 예산 부족 등의 문제점이 지적되었다. 한편 MHTRs를 선고받은 대상자는 특정 기간 동안 전문의의 감독하에서 약물치료 또는 정신과적 심리치료를 받아야 하고, 치료의 성격이나 빈도는 정신장애 및 재범위험성에 대한 진단에 따라 결정된다. 치료를 받겠다는 대상자의 의사를 확인해야 하고, 치료를 받을 수 있는 전문의가 지정되어 있어야 하며, 치료비용이나 감독비용은 국가에서 모두 부담한다.

(3) 일본의 의료관찰제도

2001년 일본 이케다 초등학교에서 입원 전력이 있던 남성이 초등학생 20여 명을 살상한 참사사건 이후 정신장애인 범죄에 대한 관심이 증폭되어 일본에서 관련 법안이 제정되었다. 2005년부터 「심실상실 등의 상태에서 중대한 타해 행위를 행한 자의 의료 및 관찰 등에 관한 법률」(이하 「의료관찰법」)이 시행 중이다. 2003년 「의료관찰법」이 제정되어 2005년 시행되기 전까지 일본의 「형법」에서는 심실상실자 또는 심실미약자가 범죄를 저지르더라도 처벌하지 않거나 감경해 주었다(법무부, 2018).

「의료관찰법」의 적용대상은, 범죄 당시 심실상실이나 심신미약 상태에 있을 것, 살인, 방화, 강도, 강간, 강제추행 및 상해에 해당하는 중범죄와 그 미수범, 정신장애를 개선하고 같은 행위를 반복하지 않으며 사회복귀 촉진을 위한 의료적 필요가 있어야 할 것 등의 요건을 충족하여야 한다. 「의료관찰법」에 의한 조치로는, 입원처분, 통원처분, 정신보건관찰 등의 조치가 내려지는데, 이러한 3가지 조치가 결정되고 집행되는 과정의 특징을 살펴보면 다음과 같다(법무부, 2018).

① 입원처분: 입원처분을 할 경우, 지정입원의료기관에서는 다양한 영역의 전문가들이 협력팀으로 구성되어 각 대상자에게 적합한 치료계획을 작성하고, 사회복귀조정관(전담 보호관찰관)이 지역 의료, 보건, 복지 관계자 등과 협력해서 치료를 실시

② 통원처분: 통원처분을 할 경우, 지정통원의료기관 내 협력팀을 마련하여 대상자에게 적합한 개별화된 치료계획을 작성하며, 대상자의 증상이 악화될 때를 대비하여 입원을 포함한 위기개입 계획도 포함

③ 정신보건관찰: 정신보건관찰은 보호관찰소 소속 사회복귀조정관이 사회복귀를 위한 조치와 감독을 하는 것으로서, 이를 위해 보호관찰소장은 지정통원의료기관과 적절한 협력을 유지하면서 통원치료를 받는 대상자의 치료상황을 보고받고, 대상자가 명령받은 치료를 이행하는지를 감독하며, 지속적인 치료를 받는데 필요한 조치를 함

3. 치료명령대상자 및 집행현황

(1) 치료명령 대상자

우리나라의 치료명령은 통원치료의 필요성이 있고, 재범위험성이 있는 정신질환자, 알코올중독자, 마약 등 중독자로 금고 이상의 형에 해당하는 죄를 지은 자를 대상으로 한다.

① 정신질환자는 망상, 환각, 사고나 기분의 장애 등으로 인하여 독립적으로 일상생활을 영위하는 데 중대한 제약이 있는 사람을 말하며, 이로 인해 사물을 변별할 능력 또는 의사를 결정할 능력이 미약하여 「형법」 제10조 제2항에 따라 형이 감경되는 자에 한정

② 알코올중독자는 알코올을 식음하는 습벽 또는 그에 중독된 사람을 말하며, 주취 그 자체가 범죄행위는 아니지만 음주운전처럼 주취가 구성요건이 될 수도 있고, 폭행, 사기, 공무집행방해 등 여러 범죄의 유발요인으로 작용할 수도 있음

③ 마약 · 약물중독자는 마약, 향정신의약품 등의 중독성 물질을 식음, 섭취, 흡입, 주입 받는 습벽이 있거나 중독된 상태의 사람을 말하며 그 자체가 범

죄행위에 해당

[표 10-11] 치료감호대상자의 구분

구분	공통요건	「형법」 제10조 제2항에 따른 형 감경 필요 여부	「치료감호법」상 근거조항
정신질환	• 재범위험성 • 통원치료 필요성 • 금고 이상의 형에 해당하는 범죄	필요	제2조의3 제1호
알코올중독		불요	제2조의3 제2호
마약·약물중독		불요	제2조의3 제3호

치료명령은 법원의 재판을 통해 부과된다. 다만, 범죄 사안이 경미하여 아직 재판단계에 이르기 전인 경우에도 치료적 개입을 강화하기 위해 검찰이 기소를 유예하면서 치료명령을 부과할 수 있도록 하였다(정신건강 상담 치료 조건부 기소유예 처리지침).

한편, 현행 법률은 금고형 이상에 해당하는 범죄를 저지른 경우에만 치료명령을 부과할 수 있도록 하여 경미한 범죄에 대해서도 치료적 처우를 하고자 하는 본래의 취지를 살리지 못하고 있다. 이에 따라 벌금형 이하의 경미한 범죄를 저지른 경우에도 치료를 받도록 개선할 필요가 있다. 이와 관련하여 2019년 3월 8일 벌금형에 해당하는 범죄에도 치료명령을 부과할 수 있도록 하는 「치료감호법」 개정안(표창원의원안)이 발의되어 치료명령제도의 활성화가 기대되고 있다.

(2) 치료명령 집행현황

1) 치료명령의 부과 현황

치료명령의 도입 당시, 주취범죄 등으로 발생하는 연 400,000여 건의 범죄 중 1%에 해당하는 약 4,000건이 매년 치료명령 대상이 될 것으로 추산하였다. 그러나 치료명령이 도입된 후 약 2년이 지난 2019년 1월 1일 기준으로 치료명령 부과 누적 인원이 1,235명에 불과하여 당초 예상에 크게 미치지 못하였다.

이는 치료명령에 대한 법원의 이해 부족, 치료비 부담으로 인한 치료명령 부과 기피 때문인 것으로 판단된다. 그러나 정신질환 범죄자에 대한 조기개입 필요성이 지속적으로 증대되고 있어 치료명령제도 홍보 강화, 치료비 국가부담 확대 등 노력을 기울인다면 치료명령 부과도 크게 증가할 것으로 보인다.

[표 10-12] 치료명령 부과 현황

(2018. 12. 31. 기준)

구분	계	집행유예	선고유예	기소유예
누계(소년)	1,235(18)	896(3)	13(0)	326(15)
현재원(소년)	801(5)	761(2)	4(0)	36(3)

출처: 법무부 치료처우과 2018년 치료명령 현황자료.

2) 치료명령 집행현황

법무부에서 전국 보호관찰소를 대상으로 치료명령의 도입 후 2년이 경과한 2018. 12.까지의 집행 내역을 분석한 결과는 아래와 같다(법무부 치료처우과 2018년 치료명령 현황자료).

우선 치료명령대상자의 인구사회학적 특성을 살펴보면, 집행유예나 기소유예의 경우 공통으로 성별에서는 남성, 연령대에서는 40대 이상, 학력으로는 고졸 이상, 직업으로는 무직 등이 가장 높은 점유율을 보였다.

[표 10-13] 치료명령대상자의 인구사회학적 특성

구분	집행(선고)유예	기소유예
성별	남 80.1%, 여 19.9%	남 75.3%, 여 24.7%
연령	40대 이상 74.8%	40대 이상 69.2%
학력	고졸 이상 64.6%	고졸 이상 64%
직업	무직 56.4%	무직 56.8%

출처: 법무부 치료처우과 2018년 치료명령 현황자료.

한편, 치료명령대상자들 중에는 폭력사범이 가장 많았으며, 재범 이상인 사람이 집행유예 경우에는 90%를 넘어서고, 기소유예의 경우에도 80%를 웃돌고 있다. 이들의 보호관찰 순응 정도를 살펴보면, 경고를 받은 경우가 1인당 평균 1.88회이며 집행유예가 취소된 것도 전체의 8%에 이른다.

[표 10-14] 치료명령대상자의 범죄전력 및 보호관찰 순응 정도

구분	집행(선고)유예	기소유예
사범별	폭력38.2%, 성폭력11.5%	폭력42.4%, 절도12.3%
범죄전력 유무	재범 90.7%	재범 83.1%
보호관찰 경력	평균 1.07회, 최소1 ～ 최대12회	
경고 부과	평균 1.88회, 최소1 ～ 최대9회	
제재조치	구인장, 집행유예 취소 8%	선도위탁 취소 2%

출처: 법무부 치료처우과 2018년 치료명령 현황자료

치료명령대상자들 중에서 정신질환 진단을 받은 사람이 집행유예의 경우 67.2%이고, 기소유예의 경우에는 84.7%이다. 진단명은 집행유예의 경우 알코올 사용장애가 43.%를 가장 높았으며, 조현병으로 진단된 경우도 18.9%에 이른다.

[표 10-15] 치료명령대상자의 정신질환 현황

구분	집행(선고)유예	기소유예
정신질환 진단 경력	진단 有 67.2%	진단 有 84.7%
범행 시 정신질환 유무	55.8%	73.3%
정신장애 진단명	알코올 사용장애 43.8%, 조현병 18.9%	알코올 사용장애 36.4%, 조현병 19.1%
치료방법	약물치료 66.4%, 약물+심리치료 22.3%, 심리치료 1.7%	
치료기관	병원 79.7%, 의원 16.3%	

출차: 법무부 치료처우과 2018년 치료명령 현황자료.

4. 치료명령의 집행방법 및 치료기관

(1) 치료명령 집행 방법

치료명령 전담 보호관찰관은 정신건강의학과 전문의의 진단과 약물투여, 상담 등 치료, 「정신건강증진 및 정신질환자 복지서비스 지원에 관한 법률」에 따른 정신건강전문요원 등 전문가에 의한 인지행동 치료 등의 심리치료 프로그램을 실시한다.

정당한 사유 없이 치료명령 집행에 불응하거나 보호관찰 준수사항을 위반하고 그 정도가 무거운 경우에는 유예한 형을 선고하거나 집행유예의 선고를 취소할 수 있으며, 이 경우 경고, 구인, 유치 등에 관한 보호관찰법 규정이 준용된다.

치료명령 대상자는 알코올이나 약물에 대한 의존성이 강함에도 불구하고 치료의 필요성을 느끼지 못하거나 정신질환에 대한 병식이 형성되지 않아 치료에 저항하는 경우가 많다. 이들을 설득하여 치료에 임하게 하는 것은 결코 쉽지 않다. 따라서 치료명령 담당직원의 업무부담은 일반 보호관찰 대상자 담당직원에 비해 매우 큰 편이다. 이에 따라 2019년 1월 1일부터 치료명령 담당자의 업무에 일반 보호관찰 대상자 4배의 가중치를 부여하기로 하였다. 또한 전국적인 통일성과 체계적 관리를 위해 치료명령 표준화된 절차와 집행 요령과 노하우를 담은 '치료명령 집행매뉴얼'(2018. 12.)을 발간 보급하였다.

(2) 치료기관

치료명령의 집행에 관한 사항을 체계적으로 협의하기 위하여 보호관찰소장은 정신건강의학과 전문의, 정신건강전문요원, 정신질환 또는 알콜 관련 기관의 장 등으로 구성된 민관 협의체인 집행협의체를 설치·운영한다. 집행협의체에서는 치료명령의 집행 방법에 관한 사항, 보호관찰소와 치료기관 간의 업무 협조에 관한 사항, 치료명령 집행계획의 수립에 관한 사항 기타 치료명령의 집행과 관련한 사항에 대하여 협의한다.

치료명령은 일반적으로 정신과 병원 등에서 통원치료 방법에 의하며, 보호관찰소장은 치료명령을 받은 사람의 원활한 치료를 위하여 치료기관을 지정할 수 있다. 치료기관으로 지정 가능한 기관 또는 단체는 정신의료기관, 중독자재활시설, 정신건강증진시설, 정신건강복지사업을 수행하기 위하여 설립된 비영리법인, 중독관리통합 지원센터, 정신건강복지센터, 알코올에 의존하거나 중독된 사람에 대한 재활 프로그램을 운영하는 기관 또는 단체이다. 2019년 3월 현재, 전국 57개 보호관찰소에서 245개 치료기관을 지정하여 운영 중이다.

치료명령의 집행에 관한 사항을 체계적으로 협의하기 위하여 보호관찰소장은 정신건강의학과 전문의, 정신건강전문요원, 정신질환 또는 알콜 관련 기관의 장 등으로 구성된 민관 협의체인 집행협의체를 설치·운영한다. 집행협의체에서는 ① 치료명령의 집행 방법에 관한 사항, ② 보호관찰소와 치료기관 간의 업무 협조에 관한 사항, ③ 치료명령 집행계획의 수립에 관한 사항, ④ 그밖에 치료명령의 집행과 관련하여 보호관찰소장이 필요하다고 인정한 사항에 대하여 협의한다.

(3) 치료비용의 부담

치료명령의 집행 비용은 원칙적으로 자비로 한다. 다만, 「국민기초생활보장법」상의 '수급자', '차상위계층' 등 경제력이 없거나 「긴급복지지원법」이 정하는 '위기상황에 처한 사람'의 경우에는 국가가 비용을 부담한다. 치료명령의 활성화를 위해서는 치료비 국가부담 범위를 좀 더 확대하는 것이 바람직할 것으로 보인다. 이와 관련하여 치료비용을 원칙적으로 국가가 부담하는 내용의 「치료감호법」 개정안이 2019년 3월 8일 발의된 상태여서 정신질환자 등의 치료비 부담이 경감될 전망이다.

제 **11** 장 소년분류심사와 소년원 처우

1. 의의

비행소년의 건전한 성장을 돕기 위해서는 개별화된 처우를 하여야 하고, 이를 위해서는 정확한 조사와 진단이 전제되어야 한다.

소년의 문제를 정확히 조사, 진단하기 위하여 「소년법」은 ① 법원 소속의 조사관에 의한 조사(제11조), ② 정신건강의학과 의사, 심리학자 등 전문가의 진단과 ③ 소년분류심사원의 분류심사, ④ 보호관찰소의 결정전 조사(제12조)를 규정하고 있다. 이 중에서 일정기간 소년의 신병을 수용, 보호하면서 소년의 상태를 정밀하게 진단하는 것은 소년분류심사원의 분류심사가 유일하다. 소년분류심사원의 분류심사는 소년의 신병을 보호한다는 점에서 소년에게 경각심을 주고, 안정된 환경에서 비행예방관련 교육을 할 수 있다. 뿐만 아니라 소년에 대한 다양한 심리검사를 통한 과학적인 진단과 소년의 행동을 면밀하게 관찰할 수 있다는 장점이 있다.

많은 장점에도 불구하고 소년의 자유를 제한하는 조치이므로 소년분류심사원에 소년을 위탁할 때 신중을 기하여야 한다. 우리나라는 「보호소년 등의 처우에 관한 법률」에 따라 소년분류심사원을 법무부 소속의 국가기관으로 설치, 운영하고 있으며(제1조), 2018년 12월 현재 1개의 소년분류심사원과 6개의 소년분류심사 기능 대행 소년원을 두고 있다.[1]

2. 기능

소년분류심사원은 크게 3가지 기능을 수행한다.

첫째, 위탁 또는 유치된 소년의 신병을 보호하는 '수용 및 보호기능',

둘째, 위탁 및 유치된 소년에 대한 인성교육과 보호자에 대한 교육 및 상담 프로그램을 운영하는 '교육기능',

셋째, 비행의 원인을 규명하고 재비행을 예측하는 '진단기능'이다.

---

1   소년분류심사원이 없는 부산, 대구, 광주, 대전, 춘천, 제주 등 6개 지역은 소년원에서 그 기능을 대행하고 있다.

(1) 수용 및 보호기능

수용 및 보호기능은 소년을 소년분류심사원에 일정 기간 보호하는 것이다. 수용 및 보호의 대상으로는 첫째는 법원 소년부 판사가 위탁한 소년, 이를 위탁소년이라 한다. 두 번째는 「보호관찰 등에 관한 법률」에 따라 유치된 소년, 이를 유치소년이라 한다(제2조 제2항).

소년을 소년분류심사원에 수용할 때에는 법원 소년부의 위탁결정서와 지방법원 판사의 유치허가장에 의하여야 한다(같은 법 제7조 제1항). 소년분류심사원장은 새로 수용된 위탁소년 또는 유치소년에 대하여 지체 없이 건강진단과 위생에 필요한 조치를 취하여야 하며(같은 조 제2항), 새로 수용된 위탁 및 유치된 소년의 보호자 또는 소년이 지정하는 자에게 지체없이 수용사실을 통지하여야 한다(같은 조 제3항). 남자와 여자는 분리수용하고, 16세 미만의 자와 16세 이상의 자도 분리수용하여야 한다(같은 법 8조 제1항, 제2항). 위탁의 경우 수용기간은 1월을 초과하지 못하나 계속의 필요가 있을 때에는 법원 소년부 판사의 결정으로써 1회에 한하여 이를 연장할 수 있다. 유치의 경우는 구인한 날로부터 20일이며, 심리를 위하여 필요하다고 인정될 때는 1회에 한하여 연장할 수 있다(같은 법 제43조 제1항, 제3항)

법원 소년부에서 소년분류심사원에 위탁하는 소년은 연간 최소 3,403명에 이른다.

[표 11-1] 소년분류심사원 임시조치(위탁) 현황(단위: 명)

연도 구분	2007	2008	2009	2010	2011	2012	2013	2014	2015	2016
전 체 (접수사건)	37,910 (100.0%)	41,754 (100.0%)	48,007 (100.0%)	44,200 (100.0%)	46,497 (100.0%)	53,536 (100.0%)	43,035 (100.0%)	34,165 (100.0%)	34,075 (100.0%)	33,738 (100.0%)
위 탁	8,833 (23.3%)	9,098 (21.8%)	9,782 (20.4%)	9,199 (20.8%)	9,214 (19.8%)	10,640 (19.8%)	9,605 (22.3%)	8,742 (25.6%)	8,236 (24.2%)	7,488 (22.2%)
1호위탁 (보호자·기타시설)	4,945 (13.0%)	5,267 (12.6%)	6,149 (12.8%)	5,261 (11.9%)	5,411 (11.6%)	5,744 (10.7%)	5,013 (11.6%)	4,715 (13.8%)	4,312 (12.7%)	4,084 (12.1%)
2호위탁 (병원·요양소)	–	1 (0.0%)	2 (0.0%)	4 (0.0%)	–	1 (0.0%)	–	2 (0.0%)	3 (0.0%)	1 (0.0%)
3호위탁(소년 분류심사원)	3,888 (10.3%)	3,830 (9.2%)	3,631 (7.6%)	3,934 (8.9%)	3,803 (8.2%)	4,895 (9.1%)	4,592 (10.7%)	4,025 (11.8%)	3,921 (11.5%)	3,403 (10.1%)
불위탁	29,077 (76.7%)	32,656 (78.2%)	38,225 (79.6%)	35,001 (79.2%)	37,283 (80.2%)	42,896 (80.2%)	33,430 (77.7%)	25,423 (74.4%)	25,839 (75.8%)	25,654 (77.0%)

출처 : 법원행정처(2017) 사법연감

소년분류심사원장은 위탁소년이 중환자로 판명되어 수용하기 위험하거나 장기간 치료가 필요하여 교정교육의 실효를 거두기가 어렵다고 판단되는 경우, 심신의 장애가 현저하거나 임신 또는 출산(유산·사산한 경우를 포함한다), 그 밖의 사유로 특별한 보호가 필요한 경우, 시설의 안전과 수용질서를 현저히 문란하게 하여 보호기간을 연장할 필요가 있는 경우는 위탁결정을 한 법원 소년부에 임시조치의 취소, 변경 또는 연장에 관한 의견을 제시할 수 있다(같은 법 제9조 제1항, 제2항).

유치소년에 대하여도 계속수용이 부적절한 경우가 있을 수 있다. 그러나 이에 대해서는 별도의 규정이 없어 '유치허가의 취소신청'을 어느 기관이 하여야 하는지에 대한 논란이 있었다. 즉, 유치소년[2]의 관할기관인 보호관찰소장이 유치허가의 취소를 신청하여야 하나 이를 위해서는 소년분류심사원장이 먼저 그 취지를 보호관찰소장에게 요청하여야 하고, 보호관찰소장은 이를 확인하여 해당 지방법원 판사에게 취소를 요청하여야 한다. 그러나 이러한 절차를 따를 경우 번잡한 행정절차를 거치면서 치료시기를 놓칠 우려 등이 있다. 이러한 문제를 해결하기 위하여 2016년 개정을 통하여 소년분류심사원장이 지방법원 판사에게 유치허가의 취소에 관한 의견을 제시하도록 하였는데 이는 적절한 개정이라고 생각된다. 유치허가 취소결정이 있으면 소년분류심사원장은 유치소년을 관할하는 보호관찰소장에게 이를 즉시 통보하여야 한다.

소년분류심사원장은 위탁소년으로부터 처우 또는 일신상의 사정에 관한 의견을 듣기 위하여 수시로 위탁소년과 면접을 하여야 하고(같은 법 제10조) 위탁소년이 그 처우에 대하여 불복이 있을 때에는 법무부장관에게 문서로써 청원할 수 있다(같은 법 제11조)

소년분류심사원장은 위탁소년이 이탈, 난동, 폭행, 자해 기타 사고를 일으킬 우려가 있을 때에는 이를 방지하는 데 필요한 조치를 취하여야 하고, 위탁소년이 소년분류심사원을 이탈한 때에는 그 소속공무원이 재수용할 수 있다(같은 법 제14조 제1항, 제2항).

소년분류심사원은 위탁소년을 수용하여 그 자질을 분류심사하는 시설로서 그 수용은 강제력을 사용하여 소년의 신병을 소년분류심사원 내에 억류하여 행하여지

---

2 유치는 소년이 보호관찰 준수사항 등을 위반하거나 위반하였다고 의심할 상당한 이유가 있고 일정한 주거가 없는 등의 사유에 해당할 때에 보호관찰소장이 임시퇴원의 취소 또는 보호처분의 변경을 목적으로 하는 것이므로 유치소년은 기본적으로 보호관찰대상자이다.

는 것이므로, 수용된 소년의 생명, 신체의 안전을 확보하기 위하여 국가 및 당해 소년분류심사원의 직원은 만전을 기하여야 한다. 소년분류심사원에서의 처우는 소년을 밝고 조용한 환경에 두어 심신이 안정된 가운데 자질의 분류와 심판을 받을 수 있게 하여야 하는 것이며, 특히 주의할 것은 소년분류심사원의 생활관에 근무하는 직원은 소년들 사이에 있어서 행하여질 수 있는 이른바 동료들 간의 수용 부조리를 방지하도록 특히 주의를 게을리 하여서는 안 된다. 따라서 소년분류심사원의 직원은 폭력성이 현저한 위탁소년에 대하여 특별한 조치를 취하여 사고의 발생을 미리 방지할 책무가 있다.

(2) 교육기능

본래 소년분류심사원은 소년을 수용, 보호하면서 진단하는 것을 주된 임무로 한다(같은 법 제2조 제2항).

[표 11-1]에서 보듯이 법원 소년부에서 소년분류심사원에 위탁하는 인원은 연간 3,000명을 상회하고 이들을 평균 21일 가량 수용한다. 수용기간 동안 체계적인 교육프로그램을 제공할 필요성을 인식하고, 2000년부터는 청소년비행을 예방하기 위하여 일반학생 또는 기소유예대상자를 대상으로 한 대안교육 및 법교육 등을 포함한 비행예방교육을 강화하였다.

비행예방교육이 확대되면서 2007년에는 청소년 비행예방업무를 위하여 안산, 부산, 광주, 대전, 창원, 청주 등 6개 지역에 소년분류심사원 소속으로 청소년비행예방센터를 설치하였다. 이후 청소년비행예방센터의 대외 명칭을 '청소년꿈키움센터'로 변경하였으며, 2018년 12월 현재 전국에 18개가 설치되어 있다(범죄예방정책국, 2018).

(3) 진단기능

소년분류심사원의 가장 중요한 기능이다. 진단기능은 5가지로 세분화된다. 먼저 법원소년부로부터 위탁된 소년과 「보호관찰 등에 관한 법률」에 따라 유치된 소년의 수용과 분류심사로서 수용된 상태에서의 비행원인조사이다. 이를 통상 '분류심사'라고 한다. 두 번째는 「소년법」 제12조에 따른 전문가 진단의 일환으로 법원

소년부가 상담조사를 의뢰한 소년의 상담과 조사로서 수용하지 않은 상태에서의 비행원인 진단기능이다. 이를 '상담조사'라고 한다. 세 번째는 「소년법」 제49조의2에 따라 소년피의사건에 대하여 검사가 조사를 의뢰한 경우에 소년의 품행 및 환경 등에 관하여 조사한다. 이를 '검사결정 전 조사'라고 한다. 네 번째로는 소년원장이나 보호관찰소장이 의뢰하였을 때 실시하는 분류심사가 있다. 다섯 번째로는 지역사회의 청소년으로써 9세 이상 24세 이하의 청소년이나 그 보호자가 요청한 심리검사이다. 이를 '청소년심리검사'라고 한다(같은 법 제26조).

상담조사는 불구속 송치로 보호자 등에게 위탁되어 있는 소년을 대상으로 법원 소년부 판사가 전문가의 진단이 필요하다고 인정되는 경우 대상소년을 소년분류심사원에 주간에만 3~5일 출석시켜 상담, 조사 및 비행예방교육을 받도록 하는 제도이다. 상담조사는 짧은 기간, 주간에만 위탁되는 특성으로 인하여 정밀한 행동관찰과 심리검사는 곤란하므로 의뢰기관이 요청한 영역에 대해서 실시하도록 하여 단기간에 조사를 마칠 수 있게 하였다. 상담조사 대상자가 학생인 경우 상담조사 기간이 출석으로 인정될 수 있도록 하였다(「보호소년 등의 처우에 관한 법률 시행령」 제52조 제1항, 제2항).

검사결정 전 조사는 그동안 소년법에서 가장 논란이 되었던 검사선의주의에 대한 취약점을 보완하는 차원에서 2007년 「소년법」 개정 시에 도입되었다. 검사선의주의란 검사에게 소년사건에 대하여 사건을 기소할 것인지 또는 법원소년부에 송치할 것인지 아니면 기소유예를 할 것인지에 대한 권한을 부여하는 제도이다. 따라서 검사가 사건의 처리를 결정할 때 소년에 대하여 자세한 자료를 확보하고 그에 따라 결정을 하여야 함에도 불구하고, 검사의 결정을 도울 수 있는 조사자료가 없다는 비판이 있었다.

개정 「소년법」은 검사가 소년 피의사건에 대하여 소년부 송치, 공소제기, 기소유예 등의 처분을 결정하기 위하여 필요하다고 인정하면 피의자의 주거지 또는 검찰청 소재지를 관할하는 보호관찰소장, 소년분류심사원장 또는 소년원장에게 피의자의 품행, 경력, 생활환경이나 그 밖에 필요한 사항에 관한 조사를 요구할 수 있도록 하였다(제49조의2). 여기서 소년분류심사원장 보다 보호관찰소장을 먼저 적시한 이유는 보호관찰기관이 검찰청에 대응해서 설립되어 있으므로 우선적으로 보호관찰소를 활용하는 것이 합리적이기 때문이다. 소년분류심사원이나 대행소년원은 보충적으로 활용된다.

검사결정 전 조사의 목적은 검사가 소년피의사건을 처리하면서 소년의 품행, 경력, 생활환경, 요보호성 등에 관한 조사결과를 참고하여 소년을 개선하는데 가장 적합한 처분을 결정하기 위한 것이며, 이 처분에는 기소유예를 하면서 소년보호기관에 대안교육을 의뢰하는 것이 포함된다.

보호관찰관 등은 구속피의자의 경우에는 구치소 등 수감장소를 방문하여 조사하고, 불구속 피의자에 대하여는 보호관찰소 등에 소환하여 조사하거나 주거지 등을 방문하여 조사하며, 조사를 마친 후 조사서 및 관련 자료를 검사에게 송부하여야 한다. 이 경우 조사요구서 접수 후 구속사건은 6일 이내에, 불구속사건은 20일 이내에 검사에게 그 결과를 통보하여야 한다(「소년법」 제49조의2 제2항).

진단기능에 대해서는 분류심사를 중심으로 별도로 살펴본다.

3. 분류심사

(1) 분류심사의 원칙

소년에 대한 분류심사는 위탁소년의 신체, 성격, 소질, 환경, 학력 및 경력 등에 대한 조사를 통하여 비행 또는 범죄의 원인을 규명하여 위탁소년의 처우에 관하여 최선의 지침을 제시함을 목적으로 하고 있다(「보호소년 등의 처우에 관한 법률」 제24조 제1항).

최선의 지침을 제시하기 위해서는 심리학 · 교육학 · 사회학 · 사회복지학 · 범죄학 · 의학 등의 전문적인 지식과 기술에 근거하여 보호소년등의 신체적 · 심리적 · 환경적 측면 등을 조사 · 판정하여야 한다(같은 조 제2항). 법무부장관은 학문적 소양과 전문지식을 갖춘 자를 분류심사관으로 보임하고 있다.

소년이 위탁 또는 유치되면 [그림 11-1]의 분류심사절차에 따라 분류심사가 진행된다. 입원시에 신원확인 및 관련 절차를 거친 후에 오리엔테이션을 실시한다. 신상조사와 환경조사, 행동관찰과 각종 심리검사를 실시하고, 학교 등으로부터 소년에 관한 자료를 조회하며 동시에 분류심사관의 면접이 진행된다(김용운, 2006).

[그림 11-1] 분류심사절차

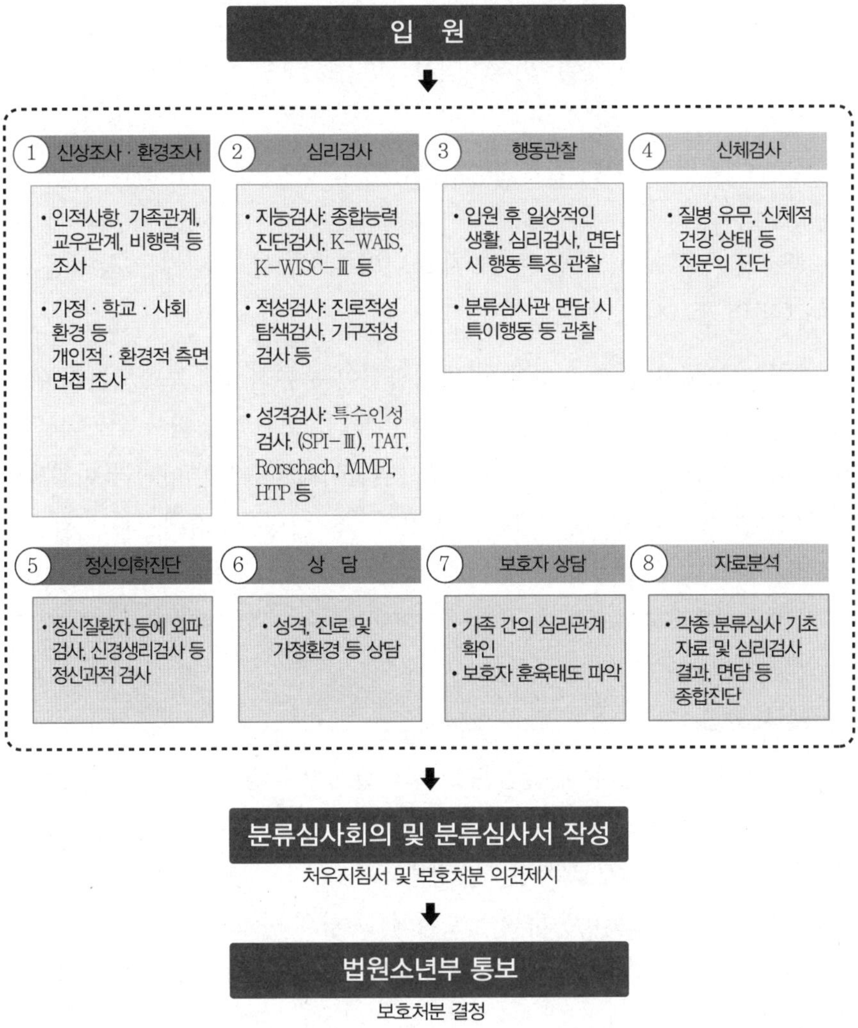

그림출처: 법무부 범죄예방정책국 소년보호과 자료(소년보호과, 2018, p.9.)

(2) 분류심사 영역

분류심사는 소년의 신상, 심리적 측면 등 6개 영역에 대하여 이루어진다. 구체적으로는 다음과 같다.

① 신상 관계: 소년의 인적사항, 학력, 지니고 있는 문제, 비행의 개요, 비행전력, 보호자 및 가족상황, 그 밖에 참고인 등에 대한 자료

② 심리적 측면: 소년의 지능을 중심으로 한 능력, 성격특성, 신경증·정신병 등 정신기능의 장애 여부, 적응 및 욕구, 자기개선 의지 등의 측정

③ 행동의 특징: 수용생활 및 심리검사·면접조사 등에서 특이사항 및 경향을 관찰

④ 신체적 측면: 소년의 발육 및 건강상태, 신체특징, 결함 여부 및 병력 등의 진단

⑤ 환경적 측면: 출생 이후 현재까지 소년의 가정·학교·사회생활 등을 조사

⑥ 그 밖의 참고사항

여기서 검토해야 할 것은 소년의 범죄사실이 분류심사에 포함되는지 여부인데, 포함되지 않는다고 보는 것이 타당하다고 본다. 소년의 범죄사실에 대하여 분류심사관이 사실관계를 확인할 수 있는 조사권한이 없다. 뿐만 아니라 비행사실에 대해서는 법원 소년부의 소년심판절차에 있어서도 비행사실중시설과 인격중시설(심판 조건설) 등으로 주장[3]이 나누어져있다.

(3) 분류심사 방법

① 진찰법 및 신체검사: 진찰법은 소년의 신체에 질병 등 이상 유무 및 정도를 해당 전문의가 진단하는 것이고, 신체검사법은 신체 각 기관의 이상 또는 우열을 과학적 기구로 측정하는 방법

② 면접조사: 소년을 비롯하여 보호자와 그 밖의 참고인 등을 대상으로 담당 분류심사관이 면대면 또는 전화를 통해 필요한 사항을 질문하고 응답하는 방법

③ 심리검사: 지능, 적성, 성격특성의 유무 및 정도를 알기 위하여 여러 장면

---

3   비행사실중시설의 논거로는 소년의 인권보장의 관점에서 존부의 인정이 명확한 비행사실도 심판대상으로 하여야 하고, 비행사실은 범죄적 위험성이 발현한 것이므로 범죄적 위험성, 보호의 필요성의 판단에 중요한 역할을 할 뿐만 아니라 비행사실의 인정 자체가 소년에게도 중요한 관심사로 되어 있고, 비행사실을 정확하게 인정하는 것은 소년의 납득에 의한 자발적 개선이라는 출발점으로서도 중요하다고 본다.
인격중시설은 소년보호절차에 있어서는 소년에 대하여 기본적으로 제재보다 건전한 육성을 목적으로 하므로, 소년이 비행으로 나아간 문제성을 확인하고 그 개선을 목적으로 하여 처우결정을 하게 된다. 따라서 소년의 보호를 요하는 상태, 즉 보호의 필요성의 해명, 검토가 심판의 중심적 과제로 된다. 예전부터 심판의 대상은 보호의 필요성뿐이고 비행사실은 심판조건에 지나지 않는다고 본다.

에서 일정한 작업을 행하게 함으로써 그에 대한 규준^{norm}과 비교하여 이를 측정하는 방법으로 표준화된 심리검사도구나 로르샤흐 검사$^{Rorschach Test}$ 등 투사적 검사도구 등을 활용하여 측정

④ 정신의학적 진단: 소년의 정신적 측면에서의 질환 유무와 그 정도를 정신과 의사가 측정, 진단하는 방법

⑤ 행동관찰: 수용생활 및 검사, 면담 시 등 소년이 처해진 환경의 조건에 따라 반응하는 특이사항 및 경향을 관찰하는 방법으로 분류심사 대상자를 이해하는 비언어적 방법

⑥ 자기기록: 일기, 지나온 나의 생활, 회상록 등 자기가 살아온 생활사를 자서전식으로 기록한 자료와 주어진 과제에 대하여 자신의 생각을 자유롭게 기술하는 자유기술식의 자료

⑦ 자료조회: 주민등록정보, 가족관계기록부, 학교생활기록부, 수사경력 및 범죄경력조회[또는 범죄전력(소년보호사건)조회] 등과 같이 행정기관, 학교, 병원, 그 밖의 단체에 대하여 분류심사에 필요한 자료조회를 통해 소년의 환경·심리상태, 성장과정 등을 조사

⑧ 현지조사: 분류심사 대상자의 생애, 성장환경을 현장에 나가서 관찰하기 위하여 분류심사관 등이 직접 현지를 방문·조사

(4) 분류심사 종류

분류심사는 소년의 문제 또는 비행원인의 심각성을 기준으로 하여 일반분류심사와 특수분류심사로 구분된다. 일반 또는 특수분류심사대상자로 분류되면 분류심사방법이 달라진다.

① 일반분류심사 : 문제 또는 비행원인이 비교적 단순한 소년에 대하여 면담과 신체의학적 진찰, 집단검사, 자기기록 검토, 자료조회, 행동관찰 등을 주로 하여 실시하는 분류심사

② 특수분류심사 : 일반분류심사 결과 문제 또는 비행원인이 중대하고 복잡한 소년에 대하여 개별검사와 정신의학적 진단, 현지조사 등을 추가하여 실시하는 분류심사

(5) 분류심사 판정

　　분류심사관은 소년의 신체, 성격, 소질, 환경, 학력 및 경력 등에 대한 조사를 통하여 얻어진 자료를 종합 분석한 후에 비행 또는 범죄의 원인을 규명하고, 소년의 처우에 관하여 최선의 지침을 제시하여야 한다. 이를 분류심사 판정이라고 한다. 판정결과는 법원 소년부 판사의 심리에 필요한 자료가 되고, 소년원 및 보호관찰소의 교정교육에 중요한 교육지침이 되며, 사회복귀 시에는 진로지도의 지침으로 활용된다(이태호, 2000: 15-16).

　　분류심사 판정은 보호처분의 종류가 아래 [표 11-2]에서 보듯이 1호부터 10호까지 단독처분과 외출제한, 대안교육, 보호자특별교육의 부가처분, 그리고 각 단독처분의 병합으로 인하여 매우 다양한 조합이 가능하다. 따라서 판정의 타당성과 객관성, 신뢰성을 높이기 위한 기준이 필요하다.

　　보호처분은 기본적으로 1호에서 10호 처분을 단독으로 부과하는 것이 원칙이지만 소년이 건전하게 성장하도록 돕기 위하여 다양한 처분을 병합할 수 있다. 모든 처분을 병합하는 것은 소년의 연령과 보호처분의 성질이 상이하므로 [표 11-4]에서 보는 바와 같이 병합할 수 있는 처분을 법률로 규정하고 있다. 처분 판정 시 주의할 점이 있다. 기본적으로 연령에 따른 제한이 있다는 점과 단기보호관찰(4호)과 장기보호관찰(5호)을 병합할 수 없고, 장기보호관찰(5호)과 1개월 이내 소년원 송치(8호)이 병합되었을 때 수강명령(2호)이나 사회봉사명령(3호)을 할 수 없다. 그리고 8호 처분과 단기보호관찰(4호)를 병합할 수 없다.

[표 11-2] 보호처분의 종류

종류	내 용	기간(연장)	처분 연령
1호	보호자 또는 보호자를 대신하여 소년을 보호할 수 있는 자에게 감호 위탁	6월(+6월)	10세 이상
2호	수강명령	100시간 이내	12세 이상
3호	사회봉사명령	200시간 이내	14세 이상
4호	단기 보호관찰	1년	10세 이상
5호	장기 보호관찰	2년(+1년)	10세 이상
6호	아동복지법상의 아동복지시설, 기타 소년 보호시설에 감호 위탁	6월(+6월)	10세 이상
7호	병원, 요양소 또는 보호소년 등의 처우에 관한 법률상의 소년 의료보호시설에 위탁	6월(+6월)	10세 이상
8호	1개월 이내의 소년원 송치	1월 이내	10세 이상
9호	단기 소년원 송치	6월 이내	10세 이상
10호	장기 소년원 송치	2년 이내	12세 이상

※ 부가처분: 대안교육 또는 상담·교육, 야간외출제한, 보호자특별교육(「소년법」 제32조의2)

[표 11-3] 부가처분의 종류

종류	내용	기간	비고
대안교육 또는 상담, 교육 명령	소년보호기관의 대안교육 또는 관련 단체 등에서 상담·교육 ※ 본처분 : 4호, 5호	3월 이내	
외출 제한 명령	야간 등 특정시간대를 정하여 외출 제한 ※ 본처분 : 4호, 5호	1년 이내	
보호자특별교육 명령	소년보호기관 및 보호관찰소 등에서 자녀 지도에 필요한 특별교육	미정	

[표 11-4] 보호처분 병합 일람표

처분	1호	2호	3호	4호	5호	6호	7호	8호	9호	10호	외출 제한	대안교육 (상담 교육)	보호자 특별교육
1호		●	●	●	●								○
2호	●		●	●	●								○
3호	●	●		●									○
4호	●	●	●			●					○	○	○
5호	●	●	●			●		●			○	○	○
6호				●	●								○
7호													○
8호					●								○
9호													○
10호													○

※ ●(병합처분), ○(부가처분)

1) 기본 기준

분류심사관은 심리학, 교육학, 범죄학 등의 전문적인 지식과 기술에 근하여 소년의 건전한 성장을 돕기 위한 최선의 지침을 강구하는 것이므로 분류심사 판정은 소년법의 목적을 따라야 한다. 즉, 분류심사는 반사회성 있는 소년을 건전하게 성장하게 돕는 것이어야 한다(「소년법」 제1조). 그리고 분류심사는 소년에 대한 정밀한 조사를 통하여 비행 또는 범죄의 원인을 규명하여 소년의 처우에 관한 최선의 지침을 제시하는 것이 되어야 한다.

2) 세부 기준

분류심사 판정은 기본적으로 보호필요성과 소년의 개인적 요구사항을 판단하는 것으로부터 시작된다. 즉, 보호자의 보호능력(지도능력) 또는 가족관계 회복 필요, 불량교우 관계, 건강 등 의료처우 필요, 직업훈련 또는 학업계속 여부, 가족관계, 보호자 또는 소년의 희망사항 등을 고려하여 판단하여야 한다.

1호 처분: 보호자 또는 보호자를 대신하여 소년을 보호할 수 있는 자에게 감호 위탁

보호자는 법률상 감호교육의 의무가 있는 자 또는 현재 소년을 감호하는 자를 말하며 부모 또는 동거하는 고용주 등이 이에 해당된다. 소년에게 보호자가 없거나, 보호자가 있더라도 그 보호자가 소년을 교정할 능력이 부족한 때에 보호자를 대신하여 소년을 보호할 수 있는 자(자원보호자)에게 위탁하는 것도 가능하다. 2010년 창원에서 처음 설립된 사법형 그룹홈(청소년 회복센터)이 보호자를 대신하여 소년의 감호를 책임지는 기관으로 활용되고 있다.

1호 처분은 6개월의 범위에서 한 번에 한하여 그 기간을 연장할 수 있다. 그리고 소년부 판사는 보호자로 하여금 소년에 관한 보고서나 의견서의 제출을 요구할 수 있고, 직권으로 처분을 변경할 수 있다.

2호 처분: 수강명령

비행소년을 교화·개선시키기 위하여 12세 이상의 소년에 대하여 100시간 이내의 시간 동안 교육을 받도록 명하는 것이다.

수강명령에 적합한 대상으로 법원은 다음과 같이 제시하고 있다(법원행정처, 2014: 332-333).

① 본드·부탄가스를 흡입하는 등 약물남용범죄를 저지른 경우 또는 마약범죄를 범한경우
② 알코올 중독으로 인한 범죄를 범한 경우
③ 심리·정서상의 특이한 문제와 결합된 범죄(성범죄 등)를 범한 자로서 적절한 프로그램을 통하여 치료를 받을 필요가 있는 경우
④ 기타 수강명령을 부과하는 것이 적절하다고 판단되는 경우

그러나 100시간 이내의 수강명령은 치료적 처분이 아니라는 점에서 알코올 중독 또는 성범죄 등으로 치료를 받을 필요가 있는 경우에 부과하는 것은 부적절하다고 보여진다. 중독 등으로 치료가 필요한 소년보다는 비행성향이 심화되지 않아 적절한 프로그램 이수로도 교정이 가능한 경우로써 무면허운전, 단순한 학교폭력, 본드, 부탄가스 등 약물중독의 정도가 초기단계에 해당하는 경우, 교육부족으로 인하

여 준법의식이 미약한 경우, 학업중단자로 규칙적인 생활태도 형성 및 장래 계획을 위한 진로지도가 필요한 경우 등이 적합할 것으로 판단된다.

여기서 수강명령의 성격과 집행기관에 대해서 살펴볼 필요가 있다. 수강명령과 사회봉사명령은 2007년 「소년법」 개정 이전에는 보호관찰처분에 병합하도록 되어 있는 부가처분이었으나 「소년법」을 개정하면서 단독처분이 되었다. 수강명령과 사회봉사명령이 단독처분이 된 것은 보호처분의 종류를 다양화하는 과정에서 발생한 입법의 오류로 보여진다. 그 이유로 사회봉사명령과 수강명령을 집행하는 기관은 보호관찰소이고, 사회봉사명령과 수강명령은 보호관찰소의 고유한 관장사무이다(「보호관찰 등에 관한 법률」 제15조).

그러나 2007년 「소년법」 개정으로 수강명령과 사회봉사명령에 대하여 갑작스럽게 단독처분이 가능하게 되면서 보호관찰이 부과되지 않은 제2호 단독처분을 하게 되었고, 보호관찰소는 수강명령 집행결정서를 접수할 수 있는 근거가 없어 이를 접수하지 못하는 사태가 발생하였다. 이에 법원행정처에서는 2008년 6월 소년심판규칙을 개정하여 소년이 수강 또는 사회봉사할 장소 또는 시설을 지정하도록 하였다(소년심판규칙 제34조 제2항).

법원 소년부가 행정법원과 같은 성격을 가진다고 하나 행정기관이 아닌 심판기관이라는 점에서 수강명령이 적절히 집행되고 있는지 여부를 관리감독하는 것은 부적절하고 어렵다고 여겨진다. 법원이 수강명령을 집행할 기관을 일부 지정하여 운영하고 있으나 사회봉사명령에 대해서는 집행기관을 지정 하지 않고 있는 것은 집행업무가 법원과 맞지 않기 때문이다. 민간기관에서 수강명령 또는 사회봉사명령을 위탁 받아 집행하는 과정에서 부실한 관리, 감독으로 인하여 불신이 초래될 때 그 책임을 고스란히 법원이 지게 될 위험이 있다.

3호 처분: 사회봉사명령

14세 이상의 소년에게 200시간 이내의 시간 동안 각종 봉사활동, 환경미화 등 근로봉사를 무보수로 하도록 명하는 것이다.

봉사활동을 통해 지역사회로의 재통합 및 건전한 가치관을 정립하도록 하는 사회내처우로써 법원에서 제시하는 대상자는 아래와 같다.

① 부모의 과잉보호로 인하여 자기중심적이고 배타적인 성격을 가진 경우
② 생활궁핍의 경험이 없는 경우

③ 근로정신이 희박하고 무위도식 하는 경우

④ 퇴폐향락과 과소비에 물든 경우

⑤ 경미한 비행을 반복하여 범함으로써 가정에서 소외된 경우

⑥ 봉사활동을 통해 자신의 환경에 대한 재인식이 필요하다고 보이는 경우

⑦ 절도 등 재산범죄를 범한 소년이나 합의가 되지 않은 교통사고사건이나 폭력사건의 경우

⑧ 기타 사회봉사명령을 부과하는 것이 적절하다고 판단되는 경우

사회봉사명령에 대한 작업으로는 일반적으로, 자연보호활동, 양로원 등 복지시설에서의 봉사활동, 오물수거 등 공공시설봉사활동, 벼베기 등 대민지원봉사활동 등이 있다.

4호 및 5호 처분: 단기 보호관찰 및 장기 보호관찰

10세 이상의 소년에게 1년 또는 2년 동안 학교 및 직장생활 등 일상생활을 하면서 보호관찰관의 지도·원호를 받도록 명하는 것으로 사회내처우의 대표적인 방법이다.

보호관찰을 부과하면 모든 대상자가 준수하여야 할 일반준수사항과 대상소년의 특성을 고려하여 필요하다고 판단되면 부과할 수 있는 특별준수사항이 있다.

① 일반준수사항(「보호관찰등에 관한 법률」 제32조 제2항)
- 주거지에 상주常住하고 생업에 종사할 것
- 범죄로 이어지기 쉬운 나쁜 습관을 버리고 선행善行을 하며 범죄를 저지를 염려가 있는 사람들과 교제하거나 어울리지 말 것
- 보호관찰관의 지도·감독에 따르고 방문하면 응대할 것
- 주거를 이전移轉하거나 1개월 이상 국내외 여행을 할 때에는 미리 보호관찰관에게 신고할 것

② 특별준수사항(같은 법 제32조 제3항)
- 야간 등 재범의 기회나 충동을 줄 수 있는 특정 시간대의 외출 제한
- 재범의 기회나 충동을 줄 수 있는 특정 지역·장소의 출입 금지
- 피해자 등 재범의 대상이 될 우려가 있는 특정인에 대한 접근 금지
- 범죄행위로 인한 손해를 회복하기 위하여 노력할 것
- 일정한 주거가 없는 자에 대한 거주장소 제한

- 사행행위에 빠지지 아니할 것
- 일정량 이상의 음주를 하지 말 것
- 마약 등 중독성 있는 물질을 사용하지 아니할 것
- 「마약류관리에 관한 법률」상의 마약류 투약, 흡연, 섭취 여부에 관한 검사에 따를 것
- 그 밖에 보호관찰 대상자의 재범 방지를 위하여 필요하다고 인정되어 대통령령으로 정하는 사항

③ 기타 특별준수사항(「보호관찰 등에 관한 법률 시행령」제19조)
- 운전면허를 취득할 때까지 자동차 운전을 하지 않을 것
- 직업훈련, 검정고시 등 학과교육 또는 성행개선을 위한 교육, 치료 및 처우 프로그램에 관한 보호관찰관의 지시에 따를 것
- 범죄와 관련이 있는 특정 업무에 관여하지 않을 것
- 성실하게 학교수업에 참석할 것
- 흉기나 그 밖의 위험한 물건을 소지 또는 보관하거나 사용하지 아니할 것
- 피해자에게 접근하지 말 것(성폭력범죄 등의 경우) 등

6호 처분: 아동복지법상의 아동복지시설이나 그 밖의 소년보호시설에 감호 위탁

10세 이상의 소년에 대하여 아동복지법상의 아동복지시설 또는 기타 소년을 보호하는데 필요한 환경과 시설을 구비하고 있는 소년보호시설에 감호를 위탁하는 처분이다. 기간은 6개월이고 1회에 한하여 연장할 수 있다.

6호 처분부터는 시설에 수용하는 주거처우라는 점에서 1호 내지 5호 처분과 구별되고, 운영주체가 6호 처분은 「아동복지법」상의 아동복지시설로서 사인이라는 점에서 국가기관이 운영주체인 소년원 송치처분과 차이가 있다. 대표적인 6호 처분 기관은 10개이다.

[표 11-5] 6호 처분 기관 현황

보호기관	위치	수용인원(성별)
보호치료시설 효광원	대전	150명(남자)
나사로 청소년의 집	경기도 양주	40명(여자)
살레시오 청소년센터	서울 영등포구	80명(남자)
로뎀 청소년학교	제천	30명(남자)
마자렐로센터	서울 영등포구	50명(여자)

보호기관	위치	수용인원(성별)
서정길대주교재단 수지의 집	대구	20명(여자)
가톨릭 푸름터	대구	25명(여자)
웨슬리마을 신나는 디딤터	부산	30명(여자)
로뎀의 집	창원	20명(여자)
희망샘학교	고창	70명(남, 여)

출처: 법원행정처(2014), 법원실무제요 재구성

6호 처분에 적합한 소년으로는 비행정도는 낮지만 보호자나 가족이 전혀 없는 무의탁소년이나 가족의 보호능력이 미약한 소년이 해당된다.

법원행정처에 의하면 6호 처분 시설은 ① 국가시설수용이 소년에게 주는 충격과 파괴적 영향을 줄일 수 있어 보다 인간적인 점과 ② 국가시설수용에서 생기는 범죄학습, 낙인의 효과를 줄이고 사회생활과의 단절을 줄여 재사회화를 쉽게 할 수 있다는 점, ③ 국가시설수용에 비하여 경비와 효율 면에서 보다 경제적인 점 등의 장점이 있다고 한다(법원행정처, 2014: 350).

그러나 이러한 주장은 객관적인 근거가 없는 단순한 주장에 불과하다는 점을 유의할 필요가 있다. 먼저 6호 처분 시설도 효광원이나 마자렐로센터 등은 이탈방지시설을 갖추고 있어 시설 수용으로 오는 충격과 파괴적 영향을 줄이는지 여부는 연구와 입증이 필요하다. 그리고 국가시설수용에서 범죄를 학습한다는 주장도 근거가 없다. 범죄학습을 방지하기 위해서는 엄격한 분리수용과 이를 실현할 수 있는 충분한 소규모 생활실의 확보가 무엇보다 중요하다. 6호 처분 시설에서 충분한 분리수용을 할 수 있는 여력이 없다는 것이 객관적인 현실이다.

가장 큰 인식의 오류는 ③ 국가시설수용에 비하여 경비를 줄일 수 있어 경제적인 장점이 있다는 주장이다. 먼저 경제적인 기준은 형벌 집행에서 사용되는 것이며, 교육 분야에서 경제적인 기준을 적용하는 것은 타당하지 않다. 그리고 교육의 질은 교사의 질을 넘어설 수 없다는 말이 있다. 국가기관은 엄격한 공무원 선발과정을 거칠 뿐만 아니라 계속해서 재교육을 실시하고, 인권침해 등에 대하여 철저한 관리감독을 실시하고 있다. 교사의 자질과 인원에서 차이가 있다. 마지막으로 적은 예산으로도 효과적인 교육이 가능하다. 그러나 부족한 예산은 직원의 낮은 만족도와 잦은 이직, 대상 소년에 대한 부실한 급양 등의 문제를 내포하여 부실한 성과로 이어지기 쉽다. 그리고 이는 차별이라는 문제를 낳기도 한다.

7호 처분: 병원, 요양소 또는 '보호소년 등의 처우에 관한 법률'상의 소년의료보호시설 위탁

10세 이상의 의료적 처우가 필요한 소년에게 병원이나 요양소에 위탁하거나 소년의료보호시설에 위탁하는 처분이다. 기간은 6개월이고 1회에 연장이 가능하다. 정신질환이 있거나 약물남용과 같이 의학적인 치료와 요양이 필요한 경우에 행해진다.

7호 처분이 가능한 기관은 [표 11-6]과 같다.

[표 11-6] 7호 처분이 가능한 수탁 기관 현황

법원	수탁 기관	위치
서울	건국대학교병원	서울 광진구
	경기도의료원 의정부병원	경기도 의정부
	국립서울병원	서울 광진구
	동산의원	서울 종로구
	대전의료소년원	대전
	백상창 신경전신과의원	서울 강서구
	청소년복지재단 마리스타의 집	충북 충주
춘천	대전의료소년원	대전
대전	국립공주병원	충남 공주
	대전의료소년원	대전
청주	대전의료소년원	대전
대구	대동병원	대구 동구
	대전의료소년원	대전
부산	대전의료소년원	대전
광주	국립나주병원	전남 나주
	광주 양지병원	광주 북구
	대전의료소년원	대전

출처: 법원행정처(2014), 법원 실무제요 pp.358-359, 재구성

신체질환 또는 정신질환 유무에 따라 행해지는 처분이므로 소년에 대한 철저한 심리검사와 객관적인 자료에 의하여야 한다. 국가와 지방자치단체가 비용을 부담하는 대전 의료소년원과 청소년복지재단 마리스타의 집을 제외하고는 상당한 비용의 지출이 수반되므로 보호자가 비용을 부담할 경제적 능력이 있는지 여부를 확인하여야 한다. 다만, 보호자가 없거나 보호자가 비용을 부담할 능력이 없는 경우에는 비용의 전부 또는 일부를 국가에서 부담할 수 있다.

국가부담 기준은 다음과 같다(「소년보호절차에 관한 예규」 제6조 제2항).

① 월 평균수입이 100만 원 미만인 사람
② 「국민기초생활 보장법」에 따른 수급자
③ 「국가유공자 등 예우 및 지원에 관한 법률」에 의한 국가유공자와 그 유족
④ 「한부모 가족 지원법」에 따른 보호대상자인 모자가족 및 부자가족의 모 또는 부

그 밖에 감호에 관한 비용을 부담할 경제적 능력이 없는 사람

8호 처분: 1개월 이내의 소년원 송치

10세 이상의 소년에 대하여 1개월 이내 기간 동안 소년원에 수용하여 보호 및 교육을 받도록 하는 시설내처분이다. 단독처분이지만 5호 처분(장기보호관찰)과 병합할 수 있다. 소년원 수용경험이 없는 소년을 대상으로 개방형 교육을 시설 내에서 집중교육을 실시함으로써 사회생활의 단절을 최소화하고 보호관찰의 실효성을 높이기 위하여 도입되었다.

한영선(2018)은 8호처분의 효과를 알아보기 위하여 성향점수매칭 Propensity Score Matching 방법을 사용하여 분석하였다. 성향점수매칭 분석방법은 선택편향 Selection Bias의 문제를 해결하기 위한 방법이다(이인우, 정양헌, 박창귀, 오영환, & 우청원, 2016). 2007년 「소년법」 개정 이후인 2008년부터 2016년 동안에 소년원 경험이 없는 소년들 중에서 5호 처분자와 8호 처분자의 성향점수가 같은 대상자를 선별하여 1 대 1로 매칭하여 분석하였다. 분석결과 단독으로 5호 처분을 하는 것보다 5호에 8호 처분을 병합한 경우 재범율이 16.6% 감소하는 것으로 나타났다.

어떤 이유로 5호와 8호 병합처분이 5호 처분보다 재범율이 16.6% 감소하는지는 밝히지 않았으나 1개월이라는 짧은 기간이 낙인은 찍지 않으면서 소년들에게 커다란 경각심을 주어 보호관찰을 잘 준수하도록 하는 것으로 여겨진다.

9호 및 10호 처분: 단기 소년원 송치 및 10호 장기 소년원 송치

9호 처분은 10세 이상, 10호 처분은 12세 이상의 소년에게 부과한다. 단기 또는 장기간 소년원에 수용하여 강제적인 보호 및 교육을 받도록 하는 처분으로 소년의 자유를 제한하는 가장 강력한 처분이다.

적합한 대상으로는 비행경력이 없더라도 비행성향이 심화되어 장기간의 수용, 보호가 필요한 경우, 보호자의 보호능력이 부족하여 이를 개선할 수 없는 경우,

비행내용이 중대한 경우 등이 해당된다.

소년의 자유를 가장 크게 제한하는 처분이므로 판정 시 신중을 기하여야 한다. [표 11-7]은 주거처분의 성격을 비교한 것이다.

[표 11-7] 주거처분 성격 비교

구분	6호 처분	7호 처분	8 · 9 · 10호 처분
운영주체	민 간	민간 또는 국가	국가
처분의 기본 성격	복지적 접근	의료적 접근	사법적 접근
처분 근거	보호필요성	육체 및 정신건강	보호필요성
대상자 비행력	관계없음	관계없음	관계 있음
대상자 연령	저연령	연령 무관	연령 무관 (10호: 12세 이상)
시설의 보안단계	경구금	경구금 (소년의료보호시설)	중구금
교육과정 운영토대	친밀성	개별성	합법성

부가 처분

부가처분은 3가지 종류가 있다. ① 3월 이내의 대안교육명령 또는 상담교육명령, ② 1년 이내의 야간 외출제한명령, ③ 보호자특별교육명령이 그것이다. 부가처분은 단독처분이 아니므로 단독으로 부과될 수 없음은 당연하다.

3월 이내의 대안교육명령 또는 상담교육명령과 1년 이내의 야간 외출제한명령은 보호관찰처분(4호 및 5호)에 부과되는 것이지만 보호자특별교육명령은 보호관찰처분뿐만 아니라 다른 처분에도 부과하는 것이 가능하다. 「소년법」 제32조의2의 규정에 의하면 교육을 받는 장소로 "소년원, 소년분류심사원 또는 보호관찰소 등" 으로 되어 있으므로 소년원 송치처분 또는 보호관찰처분을 하는 경우라고 해석하는 것이 상당할 것이다.

① 3월 이내의 대안교육명령 또는 상담 · 교육명령

보호관찰(제4호 또는 제5호)과 함께 소년보호기관에서 대안교육을 받거나, 지역사회의 상담 · 선도 · 교화와 관련된 단체나 시설에서의 상담 · 교육을 받도록 하는 명령이다.

100시간 이내의 수강명령(제2호)에 비해 엄격하고 체계적으로 교육을 할 수 있다는 장점이 있다. 심리한 결과 수강명령보다 좀 더 강도 높은 교육이 필요한 것으로 보이는 경우, 상담 · 교육명령은 (ⅰ) 우울, 불안 등의 정서적 문제, (ⅱ) 분노조절, 충동조절의 어려움, (iii) 가족 구성원 사이의 갈등, 가정폭력 등의 경험 등으로 비행을 저지른 소년에게 적합하다.

② 야간외출제한명령

보호관찰(제4호 또는 제5호)과 함께 1년 이내의 기간 동안 야간 등 특정시간에 외출을 제한하는 명령이다. 실무상 오후 10시부터 익일 오전 5시까지로 야간을 제한한다. 소년이 야간에 외출하여 비행을 범한 경우 야간 시간대에 외출을 제한하는 방법으로 환경을 조정함으로써 재범방지를 달성하려는 조치이다. 야간외출제한명령도 신체의 자유를 일부 제한하는 측면이 있고, 야간외출 여부를 확인하기 위하여 불시에 전화확인을 하는 과정에서 동반 가족에게 고통을 준다는 점에서 신중을 기하여야 한다. 또한 소년이 가출을 하는 이유가 가정폭력 등의 이유라면 야간외출제한이 부적절할 할 수 있으므로 야간시간 외출의 원인을 파악하는 것이 중요하다.

③ 보호자 특별교육명령

보호처분 대상자의 보호자에게 소년의 보호 및 교육을 위해 일정기간 특별교육을 받도록 하는 명령이다. 소년의 범한 비행의 책임을 보호자에게로 확대하여 책임을 묻고자 하는 것이 아니라 점이 중요하다. 보호자를 처벌하기 위한 것이 아니라 소년의 건전한 성장을 돕기 위하여 보호자의 협조가 절대적으로 중요하기 때문이다. 보호관찰처분이나 소년원 송치처분을 할 때에 부가하여 처분하는 것이 일반적이지만 1호 처분을 하는 경우에도 가능하다. 이 경우에는 법원에서 집행을 하게 된다. 그러나 수강명령에 전문성을 확보하고 있는 기관에서 집행하는 것이 타당하므로 보호관찰처분 또는 소년원 송치처분을 하는 경우에 부가하는 것이 일반적이다.

적합한 대상은 소년의 양육환경 등을 조사한 결과 보호자의 훈육방법 등에 문제가 있어 보이는 경우(예: 지나친 체벌 위주의 훈육 등), 보호자와 소년 사이에 적절하고 친밀한 관계가 형성되어 있지 않고 보호자가 무관심한 경우, 보호자에게 알코올 남용이나 폭력적인 성향 등의 문제가 있어 보이는 경우, 소년의 문제가 가정환경에 있고, 부모의 자녀교육에 대한 인식의 제고와 소년과 부모와의 원활한 소통이 필요한 경우 등이다. 유의할 점은 보호자는 현재 소년을 감호하고 있는 자이나 조부모, 부모 등으로 다양하므로 교육을 받을 보호자를 특정하지 않고 단순히 보호자특별교육명령을 할 경우 교육의 효과를 기대하기 곤란하므로 훈육방법 등에 문제가 있는 보호자를 특정하는 것이 바람직하다.

(6) 분류심사서의 작성

분류심사서는 모든 조사와 검사결과를 취합하여 분류심사관이 작성한다. 법원 소년부 판사가 보호처분결정을 함에 있어 분류심사관의 처분 의견에 구애받는 것은 아니지만 소년분류심사원에서는 1월 내외의 기간 동안 소년을 계속적으로 관찰하고 여러 가지 전문적 지식과 기술에 근거한 조사 및 판정을 거쳐 처분의 지침을 작성하는 것이므로 그러한 과정과 의견을 기재한 '분류심사결과통지서'는 소년사건의 심리와 처분에 있어서 매우 중요한 자료가 된다. 분류심사서가 작성되면 소년분류심사원장은 이를 법원 소년부에 통지하여야 한다(「보호소년 등의 처우에 관한 법률」 제27조 제1항).

소년분류심사원장은 소년에 대한 보호처분이 결정되면 그 소년의 분류심사 결과 및 의견, 상담조사 결과 및 의견을 지체 없이 그 처분을 집행하는 소년원이나 보호관찰소에서 정보시스템으로 열람할 수 있도록 통지하여야 한다(같은 조 제2항). 분류심사서는 1차적으로 법원 소년부 판사가 최선의 판단을 할 수 있도록 돕기 위한 것이지만 소년의 교정에 대한 지침을 제시하는 것이므로 소년의 처우를 집행하는 보호관찰소와 소년원에서도 사용하는 중요한 자료가 된다.

제2절 소년원

1. 의의

소년원은 「소년법」 제32조 제1항 제7호, 제8호, 제9호, 제10호의 규정에 의하여 법원소년부에서 송치한 14세 이상 19세 미만의 범죄소년, 형벌법령에 저촉되는 행위를 한 10세 이상 14세 미만의 촉법소년과 성격 또는 환경에 비추어 장래 형벌법령에 저촉되는 행위를 할 우려가 있는 10세 이상 19세 미만의 우범소년을 수용하여 교정교육을 행하는 국가 기관이다.

소년원은 사법적 기능보다는 교육적, 복지적 기능을 중시하여, 비행에 대한 책임을 추궁하는 것이 아니라 국가가 소년들의 보호자가 되어 인성교육 등 생활지도와 특성화교육, 교과교육 및 직업능력개발훈련, 의료처우 등을 실시함으로써 이들의 왜곡된 성격과 행동을 교정하고 건전한 청소년으로서 인격을 형성하도록 돕는다는 점에서 형사처분을 집행하는 소년교도소와는 그 성격이 다르다.

[표 11-8] 소년원과 소년교도소의 차이

구분	소 년 원	소년교도소
적용법률	「소년법」 「보호소년 등의 처우에 관한 법률」	「형법」 「형의 집행 및 수용자의 처우에 관한 법률」
처 분 청	가정법원 또는 지방법원소년부	형사법원
처분종류	보호처분(1~10호 처분)	형사처분 생명형(사형), 자유형(징역·금고·구류) 재산형(벌금·과료·몰수) 명예형(자격상실·자격정지)
시 설	10개 소년원(2개 여자소년원)	1개 소년교도소 (여자소년은 청주여자교도소 수감)
수용대상	범죄소년, 촉법소년, 우범소년	범죄소년
수용기간	2년 미만	선고에 의한 자유형 집행기간
사회복귀	퇴원: 교정목적을 달하였다고 인정할 때 임시퇴원 : 교정성적이 양호하고 보호관찰의 필요성이 있다고 인정될 때	석방: 형기 종료 시 가석방 : 行狀이 양호하여 개전의 정이 현저한 때(행형성적 양호자에 대한 시혜)
신분제한	장래신상에 어떠한 영향도 미치지 않음 (「소년법」 제32조 제6항)	법에서 정한 복권 기한 내 수형인명부 기재 관리함 (전과기록)

출처: 이백철(2015), 교정학, p.715.

우리나라의 소년원제도는 1942년 경성소년원(현 서울소년원)의 개원이 그 효시로서 2005년 19개까지 늘었다가 2005~2007년 구조조정으로 2018년 현재 10개로 줄어들었다. 기관이 감소함에 따라 소년원에서 복합적인 기능을 수행하고 있으며 소년분류심사원이 설치되어 있지 않은 부산, 대구 등 6개 지역은 소년원에서 그 기능을 대행(이하 "대행소년원"이라 한다)하고 있다. 이전에 단기 소년원 학생과 장기 소년원 학생을 구분하고, 교과교육과 직업훈련 등으로 분류하여 기관을 운영하던 방침이 각 기관에서 복합적으로 그 기능을 수행할 수 밖에 없는 상태이다.

[표 11-9] 소년원 권역별 기관 현황

구분	기 관 (학교명)	대 상	교 육 과 정
수도권	서울소년원 (고봉중 · 고등학교)	보호소년 (9 · 10호)	• 중 · 고등학교 교과교육 • 직업능력개발훈련(제과제빵 · 사진영상 · 한식조리 · 헤어디자인) • 인성교육, 컴퓨터, 검정고시, 보호자교육
수도권	안양소년원 (정심여자정보산업학교)	女보호소년 (8 · 10호)	• 8호 처분자 교육 • 직업능력개발훈련(헤어디자인 · 피부미용 · 제과제빵 · 서비스마케팅) • 인성교육, 컴퓨터, 검정고시, 보호자교육
중부권	대전소년원 (대산학교)	보호소년 (7 · 8 · 9 · 10호) 위탁소년	• 의료 · 재활교육(7 · 9 · 10호), 8호 처분자 교육 • 분류심사 • 인성교육, 컴퓨터, 검정고시, 보호자교육
중부권	청주소년원 (미평여자학교)	女보호소년 (9 · 10호)	• 중학교 교과교육 • 직업능력개발훈련(예술분장 · 커피바리스타 · 헤어디자인 · 제과제빵) • 인성교육, 컴퓨터, 검정고시, 보호자교육
호남권	전주소년원 (송천정보통신학교)	보호소년 (9 · 10호)	• 중 · 고등학교 교과교육 • 직업능력개발훈련(헤어디자인 · 공간디자인) • 인성교육, 컴퓨터, 검정고시, 보호자교육
호남권	광주소년원 (고룡정보산업학교)	보호소년 (9 · 10호) 위탁소년	• 직업능력개발훈련(자동차정비 · 용접 · 건축환경설비 · 전기 · 소형건설기계조종사면허 · 자동차외장관리) • 분류심사 • 인성교육, 컴퓨터, 검정고시, 보호자교육
영남권	대구소년원 (읍내정보통신학교)	보호소년 (9 · 10호) 위탁소년	• 직업능력개발훈련(제과제빵 · 커피바리스타 · 케이크디자인) • 분류심사 • 인성교육, 컴퓨터, 검정고시, 보호자교육
영남권	부산소년원 (오륜정보산업학교)	보호소년 (10호) 위탁소년	• 직업능력개발훈련(자동차정비 · 용접 · 제과제빵 · 헤어디자인) • 분류심사 • 인성교육, 컴퓨터, 검정고시, 보호자교육
강원권	춘천소년원 (신촌정보통신학교)	보호소년 (9 · 10호) 위탁소년	• 직업능력개발훈련(헤어디자인 · 가발전문 · 스포츠마사지) • 분류심사 • 인성교육, 컴퓨터, 검정고시, 보호자교육
제주권	제주소년원 (한길정보통신학교)	보호소년 (8 · 9 · 10호) 위탁소년	• 직업능력개발훈련(제과제빵 · 골프매니지먼트) • 8호 처분자(제주지역 男) 교육 • 분류심사 • 인성교육, 컴퓨터, 검정고시, 보호자교육

출처: 법무부 범죄예방정책국 소년보호과 자료

2. 기능

소년원은 초중등교육, 직업훈련, 인성교육 등 기능별로 분류해서 운영할 수 있도록 규정되어 있으며, 이를 위하여 소년원을 교과교육소년원, 직업훈련소년원, 의료·재활소년원 및 인성교육소년원으로 분류하여 운영하고 있다.

(1) 수용절차

소년이 법원소년부에서 「소년법」 제32조 제1항 제8호, 제9호 또는 제10호의 보호처분을 받으면 신분이 보호소년으로 변경된다. 보호처분은 법원 소년부 판사의 결정으로 이루어지고 이 결정서에 의하여만 보호소년을 소년원에 수용할 수 있다.

소년원장은 새로 수용된 보호소년에 대하여 지체 없이 건강진단과 위생에 필요한 조치를 하여야 하고, 보호자에게 지체 없이 수용 사실을 알려야 한다. 소년의 수용사실에 대하여 알릴 때는 원칙적으로 문서에 의하여야 한다. 그러나 보호자가 원하는 경우에는 정보통신망을 이용하여 통지할 수 있도록 하였다. 이때 "정보통신망"이라고 하는 것은 전화, 휴대전화 메시지, 전자우편 등을 칭하는 것으로, 특히 전화로 통지하는 경우에는 보호자의 궁금증을 해소하여 줄 수 있을 뿐만 아니라 최초의 보호자 상담이 동시에 이루어질 수 있다는 장점이 있다. 또한 휴대전화 메시지를 이용하는 경우에는 소년보호기관에서 사용하는 소년보호교육종합관리시스템 TEAMS^{Total Education and Management System} 내에서 문자, 영상 등의 서비스를 이용할 수 있다.

소년원장은 보호소년이 법원소년부의 처분 결정 당시 10세 미만(「소년법」 제32조 제1항 제10호 처분의 경우에는 12세 미만을 말한다)이거나 19세 이상으로 판명되면 지체 없이 그 결정을 한 법원소년부에 그 사실을 통지하여야 한다. 판단기준이 행위시가 아니라 처분결정시라는 점을 유의하여야 한다.

그 외에 원장은 보호소년이 중환자로 판명되어 수용하기 위험하거나 장기간 치료가 필요하여 교정교육의 실효를 거두기가 어렵다고 판단되는 경우, 심신의 장애가 현저하거나 임신 또는 출산, 그 밖의 사유로 특별한 보호조치가 필요한 경우에는 법원소년부에 「소년법」 제37조에 따른 보호처분의 변경을 신청할 수 있다. 그러나, 심신의 장애가 현저한 경우가 어느 정도인지 불명확하다. 대전소년원은 의료처우대상자를 수용하여 교육하고 있기 때문에 실무적으로 심신의 장애가 현저하여 수용교육을 하지 못한 사례로 대소변을 가리지 못하는 소년에 대하여 처분변경을 의뢰한 사례가 있다.

(2) 보호소년의 처우

보호소년의 특성을 고려하여 그에 적합한 처우를 하는 것이 기본 원칙이다. 따라서 소년원장은 보호소년의 문제원인을 정확히 진단하여 소년에게 필요한 맞춤형 분류처우를 하여야 한다. 이를 위하여 분류심사 결과와 법원소년부로부터 송부된 자료를 고려하여 수용일로부터 10일 이내에 처우심사를 한다.

먼저 "분류처우"란 실무상 보호처분이 확정된 소년에 대하여 처우과정과 교육받을 소년원을 지정하는 등 개별적으로 처우하는 작용을 의미한다.

분류처우에는 같은 시설 내에서 생활실을 분류하는 것과 교육과정을 분류하는 것으로 나눈다. 생활실의 분류는 신입자교육을 받고 있는 소년, 전염병에 감염된 소년, 공범 등 특별관리가 필요하다고 인정되는 소년에 대하여는 생활실을 달리하여 처우한다. 다만, 원장은 시설여건이나 교육과정 운영을 위하여 특히 필요한 경우에는 처우심사위원회의 심의를 거쳐 이를 조정ㆍ운영할 수 있다.

그리고 생활실의 분류와 별도로 보호소년의 교정교육을 위하여 처우과정을 분류하여 정하여야 하는데 이를 위하여 소년원장은 분류조사를 마친 소년에 대하여 지체없이 처우심사위원회의 심사를 거쳐 개별처우계획을 수립한다. 개별처우계획에는 초ㆍ중등교육, 직업능력개발훈련, 의료ㆍ재활교육, 인성교육 등 개별 교육ㆍ처우의 방향이 제시되어야 하고, 이 경우 보호소년과 보호자 등의 의견을 고려하여야 한다.

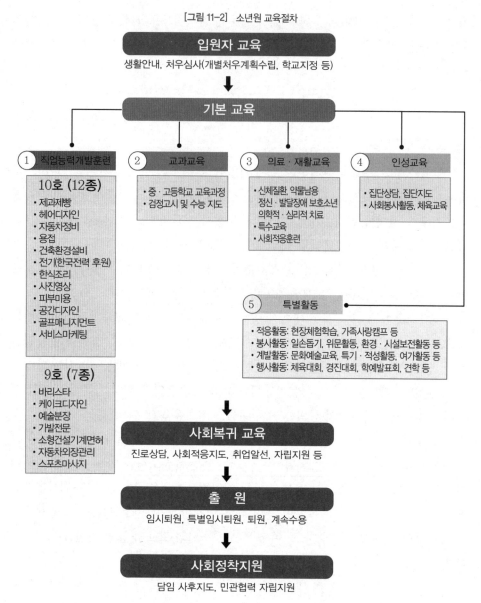

[그림 11-2] 소년원 교육절차

입원자 교육

생활안내, 처우심사(개별처우계획수립, 학교지정 등)

기본 교육

① 직업능력개발훈련

10호 (12종)
- 제과제빵
- 헤어디자인
- 자동차정비
- 용접
- 건축환경설비
- 전기(한국전력 후원)
- 한식조리
- 사진영상
- 피부미용
- 공간디자인
- 골프매니지먼트
- 서비스마케팅

9호 (7종)
- 바리스타
- 케이크디자인
- 예술분장
- 가발전문
- 소형건설기계면허
- 자동차외장관리
- 스포츠마사지

② 교과교육
- 중·고등학교 교육과정
- 검정고시 및 수능 지도

③ 의료·재활교육
- 신체질환, 약물남용 정신·발달장애 보호소년 의학적·심리적 치료
- 특수교육
- 사회적응훈련

④ 인성교육
- 집단상담, 집단지도
- 사회봉사활동, 체육교육

⑤ 특별활동
- 적응활동: 현장체험학습, 가족사랑캠프 등
- 봉사활동: 일손돕기, 위문활동, 환경·시설보전활동 등
- 계발활동: 문화예술교육, 특기·적성활동, 여가활동 등
- 행사활동: 체육대회, 경진대회, 학예발표회, 견학 등

사회복귀 교육

진로상담, 사회적응지도, 취업알선, 자립지원 등

출 원

임시퇴원, 특별임시퇴원, 퇴원, 계속수용

사회정착지원

담임 사후지도, 민관협력 자립지원

그림출처: 법무부 범죄예방정책국 소년보호과 자료(소년보호과, 2018, p.6.)

(3) 교정교육

교정교육은 소년원에서 이루어지는 모든 교육이 포함된다. 이러한 소년원의 교정교육은 규율있는 생활 속에서 초·중등교육, 직업능력개발훈련, 인성교육, 심신의 보호 · 지도 등을 통하여 보호소년이 전인적인 성장 · 발달을 이루고 사회생활에 원만하게 적응할 수 있도록 하여야 한다(「보호소년 등의 처우에 관한 법률」 28조)

보호소년이 가지고 있는 위험요인은 감소시키고 보호요인은 강화시키는 것이 교정교육의 핵심이라고 할 수 있다. 교정교육이 소년원이란 시설에서 이루어지는 것이므로 단계적인 교육이 필요하다.

1) 교과교육

소년원학교는 「초중등교육법」에 의한 정규학교이다. 비행으로 인하여 학업을 중도에 포기한 보호소년에게 진로개척에 필요한 학력을 취득할 수 있는 기회를 부여하여 사회적응을 원활히 하기 위한 것이다. 따라서 소년원이 대외적으로 학교명칭을 사용할 수 있도록 복수명칭 사용을 위한 지침(소년원등의 명칭 복수사용에 관한 지침)을 제정하였고, 졸업장도 수여할 수 있게 되었다(「보호소년 등의 처우에 관한 법률 시행령」 제59조).

그러나 현실적으로 보호소년의 경우 고봉중고등학교(서울소년원) 명의의 졸업장을 기피하는 현상이 있을 뿐만 아니라 교사자격을 소유한 직원의 수급이 원활하지 않아 교과과정 운영에 어려움이 있는 문제점이 발생하였다. 이러한 문제를 해결하기 위하여 소년이 이전에 재학했던 학교(이를 '전적학교'라 한다)와 연계하도록 하여 소년이 전적학교 명의의 졸업장을 취득할 수 있도록 배려하고 있다(「보호소년 등의 처우에 관한 법률」 제34조).

교과교육과 관련된 특례 중에서 가장 특별한 것 중의 하나는 검정고시와 관련된 것이다. 일반 학교에서 검정고시에 응시하기 위해서는 학교에서 퇴학하여야만 가능하다. 소년원학교도 정규학교이므로 원칙적으로 검정고시에 응시하여 학력을 인정받기 위해서는 퇴학하는 것이 원칙이다. 그러나 교육부와 협의하여 소년원학교에 재학중인 소년에 대해서는 퇴학하지 않고도 검정고시에 응시할 수 있는 특례를 두었다. 비행소년의 낙인을 방지하기 위한 정부부처의 공통된 관심과 열정을 볼 수 있는 대목이다(같은 법 제69조).

2) 직업능력개발훈련

소년원의 직업능력개발훈련은 학생들에게 직업에 대한 올바른 의식과 사회에서 꼭 필요한 기본기능을 습득시킴으로써 출원 후 경제적으로 자립할 수 있는 토대를 마련하는 한편, 근로정신을 함양하여 건전한 직업생활을 하도록 함으로써 재비행을 방지하는 데 그 목적이 있다.

소년원에서의 직업능력개발훈련은 고용노동부 소관의「근로자 직업능력 개발법」에서 정하는 바에 따르도록 되어 있다. 따라서 고용노동부장관은 보호소년의 직업능력개발훈련에 관하여 법무부장관에게 필요한 권고를 할 수 있다. 현재 소년원의 직업능력개발훈련 과정은 서울소년원 등 7개 기관에서 자동화용접, 제과제빵 등 10개 과정을 운영하고 있는데 모두 고용노동부 산하기관인 한국산업인력공단 등에서 자문을 받아 설치한 것이다.

직업능력개발훈련을 받을 수 있는 보호소년을 15세 이상으로 한정하였다(같은 법 제68조). 그 이유로는 15세 미만의 학령기에 있는 소년에 대해서는 교과교육을 우선하도록 하는 것이 그 이유이다. 그러나 비행소년의 경우에 가정이 해체되어 지원을 받을 수 없는 경우가 많이 있다. 이러한 경우에는 소년에게 필요한 것은 교과교육 보다는 직업훈련이라고 할 수 있다. 교정교육과 관련해서 소년의 개별적인 환경을 고려하여 결정하는 것이 타당할 것이므로 향후「보호소년 등의 처우에 관한 법률」을 개정하여 저연령 소년도 소년의 자립과 건전한 성장을 위하여 직업훈련을 받을 수 있도록 하는 것이 필요하다고 생각한다.

소년의 자립을 지원하고, 현장에서 원하고 적응력 높은 인재를 양성하기 위해서는 소년원 재원 중에 산업체에 취업하여 기능을 습득하는 것이 필요하다. 이를 위하여 '통근취업' 제도를 마련하였다. 이전에는 통근취업은 시행령 제105조에서 "보호소년의 통근취업대상 산업체는 직업훈련과정에서 습득한 기능을 숙련시킬 수 있고 장래의 직업선택과 밀접한 관련이 있어야 한다."라고 규정하고 있었다. 즉, 통근취업은 오직 소년이 직업훈련과정에서 습득한 기능과 밀접한 관련이 있는 분야로 한정을 하고 있어 다른 분야에는 취업할 수 없었다. 그러나 과거에 비하여 직업의 종류가 다양화 되었고, 유관분야 또한 급속히 증가함은 물론 직업관에도 많은 변화가 있었다. 이러한 현실을 반영하여 보호소년이 배웠던 직업능력개발훈련 과정과 다르더라도 소정의 과정을 마쳤을 때에는 통근취업을 할 수 있도록 법령이 개정되었다. 따라서 현장에서는 보다 적극적으로 통근취업을 실시하여야 할 것이다. 보호소년이 통근취업을 할 경우 소년원장은 소년이 통근취업을 하는 동안의 원활한 적응과 교통편의 등을 위하여 예산의 범위에서 교통비를 지원할 수 있다. 그리고 통근취업으로 발생한 보수 등에 대해서는 전부 본인에게 지급하여야 한다. 실무상 소년이 재원 중이어서 현금을 소지할 수 없으므로 보수는 소년원에 보관하도록 하였다가 출원 시 지급하고 있다(같은 법 제37조).

(4) 출원

「소년법」개정으로 오랜 논란의 대상이었던 장기 소년원 송치처분의 수용상한은 2년으로 규정하였다. 이전에는 기간의 상한없이 소년이 23세가 될 때까지 수용할 수 있었다. 이론상으로는 소년이 12세 되던 해에 촉법소년으로 소년원에 송치된 이후 만 23세에 이를 때까지 소년원에 수용될 수 있으므로 최고 11년간 수용이 가능하였고, 이러한 측면이 인권침해라는 비난이 있었다. 이를 「소년법」개정에 반영하여 그간의 비난을 입법적으로 해소한 것이다. 따라서 이제 보호소년은 최대 2년에 도달하면 출원하게 되었다(「소년법」제33조 제6항).

그러나 2년이라는 기간이 도달하면 출원한다는 의미는 아니다. 교정점수에 따라서 2년에 도달하지 않더라도 출원할 수 있는 제도를 마련하고 있다. 이들은 생활하는 동안 교정점수를 부여 받는 데, 매월 100점의 생활성적 기본점수가 주어지며 교육가점 및 상·벌점 내역에 따라 점수가 가감되어 매월 평가된다. 이러한 교정성적이 일정 수준에 달하면 보호관찰 심사위원회에 임시퇴원을 신청하게 된다. 보호소년이 받은 처분에 따라, 그리고 입원의 사유가 되는 비행의 성격에 따라 임시퇴원 신청에 필요한 점수에 차이가 있다. 9호 처분자의 경우 350점, 10호 처분자의 경우에는 1,300점 이상이 되어야 한다.

임시퇴원이 허가되면 일정기간동안(6개월~2년) 보호관찰을 받는 조건으로 임시퇴원이 가능하며(「보호관찰법」제30조 제4호), 보호 관찰 준수사항을 위반하여 임시퇴원이 취소되면 다시 수용되어 남은 기간 동안 생활한 후 퇴원하게 된다(「보호소년 등의 처우에 관한 법률」제48조). 또한 만 22세가 되면 이러한 절차와 별개로 퇴원하게 된다(법 제43조).

소년의 출원과 관련하여 이전의 「소년원법」에서는 퇴원과 임시퇴원 심사기관이 달랐다. 즉, 교정의 목적을 다하였다고 인정되는 때에는 법무부장관의 허가를 받아 퇴원하도록 하고, 보호소년의 교정성적이 양호하다고 인정되는 경우에는 「보호관찰 등에 관한 법률」제22조 제1항의 규정에 따라 보호관찰심사위원회에 임시퇴원을 신청하도록 한 것이다. 출원 적격을 심사하는 기관의 일원화에 대해서는 논란이 많았다. 보호소년에 대하여 퇴원 또는 임시퇴원 등 소년에 대한 교정교육 정도, 개선정도를 가장 잘 아는 기관은 소년원장 뿐이라는 주장과 퇴원 권한이 없을 경우 수용관리에 어려움이 있다는 현실적인 요구 등이 있었으나 출원 적격심사를 일원화하여 일관된 기준을 적용하는 것이 타당하다는 명분에 따라 보호관찰심사위원회로 일원화하였다.

(5) 사후지도

사후지도의 목적은 소년원 교육을 마친 이후 사회에 복귀하는 보호소년이 성공적으로 사회에 정착할 수 있도록 돕기 위한 것이다. 이를 위하여 취업알선, 상담 등 필요한 조치를 취하는 것이다.

「보호소년 등의 처우에 관한 법률」 개정 이전에는 모든 보호소년에 대하여 소년원장이 사후지도를 담당하도록 하였으나 보호관찰의 도입과 활성화를 위하여 퇴원 소년을 제외한 임시퇴원 소년에 대하여 보호관찰소장이 담당하도록 하였다. 그러던 것이 법률개정을 통하여 퇴원 소년 중 본인이 희망하는 경우 6개월 이내의 범위에서 사후지도를 할 수 있도록 하였다(「보호소년 등의 처우에 관한 법률」 제45조의2).

사후지도는 담당 직원 특히 소년을 담임했던 직원이 전화 통화 또는 현지방문 등의 방법으로 하는 것이 원칙이나 필요한 경우에는 소년보호위원과 소년보호협회에 협조를 요청하여 활용할 수 있다. 특히 소년보호협회에 협조를 요청하도록 한 것은 무의탁소년의 경우 소년이 거주할 장소를 마련해주기 위한 것이다. 현재 소년보호협회에서는 전국에 8개의 청소년자립생활관을 운영하고 있다.

제 **12** 장 가석방 및 출소자 지원 제도

제1절 가석방제도

1. 가석방의 의의

(1) 의의

범죄자가 형사사법 절차(수사, 기소, 재판)를 거쳐 자유형(징역 또는 금고)이 확정되면 수형자로서 교정시설(교도소, 구치소)에 수용되어 형의 집행을 받는다. 수형자는 자신이 선고받은 형기 기간 동안 교정시설에서 수용생활을 하는 것이 원칙이다. 그런데 오늘날 형집행, 즉 교정의 목표가 수형자를 교정교화하고 사회복귀 시키는 것이기 때문에(「형집행법」 제1조), 출소하여도 재범의 염려가 없는 모범 수형자에 대하여는 형기종료 전에 석방하여 조기에 사회에 정착할 수 있도록 배려하고 있다.

가석방제도는 자유형의 집행 중에 있는 수형자가 행장行狀이 양호하고 개전改悛의 정이 현저한 경우 형기종료일 이전에 석방을 허용하는 행정처분이다(「형법」 제72조). 과거 응보형주의 하에서는 수형자는 자신이 받은 형기동안 처벌받는 것이 원칙이었기 때문에 가석방은 허용되지 않았다. 그러나 목적형주의와 교육형주의가 대두되면서, 수형 생활이나 태도가 양호하고 뉘우치는 빛이 뚜렷한 수형자에 대하여 형기종료 이전에 석방하는 가석방제도가 도입되었고, 현재 형집행에 있어 각 국에서 널리 운용되고 있는 중요한 제도이다.

즉, 가석방은 수형자가 선고받은 형기를 교정시설 내에서 모두 집행받지는 않았지만 형기종료일 이전에 사회에 복귀시켜도 재범하지 않고 건전한 사회인으로 생활할 수 있다고 인정되는 경우에는 나머지 형기를 사회에서 보낼 수 있도록 함으로써 불필요한 구금을 억제하고, 수형자의 사회복귀를 용이하게 하는 것이다. 형집행에 있어서 수형자 개개인의 사회복귀를 위한 자발적이고 적극적인 노력을 촉진한다는 의미에서 인정된 특별예방사상을 실현하기 위한 제도이다. 결국 교정시설에서 실시하는 수형자의 교정교화rehabilitation와 재사회화reintegration를 위한 다양한 프로그램에 따라 교정의 목적이 달성되었을 때, 형기종료 시까지 집행을 고집하지 않고 조기에 사회로 복귀시킨다는 취지가 반영된 것이 바로 가석방제도인 것이다.

(2) 가석방의 목적

1) 개선복귀

가석방제도는 교도소의 열쇠를 수형자에게 맡겨 자기 스스로 자신의 운명을 개척하도록 하여 개선노력을 촉구하자는 윤리적 목적에 근거하고 있다. 수형자는 장기간의 교도소 복역으로 인하여 생존의욕이 저하되고 심리적 불안감 때문에 자기증오와 자포자기에 빠져 비관적이고 반사회적인 인간으로 변할 가능성이 높다. 그런데 자신의 노력에 의해 조기석방이 가능하다면 그들은 또다시 희망과 의욕을 갖고 재기의 노력을 할 것이다. 따라서 가석방은 수형자들이 수형생활을 하는 동안에 불안감을 해소하고 생존의욕을 불러 일으켜 자기개선의 노력을 촉구하는 목적을 갖는다고 할 수 있다.

2) 재범방지

수형자들의 대부분은 형기가 종료되어 사회에 나가더라도 사회적 반응이 출소자의 경제적 기회, 대인관계 및 자아개념에 부정적인 영향을 주기 때문에 또다시 재범을 할 수밖에 없는 상황에 부딪치는 경우가 많다. 그러므로 수형자들이 사회에서 올바른 사회 재적응을 위한 노력을 할 수 있도록 형기종료 전에 일정한 조건하에서 가석방시킴으로써 잔형기 동안 사회복귀를 위한 노력을 촉구하여 재범을 방지하고 아울러 사회질서를 유지하는 기능을 가진다고 할 수 있다.

3) 교정시설 내 질서유지

수형자가 형집행기간 중 법규를 준수하고 수형생활에 충실하여 행장이 양호하고 뉘우치는 빛이 뚜렷한 경우에는 가석방을 허가함으로써 수형자들은 이를 위해 수형생활을 바르게 하려고 노력하게 된다. 따라서 수형자들의 행동에 대한 통제가 가능하게 되어 수용질서가 확립될 수 있다.

4) 경비절약

수형자는 형기종료 시까지 교정시설에 수용되어야 한다는 제약 때문에 교정교화되어 재범의 위험성이 없다고 인정되는 수형자까지도 형기종료일까지 수용하는 것은 개인적인 이익의 손실일 뿐만 아니라 국가재정의 낭비를 초래하게 된다. 그러므로 수형자의 행장을 면밀히 검토하여 국가와 개인 모두에게 이익을 증진시킬 수 있는 일치점을 찾아 수형자를 적정시기에 석방함으로써 국가와 개인에게 경비를 절감하는 효과가 있다.

5) 교정시설의 수용인원 조절

최근 세계 여러 나라에서는 교정시설의 과밀수용으로 인하여 많은 어려움을 겪고 있다. 가석방은 교정시설의 수용인원을 조절하는 기능을 통하여 수용정원의 초과로 인한 비용과 교정사고의 위험성을 낮출 수 있다. 교정시설에서는 소위 정문정책front-door policy과 후문정책back-door policy을 통하여 수용인원을 조절하게 되는데, 가석방은 후문정책 중 매우 중요한 비중을 차지하고 있다. 모든 수형자들을 형기종료 시까지 수용한다면 나날이 증가하는 범죄자를 수용할 교정시설이 부족하게 되어 교정시설의 과밀화 현상을 초래하기 때문에 수형자의 교정교화에 어려움이 있을 뿐만 아니라 교정시설이 오히려 '범죄학교화'될 위험성이 있다.

따라서 가석방의 탄력적인 운영으로 수용인원을 적정수준으로 통제함으로써 교정행정의 효율화를 제고할 수 있으며 수형자의 개별처우에 적정을 기할 수 있다. 가석방은 보통 정기 가석방과 경축일 가석방으로 구분하여[1] 시행하고 있으며, 수형자를 죄명, 죄질 등에 따라 일반사범, 제한사범, 제외사범으로 구별하여 신청기준을 다르게 적용하고 제외사범에 대하여는 원칙적으로 가석방이 허용되지 않도록 규정하고 있다. 또한 가석방을 심사함에 있어 형기집행률 외에도 수형자의 나이, 죄질, 범죄동기, 죄명, 형기, 교정성적, 건강상태, 경비등급, 외부통근 여부, 기능대회입상, 귀휴, 피해정도, 상습성, 피해자와의 합의, 가석방 후의 생계능력, 생활환경, 재범의 위험성 등을 종합적으로 고려하여 적격여부를 심사하고 있다.

(3) 법적 성격

가석방의 법적 성격에 대하여는 다양한 견해가 있다.

---

[1] 가석방은 각 교정시설에서 매월 법무부 가석방심사위원회에 신청하여 심사하고 있으며, 경축일에 해당하는 가석방은 3·1절, 석가탄신일, 광복절, 개천절, 성탄절 등이 해당하고, 경축일 가석방이 해당하는 달을 제외한 나머지 달의 가석방 신청은 정기가석방으로서 매월 30일을 기준으로 하여 심사한다.

① 은사설(포상설): 교정시설 내에서 선행을 유지한 데에 대한 은혜로서 부여되는 포상이라는 견해

② 행정처분설: 자유형의 폐해를 피하기 위해 형벌의 개별화에 따라 출소 후 사회에 적응할 전망이 있는 수형자는 가석방을 해야 한다는 견해

③ 사회방위설: 위험한 범죄자에게 부정기형이 필요한 것처럼 석방 시에도 반드시 임시로 석방해서 보호관찰을 붙이고 만일 사회에 적응하지 못하면 다시 수용해야 한다는 사회방위를 강조하는 견해

④ 행형제도설: 수형자가 구금시설이라는 부자유스러운 상태에서 사회로 나올 때에는 다소라도 보호와 원호를 요하므로 모든 수형자에 대해 적용해야 한다고 보아 형집행의 단계로서 가석방을 파악하는 견해

⑤ 권리설: 가석방에 대한 수형자의 신청권을 인정하여 권리적 성격이 있다고 보는 견해 등이 있다.[2]

사회방위의 측면을 강조하는 사회방위설이나 가석방을 형집행의 단계로 보는 행형제도설에 따르면 가석방은 보호관찰과 결합하는 것이 바람직하고 영미에서 Parole이라고 할 때에는 이러한 성격을 가지는 것이라고 할 수 있다. 그러나 우리나라의 경우에는 가석방이 행정처분으로서의 성격을 강하게 나타내고 있다고 할 수 있다. 즉, 가석방은 자유형의 폐해를 줄이고 특별예방의 견지에서 형벌개별화의 수단으로서, 사회에 순응할 전망이 보이는 수형자에 대해 형벌의 집행 종료기간 전이라도 석방하고 가석방의 취소 가능성을 담보로 함으로써 석방 후의 생활을 신중하게 하도록 하는 것이다. 현행 「형법」 제72조 제1항이 가석방을 행정처분의 일종으로 규정한 것도 이러한 취지에 따른 것이라고 할 수 있다.

그런데 현행 가석방제도가 가석방을 보호관찰과 결합시키고 가석방자관리규정을 둔 것은 가석방의 사회방위적 성격을 고려한 것으로 보이며, 또한 현행 가석방제도가 교정성적이 우수한 자에 대해 가석방심사위원회의 심사를 거쳐 임시로 석방하는 것은 행형제도로서의 성격도 가진 것이라고 할 수 있다.

그러나 독일, 프랑스 등 사법형 가석방제도를 채택하고 있는 국가는 수형자의 신청권에 의한 권리적 성질이 있다고 보아 권리설에 의하고 있다. 다시 말하면, 우리나라는 독일 · 프랑스의 사법형 가석방제도를 채용한 것이 아니라, 미국 · 일본

---

2 1954년 유엔에서 발간한 『가석방과 갱생보호』 팜플렛에서 가석방에 대한 다양한 의견이 제시되었다.

의 행정형 가석방제도를 택하고 있다고 하겠다.

결론적으로 우리나라의 현행 가석방제도는 행정처분으로 보면서도 사회방위와 행형제도라는 성격을 함께 고려하고 있다고 할 수 있다. 즉, 가석방은 일정한 요건에 귀속되는 '행정부'의 행정처분인 것이다. 가석방을 행정처분으로 규정한다고 하더라도, 그 처분이 달성하고자 하는 목적과 기능에 대하여는 좀 더 고찰할 필요가 있다. 가석방의 목적과 기능에 대하여는 여러 시각에서 볼 수 있지만, 가석방제도의 본질은 수형자의 재사회화와 사회의 안전확보라고 할 수 있을 것이다. 따라서 가석방은 이와 같은 특별예방적 목표를 위하여 시행되어야 한다(이재상, 2011: 612). 그런데 우리나라의 경우, 가석방은 '교정처우의 최종단계'로서 모든 교정이 총결산되어 그 성과로서 만기 이전에 석방하는 절차로도 인식되고 있다. 가석방은 교정의 연장으로서 사회 내에서 사회에 적응하기 위한 훈련을 받는 단계라고 보아야 한다. 가석방은 '시설내처우와 사회내처우의 접점'이다.

(4) 형사정책적 효과

가석방제도의 효과는 수형생활 중에 행장이 양호하고 개전의 정이 현저한 수형자에 대한 보상으로서 이를 인정하여 타 수형자의 수용생활 및 태도를 바르게 유도하며 이로써 교정시설 내 질서를 유지하고 교정교화의 효과를 증진시키는 것이고, 또한 형기종료 전에 일단 조건부로 석방시킴으로써 그 잔여형기 동안 사회 내에서 사회재적응을 위한 노력을 하도록 하여 그의 재범방지에 기여하려는 제도라고 할 수 있다. 즉, 재범의 염려가 없는 수형자를 형기종료 전에 석방시키고 보호관찰을 통해 본인의 조속한 사회복귀를 도울 수 있다는 점을 들 수 있으며, 그 외에도 다음과 같은 형사정책적 효과가 있다고 할 수 있다.

① 가석방 출소 시 교정시설 내에서의 교정교육의 처우효과를 유지하면서 출소 후에도 보호관찰로 이어진다는 점

② 가석방 대상자는 사회로 되돌아가 자조의 정신과 책임을 존중하고 보다 인간적인 생활을 영위하면서 독자적인 처우를 받아 갱생을 도모한다는 점

③ 가석방제도를 통하여 교정시설 내에서 본인의 형사책임의 이행태도 및 반성이나 갱생노력을 평가하여 형의 집행이 공정하게 이루어질 수 있다는 점

④ 수형자가 가석방에 대한 기대로 교정시설의 규율에 순응하고 행형목적에

부합하는 행동이나 수형태도를 보인다는 점

⑤ 수형자가 사회의 경제·문화 등 여러 활동에 조속히 복귀하여 사회에 적극적으로 봉사할 수 있다는 점

⑥ 수형자 본인뿐만 아니라 가족도 보다 빨리 정상적인 가정생활로 돌아갈 수 있다는 점

⑦ 수형자의 조기 석방을 통하여 국가도 시설유지에 필요한 경비를 크게 절감할 수 있다는 점

2. 가석방의 연혁과 각국의 가석방제도

(1) 연혁

18세기 말 영국에서는 수형자들을 당시 식민지였던 호주로 유형流刑을 보내어 형집행을 하였으며, 특히 위험한 중범죄자들을 호주의 외딴 섬인 노포크섬에 수용하였다. 수형자들은 이곳에서 엄격하고도 가혹한 강제노동에 종사하였는데, 과밀구금과 가혹한 노동에 반대하는 폭동이 빈발하는 등 부작용이 나타나게 되었다. 1791년 필립 주지사는 이러한 문제를 해소하기 위하여 노포크섬의 유형수 가운데 특히 수용생활 태도가 양호하고 개전의 정이 있는 자에 대해 조건부 은사恩赦의 형식으로 그 형기를 일부 단축하고 본국으로 돌아가지 않을 것을 조건으로 하여 잔형을 면제하는 가출소허가장제도를 실시하였는데, 이것이 가석방제도의 시초라고 할 수 있다.[3]

그 후 1842년 마코노키A. Machonochie에 의해서 가석방제도는 더욱 개선되었다. 수용기간을 4종류로 구분하여 제3기에는 가석방증을 주어 석방시키되 허가받지 않은 장소로는 이주가 안 되며, 제4기에는 제3기를 무사히 경과한 자들에게 잔형기간 동안 영국 본국에 귀환하지 않을 것을 조건으로 사면하였다. 그는 이러한 조건부 가석방을 실시하면서 수용시설 내에서의 선행, 작업, 교육에 대한 점수보상제도와 이에 기초하여 수형자가 완전한 자유에 익숙해지도록 하기 위한 구금방법의 단계적 완화제도를 시도하였다(Allen & Simonsen, 1975: 48–51).

---

3 이 제도는 호주에서 1858년 유형제도가 폐지될 때까지 존속되었다.

그 후 영국에서는 1853년 유형제도를 대신해서 「강제노역법」이 제정되어 누진제를 채택하였고 이를 가석방제도와 결합시켜 운용하였다. 1854년에 아일랜드에서는 영국의 누진제와 결합하여 가석방자에 대하여 민간인 감독자civil inspector에 의한 지도와 가정방문 등을 시행하여 현대적 의미의 가석방제도, 즉 조건부 석방과 보호관찰의 결합형태가 출현되었다. 이 제도는 영국뿐만 아니라 미국에도 영향을 미쳐 미국에서는 1876년 뉴욕 엘마이라 감화원에서 처음으로 채용되어 1944년 미시시피주를 마지막으로 모든 주에서 가석방제도가 채택되기에 이르렀다. 뿐만 아니라 유럽에서도 1862년 독일의 작센주를 시작으로 각국에서 이를 채용하게 되었으나, 영국의 경우와는 달리 행형상의 누진제와 관계없이 보호관찰도 결합시키지 않고 가석방을 인정한 점에 특징이 있다.

우리나라에서도 1950년 「행형법」 제정 당시 가석방심사위원회에 대한 근거규정을 두었고, 1953년 형법 제정 시에도 구형법의 예에 따라 가석방에 관한 규정을 두었다. 이를 근거로 형집행과정에서 가석방을 실시하기 위해 심사기준, 절차 및 취소절차 등을 정한 「가석방심사 등에 관한 규칙」을 제정하였고, 가석방된 자에 대한 감호를 위한 「가석방자 관리규정」을 함께 규정하였다. 이들 규정은 2007년 「행형법」이 「형집행법」으로 전면개정되면서 같은 법 시행규칙에 흡수되었다.[4] 한편, 1995년 「형법」을 일부 개정하면서 가석방된 자에 대한 체계적인 처우를 하기 위하여 보호관찰을 필요적으로 부과하도록 함으로써 원칙적으로 보호관찰을 전면 실시하게 되었다.

현행법상 가석방과 유사한 제도로서, 「치료감호 등에 관한 법률」에 따른 피치료감호자에 대한 치료감호의 가종료제도와 「소년원법」에 따른 소년원생에 대한 임시퇴원제도를 들 수 있다. 이 두 가지 제도는 수용시설에서 나온 후에 일정한 기간 동안 보호관찰이 부과된다는 점에서 가석방제도와 유사하다.

4　1950년에 제정된 「행형법」은 2007년 「형의 집행 및 수용자의 처우에 관한 법률」(형집행법)로 전면개정되어 2008년부터 시행되고 있다.

(2) 각국의 가석방제도

1) 영국, 호주

영국은 아메리카대륙 발견 후(1619년 이후) 본국의 중범죄자들을 버지니아주 메릴랜드로 유형流刑을 실시하였으나 1776년에 미국이 독립하자 새로운 유형지를 호주 본토에서 1,400여 Km 떨어진 해상의 고도 노포크Norfolk섬으로 결정하였다. 1790년까지 호주 총독은 절대적인 사면권을 가지고 일정한 조건 없이 유형수형자를 사면하였다. 그러나 유형수형자들의 대부분은 노동을 혐오하는 자들로서 토목, 농공작업을 게을리하여 수용질서는 문란하였고 유형수형자의 증가에 따라 과밀한 구금상태를 완화할 필요가 생겼으며, 가혹한 형벌적 노동에 항거하는 유형수형자들의 폭동이 빈발하여 이들의 불만을 완화하고 통제하려는 수단으로 특별한 제도의 필요성이 대두되었다(오경식, 1991: 49).

이에 1790년 필립Philip 주지사는 누진제도와 결합된 조건부 사면conditional pardon으로서의 가석방제도를 창안하였다. 조건부 사면을 받은 자가 가석방의 조건을 위반하는 경우에는 즉시 체포하여 원래의 형기를 모두 집행하였는데, 이것이 가석방 허가증제도의 기원이다. 이와 같이 가석방은 이론적으로 창안된 것이 아니고 영국에서 보내진 유형수형자의 증가와 수용시설 내의 폭동 등을 배경으로 과잉구금의 해소와 엄격한 형의 완화 및 수형자의 통제라는 실제적 교정행정상의 필요에 의해서 생긴 것이다(이순길 · 김용준, 1995: 564). 즉, 수형자를 시설 내에서 강제노역, 공공작업 등에 종사시키고, 작업성적과 수용생활 태도 등을 평가하여 그 성적이 양호한 자에 대해서 가석방증을 주어 일정한 조건하에서 사회에서 생활하게 하고, 무사히 남은 형기를 마쳤을 때에는 농지 등을 주어 완전히 석방하였다.

그 후 1842년 마코노키Machonochie에 의해서 가석방제도는 더욱 개선되었다. 그는 수용기간을 4기로 구분하여, 1기와 2기에 구금하여 작업을 부과하고, 3기에는 가석방증Ticket of Leave을 주어 석방시키되 취업 시에 허가받지 않은 장소로는 이주가 허용되지 않았다. 제4기는 3기를 무사히 경과한 자로서 잔형기간 동안 영국 본국에 귀환하지 않을 것을 조건으로 사면하였다. 마코노키는 당시 약 900여 명의 수형자에게 가석방을 실시한 결과 그중 2.2%인 약 20여 명만이 중죄를 저질러 다시 재수감되었다고 한다.

이 제도는 영국에서 1829년과 1832년에 법률로 규정하였고, 호주에서는 최상급 수형자에게 선행을 조건으로 하는 가석방을 인정하였다. 1854년에 아일랜드에서는 누진제를 바탕으로 최상급 수형자에게 가석방을 실시하고, 가석방자에게 민간인 감독자^{civil inspector}에 의한 지도와 가정방문 등을 시행함으로써 현대적 의미의 가석방제도, 즉 조건부 석방과 보호관찰의 결합형태가 출현하였다. 1864년에는 '석방자 보호협회'가 창립되어 주로 그 협회의 회원들이 가석방자를 보호관찰하였다(Tappan, 1960: 712-714).

2) 미국

미국의 가석방제도는 이미 19세기부터 시행되었으며, 연방 가석방심사위원회는 1930년대에 설치되었고, 대부분의 주에서도 가석방심사위원회가 1940년대에 구성되었으며, 주로 행정기관에 재량권을 주어 가석방결정을 하도록 하였다. 2008년에 82만 명이 가석방의 혜택을 입었는데, 범죄형태는 약물범죄 37%, 폭력범죄 26%, 재산범죄 23%, 기타 14%였다. 기속적(필요적) 가석방제도는 모든 수형자들이 소정의 점수를 취득하면 자동적으로 석방하는 방식의 제도인데, 1995년 이후에는 연방교도소나 대다수의 주 교도소가 이러한 가석방제도를 채택하고 있다. 미국의 가석방심사위원회는 가석방출소를 위한 최소 경과 형기를 결정한다. 가석방심사위원들은 주지사가 임명하는데 기간이 정해져 있고 연임이 가능하다. 많은 주에서는 범죄학, 교정처우 등에 관한 전문적 소양이 있는 사람을 임명하지만 전문적 소양이 없는 사람을 임명하는 주도 많다. 심사위원들은 가석방대상 수형자의 시설 내 수용생활 기록을 검토하고, 면접을 통하여 수형자에 대하여 직접 심문한다. 가석방심사위원회에서 중점적으로 조사하는 자료는 우리나라와 마찬가지로 수형자의 죄명과 범죄사실의 요지, 전과경력, 수형자의 말과 행동을 통한 반성하는 모습, 수형자의 정신적·심리적 건강상태, 최초의 판결전 조사보고서, 시설 내에서 생활기록 예를 들면 징벌기록, 종교모임이나 사회복귀지원 프로그램 참여상황, 가석방 후 생활계획, 주거는 정해져 있는지 그리고 확실한 취업이 이루어졌는지 또는 어느 정도나 취업가능성이 있는지, 사회에 복귀했을 때 그에 대한 사회적 지원, 그밖에도 가석방을 신청하는 수형자에 대한 긍정적 견해와 부정적 견해를 담은 보고서 등이다.

3) 독일, 프랑스

독일과 프랑스에서는 아일랜드의 누진제에 관심을 보이면서도 보호관찰을 수반하는 가석방제도를 채택하는 대신 보호관찰이 수반되지 않는 단순한 조건부 가석방제도를 채택하는 것이 일반적이었는데 이 대륙법 계통의 가석방이 우리나라와 일본에서 그대로 도입되었다.

4) 캐나다

캐나다는 「조건부석방법Corrections & Conditional Release Act」(1992)에 따라 적극적으로 가석방 제도를 운영하고 있다. 캐나다의 본법은 우리나라의 형의 집행 및 수용자의 처우에 관한 법률에 해당하는 법으로서, 전체 234개 조문 중 가석방에 관한 조항이 58개 조문에 달할 만큼 가석방에 대해 자세한 내용을 규정하고 있다. 위 법률 제99조는 두 종류의 가석방을 규정하고 있으며, 주간가석방day parole이란 수형자에게 전면적 가석방 또는 법정석방의 준비를 위한 예비단계로서 낮에는 밖에서 생활하지만 매일 밤 교정시설로 돌아와야 하는 가석방이다. 수형자가 이러한 준수사항을 지킬 경우, 연방 혹은 주 가석방위원회에서 전면적 가석방을 심사한다. 이는 가석방 제도가 가지고 있는 근본 취지와 본질적 목적에 최대한 부합하고자 하는 캐나다 정부의 배려가 담겨있는 제도라고 할 수 있을 것이다.

5) 일본

일본은 초창기에는 대륙법 계통의 가석방제도를 도입하여 운영하였으며, 2차 대전 이후에는 영미식 가석방제도로 변경하여 오늘에 이르고 있다. 즉, 2차 대전 이전까지는 보호관찰을 수반하지 않는 조건부 가석방제도를 운영하였으나, 2차 대전 이후에는 영미식 가석방제도의 영향을 받아 보호관찰이 수반되는 가석방제도를 도입하였으며, 따라서 보호관찰제도가 크게 발전하게 되었다.

6) 한국

우리나라도 보호관찰제도가 도입되기 전까지는 수형자 누진제도에 기초하여 주로 누진 1급 수형자에 대하여 가석방이 허가되었으며, 보호관찰이 수반되지 않는 단순한 조건부 가석방제도를 채택하여 운영하였다. 이에 따라 「가석방자관리규정」(1970. 2. 16. 대통령령)을 제정하고, 「가석방심사위원회규칙」(1956. 10. 29. 법무부령), 「수형자분류처우규칙」(1969. 5. 13. 법무부령), 「가석방심사 등에 관한 규칙」(1978.

7. 4. 법무부령) 등을 제정하여 운영하였다.[5]

우리나라에서 보호관찰제도가 시작된 것은 1988년에 소년 수형자에게 처음 도입, 운영되었으며, 1997년 1월 1일부터 성인범죄자에게까지 확대됨으로써 모든 가석방자들에 대한 보호관찰제도를 전면 시행하게 되었고 가석방제도의 획기적인 전환점을 마련하게 되었다.

7) 국제형법 및 형무회의

가석방제도를 고찰함에 있어서 간과할 수 없는 것은 1950년 네덜란드의 헤이그에서 개최된 국제형법 및 형무회의로서, 동 회의에서 채택된 가석방에 대한 토의사항과 결의사항은 다음과 같다.

〈토의사항〉

국제형법 및 형무회의에서 논의된 토의사항에는 다음 내용이 포함된다.
① 가석방의 결정방법, ② 가석방의 결정기관, ③ 결정권자의 판단 자료, ④ 가석방을 결정할 때 유죄판결을 한 판사의 의견을 들어야 하는지의 여부, ⑤ 가석방의 근거인 수형자의 행동과 갱생가능성에 대한 고려가 범죄에 대한 증오관념보다 우선적으로 고려되어야 하는가의 여부, ⑥ 누진제도의 최후단계로서의 가석방의 결정을 의무적 결정과 임의적 결정 중 어느 것에 의하는가의 여부, ⑦ 조건부 석방을 언기까지의 마쳐야 할 형기의 전체 형기에 대한 비율, 조건부 석방기간 중 과해지는 행위준칙, ⑧ 석방기일을 앞둔 수형자의 특별처우문제 등이 있다.

〈결의사항〉

위의 토의사항을 논의한 결과 다음과 같은 결의사항이 채택되었다.
① 가석방을 자유형 집행의 일부로 하여 재범으로부터 사회를 방위하여
   야 한다.
② 조건부석방이 인정되어야 할 개별적 형태로서, (가) 수형자의 협력,
   즉 수형자의 선행과 선량한 태도가 있을 것, (나) 석방기관은 가석방

5　현재 이들 3개 규칙은 「형의 집행 및 수용자의 처우에 관한 법률 시행규칙」으로 통합, 규정되어 운영되고 있다.

사례에 대하여 그 전모를 파악하고 있는 기관이어야 하며, 그 조건 선택과 석방결정은 공평하게 하여야 한다. (다) 숙달된 직원과 물적 설비가 적정하게 갖추어진 보호기관의 철저한 협력이 있어야 하며, (라) 일반 사회인의 이해와 원조가 있어야 한다.

③ 교정시설은 수형자의 사회복귀에 적합하도록 수립될 것 등이다.

3. 가석방의 운영

(1) 가석방의 요건

가석방의 요건으로는 수형자가 가석방의 허가를 받기 위하여 어느 정도의 복역기간이 경과하여야 하느냐와 행장이 양호하여 뉘우치는 빛이 뚜렷한 지에 따라 나누어지는데, 전자를 형식적 요건이라 하고 후자를 실질적 요건이라 한다.

1) 형식적 요건

이는 수형자가 가석방을 받기 위한 최단기 복역기간이 어느 정도이어야 하느냐에 대한 것으로 국가에 따라 달리 운영되고 있다. 미국의 경우에는 복역기간은 이를 재량적으로 결정하는 경우와 기속적으로 결정하는 경우로 대별할 수 있다. 전자는 앨라배마주 교정본부에서 은사 가석방국의 재량에 따라 결정하는 경우와 캔자스주 형사지방관리국 산하 보호관찰·가석방위원회Probation Parole Committee가 결정하는 것을 말한다. 후자는 형기의 2분의 1, 3분의 1, 4분의 1의 경과를 요구하여 각 주마다 다르나, 아칸소주의 은사 가석방·보호관찰국을 비롯한 많은 주가 형기 3분의 1의 경과를 요구하고 있다.

우리나라는 성년범에 대하여는 무기형에 있어서는 20년, 유기형에 있어서는 형기의 3분의 1을 경과하여야 하며(「형법」제72조), 소년범에 있어서는 사형 또는 무기형으로 처해야 할 경우에는 심신이 미숙한 상태임을 감안하여 15년의 유기징역에 처하도록 하고 있고(「소년법」제59조), 소년이 법정형 장기 2년 이상의 유기형에 해당되는 죄를 범한 경우에도 그 형의 범위 안에서 장기는 10년, 단기는 5년을 초과하지 못하도록 되어 있기 때문에(「소년법」제60조), 가석방의 요건을 무기형에는 5

년, 15년의 유기형에는 3년, 부정기형일 때에는 단기의 3분의 1을 경과하도록 규정하고 있다(「소년법」 제65조). 이 경우 형기에 산입된 판결선고전 구금일수는 가석방에 있어서 집행을 경과한 기간에 산입된다(「형법」 제73조). 이와 같이 우리나라는 무기수형자에 대하여도 가석방을 인정하고, 구금형 이외의 단기수형자에 대한 금지규정을 두지 않아 그 대상자를 널리 인정하고 있다.

2) 실질적 요건

가석방은 「형법」 제72조 제1항에 따라 징역 또는 금고의 수형자에 대하여 무기에 있어서는 20년, 유기에 있어서는 형기의 3분의 1을 경과한 자로서 행장이 양호하고 개전의 정이 현저한 자를 대상으로 하고 있다. 즉, 교정성적이 우수하고 뉘우치는 빛이 뚜렷하여 재범의 위험성이 없다고 교정시설의 장이 인정하는 자이어야 한다(「형집행법 시행규칙」 제245조). 이와 같은 요건에 해당되는 수형자는 분류처우위원회의 의결을 거쳐 가석방 심사신청 대상자로 선정한다. 우리 「형법」과 「형집행법」은 이러한 실질적 요건이 충족된 수형자에게 가석방을 인정하고 있으나, 입법례에 따라서는 대상자의 취업보장문제, 즉 취업보증서가 가석방의 실질적 요건으로 고려되는 경우도 있다.

(2) 가석방의 심사

1) 심사사항

소장은 가석방 요건에 해당하는 모든 수형자에 대하여 가석방 예비심사를 실시하고, 가석방이 적합하다고 인정되는 자는 가석방심사위원회에 가석방심사를 신청하여야 한다. 위원회는 수형자의 나이, 범죄동기, 죄명, 형기, 교정성적, 건강상태, 가석방 후의 생계능력, 생활환경, 재범의 위험성, 그 밖에 필요한 사정을 고려하여 가석방의 적격 여부를 결정한다(「형집행법」 제121조). 가석방심사위원회가 가석방 적격결정을 하면 5일 이내에 법무부장관에게 가석방 허가를 신청하여야 한다(「형집행법」 제122조).

가석방심사위원회는 다음과 같은 심사사항을 면밀히 심사하여 재범의 우려가 없을 때에 신청하게 되며, 이는 「형의 집행 및 수용자의 처우에 관한 법률 시행규칙」(2008. 12. 19. 법무부령)에 규정되어 있다. 가석방심사는 객관적 자료와 기준에 따라 공정하게 하여야 하며, 심사 과정에서 알게 된 비밀은 누설해서는 아니 된다. 교정시설의 소장은 가석방 적격심사 신청을 위하여 다음과 같이 수형자의 신원관계, 범죄관계, 보호관계와 기타 필요한 사항에 대하여 사전에 조사하여야 하며, 이 경우 특히 필요하다고 인정할 때에는 수형자, 가족, 그 밖의 사람과 면담 등을 할 수 있다.

㉮ 신원관계의 심사사항

가석방대상 수형자의 신원관계는 ① 건강상태, ② 정신 및 심리 상태, ③ 책임감 및 협동심, ④ 경력 및 교육 정도, ⑤ 노동 능력 및 의욕, ⑥ 교정성적, ⑦ 작업장려금 및 작업상태, ⑧ 그 밖의 참고사항 등을 관계공무원이 전문적 지식에 따라 조사하여야 한다.

㉯ 범죄관계의 심사사항

범죄관계는 ① 범행시의 나이, ② 형기, ③ 범죄횟수, ④ 범죄의 성질 · 동기 · 수단 및 내용, ⑤ 범죄 후의 정황, ⑥ 공범관계, ⑦ 피해 회복 여부, ⑧ 범죄에 대한 사회의 감정, ⑨ 기타 참고사항 등을 심사하여야 한다.

㉰ 보호관계의 심사사항

보호관계는 ① 동거할 친족 · 보호자 및 고용할 자의 성명 · 직장명 · 나이 · 직업 · 주소 · 생활 정도 및 수형자와의 관계, ② 가정환경, ③ 접견 및 서신의 수신 · 발신 내역, ④ 가족의 수형자에 대한 태도 · 감정, ⑤ 석방 후 돌아갈 곳, ⑥ 석방 후의 생활계획, ⑦ 그 밖의 참고사항 등을 심사한다.

㉱ 누범자 등의 심사사항

동일하거나 유사한 죄로 2회 이상 징역형 또는 금고형의 집행을 받은 수형자에 대하여 심사할 때에는 해당 대상자의 뉘우치는 정도, 노동 능력 및 의욕, 근면성, 그 밖에 정상적인 업무에 취업할 수 있는 생활계획과 보호관계에 관하여 중점적으로 심사하여야 한다.

㉲ 범죄 동기에 대한 심사

가석방심사위원회가 범죄의 동기에 관하여 심사할 때에는 사회의 통념 및 공익 등에 비추어 정상을 참작할 만한 사유가 있는지를 심사하여야 한다. 범죄의 동기가 군중의 암시 또는 도발, 감독관계에 의한 위협, 그 밖에 이와 유사한 사유로 인한 것일 때에는 특히 수형자의 성격 또는 환경의 변화에 유의하고 가석방 후의 환경이 가석방처분을 받은 사람에게 미칠 영향 등을 심사하여야 한다.

㉕ 사회의 감정에 대한 심사

가석방 대상 수형자가 그 범죄의 수단이 참혹 또는 교활하거나 극심한 위해를 발생시킨 경우, 해당 범죄로 무기형에 처해진 경우, 그 밖에 사회적 물의를 일으킨 죄를 지은 경우에는 가석방 적격여부를 심사할 때 특히 그 범죄에 대한 사회의 감정에 유의하여야 한다.

㉖ 재산범에 대한 심사

재산에 관한 죄를 지은 수형자에 대하여는 특히 그 범행으로 인하여 발생한 손해의 배상 여부 또는 손해를 경감하기 위한 노력 여부를 심사하여야 하고, 수형자 외의 사람이 피해자의 손해를 배상한 경우에는 그 배상이 수형자 본인의 희망에 따른 것인지를 심사하여야 한다.

㉗ 소년수형자

소년수형자를 수용하고 있는 교도소, 구치소 및 소년교도소의 장은 가석방 허가조건으로서 징역 또는 금고의 선고를 받은 경우 무기형의 경우 5년, 15년 유기형의 경우에는 3년, 부정기형에는 단기의 3분의 1을 경과한 소년수형자에 대하여 보호관찰심사위원회에 통보한다(「보호관찰등에 관한 법률」 제21조). 보호관찰심사위원회에서는 위 통보가 있은 후 수용시설장의 신청 또는 직권으로 소년수형자의 인격, 교정성적, 생활태도 등 제반사정을 참작하여 가석방 여부를 심사하고 가석방이 적합한 것으로 결정된 때에는 법무부장관의 허가를 받아 가석방을 실시한다. 가석방된 소년수형자에 대해서는 보호관찰이 실시되며 가석방된 후 재범 등으로 인해 그 처분이 취소됨이 없이 가석방 전에 집행을 받은 기간과 동일한 기간이 경과되면 잔형의 집행을 종료한 것으로 간주한다. 가석방된 후 부정기형의 단기가 경과되고 보호관찰 성적이 양호한 때에는 보호관찰심사위원회에서 위 기간이 경과되기 전이라도 잔형의 집행을 종료한 것으로 간주한다(「보호관찰등에 관한 법률」 제50조).

2) 재범예측 및 심사상의 주의

㉮ 재범예측

가석방제도의 운영에 있어서 가장 중요한 것이 가석방 대상자의 재범예측이라고 할 수 있다. 가석방심사 및 허가절차를 거쳐 사회로 출소한 가석방자가 다시 범죄를 저지르게 되면 선량한 시민이 범죄피해를 입게 되므로 가능한 한 정확한 예측이 필요하다고 하겠다. 이에는 갈Gall의 예측표와 버제스E. Burges의 질문표가 많이 활용되고 있다.

① 갈Gall의 예측표: 재범의 예측prediction이라 함은 가석방을 심사함에 있어 장래 수형자의 범죄행위 가능성을 측정하는 것을 말한다. 즉, 가석방의 효과적인 운영을 위하여 가석방 심사시 재범의 예견 여부를 예측표에 정해진 기준에 따라 결정하는 것으로, 독일에서 갈Gall에 의하여 청소년절도범을 예방하려는 의도에서 시도되었다.[6] 이 질문표는 수형자의 비행소질과 환경의 면밀한 조사 사항을 제시하였으며, 이러한 예측조사는 구체적으로 재판의 판결예측과 교정상의 석방예측에 유용하게 활용되었다. 특히, 교정과정에서 외부에 나타난 여러 가지 현상을 종합하여 수형자의 사회복귀를 위해 적절히 활용되었다.

② 버제스E. Burges의 질문표: 미국의 버제스E. Burges는 다음과 같이 21개 인자를 제시하고, 점수에 따른 기계적 예측의 가능성을 주장하였다. 즉, 그는 21개 인자로서 (1) 죄질, (2) 공범자의 수, (3) 국적, (4) 부모의 상태(결손가정 여부 포함), (5) 혼인상태, (6) 범인의 유형(초범자·기회범인·관습범인·직업범인 등), (7) 사회유형(부랑자·조폭·무뢰한 등), (8) 송치된 도시, (9) 지역사회의 대소, (10) 인근의 환경, (11) 체포 시 지역사회에서 안주하였는지, 일시적 거주였는지 여부, (12) 형의 양정에 대한 판사·검사의 의견, (13) 형의 집행이 범죄의 정상을 인정하였는지 여부, (14) 형의 종류와 기간, (15) 복역기간, (16) 전과, (17) 직업경력, (18) 시설 내에서의 징벌, (19) 가석방 시의 연령, (20) 지능, (21) 인격 형태 및 정신의학적 예후 등을 제시하였다. 그리고 이들 21개 인자 중 15개 이상의 인자가 불량할 때에는 재범의 우려가 있는 것으로 가석방이 불가하다고 주장하였다. 이와 같은 그의 기계적 예측론은 한정적이고도 조잡하다는 비난을 받고 있으나, 그의 이러한 예측론이 가석방 운영에 기여한 공적은 높이 평가되고 있다고 하겠다.

---

6 이는 독일 바이에른주 슈트라우빙 교도소에서 수형자에게 범죄생물학적 질문표로 시행되었다.

　가석방의 심사를 이상과 같이 실시한다 하여도 실제로 수형자가 아첨과 위선으로 일관하여 표리부동할 때에는 아무런 실효성이 없는 심사에 그치고 만다. 이와 같이 가석방을 위한 누진제도상의 행장심사는 극히 어려운 과제로서 수형자의 기만을 장려하는 제도라고까지 극언하는 학자도 있다. 그러나 이러한 아첨은 어느 제도에나 부수되는 불가피한 폐해로서 이 때문에 제도 자체를 부인하는 것은 지나친 극단론이라고 할 것이다.

(3) 가석방심사기관

1) 의의

　종래의 교정운영이 엄격한 밀행주의 하에 운영됨으로써 교도관의 전횡이 자행되었던 것으로 가석방을 심사함에 있어서도 이를 탈피하지 못하였다. 그러나 오늘날 이러한 수형자의 불이익을 구제하기 위하여 광범위한 보조과학이 중요한 역할을 하고 있으며, 가석방심사기관의 조직과 권능에도 새로운 국면이 강조되고 있다. 다시 말하면, 그들에게 독립된 조직과 강력한 권능을 부여하여 수형자의 이익발견과 불이익 구제에 기여하게 되었다.

2) 조직

　가석방심사위원회의 조직을 어떻게 하느냐 하는 문제는 중대한 결과를 초래한다. 이는 제도 자체와 직결되는 문제로서 가석방의 목적이 수형자의 개선복귀에 따른 사회질서 유지에 있다면 수형자의 이익발견을 위해 운영되어야 함은 자명하다. 이러한 가석방심사기관의 조직형태를 보면 다음과 같이 세 가지로 나눌 수 있다.

　① 상급행정관청: 이는 가석방심사기관을 교정시설의 상급관청으로 조직하는 것으로서 가석방운영의 통일과 감독권의 강화가 용이하나, 수형자의 이익이 소홀히 되는 결함이 있다. 미국에 있어서도 '펜실베니아'주 사법국 교정국 외 소수가 이에 의할 뿐 별로 채용되지 않고 있다.

　② 특별위원회: 이는 교정시설의 장을 포함하여 가석방심사위원회를 조직하는 것으로 미국의 '와이오밍' 주립교도소에서 그 주의 주대리기관과 교도소장 등 5

인의 관리로 구성된 가석방위원회로 하여금 임무를 수행하게 하는 경우이다.

③ 독립된 정부기관: 이는 교정시설직원에 의한 조직이 아니고 독립된 정부기관으로서 강력한 심사활동과 권능을 행사하는 형태를 말한다. 미국에 있어서는 수형자의 이익도모를 위하여 앞에서 말한 여러 주를 제외하고는 전주全州가 이 형태에 의하고 있다. 즉, 중앙위원은 대통령이 임명하고 주지사가 임명한 각 주 가석방위원으로서 시설과 완전히 독립된 가석방심사기관을 두어 수형자의 이익발견을 위하여 강력한 권능을 행사하는 것으로서 교도소장은 이들 기관의 행위를 확인하는 데 불과하다.

각 주마다 인정되고 있는 가석방심사기관의 명칭은 ① 보호관찰 가석방국(앨라배마주), ② 가석방위원회(아칸소주), ③ 성인위원회부(캘리포니아주), ④ 보호관찰 가석방부(메인주), ⑤ 주 가석방 보호관찰부(미시시피주) 등과 같이 다양하나, 명칭과 상관없이 모두가 교정시설과 독립된 기관으로서 광범위한 전문가의 관여로 면밀한 조사와 결정이 이루어지고 있다.

3) 우리나라의 가석방심사기관

㉮ 가석방심사위원회

우리나라는 「행형법」의 개정(1996. 12. 12. 법률 제5175호)으로 각 교도소에 설치되었던 가석방심사위원회가 폐지되고, 법무부장관 소속하에 가석방심사위원회가 설치되었다. 이후 「행형법」이 「형집행법」(2008. 12. 11. 법률 제9136호)으로 전면 개정된 이후에도 종래 가석방심사위원회에서 수형자의 가석방 적격 여부를 심사하고 있다.

（ⅰ) 구성: 「형법」 제72조의 규정에 따라 가석방의 적격 여부를 심사하기 위하여 법무부장관 소속하에 가석방심사위원회를 두고(「형집행법」 제119조) 이의 운영을 위하여 「형집행법 시행규칙」(2008. 12. 19. 법무부령 제655호)을 제정·시행하고 있다. 가석방심사위원회는 위원장을 포함한 5인 이상 9인 이하의 위원으로 구성한다(「형집행법」 제120조 제1항). 위원장은 법무부차관이 되고, 위원은 판사, 검사, 변호사, 법무부 소속 공무원, 교정에 관한 학식과 경험이 풍부한 사람 중에서 법무부장관이 임명 또는 위촉한다(「형집행법」 제120조 제2항).

（ⅱ) 위원회 위원의 임명, 위촉 등: 법무부장관은 ㉠ 법무부 검찰국장·범죄예

방정책국장 및 교정본부장, (ㄴ) 고등법원 부장판사급 판사, 변호사, 대학에서 교정학·형사정책학·범죄학·심리학·교육학 등 교정에 관한 전문분야를 가르치는 부교수 이상의 직에 있는 사람, (ㄷ) 그 밖에 교정에 관한 학식과 경험이 풍부한 사람 중에서 위원회의 위원을 임명하거나 위촉한다. 위원의 임기는 2년으로 하며, 연임할 수 있다(시행규칙 제239조, 제240조). 위원장은 위원회의 사무를 처리하기 위하여 소속 공무원 중에서 간사 1명과 서기 약간명을 임명한다. 간사는 위원장의 명을 받아 위원회의 사무를 처리하고 회의에 참석하여 발언할 수 있다.

(iii) 의결 및 결정 등: 위원회의 회의는 재적위원 과반수의 출석으로 개의하고, 출석위원 과반수의 찬성으로 의결한다. 간사는 위원회의 결정에 대하여 결정서를 작성하고, 또한 가석방심사위원회 회의록을 작성하여 유지하여야 한다. 회의록에는 회의의 내용을 기록하고 위원장 및 간사가 기명·날인하여야 한다(시행규칙 제243조). 위원회의 회의에 출석한 위원에게는 예산의 범위에서 수당과 여비를 지급할 수 있다(시행규칙 제244조).

④ 보호관찰심사위원회

우리나라는 성인수형자에 대한 가석방은 가석방심사위원회의 심사를 거치도록 하고 있으나, 소년수형자의 경우에는 1989년 7월 1일부터 시행된「보호관찰법」[보호관찰 등에 관한 법률(1995. 1. 5. 법률 제4933호)로 명칭 변경]의 규정에 따라 성년과 소년을 서로 달리 운영하고 있다. 교도소, 구치소, 소년교도소장 등은「소년법」제65조의 기간을 경과한 소년수형자에 대하여 관할 보호관찰심사위원회에 가석방심사를 신청할 수 있다.

(ⅰ) 설치, 구성: 보호관찰에 관한 사항을 심사·결정하기 위하여 법무부장관 소속하에 보호관찰심사위원회를 두며, 동위원회는 고등검찰청 소재지 등 대통령령이 정하는 지역에 설치한다(「보호관찰 등에 관한 법률」제5조).

(ⅱ) 심사, 결정사항: 보호관찰심사위원회는 (ㄱ) 가석방과 그 취소에 관한 사항, (ㄴ) 임시퇴원, 임시퇴원의 취소 및「보호소년 등의 처우에 관한 법률」제43조에 따른 보호소년의 퇴원에 관한 사항, (ㄷ) 보호관찰의 가해제와 그 취소에 관한 사항, (ㄹ) 보호관찰의 정지와 그 취소에 관한 사항, (ㅁ) 가석방중인 자의 부정기형의 종료에 관한 사항, (ㅂ) 이 법 또는 다른 법령에 의하여 심사위원회의 관장사무로 규정된 사항, (ㅅ) 제1호 내지 제6호에 관련된 사항으로서 위원장이 부의하는 사항 등을 심사·결정한다(같은 법 제6조).

이와 같이 보호관찰심사위원회는「보호관찰 등에 관한 법률」제23조(가석방·퇴원 및 임시퇴원의 신청)에 따라 소년수형자에 대한 가석방을 심사, 결정한다. 동위원회는 위원장을 포함하여 5인 이상 9인 이하의 위원으로 구성하며, 위원장은 검사장 또는 고등검찰청 소속 검사 중에서 법무부장관이 임명한다. 심사위원회의 위원은 판사·검사·변호사·보호관찰소장·지방교정청장·교도소장·소년원장 및 보호관찰에 관한 지식과 경험이 풍부한 자 중에서 법무부장관이 임명 또는 위촉한다. 심사위원회의 위원 중 상임위원을 두되, 그 수는 3인 이내로 한다. 위원의 임기는 2년으로 하되, 연임할 수 있다(같은 법 제7조).

(iii) 의결 및 결정: 위원회의 회의는 재적위원 과반수의 출석으로 개의하고, 출석위원 과반수의 찬성으로 의결한다. 회의를 개최할 시간적 여유가 없는 부득이한 경우로서 대통령령으로 정하는 경우에는 서면으로 의결할 수 있다. 이 경우 재적위원 과반수의 찬성으로 의결한다. 심사위원회의 회의는 비공개로 한다. 결정은 이유를 붙이고 심사한 위원이 서명 또는 기명날인한 문서로써 한다.

㉱ 가석방심사위원회의 권한

가석방심사위원회의 기본 권한은 가석방의 적부심사를 하는 데 있다. 즉, 가석방의 요건충족과 재범예측의 유무를 전문적으로 조사하여 그 신청 여부를 결정한다. 또한 수형자가 가석방신청에 대한 기각결정에 불복하여 재신청하였을 때에 행하는 재심사도 실시한다. 그러나 우리나라와 같이 가석방의 본질을 은혜적인 행정처분의 일종으로 보아 교정시설장으로 하여금 재신청하는 제도 아래에서는 완전한 구제를 기하기는 곤란한 면이 있다고 하겠다. 일부 선진국에서는 가석방의 신청을 수형자의 권리로 인정하여 권리행사가 부당히 침해되었을 때, 그 구제방법으로 항고와 같은 일종의 상소제도를 인정함으로써 가석방심사위원회로 하여금 제2심기관으로 수형자의 이익발견에 노력하고 있는 경우도 있다.

(4) 가석방의 허가

1) 신청 및 재신청

㉮ 가석방심사위원회

소장은「형법」제72조 제1항의 기간을 경과한 수형자로서 교정성적이 우수하고 뉘우치는 빛이 뚜렷하여 재범의 위험성이 없다고 인정하는 경우에는 교정시설 내에 설치된 분류처우위원회의 의결을 거쳐 가석방 심사신청 대상자를 선정한다 (시행규칙 245조 제1항). 소장은 가석방 심사신청 대상자를 선정한 경우 선정된 날부터 5일 이내에 위원회에 가석방 심사신청을 하여야 하며, 가석방 심사신청서에 가석방 심사 및 신상조사표를 첨부하여야 한다(시행규칙 제250조). 아울러 소장은 가석방이 허가되지 아니한 수형자에 대하여 그 후에 가석방을 허가하는 것이 적당하다고 인정하는 경우에는 다시 가석방 심사신청을 할 수 있다. 일선 교정기관에서 신청한 수형자를 대상으로 가석방심사위원회는 수형자의 나이, 범죄동기, 죄명, 형기, 교정성적, 건강상태, 가석방 후의 생계능력, 생활환경, 재범의 위험성, 그 밖에 필요한 사정을 고려하여 가석방의 적격 여부를 결정한다(「형집행법」 제121조 제2항).

㉯ 보호관찰심사위원회

앞에서 설명한 바와 같이 소년수형자에 대한 가석방 신청절차는 다음과 같다.

(ⅰ) 가석방 및 가퇴원의 신청: 교도소·구치소·소년교도소 및 소년원의 장은 「소년법」 제65조 각 호의 기간이 지난 소년수형자 또는 수용 중인 보호소년에 대하여 법무부령으로 정하는 바에 따라 관할 심사위원회에 가석방, 퇴원 또는 임시퇴원 심사를 신청할 수 있다. 신청에 있어서는 제26조 또는 제27조의 규정에 의하여 통보받은 환경조사 및 환경개선활동 결과를 고려하여야 한다(「보호관찰법」 제22조).

(ⅱ) 교도소장 등의 통보의무: 교도소·구치소·소년교도소의 장은 징역 또는 금고형을 선고받은 소년수형자가 「소년법」 제65조의 기간을 경과한 때에는 당해 교도소·구치소·소년교도소의 소재지를 관할하는 보호관찰심사위원회에 그 사실을 통보하여야 한다. 소년원장은 보호소년이 수용 후 6개월을 경과한 때에는 당해 소년원의 소재지를 관할하는 심사위원회에 그 사실을 통보하여야 한다(같은 법 제21조).

2) 허가

㉮ 허가절차

(ⅰ) 가석방심사위원회: 법무부장관은 가석방심사위원회의 가석방 허가신청이 적정하다고 인정하면 허가할 수 있다(「형집행법」 제122조 제2항). 위원회의 회의는

재적위원 과반수의 출석으로 개의하고, 출석위원 과반수의 찬성으로 의결한다. 위원회는 가석방 적격결정을 하였으면 5일 이내에 법무부장관에게 가석방 허가를 신청하여야 한다(같은 법 제122조 제1항).

(ⅱ) 보호관찰심사위원회: 소년수형자에 대한 보호관찰심사위원회에서의 가석방 및 가퇴원의 심사와 결정은 「보호관찰 등에 관한 법률」 제22조 제1항에 따른 신청을 받으면 소년수형자에 대한 가석방 또는 보호소년에 대한 퇴원·임시퇴원이 적절한지를 심사하여 결정한다. 심사위원회는 같은 법 제21조의 규정에 의한 통보가 있는 자에 대하여는 제22조 제1항의 규정에 의한 신청이 없는 경우에도 직권으로 가석방·퇴원 및 임시퇴원의 적부를 심사하여 결정할 수 있다. 동 심사위원회는 같은 법 제23조 제1항 또는 제2항의 규정에 의하여 소년수형자에 대한 가석방의 적부를 심사하는 때에는 보호관찰의 필요성 여부를 심사하여 결정하여야 한다.

(ⅲ) 법무부장관의 허가: 법무부장관은 가석방심사위원회의 가석방 허가신청이 적정하다고 인정하면 허가할 수 있다(「형집행법」 제122조 제2항). 또한 보호관찰심사위원회도 「보호관찰 등에 관한 법률」 제23조의 규정에 의한 심사결과, 가석방 또는 임시퇴원이 적합하다고 결정한 경우 및 제24조(성인수형자에 대한 보호관찰의 심사와 결정)의 규정에 의한 심사결과, 보호관찰이 필요없다고 결정한 경우에는 결정서에 관계서류를 첨부하여 법무부장관에게 이에 대한 허가를 신청하여야 하며, 법무부장관은 심사위원회의 결정이 정당하다고 인정되는 때에는 이를 허가할 수 있다(「보호관찰법」 제25조). 교정시설의 소장은 「형집행법」 제122조 제2항의 가석방 허가에 따라 수형자를 가석방하는 경우에는 가석방자 교육을 하고, 준수사항을 알려준 후 증서를 발급하여야 한다(동 시행령 제140조).

❹ 허가기준

가석방 허가기준은 형집행비율의 충족 여부와 실질적인 가석방요건 구비 여부에 따라 심사, 허가한다. 형집행률은 일반사범·교통사범·장기수형자(10년 이상), 제한사범, 단기수형자 등에 따라 기준을 정하여 차등 적용한다. 형집행률 외에 죄질, 범수, 외부통근작업, 기능대회입상, 귀휴, 피해정도 및 합의 등이 고려된다. 실질적인 가석방요건 구비여부로는 수형자의 개선정도, 재범의 위험성, 피해정도·합의 여부 등을 고려하며, 인신매매, 가정파괴, 조직폭력, 범죄단체조직, 마약사범 등은 제외자로 분류하여 심사에 신중을 기하여야 한다.

4. 가석방 현황

(1) 가석방 인원 및 가석방률

교정시설에 수용되어 자유형, 즉 징역형이나 금고형의 집행을 받고 있는 수형자에 대한 가석방은 가석방심사위원회의 허가에 따라 석방된다. 가석방심사위원회는 1950년 「행형법」 제정 이래 각 소별로 가석방심사위원회를 설치·운용하였으며, 따라서 각 소별로 가석방 대상자를 결정하여 출소시켰다. 그러다가 「행형법」 6차 개정(1997. 1. 1.)부터 가석방심사위원회를 법무부장관 소속으로 설치·운용하여 전국 교정기관에서 신청한 가석방 대상자를 법무부차관을 위원장으로 하는 위원회에서 일괄적으로 심사하게 되었다.

[표 12-1] 출소사유별 재복역 인원 현황(2015년)

단위: (명, %)

조사연도 출소연도		계	형기종료	가석방	감호종료	보호감호 가출소	사면
2015 (2011)	출소인원	23,045	15,897	7,127	3	18	–
	재복역인원	4,936 (21.4)	4,479 (28.1)	458 (6.4)	0 (0.0)	8 (44.4)	–

[표 12-1]에 따르면, 형기종료 출소자에 비해 가석방 출소자의 재복역 비율이 현저히 떨어짐을 알 수 있다. 이는 가석방을 통해 형기를 단축시킴으로써 사회복귀의 시점을 앞당겨 출소한 가석방 대상자의 경우, 원활한 사회복귀에 성공하는 비율이 높다는 것을 보여주는 것이라 할 수 있다. 따라서 수형기간을 통해서 자신의 죄를 뉘우치는 빛이 뚜렷하고 재범의 위험성이 없는 수형자를 만기종료 때까지 수용하는 것보다는 조기에 석방시켜 사회에 복귀시키는 것이 바람직하다고 할 것이다.

전체 수형자 석방인원 중 가석방자가 차지하는 비율을 가석방률이라고 하는데, 우리나라의 가석방률은 1998년도 이전에는 20%대를 유지하였으며, 이후 점차 증가하게 되었다. 그 원인은 정부의 민생침해사범방지대책상 조직폭력사범, 가정파괴사범, 인신매매사범, 마약사범 등에 대한 가석방을 제한하여 오다가 1998. 1. 1. 성인수형자 형집행률 완화 확대(1998. 1. 1 가석방확대지침)에 따라 일부 제외사범을 제한사범으로 완화하고 형집행률을 이전보다 10%까지 하향조정하는 등 가석방 인원을 대폭적으로 늘렸기 때문으로 분석된다. 이후 2003년 참여정부 출범 이후 가석방률이 갑자기 높아졌는데 이는 수용자의 처우개선과 인권보호를 중요시했던 당시의 교정정책 분위기가 반영된 결과라 할 수 있겠다. 그러나 2005년 이후 아동 및 여성을 대상으로 강력사건이 급증함에 따라 국민의 불안감이 증폭되어 보다 엄정한 형집행과 가석방의 제한을 요구하는 사회적 분위기에 대응하여 가석방 신청 및 허가인원이 점차 감소하게 되었다.

[표 12-2]는 2007년부터 2016년까지의 가석방인원과 전체수형자 석방인원을 비교하여 나타낸 것이다. 전체수형자 석방인원 대비 가석방률은 2007년 32.3% 이었으나 점차 감소하여 2016년에는 25.0%를 기록하였다. 이는 우리나라에서 가석방제도를 더욱 엄격하게 운용하고 있음을 나타내고 있다. 또한, 2007년부터 2016년까지 전과 횟수별 가석방 인원은 초범이 전체 가석방자 중 75%~85%의 범위를 보이고 있어, 재범 이상인 경우에는 가석방이 매우 한정적으로 이루어지고 있음을 알 수 있다(법무연수원, 2018: 495).

이를 통해 전과횟수도 가석방허가에 중요한 영향을 미치는 것을 알 수 있으며, 가석방제도가 현실적으로 재범자의 사회복귀수단으로 활용되는데 있어서미흡한 점이 있음을 보여주고 있다. 즉, 가석방에 대한 심사가 수형자에 대한 개별처우의 마지막 단계로서 탄력성 있게 활용되지 못하고 있음을 보여 주는 것이라 하겠다.

[표 12-2] 가석방 인원과 전체 수형자 석방인원

연도	가석방 인원	전체수형자 석방인원	가석방률(%)
2007	7,916	24,531	32.3
2008	8,389	25,950	32.3
2009	8,252	25,859	31.9
2010	7,995	25,552	31.3
2011	7,065	23,552	30.0
2012	6,444	22,186	29.0
2013	6,148	22,575	27.2
2014	5,361	22,580	23.9
2015	5,480	24,694	22.3
2016	7,126	28,515	25.0

그러나 우리나라의 가석방률은 일본과 미국의 경우에 비추어 볼 때 아직도 적은 수에 해당한다. 우리나라의 경우 가석방자에 대한 사후조치가 마련되어 있음에도 그 실시가 소극적으로 운영되고 있기 때문인 것으로 분석된다. 일본의 경우, 2017년 행형시설에서 출소한 수형자의 총수가 21,998명이었고 그 가운데 12,760

명이 가석방으로 출소하여 가석방자 비율이 전체 출소 수형자 중 58%를 차지함으로써 우리나라보다 훨씬 높은 비율을 나타내고 있다(일본 법무성, 2018). 미국의 경우, 법무성 사법통계국Bureau of Justice Statistics 자료에 의하면 2016년 전체 출소자 626,024명 가운데 조건부 가석방parole으로 출소한 자는 426,755명으로서 전체 출소자에 대한 가석방자의 비율이 68.2%에 달하고 있다.[7]

(2) 가석방 허가율

가석방적격 여부 신청에 대하여 허가한 비율을 가석방허가율이라 하는데, 2017년 범죄백서 내용을 통하여 지난 10년간의 연도별 가석방 허가비율을 살펴보면, 2007년 허가비율이 88.0%에서 2009~2012년까지는 90%대 초반을 보이고, 2013년부터 다시 약간 감소하였다가 2016년에는 95.3%의 높은 허가율을 보이고 있다. [표 12-3]은 2007년부터 2016년까지 가석방 신청인원과 허가인원을 대비하여 그 허가율을 나타낸 것이고, [그림 12-1]은 이를 그래프로 나타낸 것이다.

[표 12-3] 가석방 허가율 (2007-2016년)

연도	신청인원	허가		불허가	
		인원	비율(%)	인원	비율(%)
2007	8,992	7,916	88.0	1,076	12.0
2008	9,543	8,389	87.9	1,154	12.1
2009	9,046	8,252	91.2	794	8.8
2010	8,626	7,995	92.7	631	7.3
2011	7,574	7,065	93.3	509	6.7
2012	6,996	6,444	92.1	552	7.9
2013	6,903	6,148	89.1	755	10.9
2014	6,298	5,361	85.1	937	14.9
2015	6,216	5,480	88.2	736	11.8
2016	7,474	7,126	95.3	348	4.7

---

[7] 미국 법무성 사법통계국(BJS)에서 매년 미국 연방교도소와 주 교도소 수용자에 대한 통계를 작성하고 있으며, 특히 수용자와 관련된 통계는 National Prisoner Statistics(NPS) 프로그램에 의하여 통계를 작성한다.

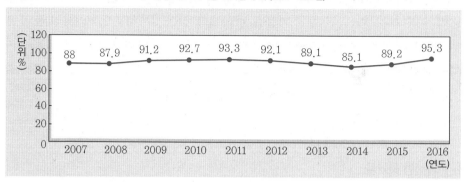

[그림 12-1] 가석방 허가율 추이 (2007-2016년)

(3) 형의 집행률

[표 12-4]는 2007년부터 2016년까지 연도별 성인 가석방자의 형의 집행률을 나타낸 것이다. 전체적으로 볼 때 가석방자의 형집행률이 대부분 80% 이상이고, 80% 미만의 형 집행률의 경우는 매우 적은 것으로 나타나고 있다. 2007년부터 2016년까지 가석방자 총 70,176명 중 형의 집행률이 80% 미만인 경우는 5,779명으로서 8.2%에 불과하다(법무연수원, 2018: 489-497).

[표 12-4] 성인 가석방자 형의 집행률 현황 (2007 - 2016년)

연도	계	50% 미만	60% 미만	70% 미만	80% 미만	90% 미만	90% 이상
계	70,176 (100)	–	1 (0.0)	17 (0.0)	5,761 (8.2)	39,646 (56.5)	24,751 (35.3)
2007	7,916 (100)	–		–	387 (4.9)	3,431 (43.3)	4,098 (51.8)
2008	8,389 (100)	–		6 (0.1)	383 (4.6)	3,780 (45.0)	4,220 (50.3)
2009	8,252 (100)	–		1 (0.0)	655 (7.9)	4,804 (58.2)	2,792 (33.8)
2010	7,995 (100)	–		1 (0.0)	908 (11.4)	5,117 (64.0)	1,969 (24.6)
2011	7,065 (100)	–		3 (0.0)	759 (10.7)	4,654 (65.9)	1,649 (23.3)
2012	6,444 (100)	–	1 (0.0)	–	548 (8.5)	3,953 (61.4)	1,942 (30.1)
2013	6,148 (100)	–		1 (0.0)	469 (7.6)	3,786 (61.6)	1,892 (30.8)

연도	계	50% 미만	60% 미만	70% 미만	80% 미만	90% 미만	90% 이상
2014	5,361 (100)	–		–	433 (8.1)	3,197 (59.6)	1,731 (32.3)
2015	5,480 (100)	–		–	293 (5.3)	3,075 (56.1)	2,112 (38.6)
2016	7,126 (100)	–		5 (0.1)	926 (13.0)	3,849 (54.0)	2,346 (32.9)

(4) 가석방의 시기

가석방은 그 실시기간에 따라 일반가석방과 특별가석방으로 구분되며, 일반 가석방은 월 1회 정기적으로 실시하고, 특별가석방은 매년 3·1절, 석가탄신일, 광복절, 교정의 날, 성탄절 등 연 5회에 걸쳐 실시되고 있다. 한편, 가석방 기간 중 재범을 저질러 금고 이상의 형의 선고를 받고 그 판결이 확정되면 가석방은 실효가 되고, 준수사항을 위반한 때에는 가석방이 취소되어 각기 재수용된다.

(5) 가석방의 조건

가석방은 조건부 석방conditional release이라 할 수 있는데, 그 조건은 각국에 따라, 혹은 가석방위원회에 의하여, 또는 그 밖의 기관에 의하여 다르게 행하여진다. 알류크R. Arluke는 그 조건을 다음과 같이 세분하고 있다. 즉, ① 준법적인 생활을 할 것, ② 주류나 마약의 사용을 금할 것, ③ 야간외출을 금할 것, ④ 도박, 기타 악습을 금할 것, ⑤ 법률상의 부양의무 있는 자를 부양할 것, ⑥ 특정 지역의 출입을 금할 것, ⑦ 허가없이 주거나 직장을 변경하지 말 것, ⑧ 적어도 매주 일요일 1회는 교회에 나갈 것, ⑨ 허가없이 결혼을 하지 말 것, ⑩ 범죄의 배상 및 변상을 할 것, ⑪ 소정의 보고를 서면이나 구두로 할 것 등을 예시하고 있다.

가석방의 허가를 하였을 때에는 관계 기관에 연락하여 보호의 준비를 하도록 하여야 한다. 미국의 '콜로라도' 주립교도소에서는 석방 전에 일정한 시설에 수용 하여 특별한 처우를 하고 있다. 즉, '가석방 전 수용센터'에 그들을 수용하여 심리 적·신체적으로 사회에 복귀하도록 준비한다. 그들은 사람에게 호의를 받는 방법, 가정생활에의 복귀 방법 등을 강의나 카운슬링을 통하여 지도받는다. 또한 장래의 고용주, 가석방 감독관, 가족, 변호사, 노동조합대표, 경찰관, 기타 석방 후 관계있는 자와 면접하여 알코올중독재범, 기타 관계 사항에 대한 집단치료group therapy에 참석한다.

우리나라는 성인 가석방자의 경우 ① 선행을 하고 정상적인 업무에 취업하여야 한다. ② 기타 법령에서 정하는 가석방자가 지켜야 할 사항을 준수하여야 한다고 되어 있다. 「가석방자관리규정」(대통령령 제28016호)에 따라 가석방자의 출석의무, 신고의무, 주거지의 이전 및 여행 신고, 국외이주 신청 · 허가 등을 조건으로 한다.

그리고 소년 가석방자는 「보호관찰 등에 관한 법률」에 의해 보호관찰 대상이 되며, 1994. 4. 1. 시행된 「성폭력 범죄의 처벌 및 피해자 보호 등에 관한 법률」에 의거, 성폭력범으로서 가석방되는 자(성년 · 소년 포함)에 대하여는 보호관찰이 확대 실시되고 있다.

(6) 가석방자의 단속

1) 가석방자의 통보 및 의무

징역 또는 금고의 형이 집행 중에 있는 자로서 가석방이 허가된 자를 교정시설의 장이 석방하고자 할 때에는 지방검찰청 지청장과 형을 선고한 법원에 대응하는 검찰청 검사장 및 감호를 할 경찰서장, 보호관찰소장 등에게 통보하여야 한다. 교정시설의 장은 가석방이 허가된 사람에게 가석방의 취소 및 실효사유와 가석방자로서 지켜야 할 사항 등을 알리고, 주거지에 도착할 기한 및 관할경찰서에 출석할 기한 등을 적은 가석방증을 발급하여야 한다.

가석방자는 「가석방자관리규정」 제4조 제2항에 따른 가석방증에 적힌 기한 내에 관할경찰서에 출석하여 가석방증에 출석확인을 받아야 한다. 다만, 천재지변, 질병, 그 밖의 부득이한 사유로 기한 내에 출석할 수 없거나 출석하지 아니하였을 때에는 지체 없이 그 사유를 가장 가까운 경찰서의 장에게 신고하고 그 확인서를 받아 관할경찰서의 장에게 제출하여야 한다(「가석방자관리규정」 제5조). 가석방자는 그의 주거지에 도착하였을 때에는 지체 없이 종사할 직업 등 생활계획을 세우고 이를 관할경찰서의 장에게 서면으로 신고하여야 한다(동 규정 제6조).

2) 가석방자의 보호와 감독

가석방자는 그의 주거지를 관할하는 경찰서장의 보호와 감독을 받는다. 관할

경찰서장의 명령 중 재범방지를 위한 특정장소 출입제한이나 위험한 물건소지 금지 등 중요한 사항을 명한 때에는 이를 관할 지방검찰청 검사장 또는 지방검찰청 지청장 및 석방한 교도소의 장에게 통보하여야 한다. 이와 같이 가석방자는 관할경찰서장의 지시에 따라 행동하여야 하는 것으로 관할경찰서장은 6개월마다 가석방자의 품행, 직업의 종류, 생활 정도, 가족과의 관계, 가족의 보호 여부 및 그 밖의 참고사항에 관하여 조사서를 작성하고 관계기관의 장에게 통보하여야 하며, 보호와 감독을 위임받은 사람은 매월 말일 관할경찰서장에게 보고하여야 한다(동 규정 제3조~제9조). 가석방자가 국내와 국외에 거주이전·이주·여행하고자 할 때에는 전자는 관할경찰서장에게, 후자는 법무부장관에게 허가신청서를 제출하여야 하는 것으로 이를 허가하였을 때에는 증명서를 교부하여야 한다. 가석방자가 국내와 국외로 거주이전·이주·여행할 때에는 관계 서류를 관계 기관에 송부하고 그 뜻을 통보하여야 하며, 여행을 마쳤을 때 또는 국외 이주·여행을 중지하였을 때에도 신고하여야 한다(동 규정 제10조 이하).

(7) 가석방의 취소와 실효

가석방은 일응 자유형의 연장이라 할 수 있으므로, 수형자를 석방하였을 때에는 준수사항을 고지하고, 그들의 행동을 관찰하여야 한다. 이 경우 피관찰자가 관찰기간 중 관찰조건에 위반한 때에는 이를 취소하여 적절한 조치를 할 필요가 있기 때문이다.

이와 같은 취소사유는 대별하여 두 가지로 분류할 수 있는 것으로, ① 가석방 허가 전의 사유에 의한 경우와 ② 가석방 허가 후의 사유에 의한 경우이다. 전자는 가석방 전에 벌금 이상의 형에 처하였을 때와 가석방 전에 범죄를 범하여 벌금 이상의 형을 처한 자가 형의 집행을 받지 않았을 때로서 이는 대개 가석방 전의 면밀한 조사로써 방지할 수 있다. 이에 반하여 후자는 가석방기간 중 금고 이상의 형의 선고를 받아 판결이 확정되었을 때(단, 과실로 인한 형의 선고를 받았을 때에는 예외로 한다)와 가석방의 처분을 받은 자가 감시에 관한 규칙, 즉 준수사항을 위배한 때이다(「형법」제75조). 즉, 「형법」제74조의 경우 가석방처분은 효력을 잃어 실효가 되고 동 제75조의 경우는 가석방처분을 취소하게 되는 것이다. 법무부장관은 가석방 처분을 취소하였을 때에는 가석방자의 주거지를 관할하는 지방검찰청의 장 또는 교정시설의 장에게 통보하여 남은 형을 집행하게 하여야 한다(동 규정 제19조). 취소규정에 의한 재수용자의 가석방기간 중의 일수는 형기에 산입되지 않는다(「형법」제76조). 가석방자가 사망한 때에는 경찰서장은 관계기관에 통보하여야 하며, 통보를 받은 석방시설의 장은 그 사실을 법무부장관에게 보고하여야 한다(동 규정 제20조).

(8) 가석방과 보호관찰

1) 보호관찰의 개시

가석방을 허가하였을 때에는 통상적으로 보호관찰에 붙인다. 미국에서는 각 주와 전국에 보호관찰 및 가석방위원회Probation Parole Association가 설치되어 있어 가석방자 보호를 위하여 연례회의를 개최하고 잡지의 발간과 법의 개정도 건의하며 행정부는 이를 참작하여 실행하고 있다. 일본에서도 「범죄자 예방갱생법」(1949)을 제정하여 각 지방법원관할 구역 내에 소년보호관찰소와 성년보호관찰소를 두고, 그 실행기관으로 보호관찰관과 보호사가 활발한 보호임무를 수행하고 있다.

우리나라도 가석방 또는 임시퇴원된 소년에게 보호관찰을 인정하고 있으며, 성년에게도 실시하고 있다. 소년 가석방자에 대하여는 1988년부터 실시하기 시작하였고, 「형법」의 개정으로(1995. 12. 29. 법률 제5057호) 1997년부터 형사범 전체에 대하여 보호관찰이 확대 실시되었으며, 사회봉사명령, 수강명령, 조건부집행유예 제도가 도입되었다. 성인수형자에 대한 보호관찰의 심사와 결정은 보호관찰심사위원회가 가석방되는 자에 대하여 필요성 여부를 심사하여 결정한다(「보호관찰법」제24조). 「형집행법」제121조의 규정에 의하여 가석방심사위원회에 가석방심사신청을 하는 때에는 그 신청과 동시에 대상자의 명단과 신상조사서를 당해 교도소·구치소·소년교도소의 소재지를 관할하는 보호관찰심사위원회에 송부하여야 한다(같은 법 제28조 제1항).

보호관찰심사위원회는 교도소·구치소·소년교도소의 장으로부터 가석방심사신청대상자의 명단과 신상조사서를 송부받은 때에는 당해 성인수형자를 면담하여 직접 같은 법 제26조 제2항에 규정된 사항(수용자의 범죄 또는 비행의 동기, 수용전의 직업, 생활환경, 교우관계, 가족상황, 피해보상 여부, 생계대책 등)과 석방 후의 재범위험성 및 사회생활에 대한 적용가능성 등에 관한 조사를 하여야 한다. 그리고 교도소·구치소·소년교도소의 소재지 또는 당해 성인수형자의 거주예정자를 관할하는 보호관찰소장에게 그 자료를 송부하여 보호관찰 사안조사를 의뢰할 수 있다(같은 법 제28조 제2항). 보호관찰의 사안조사를 의뢰받은 보호관찰소의 장은 지체 없이 보호관찰 사안조사를 행하고 그 결과를 보호관찰심사위원회에 통보하여야 한다. 교도소·구치소·소년교도소의 장은 심사위원회 또는 보호관찰소의 장으로부터 보호관찰사안조사를 위하여 성인수형자의 면담 등 필요한 협조요청을 받은 경우에는 이에 응하여야 한다. 보호관찰대상자의 준수사항은 ① 주거지에 상주하고 생업에 종사할 것, ② 악습을 버리고 선행을 하며, 범죄성이 있는 자들과 교제·회합하지 아니할 것, ③ 주거를 이전하거나 1개월 이상의 국내외 여행을 할 때에는 미리 보호관찰관에게 신고할 것 등이다.

2) 보호관찰의 정지와 종료

가석방 중의 자가 돌아갈 곳에 오지 않았다든가, 가석방된 자의 소재가 불명하여 보호관찰을 계속할 수 없을 때 신청 또는 직권으로 보호관찰을 정지할 수 있다(같은 법 제53조). 또한 준수사항의 위반이나 범법행위에 의한 가석방이 취소된 때에는 보호관찰이 종료된다. 이에 반하여 보호관찰대상자의 성적이 양호하여 재범의 우려가 없을 때에는 보호관찰의 목적은 달성한 것으로 법정기간만료 전이라도 신청에 의하여 또는 직권으로 보호관찰을 가해제할 수 있으며, 가해제기간 중에는 대상자의 준수사항에 대한 준수의무는 계속되나 보호관찰은 하지 아니한다.

(9) 가석방의 효과

가석방이 허가되었을 때 가석방자가 석방기간 중 처분의 실효 또는 취소됨이 없이 성년수형자의 경우 무기형에 있어서는 10년, 유기형에 있어서는 남은 형기를 경과한 때에는 형의 집행을 마친 것으로 간주한다(「형법」 제74조~제76조). 그리고 징역 또는 금고의 선고를 받은 소년이 가석방된 후 그 처분이 취소되지 아니하고, 가석방 전에 집행을 받은 기간과 동일한 기간을 경과한 때에도 형의 집행을 종료한 것으로 한다. 다만, 「소년법」 제59조의 형기 또는 제60조 제1항의 규정에 의한 장기의 기간이 먼저 경과한 때에는 형의 집행을 종료한 것으로 한다(「소년법」 제66조).

가석방허가서의 도달 후 12시간 이내에 석방하여야 한다(「형집행법」 제124조 제1항). 이 경우에 문제되는 것은 가석방의 연기가 인정되느냐 하는 점인데, 이때 위원은 집행기관에 불과하며 행정관청으로서의 지위가 인정되지 않기 때문에 소극적으로 해석하여야 한다. 그리고 가석방은 형의 집행이 면제될 뿐 형의 선고 자체가 효력을 잃는 것이 아닌 점에서 형의 집행유예와 구분된다.

5. 가석방의 과제와 효율화방안[8]

(1) 가석방의 확대실시

　　가석방의 「형법」상 요건은 선진국과 마찬가지로 무기징역은 10년, 유기징역은 형기의 1/3을 경과하면 가능하도록 규정하고 있다. 그러나 앞에서 서술한 바와 같이, 실무적으로는 대부분의 수형자가 80% 이상의 형집행률을 필요로 하고 있다. 특히 범수가 많을수록 90% 이상의 형집행률이 요구되고 있는 실정이다. 이는 미국, 일본에 비해 월등히 높은 형집행률을 나타내고 있는 것이므로, 앞으로 수형자의 일반적인 형집행률을 낮추고, 특히 범수가 많은 경우에도 교정성적이나 반성의 정도 및 재범의 위험성을 보다 더 실질적으로 판단하여 가석방률을 높이도록 노력해야 할 것이다.

　　교정 · 교화되어 재범의 가능성이 적다고 인정되는 수형자는 형기종료 출소보다는 가석방이라는 사회내처우를 통하여 사회에 적응할 수 있도록 하는 것이 형사정책의 이념에 보다 근접하는 것인 만큼 우리나라도 미국이나 일본의 예처럼 가석방을 보다 확대 실시하는 것이 바람직하다고 본다. 특히 죄명 등에 의해 일률적으로 가석방이 제한되거나 제외되고 있는 수형자에 대한 소극적 가석방 운영에 대한 재검토가 필요하다.[9]

8　허주욱(2013), 증보판 교정학, p.717. 이하

9　가석방에 있어서 제한사범은 흉기를 사용한 폭력범, 상습성이 있는 절도범, 강도 등 죄질이 나쁘거나 재범 위험성이 있는 수형자 등을 그 대상으로 하고 있다. 또한 조직폭력범, 마약사범 등에 대하여는 처음부터 가석방 제외사범으로 규정하여 가석방 대상에서 원천적으로 배제되고 있다. 그런데 이들은 죄질이 나쁘거나 상습성이 인정된다는 등의 이유로 이미 재판과정에서 가중형을 선고받았는데 교정과정에서도 제한사범, 제외사범으로 분류되어 가석방을 제한받고 있는 실정이다. 이를 극복하기 위해서는 자력갱생의 의지와 관계없이 일률적으로 가석방의 제한사범과 제외사범으로 규정하기보다는 구체적인 사안에 따라 가석방 심사위원회에서 결정할 수 있도록 하는 제도적인 개선방안이 요구된다. 앞으로는 적어도 가석방 대상에는 포함시키되 심사에 신중을 기하는 방향으로 나아가는 것이 옳다고 본다.

(2) 단기수형자에 대한 쇼크Shock 가석방제도 도입

우리나라 수형자의 1/4에 가까운 단기수형자(형기 1년 미만)는 주로 범죄가 경미한 초범자로서 단기형의 폐해를 제거하고 이들의 개선의욕을 촉진시키기 위하여는 가석방을 활발하게 적용함이 마땅하다 하겠으나, 사실상 가석방의 혜택을 제대로 받지 못하고 있는 실정이다. 이들은 만기출소할 때까지 집행할 잔형기가 짧은 관계로 작업장에 취업하거나 교정교육을 받지 못하고 주로 거실 안에서 생활하게 되기 때문에 교정 · 교화되기에는 기간이 너무 짧지만 범죄기술을 배워 만성적인 범죄자가 되기에는 충분한 시간을 갖고 있다고 하겠다. 따라서 단기자유형의 폐해를 제거하고 이들의 갱생의욕을 촉진시키기 위해서는 미국의 쇼크 가석방shock parole이나 독일의 잔형유예제도를 참고하여 죄질이 비교적 경미한 단기수형자에 대하여 특별한 사정이 없는 한 가석방혜택을 받을 수 있도록 운용되는 것이 필요하다고 하겠다.

(3) 가석방예정자 사회적응훈련의 내실화

가석방예정자에 대하여는 1994년 7월부터 사회적응훈련을 전면 실시하였고 천안개방교도소가 가석방예정자 생활지도소로 그 기능이 전환되는 등 전국의 가석방예정자를 대상으로 2개월간의 사회적응훈련 교육을 실시하기도 하였다. 가석방예정자에 대한 사회적응훈련은 단기수형자보다 장기수형자가 우선되어야 하고, 훈련 내용에서도 자기통제 및 정서훈련과 사회생활 실습훈련에 비중을 두어야 한다. 장기간의 통제된 생활로부터 사회적응력을 키우는 훈련과정은 최소 3개월 내지 6개월로 연장하여 실시하고, 교육내용도 사회생활에 적응하는데 필요한 프로그램을 더욱 발전시키고 외부통근기간의 연장 및 충분한 예산의 확보 등도 뒤따라야 할 것이다.

우리나라도 2009년 1월에 최초로 안양교도소에 「중간처우의 집」을 설치한 이래 춘천교도소, 청주여자교도소, 창원교도소, 순천교도소 등 5개 기관에서 중간처우의 집을 운영하였으며, 천안개방교도소에는 「사회적응훈련원」이 설치되었다.

미국 중간처우의 집의 경우 보통 50명 이하가 정원이고 모두 400개소나 되어 20,000여 명을 수용하고 있다. 영국에서는 4년 이상의 장기수형자를 석방예정일 10개월 전에 수용하는 '호스텔'이 있다. 호스텔에서는 외부통근을 주된 처우내용으로 하고 있고 외부통근이 용이하도록 도심지에 독립시설로 설치하는데, 현재 영국에는 15개의 호스텔이 있고 정원은 375명이며 연간 900명 정도가 이 프로그램을 이용한다. 아울러 성인수형자에게만 실시하고 있는 사회적응훈련을 장기적인 안목에서 소년수형자에게도 확대 · 실시하고 가석방자의 재범을 막기 위한 실질적이고도 구체적인 사회적응 훈련프로그램의 개발과 선진외국의 경우와 같이 점차 교정시설을 처우단계별로 구분, 설치 · 운영하는 것이 바람직할 것이다.

(4) 가석방자 보호관찰기간의 정기화

「형법」제76조는 가석방의 허가를 받고 출소한 자가 사회 내에 거주하면서 무기형의 경우에는 10년, 그리고 유기형의 경우에는 잔형기를 무사히 경과하면 형의 집행을 만료한 것으로 간주한다고 규정하고 있다. 그런데 후자의 경우 그 잔형기가 너무 짧으면 가석방자의 사회복귀를 효율적으로 추진하는 데 장애요인이 될 수 있다.

외국에서는 이 잔형기가 짧은 경우에는 최소한 1년 또는 2년을 가석방기간parole term으로 하여 그 기간 중 유권적인 보호관찰을 받게 하는 조치를 취하는 것이 타당하다는 의견이 높다. 그리고 잔형기가 너무 긴 경우에는 장기간 불안정한 상태에 두게 되어 하나의 시민으로 재출발한 가석방자에게 고통의 장기화를 초래하고 비인도적이며 그의 갱생의욕을 저해할 수 있으므로, 그 기간을 일정하게 단축시키는 문제가 검토되어야 한다고 주장한다.

제2절 출소자 지원제도(갱생보호제도)

1. 갱생보호제도의 형사정책적 의의

갱생보호의 대상인 출소자는 수사(경찰), 기소 및 공판(검찰), 재판(법원)을 거쳐 형집행(교정 또는 보호관찰) 후의 단계에 있는 자들로 형사사법체계 전과정 중 맨 마지막 단계에 있는 사람들이다. 이들 출소자들이 사회에 잘 적응할 수 있도록 지원하는 일은 사회를 위협하는 범죄를 줄일 뿐만 아니라 한번 실패했던 사회 구성원들에게 다시 사회 속에서 어울려 살 수 있는 기회를 제공해 주는 아주 중요한 일이다(이원복 외, 2011: 29). 우리나라에서 매년 사회로 복귀하는 출소자의 수는 교도소 구치소 등을 합하여 약 10만 명에 이른다. 출소자들은 대부분 높고 차가운 교도소의 담장을 나오면서 새로운 삶을 결심한다. 그러나 그들이 출소 후 부딪히게 되는 것은 사회의 차가운 시선과 차별, 그리고 낙인인 경우가 많다. 최근에는 경제적, 사회적 양극화 심화 및 워킹푸어 증가라는 사회적 환경 등으로 출소자가 안정적으로 사회에 정착하기는 더욱 쉽지 않은 상황이다(이원복 외, 2011: 45-46).

갱생보호제도는 사회로부터 격리된 교정시설에서 상당기간 구금되었다가 다시 사회로 복귀하는 출소자 중에서 다른 사람의 도움 없이는 의식주 등 기본적인 욕구를 충족시킬 수 없고, 일반사회인과의 적응에 실패하여 재범의 위험성이 높다는 연구결과를 바탕으로 제도화되었다(연성진 외, 2012). 사회로부터 상당기간 격리되었던 출소자들은 세상이 급격하게 변하여 경제상황, 사회상황, 행정민원(주민등록, 의료보험) 등의 제반사정에 대한 지식이 부족하여 적응하지 못하고 쉽게 좌절하는 등 사회복귀에 실패할 수 있는 환경에 놓이게 된다(원혜욱, 2015: 5). 특히 생활기반이 취약하고 특별한 기술이나 능력도 갖추지 못한 출소자들이 '전과자'라는 냉대와 불신·기피하는 현실 속에서 사회에 복귀하여 원만하게 적응하는 일은 결코 쉬운 일이 아니다. 이는 출소자를 재범의 유혹에 쉽게 빠지게 하는 요소로 작용한다(원혜욱, 2015: 5). 출소자의 재범은 출소자 본인과 가족을 다시금 파탄에 빠뜨리는 것은 물론, 사회적 위험 및 사회적 비용을 증가시키는 요인으로 작용하기도 한다(배임호, 2013: 115).

최근 범죄로부터 나와 우리가족이 안전하게 보호받는 문제에 대해 관심이 높아지면서, 범죄를 예방하고 안전한 사회를 구축하는 것이 우리사회의 가장 시급하고 주요한 과제 중에 하나로 제시되고 있다. 범죄예방을 위해서는 범죄가 발생하기 전에 미연에 방지하는 것이 가장 최선의 대책일 것이다. 그러나 우리사회에서 범죄를 완전히 소멸시키는 것은 어렵기 때문에 범죄발생률을 최소한으로 낮추는 데에 목표를 두는 것이 보다 현실적일 것이다(박주상, 2006: 122). 그러므로 범죄발생률을 최대한 낮추기 위해서는 일반인이 범죄를 범하게 하지 못하게 하는 사전대책도 중요하지만 한번 범죄를 저지른 사람이 재범하지 못하도록 하는, 즉 사후대책이 보다 효과적일 것이다. 특히 경찰청 발간 경찰백서(2016)에 의하면 2015년 검거된 총 범죄자 중 50% 이상이 과거에 범죄전력이 있는 전과자들에 의해 범해진다는 점을 감안할 때, 전과자인 갱생보호대상자 관리가 우리 사회의 범죄율을 낮추는 데 무척 중요하다는 것을 알 수 있다.

갱생보호란 일반적으로 사회로부터 격리된 교정시설에서 상당한 기간 구금되었다가 다시 사회로 석방되어 나오는 출소자가 재범하지 않고 사회에 잘 적응하여 살아가도록 지도하고 보살피며 도움을 주는 제도를 말한다. 형사사법체계에서 수사, 재판 그리고 형집행은 주로 국가에 의해 독점적으로 이루어져 왔는데 비해 형집행 이후 출소단계는 국가가 지원하고 비영리법인 등 민간영역에서 실시하는 시스템으로 대부분의 국가에서 실시되고 있다. 이처럼 갱생보호를 민간영역에서 주로 실시하는 주된 이유는 인도주의로부터 출발한 제도이며, 출소자는 자신의 죗값을 다 치르고 교도소에서 출소하였기 때문에 국가로부터 더 이상 감독을 받을 필요가 없다고 보았기 때문이다. 또한 근대적 형법의 기본원리는 응보주의에 기초하고 있으므로 국가의 역할은 범죄에 상응하는 형벌을 부과하고 집행하는 것으로 끝나게 설계되었으므로 출소자를 관리하는데 국가예산을 추가적으로 사용할 필요가 없다고 생각하여 국가기관이 아닌 민간차원의 도움이 필요하였고 이러한 역사적 배경이 바탕을 이루었기 때문이다(정소영, 2017: 7).

이상의 논의를 바탕으로 갱생보호제도가 갖는 형사정책적 의미를 출소자 개인과 지역사회 그리고 국가적 입장에서 정리하면 [그림 12-2]에서 보여 주는 것과 같다. 먼저 출소자 개인과 가족입장에서는 성공적인 사회정착을 통해, 개인과 가족의 행복과 복지를 증진할 수 있다. 많은 출소자들이 다시는 죄짓지 않고 살겠다고 결심을 하며 출소하지만 사회의 냉대와 낙인, 경제적 궁핍이나 구직의 어려움 등 현실의 한계에 부딪혀 다시 범죄의 유혹에 빠져들게 된다(이원복 외, 2011: 30). 하지만 주거지원과 취업알선, 그리고 다양한 자립지원 프로그램들을 통해 범죄의 순환고리에서 벗어날 수 있다.

둘째, 지역사회 입장에서는 갱생보호제도가 성공한다면 사회안정과 통합에 기여한다. 범죄자도 결국에는 구금시설에서 출소하여 자신의 지역사회에 거주하게 된다. 만일 이들이 자신과 사회에 대해 부정적인 태도를 가진 상태에서 사회로 재 진입하는 경우에는 재범으로 이어지는 경우가 많다. 출소자가 재범하게 되면 공동체 전체의 평화가 깨어지며 불신이 팽배하질 것이다. 그러므로 출소자에 대한 안전적인 사회정착 프로그램인 갱생보호사업이 활성화되어야 지역사회가 안정되고 공동체 질서가 회복될 것이다.

마지막으로 국가적으로는 출소자의 성공적인 사회복귀는 매년 범죄로 인한 엄청난 사회적 비용을 줄일 수 있다. 박경래 등이 연구한 범죄 및 형사정책에 대한 법경제적 접근 중 범죄의 사회적 비용추계에 관한 논문(2010)에 의하면 범죄로 인한 사회적 비용은 연간 158조 원에 이른다고 한다.[10] 현재 범죄자 중 재범자 비율이 50%에 이르는 것을 갱생보호 프로그램 활성화로 약 2~3%만 낮춘다고 하여도 연간 약 5조 원 정도의 국가적 비용을 절감할 수 있다.

[그림 12-2] 갱생보호제도의 형사정책적 기능

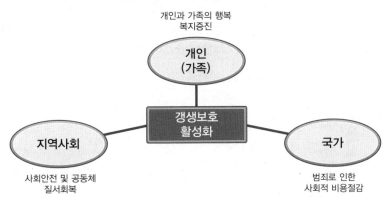

---

10 조흥식 등은 범죄행위로 인한 비용으로 연간 20조 원이 소요된다고 하였으나(조흥식 외, 2010), 박경래 등은 범죄예방을 위한 비용, 범죄에 대한 대응비용 등을 포함하여 연간 158조 원이 소요된다고 하였다.

2. 갱생보호제도의 법·제도적 성격 및 외국의 입법례

(1) 갱생보호제도의 법·제도적 성격

갱생보호는 그 발전과정과 보호의 방법, 목적에 따라 갱생보호aftercare, 사회복귀reentry, 사회재정착resettlement, 재사회화rehabilitation 등 여러 개념으로 사용되고 있다(박민선, 2011: 102). 그리고 미국 등 선진 각국에서는 갱생보호시설을 중간처우의 집halfway house과 지역사회 교정시설community residential center 또는 community corrections centers로 구분하여 사용하고 있다[11].

우리나라는 초기에는 명칭을 갱생보호시설로 출발하였으나 2009년에 한국법무보호복지시설로 변경하였고[12] 기능도 종전 단기간 숙식을 제공하는 업무 중심에서 취업알선, 창업지원, 주거지원 등 중·장기적이면서 보다 근본적인 지원을 중심으로 확대되었다. 또한 2011년 「사회복지사업법」에 출소자 지원사업이 사회복지사업의 한 영역으로 포함되는 것을 계기로 복지적 기능을 대폭 강화하였다.

> **지역사회 교정시설의 유형**
>
> • 데이-레포팅 센터Day-Reporting Centers: 지역사회 센터들에서는 성인이나 때때로 청소년 범죄자들은 구금을 대신하거나 보호관찰의 준수사항으로서 이따금씩 센터에 출석하도록 되어 있다. 지역사회나 재가 프로그램들은 개별 또는 집단상담, 직업준비 훈련, 알콜중독자 모임(AA) 12단계 프로그램, 약물금지 교육 등 다양한 프로그램들을 제공할 수 있다. 참석자들은 일반적으로 밤에는 각자의 집으로 돌아간다.
>
> • 보상 센터Restitution Centers: 이러한 지역사회 거주 시설들은 범죄자들에

---

11 이러한 용어들은 기본적으로 출소자의 재범방지와 안정적인 사회정착을 지원하는 업무를 수행하고 있으나, 기관들 간에 약간의 기능과 대상자의 성격 등에서 차이가 있다고 할 수 있다. 먼저 중간처우의 집은 교도소나 구치소 등 수용시설에서 출소한 자에 대해 외부통근 작업이나 귀휴 등을 위해 강제적 또는 자발적으로 이용하는 시설로 출소자의 사회적응 훈련 기관이라는 이미지가 강하다. 이에 비해 지역사회 교정시설들은 보다 최근에 형성된 용어들로서 출소자뿐만 아니라 미결구금자, 집행유예 출소자 등을 포함하는 보다 폭넓은 개념이며 기능도 취업알선 및 사회성 훈련 그리고 인성교육 등 상대적으로 보다 다양하다고 할 수 있다.

12 본 책에서는 출소자 지원 업무를 수행하는 기능을 법무보호복지라는 아직 익숙하지 않은 명칭대신 갱생보호라는 종전 명칭을 그대로 사용하고자 한다. 왜냐하면 공공기관인 한국법무보호복지공단과 달리 7개 민간법인은 여전히 갱생호보법인이라고 하고 있으며 「보호관찰 등에 관한 법률」 제65조 이하에서 여전히 출소자 지원사업을 갱생보호라고 규정하고 있기 때문이다.

게 법원의 판결에 의해 피해자에게 금전적 배상을 하도록 명령한다. 범죄자들은 보호관찰 준수사항 이행을 조건으로 석방될 수도 있다. 범죄자들은 직장을 구하고 또 직장생활을 지속하여야 하며, 피해자들에게 배상하여야 하고, 시설 거주비용을 지불하여야 하며, 시설 퇴소 후를 위해 소득 중 일정부분을 저축하여야 한다. 센터 프로그램들은 일반적으로 외출제한과 음주와 약물의 절제 그리고 프로그램 참여를 요구한다.

- 통근취업 센터Work Furlough Centers: 이런 유형의 주거시설은 낮 시간동안 근로를 위해 교정시설에서 출소하는 범죄자들에게 선고된다. 대상자들은 기본적으로 밤과 주말에는 시설에서 보내고 지역사회나 재가 프로그램에 참가하여야 한다. 대상자들은 하루단위로 계산된 서비스 비용이나 숙박비를 지불하여야 한다.

범죄인을 사회 내에서 관리, 지원하는 기능을 사회내처우라 하고 교도소, 구치소, 소년원 등 시설 내에서 범죄인에 대한 교육, 직업훈련 등을 실시하는 것을 시설내처우라고 한다. 사회내처우는 강제성 유무에 따라 유권적 사회내처우와 임의적 사회내처우로 다시 구분할 수 있다.[13] 즉, 서비스 수혜자가 본인의 자발적인 신청이나 동의가 있어야만 갱생보호를 받는 경우를 임의적 사회내처우라고 하고 이와 반대로 법원이나 검찰청의 판결이나 결정에 의해 강제적으로 갱생보호대상자가 되며 만일 이에 불응할 때에는 처벌을 받게 되는 경우를 유권적 또는 강제적 사회내처우라고 한다.

임의적 사회내처우의 가장 전형적인 모델은 갱생보호이며, 유권적 사회내처우는 보호관찰이라고 할 수 있다. 그러나 현실에서는 이처럼 엄격하게 구별되는 것은 아니며 가석방이나 집행유예 심지어는 소년보호관찰 대상자들도 갱생보호의 수혜자가 되는 경우도 있다.

[표 12-5]에서 보는 것처럼 보호관찰과 갱생보호는 강제성 유무 뿐만 아니라 실시기관에 있어서도 보호관찰은 국가기관이 독점적으로 수행하는데 비해, 갱생보호는 우리나라 뿐만아니라 일본이나 미국 등의 경우에도 민간영역에 의해 처음

---

13 이를 유권적 갱생보호와 임의적 갱생보호라고 부르기도 하나(박민선 외, 2011: 103-104) 이는 일본에서 종래 분류하던 방법으로 갱생보호를 보호관찰을 포함하는 상위개념으로 보는 관점에서의 분류방법으로써 적절하지 않다고 볼 수 있다(정소영, 2017: 8).

시작되었고 지금도 민간영역이 주를 이루고 있다. 그 밖에 기본 성격에 있어서 보호관찰은 국가 형벌권의 집행인 형사정책적 기능이 강한데 비해, 갱생보호는 출소자의 자립지원을 위한 사회복지적 성격이 강하다고 할 수 있다.

[표 12-5] 보호관찰과 갱생보호 비교

구분	보호관찰	갱생보호
강제성 유무	강제적 · 유권적	임의적 · 자발적
목적	준수사항 위반 여부 감독을 통한 재범방지	자립지원을 통한 건전한 사회정착
실시기관	국가기관	공공기관, 민간기관
주요 대상자	집행유예자 · 소년보호처분자, 일부 가석방 · 가종료자	대부분 교도소 출소자, 일부 집행유예자
기본성격	형사사법적 성격	사회복지적 성격

(2) 외국의 갱생보호제도

우리나라의 갱생보호제도는 대체로 일본의 영향을 많이 받아 시행되었기에 기본적인 행정체계는 일본과 비슷하나 이후 영국, 미국 등에서 시행 중인 제도를 도입하면서 주요 프로그램들은 이들 나라와 유사하다. [표 12-6]은 미국, 영국, 캐나다, 일본과 우리나라의 갱생보호제도를 조직, 시설, 주요 프로그램 그리고 근거법률을 기준으로 비교한 내용이다. 이를 바탕으로 갱생보호제도가 발달한 나라의 특징을 알아보면 다음과 같다.

[표 12-6] 미국 등 선진각국과 우리나라의 갱생보호제도 비교

구분	조직	시설(수용인원)	주요 프로그램	근거법률
미국	민간비영리조직	198개(9,900명)[14]	숙식제공, 취업알선, 재활지원 프로그램 실시	제2의「기회법」[15]
영국	민간법인	108개의 호스텔(2,400명)	주거지원, 취업지원	「범죄자갱생법」[16]
캐나다	민간비영리조직	230개(5,000명)	취업지원, 가족지원	「교정 및 조건부 석방법」[17]

---

14 연방정부차원에서 관리하는 기관으로 수용정원은 각 기관당 최소 3명에서 많게는 200명까지 수용한다고 하여 기관당 평균 50명 정도를 수용한다는 가정하에 통계를 산출한다.

15 Second Chance Act(2008)

16 Offender Rehabilitation Act(2014)

17 Correctional and Conditional Release Act

구분	조직	시설(수용인원)	주요 프로그램	근거법률
일본	민간법인, 일부 공공기관	103개(2,349명)	숙식제공	「갱생보호사업법」
우리나라	공공기관, 민간법인	공공: 23개지부(660명) 민간:7개법인(350명)	숙식제공 주거지원, 취업지원	「보호관찰 등에 관한법률」

먼저 출소자 지원시설 수가 많고 민간차원의 참여가 활성화되어 있다. 그리고 미국의 '제2의 기회법'이나 영국의 「범죄자 갱생법」에서처럼 출소자 지원을 위한 국가·사회적 지원을 강화하는 독자적인 법률을 가지고 있다. 아울러 출소자를 위한 정책이 일반 취약계층을 위한 사회복지정책 속에서 함께 다루어지고 있으며,[18] 일반인들의 출소자 지원사업에 대한 참여정도가 높다. 이하에서는 갱생보호제도가 발발한 미국, 영국의 제도와 우리나라 제도 도입에 중요한 영향을 준 일본의 제도를 중심으로 살펴보겠다.

1) 미국

미국은 민간이 교도소 출소자에 대한 자선활동을 펼친 것에서 갱생보호제도의 유래를 찾을 수 있다. 2008년도에 제정된 '제2의 기회법Second Chance Act'은 출소자의 성공적인 재사회화를 위한 다양한 노력을 제도적으로 지원하기 위해 설립된 법으로 갱생보호 사업은 이 법에 기반하고 있다고 할 수 있다. 이 법은 2004년 부시 대통령 연두교서에서 과거의 엄벌 위주의 교정정책에 따른 한계 노출에 대한 방안으로 "수형자 사회복귀 지원 방안"을 강조하는 입법의 계기를 마련하여 제정되었다. 이 법이 시행된 이래 재범의 악순환 차단, 공공안전 증진, 출소자의 성공적인 지역사회 복귀와 재범 수 감소, 가족 및 지역사회와의 관계 회복과 재범감소를 위한 프로그램들을 개발하여 공급하는 민간단체에게 자금을 지원하는 등 출소자의 성공적인 사회복귀를 위한 다양한 노력을 지원하고 있다(이원복 외, 211: 182-183).

갱생보호시설Residential Reentry Center에서는 대상자를 체계적으로 감독하며 직업

---

18 우리나라 출소자들이 「국민기초생활보장법」에 의한 수급자가 되려면 가족과 일정한 주거를 갖추고 있어야 하는데, 출소의 많은 비율이 가족이 없고 일정한 주거확보가 어렵기 때문에 출소 후 가장 어려운 시기에 도움을 받지 못하고 있다. 특히 「국민기초생활보장법 시행령」 제8조 제3항에 의하면 교도소, 구치소 등에서 출소한 자는 3개월에 한하여 사회적응을 위한 조건 수급자로 지원하고 있는데 이 기간이 너무 짧아서 실질적인 도움을 주지 못하고 있다(김춘진 의원, 갱생보호사업의 사회복지법 적용을 위한 입법세미나 자료, 2009. 7.).

알선, 카운슬링 등 서비스를 지원하며, 출소자가 지역사회에 정착하여 적당한 직장과 주거공간을 찾을 수 있도록 도와준다. 갱생보호시설은 연방교정국 주관하에 경쟁입찰을 거쳐 민간이 운영하며, 출소자에게 다양하고 체계적인 자기개발 기회와 프로그램을 제공한다. 이곳에서 생활하는 대상자들은 구직활동, 취업, 상담, 현장학습 등의 경우에도 승인을 받고 외출하는 등 24시간 내내 행동관찰을 받는다. 또한 거주비용은 대상자 본인이 지불하여야 한다(유병철, 2013: 77-78).

2) 영국

영국은 범죄자를 단지 수용, 교화, 사회복귀시키는 것에 그치는 것이 아니라 교도소에서부터 출소 후까지 계속 관리하는 특징이 있다. 출소자를 원조하는 갱생보호 활동에 수많은 민간단체들이 광범위하게 참여하고 주도적인 역할을 담당하고 있다. 대부분의 단체가 지향하는 궁극적인 목적은 범죄발생 억제에 있으며, 약 900개 이상의 민간단체가 2천 개 이상의 프로젝트를 진행하고 있다(남선모, 2013: 46-47).

영국 갱생보호제도의 또 다른 특징으로는 출소자에 대한 주거지원을 중시한다는 것이다. 교도소 출소예정자가 거주할 곳이 없는 경우에는 출소 2주 전에 홈리스Homeless 부서에 연락하거나 지방자치단체 또는 지역 사회단체의 주택 및 주거지원 프로그램을 안내해 준다(유병철, 2013: 74-75). 무의탁 출소자 지원을 위한 인가시설로 104개의 호스텔이 있고 이곳에서 2,400여 명을 보호하고 있으며, 이 시설에 대해서는 전액국고지원, 세제감면 등의 방법으로 출소자 자립지원을 정책적으로 지원하고 있다. 그리고 영국은 전원 보호관찰과 연계한 의무적(필요적) 갱생보호를 실시하고 있으며, 다기관 연계망이 구축되어 갱생보호사업에 관한 국가 및 지방자치단체 그리고 민간단체 등 이해당사자의 협력체계가 잘 갖추어져 있다.

3) 일본

일본의 출소자 지원사업은 민간에 의한 임의적 갱생보호사업을 중심으로 정부는 보조금을 지급하고 민간에서 실질적인 갱생보호업무를 수행하는 방식으로 운용하여 왔다. 그러나 최근에는 '사회복지'의 관점에서 갱생보호사업을 파악하여 정부의 직접적인 서비스 제공으로 운용하고 있다. 정부는 사회복지법인이나 비영리법인NPO 등의 참여를 적극 장려하여 갱생보호서비스의 다양화 및 전문화 도모를 위해 민간시설에 대한 보조금 지급기준과 및 운영기준, 설립인가 기준 등을 제시하고 있다(남선모, 2013: 54).

　　160개의 민간갱생보호법인이 있으며, 갱생보호시설은 전국에 103개가 있으나 전부 민간 비영리단체에 의해 운영되고 있다.[19] 그러나 일본은 단순 숙식제공 위주의 소극적 형사정책수단으로 갱생보호제도를 운영하고 있어 제도도입은 비교적 빠른 편이나 성장은 더디다는 지적을 받고 있다.

3. 갱생보호모델의 유형

　　갱생보호시설과 그곳에서 이루어지는 서비스의 내용에 따른 모델에 대한 연구들이 갱생보호제도가 발달한 미국을 중심으로 오랜전부터 이루어져 왔다. 이러한 모델에 관한 연구 중 가장 대표적인 것들이 대상자 입소의 강제성 유무에 따른 구분과 입소시기에 따른 구분 그리고 갱생보호시설의 서비스 수준에 따른 구분 등이 있다.

(1) 입소의 강제성에 따른 구분

　　갱생보호시설 입소나 서비스 제공이 강제적이냐 아니면 자발적인 신청에 의해서 이루어 진 것이냐에 따라 모델을 구분할 수 있다. 즉, 출소자들의 자발적인 신청과 동의를 기반으로 갱생보호대상자가 된 경우에는 임의적 갱생보호 모델이라고 하고, 이에 반해 법원이나 가석방심사위원회가 보호관찰 준수사항의 일환이나 가석방허가의 전제조건으로 생활관 입소가 이루어졌으면 이를 필요적 또는 강제적 갱생보호 모델이라고 한다. 미국, 영국, 캐나다 등 출소자 사후지도제도가 발달한 선진 각국에서는 임의적 갱생보호 모델과 함께 필요적 갱생보호 모델이 함께 시행되고 있다. 그러나 우리나라는 필요적 갱생보호 모델은 채택하지 않고 임의적 갱생보호 모델만을 채택하고 있는 실정이다.[20]

---

19 2016년 기준, 갱생보호시설 중 100개 시설은 법무대신의 인가를 받은 것이고, 나머지 3개는 사회복지법인, NPO법인, 일반사단법인에 의해 운영되고 있으며, 남자시설은 89개, 여자시설 7개, 남녀공용시설 7개이며 수용정원은 2,349명임(김수홍, 2017: 33).

20 이처럼 필요적 갱생보호제도를 우리나라에서 도입하지 않는 이유는 전국 단위로 출소자 지원시설이 마련되어 있지 못하다는 점과 이러한 출소자를 관리할 인력확보가 충분히 준비되어 있지 않기 때문으로 보인다.

임의적 갱생보호 모델이냐 필요적 갱생보호 모델이냐에 따라 갱생보호 서비스의 내용도 달라진다. 필요적 갱생보호 모델은 주거제한과 심리치료 등의 기능이 핵심적인 기능이며, 생활관 규율 또한 엄격하다. 만일 갱생보호대상자가 생활관에서 무단으로 이탈하거나 지정된 프로그램에 불참하게 되면 가석방 취소 등 불이익한 조치가 이루어질 수 있다 이러한 면에서 이 모델은 형집행의 일종이라고 볼 수 있다. 이에 비해 임의적 갱생보호모델은 본인의 자발적인 동의를 전제로 하므로 강제적인 생활관 숙박을 전제로 하지 않으며, 숙박제공보다는 취업알선, 주거지원, 창업지원, 기타 자립지원 등 대상자의 욕구에 맞는 폭넓은 서비스를 지원한다. 서비스의 실시도 생활관 중심의 서비스전달방식에서 벗어나 재가복지처럼 자신들의 거주지에 머물면서 필요한 서비스를 전달받을 수도 있다. 이러한 면에서 이 모델은 사회복지적인 성격이 강하다고 할 수 있다. 임의적 갱생보호 모델과 필요적 갱생보호 모델 중 무엇이 더 낫다고 단정할 수는 없다. 갱생보호대상자의 재범위험성 수준, 국가의 형사정책의 방향 그리고 갱생보호사업에 대한 민간참여의 활성화 정도에 따라 활용모형을 달리할 수 있을 것이다.

(2) 입소시기에 따른 구분

1976년에 Allen과 그의 동료들은 중간처우의 집과 보호관찰제도를 연구하였고, 대상자들이 시설에 입소하는 시기를 기준으로 세가지 모델을 개발하였다. 이러한 삼분법은 [그림 12-3]에서 나타내는 것과 같이 프로그램들이 대상자들에게 제공하는 혜택과 서비스뿐만 아니라 어떻게 중간처우의 집이 형사사법체계와 상호작용을 하는지를 기술하는데 유용하다(Latessa & Allen, 1982; Latessa et al., 2015: 307-309). 다만, 이 모델에서 사용되는 시설은 중간처우의 집으로 우리나라의 갱생보호시설은 시설 내 입소가 비교적 자율적인데 비해 중간처우의 집은 가석방심사위원회 등에 의해 강제적으로 이루어진다는 점에서 다소 차이가 있다.

모델 1은 중간처우의 집 프로그램들을 언급함에 있어서 표준적이고 가장 빈번한 형태이다. 이 모델에서, 준수사항 이행을 조건으로 석방된 재소자(가령 가석방, 충격 보호관찰 등)는 가석방 기간 초창기에 중간처우의 집에 입소한다. 이 모델은 석방기간 동안 내내 도움을 필요로 하는 가석방 대상자에게 서비스를 제공한다. 중간처우의 집의 체류기간은 의뢰 전에 특정될 수도 있지만 일반적으로는 시설장, 시설

담당 직원 그리고 대상자가 공동으로 합의하여 결정한다. 일반적으로 이러한 결정은 대상자가 시설을 출소할 준비성, 고용상태, 저축상태 그리고 시설 출소 후 주거계획과 같은 요소를 기반으로 한다. 시설을 떠난 후 대상자에 대한 가석방 보호관찰은 일반적으로 계속 진행된다. 이 모델은 재범률 감소에도 성공적으로 나타났다(Bouffard et al., 2000).

모델 2는 대상자가 석방과정의 초기 단계에서 중간처우의 집에 입소 할 것을 요구한다는 점에서 모델 1과 유사하다. 그러나 모델 1과 다른 점은 중간처우의 집 거주는 공식적으로 가석방 자격을 얻거나 가석방대상자로서 보호관찰을 받기 이전에 일어난다는 것이다. 이러한 대상자들은 자신들의 형기의 잔여기간을 중간처우의 집에서 복역하는 것이다. 중간처우의 집에서는 교도소에서 지역사회로 전환에 따른 필요한 것들과 중요한 서비스를 제공한다. 중간처우의 집의 추가적인 이점으로는 교정기관으로 이관함으로써 사법의 계속성이 보장된다는 점, 가석방 준수사항 위반없이 대상자가 수용시설로 다시금 돌아올 수 있는 능력이 있다는 점, 그리고 구금 비용과 비교하였을 때 범죄자 사후관리에 비용이 적게 든다는 점 등이다. 미국 교정국은 중간처우의 집 활용을 위해 이 모델을 창시하였고, 재소자가 석방이전에 기본적으로 이 모델을 계속 활용하였다.

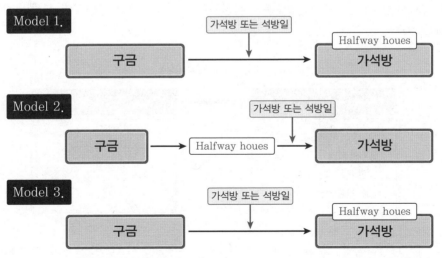

[그림 12-3] 중간처우의 집의 대체모형들

출처: Latessa, E., Allen, H.(1982). 중간처우의 집과 가석방: 국립심사원(A national assessment). 형사정책 10호, pp.153-163.

중간처우의 집의 세 번째 모델(모델 3)은 보호관찰대상자들이나 가석방을 승인

받은 대상자들이 처음에는 중간처우의 집에 입소하지 않고 지역사회에 안착할 수 있다. 만일 대상자들이 범죄의 우려가 높은 행태를 보이거나 예상치 못한 문제에 직면하게 되면 보호관찰관은 재범방지와 문제해결을 위해 중간처우의 집에 구금할 수 있다. 만일 대상자가 시설 생활 중 준수사항을 잘 지킨다면 더 낮은 감독수준으로 되돌아 갈 수 있을 것이다. 이 모델은 대도시 지역에서 조직과 서비스 내용이 다양한 대규모 중간처우의 집에서 활용하기에 적합한 것으로 나타났다.

(3) 갱생보호시설의 서비스 수준에 따른 분류

중간처우의 집은 시설의 규모와 임무 그리고 자원들에 따라서 폭넓은 기능과 서비스를 수행하며, 제공되는 서비스 수준과 대상자에 대한 간섭의 정도에 따라 [그림 12-4]에서와 같이 지지적 모델과 간섭적 모델로 구분할 수 있다. 몇몇 중간처우의 집은 숙소와 음식 그리고 최소한의 상담과 서비스를 제공한다. 이를 지지적 모델supportive programs이라고 한다. 이러한 유형의 예들은 쉼터와 사전 예약이 필요 없는 상담지원센터drop-in centers 등이다.

이에 반해 긴 체류기간 동안 전문화된 직원들에 의해 통합된 처우 등 광범위한 서비스를 제공하는 중간처우의 집 모형을 간섭적 모델interventive programs이라고 한다. 그러나 현실에 있어서 대부분의 시설들은 지지적이거나 간섭적인 시설의 중간에 위치한다.

[그림 12-4] 서비스에 근거한 중간처우의 집의 유형

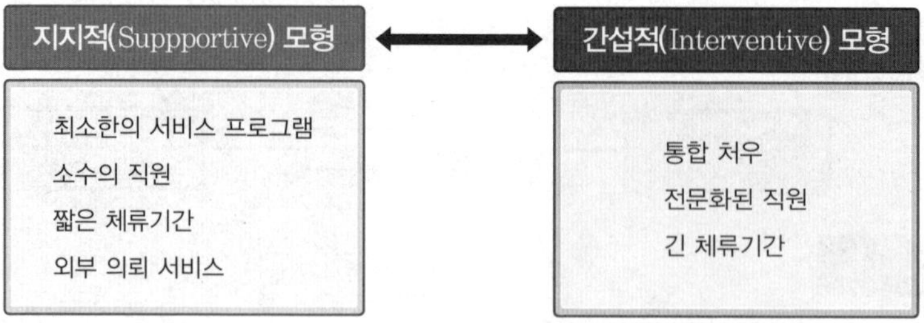

지지적(Suppportive) 모형	⬅➡	간섭적(Interventive) 모형
최소한의 서비스 프로그램 소수의 직원 짧은 체류기간 외부 의뢰 서비스		통합 처우 전문화된 직원 긴 체류기간

출소자의 재범방지를 위한 사회 내 교정 수단으로서 갱생보호시설의 역할은 운영과 목표면에서 다양하다. 비록 이러한 세 가지 모델 모두가 지역사회로 돌아가는데 있어서 거주할 공간의 필요성은 인정하지만, 이들의 욕구를 충족할 접근방법

과 전략 역시 다양하므로 대상자의 위험성 수준과 욕구에 맞는 갱생보호 모델을 설정하는 것이 바람직하다.

4. 한국 갱생보호제도의 발전과정과 주요내용

(1) 갱생보호제도의 발전과정

현재 우리나라에서 갱생보호를 담당하고 있는 공공기관은 한국법무보호복지공단이며 민간기관으로는 재단법인 한국교화복지재단 등 7개 갱생보호법인이 있다.

우리나라 갱생보호제도의 발전과정을 살펴보면 크게 3단계로 구분할 수 있다.

먼저 초기 제도도입에서부터 법무부 승인 민간 갱생보호법인이 탄생하기 이전까지의 기간으로 이를 갱생보호제도의 태동기라고 할 수 있다. 이 시기의 특징은 선진 각국의 경우와 달리 민간부문이 활성화되지 못하던 때라서 국가가 주도적으로 본 사업을 실시하였으며 프로그램 내용도 숙식제공 위주의 형식적인 갱생보호사업이라고 할 수 있겠다. 일제 강점기인 1942년 3월 23일 형사정책적 보호사업을 위한 제도로「조선사법보호사업령」제9호에 의거 총독부의 지도, 감독하에 국가로부터 보조금을 받는 보호단체로 각 교도소 소재지에 설립된 17개 사법보호회가 출범하였다. 이후 일제 강점기에 제정된 법령을 폐기하고 갱생보호사업을 보다 현실적이고 실효성 있게 쇄신하기 위해 1961년 9월 30일 법률 제730호로「갱생보호법」을 제정하고 각 교도소 소재지에 갱생보호소가 설치되어 운영되면서 출소자에 대한 사후관리가 본격적으로 이루어지기 시작했다.

두 번째 단계는 출소자 지원사업에 대한 민간참여가 본격화되었고, 단순 숙식제공 위주의 사업에서 탈피하여 출소자 보호사업을 다변화하고자 하는 노력이 전개된 시기인 갱생보호 성장기이다. 1990년대에 들어오면서 정부에서는 '범죄와의 전쟁'을 선포하고 폭력범죄 등 사회 안전을 해치는 범죄자에 대해 일제소탕령이 내려지면서 교도소 수용정원의 200%에 육박할 정도의 많은 범죄인이 교도소에 구금되었다. 이후 이들이 대거 출소하면서 출소자 지원정책에 대한 심도 있는 논의가 본격화 되었다. 한편, 1989년 보호관찰제도가 도입되면서 종전 갱생보호기관에서 실시하여왔던 출소자에 대한 '관찰보호' 기능을 보호관찰소로 이관하는 등 양 조직 간의 기능조정이 있었다. 이후 1995년 1월 5일「갱생보호법」과「보호관찰법」을 통합하여 「보호관찰 등에 관한 법률」이 공포되었다. 동 법률에 의거 동년 6월 1일 한국갱생보호공단이 설립되고 기존 갱생보호회의 권리와 의무는 공단에서 모두 승계하였다.

세 번째 단계는 갱생보호에 대한 대 국민 홍보강화와 민간참여의 활성화 그리고 취업성공패키지 등 보호사업의 체계화ㆍ내실화 등이 동시에 이루어지기 시작한 시기로부터 현재까지로 이를 갱생보호의 발전기라 할 수 있겠다. 이 시기의 특징은 우리사회 전반에 복지적 이념이 폭넓게 확산되면서 출소자 지원업무를 사회복지업무로 포함시키는 입법활동이 있었으며, 출소자 취업활성화를 위한 우수 고용주를 발굴하고 격려하는 '허그 일자리 나눔축제' 그리고 출소자에 대한 부정적 인식을 줄이고 사회적 지원을 확대하기 위한 범 국민적 캠페인인 '옐로우 리본 콘서트' 등이 실시되었다 그리고 2009년 3월에는 '갱생보호'라는 부정적인 이미지를 탈피하고 법무부 산하 출소자의 자립을 돕는 '복지기관'임을 명시하기 위하여 '한국법무보호복지공단'으로 명칭을 변경하였다. 또한 출소자의 재범방지를 위해서는 무엇보다 안정된 일자리가 필요하다는 인식하에 고용노동부 주관 사회적 취약계층에 대한 일자리 나눔사업인 '취업성공패키지'사업에 출소자도 포함됨으로써 종전 숙식제공 위주의 갱생보호사업에 획기적인 전환점을 마련하였다.

한국 갱생보호제도의 특징

우리나라 갱생보호제도의 발전과정을 바탕으로, 그 특징을 살펴보면 다음과 같다.

① 미국, 영국 등 외국과는 달리 우리나라는 공공부분인 한국법무보호복지공단이 갱생보호사업에서 주도적인 역할을 하고 있고 상대적으로 민간참여는 활성화되어 있지 않다.

② 보호관찰과 연계된 필요적 갱생보호제도를 실시하지 않고 대상자의 신청과 동의를 전제로 하는 임의적 갱생보호제도만을 실시하고 있다.

③ 출소자의 성공적인 사회복귀를 위한 사회정책 관련 부처와의 정책공조 및 협력추진을 위한 협력시스템이 많이 부족하다.

④ 숙식제공과 긴급원호 지원사업 중심에서 탈피하여 주거지원, 취업알선, 가족복원 등 갱생보호 서비스 내용이 다양하고 수요자 중심사업으로 전환되고 있다.

(2) 한국갱생보호의 구체적 내용

우리나라에서 갱생보호는 형사처분(또는 보호처분)을 받고 교정시설에서 출소한 사람이 신청하는 경우, 국가가 아닌 민간에서 물질적 지원 또는 정신적 도움을 주어 사회에 복귀하게 함으로써 재범을 방지하거나 사회적 응집력을 증진시키는 일련의 범죄자에 대한 처우를 말한다(유병철, 2013: 72). 이를 갱생보호 서비스의 대상, 주체 그리고 실시방법(프로그램들) 등으로 나누어 좀 더 구체적으로 살펴보면 다음과 같다.

1) 갱생보호대상자(서비스의 수혜자)

갱생보호대상자들은 기본적으로 본인의 신청이나 동의에 의해 갱생보호서비스를 받게 된다. 교도소에서 출소하기 100일 전에 교도소에 대응하는 법무보호복지공단 지부의 출소자 사전교육 담당직원들이 출소예정자들을 대상으로 갱생보호시설에서 제공하는서비스의 종류와 입소절차 등을 교육하고, 신청을 받는 등의 절차로 갱생보호대상자가 된다. 갱생보호대상자는 가장 기본적으로 갱생보호시설의 생활관에 머물면서 숙식제공을 받는 것이지만, 자신의 연고지에서 생활하면서 직업훈련이나 창업지원 등의 서비스를 제공받을 수도 있다.

출소자들 중 가족이나 친척 등 연고자가 있는 경우는 가족이나 친척 또는 친구집으로 돌아간다. 그러나 오랫동안 교도소에 수용되면서 자연스럽게 가족들이 해체되거나 인수를 원하지 않는 경우에는 혼자서 살아가거나 한국법무보호복지공단이나 민간갱생보호 법인에서 제공하는 숙소에서 생활하여야 한다. 그러나 연간 10만여 명이 교도소에서 출소하는데 비해 갱생보호시설에서 제공하는 숙식공간은 전국적으로 불과 1천여 자리에 불과하여 나머지는 비인가 민간시설이나 부랑인 등에게 제공되는 사회복지시설 등을 이용해야 한다. 그나마 이러한 시설마저 이용할 수 없는 나머지 출소자들은 숙식 및 자원제공이 불안정한 상태에서 노숙이나 주거지를 짧은 기간 동안 전전하다 다시 범죄의 유혹에 빠져들곤 한다(이원복 등, 2011: 460-461).

많은 출소자들은 낙인과 낮은 학력, 사회적응력 부족, 사회 지원의 부족 등으로 지역사회에 성공적으로 정착하는데 어려움을 겪고 있다. 갱생보호 서비스 수혜자들인 출소자들은 출소 후 현실에 적응하는데 많은 어려움을 겪고 있으며 가장 공통적으로 나타나는 것은 다음과 같다. 첫째, 직업을 찾고 유지하는데 어려움이 크다.[21] 둘째, 출소자의 대부분이 가난과 범죄가 집중되어 있는 지역사회와 이웃으로 돌아간다. 셋째, 출소자들은 학력수준과 취업을 위한 기술이 부족하여 취업이나 사회생활에 어려움이 크다. 넷째, 가족 등으로부터의 정서적 지지기반이 부족하여 어려움에 처했을 때 이를 견디고 극복하는데 한계가 있다. 결국 출소자들은 다시 범죄행동으로 돌아가도록 유혹하는 수많은 위험에 노출되어 있다(박민선 등, 2011: 52).

갱생보호대상자는 모두 다 어렵지만 특히 더욱 어려운 환경에 놓여있는 대상자들은 만성적인 질병이나 중독 등 정신질환을 갖고 있는 자들이다. 그리고 고령자나 여성 출소자 또한 위험에 많이 노출되어 있다. 그러므로 이들을 전문적으로 처우할 수 있는 갱생보호시설의 설치 및 운영이 필요하다.

2) 집행기관

출소자 사회복귀 사업인 갱생보호사업은 주로 인도주의적 측면과 복지적 측면이 강조되면서 종교단체 등 주로 민간영역에 의해 시작되었다. 그러나 갱생보호제도가 발달한 선진 각국과는 달리 상대적으로 민간부분의 활동이 저조하였던 우리나라는 정부가 주도적으로 이 사업을 시작하였다. 이후 1980년대 이후 민간경제가 활성화되고 공동체에 대한 사회의식이 점차 강조되면서 민간부분에서 출소자 지원사업에 대한 관심이 높아졌고 일부 법인이 이 사업에 참여하게 되었다. 결국 범죄는 국가가 책임져야 할 문제이나 사회구성원의 협조 없이는 재범방지의 실효성이 적다는 점에서 국가영역과 민간영역이 상호협력하여 담당하는 체계를 갖추고 있다.

우리나라는 공공부문인 한국법무보호복지공단과 민간부분인 갱생보호 법인이 갱생보호사업을 함께하고 있어 이는 선진 각국에서는 보기 드문 사례이다. 한국법무보호복지공단은 갱생보호업무를 효율적으로 담당하기 위해 설치된 공법인체로 원래의 명칭은 갱생보호회였으나 1995년 「보호관찰 등에 관한 법률」에 따라 한국갱생보호공단으로 변경되었다가 2009년 다시 한국법무보호복지공단으로 명칭이 변경되었다. 현재 법무부장관의 감독하에 본부와 각 지방검찰청 소재에 15개 지부와 7개 지소 1센터를 두고 있다(박민선 등, 2011: 108).

민간인 중에 갱생보호사업을 하고자 하는 자는 법무부장관의 허가를 받도록 하고 있다. 갱생보호사업체의 무분별한 난립을 방지하여 출소자의 인권보호와 양

---

21 출소자의 실업은 재범률과 관련이 깊은데 미국의 경우 심각한 범죄자 중 3분의 1 이상이 체포되기 전 6개월동안 실직상태에 있었던 것으로 나타났다(Johnson, 2011).

질의 서비스를 제공하려는 의도에서 신고주의가 아닌 허가주의를 선택하였다. 이처럼 법무부장관의 허가를 받은 갱생보호 법인에 대해서는 예산의 범위 내에서 사업비의 일부를 지원하고 있으며, 예산·회계 등에 대한 보고의무 및 목적 외 사업금지 등에 대한 감사실시 등 관리감독도 병행하고 있다. 1985년 '한국교화복지재단'이 처음으로 법무부장관으로부터 설립허가를 받아 갱생보호사업을 시작하였으며 이후, 담안선교회(1987년), 세계교화갱보협회(1991년), 빠스카교화복지회(1997년), 양지뜸(1999년), 뷰티플 라이프(2005년), 열린낙원(2007년) 등 7개 민간갱생보호법인이 차례로 설립되어 활동 중에 있다. 그러나 이들 민간갱생보호법인 대부분은 열악한 환경으로 출소자 지원이 활성화되지 못하고 있는 실정이다(남선모 등, 2013: 41).

이외에도 법무부장관으로부터 사업허가를 받지는 않았지만 출소자 지원 사업을 하는 기관들이 있다. 이들은 시설면적이나 종사하는 직원 수, 자격조건 등에서 법무부의 설립기준을 충족하지 못하여 설립허가를 받지 못하고 미인가로 운영 중인 시설들과 종교단체에서 운영하고 있는 시설들이다. 이 시설들은 한국법무보호복지공단이나 민간갱생보호법인보다 대부분 소규모이며, 정부로부터 지원을 받지 못하여 운영자의 열정과 노력으로 시설을 운영함으로 더욱 열악한 환경에 있다.

3) 갱생보호 프로그램들

갱생보호의 방법인 프로그램들은 주거지원, 창업지원, 직업훈련 및 취업지원, 출소예정자 사전상담, 갱생보호대상자의 가족에 대한 지원, 심리상담 및 심리치료, 사후관리, 그 밖에 갱생보호대상자에 대한 자립지원 등이 있다(「보호관찰 등에 관한 법률」제65조). 이들 기본적 프로그램들을 살펴보고, 최근에 기능이 강화된 프로그램들에 대해서도 알아보겠다.

㉮ 갱생보호의 방법

먼저 가장 전통적이면서도 핵심적인 기능인 숙식제공이 있다. 숙식제공은 생활관 등 갱생보호시설에서 대상자들에게 숙소, 음식물 및 의복 등을 제공하고 정신교육을 하는 것을 말한다.[22] 숙식제공을 받는 갱생보호대상자는 기본적으로 거주

---

22 숙식제공 기간은 기본적으로 6개월로 하며, 필요하다고 인정할 때에는 3회에 한하여 그 기간을 연장할 수 있다.

지가 없거나 보호받을 수 있는 가족이나 친치, 연고자가 없는 자, 귀주지가 있더라도 가족, 교우, 주변환경이 불량하여 귀주 후 재범이 예측되는 자 등이다.

둘째, 직업훈련 및 취업알선이 있다. 직업훈련은 일정한 기술이 없어 취업에 애로가 있는 대상자들에게 본인의 희망 · 적성 · 경력 등을 고려하여 취업에 용이한 직종의 자격증을 취득하도록 직업전문학교 · 일반학원에 위탁교육 하는 것이다.[23] 취업알선은 갱생보호대상자들에게 직장을 알선하여 원활한 사회정착을 유도하기 위해 실시되어 왔으며, 보다 더 안정적인 취업처를 알선하기 위해서 민간 자원봉사 단체인 '취업알선 후원회'를 확대 구성하였다. 또한 취업을 희망하지만 전과자라는 사회적 편견 등으로 자력으로 취업이 곤란한 대상자들에게 필요한 경우에는 신원을 보증하기도 한다.

셋째, 갱생보호대상자에 대한 자립지원으로 이는 사회복지시설에의 의탁알선, 가족관계 등록 창설, 주민등록 재등록, 결혼주선, 입양 및 의료시혜 등 갱생보호대상자의 자립지원을 위해 필요한 사항을 지원하는 것을 말한다. 출소자들은 장기간 사회와 격리되어 있었기 때문에 주민등록이 말소되어 있는 경우가 많다. 특히 학력이 낮고 법에 대한 지식이 부족한 출소자들의 경우에는 주민등록 재등록에 소극적이다. 그러나 우리 사회에서 주민등록 없이 취업활동을 비롯한 사회활동 등 기본적인 생활을 영위하는 것은 매우 어렵다. 그러므로 이들에게 시민으로써의 권리와 의무를 되찾아 주어 생활에 안정을 찾을 수 있도록 주민등록 재등록을 위한 지원이 필요하다. 또한 출소자 중에는 질병이나 부상 등으로 고통받는 자가 상당수에 이른다. 이들은 의료보험의 혜택도 받을 수 없는 경우가 많으며 치료비조차도 없기 때문에 치료에 어려움을 겪는 경우가 많다. 이들에 대해 의료기관에 협조를 요청하여 치료를 받을 수 있도록 할 필요가 있다(원혜욱, 2013: 11-12). 이처럼 이러한 지원을 하는 것이 자립지원 사업이다.

❹ 새롭게 추가된 사업들

「보호관찰 등에 관한 법률」에 명시된 갱생보호사업 이외에 2000년도를 전후하여 새롭게 추가된 사업으로는 주거지원, 창업지원, 취업성공패키지 등이 있으며,

---

[23] 직업훈련은 시대적 흐름에 맞는 첨단 유망직종(컴퓨터디자인, 애니메이션, PC수리 등)과 저학력자 대상 직종(제과제빵, 이 · 미용, 도배, 자동차 운전 등)으로 구분하여 실시하고 훈련비 단가 또한 현실에 맞게 재조정하였으며, 자체 직업훈련 프로그램을 개발하여 시행하고 있다(최응렬, 2013: 16).

이러한 기능을 강화하기 위해 허그일자리 나눔행사나 엘로우 리본 콘서트 그리고 사회복지사업법 개정 등을 실시하였다.

　먼저 부양가족이 있는 무주택 출소자들에게 임대주택을 지원하는 주거지원 사업을 실시하였다. 법무부는 2006년 국토해양부 및 LH공사와 업무협약을 통해 향후 10년간 매년 150호씩 총 1,500호의 임대주택을 지원하기로 하였다. 출소자의 주거공간 확보는 안정적으로 경제적, 사회적 자립을 할 수 있는 필수적인 요소이며, 출소직후 주거가 불안정한 경우에는 범죄의 위험성이 그만큼 높다(유병철, 2013: 88). 2012년도와 2013년도에 주거지원을 받은 대상자의 재범률이 각 6.33%와 6.58% 로[24] 일반 형사사건 재범률 약 50%와 비교할 때 재범방지 효과가 무척 크다는 것을 알 수 있다.

　창업지원은 2009년부터 미소금융재단과 연계하여 휴면예금을 활용, 창업 희망자에게 1인당 최대 5,000만 원까지 무담보로 창업자금을 지원하는 제도이다. 전과자라는 낙인으로 취업은 어렵고, 창업기술을 가지고 있으나 자본금이 없는 대상자들을 대상으로 실시되고 있다. 주된 창업분야는 식당이나 이·미용실 등이다.

　두 번째로 새롭게 추가된 갱생보호사업으로는 출소자에 대한 취업지원을 강화한 것이다. 취업지원을 체계화하기 위해 고용노동부 주관 취약계층에 대한 취업활성화를 위해 실시 중인 '취업성공패키지 사업'에 한국법무보호복지공단이 위탁사업자로 선정되었고 출소자가 취업지원을 위한 취약계층에 포함되었다. 출소자에게 취업은 가장 중요한 사회적응을 위한 요소이다. 일자리를 가진 경우 다른 생각을 할 겨를이 없고 생활이 안정됨에 따라 재범의 유혹이 줄어드는 반면, 일자리가 없는 경우 경제난을 해결하기 위해 다시금 재범하는 경우가 많다. 취업성공패키지 사업이 특별히 의미있는 것은 취업지원을 위해 출소자에게 여러 가지 혜택을 주는 것뿐만 아니라 출소자를 고용한 기업인에게도 일정기간 동안 보조금을 지급하며, 위탁사업자에게도 성공기여금이 지급되기 때문에 보다 적극적으로 취업을 알선하고 또한 일정기간 지속적으로 고용을 유지하도록 한다. 갱생보호대상자에 대해 취업지원을 강화하기 위한 또다른 사업으로는 출소자를 많이 고용한 기업을 격려하고 출소자 고용에 대한 범 사회적 분위기 조정을 위해 '허그 일자리 나눔행사'를 시행하였다.

---

24 2012년 수혜자 총 158명 중 10명 재범(재범률 6.33%), 2013년 수혜자 총 152명 중 10명 재범(재범률 6.58%)이다.

세 번째로 2011년 8월부터 「사회복지사업법」이 개정됨으로 출소자 갱생보호 시설과 사업이 사회복지사업으로 인정받게 되었다. 이를 통해 국가 및 지방자치단 체로부터 예산지원의 증가, 각종 세제감면 혜택의 확대, 공공요금 할인 외에도 출 소자 지원을 위한 생활관 건축이나 사회복지사 채용을 통한 출소자 교화사업 전문 화 등의 구체적인 혜택이 주어지게 되었다. 출소자 지원사업이 사회복지의 모법인 「사회복지사업법」에 포함되는 것을 계기로 민간 독지가들로부터 후원금 모집활동 이 수월해 지는 등 갱생보호사업이 사회복지사업이라는 것을 국민들에게 인식시키 는 좋은 계기가 되었다.

㉣ 한국법무보호복지공단의 사업실적 및 향후 갱생보호사업의 기능변화

우리나라 갱생보호사업 실적 중 약 70~80%를 차지하고 있는 한국법무보호복 지공단의 최근 6년간 사업실적을 살펴보면 [표 12-7]과 같다. [표 12-7]에서 보는 것처럼 총 사업실적은 2010년도 47,788건에서 2015년도에는 69,034건으로 양적 으로 점차적으로 증가하여왔음을 알 수 있다.

전통적 갱생보호 사업인 숙식제공이나 자립지원 등은 큰 변동이 없는데 비해, 새롭게 강조되는 사업인 취업지원사업이나 취업알선 등은 증가하였고, 가정복원 이나 심리상담, 학업지원 등의 기능이 2013년도 이후 새로운 사업으로 추가되어 출소자들의 욕구와 시대적 변화에 부응하는 서비스를 제공하려고 함을 알 수 있다.

[표 12-7] 한국법무보호복지공단 사업 실적(최근 6년간)

(단위: 건)

구분 \ 연도	2010	2011	2012	2013	2014	2015
계	47,788	54,297	56,201	57,099	59,717	69,034
숙식제공	2,398	2,440	2,517	2,303	2,237	2,340
재사회화교육	3,112	3,134	3,400	3,264	3,244	3,551
직업훈련	1,717	1,533	1,732	1,774	1,757	2,505
취업알선	3,431	3,615	3,736	3,871	3,779	4,174
주거지원	152	152	158	152	152	152
긴급원호	1,392	3,507	3,795	4,710	3,963	4,708
사후관리	9,086	9,812	10,886	10,391	9,993	10,993
사전면담	15,668	15,798	15,833	15,949	19,213	22,113
창업지원	27	43	31	18	13	13
취업지원사업	–	3,440	3,975	4,303	4,328	5,014

구분 \ 연도		2010	2011	2012	2013	2014	2015
가정복원		–	–	–	31	297	331
심리상담		–	–	–	3,573	3,808	4,899
학업지원		–	–	–	–	919	1,059
기타	소계	10,805	10,823	10,138	6,760	6,014	7,182
	무연고자 결연	2,602	2,602	2,553	1,672	1,802	1,783
	무호적자 취적	807	894	855	533	229	275
	의료시혜	1,616	1,409	1,164	703	308	292
	합동결혼	88	86	90	88	87	99
	의탁알선	88	64	72	38	23	15
	여비지급	156	150	170	73	36	60
	기타	5,448	5,618	5,234	3,653	3,529	4,658

주: 1. 법무부 범죄예방정책국 통계, 각년도
　　2. 2009. 창업지원, 2011~2014. 취업성공패키지 시행
　　3. 2013 가정복원, 심리상담 시행
　　4. 2014. 학업지원 시행
　　5. 2015. 취업지원사업 시행

　　이상의 갱생보호사업의 내용과 한국법무보호복지공단 최근 6년간의 실적 등을 정리해 볼 때 [표 12-8]에서 보는 것과 같이 종래 전통적으로 강조되었던 숙식제공이나 직업훈련 등의 기능은 축소 또는 현 상태를 유지하고 있는데 비해 주거지원, 취업지원, 가정복원 등의 기능은 새롭게 도입되거나 확대되고 있음을 알 수 있다. 그러므로 향후 출소자 지원사업의 방향은 새롭게 강조되고 있는 기능이 좀 더 강화될 것으로 보인다.[25]

[표 12-8]　갱생보호사업 기능의 변화

전통적 기능	새롭게 강조되는 기능
숙식제공	주거지원
여비지급	취업지원(취업성공패키지)
직업훈련	창업지원
자립지원 등	가족기능회복 지원

---

[25] 주거지원이나 취업지원이 새롭게 강조되고 있는 중요한 갱생보호 기능임에도 확대되고 잇지 못한 이유는 수요자는 많으나 건설교통부나 기획재정부 등으로부터 추가적으로 사업을 확장 받아야 가능하고 자체적으로 사업을 확대할 수 없기 때문이다.

5. 갱생보호제도의 효과 및 발전방향

(1) 갱생보호제도의 효과

갱생보호제도의 효과성에 대해서는 많은 논란이 있을 수 있다. 먼저 무엇이 효과적이라고 할 수 있는가에 대한 정의를 내리기가 쉽지 않다. 먼저 우리사회의 범죄율이 감소하면 갱생보호의 효과가 크다고 할 수있을 것이다. 왜냐하면 연간 발생하는 범죄자 중 절반 이상이 초범자가 아닌 재범 이상인 자들이기 때문이다. 그리고 갱생보호 서비스의 혜택을 받았던 사람들의 재범률이 그렇지 않은 사람들의 재범률보다 낮으면 효과적이라고 할 수 있을 것이다. 또한 교도소 수용자 1인당 비용이나 보호관찰대상자 1인당 비용 등과 비교하여 갱생보호대상자 1인당 관리비용이 적게 든다면 효과적이라고 할 수 있을 것이다.

미국에서는 이미 오래전부터 갱생보호제도의 효과에 대한 평가를 실시하고 있다. 평가내용은 인도주의, 비용효과, 그리고 재범률 등 세가지 측면에서 실시되었는데(Latessa & Allen, 1982), 대상자들의 만족도를 추가하고자 한다.

1) 인도주의 측면의 효과

교도소는 최근 20년 동안 미국 보수주의자들의 처벌 중심적인 교정정책으로 과밀구금의 문제에 직면해 있으며, 이는 교도소 생활 전반에 걸쳐서 많은 불편함을 초래하고 있다. 또한 형식적인 교도작업이나 직업훈련 실시 그리고 교도소에서 재소자들간에 강간과 폭력조직간의 갈등 등으로 출소자들은 하루라도 빨리 출소하고 싶어한다. 우리나라의 현실도 미국과 별반 다르지 않다. 이에 비해 갱생보호시설은 자신의 의지에 의해 입·출입 및 활동이 자유롭다는 점, 1인당 사용가능한 시설공간이 교도소에 비해 넓고 쾌적하다는 점 등에서 교도소보다는 인도적이라고 할 것이다.

2) 국가예산 절감 효과

국가예산의 지출이라는 면에서 갱생보호시설은 교도소 등 시설내처우와 비교할 때 비용효과적이라고 나타났다. [표 12-9]에서 보는 것처럼 2009년도 미국 오하이오 주의 대상자 1인당 연간비용에 있어 중간처우의 집이나 기타 지역사회 교정시설(우리나라의 갱생보호시설)이 교도소 수용에 따른 비용(약 3만8천불)의 약 1/4에서 1/7수준에 불과할 정도로 매우 저렴한 것을 알 수 있다.

[표 12-9] 지역사회 교정시설과 교도소와의 비용분석(미국 오하이오주, 2009)

시설의 유형	기관 수	대상자 수	평균체류기간	대상자 1인당 연간비용($)
교도소	32	49,908	704일	38,325
중간처우의 집	23	7,108	92일	5,608
기타 지역사회 교정시설(CBC)	18	5,749	124일	9,933

출처: Gerald Bayens & Smykla(2013), 『Probation, Parole, & Community-Based Corrections』, McGraw Hill.

우리나라의 경우, 2015년을 기준으로 한국법무보호복지공단에서 실시한 서비스의 수혜인원(69,034명) 1인당 연간 비용을 산출해 보면 34만여 원에 불과하며 이를 숙식제공자 2,340명으로 한정하여도 1인당 연간 1천52만 원으로 교도소 수용자 1인당 연간 교정비용 약 2,500만 원의 절반에도 못미치는 수준으로 교도소 재소자와 비교할 때 비용효과적이라고 할 수 있다. 이는 특히 공공기관에서 출소자 지원업무를 운영하는 것보다 민간단체에서 운영하는 것이 비용면에서 더욱 저렴하다고 한다(Patt & Winston, 1999).

[표 12-10] 한국법무보호복지공단과 교도소와의 비용비교(2015년 기준)

구분	교도소	갱생보호기관(공단)	
		숙식제공자	전체 서비스 수혜자
인원 수	53,892	2,340	69,034
1인당 연간 비용	2,500만 원	1,052만 원	34만 원

3) 재범률 평가

재범률을 산정하는 것은 매우 복잡하다. 우선 갱생보호의 효과를 정확히 파악할 수 있기 위해서는 갱생보호시설에서 생활한 대상자들과 죄질과 환경은 유사하나 갱생보호시설에서 생활하지 않은 대상자들과 재범률을 비교하여야 하나, 동질의 대상자 확보 및 다른 변수를 통제하고 연구하는 것은 쉽지 않다. 즉, 중간처우의 집에서 생활하는 대상자들 유형의 범주(가석방자, 보호관찰대상자, 판결 전 구금자, 취업통근자와 귀휴자 등 법적성격이 다양함)나 다양성은 추적연구를 위한 적절한 통제집단을 구하는 것을 어렵게 한다.

그래서 정교한 비교연구의 한계를 인정하고 미국 갱생보호시설에서 생활하였던 대상자들에 대한 재범률 연구만을 실시하였을 때, 약 71%의 대상자가 재범하지 않은 것으로 나타나고 있으며, 현재 생활관에서 생활중인[in- program] 자의 재체포율은 2%에서 17% 사이로 나타났다(Huskey, 1992). 알콜과 약물남용자에 대한 추적조사를 통한 재범률 연구 결과에서도 70%에서 80%의 성공률을 보여 주고 있다. 결국 미국의 경우 추적조사를 통한 재범률 연구결과에서 중간처우의 집에서 생활한 대상자들은 다른 교정처우를 받은 대상자들의 재범률에 비해 나쁘지 않은 것으로 나타났다(Latessa, 2015: 318-319).

우리나라의 경우에는 「형의 실효 등에 관한 법률」상 범죄경력조회를 할 수 있는 기관을 수사와 재판 중인 기관 등으로 한정하고 있어 출소자들의 경우 정확한 재범률산정에는 한계가 있다. 즉, 갱생보호기관에서 인지하거나 대상자 본인이 자발적으로 재범사실을 고백하는 경우에는 재범율로 산정되고 있다고 할 수 있다. 다만, 직접적으로 정확한 재범율 산정이 어렵다는 점을 감안하여 재범율을 산정한 기본 자료들을 통해 간접비교해 볼 수 있을 뿐이다. 법무연수원 발간 '범죄백서(2016년)'에 의하면 2015년도 교도소 입소자의 이전 입소경력에 대한 자료에서 44%가 이전에 1회 이상 교도소에 입소한 경력이 있다고 한다. 이는 출소자의 거의 절반가량이 다시금 죄를 지어 교도소에 입소하고 있다는 사실을 알 수 있다. 그러나 여기에 더하여 출소 후 범죄를 지었으나 비교적 경미한 범죄를 범하여 집행유예나 벌금형 등으로 징역형을 선고 받지 않은자들까지 합치면 재범률은 더욱 높아질 것이다.

이는 범죄자의 재범방지를 목적으로 추진 중인 갱생보호제도가 그다지 큰 성과를 거두고 있다고 단정하기에는 곤란하다고 본다. 다만, 공단에서 실시 중인 창업지원이나 주거지원 사업의 경우 재범율이 4~5%에 불과한 것으로 나타나고 있다(원혜욱, 2013: 6). 이는 재범 시 그동안 공단으로부터 지원받았던 주택이나 사업장을 반환하여야 한다는 것 때문에 재범억제에 더욱 노력했을 것이라는 점과 출소자의 재범방지에 가장 핵심적인 요소는 안정된 주거공간과 일자리라는 사실을 다시 한번 확인시켜 준 것이라고 할 수 있다.

4) 고객만족도 평가

한국법무보호복지공단에서 서비스를 지원받는 대상자들을 대상으로 2010년도에 서울대학교 사회과학원이 실시한 갱생보호사업에 대한 만족도 평가에서 수혜자인 대상자들은 대체적으로 만족감을 표하고 있다. [표 12-11]에서 보는 바와 같이 주거지원과 창업지원 사업이 90점 이상의 높은 점수로 만족도가 높게 나타나고 있다.

[표 12-11] 갱생보호사업에 대한 만족도 평가

항목	주거 지원	숙식 제공	직업 훈련	취업 알선	긴급 원호	재사 회화	기타 자립	창업 지원
만족도 (점수)	92	83	85	77	81	80	79	91

　　이는 이러한 혜택을 받은 대상자들의 재범률도 낮은 것에서 보듯 효과가 큰 사업으로 보인다. 반면에 전통적 갱생보호사업인 숙식제공이나 직업훈련, 긴급원호, 재사회화 사업은 80점대 초 중반의 점수를 받아 만족도가 낮다고는 할 수 없지만 높다고도 할 수 없다. 특히 직업훈련과 취업알선은 주거지원과 더불어 출소자의 재범방지를 위한 핵심적인 사업이라고 할 수 있으므로 개선이 요구된다.

　　미국 Latessa 교수(1998)는 갱생보호시설에 대한 평가를 위해 전국적으로 중간처우의 집의 운영실태를 조사한 결과 다음과 같은 문제점을 제시하였다. 즉, 많은 중간처우의 집들은 범죄자의 위험성을 적절히 사정하지 못하였고, 일반적으로 중간처우의 집에 근무하는 직원들의 자격요건은 낮았으며, 직원들의 이직률도 높았다. 그리고 대부분의 중간처우의 집은 다양한 처우를 제공하지 못하였고 준비된 이론적 기반의 처우모델도 거의 없었다. Leon과 그의 동료들(1999)이 실시한 중간처우의 집에 관한 이후의 연구들에서도 범죄자들에 대한 빈약한 사정작업, 잦은 직원들의 교체, 리더십의 비일관성, 불충분한 자원 그리고 치료를 소홀히 하는 점 등에 대해 유사한 우려를 표명했다.

　　오하이오주의 주거 프로그램에 대한 2002년도 연구에서, Lowenkamp와 Latessa(2004)는 갱생보호시설에 출소자들을 배정하기 전에 재범위험성 수준에 관한 사정이 중요하다는 사실을 언급하였다. 연구결과 갱생보호시설의 프로그램들은 고위험 범죄자들의 재범률은 8% 감소시켰으나 오히려 일반적으로 저위험 출소자들의 재범률은 4% 증가시켰다는 사실을 알아냈다. 2010년에 재차 실시한 연구에서도 Latessa와 그의 동료들(2010)은 20개의 지역사회교정시설과 40개의 중간처우의 집 그리고 2만 명 이상의 범죄자 사례 연구에서 이전 연구의 결과와 유사한 결과를 발견했다. 그러므로 갱생보호시설에서 생활하여야 하는 고위험 범죄자들에게는 효과가 있지만, 저위험 대상자들에게는 오히려 범죄가 전염될 수 있다는 것으로 나타났으므로 대상자 선정 시 참고하여야 하겠다.

(2) 제도발전을 위한 과제 및 발전방향

출소자의 사회복귀 실패는 결국 재범으로 이어져 국민을 불안하게 하고 범죄로 인한 사회적 비용을 증가시키는 등 사회안전망 구축을 저해하는 요인으로 작용하고 있다. 우리나라의 출소자 지원정책인 갱생보호제도는 출소자의 사회복귀를 위한 독자적인 법률을 가지고 있지 못하고, 국가적 관심이 적으며 정책 우선순위를 배정받지 못하여 이 사업에 대한 국고지원이 부족한 실정이다. 또한 선진국에 비해 그리고 우리나라의 수요에 비해 민간영역에서의 참여가 부족하며, 프로그램이 수용자들의 욕구에 맞게 다양하고 전문화 되어야 하나 아직은 많이 부족한 것이 사실이다. 그리고 가족기능 회복을 위한 가족복원 프로그램이 활성화 되어야 하고 공공기관인 한국법무보호복지공단과 민간갱생보호 사업자들간의 관계정립이 필요한 실정이다. 이상의 내용을 좀 더 상세히 기술하면 다음과 같다.

1) 출소자 사회복귀 및 지원에 관한 독자적인 법률제정 필요

1995년 사회내처우의 활성화를 위한다는 취지로 「갱생보호법」과 「보호관찰법」을 통합하여 「보호관찰 등에 관한 법률」을 제정하였으나 당초 취지와는 달리 갱생보호사업의 위축을 가져왔다는 지적이 많다(원혜욱, 2013: 4). 갱생보호가 출소자에 대한 복지적인 차원에서의 지원이라는 점을 고려할 때 감독의 개념하에 출소자에 대한 재범방지를 목표로 하는 보호관찰과 동일한 법률체계에서 운영되기는 어렵다는 것이다. 그러므로 가칭 「출소자 지원에 관한 법률」이라는 독자적인 법률을 제정하여 출소자 지원 사업에 대한 사회적 관심과 지원을 확대하여야 하겠다. 또한 최근에 새롭게 추가된 주거지원이나 가족지원 그리고 심리상담치료 등의 갱생보호사업에 대한 법적 근거를 마련하고, 효율적 갱생보호사업 추진을 위해 국가 및 지방자치단체들과 출소자에 대한 정보를 공유할 수 있는 법적 근거를 마련할 필요가 있다.

2) 출소자 지원을 위한 국고지원 확대

한국법무보호복지공단이나 민간 갱생보호법인의 예산은 국고보조금과 자체수익금으로 구성되어 있다. 국고지원은 2016년말 결산기준으로 공단은 84.1% 수준, 민간 갱생보호법인은 59.1% 수준으로 국고보조금 수준이 많이 높아졌으나 아직 다른 나라들에 비해 미흡한 실정이다.[26] 공단직원이나 민간갱생보호법인 종사자들은 갱생보호대상자를 관리하는 업무와 자체수입금을 확보하는 부차적인 업무를 동시에 수행하고 있다. 위 공단은 부동산 임대수입을 제외하면 고정적인 수입원이 없어 민간기부금, 찬조금, 바자회 수입금 등에 의존해야 하는 등 수입구조가 불안한 실정이다(원혜욱, 2013: 13). 이러한 현실은 갱생보호대상자를 관리하는 본연의 업무보다 수입금 확보에 더욱 많은 시간과 노력을 쏟아 부으면서, 아이러니하게도 갱생보호사업을 위해 자체자금을 확보하여야 하는데 현실은 갱생보호업무는 상대적으로 소홀히 하면서 자체자금 모금업무가 핵심업무가 되고 있는 실정이다.

그러므로 여타 사회복지 사업처럼 국고지원을 확대하여 이 업무에 종사하는 직원들이 자체자금을 확보하기 위해 본연의 업무를 소홀히 하기보다는 갱생보호대상자 관리에 집중할 수 있도록 하여야 하겠다.

3) 참여 확대로 갱생보호 인프라 확충

외국에 비해 우리나라는 출소자를 위한 사회적 인프라가 매우 부족하다(정진수 외, 2009: 26). 우리나라는 법무부 산하기관인 한국법무보호복지공단이 갱생보호 사업을 독점하듯이 전담하고 있다(유병철, 2013: 84). 연간 교도소에서 출소하는 10만여 명 출소자의 안정적인 사회정착을 위해서는 공단과 7개 민간갱생보호법인 만으로는 한계가 있다는 지적이 많다. 즉, 국가 주도로 이루어지는 현재의 공급만으로는 출소자의 성공적 사회정착이라는 과제를 행함에 있어서 한계에 부딪힐 수밖에 없다. 따라서 갱생보호를 민간영역으로 적극 확대하여 신규 갱생보호 사업자의 참여를 적극 유도할 필요가 있다(이원복 외, 2011: 60).

4) 갱생보호 프로그램과 시설에 대한 다양화 · 전문화

출소자의 재범을 방지하기 위해서는 각각의 대상자에게 적합한 지원이 이루어져야 한다. 출소자가 행한 범죄유형과 출소자 개인의 특성이 모두 다르기 때문에 다양한 지원사업 중 어느 사업이 가장 적합한지가 우선 판단되어야 한다(원혜욱, 2013: 17). 현재 출소자의 경향은 고령화, 여성출소자와 중독 및 정신질환의 문제를

---

[26] 홍콩은 정부지원 위주(90%)로 갱생보호사업을 실시하고 있으며, 일본은 민간갱생보호시설을 중심으로 운영되고 있지만 국고지원이 70% 수준이다(유병철, 2013: 82).

가진 출소자의 증가라는 특성이 있다. 따라서 다양한 출소자들의 욕구와 특성에 맞는 시설이 운영되어야 한다. 즉, 여성시설, 의료보호시설, 청소년시설, 성범죄 및 마약사범 출소자 시설 등의 전문적인 시설 설립이 필요하다(남선모, 2013: 59). 또한 대부분의 출소자 보호시설이 숙식보호 및 상담 위주의 사업에 집중되어 있으나 원만한 사회정착을 위해서는 취업알선, 가족기능 회복, 주거지원 등의 사업이 반드시 필요하다. 특히 가족기능 회복사업은 출소자들의 사회적응을 위해 꼭 필요한 사업이다. 가족의 협조는 출소자들이 안정된 생활을 하며 재범의 유혹에 빠지지 않도록 막는 보호요인이 된다. 캐나다에서 연구한 가족과의 연대감과 재범률과의 관계에 관한 연구에 의하면, 수감생활 중 평균 6회의 가족방문을 받은 자의 재범률은 그렇지 않은 경우에 비해 약 17% 낮고, 수감생활 중에 평균 2회의 외부 가족방문을 한 자의 재범률은 그렇지 않은 경우에 비해 약 22% 낮은 것으로 알려져 있다(남선모 외, 2013: 53). 이렇듯 범죄자의 성공적인 사회정착에 가족과의 상호작용이 중요한 요소이므로 가족과 협력하여 출소자의 취업, 경제관리, 대인관계, 심리적 문제 혹은 알콜이나 약물문제를 다루는 것이 매우 효과적일 것으로 보인다. 그러므로 수요자인 출소자에 맞게 가족기능 회복 프로그램을 포함하여 갱생보호 프로그램을 다양화하고 전문화하기 위해 노력하여야 하겠다(이원복 외, 2011: 457).

5) 한국법무보호복지공단과 민간갱생보호법인과의 합리적인 관계정립 필요

우리나라 출소자 지원업무는 공공부문인 한국법무보호복지공단과 민간부문인 민간 갱생보호법인이 나누워 담당하고 있다. 그러나 치료감호소에서 가출소하는 정신질환자나 성폭력 범죄자 그리고 여러 번 교도소를 들락날락하여 가족이 해체된 대상자처럼 관리가 어려운 대상자를 누가 담당할 것인가 하는 문제가 있다. 그러므로 출소자의 원활한 지원을 통한 재범방지 효과를 극대화하기 위해서는 민간과 공공부문 간의 효율적인 역할분담이 이루어져야 한다. 미국은 공공기관과 민간기관의 역할분담이 명확하게 균형과 조화를 이루고 있다. 특히 미국, 캐나다 등의 국가들에서는 중간처우의 집과 같은 강제적 시설을 국가에서 관리하거나 국가가 민간에 위탁을 주고, 민간에서는 보다 자유롭고 손쉬운 임의적 갱생보호를 실시하고 있다(이원복 외, 2011: 456-457). 또한 상담이나 사회성 향상 프로그램 등의 서비스 제공분야는 민간분야에게 맡기고, 공단의 경우 여러 서비스를 종합적이고 체계적으로 제공하고 대규모의 자원과 전국적인 조직체계를 효율적으로 활용할 수 있는 주거지원이나 창업지원 같은부문을 담당하는 것이 좋을 것이다. 즉, 민간영역에서 담당하기 어려운 부분은 공공부문에서 담당하는 것이 필요하다. 경범죄나 초범 등 관리가 상대적으로 손쉬운 대상자의 경우에는 민간시설에서 수용하고 민간시설에서 담당하기 어려운 중범죄자나 누범자, 성범죄자 등의 경우에는 공공부문에서 담당하는 것이 바람직할 것이다(이원복 외, 2011: 457).

제 **13** 장 셉테드와 법교육

2019년 7월 31일 「범죄예방 건축기준 고시」 개정안이 발효되었다. 이전에는 대규모 주택 등에만 적용되던 범죄예방 건축기준이 2018년 12월 「건축법 시행령」 개정에 따라 '다가구주택, 아파트(500세대 미만), 연립주택 및 다세대주택'에도 의무적으로 적용되게 된 것이며, 이러한 적용기준을 좀 더 구체화 한 것이 '고시'의 내용이다.

사실 2014년 5월 이전까지만 하더라도 건축 관련 일반법인 「건축법」은 '범죄예방'이라는 개념을 포섭하지 않았다(개별 특별법에 관련 조항이 산재함). 그런데 과연 어떠한 일이 있었기에 범죄예방을 위한 정책이 「건축법」에까지 확장된 것일까? 전통적으로 범죄문제는 경찰, 검찰, 법원, 교정 · 보호기관 등 소위 형사사법기관의 고유 업무 영역으로 인식되어 왔다. 그러나 이미 오래 전에 건축가, 디자인 전문가, 정보통신전문가, 환경심리학자 등이 전통적인 형사사법기관 종사자와 협업으로 범죄문제 해결에 나서게 되었는데 이러한 개념이 셉테드CPTED이다.

한편, 셉테드가 물리적 환경에 방점을 두고 있다면(일종의 컴퓨터 하드웨어에 해당), 이러한 물리적 환경이 애초 목적한 대로 적절히 작동할 수 있는 소프트웨어에 해당하는 프로그램 내지 컨텐츠에 대한 고민은 셉테드보다도 훨씬 이전에 국내에서 논의되어 왔다. 일련의 법교육 프로그램이 그것이다.

이번 장에서는 범죄예방을 위한 환경적 관점에서 하드웨어에 해당하는 셉테드와 소프트웨어에 해당하는 법교육에 대해 고찰한다. 이들 개념의 정의와 형성과정, 주요 내용, 정책적 적용과정, 효과성 등을 과거와 현재 그리고 미래로 나누어 살펴본다.

1. 셉테드의 의의

셉테드란 Crime Prevention Through Environmental Design의 두문자인 'CPTED'를 각국의 학자들이【septed】로 읽기로 한 것에서 유래한다. 역사적으로는 1971년 레이 제퍼리^{Ray Jeffery}가『환경설계를 통한 범죄예방^{Crime Prevention Through Environmental Design}』이라는 책을 발간하였고, 그의 책 제목이 현재의 셉테드라는 용어의 출발점이 되었다.[1]

셉테드에 대해 다양한 정의가 있으나, 제퍼리에 의하면 '건조환경^{建造環境}에 대한 적절한 디자인과 효과적인 활용^{proper design and effective use of the built environment}을 통해 범죄발생수준 및 범죄에 대한 두려움을 감소시키고 삶의 질을 향상 시키는 것'으로 정의된다.[2] 셉테드의 핵심은 환경이 인간의 행태^{human behavior}에 영향을 미치며, 그것이 결과적으로 범죄수준과 범죄에 대한 두려움을 줄여줄 수 있다는 것이다. 이때의 환경이 단지 물리적 환경 내지 도시설계만을 의미하는 것이 아님에 주의해야 한다. 셉테드는 그 이상으로 행동에 대한 인식, 사회과학, 법집행 그리고 공동체 조직과 같은 보다 포괄적인 개념들을 포함하고 있다(Crowe, 2000).

---

1 셉테드 역사를 언급함에 소위 대표적 3인방이 있는데, 범죄학자인 레이 제퍼리 외에, 제인 제이콥스(Jane Jacobs), 오스카 뉴만(Oscar Newman)이 그들이다. 언론인으로서 제인 제이콥스는 1961년『미국도시의 죽음과 삶(The Death and Life of Great American Cities)』이라는 저서를 통해 잘못된 도시재개발이 어떻게 범죄문제를 심각하게 하는지를 보여 주고 있다. 그녀는 '거리의 눈(eye of street)'이라는 개념과 토지의 다양한 용도로의 사용(즉 특정 지역에 주거 · 상업 · 사무시설 등이 서로 어울리는 것)을 통해 범죄를 예방하고 삶의 질을 높일 수 있음을 주장한다. 제이콥스의 주장은 오늘날 셉테드 원리와 충돌하는 면도 있는데, 예를 들어 다양한 용도로 토지를 사용하는 경우 자연적 감시는 강화할 수 있으나 영역성 감소로 범죄발생의 가능성을 높일 수 있다(예로 주택지역에 있는 유흥주점).

2 건조환경은 자연환경에 대비되는 개념이다. 일본식 표현으로 적확한 의미전달을 위해서는 '인조환경'으로 번역해야 한다는 의견도 있다(유지소, 문장블로그).

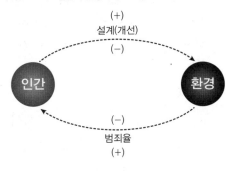

[그림 13-1] 인간과 환경의 상호작용에 따른 범죄율의 변화

(+)
설계(개선)
(−)

인간 ⇄ 환경

(−)
범죄율
(+)

[그림 13-2] 펠슨과 코헨의 일상활동이론

동기화된
범죄자

범죄의
3요소

적합한
대상

효과적인
감시의 부재

이 이론에 의하면 범죄는 동기화된 범죄자, 적합한 대상, 감시의 부재 3요소가 만날 때 발생. 셉테드는 범죄자가 아닌 대상과 감시에 관심을 가짐

전통적으로 범죄연구는 범죄인의 생물학적·심리학적 요인을 연구하는 범죄인의 기질론적 접근dispositional approach과 범죄가 빈발하는 특정장소의 상황적 요인들을 연구하는 상황적 접근situational approach의 두 가지로 구분된다(최응렬, 2006). 범죄인의 기질론적 접근방법은 범죄란 가해자 또는 피의자만에 의한 불법적 행위로 정의되지만, 상황적 접근방법은 범죄를 가해자와 피해자가 동시에 특정장소에서 벌이는 사건으로 정의된다. 즉, 범죄예방이란 가해자, 피해자 그리고 건축환경에 의하여 제공되는 범죄유발요인(범행의 기회)을 제거하는 방향으로 변화시키는 것을 의미한다. 다시 말해, 셉테드는 범인이 아닌 범행장소에 주목한다. 거주공간에만 중점을 두는 산업적 도시계획으로 인해 도시의 물리적 환경은 범죄가 일어나기 쉬운 환경으로 변하고 있다. 따라서 범죄가 일어나기 어려운 환경을 디자인함으로써 범죄를 억제하는 셉테드는 범죄예방에 있어 범죄를 저지르는 "사람"보다 범행이 일어나는 "장소 또는 공간"이란 물리적 환경에 초점을 맞춘다는 것이다(경남발전연구원, 2007).

건축이나 환경설계를 통해 상당수의 범죄를 사전에 예방할 수 있다는 이론적 근거는 특정한 범죄유형의 경우 범죄분포를 조사하면 뚜렷한 공간적·시간적 패턴이 있다는 사실에 근거한다. 즉, 특정지역이나 특정시간대가 다른 지역이나 다른 시간대에 비해 더 많은 범죄가 발생한다는 것이다. 이러한 범죄의 시·공간적인 집적패턴agglomeration pattern은 바로 특정범죄의 경우 지역의 상황적 요인들이 범죄의 발생에 영향을 미친다는 경험적 증거로 해석된다(최응렬, 2006). 이러한 논리에 근거하여 범죄의 공간적이고 시간적인 분포패턴을 연구하고 이러한 분포상태를 상황적인 요인들과 연계함으로써 범죄학자들은 범죄를 유인하는 환경을 통제할 수 있는 가능성을 찾기 시작하였고 셉테드는 이에 대한 구체적인 해결책을 제시하려 한다.

셉테드는 범죄발생의 원인과 대안을 건축 공간적 측면에서 접근한다는 측면에서 환경범죄학environmental criminology적 사고의 산물로 볼 수 있다. 다만, 셉테드가 그것이 사적 공간이든 공적 공간이든 건축공간을 중심으로 범죄자로부터의 공격에 대해 거주자 혹은 정상적 공간사용자의 효과적 방어를 위한 공간설계에 초점을 맞춘 접근방법이라면, 환경범죄학은 범죄자의 공간 내 군집과 이동을 분석하여 범죄발생의 동태적 특징까지 밝히려 한다는 점에서 좀 더 광의의 접근법이라고 할 수 있다. 셉테드와 환경범죄학 모두 고전범죄학의 원칙을 유지하되[3] 그 초점을 개별 범죄자가 아니라 범죄가 일어나는 환경에 둔다. 아울러 셉테드는 범죄발생의 근원적 원인(예로 소득불평등 문제, 유전적 취약성 등)을 제거하는 데 초점을 두기보다는, 일상활동이론routine activity theory 내지 기회이론적 관점에서 범죄발생의 기회를 최소화 시키려는 전략에 중점을 두고 있다는 점에서 상황적 범죄예방이론situational crime prevention과 그 궤를 같이 한다. 범죄문제에 대한 전통적 접근과 대비되는 셉테드적 접근을 도식화하면 다음의 그림과 같다.

[그림 13-3] 범죄문제에 대한 전통적 접근과 셉테드적 접근의 차이

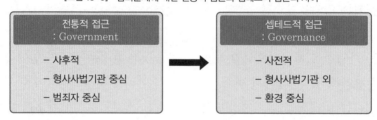

---

3   고전범죄학적 원칙을 견지한다 함은 범죄자의 합리성을 전제한다는 것이다. 즉, 범죄라는 것이 비정상적인 사람에 의해 충동적으로 저질러지는 것이 아니라, 일반인의 행태와 마찬가지로 일종의 비용과 편익을 고려한 하나의 합리적 선택(choice)의 결과물이라는 것이다.

요컨대 셉테드는 범죄문제를 거버먼트government라는 틀에서 거버넌스governace 라는 틀로 바꾸었다는 점에서 형사정책적 의의가 크다. 즉, 범죄문제를 단순히 형사사법기관만의 책임·권한 구조에서 벗어나 우리 사회 구성원 모두의 참여와 협력체계 속에서 공동으로 관리·해결보자는 것이다. 또한 범죄자의 체포·구금 중심의 사후 억제적 관점보다는, 환경적 요인의 조작을 통해 범죄 발생을 사전에 억제하자는 관점이 중심이 된다.

한편, 셉테드는 범죄발생률 외에 범죄두려움fear of crime을 적극적으로 관리해 보려는 노력이 있음에 주목해야 한다. 사실 범죄두려움은 범죄가 발생하는 빈도와 무관하게 그 수준이 표출될 수 있다. 개인의 인구사회학적 요인, 관련 정보에 대한 접근성,[4] 범죄통계의 수준, 지역의 무질서 수준 등 다양한 요인이 범죄두려움과 실제 범죄발생율 간의 불일치를 가져올 수 있다. 셉테드는 이러한 범죄두려움 감소를 범죄발생수준 감소 이상으로 중요시함으로써 지역주민의 삶의 질을 궁극적으로 개선시키려 한다. 특히 최근의 많은 셉테드 사업(소위 2세대 셉테드)은 지역주민의 참여를 강조하고, 물리적 무질서를 넘어 사회적 무질서social disorder를 감소시키는 데 많은 관심을 갖고 있다.

2. 셉테드 전략

셉테드 전략에는 자연적 접근통제natural access control, 자연적 감시natural surveillance, 영역성territoriality이라는 세 가지 기본 전략(혹은 원리)이 존재하며, 학자에 따라 활동성 강화activity reinforcement와 유지관리maintenance and management 두 가지 전략을 추가한다. 주의할 것은 이들 전략들이 엄밀히 구분되는 독립적 영역에 있는 것이 아니라 서로 중첩적이며, 상호영향을 주는 관계에 있다는 점이다. 그리고 가장 중요한 핵심적 전략은 영역성이다.

---

4 다른 사람이 범죄를 당했다는 대리피해경험(vicarious victimization)은 언론, 드라마 등을 통해 전달되고 이러한 매체의 조절효과를 통해 간접경험이 범죄 두려움에 상이한 영향을 미친다.

[그림 13-4]   셉테드 전략

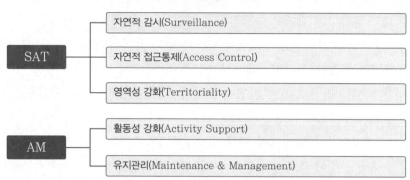

자연적 접근통제는 범죄기회를 줄일 목적의 설계개념이다. 자연적 접근통제는 출입구, 울타리, 조경, 조명 등 시설물을 적절히 배치하여 사람들이 보호공간에 들어오고 나가는 것을 통제하는 것을 말한다. 자연적 접근통제의 전략은 전형적으로 조직적 통제(경비원), 기계적 통제(잠금장치), 그리고 자연적 통제(공간정의)로 분류된다. 자연적 접근통제 전략의 주요 핵심은 범죄목표물에의 접근을 차단하는 것으로 범죄인에게 체포의 위험을 인식시키는 것이다(Crowe, 2000).

자연적 감시는 침입자를 지속적으로 감시하는 설계개념이다. 그러므로 비록 침입자가 위험을 더 많이 인식했기 때문에 효과적으로 침입하지 못해 자연적 접근통제의 효과를 달성할 수 있다하더라도 자연적 감시전략의 주요한 핵심은 관찰을 이용한다는데 있다. 자연적 감시전략은 전형적으로 조직적 감시(경찰순찰), 기계적 감시(조명), 그리고 자연적 감시(창문)로 구분된다.

[그림 13-5]   벽이 아니더라도 물을 활용하여 접근통제를 구현한 사례(출처: flickr)

[그림 13-6] 계단실 내에 창과 센서등을 설치하여 자연적 감시의 기능을 향상시킨 사례

　전통적으로 설계개념에서의 자연적 접근통제와 자연적 감시는 태도와 동기, 그리고 물리적 환경의 이용을 최소화하고 무시하는 동안에 기계적이거나 조직적 범죄예방기법이 강조되어 왔다. 이는 미시적인 측면에서의 조명장치의 설계, 경비원의 배치와 관련된다. 반면, 도시계획과 같은 거시적인 환경설계에서는 단지의 배치나 재개발을 통한 환경개선 등의 방법으로 물리적 환경의 이용을 극대화하려는 기법이 사용하기도 한다. 예를 들어 아파트 단지의 출입구 수와 장금장치 등을 통해 출입관리를 강화하는 것은 접근통제의 대표적 전략이며, 단지 내 놀이터 위치를 단지 외곽에서 중앙으로 변경하거나 비상통로나 엘리베이터에 창문을 새로이 설치하는 것은 자연적 감시를 높이기 위한 전략이다.

　이와 같은 셉테드 전략의 변화는 영역성에 기인한다. 미시적인 환경설계에 국한되지 않는 거시적인 영역의 소속감을 제고함으로써 거주하는 주민에게 영토적 소속감을 증대시키고 잠재적인 범죄인에게 영역감을 인식시켜 범죄를 예방하려는 것이 영역성이다. 청소처럼 특정 공간에 대한 물리적 무질서를 없애는 행위, 준공적 혹은 준사적 영역의 바닥재를 공적 혹은 사적 영역과 달리하는 조치, 특정 마을의 일체감을 향상시키는 조치 등은 영역성을 높이는 수단이 된다. 자연적 접근통제와 자연적 감시는 범죄예방을 위해 효과적인 영역감의 조성에 기여하는 것으로 인식되고 있다(Crowe, 2000). 즉, 자연적 접근통제와 자연적 감시는 주민의 영역을 보호함으로써 주민들에게는 더욱 더 범죄에 대한 관심을 가지게 할 것이고, 잠재적 범죄인에게는 더 많은 위험을 느끼게 할 것이다.

[그림 13-7]   벽화를 활용하여 지역의 영역성을 강화한 사례

　　또한 셉테드는 환경의 효과적인 이용을 통해 범죄예방을 극대화하기 위하여
본질적으로 조직적이고 기계적인 전략에서 자연적인 전략으로 중점을 바꾸는데 기
여하고 있다. 이것은 있는 그대로의 환경자체를 자연적ㆍ일상적으로 이용하여 적
극적인 행동을 유도함으로써 자연적 접근통제와 자연적 감시효과를 제고하려는 것
이다(Crowe, 2000).

　　조직적ㆍ기계적 전략에서 자연적 전략으로의 변경은 자연적 접근통제와 자연
적 감시, 그리고 영역성 강화를 강조하는 계획으로 개발하기 위한 셉테드를 적용하
는 것이다. 비록 개념적으로 구분되지만 실제로 이들 전략들을 실행하는 경우 중첩
현상이 발생한다(예로 투명담장). 따라서 영역성 강화, 자연적 감시와 자연적 접근통
제를 독립적인 전략으로 생각하는 것은 실용적이지 못하며, 이들 전략을 종합적으
로 고려하는 것이 중요하다. 예를 들어 유사하게 공적 공간을 이용하고 활용하는
것을 공식적으로 통제하지 않더라도 주민들에 의해 외부인의 침입이 자연스럽게
관찰될 수 있도록 자연적 감시가 이루어지게 만들어야 한다(Crowe, 2000).

[그림 13-8]   학교폭력이 발생하던 공간에 운동시설(climing wall)을 설치함으로써 바람직한 활동을 유도한 사례이다.

[그림 13-9] 시인성을 높인 비상벨, 영역성을 강조한 로고제트,
자연적 감시와 접근통제를 동시에 고려한 미러시트. 이들 셉테드 수단들은 정기적으로 유지 · 보수가 필요하다.

　한편, 3가지 기본전략에 부가하여 활동성 강화와 유지관리 전략이 거론된다. 활동의 활성화는 지역 주민들이 함께 어울릴 수 있는 환경이나 상황을 조성함으로써 범죄기회를 차단하는 것이다. 예로 공원, 산책로, 벤치 등을 만들어 자연적 감시가 이루어지도록 하는 것이다. 특정 지역에 사람의 왕래가 없으나 중요한 이동 루트일 때는 CCTV를 설치하는 것을 우선 생각할 수 있으나, 무상임대의 점포를 설치하여 활동의 활성화를 기할수 있다. 유지 · 관리전략은 깨어진 창문이론Broken Windows Theory이 주장해 온 것으로서 시설물, 구조물 등이 처음 만들 때와 동일하게 깨끗하고 지속적으로 관리됨으로써 범죄를 예방하는 전략이다. 특히 시설물 중심의 셉테드 전략이 적용되는 경우 유지 · 관리 전략은 매우 중요한 이슈가 된다. 시설물 설치 시 관리계획을 세우고, 관리에 대한 책임소재를 명확히 하는 것이 중요하다.[5] 활동의 활성화와 유지 · 관리전략 모두 기본적으로는 영역성을 강화하는 조치이다.

---

5 학생 등에게 셉테드 전략을 강의할 때, '토요일(SAT)에는 오랜만에 AM라디오를 듣자'는 식으로 얘기해서 5가지 전략을 외우도록 하곤 했다.

3. 해외의 셉테드 제도화

(1) 미국

　미국에서 셉테드에 대한 논의와 적용은 앞서 언급한 대로 1971년 범죄학자 제퍼리의「Crime Prevention Through Environmental Design」과 1972년 건축가 오스카 뉴만^{Oscar Newman}의「Defensible Space: Crime Prevention through Urban Design」이 발간되면서 시작되었다고 볼 수 있다. 제퍼리는 범죄 예방에 있어 생태학적 관점을 강조한 반면, 뉴만은 건축학적인 관점을 강조하였다. 특히 뉴만의 연구는 이후 학계와 실무에서 많은 반향을 일으켰다.

[그림 13-10] 뉴만은 좌측 반다이크 하우스와 우측 브라운스빌 하우스가 위치, 규모, 밀도, 인구특성에 있어 거의 동일함에도 불구하고, 범죄발생률이 3배 이상 차이가 있음을 발견하였으며, 그 이유를 방어공간 형성 유무에서 찾음

[그림 13-11] 미국 미주리주 세인트루이스 프루이트-아이고(Pruitt-Igoe)의 폭파사진. 1955년 야마사키가 기획한 모더니즘 도시 재건축 프로젝트였으나, 심각한 범죄문제로 인해 1972년부터 철거가 시작됨. 뉴만은 방어공간이 형성되지 못했다고 진단함

뉴만의 연구 영향으로 미국 연방 법무부는 1974~1978년 4년간 웨스팅하우스Westinghouse사社와 함께 셉테드 연구와 사업을 추진하였다. 전반기 2년은 이론적 분석을, 후반기 2년은 포틀랜드의 상업지역, 브로워드의 4개 학교, 미니애폴리스 주거주역 등에서 셉테드 사업을 시행하였다. 사업보고서는 지역주민과 지역기관의 참여가 핵심적이며, 다양한 재원의 확보, 대상 지역 선정과 객관적인 효과성 평가가 중요함을 강조하고 있으며, 마지막으로 범죄대체crime displacement 현상에 유의해야 한다고 밝히고 있다(Pesce etc., 1978).

미국 법무부와 웨스팅하우스의 셉테드에 관한 협력 연구 사업은 미국 전역에 셉테드가 알려지고 정책적으로 활용되는 데 큰 기여를 하였다. 1980년대 들어 미국 각 지방정부의 건축 관련 법령에 셉테드 원칙이 반영되기 시작하였고, 공공장소 및 시설을 관리하는 법령들이 셉테드의 원리에 맞추어 개정되었으며, 공공부문 뿐 아니라 민간 부문에서도 셉테드 학습을 위한 다양한 교육 · 훈련 프로그램들이 개발 · 운영되었다.

하지만 위 연구 사업의 통계적 오류들이 발견되고, 셉테드가 범죄 발생 요인들 가운데 공간적 요인만을 지나치게 강조한다는 미국 범죄학자들의 비판으로 인해 1980년대 초반부터 약 15년간 미국에서 셉테드 정책의 인기는 시들해졌고, 연방정부 역시 셉테드를 위한 특별한 정책을 추진하지 않았다(Clark, 2009). 하지만 그 기간 동안 셉테드의 효과성을 입증하는 많은 연구들이 수행되고, 유럽을 비롯한 세계 각지의 국가들이 셉테드 정책 도입에 적극적인 태도들을 취하면서 셉테드는 다시 미국에서 범죄 예방을 위한 중요한 수단으로 자리 잡았다.

현재 미국 연방정부 차원에서의 셉테드 정책은 법무부 조직인 '지역사회치안 서비스국COPS: Office of Community Oriented Policing Services'이 담당하고 있다. 지역사회 치안서비스국은 일반인들을 위한 셉테드 가이드북인 「Using Crime Prevention Through Environmental Design in Problem-Solving」을 2007년에 출간하여 배포하였고, 지역사회 치안 참여 인력을 위한 교육 · 훈련 프로그램들에 셉테드에 대한 교과과정을 포함시켜 운영하고 있다.

미국 정부 조직 구성의 특성상, 셉테드 정책의 구체적인 수립과 집행은 주정부와 지방정부의 관심과 역량에 따라 다양하게 이루어지고 있다. 또한 민간부문의 참여를 중시하는 문화의 영향으로 「CPTED Security」, 「National Institute of Crime Prevention」, 「National Crime Prevention Council」, 「Safe Cascadia」 등 다양한 민간기구들이 자발적으로 셉테드 관련 교육·훈련 프로그램들을 운영하거나 건축 및 지역사회 개발에서 셉테드 적용을 위한 상담서비스를 제공하고 있다.[6] 특히 루이빌 대학의 국립범죄예방연구소NCPI는 1985년 셉테드 교육프로그램을 최초로 개발하여 지금까지도 많은 실무자들이 동 교육과정에 참여하고 있다.

(2) 영국

영국의 셉테드 정책은 형사정책을 둘러싼 정치의 산물이다. 영국에서 범죄 예방에 관한 연구와 정책들은 '내무부Home Office'의 주도에 의해 발전하였다. 영국 정부는 1980년대 중반부터 다양한 범죄 예방 시범사업들을 통해 정책적 성과를 평가하였는데, 이때 지방정부들을 중심으로 추진되었던 'Secured by DesignSBD'은 오늘날까지 주요 국가 형사정책 사업으로 운영되고 있다. 1989년에 시작된 SBD는 지방경찰 내에 건축 담당 경찰Architectural Liaison Officers과 범죄 예방 설계 자문위원Crime Prevention Design Advisers 등으로 구성된 치안 전문 인력을 활용하여 지방정부, 건축가, 건설 사업자 등에게 셉테드를 위한 자문을 제공하는 사업이다. 또한 SBD는 치안 전문 인력들의 조언에 따라 지어진 주택들을 증명하는 시스템을 갖고 있는데, 1990년 잉글랜드 동남부 지역의 2,500개 주택이 처음으로 증명을 받았고, 현재 이 증명 절차는 새로운 건축 허가를 위한 필수 요건이다.

현재 영국에서는 경찰들을 위한 전문성 교육 기관인 NPIANational Policing Improvement Agency가 'Designing out Crime'이라는 과목을 개설하여 정규적으로 일선 경찰들에게 셉테드에 대한 교육을 실시하고 있다. 교육자료들은 주로 내무부 혹은 유관기관들이 출판한 「Safer Places」, 「Code for Sustainable Homes」, 「Planning Policy Statements」 등과 같은 매뉴얼이나 핸드북들이 활용되고 있다. 특히 범죄 예방 설계 자문위원을 위한 교육은 도시 기획 프로젝트와 관련하여 건축가 및 기획자들과의 연락을 담당하거나 지역 범죄 예방 파트너십에 참여하는 경찰관들을 위해 실시되고 있다.

---

6 CPTED Security 홈페이지 : http://cptedsecurity.com/index.htm
National Institute of Crime Prevention 홈페이지 : http://www.nicp.net/
National Crime Prevention Council 홈페이지 : http://www.ncpc.org/
Safe Cascadia 홈페이지 : http://safecascadia.org/

(3) 덴마크

1971년 덴마크 '법무부' 산하에 공공과 민간 부문에서 다양한 직종의 42개 기관이 참여하는 덴마크범죄예방협의회Danish Crime Prevention Council가 설립되었다. 이 협의회는 사회 전반에 걸쳐 범죄 예방에 필요한 사안들에 대해 자문하고 조언하는 중앙기관으로서 5개의 상임위원회로 구성되어 있다. 이 가운데 "주거환경을 통한 범죄 예방 위원회Committee for Crime Prevention by Planning Residential Environments"는 지역 환경과 범죄 행동 사이의 관계를 인지하고, 도시 기획 및 건축 설계를 통한 범죄 감소를 위해 노력하고 있다. 즉, 이 위원회가 덴마크 셉테드 정책을 총괄하고 있는 것이다. 이 위원회에 지방정부의 대표자, 주택 · 도시관리부Ministry of Housing and Urban Affairs, 입주자협회, 사회교육자연맹National Federation of Social Educators, 기술자, 도시 기획자, 건축가, 청년단체, 경찰협회Danish Criminal Police Association, 코펜하겐대학교 등 총 16개 기관들이 참여하고 있다.

덴마크 셉테드정책의 시작은 건설산업부문의 노력과 기여가 큰 역할을 했다. 덴마크 기술자협회Danish Society of Engineers가 셉테드의 필요성을 인지하고 관련 정책의 도입을 촉구하였다. 이에 따라 덴마크범죄예방협의회의 대표자들과 덴마크 건축가연맹Federation of Danish Architects의 전문가들로 하여금 '폭력과 공공기물 파손의 기술적 예방'에 관한 문서(DS/R470; Dansk Ingeniorforening, 1991)와 '강도의 공격에 대응한 기술적 예방'을 위한 실행규칙(DS471; Dansk Ingeniorforening, 1994)을 만들었고, 이 결과물들이 덴마크 셉테드 정책의 기준으로 활용되고 있다. 특히 '폭력과 공공기물 파손의 기술적 예방'에 관한 문서의 목적은 기획자, 프로젝트 설계자 및 매니저들에게 폭력과 공공기물 파손을 최소화할 수 있는 물리적 환경을 조성할 수 있는 기회를 제공하는 것이다. 따라서 건축가들과 기획자들은 그들의 작업 과정에서 이 문서가 제안하는 지침을 따르도록 되어 있다.

(4) 네덜란드

네덜란드의 셉테드 정책은 영국 SBD의 영향을 받아 1994년에 'Police Label Secure Housing' 사업과 함께 시작되었고, 1996년에 이 사업이 전국적으로 확대되었다. 이 사업은 '내무부'의 주도로 1998년까지 시범사업으로 운영된 후, 공식적인 국가 표준이 되었다. 기본적으로 이 사업은 1985년에 출판된 네덜란드 정부의

'Society and Crime'이 제시하는 다음의 세 가지 방향성을 따른다.

① 잠재적 범죄자들에 대한 감시를 용이하게 하고 범죄의 기회를 감소시키기 위해 도시 환경의 물리적 설계를 개선한다.
② 모든 취약한 환경에 범죄 위험을 감시할 수 있는 사람들(공원 관리인, 수위, 버스 차장 등)을 재배치한다.
③ 가족, 학교, 레저 활동, 직장 등을 통해 젊은 세대와 사회 사이의 연대를 강화한다.

2004년, 네덜란드 중앙정부는 계획 정책 가이드라인에 'Police Label Secure Housing' 사업을 포함시키면서 지방정부들에게 'Police Label' 규제에 따라 건물을 짓는 사람들에게 증명서를 발급하도록 하는 책임을 부여하였고, 현재까지 1,000개 이상의 신축 건물들이 이 증명서를 받았다.

영국과 비교할 때, 네덜란드 셉테드 정책의 가장 큰 특징은 그 범위가 더 넓다는 것이다. 영국의 셉테드 정책이 개별 건축물들과 그 주변의 환경에 초점을 맞춘다면, 네덜란드의 정책은 도시 전체적인 계획과 조경에 중심을 둔다. 이러한 특성을 반영하여 'Police Label Secure Housing'의 지침은 다음과 같이 크게 다섯 부분으로 구성되어 있다.

① 도시 계획 및 설계(구역의 규모, 인구밀도, 높이와 면적, 자동차 및 자전거를 통한 접근성 등)
② 공공장소(가로등, 옥외 주차장, 개인 차고지, 놀이 시설물, 터널 및 지하철, 버스정류장 등)
③ 배치(뒷마당, 뒷골목 등)
④ 건축물(부동산, 이호 연립주택semi-detached house, 1인 가구 연립주택의 배치, 앞마당 등)
⑤ 주거지(거실의 방향, 낮은 지붕, 출입구 등)

(5) 오스트리아

비엔나 시청에 1992년에 설립된 '여성부Municipal Department for the Promotion and Co-ordination of Women's Affairs'는 1998년부터 도시 계획 과정에서 여성들의 관심을 실현

시키기 위한 노력을 시작하였다. 이후 여성부는 새롭게 추진되는 주택 건설 프로젝트들이 여성들로 하여금 안전함을 느낄 수 있도록 계획되는 것을 목표로 삼고 있다. 이처럼 오스트리아의 셉테드 정책은 페미니스트의 관점에서 출발하였다. 현재 오스트리아 셉테드 정책의 지침으로 활용되고 있는 'Richtlinien für eine Sichere Stadt^Guidelines for a safe city' 역시 범죄 예방 보다는 성 주류화^gender mainstreaming에 초점을 맞추어 구성되었다. 비엔나의 현재 '도시개발계획^Stadtentwicklungsplan'도 범죄 예방, 안전, 치안 등과 같은 용어를 포함하지 않는다.

비엔나 주민들은 주택을 수리하거나 재건축할 때 시정부에 「Wiener Wohnbaufürderungs-und Wohnhaussanierungsgesets」라는 법에 따라 보조금을 신청할 수 있다. 이때 비엔나 시정부는 보조금 신청서 심사 기준에 성 주류화 원칙 반영 여부를 포함시킴으로써 주민들의 셉테드 참여를 유도하고 있다.

비엔나 시의회 여성부는 경찰로부터 어떠한 정보도 얻지 못하고, 우범지역이나 치안 문제가 있는 장소에 대한 개별적인 데이터에도 접근할 수 없다. 즉, 경찰과의 협력이나 공조는 활용되지 않는 것이다. 대신에 공원이나 도심지역에서의 사회복지와 분쟁 해결 측면에 초점을 맞추어 정책을 추진한다.

(6) 폴란드

폴란드의 셉테드 정책은 2000년, 국립경찰대학^National Police College의 부총장이 유럽의 한 학술대회에서 네덜란드의 셉테드 사례를 접한 후, 본격적으로 추진되기 시작하였다. 이를 계기로 EC^European Commission의 지원을 받아 폴란드 경찰청^Police Headquarters과 국립경찰대학은 셉테드 정책 도입을 위한 프로젝트를 추진하였다. 프로젝트 추진 초반, 경찰 간부들은 영국과 네덜란드로부터 셉테드에 관한 정보와 경험을 최대한 학습하였다.

2004년에 국립경찰대학은 내무부^Ministry of Interior와 경찰청의 지원을 받아 셉테드에 대한 교육과정을 개설하였다. 교육 초반에는 영국과 네덜란드의 사례에서 구축된 개념의 이해가 그 내용의 대부분을 구성하였지만, 시간이 지남에 따라 폴란드 내에서 시행되고 있는 다양한 프로젝트들의 성과들이 교육 내용에 포함되었다. 교육 첫 단계에서는 규모가 큰 지방정부의 대표자들과 지방 경찰의 수뇌부들이 국립경찰대학에서 교육을 받았고, 그 후 규모가 작은 지방정부 인력들이 교육에 참가했으며 현재에는 폴란드 내 모든 지방정부의 도시 계획 공무원들과 지방경찰들이 교육을 받고 있다.

(7) 호주

1990년대 이후 호주에서는 지역사회를 중심으로 한 범죄예방 접근법이 대세를 이루면서 기본적으로 호주에서는 주정부와 지방정부가 범죄 예방 정책을 책임지고 있다. 이러한 맥락에서 호주 연방정부는 전반적인 범죄 예방 지침을 제공하고, 이 지침을 바탕으로 주정부와 지방정부들이 범죄 예방 정책의 한 방안으로 셉테드를 활용하고 있다. 대표적인 주정부들의 사례를 다음과 같이 정리할 수 있다.

빅토리아Victoria주는 2000년대 들어 10년동안 셉테드 원리를 적용한 'Safer Streets and Homes' 프로그램을 실시하였다. 이 정책은 주 전역에 걸쳐 지방정부들과 폭넓은 파트너십을 맺음으로써 시작되었고, 지역 경찰들이 주축이 되는 '지방정부안전위원회'Local Government Community Safety Committees들도 파트너십을 맺고 정책에 참여하였다. 10년동안 정책이 집행된 이후 성과 평가를 위한 연구가 수행되었고, 그 결과를 바탕으로 빅토리아 경찰청은 셉테드 지침을 만들어 지역사회 범죄예방에 활용하고 있다.

웨스턴오스트레일리아Western Australia주는 2000년대 초반 지역사회 범죄 예방을 위해 'Community Safety and Crime Prevention Strategy'를 수립하였고, 2006년에는 본격적으로 셉테드 정책을 추진하기 위해 'Designing Out Crime Planning Guidelines'를 만들었다. 이 지침의 목적은 주정부 내 공공기관들의 의사결정 과정에 셉테드를 통한 범죄예방 접근법이 반영될 수 있도록 하는 것이다. 이 지침은 법적인 구속력을 갖지는 갖지는 않지만, 웨스턴오스트레일리아 주 내의 모든 공공기관들이 지역 개발 계획을 수립하는 과정에서 이 지침을 따를 것을 권고하고 있다.

뉴사우스웨일즈New South Wales주의 경우, 'Environmental Planning Assessment Act 1979'의 제79C장에 그 내용을 규정함으로써 지역 개발 정책에 기본적으로 셉테드 원리가 적용되도록 함은 물론 경찰청이 공무원은 물론 특정 직업을 가진 민간인들에게 'Safer by Design'이라고 불리는 셉테드 교육과정을 제공하도록 하고 있다. 이 법률에 따라 모든 지방정부와 지역 경찰은 범죄위험평가crime risk assessment가 필요한 지역 개발 유형을 발굴해야 하고, 이러한 평가가 필요한 지역들에 필요한 맞춤형 컨설팅을 준비해야 한다.

(8) 뉴질랜드

뉴질랜드 중앙정부가 셉테드에 관한 국가적 지침을 수립하기 전까지 뉴질랜드 지방정부들은 지역 개발 계획에 셉테드 원리를 적용하는데 어려움을 겪었을 뿐만 아니라 의사결정과정에서 셉테드를 고려할 필요가 전혀 없었다. 하지만 2005년 '법무부Ministry of Justice'가 국가적 차원에서 'Guidelines for Crime Prevention through Environmental Design'을 발표한 이후, 뉴질랜드 셉테드 정책은 지방정부의 공무원들과 경찰들은 물론 건축 및 범죄 예방 관련 전문가들의 인식에 큰 변화를 일으켰다.

이 지침은 지방정부에게 셉테드 원리를 반영한 공공장소 설계 및 활용의 책임이 있음을 밝히고, 경찰은 지방정부가 이러한 역할을 잘할 수 있도록 범죄에 관한 정보와 범죄 예방에 관한 전문지식을 제공하도록 하고 있다. 이 외에 다양한 분야의 민간 사업자, 지역 거주자협회, 도시 설계자 및 기획자, 건축가, 다양한 지역사회 기관 등 지역마다 많은 주체들이 셉테드 정책의 파트너로 참여할 수 있도록 제안한다. 성공적인 셉테드 정책의 집행을 위해 개별 지방정부들은 각 지역의 특성에 맞추어 실행계획action plan을 수립해야 하는데, 그 계획에 포함되어야 하는 내용은 다음과 같다.

① 공동체 참여 및 파트너십 구축 방안
② 지역적 맥락에 대한 이해 및 우선 해결 지역 선정
③ 지방정부 정책 및 공공장소에 셉테드 적용 방안
④ 민간 부문 프로젝트에 셉테드 적용 방안

이외에도 뉴질랜드 국가 지침은 지방정부에서 셉테드 정책을 담당하는 사람은 지역 내 공무원, 경찰, 민간인들이 셉테드에 대해 올바로 이해할 수 있도록 교육과정을 운영할 것을 주문하고 있다. 2010년 법무부가 실시한 셉테드 정책에 대한 평가 결과에 따르면, 셉테드를 담당하는 일선 공무원들을 위한 구체적인 지침 부재, 재정 부족, 관련 데이터 수집의 어려움 등의 이유로 인해 뉴질랜드 다수의 지방정부들은 셉테드를 법제화하거나 도시 계획 정책에 반영함에 있어 어려움을 겪고 있는 것으로 나타났다.

4. 국내의 셉테드 제도화

국내에서는 셉테드에 대한 개념과 기법이 환경학자들과 건축학자들에 의해 1980년대 후반 이후에 도입되기 시작하여 주로 건축공학적인 측면이나 환경공학적인 측면에서 연구가 진행되었다. 이후 1992년 건설교통부에서 배포한 '방범설계를 위한 지침'을 시작으로 정책적인 측면에서도 셉테드에 대한 연구가 시작되었다. 하지만, 실질적으로 환경범죄학과 공공 정책학의 측면에서 셉테드가 연구된 것은 2005년 3월 경찰청에서 최초로 셉테드 추진계획을 발표하면서부터이다(박현호, 2007: 18). 1990년 전후로 국내에 셉테드가 도입된 이래, 셉테드 인식확대의 필요성이 증가하여 2000년 이후에는 셉테드 연구가 다변화되기 시작하였다. 정부와 지방자치단체 등에 의한 셉테드 적용계획이 잇따라 발표되었을 뿐만 아니라, 민간 사업체에 의한 상품화 방안이 모색되었고, 한국 셉테드학회가 창립되는 등 셉테드의 제도화가 활성화되고 있다.

(1) 법무부

2014년 초 법무부는 청와대 연두업무보고에서 범죄예방정책의 하나로 셉테드 정책화 계획을 대통령께 처음 보고하였다. 특히 법무부는 안전행정부(현 행정안전부)와 합동으로 시행하고 있는 지방자치단체평가에 '셉테드 교육이수율'과 함께 '법질서 확립 우수사례'로 셉테드 사례를 의무화하기 위해 안행부 등과 협의를 진행하였으며, 2014년 8월 관련 내용이 최종 결정되었다. 동 평가제도의 변화를 통해 당시 매우 취약한 요인으로 지적되었던 셉테드 정책집행 체계의 인적 인프라가 확충되고, 각 자치단체의 셉테드 활동이 객관적으로 평가되는 기반이 마련되었다. 또한 법무부는 타 정부기관 및 전문가와의 협력체계를 구축하여 셉테드 정책화과정이 거시적 시각에서 법·제도적으로 체계화될 수 있는 부문에 대해서도 노력하여 2016년 11월 권성동 의원 대표발의로 「범죄예방기본법」까지 제안하였으나 국회 임기만료로 폐기되었다. 현재 법무부 내 셉테드 담당부서는 범죄예방정책국의 보호법제과(구 법질서선진화과)인데, 2014년 이후 아래와 같은 지역에 대해 셉테드 사업을 수행해 오고 있다.

[표 13-1] 최근 법무부 셉테드 사업지역

연도	사업지역
2014년	서울(영등포 · 마포 · 노원구), 경기(구리 · 여주 · 부천), 충남(천안 · 논산), 대전, 대구, 광주, 부산, 울산, 제주
2015년	서울(동작 · 성동구), 경기(수원 · 안산 · 부천 · 평택 · 파주 · 양주), 경남(창녕), 경북(포항), 전북(남원)
2016년	서울(구로), 인천 동구, 부산 사하, 경북 김천, 강원 동해, 경기 수원, 대전 서구, 세종(조치원), 광주 남구, 울산 동구 전북 익산, 경기 고양
2017년	부산 서구 · 강서구 · 북구, 광주 서구 · 남구, 경남 진주, 전남 목포, 인천 동구, 충남 홍성, 전북 완주, 경기 안성, 전남 광양(법사랑타운 시범 실시 중)

(2) 국토교통부

국토교통부(이하 국토부)는 도시 · 건축 · 토지 · 건설 · 교통 · 도로 정책 등을 총괄한다는 측면에서 셉테드 정책화과정에 있어 매우 중요한 역할을 담당하고 있다. 국토부는 1992년 건설교통부 시절 전국의 설계사무소에 '방범설계를 위한 지침'을 제시한 바 있다. 매우 기념비적 성과물이었으나, 제반 여건의 미성숙으로 이 지침이 현장에서 실제 적용되지는 못했다. 그러던 중 2009년 9월 (신)도시개발과를 중심으로 '10개 혁신도시 발전방안'이 수립되었는데, 이 시점부터 셉테드 기법을 혁신도시 건설에 적용하는 구체적 대안이 제시되었다. 2011년 「국토의 계획 및 이용에 관한 법률 시행령」에 범죄예방을 추가하였다. 2012년 12월 공원에 셉테드 기법을 적용하는 「도시공원 및 녹지 등에 관한 법률 시행규칙」이 개정되었고, 2013년 9월에는 도시개발사업의 개발계획 수립단계부터 셉테드를 적용하는 「도시개발법 시행규칙」이 개정되었다.

2014년 초 단독주택과 공동주택, 고시원, 오피스텔을 국토부 장관이 고시하는 범죄예방 설계기준에 따라 건축하도록하는 「건축법」 개정안이 이노근 새누리당 의원이 대표발의하여 국회 국토교통위원회에서 심의를 받았는데, 심의과정에서 시행령을 바꾸는 것으로 정리가 되었다. 그 결과 2014년 11월 말을 기준으로 공동주택(500세대 이상), 단독주택, 문화 및 집회시설, 교육연구시설, 노유자시설, 수련시설, 업무시설(오피스텔), 관광휴게시설이나 고시원 건축물은 국토교통부장관이 고시하는 건축물별 범죄예방 기준에 따라 설계하고 건축하여야 한다. 현재 국토부 내에서는 셉테드 대상별로 복수의 부서가 관련 업무를 수행하는 것으로 파악되고 있으나, 국토도시실의 건축정책과가 그 중심적 위치에 있는 것으로 보여진다.

(3) 경찰청

경찰청은 국토부와 함께 국내에서 셉테드를 정책화시키기 위해 가장 오랜 시간 노력해왔고, 국내 최초로 내부교육과정을 개설·운영하고 있다. 2005년 판교신도시 건설 당시 건설교통부, 성남시, 한국토지공사, 대한주택공사 등에게 셉테드 지침서를 마련하여 전달한 바 있으며, 앞서 언급한 국토부의 각종 시행령이나 시행규칙의 개정에 있어서도 실질적인 역할을 하였다. 2013년 '편의점 방범인증제'를 도입하여 최근까지 전체 편의점의 약 3%가 인증을 획득하였다. 특히 경찰청은 각 지방청 및 경찰서를 통해 각 지자체가 수행하는 셉테드 사업에 대한 '범죄분석'업무를 수행함으로써 지역별 셉테드 적용에 대한 토대를 마련하고 있다. 특히 경찰청은 2016년 6월부터 범죄예방진단팀CPO을 전국 경찰서로 확대하였다. 범죄예방진단팀은 범죄예방협의체를 구성한 후, '진단 툴Tool'에 따라 지역 내 위험요인들을 진단·분석하고, 그 결과를 지역사회와 공유하여 개선방향을 논의함으로써, 셉테드 사업을 위한 실질적인 협력체계를 도출하고 있는 것으로 평가된다. 또한 범죄발생 통계 외에 사회인구학적 자료를 함께 분석하여 범죄발생을 예측하는 시스템인 지오프로스Geo-Pros의 도입으로 범죄예방활동이 강화될 것으로 기대된다. 경찰청 내 셉테드 담당부서는 생활안전국의 범죄예방정책과 협력방범계이다.

(4) 지방자치단체

지방자치단체는 셉테드를 자신의 관할 내에서 구체적으로 기획·집행하는 역할을 한다. 이미 중앙부처의 사업에서 보았듯 ○○도시사업, ○○프로그램 등의 명칭이 붙는 경우, 이들 사업이나 프로그램은 중앙정부 단독으로 실행되는 경우는 드물며, 지방자치단체가 손과 발이 되어 사업이 집행된다. 지방자치단체는 이러한 중앙정부와의 협력사업 외에 독자적 사업을 개발하여 셉테드를 적용하는 경우도 나타나고 있다. 특히 언론을 통해 많이 알려진 광역 지자체가 서울과 부산이다.

서울시는 이미 오세훈 시장부터 뉴타운사업에 셉테드를 적용하였으며, 현 박원순 시장에 와서는 일반주거지역, 공원, 지하철, 학교주변 등으로 그 대상이 확대되고 있다. 특히 2012년 마포구 염리동 사업에 대한 긍정적 평가 후에 그 대상지역을 매년 4~5개 내외로 선정하여 셉테드 사업을 추진하고 있다.[7] 주무 담당부서는 디자인정책과이나, 여타 부서(여성가족정책실, 주거환경과, 공원녹지정책과, 도시기반시설본부 등)에서도 사업과정에 셉테드 기법을 상당 수준 적용하고 있다.

부산시와 부산디자인센터는 서구 남부민2동, 북구 구포2동, 사하구 감천2동, 사상구 모라1동을 셉테드 시범지역으로 선정, 3억 2천만 원을 들여 2015년 2월까지 셉테드 사업을 펼쳤다. 한편, 부산시와 부산경찰청, 부산지검, 사상구는 지난 2010년 '김길태 사건'이 발생했던 덕포동 일대 골목길에도 2013년 12월 벽화, 조명등, CCTV를 설치하는 사업을 마쳤다.[8] 부산시의 셉테드 주무부서는 창조도시기획과이며, 그 외 도시경관담당관실, 자치행정과 등에서도 관련 사업을 진행하고 있다.

한편, 다수의 지자체가 '안전도시조례'를 제정하였지만, 기본적으로 재난과 관련된 사항이고 범죄문제와는 다소 거리가 있어왔다. 그러나 최근 전체 광역지자체는 물론 기초지자체의 경우도 상당수의 지자체가 셉테드 관련 조례를 제정·운영하고 있다.

[표 13-2] 범죄예방환경설계 조례 제정 광역 및 기초 지자체 현황(2018년 12월 기준)

광역권	제정기초단체	광역	기초	합계	지자체수 (비율)
서울시	강남구, 강동구, 강북구, 강서구, 관악구, 광진구, 구로구, 금천구, 노원구, 도봉구, 동대문구, 동작구,마포구, 서대문구, 서초구, 성동구, 성북구, 송파구,양천구, 영등포구, 용산구, 은평구, 중구, 중랑구	1	24	25	26(96%)
부산광역시	사상구, 강서구, 금정구, 기장군, 남구, 동구, 부산진구, 북구, 사하구, 서구, 수영구, 연제구, 영도구,중구, 해운대구, 동래구	1	16	17	17(100%)
인천광역시	옹진군, 계양구, 남동구, 동구, 미추홀구, 서구, 중구, 부평구, 연수구	1	9	10	11(91%)
대전광역시	대덕구, 동구, 서구, 유성구, 중구	1	5	6	6(100%)
대구광역시	북구, 남구, 달성군, 동구, 서구, 수성구, 중구, 달서구	1	8	9	9(100%)
광주광역시	남구, 동구, 북구, 서구	1	4	5	6(83%)

7 서울시의 염리동 사례분석에 대해서는 한국형사정책연구원이 2013년 발간한 '서울시 범죄예방디자인 사업의 예비효과성 분석'을 참고

8 http://news.busan.go.kr/sub/news05.jsp?amode=_viw&arti_sno=201402281757310001

광역권	제정기초단체	광역	기초	합계	지자체수 (비율)
울산 광역시	남구, 북구, 울주군, 동구	1	4	5	6(83%)
세종시		1	0	1	1(100%)
경기도	가평군, 강화군, 구리시, 과천시, 고양시, 남양주시, 동두천시,성남시, 수원시, 시흥시, 안양시, 양주시, 여주시, 연천군, 의왕시, 의정부시, 평택시, 포천시	1	18	19	32(59%)
강원도	강릉시, 동해시, 삼척시, 속초시, 양구군, 양양군, 영월군, 원주시, 인제군, 정선군, 철원군, 춘천시, 태백시, 홍천군, 화천군, 횡성군	1	16	17	19(89%)
충청 북도	괴산군, 단양군, 보은군, 영동군, 옥천군, 음성군, 제천시, 진천군, 증평군, 청주시, 충주시	1	11	12	12(100%)
충청 남도	공주시, 계룡시, 금산군, 논산시, 당진시, 보령시, 부여군, 서산시, 서천군, 아산시, 예산군, 천안시, 청양군, 홍성군	1	14	15	16(94%)
전라 북도	고창군, 남원시, 무주군, 익산시, 장수군, 전주시, 진안군	1	7	8	15(53%)
전라 남도	고흥군, 곡성군, 광양시, 구례군, 담양군, 목포시, 무안군, 순천시, 영광군, 영암군, 장흥군, 진도군, 해남군, 화순군	1	14	15	23(65%)
경상 북도	구미시, 경산시, 경주시, 고령군, 군위군, 김천시, 문경시, 봉화군, 상주시, 성주군, 안동시, 영덕군, 영양군, 영주시, 영천시, 예천군, 울릉군, 울진군, 의성군, 청송군, 칠곡군, 포항시	1	22	23	24(96%)
경상 남도	거창군, 거제시, 고성군(2), 김해시, 남해군, 사천시, 산청군, 양산시, 의령군, 진주시, 창녕군, 창원시, 통영시, 하동군, 함안군, 함양군, 합천군	0	18	18	19(95%)
제주도		1	0	1	3(33%)
합계		16	190	206	245(84%)

출처 : 법제처 범죄예방 관련 자치법규 검색(2018.12.27. 검색)

(5) 학회와 민간기관 등

2010년 3월에는 한국셉테드 학회가 출범하여 셉테드 가이드라인을 개발하였고, 동부건설, 현대건설, SK건설, 두산건설, 흥한주택종합건설, 호반건설, 반도건설 등 총 11개 아파트의 셉테드를 인증하였다. 하지만 아직까지는 계획단계부터 셉테드 개념이 반영되어 구체화된 사례는 부족하고, 대부분 CCTV 증가에 중점을 두고 있다. 대부분의 사업에서는 계획 · 준공 이후 셉테드 개념을 연계시켜 관련 사례로 홍보하고 있다.

　민간기관으로서 2008년 우림건설은 건설사 최초로 ADT 캠스와 안전아파트 업무를 체결하였다. 2009년 대림산업은 주부아이디어 공모전에 셉테드를 포함시 켰고, 삼성물산은 신길 뉴타운 셉테드 설계에 자문을 받았다. 2010년, 현대힐스테 이트는 크라임 프리crime free 디자인을 개발하였고, 동부건설은 인천계양 센트레빌 에 범죄예방 디자인을 인증받았다. 실제로 셉테드를 현장에서 실행하는 주체가 건 설 · 건축회사와 디자인 업체 등 민간기업이다. 이들 기업들은 직접 주민과 대면하 여 의견을 청취하고, 현장상황을 분석하며, 학계 · 연구기관 등과 같은 전문가 집단 으로부터의 자문 등을 통해 구체적인 설계안을 도출한다. 사실 이 과정이 매우 지 난至難하다. 그리고 가장 중요한 과정이다.

　한편, 연구기관으로서 국책연구기관인 한국형사정책연구원은 2008년부터 셉 테드 관련 중장기 연구를 집중적으로 수행해 왔다. '범죄예방을 위한 환경설계의 제도화 방안'이라는 주제하에 4개년 연구를 수행하고, '범죄유발 지역 · 공간에 대 한 위험성 평가도구 개발 · 적용 및 정책대안에 관한 연구'라는 주제로 3개년 연구 를 관련 학자들과 협업으로 수행함으로써 셉테드의 이론적 기반을 다짐은 물론 서 울시, 법무부 등과의 협력을 통해 셉테드 사업의 효과성 평가와 공무원 및 주민 교 육 등에 있어 의미 있는 기여를 해오고 있다.

5. 셉테드의 적용

　셉테드 적용이란 특정 지역 · 공간에 대한 범죄 위험성 수준을 평가하고, 위험 수준을 낮출 수 있는 다양한 물리적 · 사회적 수단을 도출 · 집행 · 유지 · 관리하 며, 일련의 평가까지 마치는 과정을 의미한다. 박준휘 외(2014) 제3장(박형민 · 강석진 집필)에서는 셉테드 적용과정을 '현황파악−계획수립−전략실행−운영관리'의 과정 으로 파악하고 있으며, [그림 13−12]와 같이 도식화 하고 있다.

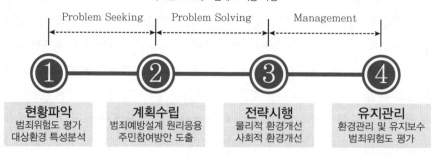

[그림 13-12] 셉테드 적용 과정

Problem Seeking | Problem Solving | Management

① 현황파악
범죄위험도 평가
대상환경 특성분석

② 계획수립
범죄예방설계 원리응용
주민참여방안 도출

③ 전략시행
물리적 환경개선
사회적 환경개선

④ 유지관리
환경관리 및 유지보수
범죄위험도 평가

1단계 현황파악 단계에서 범죄통계, 지역의 물리적 환경, 지역의 인구사회학적 특성 등을 전반적으로 분석해야 한다고 본다. 2단계 계획수립 단계에서는 물리적 환경H/W과 비물리적 환경S/W이 모두 포함되는데, 전자의 경우 골목길, 가로시설물, 건축물을 대상으로 한 각종 디자인 활동이 중심이 되며, 후자의 경우 이웃과의 관계 맺기, 마을 순찰하기, 안전지도 만들기, 마을축제 및 전시회 개최 등 주민 활동이 중심이 된다. 3단계 전략실행 단계에서는 주민참여 프로그램 전략과 물리적 환경개선 전략을 규모에 따라 2분하여 총 4개의 전략이 도출된다. 각각의 예로서 소규모 물리적 환경개선에는 CCTV, 비상벨, 보안장치 등이, 대규모 물리적 환경개선에는 노후건축물 정비, 폐공가 리모델링, 도로기반시설정비 등이 포함된다. 소규모 주민참여 프로그램에는 범죄안전 워크숍, 안전지도 만들기, 이웃 간 친교활동 등이 있으며, 대규모 주민참여 프로그램에는 범죄안전마을 브랜드 개발, 안전마을 전시회 및 축제, 마을 단위 각종 조사 및 유휴자원 발굴활동 등이 포함된다. 4단계 유지 및 관리 단계에서는 노후화되는 환경과 시설물을 정기적으로 관리하고 주민 만족도 등을 모니터링하여 환류하는 활동이 포함된다.

박준휘 외(2013)은 특히 지역의 현황파악과 관련하여 '범죄위험성'을 '범죄발생의 가능성likelihood과 그 결과consequence의 합'으로 정의한 후, 범죄위험성 평가도구를 개발하여 지역별 범죄위험성을 평가한 바 있다. 범죄발생가능성에 영향을 미치는 요인(범죄특성 요인, 인구사회학적 요인, 물리/상황적 요인)과 범죄발생에 따른 결과/영향(범죄두려움, 범죄의 유형적 및 무형적 비용)에 가중치를 부여하여 평가도구를 구성한 것이다. 범죄발생가능성 요인은 총 20개의 지표로 구성되었으며, 범죄결과/영향은 총 3개의 지표로 구성되었다. 관련 내용이 [표 13-3]에 제시되어 있다.

[표 13-3]　범죄위험성 평가도구에서 세부 평가기준 (출처: 박준휘 외, 2013)

대분류	중분류	소분류	지표 별 평가기준
발생가능성 (3)	범죄 특성 (4)	인구대비 범죄건수	지난 3년간의 6대 범죄 자료
		1만명당 관내 우범자 수	경찰서(지구대/파출소) 단위 우범자 수
		인구대비 112신고 건수	형사사건 및 일반민원(교통사고, 분실 등)
		피해경험율	표본집단 내 범죄피해 경험 응답자 비율
	인구 사회학 적 특성 (8)	인구밀도	지역 면적 대비 인구주택총조사(2010) 인구수
		비경제활동 인구	인구주택총조사(2010) 중 15세 이상 인구 중 "일하지 않았음" 응답자 비율
		인구 연령 분포	인구주택총조사(2010) 중 20세 미만 인구 및 60세 이상 인구
		외국인비율	인구주택총조사(2010)의 외국인 인구 비율
		가족 구성	인구주택총조사(2010)의 1인가구 비율
		주거 안정성(5년 이상 거주)	인구주택총조사(2010)의 한 곳에서 5년 이상 거주 세대 비율
		공동체 주민간 결집력 및 친숙도	이웃의 얼굴 인지 여부 이웃의 일상생활 인지 여부 이웃과의 공동체 생활 여부 지역사회조직(반상회)참여
		교육수준	인구주택총조사(2010)의 대졸 이상 인구 비율
	물리적/ 상황적 특성 (8)	가디언쉽	인구 대비 경찰관 수 인구 대비 방범인력(경찰관 제외) 수 1인 가구 비율 공가(빈집) 비율 면적(인구)당 CCTV카메라 수 주간/야간 집 비우는 가구비율(초인종을 눌러 거주자 존재 여부 확인 : 주간/야간)
		감시	창호 면적 및 투과성 보안등 연색성(백색등 비율) 및 등 간 간격 담장 투과성 골목길 복잡성으로 인한 가시성(상하좌우 굽은 정도) 가로시설물의 자연감시 방해 정도
		접근통제	단지 주/부출입구 수(아파트만 해당) 차량용 차단기 설치(아파트만 해당) 방범창호 설치 여부 및 견고성 출입문(아파트는 동출입구) 시정장치 침입경보 및 출입 감시장치 등 저층부(1~2층) 가스배관 덮개 설치
		활동성 촉진	주택가 가로 통행인 수 주택가 소공원 이용자 수
		유지관리	쓰레기 낙서 및 광고/전단지 깨지거나 파손된 시설물 비율

대분류	중분류	소분류	지표 별 평가기준
발생 가능성 (3)	물리적/ 상황적 특성 (8)	부정적 토지이용	산업체총조사(2005) 중 도소매 업종 내 숙박 및 음식점업체 비율
		주택유형	인구주택총조사(2010) 중 아파트 비율, 단독주택 비율 및 다세대 비율
		지역의 노후도	인구주택총조사(2010) 중 1979년 이전 건축한 주택의 비율
결과/ 영향 (2)	사회 경제적 영향 (2)	범죄예방 비용 범죄피해 비용	표본지역 설문조사
	심리적 영향 (1)	범죄 두려움	표본지역 설문조사

박준휘 외(2013)에서는 이러한 위험성 평가도구를 기초로 8개 지역 내 총 16개 동에 대한 위험성을 실제로 평가하였다. 다양한 평가 결과 중 위험 매트릭스를 활용해 제시한 결과 중 하나를 예시하면 [표 13-4]와 같다. 부천시B동의 경우 범죄 발생가능성과 피해발생규모 모두 매우 큰 것으로 나타났으며, 반면 동두천시B동의 경우 범죄발생가능성은 높으나 피해규모는 작은 것으로 분석되고 있다.

[표 13-4] 지수 합계에 의한 범죄위험성 매트릭스 (출처: 박준휘 외, 2013)

				결과/영향				
			구간 값	3.00 ~ 3.79	3.80 ~ 4.59	4.60 ~ 5.39	5.40 ~ 6.19	6.20 ~ 7.00
			등급	1	2	3	4	5
			판정	매우 작음	작음	보통	큼	매우 큼
	구간 값	등급	판정					
발생 가능성	43.46 ~ 47.20	5	매우 높음			성남시 B동		부천시 B동
	39.72 ~ 43.45	4	높음	동두천시 B동		중랑구 B동	구리시 B동	
	35.98 ~ 39.71	3	보통	강남구 B동			송파구 B동	은평구 B동
	32.24 ~ 35.97	2	낮음	송파구 A동	은평구 A동	강남구 A동	중랑구 A 동구리시A동 부천시 A동	
	28.50 ~ 32.23	1	매우 낮음		동두천시A동 성남시 A동			

박준휘 외(2013)이 행정동 단위와 같은 중범위 차원의 위험성 평가도구를 개발하였다면, Crowe and Fennelly(2013)은 3-D 접근방법을 통해 상대적으로 소규모 공간을 평가할 수 있다고 본다. 즉, 지정Designation, 정의Definition, 디자인Design이라는 3-D 접근법은 비전문가가 적절한 공간 디자인을 결정하고 공간사용의 적절성을 판단할 수 있는 가이드라인이다. 지정은 공간 본래의 목적이 무엇인지 판단하여, 현재 의도된 대로 공간이 사용되는 지를 평가하는 것이다. 정의는 공간의 소유권과 경계에 대한 법적·사회적·문화적 관리 상태를 평가하는 것이다. 디자인은 공간의 의도된 기능과 바람직한 행동을 뒷받침하는 물리적 디자인이 적절한지를 평가하는 것이다. 사실 이러한 3-D 접근법은 앞서 제시한 셉테드 3대 전략인 영역성, 접근통제, 감시와 대응된다. 즉, 지정은 영역성을, 정의는 접근통제를, 디자인은 감시를 공간 평가라는 관점에서 다르게 표현한 것이다.

특히 Crowe and Fennelly(2013)가 제시한 9개 전략은 셉테드적 관점에서 물리적 환경의 적절성을 평가하거나 대안을 제시하는 데 있어 유용한 지침이 된다. 그 내용을 그대로 인용하여 제시하면 아래와 같다. 기본적인 셉테드 3대 전략을 좀 더 구체화 시킨 유용한 내용이다.

셉테드 3대 전략의 구체화

1. 통제된 공간을 규정하는 명확한 경계를 형성한다: 재산권을 보존하려면 반드시 공간의 경계가 명확해야 한다는 것이 불문율이다. 경계는 물리적으로나 상지적으로 인지가 가능해야 하는데 펜스, 관목, 표지판은 명확한 계겨로 인정된다. 기본 원리는 "분별력 있는 합리적인 인간"이 공공공간에서 사적공간으로 이동할 때 반드시 그 경계를 인지할 수 있어야 한다는 점이다. 가구배치나 색체의 사용이 내부공간을 규정하고 복도 벽에 걸린 장식이나 그림이 공간의 소속을 나타내고 일반 사용자, 비정상 사용자 사용자 각각의 행동에 영향을 미치는 강력한 환경적인 암시가 된다.

2. 분명히 명시된 전이영역을 제공한다: 공적 영역에서 반공적 영역, 반사적 영역, 사적 영역으로 이동하는 분명하게 명시된 전이영역을 제공하는 것은 중요하다. 명확하게 규정된 전이영역이 많아질수록 부적절한 행동에 대한 변명의 여지는 줄어든다. 사람들이 통제된 공간에 들어갈 때 반드시 스스로 인지할 수 있게 해 주어야 한다.

3. 군집이 이루어지는 장소를 재배치한다: 사람이 모이는 장소는 자연감시가 용이하고 접근통제가 가능한 공간을 공식적으로 지정하는 것이 좋다. 캠퍼스에서 군집이 일어나는 영역은 잠재적 범죄자의 흥미를 끌지 않기 위해 그들의 시야를 벗어난 곳에 배치될 수 있다.

4. 안전하지 않은 장소에서 안전행동을 유도한다: 이 전략은 학교 캠퍼스, 공원, 사무실이나 단체의 위치적 불리함을 극복하기 위해 사용가능하다. 안전행동이라는 것은 일반사용자가 비정상 사용자들을 빤히 쳐다보는 등의 도전적이고 통제적인 행동을 통해 그들이 감시와 간섭을 받고 있다는 신호를 보냄으로써 다른 일반 사용자들이 함께 안전함을 느낄 수 있는 행동을 의미한다. 보호받기 힘든 부적절한 상황에서는 그런 안전행동이 위험할 수도 있다는 경고가 반드시 필요하다.

5. 위험한 행동은 안전한 장소로 유도한다: 위험한 행동은 거주공간의 창문근처나 통제가 가능한 장소에서 일어나도록 유도하여 위험을 극복하고 이용자들이 더 큰 안전감을 느끼도록 한다.

6. 자연스러운 보호막 제공을 위해 공간의 유도를 규정한다: 갈등을 야기하는 행동은 공간적 거리, 자연지형, 충돌회피 기능 들을 이용해서 분리시킨다. 예를 들어 거리의 농구코트에서 발생하는 격렬한 움직임 소리는 노인이나 어린이들의 모임과 놀이에 불안감과 두려움을 줄 수 있다. 그 장소를 원하는 일반 사용자에게 그런 위협이 실재적 위험으로 인식되게 만들 필요는 없다.

7. 공간이용 일정을 효율적으로 계획한다: 생산적이고 효율적인 공간이용이 실질적인 위험과 일반 사용자의 위험인식 감소에 도움이 된다는 것은 잘 알려진 사실이다. 반대로 그런 상황에서 비정상 사용자들은 감시와 간섭의 위험 속에 있다고 느낀다. 면밀하게 계획된 시공간적인 관계는 행동규제와 함께 이익과 생산성을 높인다.

8. 자연감시의 인식을 증가시키기 위해 공간을 재디자인하거나 개조한다: 감시를 인식함으로써 얻는 효과는 감시의 실제 효과보다 더 강력하다. 일반인들은 숨겨진 감시카메라 정도로는 안전하다 느끼지 못하므로 차라리 이런 장비가 있다는 사실을 모를 때 더 안전에 유의해 행동한다. 마찬가지로 이상행위자는 감시의 가능성을 명백히 인지하지 않는 경우 들킬

위험성도 크게 느끼지 못한다. 창문이나 확보된 시야 등의 자연스러운 감시 가능성은 종종 기계적인 조직절인 방법(경비원 등)의 사용만큼이나 효과적이다.

9. 공간적 거리와 고립감을 극복한다: 소통과 디자인 효율성의 향상은 자연적 감시와 규제에 대한 인식을 향상시킨다. 학교 관리자들은 업무 능률 향상을 위해서 뿐만 아니라 즉각적인 도움을 요청하는 것이 가능하다는 사실을 인지시키기 위해서 휴대용 무전기를 소지해야 한다는 것으로 경험으로 알고 있다. 화장실의 위치와 입구는 디자인은 편의성을 높이고 공사비와 유지비를 절감하도록 설계되었을 것이다.

제 2 절 법교육의 과거와 현재

1. 법교육의 의의

법교육이란 전문적인 법 전문가를 양성하는 법학교육과는 차이가 있다. 법교육은 영어로 Law-related education이라고 영어로 표기되는 반면, 법학교육은 Law education이라고 표기되는 것만 봐도 두 개념은 상이하다. 먼저 법학교육은 전문적인 법학자, 법조인을 길러내는 과정이므로 정확함과 동시에 방대한 양의 지식을 습득해야한다. 법적 분쟁이나 논란이 되는 사안에 대해 법과 관련된 지식의 정확성을 강조하고 논리를 검토해야 하기 때문에 매우 전문적인 교육이라고 간주된다(곽한영, 2006). 하지만 법조인을 위한 교육만은 아니다. 이외에도 학술적 학위 등을 위한 교육도 포함되며 법적인 전문가를 양성하는 데에 의의가 있다.

반면에 법교육은 법조인을 길러내는 교육이라기보다는, 한 나라의 국민이 살아가면서 겪을 수 있는 문제 해결의 능력은 물론이고, 자신과 타인의 권리를 보호하기 위한 기초적인 법적 지식의 교육을 말한다. 법교육처럼 전문적인 지식이나 질을 강조하는 것이 아니라, '법적 사고력을 지닌 생활인'을 강조하며 법적 용어의 정확성보다는 용어나 제도의 이해를 중요시한다(곽한영, 2006 재인용).

현재 우리나라를 포함한 여러 다른 나라들은 법교육에 집중하고 있다. 법교육은 일반 시민에게 법의 중요성을 강조하는 것뿐만 아니라, 범죄예방에도 효과가 있다. 이하에서는 주요국의 법교육 발전 및 현황, 법교육의 사례 등에 대해서 논의해 보고자 한다.

2. 주요국의 법교육 연구 및 발전

(1) 미국

미국의 법교육은 국민들을 대상으로 하는 법교육의 시초라고 할 수 있다. 1950년대까지는 「헌법」 위주의 교육이 이루어 졌으나 1950년대 말부터 1960년대 초반부터 법교육을 강화해야 한다는 정치·사회적 목소리가 커졌다. 이전 교육에서는 헌법의 이해를 돕기는 했으나 암기 위주의 교육이 진행되었던 반면에, 실생활에서의 헌법은 어떤 모습이며, 어떻게 나타나는지, 어떻게 활용이 되는지 등 지속되었던 교육의 방식을 바꾸려는 교사들의 노력이 시작되었다.

1950년대 말, 미국의 초기 법교육개선운동을 주도하였던 대표적인 인물은 뉴욕시의 브루클린공업고등학교의 공민Civics 담당교사 Isidore Starr였다(박성혁, 2006). Starr는 당시 법과대학원을 다니고 있었는데, 기존의 교육방식이던 「헌법」의 이해를 돕고 암기를 시키는 방법보다는, 「헌법」, 「형법」, 불법 행위, 계약 등 일상에서 쓰일 수 있는 다양한 사례를 통한 교육이 학생들에게는 훨씬 더 효과적이라는 것을 깨달았다(박성혁, 2006 재인용). Starr은 NCSS(미국사회과교육협의회) 회장을 역임하며, 계속해서 '생활 중심의 법교육'과 전통적인 법과대학의 수업 방식이던 '사례를 활용한 탐구 방식'도 함께 강조하였다(박성혁, 2006 재인용). 이러한 Starr의 노력은 Williamstown회의(1962)로 이어져 그의 주장에 대해 전폭적인 지지를 얻기 시작했다. 이 회의에서 대학 교수들 및 고등학교 교사들은 이전의 교육방식을 고수하는 것이 아니라, 「헌법」 이외의 다양한 법 내용과 개념들을 가르치며, 더불어 "실제의 사례를 활용하는 교수-학습 방식을 취해야 한다."는 Williamstown Report(1962)를 발간하였다. 이후 연방대법관, 변호사, 법과대학장, 대학총장 등이 모인 Warrenton회의(1962)에서 법교육의 개선과 강화를 촉진하였다(박성혁, 2006 재인용).

Starr의 노력 덕분에 법교육은 꾸준히 개선되었다. 1960년대 이후에는 이전에 Starr가 주장했던 것처럼 암기 위주의 교육에서 일상생활과 관련된 법교육 위주로 구체적으로 발전하기 시작했다. 교육계 내부의 노력에서 시작했지만 이후에 전문가 단체들과 협력하며 교육의 개선은 적극적으로 이루어지기 시작했다. 대표적인 단체는 1963년 Vivian Monroe가 설립한 기본권 재단CRF: Constitutional Rights Foundation이다. 이 단체는 지역 변호사 단체나 지역 유지들의 재정적 지원을 받아 고등학교 법 교육 관련 학습 보조 자료를 개발하였다. 이 자료들은 각 학교 사회과 교사들에게 보급되었으며, 주로 변호사들이 지역자원인사로 학습 과정에 직접 참여하게 하는 프로그램들이 대다수였다. 대표적으로 모의재판이나 경찰순찰놀이게임 등 학생들에게 활동 중심의 학습 경험을 제공해 주도록 함으로써 학생들에게 법에 대한 흥미를 돋워 주었다. 이 뿐만 아니라, Monroe는 캘리포니아주 교육부의 지원을 받아서 법교육을 위한 교사용 지도서, 교사 연수 도서 등을 꾸준히 개발·보급 하였다(박성혁, 2006 재인용). 기본권 재단 이외에도 많은 단체들이 법교육의 발전에 기여하였다고 할 수 있는데, 또 다른 단체로는 UCLA 법과대학 부설 시민교육위원회 Committee on Civic Education가 있다. 시민교육위원회는 지역 학술 재단의 지원을 받아 초등학교 고학년·중학교 학생용 시민교육 교육과정을 개발하였고, 이후 UCLA 부속 초등학교에 실험적으로 적용하기도 하였다. 이 사업은 점차 더 확대되어 더 많은 사회과(공민) 교사들이 시민교육위원회가 개발한 교육과정의 연수에 참여하였다.

캘리포니아주의 이러한 노력은 다른 주에 영향을 미치기도 했다. 동부 지역의 대학과 변호사들은 캘리포니아 주의 법교육에서 주로 사용하는 교재와 학습 방법을 더 구체화 하였는데, 특히 1971년에 설립된 조지타운대학교 법학연구소 Georgetown Univeristy Law Cneter가 주도적으로 추진하였다(박성혁, 2006. 재인용). 이들은 학교현장과 긴밀하게 협조하여 대표적인 법교육 서적인 『Street Law: A Course in Pratical Law』를 출판하였고, 이후 법교육은 미국 각 지역으로 더 빠르게 전파되었다(곽한영, 2006 재인용). 또한 미국변호사협회ABA: American Bar Association가 산하에 청소년시민교육특별위원회YEFC: Special Committee on Youth Education for Citizenship를 만들어 법교육의 확산과 체계화에 도움을 주었고, 1990년대 이후 미국 법무부 산하 청소년비행예방국OJJDP: Office of Juvenile Justice and Delinquency Prevention이 청소년비행 예방의 효과적인 수단으로 법교육에 주목하여 다양한 프로그램 및 활동을 권장함으로써 미국의 법교육은 확고하게 자리매김하였다(곽한영, 2006. 재인용). 현재 미국은 교실 수업에 추점을 맞춘 법교육에서 학교 밖의 청소년 비행을 예방·교정하기 위한 프로그램 위주의 법교육으로 확대하여 실시하고 있다. 초창기에는 Starr가 사용한 Law studies라는 용어를 썼지만, 현재는 학교의 교과교육 뿐만 아니라, 모의법정 경연대회, 모의 법정 교재개발 보급, 교사 연수, 청소년 법교육 프로그램 개발 보급 등 포괄적으로 포함하는 Law-related education이라고 지칭하고 있다.

(2) 일본

　　일본은 집행권의 우위가 두드러지는 사회이기 때문에 행정에 의한 법적 규제와 지도를 중시해왔다. 따라서 법에 대한 교육은 전문가가 아닌 일반 국민이 학습하는 영역이 아니라고 여겨졌다. 하지만 1990년에 츠쿠바 대학의 에구치 유지 교수가 미국의 법교육을 일본에 소개하면서 일반 국민들을 대상으로 하는 법교육의 필요성이 대두되기 시작했다. 본격적으로 법교육에 관한 논의가 시작된 것은 2001년부터인데, 사법제도에 관한 개혁은 법률전문가 뿐만 아니라, 국민 전체로부터 지지와 사법에 관한 일반 국민의 학습 기회의 필요성을 제기하였다(곽한영, 2006. 재인용). 특히 2009년 실시 예정이었던 국민사법참여제(재판원 제도)는 이러한 관심을 더욱 강조시켰다(에구치 유우지, 2006).

　　법교육에 대한 이러한 관심과 지지는 여러 형태의 지원으로 나타났다. 2003년 7월, 법무성 주도하에 '법교육연구회'를 설립하여 생활법, 다양한 프로그램, 전문가들의 학교 교육 지원 등을 포함하고 있는 미국의 법교육 개념을 선행모델로 삼아 일본 내 학교 교육 지원 활동을 추진하기도 했다(곽한영, 2006. 재인용). 따라서 교육계에서의 법교육은, 자기 책임과 자율적 판단에 의하여 스스로의 이익을 보호하고 실현할 수 있는 능력을 가진 국민 양성이라는 모토 아래에, 실용적 법교육의 필요성을 강조하였다(박성혁, 2006. 재인용). 미국의 법교육을 모델링했지만 일본의 법교육은 사실상 미국에 비해 상대적으로 일본변호사연합회의 역할이 큰 것이 특징이다(곽한영, 2006. 재인용). 특히 미국 정부는 프로그램 운영을 중점으로 법교육을 실시하지만, 이와 달리 일본은 법무성이 법교육연구회, 법교육 추진 협의회 등을 구성하여 법교육을 확산시키고 추진하고 있다는 점은 미국과 차이가 있고 주목할 만하다(곽한영, 2006. 재인용).

하지만 일본의 학교 교육 특성상, 교육과정의 틀이 규제되어 있고 교과서 위주
의 수업이 진행되는 터라, 법교육에 관한 커리큘럼을 학교 교육에 적용시키기에는
한계가 있다고 평가된다(박성혁, 2006. 재인용). 심지어 교사들도 자율적으로 법교육
에 관한 교재개발을 하기에는 어려움이 있다. 현재 일본은「헌법」내용에 충실한 법
교육을 시행하고 있으며, 이는 학교교과 교육 중심으로 이루어지는 전통적인 모습
으로 보여진다. 하지만 최근에는 실용적 차원에서의 법교육 중요성이 대두되면서
정부 차원에서 법교육과 관련 있는 사회적 역량을 모집하여 결집하려는 시도들이
보여지고 있어 법교육의 더 나은 발전을 기대해 본다(박성혁, 2006. 재인용).

(3) 기타

여러 유럽 국가들에서도 법교육이 시행되고 있다. 보통 유럽 국가들은 법교
육이라는 용어 대신에 시민교육이라는 명칭을 통해서 법과 관련된 여러 교육들을
시행하고 있다(허종렬, 2010). 유럽의 법교육은 각 나라의 정체성을 추구하기 보다
는, 유럽의 통합을 위하여 이루어지고 있다는 점이 특징인데 이를 달성하기 위하여
1990년대 말부터 유럽평의회는 민주시민교육을 제안하고 유럽 교육정책의 공통
목표를 위한 연구All-European Study를 시작하였다(허종렬, 2010. 재인용). 여기서 지칭하
는 민주시민교육이란, 인권교육, 정치교육, 평화교육 등의 민주주의 과정을 위한
공통적인 평가기준의 교육을 의미하며, 이외에도 권한, 다양성, 평등성 등의 주제
또한 포함하고 있다. 이러한 민주시민교육은 국민 윤리 또는 시민교육(오스트리아),
시민권교육(벨기에, 영국), 시민·법교육(러시아), 시민·사회·정치교육(아일랜드),
시민·법·사회교육(프랑스), 정치교육(독일), 사회연구(스위스) 등의 교과에 반영하
여 교육하고 있다(허종렬, 2010. 재인용). 영국과 프랑스의 예시를 통해 유럽국가의 법
교육에 대해 조금 더 상세하게 다루도록 하겠다.

영국 학교들은 전통적으로 사회 관련된 교육보다 지리나 역사 교육을 중심으
로 이루어져 있었다(박성혁, 2006. 재인용). 영국에서 사회생활은 개인의 사회적 개성
과 가치라고 여겨졌기 때문에, 이와 관련된 교육은 학교 교육의 일부에 포함되지
않았다. 하지만 1999년에 National Curriculum for England를 재정하며 법교육
에 변화를 주기 시작했다(박성혁, 2006. 재인용). 영국 학교의 Key stage3(7~9학년)과

Key Stage4(10~11학년)에 시민교육과Citizenship를 신설하였고, 2002년부터 역사교육과 지리교육을 선택과목으로 지정하고 시민교육을 필수교과로 지정함으로써 영국 내 모든 중학생들이 정치, 행정, 사법제도, 범죄 등 법교육과 관련된 내용을 학습하도록 하였다(한국교육과정평가원, 2010). 내용면에서는 미국과 차이가 없다. 미국의 교육과 유사하게 법교육의 구체적인 개발은 여러 실적을 쌓은 비정부 기구가 맡고 있으며, 대표적으로 하워드 연맹의 교육과정('시민성육성과 범죄방지 프로젝트')과 LibertyThe National for civil Liberties의 교육과정('인권·시민의 자유와 인권법')이 있다(박성혁, 2006. 재인용).

　프랑스에서는 초등 1·2학년의 '공동생활과'와 초등3·4·5학년의 '공민과', 꼴레쥬의 '공민과' 등에서 법교육을 시행하고 있다(박성혁, 2006. 재인용). 우리나라의 교육과정처럼 5년제 초등학교, 4년제 꼴레쥬, 3년제 리세로 구성되어 있지만 법교육과 직간접적으로 연관이 되어 있는 과정은 초등 5년 교육이다. 이 과정에는 학교 또는 학급의 규칙, 공동생활의 규칙, 공화국 법률 등의 과정이 포함되어 있고 꼴레쥬와 리세의 교육과정에는 공동의 생활규칙, 평등, 사법제도, 권리 등의 과정이 존재한다. 특이하게도 프랑스의 '공민'교육은 도덕 교육이 포함되어 있는데, 인권, 헌법, 법률, 규칙 등은 시민으로서 갖추어야 할 도덕이라는 관점을 내포하고 있다고 할 수 있다(박성혁, 2006. 재인용).

3. 국내 법교육 연구와 발전

　김자영·곽한영(2017)은 국내에서 발표된 법교육 관련 연구성과들에 대해 광범위한 분석을 수행하였다. 학위논문 206편, 학술지 논문 220편이 분석 대상이 되었으며, 2006년 6월 발간된 『법교육연구』 제1권 제1호부터 가장 최근에 발간된 제11권 제3호(2016년 12월 발간)까지에 대해서는 좀 더 면밀하게 살펴보았다. 분석에 따르면 국내 법교육 연구는 2006년 이후 급격히 증가하였는데, 이는 법무부에서 법교육과 관련된 연구 및 지원을 본격적으로 실시한 것과 2006년 한국법교육학회 창립, 2007년 한국법과인권교육학회 창립 등 법교육에 특화된 학술 집단이 등장한 것과 관련이 있다고 보고하고 있다. 내용적으로는 교육과정, 교과서, 교재 관련 연구가 25.1%로 가장 많았고, 법교육 실태 및 발전방안 관련 연구, 법교육이론 관련 연구, 교수-학습 방법 및 평가 관련 연구가 각각 13.8%, 13.6%, 12.0%로 많았다. 이들은 향후 법학 전공의 연구자와 현장 교사의 참여가 보다 활성화도리 필요가 있으며, 법교육의 실천을 위한 교수학습방법 및 평가, 프로그램, 교재 등에 대한 심화된 연구가 필요하다고 보았다. 무엇보다도 법교육 수업 및 프로그램의 양적 확장에서 질적 성장으로의 전환을 위한 효과 검증 연구가 강화될 필요가 있다고 결론짓고 있다.

사실 국내 법교육은 오래전부터 시행되었다. 1946년 당시 고등학교 1학년 정치편의 교과서의 이름은 『정치문제』로서, 국가, 민주정치, 국민의 의무, 국회, 정부, 지방자치, 우리나라 정치적 현실 등의 내용 등을 포함하며 대부분이 헌법과 사법제도에 관한 법교육을 시행하였다. 이후 1954년 제1차 교육과정을 통해서 정치와 사회 관련 수업 시간도 늘어나고, 이에 따라 내용 또한 민족과 국가, 사상문제, 민주정치 등을 포함한 새로운 영역으로 확대되었다(박성혁, 2006. 재인용). 제2차 교육과정(1963)에 들어서는 세분화되어 있던 과목이 두 과목(일반 사회, 정치경제)으로 통폐합되면서 여태까지 지속되었던 「헌법」 영역 교육의 비중이 크게 감소하였다. 게다가 내용면에서도 변화가 있었는데, 헌법 영역의 비중이 줄어듬에 따라 정치 영역의 교육이 상대적으로 확대된 법교육이 시행되었다.

제3차 교육과정(1973)에서는 많은 변화가 있었다. 앞서 제2차 교육과정에서 세분화 되어 있던 과목을 두 과목으로 통폐합하였는데, 이 과정에서 내용들이 중복되는 문제점들이 있었다. 따라서 이러한 문제들을 피하기 위해서 정치 · 경제와 사회 · 문화, 두 과목으로 다시 구성하였고, 정치 · 경제 과목은 인문계, 자연계, 직업계 모두의 공통과목으로 지정하였다. 더불어 법교육의 중심이 되었던 「헌법」 영역 이외에도 법의 기초이론, 범죄와 형벌, 경제와 복지에 관한 법, 행정에 관한 법 등 법 기초이론 및 생활 관련 법 영역이 새로이 포함되어 법교육을 강화하였다(한국교육개발원, 1979). 제4차 교육과정(1981)에서는 이전에는 필수 교과였던 법 기초이론, 생활 관련 법, 「헌법」 영역 등의 교육과정이 각각 필수와 선택으로 나뉘어 지면서 전체적으로 법교육의 비중이 줄어들었다는 평가가 있다(박성혁, 2006. 재인용). 이러한 법교육 영역의 감소는 제5차 교육과정(1987)에서도 계속되었다. 법 기초이론과 생활 관련 법 영역이 4차 교육과정에서는 필수였지만 5차에서는 선택과목으로 개편되면서 법교육이 한층 더 위축되었다(박성혁, 2006. 재인용).

제6차 교육과정(1992)에서는 계속된 위축으로 인해 주춤하던 법교육이 많은 변화를 보이기 시작했다. 「헌법」 교육 이외에도 민주주의 사회에서의 법 기능, 시민 생활과 법문화, 국제화 시대의 법 문제 등 학습의 주제를 확장시켰고, 더불어 시민 생활과 법 이념, 법 생활과 권리, 의무, 준법과 법의 생활화 등 주제의 다양성도 더해 법교육을 강화하고자 하는 시도가 계속되었다. 이렇게 내용면에서의 증가와 다양화가 있었지만 새로운 내용들이 필수과목이 아닌 인문계열 교육의 선택과목(정치)에 포함되었기 때문에 이 사실만으로 법교육이 증가 또는 강화되었다고 평가하기에는 한계가 있다. 제7차 교육과정(1997)에서도 많은 변화가 있었다. 법교육 영역은 '법과 사회'라는 독립된 과목의 개편을 통해 근본적인 변화가 주어졌고 「헌법」과 법 기초이론, 생활 관련 법 영역은 공통 교육과정에서 빠지는 대신 「헌법」 영역은 선택과목 '정치'에서 다루게 되었다. 더불어 나머지 영역들은 새롭게 개편된 '법과 사회'에서 다룸으로써 법교육의 전문화 및 다양성을 또다시 추구하였다.

현재 우리나라의 초등부터 고등까지의 법교육을 살펴보면, 지속적으로 이루어지지 못하고 중간에 단속이 되기도 하고, 내용 등이 충분하지 않아서 법교육의 긍정적인 효과를 기대하기에는 어렵다는 평이 있다(허종렬, 2010. 재인용). 그럼에도 불구하고 법무부가 주도하고 학교가 참여하는 다양한 형태의 법교육이 시행되고 있다는 점은 의의가 있다(허종렬, 2010. 재인용).

4. 법교육의 제도화와 적용 사례

(1) 법교육의 제도화 과정

우리나라는 국민의 법의식 고양을 위해 법무부가 주체가 되어 다양한 법교육 사업을 추진하고 있다. 게다가 법무부는 법교육의 확산과 발전을 위해 '3단계 5개년 종합발전 계획'을 수립하고 법교육 인프라 확충, 국민 참여 확대 및 전문역량 강화, 법교육의 정착 및 법제화를 위해 다양한 사업을 추진하였다(정상우 외, 2015). 이렇게 다양한 사업들은 법교육 전문가들을 중심으로 발전되어 왔는데, 법교육 프로그램 개발은 물론이고 확산시켰다는 것에 의의가 있다.

현행 「법교육지원법」은 총 11개의 조항으로 이루어져 있다. 국가 및 지방자치단체의 의무 규정(제3조), 법교육 지원을 위한 법교육 위원회 설치(제4조), 법문화진흥센터 지정(제5조), 학교 법교육 지원(제7조), 교원 연수기회 제공(제8조), 사회 법교육 지원(제9조), 공공기관에 대한 협조 요청(제10조), 다른 법률과의 관계(제11조) 등을 통해 다양한 방면에서 법교육을 지원하고 있다. 이 조항들에 따라서 법교육위원회가 설치되기도 하고, 전국의 법문화진흥센터가 지정되고 있으며, 법교육을 연구하는 기관에서는 다양한 법교육 프로그램들과 교재들을 개발하고 있다(정상우 외, 2015. 재인용). 아래에서 대상자별로 분류한 법교육에 대해서 다루어 볼 것이지만, 여기서는 우리나라 법교육에 대한 현황을 총괄적으로 논의해보겠다.

앞서 언급했듯이, 「법교육지원법」은 다양한 분야에서 법교육을 지원하기 위해서 제정이 된 것이다. 2007년 이전에도 몇 차례의 법교육과 관련된 법 제정이 있었지만, 2007년 11월 14일 이주영 의원 등 17인 발의의 법교육지원 법안이 제안된 이후로 「법교육지원법」 제정에 관한 논의는 더욱더 활발해졌다. 이후 2008년 2월 26일 국회 본회의에서 의결되어 정부로 이송 된 후 2008년 3월 28일 공포되었다(정상우 외, 2015. 재인용). 제안된 법안을 상세하게 살펴보자면, 총 11개 조와 부칙으로 편제되었다. 본 법안에는 법교육의 의미를 밝히고 민주시민으로서 필요한 법적 능력, 합리적 사고능력, 긍정적 참여의식, 질서의식, 헌법적 가치관 등이 법교육을 통해 함양할 것임을 강조하고 있다. 또한, 법교육을 체계적으로 지원 및 수행하기 위해서 법교육을 학교법교육과 사회법교육으로 유형화하고, 법교육전문기관(한국법문화진흥센터)의 설치 및 국가의 지원을 명시하고 있다(정상우 외, 2015. 재인용).

제정된 법을 중심으로 법교육은 계속해서 발전해 왔다. 하지만 단체들은 보다 더 활발한 법교육의 필요성을 제기하였고, 이의 결과로 법무부 및 관련부처들은 법교육 협력 체계를 적극적으로 구축하였다. 법무부는 2006년 7월, 법교육을 실시하는 민과 관의 협력을 통해 효율적인 법교육이 시행될 수 있도록 하는 '법교육추진협의회'를 구성하였는데, 이를 통해서 법교육을 시행하는 다양한 단체들과의 협력과 지속적이고 안정적인 법교육을 위한 효율적인 운영을 도모하였다(정상우 외, 2015. 재인용). 법무부의 제3조 국가 및 지방자치단체의 의무에 따른 법교육 관련 조직 정비를 살펴보면 2007년에 '법무부 범죄예방정책국 법문화진흥팀'을 설치하였고, 이는 2년 후인 2009년 7월에 '법교육팀'으로 명칭이 변경되었다. 2008년 2월에는 '법질서 · 규제개혁담당관'을 신설하였고, 2009년 5월에 '법질서담당관'으로 명칭을 변경하였다. 2010년 2월에는 차관 직속의 '법질서선진화기획단'을 발족하여 법교육의 발전을 도모하였다. 2011년 9월에는 법정국 소속 법질서선진화과를 신설하였고, 기획조정실 소속의 법질서 바로세우기운동, 법질서 실천운동 등 벗빌서 확립운동 및 홍보를 주업무로 하는 '법질서담당관실'과 '법교육팀'을 통합하였다.

이외에도 제5조 법문화진흥센터의 지정 등을 통해서 법무부장관은 법교육을 주된 목적을 하거나 법교육을 실시할 능력이 있다고 인정되는 기관, 단체, 시설을 법교육위원회의 심의를 거쳐 법문화진흥센터로 지정할 수 있다는 것을 명시하고 있다. 이를 통해서 2015년 기준으로 전국 19개 정도의 법문화진흥센터가 운영되고 있고, 서울과 인천에서는 민간기관의 참여도 이루어지고 있다. 이 중에서도 주목할 만한 활동을 하는 법문화진흥센터는 한국법교육센터와 솔로몬 로파크(대전청소년비행예방센터)로써, 법무부와 법교육 공동 추진 업무협약을 맺고 법교육을 추진하는 대표적인 단체들이라고 할 수 있다(정상우 외, 2015. 재인용). 법문화진흥센터에서는 어린이부터 특수계층까지, 다양한 대상을 고려한 법 관련 프로그램들을 운영하고 있으며, 법교육 교재도 개발하고 있다. 법교육 전문강사를 선발하여 전국 각지에 법교육 출강을 하기도 한다. 솔로몬 로파크는 법무부에서 운영하는 우리나라 최초의 법교육 테마파크라고 알려져 있다. 어린이, 청소년, 가족, 일반인이 법을 쉽고 재미있게 배우고 체험할 수 있도록 다양한 프로그램들을 제공하고 있으며, 다양한 주제의 강의, 교재, 법률 상식 등을 제공하고 있다.

특히, 「법교육지원법」은 제6조에 법교육 연구 개발을 명시하고 있는데, 법무부는 법교육 추진 초기부터 법교육 교재 개발에 많은 노력을 기울였다는 것을 알 수 있다. 미국의 Street law를 표본으로 삼아 학생이나 일반 시민들이 쉽게 이해할 수 있는 교재들을 만들고자 하였고, 교육을 담당하는 교사들을 위한 매뉴얼을 개발하기도 하였다. 이외에도 법교육과 관련된 다양한 연구들이 지원을 통해서 발간될 수 있도록 끊임없는 지원 및 노력을 기울였다(정상우 외, 2015. 재인용). 그 결과로, 법무부가 개발한 여러 법교육 콘텐츠들 및 교재들은 실생활에 유익하고 재미있게 구성되었다는 호평을 받고 있는데, 대표적인 교재들로는 '한국인의 법과 생활', '아픔없는 우리학교, 행복한 학교생활 만들기!(초등학교 고학년용)', 'Fun Fun 대한민국의 법(다문화가족 법교육 교재)' 등 사회 각 계층 및 수준에 맞는 교재들을 개발하여 배포하고 있고, '법을 알면 세상이 보인다', '생활법 경시대회, 생활법 캠프 가이드북' 등 프로그램 운영 매뉴얼도 제작하여 법교육의 발전에 힘쓰고 있다.

법무부 외에도 다른 공공기관들 또한 법교육을 담당하고 있다. 이는 제10조 공공기관에 대한 협조 요청에 명시함으로써, 다른 중앙행정기관, 지방자체단체,

공공단체 등의 장에게 협조를 요청할 수 있도록 하여, 민간영역과 공공영역이 서로 연계하도록 하고 있다(정상우 외, 2015. 재인용). 법무부를 중심으로 법교육 프로그램들이 운영 되고 있고, 이를 중심으로 하여 대법원, 헌법재판소, 법조인과 로스쿨 등도 그들만의 독자적인 법교육을 실시하고 있는 것으로 알려져 있다(정상우 외, 2015. 재인용).

　　법교육은 아직 많은 사람들에게 그 단어조차 생소할 수 있다. 하지만 법무부를 주축으로 한 여러 기관들은 우리나라 국민들의 법의식 고양을 위해서 여러 방면에서 힘쓰고 있음을 알 수 있다. 하지만 정부주도의 하향식 정책이 대부분인터라, 시·도교육청 및 학교와 연계하여 법교육을 실시하는 데에는 한계가 있다는 평가가 있다. 이러한 점이 보완되어, 지금보다 더 많은 사람들이 법교육과 친밀해질 수 있도록 노력해야 할 것이다.

(2) 비행청소년 대상 법교육

　　청소년을 대상으로 하는 법교육은 범죄예방 뿐만 아니라 재범 억제에 있어서도 효과를 기대할 수 있다. 아직 사리분별 능력이 떨어지고 규칙이나 규범에 대해 익숙하지 않은 청소년들은 성인에 비해서 사회질서 및 사회규칙에 대한 인식은 훨씬 더 부정적인 것으로 나타났는데, 이러한 결과는 중·고등학교 단계에서 충분한 법교육이 이루어지지 못하다는 점을 그 근거로 들 수 있다(이영수·최영진, 2009). 우리나라 이외에도 다른 나라들에서는 청소년들을 대상으로 한 법교육이 다양하게 시도되고 있으며, 먼저 미국의 청소년들을 대상으로 한 법교육에 대하여 살펴보겠다.

　　미국에서의 법교육은 비행청소년에 대해 공식적인 사법처리 대신에 법교육의 프로그램인 다이버전diversion 제도를 통해 비행청소년 대상으로 시행이 되고 있다. 이는 재범예방에 효과적인 것으로 증명되어 널리 쓰이고 있다. 다이버전의 제도의 대표적인 예시는 워싱턴 D.C의 Street Law 다이버전 프로그램이다. 이 제도는 1979년 가정법원 판사가 초범인 소년범죄자를 대상으로 형사처벌 대신에 내리는 대안적 처우로 시작되었고 이후에 NICEL the National Institute for Citizen Education in the Law의 지지를 받아 워싱턴 D.C.의 소년사법제도의 일부분으로 받아들여졌다(최영신 외, 2008). 이 프로그램에 참여하는 대상은 12~17세 사이의 초범인 청소년들이다. 워싱턴 D.C.의 검찰, 법원, NICEL이 공동으로 마련한 여러 기준들(나이, 마약사용여부, 가족관계, 건강상태 등)을 통해서 대상자가 선정되는데, 선정된 소년범들은 다이버전 제도를 받을 것인지 혹은 재판을 받을 것인지를 선택하게 된다(최영신 외, 2008. 재인용). 다이버전 제도를 선택하게 되면 총 12시간의 법교육 수업을 이수하게 되며, 3회 이상 결석을 할 시에는 프로그램 이수자의 자격이 박탈된다. 워싱턴 D.C.의 Street Law 프로그램은 청소년, 법원 관계자, 보호관찰관, 부모 등 모두에게 긍정적인 반응을 얻었으며 더불어 성공적인 것으로 평가되고 있다(최영신 외, 2008. 재인용). 이후 전국적으로 27개의 지역에서 법교육 프로그램 활성화에 도움을 주었으며, 소년범들의 프로그램 참여도가 높고 재범율은 낮은 것으로 평가받고 있다(Chinnm J., 1997).

워싱턴 D.C.의 공식적인 사법 처리 대신 행하는 Street Law 다이버전 제도 이외에도, 수용시설에서도 법교육이 진행되고 있다. 1990년부터 캘리포니아 청소년기관California Youth Authority은 법교육을 도입하여 다양한 수용시설들에서 여러가지 형태로 실험해 오고 있다. 또한 주립 아이오와 소년원the lowa State Training School for Boys은 1985년 법교육을 시작하여 현재 11개 지부에서 교육과정을 운영하고 있기도 하다(Buzzell, T., 1997).

최영신 · 최지영 · 황태정 · 김기환(2008)의 연구에 따르면 우리나라에서 법교육은 학교교육 이외에 성인 대상 평생교육 혹은 교정보호 분야 등 다양한 영역에서 관심을 받고 있다고 보고하였다. 이러한 관심 속에서 법교육의 개발은 끊임없이 이루어지고 있는데, 특히 비행청소년들을 대상으로 한 법교육 개발은 계속되고 프로그램들이 시험적으로 시행되는 등 꾸준한 발전을 보이고 있다(최영신 외, 2008. 재인용). 현재 법무부는 교과부와 협력하여 학생자치법정을 시행하고 있다. 학생자치법정은 지각 · 두발불량 등 경미한 학칙 위반에 대해 학교 내에서 학생 스스로 재판부를 구성하여 토론, 변호, 판결 등을 통해 문제를 해결하도록 하고 있다. 이 과정에서 자연스럽게 사법절차는 물론, 법적 권리와 의무를 이해하도록 하여 합리적인 사고력 및 문제해결능력을 길러줌으로써 민주시민으로서 가져야 하는 법적 소양을 가질 수 있게끔 한다(조종태, 2013). 최영신 외 연구진들(2008)은 청소년들이 주로 저지르는 범죄행위의 사례들을 중심으로 하여, 각 범법행위의 위법성과 법적 제재의 이해를 돕는 법교육 프로그램을 개발하여 비행청소년 스스로가 자기 행동에 대해 반성하고, 피해자의 고통을 공감할 수 있도록 하는 프로그램을 개발하였다. 또한, 최수영 · 이원상(2009)은 사이버 공간이 아직 익숙하지 않은 초등학생을 대상으로 한 사이버범죄예방 법교육 프로그램을 개발하기도 하였고, 천원기(2017)는 절도를 저지른 비행청소년들을 대상으로 단기집중 형식의 법교육을 통한 충동성, 자기통제의 변화에 미치는 효과성을 검증하기도 하였다. 민간단체들이 운영하는 법교육도 있는데, 대표적인 예시로는 월드로 사이버 청소년예방교육이다. 월드로에서는 사이버 청소년 범죄예방 법률프로그램을 제작하여 청소년들을 대상으로 범죄예방교육을 하고 있다. 교사, 학부모용, 학생용으로 나누어 제작하였으며 실제 상황의 체험을 돕는 사이버 모의법정 프로그램도 있어서 효과적인 법교육을 하고 있다(신의기 외, 2007). 이외에도 청소년폭력예방재단은 청소년의 폭력을 예방하기 위한 프로그램들을 개발·운영하고 있으며, 한양대학교와 서울동부지방 검찰청이 공동으로 운영하는 1020 멘터 프로그램을 운영하며 청소년비행의 치료 및 예방에 힘쓰고 있다.

(3) 성인범죄자 대상 법교육

우리나라는 범죄자들의 재범을 예방하는 데에 많은 심혈을 기울여왔다. 근래에 들어서는 사회내처우의 중요성이 강조되면서 보호관찰, 수강명령 등 범죄자를 구금하는 대신에 교육을 통해서 교화 및 개선하려는 시도가 계속되고 있다(신의기 외, 2007. 재인용). 범죄의 종류가 다양한 만큼, 다양한 프로그램이 존재한다.

먼저 수강명령을 받은 범죄자들을 대상으로 각 보호관찰소는 어떤 프로그램들을 시행하고 있는지 살펴보겠다. 광주 보호관찰소는 자체적으로 개발한 '행복한 삶'이라는 프로그램을 제작하여 교육하고 있다(신의기 외, 2007. 재인용). 이 프로그램의 목표는 건강한 사회인으로 살아가기 위해서는 자신의 행동을 통제하는 능력을 길러야 하고, 삶에 대한 분명한 목적이 존재해야 하며, 수강명령 대상자의 수동적이고 방어적인 태도를 능동적이고 개방적인 태도로 변화시킴으로써 수강명령 대상자들이 행복한 삶을 살 수 있도록 돕고 있다(신의기 외, 2007. 재인용).

전주보호관찰소, 도로교통안전관리공단 전북지부가 주관하는 교통사범을 대상으로 하는 프로그램도 존재한다. 「도로교통법」 위반사범 및 「특·가·법」 위반(도주차량)사범 중 수강명령 대상자들을 위주로 시행하고 있으며 1일 8시간 연속 5일(총 40시간)의 집중강의로 구성되어 있다(신의기 외, 2007. 재인용). 범법운전자의 의식전환은 물론, 교통사고 재발방지와 교통안전의식을 심어줌으로써 선진 교통문화의 정착에 힘쓰고 있다.

성폭력 · 가정폭력사범 수강명령대상자에 대한 수강명령으로 전주보호관찰소는 해당 대상자들을 교육하고 있다. 주 1회 4시간 총 12회(48시간)의 교육 후, 3개월 내 부부상담 1회, 교육 후 12개월 내 부부상담 1회로 구성되어 있다. 전주보호관찰소와 함께 성폭력치료센터와 가족상담교육센터의 공동주관으로 시행되고 있다. 가해자로 하여금 자신의 행동이 범죄라는 것, 그리고 얼마나 잘못된 것인지 깨닫게 해주고, 폭력의 악순환을 끊을 수 있는 능력을 배양해 줌으로써 가정폭력의 재범을 막고 평등하고 평화로운 가정을 꾸릴 수 있도록 하는 교육이다(신의기 외, 2007. 재인용). 본 프로그램의 목표는 크게 네가지로 구성되어 있는데, 하나, 가해자 자신이 저지른 행동이 폭력이라는 것일 인지시키는 것, 둘, 자신이 저지른 폭력이 가정을 파괴하고 있다는 것을 인식하는 것, 셋, 가해자 자신이 가지고 있는 병리적 현상을 올바르게 파악하여 자신의 문제와 대면하는 것, 넷, 분노 조절 방법을 터득하는 것이다. 위에 언급한 프로그램들 외에도 전주보호관찰소 부설 전북대학교 상담실이 주관하는 절도 사범을 대상으로 하는 프로그램, 서울보호관찰소의 성인 성범죄자 수강명령 프로그램, 전주보호관찰소의 약물남용예방 프로그램 등이 있는데 성범죄 관련 프로그램 중 미국의 존 스쿨 프로그램을 모티브로 하여 제작된 교육들이 존재한다.

존 스쿨 프로그램이란, 미국 캘리포니아주에서 시작하여 미국 28개 관할구 및 캐나다 14개 지역, 유럽 등으로 확산되고 있다(신의기 외, 2007. 재인용). 이 프로그램은 성 구매 남성을 교육함으로써 수요자 감소를 통한 성매매 문제해결을 시도하고 있으며, 정부기관(경찰 및 검찰)과 지역사회(성매매 관련 민간단체) 간 파트너십 형성을 통해 기소 전 다이버전 프로그램이라고 할 수 있다(신의기 외, 2007. 재인용). 미국의 경우, 월 1회 경찰청에서 초범인 성 구매자들을 대상으로 1일(8시간)의 교육을 실시하며, 진행은 민간단체인 SAGE가 담당한다. 교육에 참여하는 대상자들은 SAGE에 $200~$400 정도의 비용을 납부하게 된다. 존 스쿨 프로그램은 재범방지에 매우 효과가 있다고 평가되지는 않지만 성 구매자로 하여금 성매매에 대한 인식과 태도변화에는 효과적인 것으로 보고되었다. 창원보호관찰소는 미국의 존 스쿨 프로그램과 유사한 교육과정을 운영중이다. 보호관찰소 성구매자 교육 이수 조건의 기소유예자들을 대상으로 매월 1회 1일(8시간)의 교육을 한다. 소집단 구성에 있어서 30명 이상의 집단은 효과성이 낮다고 보고된 바가 있어서 30명 이하의 집단을 구성하여 소집단 심층상담을 통한 인지재구조화 및 행동수정을 담당하고 있으며, 보호관찰관, BoHo가해자상담센터, 한국AIDS퇴치연맹, 해바라기쉼터 등 관련 민관기관들과 함께 진행하며 법교육에 노력을 기울이고 있다.

교도소에서 생활하는 수형자들을 대상으로 하는 법교육도 시행되고 있다. 하지만 수형자들은 대부분 인성교육이나 취업 및 창업교육을 집중적으로 받기 때문에, 법교육에 대한 비중은 상당히 작다고 할 수 있다(김태명 외, 2009). 인성교육에 준법교육이 포함되어 있지만 한 교도소의 경우 전체 16시간의 교육 중 단 2시간만 준법교육을 시행하고 있다. 게다가 법교육을 담당하는 전문교사까지 부족한 상황이라 고용지원센터, 상공인지원센터 등의 실무가가 법교육을 담당하고 있다. 현실적인 교육을 한다는 점에서 의의가 있지만, 수형자들이 출소 후 자주적으로 살아감에 있어서 필요한 준법의식이나 법률지식을 제공하기에는 어려움이 있어 보인다(김태명 외, 2009 재인용). 따라서 김태명 외 연구진들(2009)은 수형자의 사회복귀에 도움이 될 수 있는 법교육프로그램을 개발하기도 하였다. 90분 단위의 10차시로 구성되어 있는 이 프로그램에는 취업, 근로생활, 가정, 금전거래, 부동산, 신용카드, 등 심지어 인터넷상의 피해까지 예방할 수 있는 다방면의 교육을 제공하였고, 수형자들을 대상으로 실시한 결과 도움이 되고 흥미로웠다는 응답들을 얻을 수 있었다(김태명 외, 2009 재인용).

(4) 북한이탈주민 대상 법교육

북한이탈주민은 한국사회에 정착하며 서로 다른 법체계와 법적 내용을 모르는 탓에 범법행위를 하거나 범죄피해자가 되는 등 어려움을 겪고 있다고 알려져 있는데, 여러 연구들이 이 주장을 뒷받침하고 있다. 사용하는 언어는 같지만 북한을 이탈한 후 겪는 심리적 불안감, 생활의 불안정성 등이 더해져 범죄피해 및 범죄발생의 취약점이 될 수 있다(최영신 외, 2017). 따라서 북한이탈주민의 법교육을 통한 법의식 제고의 중요성이 대두되고 있다.

이러한 우려 속에서 통일부 소속인 하나원은 북한이탈주민들을 대상으로 법교육을 제공·실시하고 있다. 북한이탈주민을 대상으로 하는 최초의 법교육이며 교육시간이 가장 긴 것이 특징이다. 하나원에서 진행하는 교육은 북한사람들이 우리나라에 온 후, 한국사회의 생활을 경험하기 전에 하나원 시설에 입소하여 진로, 취업, 사회 적응 등 민주주의 사회에서 살아가는 데에 필요한 가장 기초적인 교육들을 받게 된다. 총 12주의 교육을 받게 되며, 수료 후에는 5년간의 정착자금, 국고보조금, 집, 직장 지원 등 혜택을 받게 된다. 12주간 총 329시간의 기본교육과 4주 간 80시간의 지역적응교육, 사회적응교육 등이 시행된다. 하지만 대한민국에 입국한 직후 심리적으로 불안정한 상태에서 교육을 받게 되고, 한국사회를 모르는 상태에서 법교육을 받으니 이해하기 힘들다는 등 그 효과는 미미하다고 보고되고 있다(최영신 외, 2017. 재인용).

국가에서 지원하는 교육 외에 민간단체에서도 탈북민을 위한 법률 교육을 제공하고 있다. 한 로펌은 매달 한 차례 한빛종합사회복지관 부설 서울 남부하나센터를 찾아서 생활법률교육을 하고 있다. 남한 사회에서 더 빨리 적응할 수 있도록 돕고 있으며, 소속 변호사들이 직접 금전거래, 임대차 계약, 「근로기준법」 등 생활과 관련된 법률 지원을 하고 있다.[9]

하지만 여전히 새터민을 위한 교육이 이해도가 떨어진다는 평가가 있다. 이정우(2007)는 새터민 청소년에 대한 법교육 실시 과정과 그 결과를 정리하여 추후에 보강되어야 할 점을 살펴보았는데, 연구 대상 모두가 법교육이 도움이 되었다고 응답하였으니 교육 내용이 어렵다고 보고한 것으로 보아, 새터민의 경험을 반영한 교재 개발이나 관련 교과에 대한 기초지식 함양 등이 선행되어야 할 것으로 보고하고 있다.

(5) 시민, 청소년, 어린이 대상 법교육

일반시민, 청소년, 어린이들을 대상으로 하는 법의식 고양을 위한 교육 및 교재개발도 계속되고 있다. 어린이를 위한 교재로는 「나는야 법짱」, 「함께하는 법 이야기」, 「헌법아! 놀자!」, 「우리 모두가 주인이에요.」 및 「일곱 난쟁이집에도 규칙이 필요해」, 「생각이 자라나는 솔로몬의 학생법정」 등이 있다. 청소년들을 위한 교재는 「청소년의 법과 생활」, 「헌법재판소 판례로 사회 교과서 200% 활용하기」, 「장난과 범죄사이」 등 다양한 교재가 있고, 성인을 위한 교재로써는 「한국인의 법과 생활」, 「아뿔싸! 알면서도 속는 사이버범죄」, 「어르신을 위한 알면 알수록 좋은 법」 등 많은 교재가 있다. 장애인을 위한 「보배야 행복해지는 법을 알려줘」라는 음석 및 점

---

9   아주경제, 2019.01.21. 세종, 탈북민에 배움 · 나눔 지원... 한국 정착 도와

자를 지원하는 교재도 보급되고 있다. 게다가 법교육 강사 및 교사들에게도 보급이 되는 교재들도 있어서 법교육의 발전에 보탬이 되고 있다. 교재개발 외에도 '시민 법률콘서트', '시민로스쿨', '모의재판 경연대회', '유아법교육' 등을 통해서 일반 시민 및 청소년, 어린이들의 법의식이 향상될 수 있도록 노력하고 있다. 소외계층을 대상으로 '찾아가는 로파크'라는 버스를 활용한 체험형 법교육을 통해서 법이 낯설 수 있는 일반시민들에게 친숙하게 다가가고 있다.

또한 법무부는 다양한 매체를 통해서 법질서 캠페인을 홍보하기도 한다. 2011년부터 파급력이 큰 방송, 언론, 인터넷 매체, 스마트폰 등을 통해서 학교폭력예방, 사이버질서, 법질서 바로세우기 관련 공익광고를 송출하는 등 방송매체를 활용하여 의식고양에 적극적으로 힘쓰고 있다. 더불어 법무부는 앞으로도 법교육의 발전에 있어서 끊임없는 노력을 기여할 것으로 예상이 되며, 사회적 소수자, 다문화 가정 등을 아우르는 교육을 할 수 있는 법교육 강사의 전문성을 강화하거나 법교육 프로그램의 민간 부문의 역할을 강화하는 등의 역할을 해낼 것이라고 사료된다.

5. 법교육의 효과

앞에서도 몇 차례 언급했듯이 법교육은 범죄 및 재범예방에 효과적인 것으로 나타났다.

Ross(1990)는 비행청소년을 대상으로 하는 법교육은 그들을 재활시키는 데에 매우 성공적이며, 범죄예방뿐만 아니라, 소년범의 추리력과 문제해결력을 상승시키기도 한다고 보고하였다. 또한 타인의 견해를 인정하고 타인을 공감하는 능력을 배양하는 등 타인의 사고와 감정을 이해하는 데에 도움이 된다고 하였다(Ross, R., 1990). 현재 미국에서 시행되고 있 청소년법정의 경우, 이 프로그램에 참가한 청소년들의 재검거율은 다른 프로그램에 참가한 청소년들에 비해서 더 낮았으며, 프로그램의 수행률이 매우 높았다고 한다(Curd-Larkin, M., 1982: 21-24). 게다가 청소년들이 참가하는 모의재판, 입법청문회, 판례분석, 분쟁해결활동 등을 포함하고 있는 법교육 프로그램들은 청소년들로 하여금 다양한 관점에서 문제를 바라볼 수 있도록 도와주고, 어떠한 문제든 분명한 정답이 없다는 것을 알려줌으로써 추상적,

반성적, 비판적 사고력을 기를 수 있도록 한다고 보고하였다. 반성적 사고는 물론이며 추론, 대안 모색에서 효과가 있는 것으로 나타났으며 이러한 프로그램에 참여한 청소년들은 행동하기 전에 생각을 먼저 할 수 있도록 격려해 줌으로써 충동 억제 능력 또한 배양할 수 있다고 하였다.

사우스 캐롤라이나주의 청소년서비스국Department of Youth Service에서 다이버전 프로그램의 효과성을 평가한 결과, 참여한 청소년들은 법개념, 법지식 등이 증가한 것으로 나타났으며, 재범율이 개선된 것으로 평가되었다(최영신 외, 2008, 재인용). 사우스 캐롤라이나주와 연계되어 있는 모든 다이버전 프로그램과 법교육 다이버전 프로그램만을 비교했을 때, 모든 다이버전 프로그램의 재범율은 36%인데 반해, 법교육 다이버전 프로그램의 참가자들의 재범율은 7%로 현저히 낮음을 보여 줌으로써 법교육과 관련된 다이버전 프로그램의 효과성을 검증하였다. 뿐만 아니라, 아이오와주 남자청소년 대상 소년원에서 시행된 법교육 프로그램에 대한 평가에서도 법과 관련된 교육은 비행행동과 연관되어 있는 위험 요인에 긍정적인 영향을 미쳐서 비행을 억제하는 효과를 보였다고 보고했다(Buzzell, T., & Wright, R., 1992). 이외에도 여러 연구에서 법교육의 효과성을 검증하고 있으며 긍정적인 영향을 미친다고 언급하고 있다.

우리나라의 경우에도 법교육이 효과가 있는 것은 분명하다. 2008년에 법무부에서 개발한 절도 비행 예방프로그램은 역기능적 충동성의 감소와 자기통제력 및 책임감의 향상에 있어서 효과적이라는 연구 결과가 존재한다. 이와 맥락을 같이 하는 연구는 천원기(2017)의 비행청소년들을 대상으로 한 단기집중 절도 예방 프로그램인데, 본 연구에서 책임감은 측정하지 않았지만 충동성 감소와 자기통제력을 증가시켰다는 것이 증명되었다. 곽한영(2007)은 국내 여자 비행청소년들을 대상으로 법교육을 실시한 결과, 법교육 수업을 받은 청소년들은 법의식과 자아존중감 향상에 변화가 있었다고 보고하기도 하였다. 또한 이영수 · 최윤진(2009)은 비행청소년들을 대상으로 법교육 프로그램의 효과성을 검증하였는데, 본 프로그램에 참여한 청소년들은 문제해결능력과 법의식의 향상에 있어서 효과적이라는 것을 밝혀내었다.

또한 일반 청소년들을 대상으로 '법 만들기 활동'이라는 법교육의 일종인 수업의 효과성을 검증한 김경은과 김현경(2013)의 연구 결과, '법 만들기 활동'에 참여한 학생들의 법 인지, 법 정서 영역에 긍정적인 영향이 있었고, 뿐만 아니라 법 지식

탐구기능, 법 흥미도, 참여의식 또한 향상된 것을 밝혀내었다. 이동훈 · 문호성 · 박성혁(2015)의 연구에서는 학생들은 학생자치법정을 통해서 자율적 법태도와 적법절차의 권리에 대한 인식을 형성한다고 보고하고 있다.

하지만 앞서 언급했듯이, 재소자들을 위한 법교육은 현저히 부족한 상태라고 할 수 있다. 인성교육 16시간 중 준법교육은 단 2시간만 시행하고 있으며, 2시간만 시행하는 교육조차 전문가에게 받는 교육이 아니기 때문에, 실생활에 도움이 될 수는 있어도 자주적으로 살기위한 법의식을 고양시키기에는 한계가 있다. 따라서 재소자들을 대상으로 시행하는 법교육에 대한 효과성 검증 연구도 저조한 상태이기 때문에, 재소자들을 위한 법교육 프로그램 개발, 교재 개발, 전문 인력 양상 등 다양한 측면에서의 관심과 노력이 필요해 보인다.

제3절 셉테드와 법교육의 미래

질병예방을 위한 보건의료모델을 범죄예방분야에 응용한 사람이 브랜팅햄과 포스트(Brantingham & Faust, 1976)이며, 이들은 주지하듯이 범죄예방을 3가지 차원으로 나누고 있다. 1차 예방은 일상적인 환경하에서 범죄를 유발하는 물리적 · 사회적 환경에 대한 개입으로, 이번 장에서 다루고 있는 셉테드와 법교육이 대표적이다.

셉테드와 법교육은 범죄예방에 있어 기본적으로 1차적 접근임에도 불구하고, 현재 국내에서는 2차 예방기법으로 활용되고 있는 경우가 더 많다. 제도 도입의 초기 2차적 접근이 불가피하겠으나 1차적 접근으로 전환되어야 한다(특히 셉테드의 경우). 왜냐하면 2차적 접근은 추가비용의 발생과 효과성 또한 제약되기 때문이다. 그리고 1차적 접근이야 말로 제도화의 핵심이다. 현재 국토부가 제시하고 있는 '범죄예방 건축기준고시'와 법무부가 수행하고 있는 다양한 법교육사업은 셉테드와 법교육이 정상화되도록 하는 좋은 방향이다. 이하에서는 셉테드와 법교육이 모두 정상화 되는 데 도움을 줄 수 있는 제2세대 셉테드 개념에 대해 설명하겠으며, 마지막으로 셉테드 정책의 수행에 있어 유의해야 할 점에 대해 몇 가지 제언을 하겠다. 셉테드 정책 수행에 대한 유의점은 많은 부분 법교육 사업에도 적용될 수 있다.

1. 제2세대 셉테드

(1) 제2세대 셉테드의 개념

건축물과 구조물을 중심으로 범죄에 대한 환경적 요인을 강조한 것이 제1세대 셉테드 내용이라면, 제2세대 셉테드는 건강하고, 지속가능한sustainable 공동체를 형성, 유지하기 위해서는 도시와 건축물 설계변화는 첫 단계에 불과하며 사회적, 경제적, 문화적 측면과 물리적 측면을 통합한 총체적 발전을 도모할 필요가 있다고 주장한다. 지역사회 범죄예방에 있어서 사회문화적 요소의 중요성은 안전한 사회의 모습이 무엇인가에 대한 생각에서 출발한다.

안전하고 건강한 지역사회의 구성요소는 우리가 모두 쉽게 공감할 수 있는 것들이다. 안전한 지역사회는 지역사회 내 각 기능들이 적절히 이루어지고, 활기차고, 범죄율이 낮은 공동체를 말한다. 안전한 지역사회에서는 주민들의 참여가 광범위하게 이루어지고, 사회 응집력을 고양할 수 있는 다양한 프로그램들이 실시되고, 공동체 내 의사소통과 파트너십이 활발하게 진행된다. 안전한 지역사회에서는 뚜렷한 지역문화가 존재하고 다양한 층의 지역주민들이 긍정적인 상호작용을 할 수 있는 기회가 제공되며, 지역 주민들이 함께 힘을 합쳐 범죄 기회와 범죄 동기를 감소시키기 위한 활동에 참여한다(Saville and Cleveland, 2008:79).

반면 안전하지 못한 지역사회는 역기능적이고 무질서하며 폭력이 발생하는 장소이며 특히 범죄다발 지역이 존재하고 범죄피해 위험 역시 높다. 이러한 지역사회는 사회적 응집력이 낮고 주민들의 범죄피해 두려움이 높다는 특성을 가진다. 예를 들어 학교에는 장기결석자가 많고, 주민들은 이웃과 자주 대화를 나누지 않으며 주민들은 밤시간에 외출하기를 꺼린다. 안전하지 않은 지역사회는 범죄 기회를 양산하고 범죄가 발생했을 때 이에 효과적으로 대응할 수 있는 지역내 역량이 부족하다. 또한 지역 주민들이 개인적 수준에서나 집단적 수준에서 긍정적이고 상호존중적인 사회적 상호작용을 할 수 있는 기회가 부족하다(Saville and Cleveland, 2008: 80). 결국 단순히 도시의 물리적 측면의 개선만으로는 안전하고 건강한 사회를 만들 수 없으며 지역사회의 유대, 응집력, 의사소통, 집합효율성, 비공식적 사회통제 등 사회문화적, 경제적 측면을 함께 고려한 개선 노력이 필요하다는 것이다.

(2) 제2세대 셉테드의 전략

Saville과 Cleveland은 2세대 셉테드의 전략을 사회적 응집social cohesion, 연계성connectivity, 지역사회 문화community culture, 한계 역량threshold capacity 네 가지로 요약하고 있다.

영역성territoriality이 1세대 셉테드의 핵심 요소였다면 이에 대응하는 2세대 셉테드의 핵심 요소는 사회적 응집social cohesion이다. 사회적 응집은 지역주민들 간의 관계를 강화시키는 전략이다. 이웃 감시Neighborhood Watch는 감시자들 간의 네트워크를 강화시킬 수는 있지만 지역사회에 거주자들에게 문제해결 방법이나 갈등해소 방법을 알려주지는 못한다. 이것이 바로 1세대 셉테드의 활동지지activity support 전략이 장기적인 사회적 응집을 만들어내는 데 실패하게 된 이유이다.

연계성이란 지역주민들이 정부부처 등 외부 기관과 긍정적인 관계를 유지하고 영향력을 가지는 것을 말한다. 범죄 동기를 감소시키기 위해서는 내부적 응집을 유지할 뿐 아니라 지역공동체가 외부세계로부터 고립되지 않고 긍정적 관계를 유지할 필요가 있다. 외부와 긍정적 관계를 유지함으로써 다른 지역사회의 문제해결 사례로부터 좋은 교훈을 얻을 수도 있고, 중앙정부로부터 지역사회 안전을 위한 재정적 지원을 확보하는 것도 가능하다. 따라서 유사한 문제를 안고 있는 다른 지역사회와 연계하고 다양한 정부부처와 정치적인 연계를 유지할 필요가 있으며, 이를 위해서는 매스미디어와의 연계 역시 유용한 도구로 활용될 수 있다.

1세대 셉테드의 주창자 Jacobs(1961)은 '거리의 눈들eyes on the street'이라는 표현을 통해 지역주민에 의한 감시를 강조한 바 있다. 그러나 2세대 셉테드에 의하면 지역사회 범죄예방을 위해 필요한 것은 이웃 감시자가 아니라 지역주민들이 자신들이 보고 있는 것들을 보호하고 주의를 기울이고자 하는 공동체 의식이다. 지역사회 문화는 지역주민들에게 공동의 목적을 가지도록 해 준다. 공동의 문화가 생겼을 때 사람들은 지역사회 공간에 대한 의식, 영역 통제에 관한 필요성을 인식하게 된다.

1세대 셉테드의 가장 큰 약점 중의 하나는 집 밖에서 일어나는 범죄를 예방하는 데에만 치중한다는 점으로 그 결과 가정폭력과 같은 가정 내 범죄에 대해서는 아무런 대책도 제시하지 못한다. 그러나 실제 친밀한 관계의 사람들 사이에서 가정 내에서 일어나는 범죄가 전체 범죄에서 차지하는 비중은 무시할 수 없다. 2세대 셉테드는 성별 중립적, 소수인종 중립적 셉테드 전략에 근거를 둘 필요가 있으며 그 결과 가정 내에서 일어나는 범죄 역시 감소시켜 줄 수 있다고 본다.

2세대 셉테드는 사회 생태학의 개념을 도입하고 있다. 1세대 셉테드는 환경 설계를 통해 범죄 기회를 최소화하는데 기여한다면, 2세대 셉테드는 이와 더불어 균형적인 토지 사용과 사회적 안정 장치의 필요성을 강조한다. 사회적 안정 장치 social stabilizer는 젊은이들을 위한 안전한 집회 혹은 행사 공간을 마련함으로써 공폐가 혹은 버려진 건물과 같은 곳에서 이루어지는 불안정한 활동들을 최소화하고 궁극적으로 범죄를 감소시키는 일들을 포함한다.

지역사회 불균형 상태로 가는 움직임, 구어체로 tipping은 특정 활동 혹은 특정 공간의 고유의 적절한 역량을 넘어서는 것을 의미한다. 지역사회에 버려진 건물이 많으면 특정 유형의 범죄를 끌어들이는 자석 역할을 하게 된다. 좁은 공간에 술집이 너무 많으면 폭행, 음주운전, 소란, 무질서 등의 문제를 양산한다.

2. 셉테드 사업 수행 상의 유의점

(1) 사업목표의 명확화

우리가 현장에서 셉테드 사업에 대해 고민하고 구현하는 과정에서 종종 간과하는 것이 그 목표이다. 셉테드 사업의 1차적 목표는 범죄발생과 범죄두려움 감소이다. 그 외의 다른 목표는 모두 부수적인 것이거나 중간목표 정도에 불과하다. 범죄발생과 범죄두려움의 감소라는 목표는 사업의 제안과 효과성 측면에서 중요하다. 투입예산규모, 시설물의 종류/인지도/만족도, 회합 횟수, 의사소통의 원활성 등등이 모두 사업 제안의 중요성과 효과성을 보여 주는 잣대가 될 수 있겠으나 모두 부수적 목표에 불과하다. 특히 국내 많은 셉테드 사업들이 범죄발생 관련 효과성 측정을 하지 않거나, 셉테드를 단순히 환경개선사업 정도로만 인식하는 경향이 있다. 셉테드 사업을 시작하고자 한다면 현재의 범죄율과 범죄두려움 수준이 어느 정도인지를 명확히 측정해야 하며, 이들이 사업 후에 어떻게 바뀌었는지 비교분석해야 한다. 그렇지 않을 경우 사업이 표류를 하고, 엉뚱한 결과가 나타난다.

(2) 기계에 대한 과신과 불신의 경계

섭테드에 대한 자문을 하다보면 CCTV에 대해 과신과 불신이라는 극단적 시각과 마주하는 경우가 종종 있다. 한국형사정책연구원에서 몇 년 전 설문조사를 한 결과에 의하면 주민들이 범죄예방수단으로 가장 선호하는 것이 CCTV인 반면, 전문가 집단의 경우 섭테드가 본래 '자연적' 접근을 강조하므로 최대한 기계경비는 배제하려 한다. 그러나 오스카 뉴만Oscar Newman도 그의 저서 『방어 공간』에서 이미 CCTV를 적극 지지하고 있다. 섭테드가 범죄학적 관점에서 상황적 범죄예방론의 한 부류임을 생각한다면 CCTV가 환경에 맞게 적용될 수만 있다면 그 적용을 배제할 이유가 없다. 그렇다 해도 과신은 경계해야 한다. 고가의 장치들로 경비시스템을 설치하고서도 범죄자에 의해 피해를 당하는 경우가 적지 않기 때문이다. 대부분 기계경비에 지나치게 의존한 나머지 인적 경비를 소홀히 하거나 물리적 취약점을 함께 보완하지 않은 결과이다. 요컨대 섭테드에 있어 CCTV 등과 같은 기계적 요소가 배제될 이유도 없지만, 과신도 경계해야 한다. 마치 마약이 적절히 쓰이면 약이지만, 그렇지 않을 경우 중독이라는 큰 폐해를 가져오듯이 말이다.

(3) 예술과 문화의 접목

섭테드에 있어 아직 국내에서 활성화되지 않은 분야가 예술과 문화의 '접목'이다. 앞서 제2세대 섭테드에서 기존 하드웨어적 접근에 사회안전망 구축이라는 소프트웨어적 접근이 결합되고 있음을 보았다. 예술과 문화는 물리적 접근과 소프트웨어적 접근을 연결시켜 주는 매개체이다. 그런데 문제는 물리적 환경의 정상화라는 기본을 도외시한 채 예술과 문화만을 지나치게 강조하거나 주민자치활동을 강조하는 경우인데, 이 경우 섭테드의 실패가능성이 높다. 섭테드는 기본적으로 합리적인 사람을 전제로 심리적 정향을 바람직한 방향으로 끌고 가는 것이다. 적절한 공공조형물이나 문화적 활동은 이러한 심리적 정향을 바꾸는 데 유용한 수단이 될 수 있다.

(4) 보수와 진보의 조화

학생들에게 강의를 할 때 종종 하는 질문이 섭테드가 보수적 정책인지 혹은 진보적인지 묻는 것이다. 어떤 정책일까? 섭테드는 범죄학 분야에서 태생적으로 보수주의적 정책이다. 이는 상황적 범죄예방론의 대표 주자인 클라크(Clarke, 2005)와 범죄학자들 간의 논쟁에서 잘 드러난다. 즉, 셉테드와 같은 상황적 범죄예방은 범죄의 근원적 원인이라 할 수 있는 교육, 실업, 차별, 해체 등의 문제를 도외시하고 징후만을 다룬다는 비판에 직면하였던 것이다. 그러나 다행히 셉테드는 진화하였다. 전통적인 상황적 범죄예방과 달리 범죄 외에 범죄두려움을 중요한 정책적 목표로 고려하였다.

흥미로운 점은 국내의 경우 보수주의 진영에서보다 진보주의 진영에서 셉테드를 좀 더 지지하는 것으로 보인다는 점이다. 예로 현재 박원순 시장하의 서울시의 경우 전면적 재개발이라는 뉴타운 사업보다 도시재생이나 마을 만들기 사업이 주민공동체 활동과 연결되면서 셉테드가 이전의 오세훈 시장 때보다 더 탄력을 받고 있다. 그러나 시야를 좀 더 넓혀 생각해 보면 범죄문제에 있어 진영논리는 다소 약화될 가능성이 높다. 영국에서 보수당의 대처 정권 이후 노동당의 블레어 정권이 들어섰음에도 불구하고 범죄에 대한 강경정책tough on crime 기조는 계속 유지되었듯이 말이다. 요컨대 셉테드가 보수와 진보 중 어디와 더 잘 연계되는지를 묻는 질문에 대한 답은 현실에 있어 많이 흐려져 가고 있다. 이는 각 자치단체의 조례제정 현황에서도 확인할 수 있었다.

(5) 보안에서 안전으로의 지향

현실에서 보안security과 안전safety이라는 용어가 혼용되어 사용되고 있으나, 사실 양자는 구분되는 개념이다. 셉테드는 둘 중 어디와 가까우며, 어디를 지향할 것인가? 전통적인 범죄학적 관점은 보안을 강조한다. 가능하면 외부의 적이 내 영역으로 들어올 수 없도록 막는 폐쇄지향 개념이기 때문이다. 반면 안전은 내부자가 위험에 처해 있을 때 이 위험으로부터 벗어날 수 있는 개방지향 개념이다. 보안이 악의적이고 고의적인 위협에 대처하는 개념이라면, 안전은 자연재해처럼 통제할 수 없는 위험에 대응하는 개념이다.

전통적 시각에서 안전은 국가에게 도덕적 책임을 물을 수는 있을지 몰라도 법적 책임까지 물을 수는 없었던 것이다. 그러나 교통, 원자력 등과 같이 개인의 힘에 의해서만 통제할 수 없는 위험이 증대되면서 안전영역도 국가의 책임으로 전환되기에 이르렀다. 셉테드는 기본적으로 고의적 위협이라는 범죄에 대응하는 원리였으나, 점차 안전 영역으로 확대되고 있고 그렇게 되어야 한다.

(6) 생활로서의 셉테드: 빗자루의 힘

자칫 셉테드가 매우 어려운 문제로 보일 수 있다. 정책으로서야 어려운 영역일 수 있지만, 일반인이 생활로서 셉테드를 실천하는 것은 그리 어려운 일이 아니다.

사실 빗자루 하나만 있어도 셉테드는 실천할 수 있다. 필자는 오래된 단독주택에 사는데, 주변환경이 그리 녹녹하지 않았다. 집이 대학가 주변 다가구 주택과 상가로 둘러싸여 있어 물리적 무질서와 사회적 무질서가 만만치 않다. 그런데 이 문제가 빗자루 하나로 해결되었다. 즉, 4~5년간 꾸준히 집주변을 청소하였더니, 어느새 무질서 문제가 잡혔고, 필자 외에 이웃들도 자발적으로 청소에 동참함으로써 골목이 좋아지고 있다. 빗자루 하나로 물리적 환경 개선과 커뮤니티 활성화라는 두 마리 토끼를 다 잡은 것이다.

(7) 계속적인 맥락context 찾기

셉테드에 대한 논의를 마무리 하면서, 과연 여러분은 다음 빈칸에 어떤 말을 넣고 싶은가?

셉테드는 ⬚ (이)다.

코젠(Cozens, 2005)은 셉테드란 맥락context이라고 정의한 바 있다. 필자는 여기에 패턴pattern이라는 단어를 하나 덧붙이곤 한다. 우리가 앞서 살펴본 셉테드의 전략들은 기본적으로 범죄발생 패턴에서 찾아낸 발견점이다. 그런데 이들 패턴만에 의해 범죄문제가 해결되지는 않으며, 개별 문제가 갖고 있는 고유한 특성을 잘 찾아내어 그에 맞게 셉테드를 적용해야 한다. 이것이 바로 맥락이다.

빗자루 하나만으로 문제가 해결될 수 있는 곳이 있고, 가로등이나 CCTV와 같은 물리적 보조장치가 필요한 곳도 있다. 근본적으로 재설계를 해야만 하는 곳도 있고, 조경만을 관리해도 문제가 해결되는 경우도 있다. 벽화와 같은 공공조형물이 필요한 곳이 있는 곳이있는가 하면, 가능하면 지역을 단순화하는 곳이 좋은 곳도 있다. 결국 답은 다 다르다.

이상 셉테드 사업 수행상의 유의점은 법교육에도 그대로 적용될 수 있다. 즉, 법교육 사업에 있어 사업의 목표를 명확히 하고, 관련 도구의 사용에 있어 균형점을 가지며, 예술과 문화적 맥락을 고려하며, 정치 이데올로기적 중립성을 유지하며, 책임과 권한을 정부와 민간이 공유하며, 생활로서의 법교육을 지향하며, 무엇보다도 맥락에 맞는 법교육 정책을 입안·집행하는 것이다.

참 고 문 헌

◆ 제1장

배종대 (2011). **형사정책**(제8판). 서울: 홍문사.

이백철 (2015). **교정학**. 파주: 교육과학사.

이형섭 (2012). **보호관찰관의 역할정체성 형성과정에 관한 연구: 사회복지사 자격을 소지한 보호관찰관의 사례를 중심으로**. 서울대학교 대학원 박사학위논문.

정동기 (1988). 소년사법의 현실과 문제점(상), **법조 381**, 48-72.

조흥식 · 이형섭 (2014). **교정복지론: 이론, 현장 그리고 실천**. 서울: 학지사.

한영수 (2002). **보호관찰의 형사사법체계상 지위 및 문제점에 관한 연구**. 법무부 연구보고서. 한국보호관찰학회.

홍봉선 (2007). 교정복지론. 고양: 공동체.

Petersilia, J. (2001). Introduction of Chapter 4. In J. Petersilia (Ed.) *Community Corrections: Probation, parole, and intermediate sanctions*. New York: Oxford Univ.

BJS (2002). Probation and Parole in the United States, 2001. NCJ 195669. *Bureau of Justice Statistics Bulletin*, August 2012.

(2012). State Corrections Expenditures FY 1982-2010. NCJ 239672. *Bureau of Justice Statistics Bulletin*, December 2012.

(2013). Correctional Population in the United States, 2012. NCJ 243936. *Bureau of Justice Statistics Bulletin*, December 2013.

Nash, M. (2009). Public Protection and the Transformation of the English and Welsh Probation Service. **세계 속의 보호관찰 그 성과와 과제**(보호관찰제도 도입 20주년 기념 국제세미나 자료집), 49-84.

제2장

박상기 · 손동권 · 이순래 (2009). **형사정책**. 서울: 한국형사정책연구원.

조흥식 · 이형섭 (2014). **교정복지론: 이론, 현장 그리고 실천**. 서울: 학지사.

황의갑, 기광도, 김용근, 류준혁, 박지선, 윤우석, 이봉한, 이상문, 이수현, 이창한, 정덕영, 정진성, 조윤오 역 (2011). **범죄학: 범죄원인론, 형사정책, 범죄발생의 최근 경향**/ Stephen E. Brown, Finn-Aage Esbensen, & Gilbert Geis 지음. 서울: 그린.

Agnew, R. (1992). Foundation for a general strain theory of crime and delinquency. *Criminology*, 30, 47-87.

Akers, R. L., & Sellers, C. S. (2005). 범죄학이론(민수홍 외 역). 서울: 나남출판 (원전은 2004년 출판).

Anderw, D. A., & Wormith, J. S. (1989). Personality and Crime: Knowledge destruction and construction in criminology. *Justice Quarterly*, 6, 289-309.

Baer, J., & Maschi, T. M. (2003). Random acts of delinquency: Trauma and self-destructiveness in juvenile offenders. *Child and Adolescent Social Work Journal*, 20(2), 85-99.

Feldman, P. (1993). *The psychology of crime: A social science text book. Cambridge*: Cambridge University Press.

Gottfredson, M. R., & Hirshi, T. (1990). *A general theory of crime*. Palo Alto, CA: Stanford University Press.

Loeber, R., & Hay, D. (1997). Key issues in the development of aggression and violence from childhood to early adulthood. *Annual Review of Psychology*, 48, 371-410.

Siegel, L. J. (2008). 범죄학: 이론과 유형(이민식 외 역). 서울: CENGAGE Learning (원전은 2007년 출판).

Tunnell, K. D. (1990). Choosing Crime: Close your eyes and take your chance. *Justice Quarterly*, 7, 673-690.

Wright, R. A., & Miller, J. M. (1998). Taboo until today? the coverage of biological argument in criminology textbooks, 1961 to 1970 and 1987 to 1996. *Journal of Criminology Justice*, 26, 1-19.

제3장

김용우 · 최재천 (2006). **형사정책**. 서울: 박영사.

노성훈 (2015). 시공간 분석과 위험영역모델링을 활용한 범죄예측모형의 예측력 검증. **형사정책연구**, 제26권 제3호.

박상기 (1996). **형법총론**. 서울: 박영사.

박상기 · 손동권 · 이순래 (2009). **형사정책**. 한국형사정책연구원.

박우현 · 최응렬 (2017). 범죄예방정책의 바람직한 추진방향 - 관련 법률 제정과 제도개선을 중심으로. **경찰학논총**, 제12권 제4호.

배종대 (2011). **형사정책**(제8판). 서울: 홍문사.
　　　　(2017). **형사정책**(제11판). 서울: 홍문사.

송광섭 (2003). **범죄학과 형사정책**. 서울: 유스티아누스.

신진규 (1987). **범죄학 겸 형사정책**. 서울: 법문사.

이상원 (2015). **범죄예방론**. 청주: 대명출판사.

이순래 · 박철현 · 김상원 (2011). **범죄예방론**/Steven P. Lab 지음(이순래 외 역). 서울: 그린.

이윤호 (2011). **교정학**. 서울: 박영사.

임준태 (2009). **범죄예방론**. 고양: 대영문화사.

이재상 (2012). **형법총론**(제7판). 서울: 박영사.

이형국 (1990). **형법총론연구** I. 서울: 법문사.

조흥식 · 이형섭 (2014). **교정복지론: 이론, 현장 그리고 실천**. 서울: 학지사.

최옥채 (2010). **교정복지론**. 서울: 학지사.

NCPC(National Crime Prevention Council)(1997). *Designing Safer Communities: A Crime Prevention Through Environmental Design Handbook*. NCPC: Washington, D.C..

제4장

법무부 (2019). **한국보호관찰 30년사**. 법무부 범죄예방정책국.

법원행정처 (2017). **사법연감**.

배종대 (2011). **형사정책**(제8판). 서울: 홍문사.

소년보호과 (2018). 소년보호기관 알기 쉬운 설명자료. 법무부 범죄예방정책국.

송광섭 (2003). **범죄학과 형사정책**. 서울: 유스티아누스.

정동기 (1988). 소년사법의 현실과 문제점(상), **법조 381**, 48-72.

정동기 · 이형섭 · 손외철 · 이형재 (2015). **보호관찰제도론**. 서울: 박영사.

제5장

강지현 (2013). 신상공개제도 대상자의 제도 인식에 관한 탐색적 연구 – 보호관찰중인 신상 공개 대상자를 중심으로. **형사정책연구, 제24권 제2호**(통권 제94호, 2013 여름호), 39-69.

김지선 · 강지현 · 김정명 (2012). **성폭력 범죄자 사후관리시스템에 대한 평가연구: 신상공개제도의 효과성연구**. 형사정책연구원.

미국 연방법무성 (2005). **성범죄자 관리: 경찰 지원 시민자원봉사 보고서**. 법무지원국(Bureau of Justice Assistance).

박상기 (2010). 소위 化學的 去勢와 「성폭력범죄자의 성충동 약물치료에 관한 법률」의 문제점, **형사정책연구, 제21권 제3호**(통권 제83호, 2010 가을호), 205-221.

법무부 (2015). **성충동 약물치료제도 안내**. 법무부 범죄예방정책국 제도안내소책자.

____ (2015). **신상정보제도 국외출장보고서**(심선옥 외). 법무부 국외출장보고서.

법제처 (2013). 성충동 약물치료 관련 EU국 법제 연구. **2013 세계법제연구보고서**, 5-44.

설민수 (2010). 아동 대상 성폭력범죄자에 대한 성충동약물치료의 실효성과 합헌성, 그리고 그 한계, **법조, 2010년 10월호**(Vol. 649), pp.5-65.

윤정숙 (2014). **고위험군 성범죄자의 체계적 이해를 통한 성충동 약물치료대상자 상담강화방안**. 한국형사정책연구원.

조윤오 (2017). **성범죄자 신상정보제도의 조직 및 인력운영 개선방안 연구**, 법무부 정책연구보고서.

조종태 (2015). **성범죄자 신상정보 등록공개제도의 문제점과 개선방안**. 연세대학교 법무대학원 형사사법전공 석사학위논문.

Davidson, J. (2009). *Sex offender registration – a review of practice in the United kingdom, Europe and North America*. Sheffield: Hallam Centre for Community Justice.

Meisenkothen, C. (1999). "Chemical castration – breaking the cycle of paraphiliac recidivism", *Social Justice*, Spring, 1999.

Spalding, H. L. (1998). Florida's 1997 chemical castration law: a return to the dark ages, *Florida State University Law Review*, Vol. 25(2).

제6장

강호성 (2010). 보호관찰대상자 재범방지 모델 개발에 관한 연구-성인 보호관찰대상자 재범위험성 평가도구(K-PRAI) 개발을 중심으로. **한국보호관찰학회 2010년 춘계학술대회 자료집**, 53-54.

____ (2014). 판결전조사제도의 활성화 및 전문성 강화방안, **보호관찰, 제14권 2호**.

김양곤·이수정·이민식 (2005). **소년보호관찰대상자에 대한 분류평가도구 개발에 관한 연구**. 한국형사정책연구원.

김혜정 (2002). 성인에 대한 판결전조사제도의 필요성. **보호관찰, 제2호**.

____ (2005). **판결전조사제도의 현황과 개선방안: 성인범에 대한 판결전조사제도를 중심으로**. 한국형사정책연구원.

노일석 (2009). 청소년 절도사범 재범예측요인: 절도 소년보호관찰 대상자 재범위험성 평가도구(LJP-RRAR)개발연구. **한국심리학회지: 일반, 28(2)**, 449-470.

노일석·정진경 (2009). "여자 청소년 폭력사범 재범예측요인: 여자 폭력 청소년 보호관찰 대상자 재범위험성 평가도구(FVJP-RRAR)개발 연구", **한국심리학회지: 임상, 14(3)**, 365-386.

법무부 범죄예방정책국 (2010). **2010년 판결전조사 성과분석**.

손외철 (2003). 영국과 비교한 한국 보호관찰제도 발전방향, **형사정책연구 제14권**.

양문승 · 유학희 (2009). 양형의 합리화를 위한 판결전조사제도의 개선방안, **원광법학, 제25권 제1호,** 143-144.

이법호 · 박성수 (2006). **성인보호관찰대상자에 대한 분류평가도구 개발에 관한 연구.** 한국형사정책연구원.

이수정 · 이민식 · 홍영오 · 김양곤 (2005). 보호관찰 분류지침 개발을 위한 예비연구, **한국심리학회지: 일반, 제24권 제1호,** 141-165.

이형재 (1999). 판결전조사제도의 유용성과 확대시행방안 연구, **보호, 통권 제10호.**

최이문 · 강태경 · 조은경 (2014). 미국법원에서 심리학 도구(사이코패시 체크리스트, PCL-R)의 역할에 대한 연구(2005-2012), **한국형사정책연구, 제25권 제4호**(통권 제100호), 375-414.

최석윤 (2000). 판결전조사제도, **형사정책, 제12권 제2호.** 857-857.

최정학 (2005). 양형의 규범논리, **형사정책, 제17권 제2호.** 251-279.

조은경, 이수정 역 (2008). **한국판 표준화. PCL-R 전문가 지침서**/R. D. Hare.저. 서울: 학지사 심리검사연구소.

Andrew, D. A., & Bonta, J. (2010). *The psychology of criminal conduct.* Routledge.

Lowenkcump, C. T., Latessa, E. J., & Holsimge, A. M. (2006). The risk principle in action : What have we learned from 13,676 offenders and 97 correctional programs?, *Crime & Delinquency,* 52(1), 77-93.

Labrecque, M. R., Smith, P., Lovins, B. K., & Latessa, E. J. (2014). The importance of reassessment: How changes in the LSI-R risk score can improve the prediction of recidivism, *Journal of offender Rehabilitation,* 53(2), 116-128.

제7장

김병배 (2017). 소년보호관찰 분야에서의 증거기반 정책 채택과 향후과제, **보호관찰 제17권 제1호,** 41-81.

박상기 · 손동권 · 이순래 (2009). **형사정책.** 서울: 한국형사정책연구원.

법무부 (2019). **한국보호관찰 30년사.** 법무부 범죄예방정책국.

이윤호 (1995). **교정학.** 서울: 박영사.

이형재 (2012). 한국 보호관찰제도의 발전과 향후과제, **보호관찰, 제12권 제2호,** 107-217.

정동기 · 이형섭 · 손외철 · 이형재 (2015). **보호관찰제도론.** 서울: 박영사.

조흥식 · 이형섭 (2014). **교정복지론: 이론, 현장 그리고 실천.** 서울: 학지사.

Allen, H., Carlson, E., Parks, E.(1979). *Critical issues in adult probation.* Washington,DC: National Institute of Law Enforcement and Criminal justice.

Glasser, D. (1974). *The Effectiveness of a Prison and Parole System*, Indianapolis, IN: Bobbs–Merrill.

Henrichson, C., & Delaney, R. (2012). The price of prisons: What incarceration costs taxpayers, *Federal Sent'g Rep*, 25(68).

Latessa, E. J., & Smith, P. (2015). *Corrections in the community*. Routledge.

제8장

강경래 (2012). 사회봉사명령 제도와 범죄자의 사회재통합 : 뉴질랜드의 사회내 노동(community work)을 소재로, **보호관찰, 제12권 제12호.**

강호성 (1996). 사회봉사명령의 효율적인 집행방안, **법무자료 제23집.** 법무연수원.

국가인권위원회 (2016). **아동 · 청소년 성매매 환경 및 인권실태 조사.** 인권상황실태조사 연구용역보고서.

김경 (2004). 사회봉사명령 등 사회내처우의 실효성 확보방안, **2003년 양형실무위원회 자료집.**

김영환 외 (1992). **사회봉사명령제도에 관한 비교법적 연구.** 한국형사정책연구원.

김혜정 (2011). 사회내처우의 형사정책적 기능에 관한 소고. **보호관찰, 제11권 제1호.**

문정민 (2002). 사회내처우의 현황과 개선방안, 사회봉사명령 제도를 중심으로. **교정연구, 제17호.**

박미랑 · 이정민 (2018). **사회봉사명령 효과성 분석 및 수요자 욕구 충족을 위한 집행모델 연구.** 법무부 연구보고서.

박미숙 (2002). 형사제재로서의 사회봉사명령의 의의와 전망. **형사법연구, 제17권.**

박형남 (1997). 성인범에 확대 실시되는 사회봉사명령 제도의 운용방안. **보호, 제4호.**

법무부 (2019). **한국보호관찰 30년사.** 법무부 범죄예방정책국.

법무부 보호국 (2007). **2006 보호관찰과 사회봉사명령 · 수강명령 집행분석집.**

법원행정처. **사회봉사 보호관찰제도 해설.**

배임호 (1999). 우리나라 사회봉사명령 제도의 효과적 도입, 운영 및 정착에 관한 연구. **한국과학기술정보연구원, 제39호.**

성낙현 (2015). 사회봉사명령의 현실과 독립된 제재로서의 발전방안. **중앙법학, 제17집 제2호.**

　　　　(2017). 형사제재의 다양화, 합리화와 사회봉사명령. **중앙법학, 제19권 제4호.**

손동권, 최영신(1998). **수강명령 프로그램의 운용실태와 개발방향.** 한국형사정책연구원.

안성훈, 박정일 (2011). **벌금대체 사회봉사제도의 시행성과와 발전방안.** 한국형사정책연구원.

오영근 (1991). 사회봉사명령 제도와 그 문제점 ─영국의 경험을 중심으로. **형사정책연구.**

오영근 (2007). 사회봉사명령의 신동향. **교정연구, 제35권.**

윤현석·안성훈·이영우 (2017). 형사사건에서 벌금대체 사회봉사제도의 고찰. **법이론실무연구, 제5권 제3호.**

이경재·최석윤 (1997). 한국의 사회봉사명령. **형사정책연구.**

이규훈 (2009). 사회봉사명령의 의의 및 한계. **형사판례연구.**

이우권 (2010). **벌금미납자에 대한 사회봉사제도의 정착방안.** 연세대학교 법무대학원 석사학위논문.

이영란 (2000). 사회봉사명령의 양형과 효과에 관한 경험적 연구. **형사정책, 제12권 제1호.**

이진국 (2004). **사회내 제재수단의 도입 및 활성화방안.** 형사정책연구원.

이재일 (2008). **독일의 벌금미납자에 대한 사회봉사제도.** 한국법제연구원.

이춘화 (1990). 사회봉사명령 제도의 효율성 분석연구. **한국청소년 연구, 제12권.**

이형재 (2012). 한국 보호관찰제도의 발전과 향후과제. **보호관찰, 제12권 제2호.**

장규원 (2003). 사회봉사명령 제도의 발전방안에 관한 고찰. **교정연구, 제20호.**

장희숙·김예성·변현주·정정호 (2003). **가정폭력행위자 교정치료프로그램: 행위자 특성 및 유형연구.** 여성가족부.

정동기 (1999). 사회봉사명령 제도의 현황과 개선방안. **한양법학, 제10권.**

정동기·이형섭·손외철·이형재 (2015). **보호관찰제도론.** 서울: 박영사.

조준현 (1996), 성인에 대한 사회봉사명령 제도. **형사정책연구, 제27호.**

천정환 (2014). 수강명령 선행연구들에 대한 비판론. **矯正福祉硏究, 제34호.**

최호진 (2011). 사회봉사명령과 소급효금지의 원칙. **법학논총, 제31권 제3호.** 전남대학교 법학연구소.

최준혁 (2008). 사회봉사명령으로서의 거액의 기부?. **형사정책, 제20권 제1호.**

한국형사정책연구원 (2016). **형사정책과 사법제도에 관한 평가연구(X)-수강명령제도의 운용 및 프로그램의 효과성 평가.** 연구보고서.

한영수 (2007). 사회내제재의 실효성 확보방안에 관한 연구. **형사정책연구, 제18권 제1호.**

한영수 (2009). 보호관찰관련 법률의 제·개정의 역사와 보호관찰제도의 발전, **보호관찰, 제9권 제1호.**

황일호 (2008). 재판실무상의 사회봉사명령의 문제점과 개선방안. **교정연구, 제40호.**

Feeley, M.M., Malcom, B. and Campbell, A. (1992). Between Two Extremes: An Examination of the Effectiveness of Community Service Orders and Their Implications for the United States Sentencing Guidelines, *66 S. Cal. L. Rev.* 155, 190-191.

Home Office (2005). Probation Circular 25/2005: Criminal Justice Act 2003: Implementation on 4 April, London: Home Office.

Kahan, D.M. (1996). What Do Alternative Sanctions Mean?, *63 U. Chi. L. Rev.* 591, 625.

Kreshek, B.H. (1997). Students or SERFS? Is Mandatory Community Service a Violation of the Thirteenth Amendment?, *30 Loy. L.A. L. Rev.* 809.

Maher, R.J. and Dufour, H.E. (1987). Experimenting with Community Service: A Punitive Alternative to Imprisonment, *Federal Probation, Vol. LI, No.3* (Sep. 1987), Administration of the United States Courts, p.24.

Mair, G., Cross, N. and Taylor, S. (2007). *The Use and Impact of the Community Order and the Suspended Sentence Order*, Centre for Crime and Justice Studies.

Ministry of Justice and National Offender Management Service (2010). *Unpaid Work/ Community Payback*: Service Specification and Operating manual for COMMUNITY PAYBACK, PI 02/2010.

Ministry of Justice and National Offender Management Service (2015). *Practice Framework*: *National Standards for the Management of Offenders for England and Wales*, August 2015, Standard 4-5.

Morris, N. and Tonry, M. (1991). Between Prison and Probation: *Intermediate Punishments in a Rational Sentencing System*, Oxford University Press.

National Offender Management Service (2015). *Sentence Planning*, PI 13/2014. (Revised 1 Feb. 2015).

Pritkin, M.H. (2010). Fine-Labor: The Symbiosis between Monetary and Work Sanctions, *81 U. Colo. L. Rev. 343*.

今井猛嘉 (2012). 「社会内処遇の現代的課題」, 『刑法雑誌』, 51·3·67.

太田達也 (2007). 「刑の一部執行猶予と社会貢献活動」, 『刑法雑誌』, 47·3·135.

馬渡直史 (2012). 「家庭裁判所における社会奉仕活動について」, 『刑法雑誌』, 51·3·81.

染田恵 (2007). 「社会奉仕命令·中間處遇の導入に向けての課題」, 『刑法雑誌』, 47·3·135.

제9장

강호성 (2012). **전자발찌 착용 성폭력범죄자의 재범에 영향을 미치는 요인에 관한 연구**. 숭실대학교 일반대학원 박사학위논문.

　　　 (2014). 벌금형과 보호관찰의 쟁점: 전자감독제도의 성과분석 및 발전방안. **형사정책, 26(2)**, 105-134.

강호성·문희갑 (2010). 전자발찌 도입 2년의 성과와 확대발전 방향. **보호관찰, 10(2)**.

김대진·최천근 (2017). **전자감독제도 운영의 효과성 분석**. 법무부 정책연구보고서.

김일수 (2005). 범죄인의 전자감독에 관한 연구. **보호관찰, 5, 55-114**.

김지선 · 장다혜 · 김정명 · 김성언 · 한영수 · 강호성 · 문희갑 (2013). **성폭력범죄자 사후관리시스템에 관한 평가연구(Ⅱ): 전자감독제도에 관한 평가연구**. 한국형사정책연구원.

김혜정 (2015) **전자감독제도의 장기 발전전략 수립을 위한 부착명령 대상범죄 및 부착기간 등의 적정성에 관한 연구**. 법무부 정책연구보고서.

박선영 · 심희기 · 이춘화 (2010). **재범방지를 위한 범죄자처우의 과학화에 관한 연구(1): 전자감독에 관한 연구**. 한국형사정책연구원.

박성수 (2015). **가해제와 재범률 간의 상관관계 분석 및 중간처우적 방안으로써 재택구금제 도입 연구**. 법무부 정책연구보고서.

손외철 (2014). 보호관찰대상자의 전자감시도입에 관한 연구: 외출제한과 가택구금을 중심으로, **한국공안행정학회보, 25**, 111-140.

연성진 · 유진 (2015). **전자감독제도 운영성과 분석 및 효과적인 개선방안에 관한 연구**. 한국형사정책연구원.

오삼광 (2012). 현행법상 전자감시제도의 문제점과 발전방안에 관한 연구, **서울법학, 20(1)**, 311-343.

윤영철 (2008). 우리나라 전자감시제도에 관한 비판적 소고 -'특정 성폭력범죄자에 대한 위치추적 전자장치 부착에 관한 법률'을 중심으로-. **형사정책연구, 19(3)**, 201-228.

이성칠 · 김충섭 (2013). 전자발찌대상자의 스트레스와 정신건강에 관한 연구, **보호관찰, 14**, 111-137.

이형섭 (2013). 위치추적 전자감독제도 시행 5년의 현황과 과제, **보호관찰, 13(1)**, 55-165.

조윤오 (2009a). **성폭력범죄자에 대한 위치추적 전자감독제도의 효과성 연구**. 법무부 연구용역보고서.
    (2009b). GPS 위치추적 전자감시의 범죄억제 효과에 대한 연구, **한국공안행정학회보, 37**, 481-511.
    (2010a). 위치추적 전자감시제도의 저항이론 관련요인 분석, **형사정책연구, 21(2)**, 289-317.
    (2010b). 경향성 점수(propensity scores)를 활용한 전자감시제도의 효과성 분석 : 준수사항 위반행동을 중심으로. **한국공안행정학회보, 39**, 365-395.

한영수 · 강호성 · 이형섭 (2013). **한국전자감독제도론: 범죄인 위치추적과 전자발찌 운용에 관한 이론과 실무**. 서울: 박영사.

Bales, W., Mann K., Blomberg T., Gaes G., Barrick K., Dhungana K., & McManus B. (2010). *A Quantitative and Qualitative Assessment of Electronic Monitoring*. National Institute of Justice & U.S. Department of Justice.

Brown, T., McCabe, S. A., & Wellford, C. (2007). *Global Positioning System(GPS) Technology for Community Supervision: Lessons Learned(Noblis Technical Rep. No. NTR-2007-012)*. Falls Church, VA: Noblis. Retrieved March 23, 2009 from http://www/ncjrs.gov/

pdffiles1 /nij/grants/219376.pdf.

Demichele, M., Brian K. P., & Deeanna M. B. (2008). Electronic Monitoring of Sex
   Offenders: Identifying Unanticipated Consequences and Implications, *Probation and
   Parole: Current Issues*, 119-135.

Gies, S. V., Gainey, R., Cohen, M. I., Healy, E., Duplantier, D., Yeide, M. Bekelman,
   A., Bobnis, A., & Hopps. M. (2012). *Monitoring High-Risk Sex Offenders with GPS
   Technology: An Evaluation of the California Supervision program*. Final Report, March 31,
   2012, Prepared by Office of Research and Evaluation National Institute of Justice, DSG.
   Inc.

Lévy, R. (2013). From tagging to tracking: Beginnings and development of electronic
   monitoring in France, in M. Nellis, K. Beyens and D. Kaminish (eds), *Electronically
   Monitored Punishment*: International and critical perspectives. London and New York:
   Routledge, 128-143.

Lilly, J. R. (2006). Issues Beyond Empirical EM Reports, *Criminology & Public Policy*, *5(1)*,
   93-101.

Marie et al. (2011). *The Effect of Early Release of prisoners on Home Detention Curfew (HDC)
   on Recidivism*. London: Ministry of justice.

Padgett, K. G., Blaes W. D., & Blomberg T. G. (2006). "Under Surveillance: An Empirical
   Test of the Effectiveness and Consequence of Electronic Monitoring", *Criminology &
   Public Policy*, *vol. 5(1)*, 61-92.

Payne, B. K. & Matthew T. D. (2011). "Sex Offender Policies: Considering Unanticipated
   Consequences of GPS Sex Offender Monitoring", *Aggression and Violent Behavior*,
   16(3), 177-187.

Renzema, M. & Mayo-Willson E. (2005). "Can Electronic Monitoring Reduce Crime for
   Moderate to High-risk Offenders?", *Journal of Experimental Criminology 1(2)*, 215-
   237.

Tennessee Board of Probation and Parole(2007). *Monitoring Tennessee's Sex Offenders Using
   Global Posieioning Systems*.

제10장

국립법무병원 (2019). 정신질환 범법자의 전문 치료·재활을 위한 치료감호소(국립법무병원). 치료감
   호소 안내책자.

박상기·손동권·이순래 (2009). **형사정책**. 서울: 한국형사정책연구원.

배종대 (2011). **형사정책**(제8판). 서울: 홍문사.

　　　 (2019). **한국보호관찰 30년사**. 법무부 범죄예방정책국.

법무부 (2019). **치료명령 업무매뉴얼**. 법무부 범죄예방정책국.

서미경 (2010). 외래치료명령제도에 관한 연구. **한국정신보건사회복지학회지, 제35권**.

신은주 (2010). 미국과 뉴질랜드에 있어서 정신질환자의 외래치료명령제도, **한국의료법학회지, 제18 권 제2호**.

이백철 (2015). **교정학**. 파주: 교육과학사.

정동기 · 이형섭 · 손외철 · 이형재 (2015). **보호관찰제도론**. 서울: 박영사.

조흥식 · 이형섭 (2014). **교정복지론: 이론, 현장 그리고 실천**. 서울: 학지사.

제11장

김용운 (2006), **少年法上 調査制度의 改善方案에 관한 硏究**. 동국대학교 석사학위논문, Retrieved from http://www.riss.kr/link?id=T10651289

범죄예방정책국 (2018). 범죄예방정책국 소개, Retrieved from http://www.cppb.go.kr/cppb/951/ subview.do

법원행정처 (2014). **법원실무제요: 소년**.

　　　　 (2016). **사법연감**.

　　　　 (2017). **사법연감**.

소년보호과 (2018). **소년보호기관 알기 쉬운 설명자료**. 법무부 범죄예방정책국.

이백철 (2015). **교정학**. 파주: 교육과학사.

이인우 · 정양헌 · 박창귀 · 오영환 · 우청원 (2016), 대덕연구개발특구의 지원사업 성과분석: 성향점 수매칭(PSM) 방법을 중심으로 [Analysis on Performance of Daedeok Innopolis Support Services: Using Propensitty Score Matching], **경영교육연구, 31(1)**, 141-163.

이태호 (2000). **분류심사론**. 한국소년보호협회.

한영선 (2018). **개정 소년법에 따른 최단기 보호처분의 효과분석**.서울소년원.

제12장

강경래 (2016). 일본의 갱생보호사업에 관한 고찰, **법무보호연구, 제2권**.

경찰청 (2017). **2016 경찰백서**

김수홍 (2017). **일본의 갱생보호제도 및 법령연구**. 한국법제연구원.

김용준 · 이순길 (1995). **교정학**. 서울: 고시원.

김화수 외 (2007). **교정학**. 한국교정학회.

남선모 · 이인곤 (2013). 국내외 갱생보호제도에 관한 비교고찰. **교정연구, 제61호.**

남선모 · 이인곤 (2014). 현행 가석방제도의 발전방안에 관한 비교법적 고찰. **법학연구, 제53집.**

박경래 외 (2010). **범죄 및 형사정책에 대한 법경제학적 접근(Ⅱ)-범죄의 사회적 비용 추계.** 한국형사정책연구원.

박미랑 (2015). 가석방심사에 있어 재량권의 평가기준에 대한 고찰. **교정연구, 제67호.** 한국교정학회.

박병식 (2011). 갱생보호사업의 현안과 과제, 노철래의원 주체 정책토론회 자료.

박상기 (2010). **형법강의.** 서울: 법문사.

박상기 · 손동권 · 이순래 (2015). **형사정책.** 서울: 한국형사정책연구원

박성래 (2004). **가석방의 운영실태와 개선방안.** 한국형사정책연구원.

박영규 (2014). 현행 가석방제도의 개선방안. **교정연구, 제62호.** 한국교정학회.

박재윤 (2001). 갱생보호와 보호관찰과의 관계. 법무보호복지공단 홈페이지.

법무부 교정본부 (2014). **교정통계연보.**

법무연수원 (2018). **2017 범죄백서.** 법무연수원.

신양균 (2012). **형집행법.** 고양: 화산미디어.

오경식 (1991). 범죄인의 사회내처우에 관한 고찰. **교정, 5월호.**

원혜욱 (2015). 법무보호대상자 지원에 관한 법률제정의 필요성과 규정의 검토. **법무보호연구, 제1권.**

연성진 외 (2012). **재범방지를 위한 교정보호의 선진화 방안 연구(Ⅰ).** 한국형사정책연구원.

윤태현 (2017). 캐나다의 교정 및 조건부석방법 분석을 통한 우리나라의 가석방제도 개선방안 연구. **교정담론, 제11권 제2호.** 아시아교정포럼.

이백철 (2017). 21세기 한국교정의 과제와 미래. **교정담론, 제11권 제1호.** 아시아교정포럼.

이원복 외 (2011). **재범방지를 위한 범죄자 처우의 과학화에 관한 연구.** 한국형사정책연구원

이인곤 (2013). **범죄자의 사회내처우제도 개선방안에 관한 연구.** 성균관대학교 박사학위논문.

일본법무성 (2018). **2017 범죄백서.**

장영민 · 탁희성 (1993). **가석방의 실태와 효율적 운용방안에 관한 연구.** 한국형사정책연구원.

정소영 (2017). **영국과 미국의 갱생보호제도 및 법령연구.** 한국법제연구원.

정승환 · 신은영 (2011). 가석방의 사법처분화방안 연구. **형사정책, 제23권 제2호.**

조윤오 (2009). 유권적 갱생보호를 통한 보호관찰 주거지원 모델연구. **한국공안행정학회보, 18.**

조준현 (2015). 우리나라 가석방 기준에 대한 비판적 검토. **교정연구, 제67호.** 한국교정학회.

조흥식 외 (2010). 우리나라 범죄의 사회적 비용 추정에 관한 연구: 범죄의 심각성 점수를 고려한 결과를 중심으로. **한국사회정책, 제17집 제2호.**

최응렬 (2013). 한국갱생보호사업의 적용현황 및 개선방안. **교정연구, 제61호.**

한국법무보호복지공단 (2017). 해외 갱생보호제도 조사보고-영국. 법무보호복지공단 홈페이지.

허주욱 (2013). **교정학**(증보판). 서울: 박영사.

Allen, H. E., Simonsen, C. E., & Latessa, E. J. (1975). *Corrections in America: an introduction.* Glencoe Press.

Bouffard, J., Mackenzie, D., & Hickman, L. (2000). Effectiveness of vocational education ad employment programs for adult offenders, *Journal of Offender Rehabilitation 31.*

Wilbur, P. & Tappar (1960). *Crime justice and correction.* McGrow Hill Companies.

Latessa, E. J., & Smith, P. (2015). *Corrections in the community.* Routledge

Bayens, & Smykla, J. O. (2013). *Probation, Parole & Community-Based Corrections,* McGraw Hill.

Abadinsky, H. (2012). *Probation and Parole.* Prentice Hall.

Stohr, M., Walsh, A., & Hemmens, C. (2013). *Corrections,* 2ed. SAGE Publications

Van Zyl Smit, D. & Snacken, S. (2009). *Principles of European Prison Law and Policy: Penology and Human Rights.* Oxford Press.

제13장

곽한영 (2006), 한국 법교육의 현황과 전망. **법교육연구**, 1(1), 1-18.

(2007), **법교육이 청소년의 법의식에 미치는 영향에 관한 연구.** 서울대학교 대학원 박사학위논문.

김경은 · 김현경 (2013), 사회과 '법 만들기 활동' 수업의 효과 분석 - 법의식을 중심으로. **사회과교육, 52(3)**, 19-30.

김태명 · 백승흠 · 조진우 (2009). **법치주의 확립을 위한 법교육 프로그램(I) 출소자의 사회복귀 지원을 위한 법교육 프로그램 개발 연구.** 한국형사정책연구원

노성훈(2015). 시공간 분석과 위험영역모델링을 활용한 범죄예측모형의 예측력 검증. **형사정책연구. 제26권 제3호.**

박준휘 외 (2013). **범죄유발 지역 · 공간에 대한 위험성 평가도구 개발 · 적용 및 정책대안에 대한 연구 2.** 한국형사정책연구원.

(2014). **셉테드 이론과 실무I.** 과천: 법무부, 서울: 한국형사정책연구원.

박성혁 (2006). 법교육의 역사와 현황 그리고 발전 방향. **법교육연구**, 1(1), 53-71.

박현호 (2007). 도시범죄대책으로서 CEPTED. **도시정보**. 15-20.

에구치 유우지(2006). 일본의 법교육 현황과 전망, 한국의 법교육에 대한 평가와 기대. **한국 법교육의 현황과 전망**(한국법교육학회 창립총회 학술대회 자료집).

신의기 · 김지선 · 이천현 · 강은영 · 이법호 · 안상국 (2007). **범죄예방교육프로그램 개발 연구**. 서울: 한국형사정책연구원.

이정우 (2007). 새터민 청소년에 대한 법교육: 성과와 과제. **법교육연구**, 2(1), 65-92.

이영수 · 최윤진 (2009). 법교육 프로그램이 비행 청소년에게 미치는 효과에 관한 연구. **한국청소년연구**, **20(4)**, 359-386.

이동훈 · 문호성 · 박성혁(2015). 학생자치법정 참여 경험의 교육적 효과에 관한 사례 연구. **법교육연구** 10(2): 55-77.

이영수 · 최윤진 (2009). 법교육 프로그램이 비행 청소년에게 미치는 효과에 관한 연구. **한국청소년연구**, **20(4)**, 359-386.

최영신 · 최지영 · 황태정 · 김기환 (2008). **청소년대상 법교육 프로그램 개발 연구 -청소년의 범법행동과 법적 제재를 중심으로-**. 서울: 한국형사정책연구원.

조종태 (2013). 학교폭력에 대한 효율적 대처 방안 -법무부 추진방안을 중심으로. **저스티스**, **134-3**, 141-160.

정상우 · 허종렬 · 이세주 · 강은영 · 최보선 · 이수진 (2015). **법교육지원법 개정 방향 및 내용 연구**. 법무부 연구보고서.

천원기 (2017). **절도 비행청소년을 위한 단기집중 절도예방 프로그램 효과 연구**. 소년보호연구, 30(3), 167-191.

최수영 · 이원상 (2009). **법치주의 확립을 위한 법교육 프로그램 (I): 초등학생을 위한 사이버범죄 예방 법교육 프로그램 개발 연구**. 한국형사정책연구원

최영신 · 김대근 · 채경희 (2017). **북한이탈주민의 법의식 실태와 준법의식 제고 방안 연구**. 서울: 한국형사정책연구원

최응렬 (2006). **환경설계를 통한 범죄예방**. 서울: 학술정보(주).

허종렬 (2010). 우리나라 법교육의 현황과 과제. **저스티스**, 12, 44-67.

한국교육과정평가원 (2001). **사회화교육 목표 및 내용 체계 연구(II)**. 연구보고서.

한국교육개발원 (1979). **정치 · 경제**. 서울: ㈜대한교과서.

Buzzell, T. (1997). Law-Related Education as Correnctional Education in Residential Settings: Promoting Positive Social Development. In Williamson, D., Minor, K. I., Fox J. W. (1997). *Law-Related Education and Juvenile Justice: Promoting Citizenship Among Juvenile Offenders*. Springfield · Illinois: C.C. Thomas Publisher, LTD.

Buzzell, T., & Wright, R. (1992). Law-Related Education in Juvenile Correnctions: Evaluation Results from the Iowa State Training School. Unpublished Paper. Des Moines, IA: Iowa Center for Law-Related Education. Drake University.

Chinnm, J. (1997). The District of Columbia Street Law Diversion Program. In Williams, D., Minor K. I., Fox, J. W. (1997). *Law—Related Education and Juvenile Justice*: *Promoting Citizenship Among Juvenile Offenders*. Springfield · Illinois: C.C. Thomas Publisher, LTD.

Curd—Larkin, M. (1982). Street Law Difference —A Diversion Program for First Offenders. *New Designs for Youth Development*, 3.5, 21—24.

Crowe, T. (2000). *Crime prevention through environmental design*. Butter worth—Heinemann.

Crowe, T. D., & Fennelly, L. T. (2013). *Crime prevention through environmental design*. Elsevier.

Ross, R. (1990). Time to Think: *A Cognitive Model of Offender Rehabilitation and Delinquency Prevention*. Research Summary, University of Ottawa.

범죄예방정책학 저자 소개

이백철(경기대 교정보호학과 교수)
조윤오(동국대 경찰행정학과 교수)
함혜현(부경대 공공안전경찰학과 교수)
한영선(경기대 경찰행정학과 교수)
박은영(대구카톨릭대 심리학과 교수)
권해수(조선대 상담심리학과 교수)
이창한(동국대 경찰행정학과 교수)
박미랑(한남대 경찰행정학과 교수)
김지선(한국형사정책연구원 선임연구위원)
조성남(치료감호소장, 을지대 중독재활복지학과 겸임교수)
김안식(백석대 교정보안학과 교수)
박준휘(한국형사정책연구원 법무·사법개혁연구실장)

범죄예방정책학

초판발행	2019년 12월 31일
중판발행	2022년 1월 10일
지은이	이백철 · 조윤오 · 함혜현 · 한영선 · 박은영 · 권해수 · 이창한 · 박미랑 · 김지선 · 조성남 · 김안식 · 박준휘
펴낸이	안종만 · 안상준
편 집	정은희
기획/마케팅	정연환
표지디자인	BEN STORY
제 작	고철민 · 조영환
펴낸곳	(주) 박영사
	서울특별시 금천구 가산디지털2로 53, 210호(가산동, 한라시그마밸리)
	등록 1959.3.11. 제300−1959−1호(倫)
전 화	02) 733−6771
fax	02) 736−4818
e−mail	pys@pybook.co.kr
homepage	www.pybook.co.kr
ISBN	979−11−303−0899−9 93350

copyright©이백철 외, 2019, Printed in Korea

＊파본은 구입하신 곳에서 교환해 드립니다. 본서의 무단복제행위를 금합니다.
＊저자와 협의하여 인지첩부를 생략합니다.

정 가	32,000원